MATTHIAS GELZER

CAESAR, DER POLITIKER UND STAATSMANN

MATTHIAS GELZER

CAESAR

DER POLITIKER UND STAATSMANN

UNVERÄNDERTER NACHDRUCK DER 6.,
NEU BEARBEITETEN UND ERWEITERTEN AUFLAGE
1960

FRANZ STEINER VERLAG GMBH · WIESBADEN

1983

CIP-Kurztitelaufnahme der Deutschen Bibliothek

Gelzer, Matthias:
Caesar : d. Politiker u. Staatsmann / Matthias Gelzer. – Unveränd. Nachdr. d. 6., neu bearb. u. erw. Aufl. – Wiesbaden : Steiner, 1983.
ISBN 3-515-03907-4

 Satz und Druck: Zechnersche Buchdruckerei, Speyer. Printed in Germany

Pour être un grand homme, il faut savoir profiter de toute sa fortune *(de Larochefoucauld, Maxime 343)*

VORWORT

Die erste Auflage dieses Buchs erschien 1921 in der Deutschen Verlags-Anstalt. Den Mut dazu faßte ich, als mir 1917 bekannt wurde, daß Erich Marcks und Karl Alexander von Müller den Plan hatten, eine Reihe von Monographien unter dem Titel „Meister der Politik" zu veröffentlichen. Nachdem sie mein Angebot, den Band über Caesar zu übernehmen, angenommen hatten, schrieb ich ihn 1918—1920 nieder. Da wegen der Kriegsereignisse jene Reihe nicht im ursprünglich beabsichtigten Umfang verwirklicht werden konnte — an ihre Stelle trat 1921 das Sammelwerk „Meister der Politik, eine weltgeschichtliche Reihe von Bildnissen", in zweiter Auflage 1923 in drei Bänden —, erklärte sich der Verlag bereit, mein Buch als Sonderausgabe zu drucken. Wie ich im Vorwort sagte, versuchte ich damit, „auf Grund gewissenhafter Verwertung der Quellen dem weiteren Kreis der Gebildeten eine lebendige Anschauung vom gesamten politischen Lebenswerk eines der großen Staatsmänner der Vergangenheit zu vermitteln". Ich ging aus von der Ansicht, daß die Geschichtsschreibung dazu diene, aus der Vergangenheit zu lernen, und fuhr fort: „Vorstellung und Maßstab des politischen Geschehens bildet sich mit der Betrachtung der großen, in Ursache und Wirkungen übersehbaren politischen Zusammenhänge. In diesem Sinne lege ich ein Hauptgewicht auf die Mitteilung aller erreichbaren Einzelheiten." Im Jahre 1940 forderte mich der Verlag D. W. Callwey zu einer Neubearbeitung auf, und in dieser Form erschien das Werk zuletzt 1943 in fünfter Auflage. Nachdem diese längst vergriffen war und häufige Anfragen nicht befriedigt werden konnten, bot mir der Franz Steiner Verlag in freundlichster Weise seine Bereitschaft an, eine sechste Auflage herauszubringen. Dabei begrüße ich mit größter Dankbarkeit, daß er mir aus eigenem Antrieb die Möglichkeit eröffnete, diesmal die Darstellung durch Anmerkungen wissenschaftlich zu begründen und zu rechtfertigen.

Es ist nun bald ein halbes Jahrhundert verflossen, seitdem mich immer wieder die Quellen zur Geschichte der ausgehenden römischen Republik beschäftigten. Neben Caesar galten meine Bemühungen ebenso seinen Gegenspielern Cicero, Pompeius, Cato, Brutus. Vor allem lag mir am Verständnis der Gesellschaftsordnung, in der sie ihre politische Rolle spielten. Meine Vorstellungen darüber entwickelte ich zuerst 1912 in dem Büchlein über die Nobilität der römischen Republik. Mit den ungeheuren Erlebnissen der letzten Jahrzehnte wandelten und vertieften sich die Anschauungen. Es ist sehr viel über Caesar geschrieben worden. Die Erscheinung von Gewaltherrschern ganz verschiedener Färbung war dem Urteil über ihn nicht immer günstig. Mir hat die erneute Durcharbeitung der Quellen im ganzen meine Auffassung bestätigt. So änderte ich die Darstellung nur, insofern ich in der neueren Forschung Anlaß zu Berichtigungen tatsächlicher Art fand. Dementsprechend bitte ich, in den Anmerkungen nicht bibliographische Vollständigkeit zu suchen. Sie sollen zeigen, wie ich die Quellen interpretiere. Wieviel ich dabei Vorgängern und Mitforschern verdanke, weiß ich selbst am besten.

Frankfurt a. M., Oktober 1959

MATTHIAS GELZER

INHALTSVERZEICHNIS

Zu den Abkürzungen:

Die in den Anmerkungen angeführten Zeitschriften werden abgekürzt bezeichnet, entsprechend dem „Verzeichnis gebräuchlicher Abkürzungen“ in H. Bengtson Einführung in die Alte Geschichte[3] (1959) S. 191 und der im ‚Gnomon‘ üblichen Form.

Außerdem:

Broughton MRR	= T. Robert S. Broughton The Magistrates of the Roman Republic I (1951), II (1952).
Sydenham CRR	= Edward A. Sydenham The Coinage of the Roman Republic (1952).
Syme R.R.	= Ronald Syme The Roman Revolution (1939). 2. Aufl. 1951.

Denar des Münzmeisters I. Aemilius Buca. Silber, 1,9 cm Durchmesser. Bekränzter Kopf Caesars. Umschrift: CAESAR · DICT(ator) PERPETVO.

Bildhinweis:
Caesar-Kopf aus dem Castello di Agliè, heute in Turin, Profil- und Frontalansicht. Vgl. dazu Anmerkung 259 auf Seite 302. Die Vermittlung der Bildvorlage danke ich Fräulein Dr. Erika Simon, Heidelberg, und dem Deutschen Archäologischen Institut Rom.

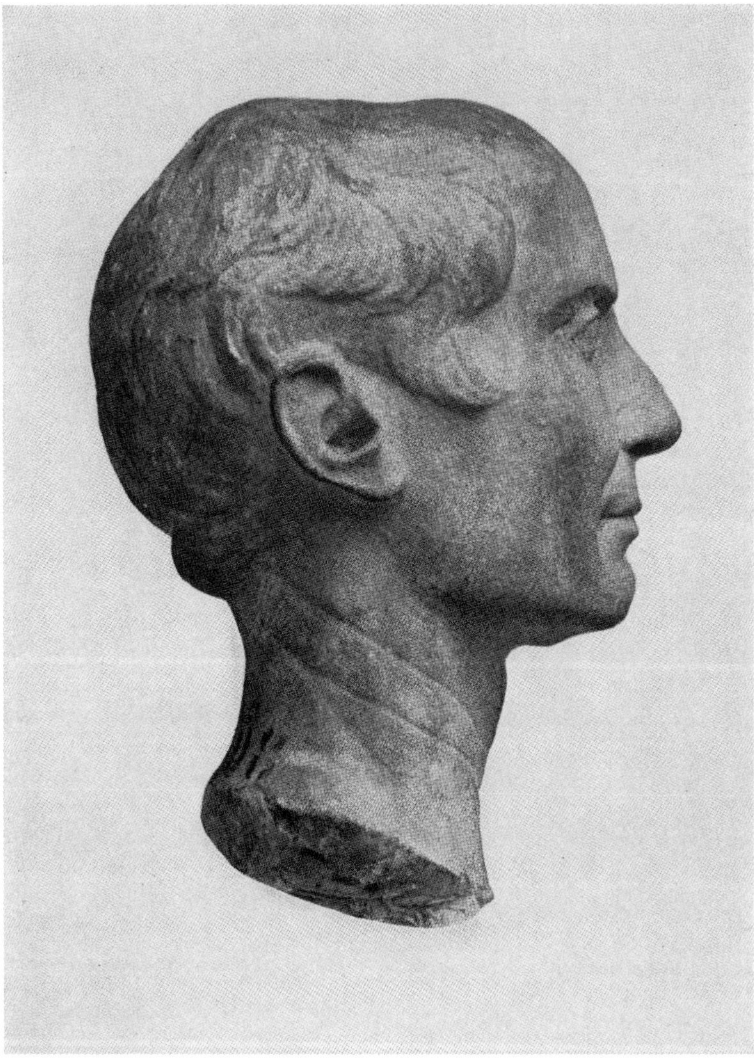

I. DIE POLITISCHE WELT

Zweierlei Fähigkeiten kennzeichnen den Staatsmann: die eine ist das rasche Überschauen und rechtzeitige Ergreifen der gegebenen Verhältnisse und dient so dem Bedürfnis der Stunde, indem sie nüchtern rechnet mit den vorhandenen Strömungen. Die andere, vornehmere ist die politische Schöpferkraft, welche die Mitlebenden auf neue Bahnen führt, selbst neue Verhältnisse schafft.

Caesar sind diese Fähigkeiten zuteil geworden. Aber sein Leben fiel auch in eine Zeit, die ihrer bedurfte. Denn als er am 13. Juli 100 v. Ch.[1] geboren wurde, waren die Grundfesten der römischen Republik schon seit längerem durch schwere Krisen erschüttert. Unterdrückung der Symptome genügte nicht, es ging um die Frage, ob es Mittel gebe, den breitgelagerten Krankheitsherd zu beseitigen. Wir müssen uns zunächst vergegenwärtigen, wie es so weit kommen konnte.

Seit dem Sturz des Königtums wurde die Regierungsgewalt ausgeübt durch die Magistrate, vornehmlich durch die beiden Consuln. Diese Magistrate wählte jährlich das Gesamtvolk nach einem Stimmverfahren, in dem der wohlhabende Mittelstand das Übergewicht hatte. Danach, sollte man erwarten, hätte diese Klasse auch die Besetzung der Ämter in ihrer Hand

[1] Das Geburtsjahr ist bezeugt durch Suet. 88. App. b. c. 2, 620, weniger genau bei Vell. 2, 41, 2. Plut. 69, 1, der Geburtstag aus Cass. Dio 47, 18, 6 zu erschließen. Macrob. Sat. 1, 12, 34. Fasti Amit. CIL I S. 244. Fasti Ant. CIL I S. 248 nennen den 12. Juli, weil die Feier i. J. 42 wegen der am 13. Juli stattfindenden Apollospiele um einen Tag vorausverlegt wurde, GROEBE RE 10, 186. MOMMSEN R. G. III 16, 1 trat für das Geburtsjahr 102 ein. RStR I 568, 2. 569, 2 schloß er aus Cic. Brut. 323. off. 2, 59. leg. agr. 2, 3. Phil. 5, 48, daß seit Sulla für das Consulat als Mindestalter das 43. Lebensjahr gefordert wurde. Caesar wurde 59 im 41. Jahr Consul. KARL NIPPERDEY Die leges annales, Leipzig 1865 (Abh. der k. sächs. Ges. d. Wiss. 5), 57 erklärte darum Mommsens Auslegung für irrig. Für Mommsens Datierung T. RICE HOLMES The Roman Republic 1923, I 436–442. Eine andere Lösung schlägt LILY ROSS TAYLOR Greece and Rome 4(1957), 12. 17 auf Grund einer ungedruckten Dissertation von HELEN E. RUSSEL vor: Nach Suet. 2 wurde Caesar i. J. 80 mit der *corona civica* ausgezeichnet; nach Liv. 23, 23, 6 wurden nach der Schlacht bei Cannae in den Senat aufgenommen, *qui civicam coronam accepissent*. Danach wird vermutet, daß Sulla bei der Neu-Konstituierung des Senats ebenso verfuhr und daß damit auch eine Bevorzugung bei der Ämterbewerbung verbunden gewesen sei. So schlägt Cicero Phil. 5, 52 vor, *uti L. Egnatuleio triennium ante legitimum tempus magistratus petere, capere, gerere liceat*. Dazu NIPPERDEY a. a. O. 53. Wenn dieser a. a. O. 4 bestreitet, daß man bei Caesar an Dispensation denken dürfe, so spricht Ciceros Antrag, von dem wir zufällig einmal hören, dafür, daß solche Ausnahmen nichts Ungewöhnliches waren. Über Sullas *Lex annalis* E. GABBA Athenaeum 29 (1951), 263,3. E. BADIAN JRS 49 (1959), 88 vertritt die Ansicht, daß Patricier sich zwei Jahre früher um die Quaestur bewerben konnten.

gehabt. Jedoch die Wahlen fielen tatsächlich in der Regel aristokratisch aus. Ein Jahrhundert lang wurden nur Patricier gewählt. Aber schon diese Patricier besaßen den großartigen politischen Instinkt, der auch weiterhin die römische Aristokratie auszeichnete: sie wehrten sich hartnäckig für ihre Stellung, wußten jedoch im richtigen Augenblick die nötigen Zugeständnisse zu machen und ihre Macht zu behaupten. So ließen sie seit Anfang des vierten Jahrhunderts vornehme Plebejer zum Consulartribunat, seit der Mitte des Jahrhunderts auch zum Consulat gelangen. Das bedeutete nun aber keine Demokratisierung der Magistratur, sondern nur die Ausbreitung des bisherigen Herrenstands auf einen weiteren Kreis.

Schon unter den Patriciern bildeten die Familien, welche einmal einen Consul gestellt hatten, eine Oberschicht, die Nobilität[2]. Neben die patricischen Nobiles traten jetzt die plebejischen, und die Nobiles allgemein, die Nachkommen der Consulare, bildeten fortan Roms vornehmsten Adel. Wir finden, daß die Angehörigen dieser Häuser am häufigsten das Consulat erreichten und dadurch in der Politik des römischen Staates immerzu die Oberhand behielten.

Der Grund der auffallenden Erscheinung, daß Versammlungen, worin der mittlere Bürgerstand überwog, zu seinen Oberen stets mit Vorliebe adlige Herren wählte, liegt in dem Bestehen von Treuverhältnissen zwischen den mächtigeren und schwächeren Elementen der römischen Gesellschaft. In alter Zeit waren die Patricier die Vollbürgerschaft. Die anderen Bewohner der Stadt und des dazu gehörigen Landbezirks standen ihnen als Clienten („Hörige") gegenüber und genossen den Schutz ihrer Patrone. Patron und Client waren durch ein gegenseitiges Treuverhältnis verbunden. Mit dem Wachstum des römischen Gemeindestaates entwickelte sich indessen neben den Patriciern eine privatrechtlich gleich-, politisch aber minderberechtigte Bürgerschaft, die Plebs. Um in Sicherheit leben zu können, vertrauten sich auch Plebejer als Clienten dem Schutze von Patriciern an, wobei aber von Hörigkeit keine Rede mehr war. Auch die alten Clienten sind in historischer Zeit in der freien Plebs aufgegangen. Fortan nahmen in diesem Bevölkerungsteil die wohlhabenden und mächtigen Leute zu, welche keine patricischen Patrone mehr brauchten, sondern vielmehr die politische Gleichberechtigung mit den Vollbürgern forderten. Insonderheit strebten danach die Edelleute, die aus fremden Gemeinden nach Rom übersiedelten. In langdauernden Kämpfen haben sie die Zulassung zu den Staatsämtern und dem größeren Teil der Priestertümer auch erreicht und darüber hinaus die Anerkennung von plebejischen Sonderrechten: ihre plebejischen Beamten wurden staatliche Magistrate, Beschlüsse der Plebejerversammlung galten gleich Volksbeschlüssen.

[2] M. Gelzer Die Nobilität der römischen Republik 1912, 22ff. H. Strasburger RE 17, 785. Ronald Syme The Roman Revolution 1939, 10ff. Lily Ross Taylor Party Politics in the age of Caesar 1949, 3. 186.

Jedoch, wie bemerkt, handelte es sich bei diesen Errungenschaften vor allem darum, daß die mächtigen Plebejer in den Kreis der regimentsfähigen Familien eintraten. Ihr Hauptmittel dazu war, daß sie als plebejische Patrone sich der Interessen ihrer schwächeren, vielfach wirtschaftlich von ihnen abhängigen Standesgenossen annahmen und sich so für die Wahlen die nötige Gefolgschaft gewannen. Sobald sie ihr Ziel erreicht hatten, fuhren sie fort, nun vermöge ihrer Machtstellung im Regiment als Patrone ihre Clienten zu fördern. Gerade der Besitz von Clientelen stellte sie sozial den Patriciern am meisten gleich. Und darauf beruhte nun eben die Macht der Nobilität, der Zweck des Treuverhältnisses war die gegenseitige Förderung. Der Patron vertrat seinen Clienten vor Gericht, als Magistrat verschaffte er ihm Vorteile, als Senator verfocht er seine Interessen. Der Client hatte vor allem die Pflicht, bei den Wahlen für seinen Patron zu wirken und überhaupt bei den Abstimmungen seinen Weisungen zu folgen. Über je mehr Clienten ein Patron gebot, desto mächtiger war er als Politiker. Indem man sich mit anderen Patronen zusammenschloß, wurde Politik gemacht. Dieses Verhältnis nannte man „Freundschaft". Da ihr Zweck Bekämpfung eines politischen Gegners war, ergibt sich als ihr Gegenstück die „Feindschaft" oder das Fehdeverhältnis. Wer sich diese Beziehungen klargemacht hat, wird verstehen, aus welchem Grunde die Nobilität bei den Wahlen stets den Ton angab, so daß in der Regel nur Nobiles gewählt wurden oder solche, welche sich der Gunst einflußreicher Nobilitätskreise erfreuten.

Die Nobilität herrschte dann aber insbesondere durch das Senatsregiment. Der Senat war ursprünglich eine Körperschaft erfahrener Männer, deren Rat früher die Könige, später die Magistrate anhörten, an den sie aber nicht gebunden waren. Es versteht sich, daß ihm von jeher die vornehmsten Leute angehörten. In der Republik bildete sich die Übung aus, daß bei Aufstellung der Senatsliste durch die Censoren in erster Linie jeweilen die gewesenen Magistrate berücksichtigt wurden. Der Senat hatte sich nur zu äußern, wenn er befragt wurde. Bei dieser Befragung verfuhren die Beamten streng nach der Rangordnung: Consulare, Praetorier, Aedilicier, Tribunicier, Quaestorier. Was schließlich auf Grund einer Abstimmung zustande kam, war der Ratschlag des Senats, das *senatus consultum.* Die entscheidenden Voten wurden naturgemäß in der Regel von den Consularen abgegeben, welche als die „Häupter der Gemeinde" *(principes civitatis)* eine anerkannte Sonderstellung einnahmen. Nach dem, was vorhin über die Besetzung des Consulats ausgeführt wurde, stand also auch hier das entscheidende Wort bei der Nobilität. Die Parteinahme der übrigen Senatoren wurde zumeist durch Freundschaft und Feindschaft zu den maßgeblichen Häuptern bestimmt.

Als sich der römische Gemeindestaat immer weitere Gebiete angliederte, wuchs die Bedeutung des Senats gewaltig in die Höhe. Denn die Politik eines ganz Italien umfassenden Reichs, die bald die ganze Mittelmeerwelt in den

Kreis ihrer Erwägungen ziehen mußte, konnte unmöglich von den beiden Consuln, die jährlich wechselten, allein geführt werden. Indem seit dem dritten Jahrhundert die ursprünglich unverbindlichen Ratschläge immer mehr zu entscheidenden Wegleitungen für die Magistrate mit Einschluß auch der Volkstribunen wurden, erschien der Senat als das eigentliche Regierungsorgan, dessen Willen die Magistrate zu vollstrecken hatten. Wohl konnten sie sich nach dem Staatsrecht darüber hinwegsetzen. Aber wie war nach Ablauf des Amtsjahres dann die Stellung eines solchen Mannes im Senat? Wer half ihm, wenn er durch die Tribunen vor dem Volksgericht zur Rechenschaft gezogen wurde?

So war trotz einem gemäßigt demokratischen Wahl- und Stimmrecht der römischen Bürgerschaft das römische Regierungssystem eine ausgesprochene Oligarchie. Die herrschende Schicht war der Senatorenstand, sozial betrachtet ein Kreis von Großgrundbesitzern. Entsprechend der aristokratischen Auffassung war den Römern der Republik der besoldete Staatsdienst fremd. Magistrat und Senator konnte nur sein, wem die Einkünfte aus Vermögen dies erlaubten. Schon um 220 war ausdrücklich bestimmt worden, daß Senatoren und Senatorensöhne ihre Kapitalien nur in Grundbesitz anlegen durften. Das Gesetz wollte die Verquickung von Politik und Geschäft verhindern, hat aber ebensoviel beigetragen zur gesellschaftlichen Absonderung des Senatorenstandes. In diesem Kreis besaß die Nobilität die unbedingte Führung.

Mit dieser Oligarchie haben die Römer ihr Reich erobert und die schwersten Kriegsstürme bestanden. Seitdem im Jahre 287 die Obrigkeit die Sonderrechte der Plebejer endgültig anerkannt hatte, hielt ihr das römische Volk unentwegt die Treue, mochte sie ihm auch in harten Kriegszeiten die größten Leistungen zumuten. Das römische Volk, mit dem die Politiker bei den Abstimmungen zu rechnen hatten, waren die römischen Bauern, welche durch gemeinsames wirtschaftliches Interesse mit den Senatoren verbunden waren. Die Aufrichtung des italischen Reiches bedeutete für die römischen Bürger Landerwerb, und dabei fanden dank den verschiedenen Arten, diese neugewonnenen Gebiete zu verwerten, Kleine wie Große ihre Befriedigung, auf Siedlerstellen oder in Colonien, durch Kauf oder pachtweise Übernahme von Staatsland. Die innerpolitischen Kämpfe spielten sich innerhalb der Oligarchie ab, entspannen sich vielfach aus persönlichen Gegensätzen der Häupter, und stets war das Politische mit Persönlichem durchsetzt. Auch waren die Senatoren darin echte Römer, daß sie ihre Herrenstellung mit naiver Selbstverständlichkeit für ihre privaten und ständischen Interessen ausnützten. Aber andererseits erhob sich der politische Instinkt, der das römische Volk auszeichnete, in der erlauchten Versammlung zur weltbeherrschenden Staatskunst.

Im Laufe des zweiten Jahrhunderts jedoch, da Rom äußerlich durch fortschreitende Aneignung überseeischer Provinzen stets mächtiger zu werden schien, erwies sich die Oligarchie gegenüber den Aufgaben des Reichsregiments als unzulänglich. Man vergegenwärtige sich die primitiven Verhältnisse der damaligen Verfassung! An Magistraten wurden jährlich gewählt: 2 Consuln, 6 Praetoren, 4 Aedilen, 8 Quaestoren, 10 Volkstribunen. Von ihnen waren 2 Praetoren, 2 Quaestoren und sämtliche Aedilen und Tribunen durch Amtstätigkeit in der Stadt in Anspruch genommen, so daß für Kriegsführung und Provinzialverwaltung nur 10 zur Verfügung standen und man sich oft genug damit behelfen mußte, die Amtsdauer auf weitere Jahre zu erstrecken. Alle politischen Entscheidungen bei Verwaltungsmaßnahmen in der Stadt, in Italien und in den Provinzen wie bei Verhandlungen mit auswärtigen Mächten, verbündeten und untertänigen Gemeinden wurden in umständlichen Beratungen des Senats getroffen.

Es ist großartig, wie die Nobilität so die Fäden der Politik in der Hand behielt, und ihrem stets wachen Argwohn entging kaum eine Bewegung, die irgendwo ihre Herrschaft gefährden wollte. Aber nach hergebrachter Ordnung befaßte sich der Senat nur mit Gegenständen, die an ihn herangetragen wurden, und konnte niemals ein Organ werden, das überkommene Verhältnisse von Grund auf neu gestaltete. Vielmehr lag es im Wesen der Oligarchie, die Entfaltung kraftvoller Einzelpersönlichkeit, die zu solchen Taten berufen gewesen wäre, zu hemmen. Der Sturz des ältern Scipio Africanus im Jahr 184 war dafür das deutlichste Warnungszeichen. So blieb die Beherrschung der Provinzen stehen auf der Stufe militärischer Sicherung, die als fremder Druck auf den Bewohnern lastete und von ihnen nur als Raub der früheren Freiheit empfunden wurde. Wohl waren die Römer darin Meister, durch unterschiedliche Behandlung die Untertanen zu spalten und allgemeine Erhebungen zu verhüten. Indessen seit der Mitte des 2. Jahrhunderts waren sich die einsichtigen Senatoren darüber klar, daß im Reich eine schleichende Krise bestehe. Die Zerstörung von Karthago, Korinth und Numantia sollte Schrecken verbreiten, doch als seit 90 Italien von furchtbaren Bürgerkriegswirren heimgesucht wurde, erstand dem Osten in Mithradates, dem König von Pontos, ein Führer, der nochmals alles in Frage stellte, was Rom dort in festem Besitz hielt, und als nach einem Jahrzehnt brudermörderischen Blutvergießens Italien zur Ruhe gekommen schien, flammte der Krieg in Spanien wieder auf. Das war die politische Welt, in der Caesar aufwuchs.

Gerade im Hinblick auf seine spätere Laufbahn ist hervorzuheben, daß jene Krise ihren Ursprung hatte in der Entstehung des Weltreichs und dem damit verbundenen Zuwachs politischer Aufgaben, für die das Gefüge des römischen Staates eigentlich nicht geschaffen war. Dessen große Leistung war die politische Einigung Italiens, wie sie sich um die Mitte des 3. Jahrhunderts v. Chr. darstellte. Staatsrechtlich betrachtet war es ein Gebilde, das bezeichnet wurde als „die Römer und ihre Verbündeten“ und worin sich gegenüberstanden der römische Gemeindestaat *(res publica populi Romani,* das

Staatswesen des römischen Volks), räumlich und nach Menschenzahl der größte Italiens, und gegen 150 ähnlich verfaßte Gemeinden, die, nach außen der römischen Führung untergeordnet und durch Verträge zur Truppenstellung verpflichtet, ihre innern Angelegenheiten selbständig verwalteten. Die Römer selbst hoben vor den übrigen Bundesgenossen die Latiner heraus. Das waren einmal die durch gemeinsame Sprache Rom am nächsten stehenden Gemeinden in Latium, wie Tibur und Praeneste, dazu aber noch, und von viel größerer Bedeutung, die „latinischen Colonien", Gemeinden, welche die Römer nach ihren siegreichen Kriegen in allen Gegenden Italiens als Stützpunkte ihrer Herrschaft neu gründeten und mit Bürgern, aber auch zuverlässigen Bundesgenossen besiedelten. Dieses einfache, doch mit unbeirrbarer Festigkeit gehandhabte System gab ihnen die Möglichkeit, im Krieg die Wehrkraft ganz Italiens einzusetzen, im übrigen aber sich mit den eigenen politischen Einrichtungen in den hergebrachten Grenzen zu halten.

Es liegt jedoch im Wesen jeder Großmachtbildung, daß sich ihr die ältern Großmächte entgegenstellen. Früher als Rom hatte Karthago die phoenikischen Städte im westlichen Mittelmeerraum unter seiner Führung vereinigt und bereits die großen, Italien vorgelagerten Inseln zum größten Teil in sein Reich einbezogen. Von Sizilien war nur noch der Osten unabhängig geblieben, und hier wurde nun Rom vor die Frage gestellt, ob es zulassen könne, daß Karthago sich auch in Messana, dem Brückenkopf gegenüber Unteritalien, festsetze. Weil dies verneint wurde, entbrannte der erste punische Krieg, und nach 23 Jahren wechselvoller Kämpfe verlor Karthago die drei Inseln, gewann Rom seine ersten „Provinzen". Denn anders als in Italien betrachtete sich das römische Volk dort als Rechtsnachfolger Karthagos und übertrug das Regiment über die Gemeinden Siziliens und Sardiniens (samt Corsica) seinen nunmehr Jahr für Jahr dazu bestimmten Magistraten. *Provincia* bedeutet das Amtsgebiet des römischen Magistrats, worin er seine Befehlsgewalt *(imperium)* ausübt, die sich gleichermaßen auf den militärischen Bereich, die Rechtsprechung und die Verwaltungsgeschäfte erstreckt. Diese für Rom neue Herrschaftsform diente vor allem auch der Absicht, den mit so großen Opfern an Gut und Blut erworbenen Gebietszuwachs durch Einhebung mannigfacher Abgaben wirtschaftlich gewinnbringend zu nutzen.

Allein Karthago war noch nicht bereit, als Großmacht abzudanken, und suchte sich in Spanien Ersatz zu schaffen für das Verlorene. Dazu bescherte ihm das Schicksal in Hannibal den genialen Führer, der, ebenso groß als Feldherr wie als Staatsmann, gewillt war, den neuen Entscheidungskampf zu wagen. Nachdem es ihm gelungen war, den Krieg nach Italien zu tragen und die Römer in drei vernichtenden Schlachten zu besiegen, sah es auch wirklich so aus, als ob er sein Ziel erreichen sollte. Doch nun, als es um Sein oder Nichtsein ging, in die Verteidigung gedrängt, entfalteten die Römer unter der Führung ihrer Nobilität erst ganz die zähen Widerstandskräfte, deren ihr massives politisches System fähig war. Während der Feind im eigenen Land stand, kämpften sie unentwegt auch in Spanien weiter und ebenso auf Sizilien. Als dann noch der Makedonenkönig Philippos V. auf Hannibals Seite trat und das Ringen immer mehr die Dimensionen eines antiken Weltkriegs annahm, glückte es ihnen, den neuen Feind mit Hilfe von Verbündeten, die sie im Osten fanden, in Schach zu halten, bis er sich (205) zum Sonderfrieden bequemte. Inzwischen war ihnen aber auch in Publius Cornelius Scipio der Hannibal ebenbürtige Feldherr erstanden, der die Karthager aus Spanien vertrieb, nach Afrika übersetzte und schließlich auch Hannibal schlug. Als Gewinn fiel ihnen im Frieden (201) Spanien zu.

Diesmal war die Demütigung Karthagos endgültig. Doch wenn nun Roms Machtstellung im Westen unbestreitbar war, so wirkte das, ohne daß sich die Römer dessen im ganzen Umfang bewußt wurden, auch sogleich in den Osten, und dies um so mehr, weil sie ja durch den makedonischen Krieg bereits in dessen Politik verflochten waren. Wenn sich wie selbstverständlich schon 200 ein neuer Waffengang mit Philippos anschloß, so wurden sie zwar dazu veranlaßt durch den König von Pergamon und den rhodischen Freistaat, die ihre Hilfe anriefen gegen das Ausgreifen des Antigoniden in der Aegaeis, benutzten aber auch gern diese Gelegenheit, sich für den tückischen Überfall im vorigen Kriege zu rächen. Der Niederlage Philipps folgte jedoch bald der Zusammenstoß mit dem Seleukiden Antiochos III., dem Beherrscher Asiens, weil der sich solches Vordringens in den Ostraum erwehren wollte. Dieser Krieg führte sie schon bis nach Kleinasien, und der Sieg bei Magnesia (189) strich auch diesen Gegner aus der Zahl der Großmächte, so daß nun tatsächlich Rom die Vorherrschaft in der ganzen Mittelmeerwelt zukam.

Die frühern Weltreiche des Altertums waren Schöpfungen großer Herrscherpersönlichkeiten gewesen. Als dagegen der römische Senat sich zum Krieg gegen Hannibal entschloß, ahnte er nicht, welch ungeheure Wirkungen davon ausgehen sollten. Insonderheit konnte niemand voraussehen, daß der Niederlage Karthagos so bald der Zusammenbruch der beiden hellenistischen Großmächte folgen würde. So sah sich die römische Politik plötzlich ganz neuen Aufgaben gegenüber. Beständig mußte jetzt der weite Raum von Spanien bis Syrien im Auge behalten werden. Dabei war Spanien erst wirklich zu erobern, und auch die endgültige Unterwerfung des oberitalischen Keltenlandes forderte noch große kriegerische Anstrengungen. Deshalb suchte sich der Senat im Osten mit einem politischen System zu behelfen, das dem römischen Staat die Belastung mit weiteren Provinzen ersparte. Die vom Druck der Großmächte befreite hellenistische Staatenwelt, die griechischen Städte und Bundesstaaten sowie die Königreiche Kleinasiens, sollten sich selbst überlassen bleiben, freilich auf Grund einer von Rom bestimmten

Machtverteilung, die darauf berechnet war, nirgends ein für Rom gefährliches Übergewicht zuzulassen.

Allein dieses System bewährte sich auf die Dauer nicht, weil es beständiger römischer Eingriffe bedurfte, welche bei den Betroffenen die Entfaltung eigenen politischen Lebens hemmten und dadurch wachsende Mißstimmung erzeugten. Angesichts dieser Lage sah sich Rom zwei Jahrzehnte später doch genötigt, das makedonische Königtum ganz zu beseitigen und 146 schließlich Makedonien mit Griechenland als Provinz in Besitz zu nehmen. Im gleichen Jahr wurde auch Karthago zerstört und das Gebiet zur Provinz Afrika gemacht.

Wenn der Senat nur zögernd auf dem Weg zum Provinzialreich vorwärts schritt, so leitete ihn die richtige Erkenntnis, daß dadurch der Rahmen der hergebrachten *res publica* gesprengt wurde, nicht nur, weil die Zahl der bisherigen Magistrate nicht genügte und ihre Amtstätigkeit in den fernen Provinzen schwer zu überwachen war, sondern vor allem auch wegen der Notwendigkeit, zu ihrem Schutz und ihrer Beherrschung ständig Truppen unter Waffen zu halten. Nun waren bis dahin die römischen Heere Bürgeraufgebote gewesen, die nur für Kriegszeit einberufen wurden, und da der römische Soldat seine Ausrüstung aus eigenen Mitteln zu beschaffen hatte, bestanden sie aus den grundansässigen Bürgern, das heißt zum größten Teil aus Bauern, die nicht ohne Schaden jahrelang ihrer Wirtschaft entzogen werden konnten. Besonders die langwierigen Kriege im entlegenen Spanien deckten diese Schwierigkeit auf, die schon um die Mitte des 2. Jahrhunderts dazu führte, daß gelegentlich die Aushebung auf Widerstand stieß. Da war es Gaius Marius[3], der den Ausweg aus dieser bedrohlichen Notlage fand, indem er, seit 107 als Consul mit der Fortführung des Kriegs gegen den Numiderkönig Jugurtha beauftragt, die Lücken seines Heers mit Freiwilligen aus der Masse der besitz- und erwerbslosen Bürgerschaft auffüllte, und als er dann, nach der siegreichen Heimkehr, von 104—100 immer wieder zum Consul gewählt wurde, um Italien vor dem Einbruch der Kimbern und Teutonen zu retten, bot sich ihm erst recht Gelegenheit, die neue Heeresordnung im großen Stil auszubauen. Zwar blieb die alte Dienstpflicht der römischen Bürger in Kraft, aber in den Provinzen traten an die Stelle der Milizen die stehenden Heere der geworbenen Berufssoldaten[4]. Das war eine Neuerung von weittragenden sozialen und politischen Folgen. Denn der Typus des für die Dauer der Kriegstauglichkeit verpflichteten Soldaten stellte den Staat sogleich vor die Frage der Veteranenversorgung[5], wofür nach

[3] Sall. Iug. 86, 2–3. Plut. Mar. 9, 1. Emilio Gabba Athenaeum 27 (1949), 181 ff. zeigte, daß Marius damit eine Entwicklung zu Ende führte, die seit dem Hannibal-Krieg zu erkennen ist. Indem man die Censusgrenze der Heeresdienstpflichtigen allmählich herabsetzte, konnte man die Aushebung auf einen weitern Kreis ausdehnen (Pol. 6, 19, 2). Marius verzichtete ganz auf den Census.

[4] *voluntarius miles* Tac. Ann. 4, 4, 2. Dig. 49, 16, 4, 10. E. Gabba Athenaeum 29 (1951), 180 ff.

[5] Reichhaltige Hinweise auf die moderne Literatur bei E. Gabba a. O. 221 ff.

römischer Auffassung in erster Linie Grundbesitz in Betracht kam. Dem Feldherrn fiel dabei die Pflicht zu, diese Forderung zu vertreten, zugleich aber der Gewinn einer neuen grandiosen Form der Clientel, womit denn auch die Gestalt des siegreichen Imperators ein politisches Gewicht von bisher nicht gekanntem Ausmaß erhielt, und es ist klar, daß in der nunmehr dem Einzelnen erreichbaren Machtsteigerung die größte Gefahr für die Oligarchie lag.

Den Zeitgenossen enthüllte sich freilich die entscheidende Bedeutung dieser Verschiebung der innerrömischen Machtgrundlagen nur allmählich, da sie erst voll zur Geltung kam, als die schleichende Krise in Revolution und Bürgerkrieg überging. Diese Entwicklung ließ nicht lange auf sich warten: nachdem einmal der Senat seine Bedenken aufgegeben hatte, wurde das Provinzialreich weiter vergrößert. Im Jahr 133 hinterließ der letzte König von Pergamon sein Reich dem römischen Volk, fortan die Provinz *Asia;* um 118 wurde, nach wiederholten Kriegen mit den Kelten jenseits der Alpen, durch Schaffung der *Gallia ulterior* die Landverbindung mit Spanien hergestellt, 103, um das Seeräuberunwesen zu bekämpfen, in Kilikien Fuß gefaßt. In jede Provinz schickte man einen Magistrat (Praetor, Proconsul, Propraetor), der in einer Person Militärgouverneur, oberster Richter und Chef der Zivilverwaltung war, aber, wie man es gewöhnt war, in der Regel jedes Jahr einen neuen. Die Untertanen waren diesen Herren ziemlich schutzlos preisgegeben, nicht zum wenigsten ihren oft schamlosen Bereicherungsgelüsten. Charakteristischerweise wurde schon 149 durch einen wohlmeinenden Volkstribunen in Rom ein besonderer Gerichtshof geschaffen, der jenen die gesetzlich gesicherte Möglichkeit gab, die Statthalter auf Rückerstattung unrechtmäßig abgeforderter Geldleistungen anzuklagen. Trotzdem stand die römische Provinzialverwaltung bald in schlechtem Rufe, und der wirtschaftliche Niedergang der von den Römern regierten Länder bestätigte ihn. Außer festen Tributzahlungen wurden auch Getreidezehnten und Zölle erhoben, und diese im Ertrag wechselnden Einkünfte wurden an Staatspächtergesellschaften vergeben, deren Geschäftsgewinn darin bestand, daß sie tatsächlich mehr herausholten als was sie der Staatskasse abzuliefern übernommen hatten[6]. Darum erpreßten sie durch alle möglichen Schikanen, was sie konnten. Die Statthalter ließen sie meist gewähren; denn wenn sie nicht selbst daran interessiert waren, wollten sie es nicht mit der bei den Wahlen einflußreichen Finanzwelt — es war vornehmlich der Ritterstand, der sich nunmehr auf dieses einträgliche Geschäft verlegte — verderben, eine Abhängigkeit, die seit 122 noch stärker in Erscheinung trat, als der erwähnte, zur Aburteilung fehlbarer Statthalter bestimmte Gerichtshof ausschließlich mit Geschworenen aus dem Ritterstand besetzt wurde. So machte sich das

[6] Vgl. M. Rostovtzeff The social and economic history of the Hellenistic World, 1941, II 817. 965ff. III 1524f. 1567ff.

römische Regiment in den Provinzen nur verhaßt und häufte jenen revolutionären Zündstoff an, in den dann der italische Bürgerkrieg die Brandfackel warf.

Den größten Schaden erlitt nämlich der römische Staat selbst durch die zersetzenden Rückwirkungen, die von der neuen imperialistischen Politik auf die sozialen Verhältnisse Italiens ausgingen. Durch die Kriege im Osten mit ihrer Beute und ihren Entschädigungsdiktaten, weiterhin durch die laufenden Einkünfte aus den Provinzen strömten gewaltige Reichtümer nach Rom. Dazu füllten Zehntausende von Kriegsgefangenen als billige Arbeitskräfte die Sklavenmärkte. Unter diesen Umständen nahm das römische Wirtschaftsleben, das bisher rein agrarisch gerichtet war, rasch stark kapitalistische Züge an. Vorab die Reichen und Geschäftstüchtigen wußten die neuen Möglichkeiten zu nutzen, also die Senatoren und neben ihnen eben der Ritterstand, die breite Schicht der wohlhabenden Grundbesitzer, die im Krieg beritten dienten und sich darum unter dieser Bezeichnung aus der übrigen Bürgerschaft heraushoben. Man kaufte Land zusammen, und bald entstanden allerorten in Italien Gutswirtschaften, die mit Sklaventrupps besetzt wurden und Öl-, Wein- und Obstbau betrieben. Andere Böden, die sich dafür nicht eigneten, dienten als Weiden der Viehzucht. Dafür verschwanden zahlreiche kleine Bauernhöfe. Die besitzlos gewordene Bevölkerung zog in die Städte, besonders nach Rom selbst, und versuchte dort durch Gelegenheitsarbeit und Clientendienste ihr Dasein zu fristen. Dabei war das Kleinbauerntum schon im Hannibalischen Krieg arg zusammengeschmolzen und mußte dann auch die Hauptlast der folgenden Kriege tragen. Obwohl sich der Senat bemühte, durch rege Ansiedlungspolitik zu helfen, so wurde doch andernorts durch das rücksichtslose Ausgreifen des Großgrundbesitzes der Erfolg solcher Maßnahmen mehr als aufgehoben. Die Kluft zwischen reich und arm erweiterte sich reißend. Wie bereits bemerkt, fand der Ritterstand neben der auf höchste Rentabilität zielenden Landwirtschaft noch in der Übernahme der Staatspachten ein sehr ergiebiges Betätigungsfeld, während die Nobilitätsherrschaft sich ebenfalls in eine ausgesprochene Plutokratie wandelte, die jetzt bei Wahlen und Abstimmungen vornehmlich mit der stets zunehmenden verarmten städtischen Bürgerschaft zu rechnen hatte. Da konnte nicht ausbleiben, daß die alten Clientelbeziehungen zusehends der Korruption verfielen, wie überhaupt die veränderten politischen und wirtschaftlichen Verhältnisse und in ihrem Gefolge die begierig aufgenommene hellenistische Zivilisation in besorgniserregender Weise die altrömische Moral zerrütteten.

In politischer Hinsicht sprang vor allem der Rückgang der Wehrhaftigkeit in die Augen, weil er unmittelbar die Aufrechterhaltung des neugewonnenen *imperium populi Romani* in den Provinzen bedrohte. Solange man am Milizsystem festhalten wollte, gab es dagegen nur ein Heilmittel: die Wiederherstellung der Bauernschaft, mit deren unerschöpflichen Beständen einstmals die Republik ihre Siege erfochten hatte. Aber, um dieses Ziel zu erreichen, brauchte man in Italien Siedlungsland. Im Zeitalter der Kriege um die Vorherrschaft über Italien, als der römische Staat die besiegten Feinde durch große Gebietsabtretungen zu bestrafen pflegte, hatte es an solchem nie gefehlt. Jetzt aber stand eben infolge der geschilderten wirtschaftlichen Entwicklung keines mehr zur Verfügung, so daß ein solches Vorhaben ohne Eingriff in die bestehenden Besitzverhältnisse überhaupt nicht auszuführen war, was nun freilich den plutokratischen Tendenzen der Gegenwart stracks zuwiderlief und, wie der Versuch der Verwirklichung bald zeigen sollte, sogleich die Leidenschaften bis zur revolutionären Explosion erhitzte.

Jedoch, während andere in Voraussicht dieser Gefahr Bedenken trugen, wagte es 133 Tiberius Sempronius Gracchus, der Sproß eines der damals angesehensten Nobilitätsgeschlechter und Enkel des Scipio Africanus, als Volkstribun mit einem großangelegten Gesetzesentwurf zur Behebung der Not an die Öffentlichkeit zu treten. Als Land für seine Ansiedler war darin der okkupierte *ager publicus* vorgesehen, Gebiete des Staatslandes, die bis dahin der freien Besitzergreifung überlassen worden waren. Damit rührte er aufs empfindlichste an die Interessen des Großgrundbesitzes, und bald zeigte sich, daß die Mehrheit des Senats dafür nicht zu haben war. Doch er nahm den Kampf gegen die Oligarchie auf. Seine Waffe war das Einspruchsrecht des Volkstribunats, mit dessen Hilfe er den gesamten Geschäftsgang des Staates lahmlegte. Als der College Octavius auf den Wunsch der Besitzenden gegen das Gesetz intercedierte, ließ ihn Tiberius durch die Versammlung der Plebs von seinem Amte entheben und führte so seine Sache zum Siege. Nach dieser ersten Gewalttat gab es für ihn kein Zurück mehr. Er wollte sich ebenso verfassungswidrig für das nächste Jahr nochmals zum Tribunen wählen lassen und plante durch neue Gesetze, das gemeine Volk und auch den Ritterstand von der Senatsoligarchie zu trennen. Doch am Wahltage wurde er von den Gegnern als Aufrührer erschlagen. Der Untergang des hochgesinnten Mannes zeigte mit fürchterlicher Deutlichkeit, wohin es mit dem römischen Staat gekommen war. Sein Herrenstand versagte vor einer Aufgabe, an deren Wichtigkeit und Dringlichkeit niemand zweifeln konnte, und schlug sich dabei noch selbst die schwerste Wunde, wo doch der getötete Feind einer seiner Besten gewesen war. Im Kampf um Ämter und Vorrang war es von jeher heiß zugegangen, aber das alles war nicht zu vergleichen mit dem Haß, dem damals das Unterfangen des Tribunen begegnete: der die Senatoren zum blutigen Kampf aufrief, war sein leiblicher Vetter, der *pontifex maximus* Publius Scipio Nasica, und über den Gefallenen urteilte keiner härter als sein Schwager Publius Scipio Aemilianus, der jüngere Africanus. Erklärlich, weil ihnen der von der Volksversammlung gutgeheißene Rückgriff auf den *ager publicus* als der schlimmste Anschlag auf die geheiligte Rechtsordnung von Staat und Gesellschaft erschien. Jedoch solche rein verneinende Haltung konnte die drängende Not nicht überwinden, und da nun einmal die Schleuse geöffnet war, ließ sich der Strom der revolutionären Bewegung nicht mehr aufhalten.

Die politischen Gedanken des Tiberius Gracchus gingen mit ihm nicht unter, sondern lebten in seinem Freundeskreis weiter. Vor allem wurde sein Bruder Gaius bald sein größerer Fortsetzer. Gegen die Senatspolitiker alten Schlags erhoben sich jetzt Politiker einer neuen Richtung. Auch sie gehörten dem Senat an — das war nach römischen Begriffen gar nicht anders denkbar —, aber entgegen der in Standesvorurteilen befangenen Senatspolitik wollten sie dem Wohle des Volkes dienen und durch fortgesetzten Appell an die Volksversammlung jenes zu zeitgemäßen Neuerungen unfähige Senatsregiment brechen. Danach bekamen sie den Namen *populares*. Ihre Gegner nannten sich als Verteidiger der überlieferten Adelsherrschaft und des befestigten Besitzes *boni* oder *optimates*. Es ist charakteristisch für die römischen Verhältnisse, daß beiderlei Bezeichnungen nur für Politiker, niemals aber für ihre Anhänger, die sie bei den Abstimmungskämpfen der Volksversammlung gegeneinander aufboten, gebraucht wurden[7], und wenn man in Rom nunmehr von zwei Parteien spricht, so handelte es sich dabei um die Frage, ob die politischen Entscheidungen wie bisher vom Senat ausgehen sollten oder ob sie, wie das staatsrechtlich immer möglich gewesen war, in weiterm Umfang auf die Volksversammlung zu übertragen seien. Dem entsprechend würden die „Popularen" am zutreffendsten als „Demagogen" wiedergegeben.

Um ihre Ziele zu erreichen, mußten sie, wie das schon Tiberius Gracchus geplant hatte, große Teile des in den Versammlungen stimmenden Volkes in Bewegung setzen gegen die bisherigen Regenten. So entfesselten sie 125 die Agitation zur Verleihung des Bürgerrechts an sämtliche italischen Bundesgenossen. In genialer Weise wußte dann Gaius Gracchus alle Herde der Unzufriedenheit in Flammen zu setzen: er erneuerte das Agrargesetz des Bruders, forderte neue Colonien, erleichterte die Härten der Wehrpflicht, nahm sich der mißhandelten Bundesgenossen an, verschaffte der städtischen Bevölkerung Roms billiges Getreide, gab dem Ritterstand Anteil an der Rechtsprechung und überließ ihm die Abgabenpacht in der neu erworbenen Provinz Asia. Kein Schlag aber traf den Senat schwerer als das schon erwähnte Gesetz des Manius Acilius Glabrio[8], das als Geschworene im Strafgerichtshof für Gelderpressungen römischer Magistrate an Stelle von Senatoren nur noch Ritter zuließ. Denn damit wurde der Ritterstand zu

[7] H. Strasburger RE 18, 783.

[8] Bruchstücke des Gesetzes CIL I 583. Bruns Fontes iuris Romani Nr. 10. Riccobono Fontes iuris Romani anteiustiniani Nr. 7. Der Name des Antragstellers ist nicht erhalten und wird erschlossen aus Cic. Verr I 51 mit Ps. Asconius. Zu II 1, 26. Ich glaube nicht, daß G. Tibiletti Athenaeum 31 (1953) 33ff. diesen Schluß widerlegt hat. Vgl. Gnomon 25 (1953), 319. Broughton MRR I 519 Anm. 4.

einem politischen Machtfaktor, der gegenüber dem Senat ein sehr wirksames Druckmittel in Händen hatte und davon zum Vorteil seiner wirtschaftlichen Interessen auch rücksichtslos Gebrauch machte. Die ursprüngliche Absicht, die fehlbaren Magistrate der allzu milden Beurteilung durch die Standesgenossen zu entziehen, wurde allerdings durch Parteilichkeit im umgekehrten Sinn häufig genug verzerrt, was aber den Urhebern der neuen Ordnung, weil es den Gegensatz zwischen den beiden obern Ständen förderte, auch nicht unwillkommen war.

So wollten sich die Popularen eine Mehrheit in der Volksversammlung schaffen, auf die gestützt sie vom Forum aus an Stelle des Senats das Reich zu beherrschen gedachten. Formal sollten die Magistrate jetzt nicht mehr vom Senat ihre Weisungen empfangen, sondern Diener des souveränen Volkes sein. Tatsächlich wurde aber mit dieser Idee ein unwahrhaftiges Spiel getrieben; denn die Abstimmungen des römischen Volkes in Rom, auf welche die Popularen sich beriefen, brachten in der Regel nur den Willen eines kleinen Bruchteils der über ganz Italien und das Reich zerstreuten römischen Bürgerschaft zum Ausdruck. Dabei kamen obendrein vornehmlich die in der Stadt lebenden Bürger in Betracht, und das bedeutete ja damals bereits jene verarmte und auf die Freigebigkeit der Reichen angewiesene *plebs urbana.* Von Anfang an sahen es also die Popularen gar nicht darauf ab, daß nach dem Willen des Volkes regiert werde, sondern daß das Volk die Pläne der Demagogen autorisiere. Das System des Gaius Gracchus krankte von vornherein an dem inneren Widerspruch, daß er das Reich regieren wollte in einer Form, die den Verhältnissen eines räumlich beschränkten Gemeindestaates entsprach, und zugleich das römische Bürgerrecht auf ganz Italien und durch Ausführung von Colonien in die Provinzen noch darüber hinaus erstrecken wollte. Die unmittelbare Ursache zum Scheitern seiner Unternehmungen jedoch lag in dem klaffenden Gegensatz zwischen den mancherlei Interessen, die er zum Kampf wider das oligarchische Regiment aufgerufen hatte: Besitzlose und Kapitalisten, Bürger und Nichtbürger ließen sich auf die Dauer nicht zusammen vor seinen politischen Wagen spannen. Besonders versagte der Keil, den er zwischen den senatorischen und ritterlichen Kapitalismus hineintreiben wollte. Wie er zur offenen Revolution schritt, stellten sich Senatoren und Ritter einmütig hinter die Obrigkeit und unterdrückten auch diese Bewegung.

Jedoch die großen politischen Fragen, denen die Kämpfe gegolten hatten, wurden damit nicht aus der Welt geschafft, so wenig wie die popularen Politiker. Die täglich sich wiederholenden Mißgriffe und Mißbräuche der Oligarchie boten einer Opposition Nahrung genug und trennten auch Senatoren und Ritter aufs neue.

Ein großer popularer Sturm setzte wieder mit dem Jahre 103 ein unter Führung des Volkstribunen Lucius Appuleius Saturninus. Er wurde dadurch aussichtsvoll, daß Saturninus sich mit dem Kriegshelden Gaius Marius verbündete, dem Manne, der wie bisher kein anderer über die Ansprüche der Nobilität hinwegschritt. Dieser war, aus ritterlichem Municipalenhause (einer Gutsbesitzersfamilie der im römischen Landgebiet gelegenen Stadt Arpinum) entsprossen, als erster seiner Familie in den Senat gelangt, ein *homo novus,* wie man in senatorischen Kreisen sagte. Dank seiner Tüchtigkeit und seiner vornehmen Verbindungen stieg er bis zur Praetur und trat durch Vermählung mit Julia, Caesars Vatersschwester, in verwandtschaftliche Beziehung zum Adel. Daß nun aber ein solcher Mann auch Consul werden wollte, war für Nobilitätsbegriffe unerhört. Das Oberamt sollte Senatorensöhnen, womöglich nur der Nobilität vorbehalten bleiben. Doch Marius überwand die Widerstände und wurde für 107 hauptsächlich mit Hilfe seiner früheren ritterlichen Standesgenossen zum Consul gewählt. Als besonderer Vertrauensmann des Volkes in schwerer Kriegsnot bekleidete er dann das Consulat seit 104 noch fünfmal, und es wurde bereits berichtet, welch wichtige Veränderungen er während dieses langen Kommandos im römischen Heerwesen vornahm. Seiner Begabung nach war er viel mehr Militär als Politiker. Aber nach den glorreichen Siegen über die Teutonen und Kimbern galt es, die Versprechungen, mit denen er die Besitzlosen für den Kriegsdienst geworben hatte, einzulösen, und da bot sich ihm schon 103 der gewandte Demagoge mit einem Siedlungsgesetz als willkommener Helfer an. Im Jahr 100 brachte er ein noch viel weiter reichendes durch, allerdings nur gewaltsam gegen den vereinigten Widerstand aller Besitzenden und auch der städtischen Proletarier. Noch schlimmere Gewalttaten bei der Consulnwahl im Dezember gaben nun aber der Senatsregierung den erwünschten Anlaß zu bewaffnetem Einschreiten. Auch diesmal schloß sich ihr der sonst so feindselige Ritterstand an, ebenso entzog sich der Consul Marius seiner Pflicht nicht, da ihm das eigenmächtige Treiben der Popularen zu weit ging, und tat alles zur Niederwerfung der Revolution. Daß seine popularen Freunde dabei getötet wurden, lag freilich nicht in seiner Absicht, und er verlor deshalb bis auf weiteres alles politische Ansehen, nicht einmal das Veteranengesetz wurde im geplanten Umfang durchgeführt.

Wie jedesmal, brachte auch dieser Optimatensieg das Gute an der popularen Reformbewegung zum Stocken, dagegen lebte gehässiger als je der Kampf zwischen Senatoren und Rittern wieder auf. Diese nutzten den Alleinbesitz der großen Geschworenengerichtshöfe immer schamloser für ihre Privatinteressen aus. Jeder Senator, der als Provinzialstatthalter den römischen Geldleuten nicht freie Hand ließ, hatte auf spätere Anklage und sichere Verurteilung in Rom zu rechnen. Den größten Schaden trugen bei diesem Zustande aber die mißhandelten Provinzen. Doch traten zunächst diese Schäden zurück vor der stets gefährlicher drohenden Bundesgenossenfrage. Schon seit der Gracchenzeit wurde die Forderung der verbündeten

Gemeinden Italiens auf Zuerkennung der politischen Gleichberechtigung mit dem Führerstaat Rom von popularer Seite ebenso eifrig unterstützt wie von optimatischer abgelehnt. Da der Senat auch jetzt nicht rechtzeitig nachgab, brach 90 der furchtbare Bundesgenossenkrieg aus. Rom wurde gezwungen, sämtlichen Gemeinden südlich des Po das römische Bürgerrecht zu erteilen, wodurch sie staatsrechtlich zu Municipien wurden. Das Territorium des Gemeindestaates Rom umfaßte so die ganze Halbinsel, eine Beteiligung der Gesamtbürgerschaft an den Staatsgeschäften, wie sie die Verfassung vorsah, wurde, weil sie nur in den Volksversammlungen zu Rom stattfinden konnte, immer illusorischer.

Doch kaum war die Gefahr dieses Krieges beschworen, als schon wieder ein großer Popular, Publius Sulpicius Rufus, Volkstribun von 88, einen neuen gewaltigen Angriff gegen die Nobilitätsoligarchie begann. Der Senat sollte durch Männer aus dem Ritterstand erneuert werden. Durch Beseitigung der kleinlichen Bestimmung, wonach die neuen Bürger nur 8 von den 35 Stimmbezirken zugewiesen wurden, so daß sie nach dem geltenden Stimmverfahren nie zur Geltung kommen konnten, und gleichermaßen durch Aufhebung der alten Beschränkung der Freigelassenen auf die vier städtischen Bezirke allein wollte er den nötigen Machtanhang gewinnen, und schließlich wußte er sich auch des Ruhmes des alten Marius zu bedienen, indem er ihm durch Plebiscit das Kommando im Mithradatischen Krieg, das vom Senat bereits dem Consul Sulla übertragen war, zu verschaffen versprach.

Die betreffenden Gesetze wurden bei der Abstimmung auch angenommen. Allein Sulla wagte es, mit seinem Heere nach Rom zu marschieren, ließ Marius und Sulpicius ächten, erklärte die neuen Gesetze für ungültig und gab dafür andere zum Schutze der Oligarchie, wovon am wichtigsten dasjenige war, welches den Volkstribunen verbot, Anträge vor die Plebs zu bringen, ohne daß sie zuvor vom Senat genehmigt waren. Jedoch konnte er nicht hindern, daß der populare Patricier Lucius Cornelius Cinna 87 sein Nachfolger im Consulat wurde und die Pläne des getöteten Sulpicius wieder aufnahm. Sulla entzog sich gerichtlicher Verfolgung, indem er sein Heer in den Mithradatischen Krieg führte. In Rom widersetzte sich Cinnas College Gnaeus Octavius als das Haupt der Altbürger mit Waffengewalt erfolgreich den Gewalttätigkeiten der Popularen und ließ schließlich Cinna des Consulats und Bürgerrechts verlustig erklären. Doch Cinna entkam und wußte nun in Italien von überall her Kräfte gegen die bestehende Regierung in Bewegung zu setzen; er gewann eines der römischen Heere, das noch gegen die aufständischen Italiker im Felde stand, er verstärkte sich rasch durch Zuzug aus den Neubürgermunicipien und durch Sklavenbefreiung, Marius eilte herbei und sammelte Freischaren. Rom konnte belagert werden. Cinna schloß mit den letzten Samnitern Frieden auf Bedingungen, die ihnen vom Senat noch versagt wurden. Alle Entsatzversuche der Regierung scheiterten, und sie sah sich zur Kapitulation gezwungen.

Zum erstenmal hatte der blutige Kampf den Popularen den Sieg gegeben, und es war an ihnen, zu zeigen, was sie eigentlich wollten und konnten. Das wüste Morden und Rauben, das damit in Rom anhob, mag man als unvermeidliche Begleiterscheinung hinnehmen, wiewohl für Marius die Rache an seinen persönlichen Feinden zweifellos die Hauptsache war. Es versteht sich, daß die tiefeinschneidenden Gesetze Sullas wieder abgeschafft wurden. Aber eine positive Leistung auf dem Gebiete der Staatsverfassung hat das Popularenregiment, das bis zum Jahre 82 dauerte, nicht aufzuweisen. Ein bedeutsamer Ansatz war allerdings, daß Cinna zunächst bis 86 sich und Marius ohne Befragung der Volksversammlung zu Consuln erklärte, nach Marius' Tod sich den Lucius Valerius Flaccus zum Collegen nahm und Ende 86 in derselben verfassungswidrigen Weise sich und Gnaeus Papirius Carbo für die zwei folgenden Jahre zu Consuln machte. Denn damit beschritt er einen Weg, der den verhängnisvollen jährlichen Ämterwechsel umging und auf eine stetige und stärkere Regierungsgewalt hinführte. Bahnbrecher in dieser Richtung war bereits Gnaeus Pompeius Strabo, der Consul von 89 und Vater eines nachmals berühmteren Sohns, der nach der Eroberung von Asculum gegen den Willen des Senats an der Spitze seines Heeres blieb und 87 die Zwangslage der legitimen Obrigkeit dazu benutzen wollte, für 86 das Consulat zu erpressen, als er überraschend einer Seuche zum Opfer fiel. So blieb dieser Versuch eine Episode, kündigte aber, wie die Nachahmung durch Cinna zeigt, nach den fehlgeschlagenen Unternehmungen der Popularen eine neue Epoche der Revolution an, deren Führer sich nicht mehr mit unsichern Wählergefolgschaften begnügten, sondern das siegreiche Heer, das von seinem Feldherrn Beuteanteil und auskömmliche Versorgung erwartete, im Kampf um die politische Macht einsetzten, womit freilich vorerst nicht mehr erreicht war, als daß fortan der Streit der Parteien jederzeit in Bürgerkrieg übergehen konnte. Im übrigen bedeutete der Sieg der Revolution, daß die bisherige Vorherrschaft der Nobilität im Senat vernichtet wurde. Wohl gehörten Cinna, Flaccus, Carbo, dann auch der Consul von 83, Lucius Cornelius Scipio, und Marcus Junius Brutus, damals Volkstribun, selbst der Nobilität an, aber das bisherige System, wonach die Nobilität ausschließlich bestimmen wollte, wer zum Consulat gelangen dürfe, wurde zerbrochen. Wer von den alten Häuptern mit dem Leben davonkam, mußte fliehen, und die Curie bevölkerte sich mit „Neulingen“ aus dem Ritterstand. Von einer Verbesserung des Regierungssystems, die not getan hätte, war keine Rede, sondern es drängte sich bloß eine neue Schicht in den Senat, welche auf hergebrachte Art das Reichsregiment genießen wollte. Wohl mochte es so einem Mann wie Quintus Sertorius erleichtert sein, ein verantwortungsvolles Amt zu erreichen, aber im allgemeinen waren diese Neulinge — Gaius Verres war einer davon — nichts weniger als erfreulich. Die bekannte Habgier der Römer trat beim Ritterstand, der kapitalistischen Bourgeoisie, noch viel krasser in Erscheinung als bei der Nobilität, und so wurde es weithin im Lande als Erlösung empfunden, wie Sulla mit seinen politischen Freunden die alte Machtstellung der Nobilität wieder aufrichtete.

Gaius Julius Caesar war dreizehn Jahre alt, als sein Oheim Gaius Marius Ende 87 an Cinnas Seite in Rom einzog, und wurde wegen seiner verwandtschaftlichen Beziehungen gleich in den Strudel der Ereignisse hineingerissen.

Die Julier waren ein Geschlecht des patricischen Uradels, das bisher in der Geschichte nicht hervorgetreten war. Der Consul des Jahres 157 gehörte nicht zu den Vorfahren unseres Caesar. Sein Vater war etwa 92 Praetor, danach Proconsul von Asia und starb 85 in Pisae, ohne das Consulat erreicht zu haben[9]. Möglicherweise war Sextus Caesar, der Consul von 91, der 90 starb, sein Bruder. Vom Großvater wissen wir nur, daß er mit Marcia aus dem Hause der Marcii Reges vermählt war[10]. Auch die Mutter Aurelia entstammte der plebeischen Nobilität. Sie war verwandt mit den drei Brüdern des Namens Aurelius Cotta, die in den Jahren 75, 74 und 65 Consuln waren, wahrscheinlich ihren Vettern; der älteste, Gaius, war einer der besten Redner seiner Zeit und wurde von Sulla wieder in die politische Laufbahn zurückgebracht. Die Überlieferung stellt Aurelia wegen der trefflichen Erziehung ihres Sohnes Cornelia, der Mutter der Gracchen, gleich. Sie lebte bis ins Jahr 54[11]. Zunächst stand aber im Vordergrund, daß Marius die Schwester des Vaters geheiratet hatte.

Zu den Opfern der Revolution gehörte auch der hochwürdige *flamen Dialis*, der Priester des Juppiter, Lucius Cornelius Merula, welcher gewagt hatte, als Consul an des abgesetzten Cinna Stelle zu treten. Dieses Priesteramt stellte an seinen Träger besondere Anforderungen des bürgerlichen und sakralen Rechtes, unter anderem die des Patriciats. Darum nahmen die Sieger

[9] Sein Elogium CIL I, 1 S. 199 Nr. 28. Ein weiteres wurde 1925 auf dem Forum Augusti gefunden und von T. Robert S. Broughton AJA 52 (1948), 324ff. erläutert. Wie dieser gegen Münzer Hermes 71 (1936), 226, 4 ausführt, war er vor seiner Quaestur *decemvir agris dandis adtribuendis iudicandis* und deducierte als solcher eine Colonie nach der Insel Cercina in der Kleinen Syrte, offenbar 103 oder eher 100 auf Grund eines Siedlungsgesetzes des Appuleius Saturninus zur Versorgung von Veteranen des Marius. Wenn ihn der Tod in Pisae traf, so darf vielleicht vermutet werden, daß er einer der Legaten war, die i. J. 85 im Auftrag der Consuln Cinna und Carbo in Italien gegen Sulla Soldaten aushoben, Geld einforderten und Getreidevorräte anlegten (App. b. c. 1, 348. Liv. per. 83. Hermes 63 (1928), 136). Eine Ehreninschrift des Proconsuls in Delos Dessau ILS 7272. Sein Tod Plin. n. h. 7, 181. Suet 1, 1. Münzer RE 10, 185 Nr. 130. Sex. Caesar a. O. 476 Nr. 151. Stammbaum S. 184. Broughton MRR II 17 mit Anm. 645 Add. zu I 575.

[10] Suet. 6, 1. Münzer RE 14, 1601 Nr. 113.

[11] Suet. 1, 2. 26, 1. 74, 2. Plut. 9, 3. Tac. dial. 28, 6. Zur Verwandtschaft mit den drei Consuln F. Münzer Röm. Adelsparteien und Adelsfamilien (1920), 324/5. Stammbaum 327. C. Aurelius Cotta Klebs RE 2, 2482 Nr. 96. E. Badian Historia 6 (1957), 322, 31

dafür den Neffen der Julia in Aussicht. Da Marius am 13. Januar 86 starb, haben sie es offenbar damit sehr eilig gehabt, vermutlich aus religiösen Gründen. Denn Merula hatte das vor dem Volksgericht inszenierte Todesurteil nicht abgewartet, sondern, nachdem er im capitolinischen Juppitertempel seine Priesterkappe niedergelegt und Cinna mit seinen Anhängern verflucht hatte, sich selbst die Adern geöffnet[12]. Der Knabe, über den so verfügt wurde, konnte natürlich das Amt nicht antreten, und so geschah ein weiterer Schritt erst 84, vielleicht im Zusammenhang mit der Verleihung der *toga virilis*. Da der zum *flamen Dialis* Erkorene mit einer Patricierin verheiratet sein mußte, veranlaßte man ihn, sein Verlöbnis mit einer Tochter aus reicher ritterlicher Familie zu lösen und sich mit Cornelia, der Tochter des Consuls Cinna, zu vermählen[13]. Wenn auch der Schwiegervater am Ende des Jahres von meuternden Soldaten erschlagen wurde[14], so möchte ich doch glauben, daß durch diese Verbindung die Antriebe, die Caesar nachmals so entschieden die populare Richtung ergreifen ließen, bedeutend verstärkt wurden. Die optimatisch gefärbte Überlieferung bezeichnet Cinna schlechthin als Tyrannen[15]. Aber ursprünglich nahm er die Politik des Sulpicius Rufus zugunsten der Neubürger wieder auf[16], so daß wir ihn den Popularen einreihen dürfen, die sich gegen die optimatische Verständnislosigkeit für die von der Zeitlage geforderten Notwendigkeiten erhoben. An dem nach Sullas Rückkehr 83 erneuerten Bürgerkrieg hat sich Caesar nicht beteiligt, während sein Vetter Marius sich für 82 auf gesetzwidrige Weise zum Consul wählen ließ[17], obwohl es auch seine Mutter Julia mißbilligte[18].

Als nun aber Sulla am 1. November 82 vor Rom den entscheidenden Sieg erfocht und daraufhin sämtliche Verfügungen der revolutionären Regierung als ungültig aufhob, da verlor auch Caesar die Anwartschaft auf seine hohe Ehrenstellung. Doch geschah ihm weiter nichts. Nur verlangte Sulla, daß er sich von Cinnas Tochter scheide. Vermutlich sollte er wie Pompeius[19] eine dem Dictator erwünschte Ehe eingehen. Aber diesen Gunstbeweis lehnte er standhaft ab, obwohl die Gattin ihre Mitgift und den Anspruch auf die ihr von Seiten ihrer Familie zustehenden Erbschaften

[12] Vell. 2, 43, 1. App. b. c. 1, 342. Vell. 2, 22, 2. Val. Max. 9, 12, 5. Flor. 2, 9, 16.

[13] Suet. 1, 1. L. R. Taylor hat ClPh 36 (1941), 115f. nachgewiesen, daß er damals nicht inauguriert wurde; denn nach Tac. ann. 3, 58, 2. Cass. Dio 54, 36, 1 erhielt Merula bis zum J. 10 v. Ch. keinen Nachfolger.

[14] App. b. c. 1, 357.

[15] Cic. Phil. 1, 34. 2, 108. Brut. 227. Sall. hist. 1, 64. Vell. 2, 23, 2. Val. Max. 6, 9, 6. Tac. ann. 1, 1, 1. Plut. Caes. 1, 1. Sull. 22, 1.

[16] Cic. Phil. 8, 7. Vell. 2, 20, 2. App. b. c. 1, 287. Cass. Dio frg. 102, 8. Sulpicius Münzer RE 4A, 847. Cinna RE 4, 1283.

[17] Münzer RE 14, 1813.

[18] Sall. hist. 1, 35. L. R. Taylor Rome and Greece 4 (1957), 12 vermutet, daß Caesar sich aus Rücksicht auf das künftige Priesteramt zurückhielt.

[19] Plut. Sull. 33, 4. Pomp. 9, 2. Vell. 2, 41, 2 erwähnt noch M. Pupius Piso als einen, der dem Scheidungsbefehl nachkam.

einbüßte[20]. Das war freilich eine recht gefährliche Kühnheit, und er hielt es darum bald für klüger, sich im Sabinischen verborgen zu halten. Doch entging er auch so nicht einer Sullanischen Streifpatrouille und mußte von deren Führer sein Leben für 12 000 Denare erkaufen. Aus diesem kläglichen, durch Malaria noch verschlimmerten Flüchtlingsleben befreite ihn erst die Fürsprache seiner vornehmen Verwandten beim allmächtigen Dictator. Außer den Vestalinnen traten Mamercus Aemilius Lepidus, später Consul des Jahres 77, und der Vetter seiner Mutter, Gaius Aurelius Cotta, der spätere Consul von 75, für ihn ein. Sulla, ihnen die Bitte gewährend, scherzte, sie sollten sich vor dem schlechtgegürteten Jungen nur in acht nehmen, in dem stäken viele Mariusse[21].

Wir vermögen nicht zu durchschauen, inwiefern der junge Caesar an dem frühzeitigen Erlangen jener Priesterwürde selbst beteiligt war. Denn sie war mit altertümlichen Verpflichtungen belastet, die ihm den Zugang zu einer politischen Laufbahn großen Stils verschlossen hätten, durfte doch der *flamen Dialis* kein Pferd besteigen, kein Heer in Waffen sehen und nicht mehr als zwei Nächte außerhalb der Stadt verbringen[22]. Wahrscheinlich machte er sich zunächst darüber keine Skrupeln, und später hätte er gewiß einen Weg gefunden, sich darüber hinwegzusetzen. Den eigenen Ton finden wir zweifellos in dem kühnen Widerstand, den er Sullas Zumutung entgegensetzte. Cornelia blieb seine Gattin, bis sie 69 starb. Um 76 gebar sie ihm seine Tochter Julia[23].

Mit einer entschiedenen Wendung verließ Caesar Rom und wurde Soldat, als Senatorensohn natürlich sogleich als Offizier im Stabe des Propraetors von Asia, Marcus Minucius Thermus. Der war eben damit beschäftigt, Mytilene, den letzten griechischen Staat, der noch nicht von Mithradates lassen wollte, zu unterwerfen. Caesar erhielt den Auftrag, ein Geschwader des Königs von Bithynien, Nikomedes' IV., herbeizuführen, wurde mit großen Ehren aufgenommen und als Gastfreund des Königs im ganzen Land bekannt. Zugleich nahm er auch die Geschäftsinteressen eines seiner Freigelassenen wahr[24]. Im Jahre 80 machte er indessen den erfolgreichen

[20] Suet. 1, 2. Plut. 1, 1. Plut. 1, 3, wonach sich Caesar um ein Sacralamt beworben hätte, ist ein Mißverständnis. H. Strasburger Caesars Eintritt in die Geschichte 1938, 80. L. R. Taylor ClPh 36, 116.

[21] Suet. 1, 2–3. 74, 1. Plut. 1, 1–7. Schol. Gronov. zu Cic. Lig. 12. Zur Verwandtschaft Münzer R. Adelsp. 313. Strasburger a. O. 82. 88.

[22] G. Wissowa Rel. und Kult. d. Röm. 505.

[23] Suet. 1, 1. 6, 1. Plut. 5, 7. Als Geburtsjahr der Julia wird gewöhnlich 83 angenommen, Münzer RE 10, 894. Aber, da sie 59 erst verlobt war (Suet. 21. Plut. Caes. 14, 7. Pomp. 47, 10. App. b. c. 2, 50), ziehe ich das spätere Datum vor; denn so vornehme Töchter pflegten nicht erst mit 24 Jahren zu heiraten; Münzer R. Adelsp. 106.

[24] Suet. 2. Nikomedes IV. Philopator Geyer RE 17, 497 Nr. 6. Rostovtzeff Soc. and ec. Hist. Hell. World II 827. III 1529 Anm. 104. Caesars Teilnahme am Hofleben gab Anlaß zu unaufhörlich wiederholten obszönen Witzen, Suet. 22, 2. 49, 1–3. Auch in den Zotenliedern der

Sturmangriff auf Mytilene mit und wurde vom Befehlshaber für bewiesene Tapferkeit mit der Bürgerkrone ausgezeichnet[25]. Hernach, als 78 der Proconsul Publius Servilius Vatia den Krieg gegen die kilikischen Seeräuber begann, setzte er seine militärische Ausbildung in dessen Lager fort[26]. Doch vernachlässigte er darüber niemals die Politik in Rom, er wußte, daß einige Popularen seit Sullas Abdankung eine neue Erhebung planten, und gleich auf die Nachricht vom Tode des Gewaltigen trat er 78 die Rückreise an. Aber der bisherige Sullaner Marcus Aemilius Lepidus, der damalige Consul, als Haupt dieser Bewegung flößte ihm kein Vertrauen ein, so dringend dieser ihn auch zur Teilnahme aufforderte, und so blieb er auch von deren gänzlichem Fehlschlagen unberührt[27].

Vielmehr betrat er jetzt den seit einem halben Jahrhundert immer üblicher gewordenen Weg in die politische Laufbahn, indem er 77 einen hervorragenden Sullaner, den gewesenen Consul von 81, Gnaeus Cornelius Dolabella, der 78 als Triumphator aus Makedonien heimgekehrt war, wegen Erpressungen anklagte. Er war dazu aufs beste gerüstet, da er bei seinem Hauslehrer, dem Freigelassenen Marcus Antonius Gnipho, einen vorzüglichen Unterricht genossen hatte. Dieser war in Alexandria geschult und beherrschte gleichermaßen die griechische und lateinische Rhetorik[28]. Dolabella erfreute sich freilich der Verteidigung durch die berühmtesten damaligen Gerichtspatrone[29], Gaius Cotta (Caesars Vetter) und Quintus Hortensius, und wurde freigesprochen[30]. Allein Caesar arbeitete seine Reden

Soldaten beim Triumph i. J. 46 kehrten sie wieder, Suet. 49, 4. Damals hat sich Caesar energisch dagegen verwahrt und eidlich versichert, es sei nichts daran wahr, Cass. Dio 43, 20, 4.

25 Suet. 2. Die *corona civica* war ein Eichenkranz, den der Geehrte fortan bei allen feierlichen Anlässen tragen konnte. Wenn der mit diesem hohen Orden Ausgezeichnete bei den öffentlichen Spielen erschien, erhob sich die ganze Zuschauerschaft von den Plätzen, auch die Senatoren. Er saß zunächst bei den Senatoren. Er selbst, sein Vater und sein Großvater waren von Frondiensten für die Gemeinde befreit. Die *corona civica* wurde nur denen verliehen, die in der Schlacht Kameraden das Leben gerettet hatten (Pol. 6, 39, 6. Plin. n. h. 16, 11–14.). Der berühmte Jurist Masurius Sabinus aus der Zeit des Kaisers Tiberius (W. Kunkel Herkunft und soziale Stellung d. röm. Juristen 1952, 119) definierte (Gell. N. A. 5, 6, 13): *civicam coronam tum dari solitam, cum is, qui civem servaverat, eodem tempore etiam hostem occiderat neque locum in ea pugna reliquerat.* Fiebiger RE 4, 1634; *vacatio munerum* Mommsen RStR III 224. Caesar hat sich später über die militärische Brauchbarkeit der Offiziere und Offiziersanwärter aus Senatoren- und Ritterstand mit boshafter Ironie geäußert (B. G. 1, 39, 2–5). Desto mehr ist also zu beachten, wie ernst er seinen Dienst nahm und sich sogleich durch besondere soldatische Tüchtigkeit und Tapferkeit hervortat. Oben Anm. 1 wurde bereits auf die Vermutung hingewiesen, daß bei Senatorensöhnen mit der hohen Kriegsauszeichnung auch eine Bevorzugung in der Ämterlaufbahn verbunden war. Schließlich darf man nicht übersehen, daß Minucius Thermus ein Sullaner war (Münzer RE 15, 1966 Nr. 64), was zeigt, wie Caesars Begnadigung durch Sulla aufzufassen ist. 26 Suet. 3. 27 Suet. 3.

28 Suet. gramm. et rhet. 7.

29 Suet. 4, 1. 55, 1. Plut. 4, 1. Münzer RE 4, 1297 Nr. 134. Caes. frg. ed. Kübler 1897, S. 135.

30 Val. Max. 8, 9, 3 nennt fälschlich L. Cotta. Hortensius bei Ps. Ascon. zu Cic. div. in Caec. 24. Cic. Brut. 317, wonach Cicero als Zuhörer zugegen war.

zu einem stattlichen Werke aus, welches seitdem in der Literatur fortlebte und seinem Verfasser trotz der Niederlage den Ruf eintrug, einer der ersten Redner Roms zu sein[31]. Auch seine griechischen Clienten setzten weiter ihr Vertrauen auf ihn und übergaben ihm im nächsten Jahr den Prozeß gegen den berüchtigten Sullaner Gaius Antonius, der während des Mithradatischen Krieges als Legat schamlos in Hellas gehaust hatte. Caesar faßte die Sache mit solchem Geschick an, daß Antonius gegen die Anklage den Schutz der Volkstribunen anrief und ihn skandalöserweise auch erhielt[32].

Im Jahre 75 fuhr Caesar wieder nach dem Osten, diesmal, um zur Vollendung seiner Redekunst in Rhodos noch den Rhetor Apollonios Molon[33] zu hören. Dabei geriet er beim Inselchen Pharmakussa südlich von Milet in die Hand kilikischer Seeräuber. Die Feldzüge des Servilius Isauricus hatten das Übel nicht an der Wurzel gefaßt, und zu einem ausreichenden Unternehmen fehlten damals, wo der Sertoriuskrieg in Spanien auf seinem Höhepunkte stand, dem durch die blutigen italischen Bürgerkriege geschwächten römischen Reich die Kräfte. Wie nun die Seeräuber von dem vornehmen Römer ein Lösegeld von 50 Talenten (300 000 Denaren) verlangten, machte er die mangelhafte Küstenpolizei der kleinasiatischen Küstengemeinden[34] für sein Unglück verantwortlich und ließ sich dafür von ihnen die Summe aufbringen. Sie mußten ihm wenigstens dafür dankbar sein, daß er bei der Auszahlung des Geldes die Piraten dazu anhielt, ihnen für künftiges Wohlverhalten Geiseln zu stellen. Befreit, nahm er jedoch sogleich die Seepolizei in die Hand; an der Spitze eines Geschwaders, welches die Gemeinden zusammenbrachten, lieferte er den Seeräubern ein Gefecht und machte bei Erbeutung mehrerer ihrer Schiffe zahlreiche Gefangene. Wegen der Aburteilung fuhr er persönlich zum Statthalter von Asia, Marcus Juncus, der damals das durch Testament des letzten Königs an Rom gefallene Bithynien als Provinz einrichtete. Als der jedoch die Gefangenen nicht hinzurichten befahl, sondern sie zugunsten der Staatskasse verkaufen wollte, kehrte Caesar blitzschnell nach Pergamon zurück, wo sie im Gewahrsam lagen, und ließ sie auf eigene Faust kreuzigen[35].

31 Cic. Brut. 261. Vell. 2, 43, 3. Tac. dial. 34, 7. Plut. 3, 2.

32 Plut. 4, 2–4. Ascon. zu Cic. tog. caud. frg. 2 (Schoel). Q. Cic. comm. pet. 7. C. Antonius Klebs RE 1, 2757 Nr. 19, später mit Cicero Consul 63. Er wurde 70 von den Censoren aus dem Senat ausgestoßen, kehrte aber durch Wahl zum Volkstribunen für 68 wieder zurück, Dessau ILS 38, 1; zur Datierung des Volkstribunats L. R. Taylor ClPh 36, 121, 32. Broughton MRR II 141, 8. Der von Plut. erwähnte Praetor des Jahres 76, M. Lucullus, war nach Ascon. Peregrinenpraetor. Danach hätte es sich um einen Civilprozeß gehandelt, ode Lucullus hätte (ausnahmsweise) als praetor repetundarum fungiert. Plut. s. Bericht enthält Mißverständnisse.

33 Suet. 4, 1. Plut. 3, 1 (zeitlich falsch eingeordnet, Strasburger C. s. Eintritt i. d. Gesch. 9). Apollonios Brzoska RE 2, 141 Nr. 85. Cicero nahm bei ihm schon in Rom Unterricht (Brut. 312) und wiederum um 78 in Rhodos (Brut. 316).

34 Vgl. Cic. Flacc. 27.

35 Suet. 4, 1–2. 74, 1. Plut. 1, 8–2, 7. Vell. 2, 42, 1–3. Val. Max. 6, 9, 15. Polyaen. strat. 8, 23, 1. Das Abenteuer bot Anlaß zu mancherlei Ausschmückung. Iuncus Münzer RE 10, 954 Nr. 4.

Weil er jenes Testament des vierten Nikomedes nicht anerkannte, eröffnete 74 Mithradates, im Vertrauen auf Unterstützung durch Sertorius, zum drittenmal den Krieg gegen die Römer. Caesar war eben in Rhodos angekommen, als er vernahm, daß eine königliche Abteilung in die Provinz Asia eingedrungen sei. Sofort setzte er nach dem Festland über, übernahm den Befehl über die Ortsmilizen und vertrieb den Feind[36]. In unserer Überlieferung wird betont, daß er gegen die Seeräuber ganz auf eigene Faust vorging, und ebenso eigenmächtig verfuhr er mit dem Proconsul[37]. Sicher zeugt es von einer Verwegenheit, die sich alles zutraute, wirft aber auch ein eigentümliches Licht auf die damalige Provinzialverwaltung. Doch müssen wir uns erinnern, daß Cicero in seinem Werk „vom Staat" solche Selbsthilfe billigt, wenn es um „die Freiheit römischer Bürger" geht[38]. Daß ein Inhaber der *corona civica* beim Ausbruch des mithradatischen Kriegs so handelte wie Caesar, verstand sich von selbst.

Im Jahr 74 entschloß sich der Senat, wieder etwas gegen die Seeräuberplage zu tun und erteilte dem Praetor Marcus Antonius den Auftrag zur Säuberung des Mittelmeers[39]. Es scheint, daß ihm Caesar dazu beigeordnet wurde. Denn in einer Inschrift der lakonischen Hafenstadt Gytheion begegnet neben andern Unterführern auch der Legat Gaius Julius, dem um 73 zwei dort ansässige römische Bürger Quartier gewährten[40]. Dieser Aufenthalt paßt gut zu der anderweitigen Nachricht, wonach er 73 an Stelle seines verstorbenen Vetters, des Consulars Gaius Cotta, in das Collegium der *pontifices* cooptiert wurde und daraufhin die Rückreise von Rhodos antrat. Um von den Seeräubern nicht beachtet zu werden, sei er auf einem kleinen Boot, nur von zwei Freunden und zehn Sklaven begleitet, über die Adria gefahren[41].

Die Cooptation verdient unsere besondere Beachtung. Wenn Caesar dabei Gaius Cotta ersetzte, so dürfte die Mutter Aurelia ihre Hand im

36 Suet, 4, 2.

37 Vell. 2, 42, 2–3 *contracta classe et privatus et tumultuaria invectus in eum locum* ...

38 r. p. 2, 46 vom ersten Consul L. Brutus: *primus in hac civitate docuit in conservanda civium libertate esse privatum neminem*, und so beginnt Augustus seine *res gestae* mit den Worten: *annos undeviginti natus exercitum privato consilio et privata impensa comparavi, per quem rem publicam a dominatione factionis oppressam in libertatem vindicavi.*

39 Vell. 2, 31, 2. Klebs RE 1, 2594 Nr. 29. Broughton MRR II 101. Er ist der Bruder des C. Antonius und Vater des nachmaligen Triumvirs.

40 Dittenberger Syll. 748, 22. Broughton MRR II 113. L. R. Taylor Rome and Greece 4, 13. Da außer einem obskuren Catilinarier (Sall. Cat. 27, 1) kein anderer C. Julius bekannt ist, wird es Caesar sein. Als Legaten erscheinen sonst nur Senatoren. Ob die *corona civica* bei Caesar die Ausnahme ermöglichte? Bei Corn. Nep. Att. 6, 4 lesen wir, daß Q. Cicero 61 seinem Schwager Atticus, der nur Ritter war, eine Legatenstelle anbieten wollte. Aber es ist fraglich, ob eine solche Bezeichnung in einem griechischen Volksbeschluß korrekt ist. Jedenfalls scheint es eine zulässige Vermutung, daß Caesars Befehlsübernahme nachträglich in Rom anerkannt wurde.

41 Vell. 43, 1–2 nach Strasburger Caesars Eintritt 84 gute Überlieferung. Wenn diese Fahrt gelang, versteht man, daß Caesar 49 daran dachte, das Wagnis zu wiederholen, siehe unten S. 210.

Spiele gehabt haben. Der Vorschlag könnte von Mamercus Aemilius Lepidus Livianus ausgegangen sein, der schon 81 bei der Begnadigung mitgewirkt hatte, und stieß offenbar bei den übrigen Optimaten des Collegiums wie Servilius Isauricus, Quintus Lutatius Catulus, Marcus Terentius Lucullus auf keinen Widerspruch. Der *pontifex maximus* Quintus Metellus Pius führte in Spanien Krieg gegen Sertorius. Wir sehen, daß Caesars Angriff auf Dolabella keine Rolle spielte, und man mag sich vorstellen, daß Servilius Isauricus an den Kriegstaten seines ehemaligen Offiziers seine Freude hatte. Die Nobilität zählte ihn zu den ihren[42].

Blicken wir von hier aus auf Caesars bisheriges Leben zurück, so finden wir, daß er schon jetzt mit seinen Pfunden zu wuchern verstand. Obwohl die Hoffnungen, die auf eine Laufbahn bei den Nutznießern der Revolution hinwiesen, nicht in Erfüllung gingen, wußte er doch die so gegebene politische Stellung in schwieriger Zeit zu wahren und konnte darum jederzeit auf die Kräfte der popularen Richtung zählen. Andrerseits kamen ihm alle Vorteile seiner vornehmen Abkunft zustatten. Doch denke man nicht, daß schon für die Zeitgenossen seine künftige Größe herausgeglänzt hätte. Die Nobilität war allzu reich an ähnlich gearteter Jugend, ehrgeizig und genußfroh, aber auch tüchtig im Kriegsdienst und ernstlich bemüht um die dem Senator unentbehrliche rhetorische Bildung. Immerhin war der junge Pontifex schon ein angesehener Redner und hatte als schneidiger Offizier nicht nur Tapferkeit bewiesen, sondern auch Proben davon gegeben, wie er dermaleinst in der verrotteten Provinzialverwaltung zugreifen werde.

[42] Die Würdigung der Cooptation wird L. R. Taylor ClPh 36, 117–120 verdankt. In der Aufzählung der *pontifices* Macrob. Sat. 3, 13, 11 wird M. Aemilius Lepidus genannt. Aber, wie L. R. Taylor AJPh 63 (1942), 342 durch Vergleich mit der Liste Cic. har. resp. 12 scharfsinnig erkannte, gelangte M. Aemilius erst nach 63 in das Collegium. Darum ist M. in Mam. zu emendieren. Nach Val. Max. 7, 7, 6 könnte Mamercus 70 *princeps senatus* geworden sein (a. O. 393, 22. Münzer R. Adelsp. 312–313. Broughton MRR II 114 stimmt L. R. Taylor zu. Sie vermutet außerdem a. O. 403, 59, daß Servilia (Münzer RE 2A, 1817 Nr. 101) ihren Vetter Catulus (RE 2A, 1817 Nr. 98) für Caesar gewonnen haben könnte. Vgl. Plut. 7, 2.

II. DER POLITISCHE AUFSTIEG

Sulla, wiewohl als Offizier und Diplomat, Feldherr und Staatsmann von hoher Begabung, war doch zu viel Genußmensch, die Dictatur, die ihm zuteil geworden, lebenslänglich festzuhalten. Schon die Kompetenzen einer „Dictatur zur Abfassung von Gesetzen und zur Ordnung des Staates“, wie er sie sich übertragen ließ, zeigen, daß er daran gar nie gedacht hat. Er selbst wußte auch am besten, daß er seinen Sieg als Vorkämpfer der Nobilität gewonnen hatte. Sein Lager in Griechenland war der Zufluchtsort der Emigranten, und daher strömten ihm dann nach der Landung in Italien alle die Kräfte zu, welche die Treuverhältnisse der Nobilität zu ihren Schutzverwandten (Clienten jeglichen Standes bis zu ganzen Gemeinden) in sich bargen. Außer seinen Veteranen vermochte er so im Norden drei Heere ins Feld zu stellen unter Gnaeus Pompeius, Quintus Metellus Pius und Marcus Lucullus. Darum benutzte er seine unbeschränkte Macht, um die bis zur Revolution gewohnheitsrechtlich herrschende Oligarchie verfassungsmäßig zu befestigen. Da die römische Verfassung nur in Einzelheiten schriftlich durch Gesetze festgelegt war, mangelte ihr systematische Einheitlichkeit. Besonders war versäumt worden, die Funktionen des ursprünglich revolutionären Volkstribunats gegenüber den anderen Autoritäten scharf abzugrenzen. Erst die Taktik der Popularen hatte klargemacht, was das zu bedeuten hatte: staatsrechtlich war unentschieden, wem eigentlich die Regierungsgewalt zustand. Schon als Consul hatte Sulla dem ein Ende gemacht, indem er den Antrag der Volkstribunen an die Zustimmung des Senates band. Jetzt verstärkte er diese Fesselung durch weitere Bestimmungen, von denen hier nur die erwähnt sei, daß ein gewesener Tribun zu keinem curulischen Amte gewählt werden dürfe, also in Zukunft weder Praetor noch Consul werden konnte.

Die Kerntruppe der Popularen war im Bürgerkrieg die Ritterschaft gewesen. Sie wurde nicht nur durch die Proskriptionen fürchterlich gelichtet, sondern auch des ungemein wichtigen politischen Sonderrechtes beraubt, die Richter der Strafgerichtshöfe zu stellen. Geschworene konnten jetzt wiederum nur Senatoren werden. Durch weiteren Ausbau jener Gerichtshöfe räumte Sulla aber gleichzeitig mit der alten Volksgerichtsbarkeit auf und machte auch auf diesem Gebiet ernst mit dem Senatsregiment. Das war ja einer der größten Fehler der Verfassung, daß sie immer noch an den Formen des Gemeindestaates festhielt, wo doch die Beteiligung der Gesamtbürgerschaft an den Staatsgeschäften schon längst ausgeschlossen war. Sulla ließ zwar die Volksversammlungen bestehen, aber so, daß mit ihnen, die ja tatsächlich nicht einmal als Volksvertretungen gelten konnten, keine senatswidrige Politik mehr zu treiben war.

Durch genaue Regelung der Ämterlaufbahn und der Verwaltungsbereiche inner- und außerhalb Italiens wollte er möglichste Gleichheit aller Senatoren herstellen und den Senat zu einem regierungsfähigen Organ machen. Gerade diese Hoffnung trog am meisten. Die auf rund 600 Mitglieder gebrachte Körperschaft[1] war den Aufgaben des Reichsregiments nicht gewachsen. Die Gleichheit bestand vornehmlich darin, daß alle sorgfältig darüber wachten, keinem anderen größere Vorteile zukommen, sich selbst keinen Nutzen entgehen zu lassen. Die Politik löste sich mehr als je wieder auf in das geschäftige Treiben der Factionen. Vor der Selbstsucht der sich ihres Besitzes sicher fühlenden Herren kam das Gefühl der Verantwortung für das Gesamtergehen des Reichs nicht genügend auf.

Wer höhere Ziele erstrebte als die von dem Durchschnitt beliebten, mußte sich nach anderen Wegen umsehen. Ganz unzulänglich war die Provinzialverwaltung geordnet. Dank dem System gegenseitiger Konnivenz galt sie den Proconsuln und Propraetoren noch mehr als früher allgemein als sozusagen rechtmäßige Gelegenheit, Vermögen zu gewinnen oder wiederherzustellen, dagegen stieß großzügige Wahrnehmung der Staatsinteressen stets auf Schwierigkeiten, weil sich die Oligarchie scheute, einem ihrer Leute eine größere Macht anzuvertrauen. Wie zerrüttet infolgedessen die Zustände im Reich waren, haben die erwähnten Erlebnisse Caesars genugsam beleuchtet.

Diese Mängel haben zunächst die Wirksamkeit der Sullanischen Verfassung gelähmt und dann überhaupt die Weiterentwicklung des römischen Staates bedingt. Caesars Stellung ihnen gegenüber war, als er 73 ins politische Leben zurückkehrte, einmal durch seine popularen Beziehungen, mehr noch aber durch seine Begabung gegeben. Denn, wir haben schon bemerkt, seiner Laufbahn in der üblichen Optimatenweise hätte nichts im Wege gestanden. Aber im Gegensatz dazu fand man ihn nun überall, wo es galt, politischer Tätigkeit freie Bahn zu brechen entgegen oligarchischer Verengung des Spielraums. Das nächste Ziel der also Gesinnten war naturgemäß die Wiederherstellung des alten Volkstribunats. Schon 75 hatte Caesars Vetter, Gaius Cotta, als Consul ein Gesetz eingebracht, wonach sich die gewesenen Tribunen wieder um die curulischen Ämter bewerben durften, 73 führte der Volkstribun Gaius Licinius Macer den Kampf weiter und wurde von Caesar eifrig unterstützt[2]. In diesem Jahr erhielt er auch für 72 eine der 24 jährlich vom Volk vergebenen Kriegstribunenstellen, was in der Überlieferung wohl

[1] P. Willems Le sénat de la république romaine (1878), I 405.

[2] Suet. 5. Rede des Licinius Macer bei Sall. hist. 3, 48, von mir erläutert Sall. ed. Haas (1953) S. 135. Strasburger Caesars Eintr. 93.

nur erwähnt wird, weil es das erste vom Volk verliehene Amt war[3]. Man kann höchstens fragen, ob er als Tribun nicht am Sklavenkrieg teilzunehmen hatte. Vielleicht hören wir nichts, weil darüber nichts besonderes zu sagen war. Er selbst rühmte später den Sieg über Spartacus als einen Erfolg römischer *constantia*[4].

In diese Zeit fällt wohl die Rede, die er in einem Repetundenprozeß der Bithyner gegen Marcus Juncus hielt. Aus einem Fragment sehen wir, daß er diese Anklage als Pflicht gegenüber seinem ehemaligen Gastfreund Nikomedes und seinen dortigen Clienten rechtfertigte; aber nach den Erfahrungen, die er selbst mit diesem Proconsul gemacht hatte, griff er vermutlich gerne zu[5]. Die nächste Aktion, an der er sich unseres Wissens beteiligte, fand im Jahr 70 statt, als die Consuln Pompeius und Crassus das Volkstribunat von jeglicher Beschränkung befreit hatten. Im Sinne des Pompeius brachte damals der Volkstribun Plautius ein Plebiscit zur Abstimmung, das den Anhängern des Lepidus und des Sertorius volle Amnestie gewährte. Caesar empfahl es in einer auch schriftlich verbreiteten Rede und betonte wieder als ihm besonders obliegende Pflicht, sich für die Rückkehr seines Schwagers Lucius Cinna einzusetzen[6].

Jedoch soll man nicht denken, Caesar sei in diesen Jahren nur von politischem Ehrgeiz erfüllt gewesen. Die Zeitgenossen sahen ihn vielmehr von einer tollen Verschwendungssucht besessen und kostspieligen Liebhabereien verfallen, die seine Vermögensverhältnisse bei weitem überstiegen. Es ging das Gerücht, daß seine Schulden schon an die 8 Millionen Denare heranreichten. Im Optimatenkreis erwartete man, es werde mit ihm ein böses Ende nehmen und hielt ihn für keinen ernsthaften politischen Gegner! Wir erfahren darüber im einzelnen, daß er sich am Nemisee ein kostspieliges Landhaus baute, dasselbe aber, weil es seinem Geschmack nicht voll entsprach, gleich wieder abreißen ließ. Dann war er leidenschaftlicher Kunstsammler und gab unerhörte Summen aus für eine erlesene Sklavenschaft. Nicht am

[3] Suet. 5. Plut. 5, 1. MOMMSEN RStR II 576. STRASBURGER Caesars Eintr. 85. BROUGHTON setzt das Amt ohne ersichtlichen Grund ins J. 71.

[4] B. G. 1, 40, 5 *factum etiam nuper in Italia servili tumultu, quos tamen* (sc. *servos*) *aliquid usus ac disciplina quam a nobis accepissent sublevarent, ex quo iudicari posse, quantum haberet in se boni constantia, propterea quod, quos aliquamdiu inermes sine causa timuissent, hos postea armatos ac victores superassent.*

[5] Gell. N. A. 5, 13, 6. Caes. frg. (Kübler) S. 139. Die Fragmente wurden so erklärt von H. DAHLMANN Hermes 73 (1938), 341 ff.

[6] Suet. 5. Gell. N. A. 13, 3, 5. Caes. frg. (Kübler) S. 136. Cass. Dio 44, 47, 4. In meiner Abhandlung „Das erste Consulat des Pompeius" Abh. Berlin 1943, 1, 8, 3 verlegte ich das Plebiscit in das J. 72. Inzwischen überzeugten mich L. R. TAYLOR ClPh 36, 121, 32 und BROUGHTON MRR II 128, die für 70 eintreten. Entscheidend ist für mich, daß in diesem Jahr auch ein Siedlungsgesetz zugunsten der Veteranen des Metellus Pius und des Pompeius beschlossen wurde, dessen Ausführung aus Geldmangel aufgeschoben werden mußte (Cass. Dio 38, 5, 1). Es sollte 60 durch den Volkstribunen L. Flavius wieder aufgenommen werden, worüber Cicero Att. 1, 18, 6 bemerkt: *agraria autem promulgata est a Flavio sane levis eadem fere quae fuit Plotia.*

wenigsten werden schließlich die galanten Abenteuer gekostet haben, wovon die *chronique scandaleuse* der vornehmen Welt so viel zu berichten wußte, erzählte man sich doch, daß er noch 59 der Servilia, der Mutter seines späteren Mörders Brutus, eine Perle im Wert von $1^1/_2$ Millionen Denaren gekauft habe[7].

Der Schwerpunkt der römischen Politik lag damals in den Provinzen. Gegen seine Grundsätze mußte sich der Senat einmal über das andere zur Erteilung außerordentlicher Befehlsgewalten herbeilassen. Wie schon 78 gegen Lepidus, so wurde 77 dem neunundzwanzigjährigen Gnaeus Pompeius ein proconsularisches Kommando übertragen gegen Sertorius, das ihn dem ordentlichen Proconsul in *Hispania ulterior*, Quintus Metellus Pius, gleichstellte. Pompeius war der erfolgreichste aller Sullaner. Obwohl erst Ritter, hatte ihn der Dictator als Imperator (Ehrentitel des siegreichen Feldherrn) und Magnus („der Große") begrüßt und später auch triumphieren lassen, und Pompeius, in die Fußstapfen seines Vaters tretend, machte kein Hehl daraus, daß der Senat seine Sonderstellung dauernd anzuerkennen habe. Im Jahre 74 erhielt der Praetor Marcus Antonius zur Bekämpfung der Seeräuber eine Amtsgewalt über sämtliche Küsten des Mittelmeeres, gleich darauf der Consul Lucius Licinius Lucullus das Kommando im Mithradatischen Krieg mit *imperium* (magistratischer Befehlsgewalt) über die beiden Provinzen Kilikien und Asia, und schließlich mußte dem Praetorier (Senator, der die Praetur bekleidet hatte) Marcus Crassus ein proconsularisches *imperium* zur Niederwerfung der aufständischen Sklaven in Italien übertragen werden.

Seitdem Sulla gezeigt hatte, was man in solcher militärischen Stellung politisch wagen konnte, betrachteten die Hüter der starren Oligarchie alle derartigen Schritte mit berechtigter Sorge. Wirklich erpreßten sich auch 71 Crassus und Pompeius an der Spitze ihrer siegreichen Heere das Consulat des nächsten Jahres. Gewählt stellten die beiden ehemaligen Sullaner die tribunicische Gewalt im alten Umfang wieder her, und im selben Jahr gab der Praetor Marcus Aurelius Cotta (auch ein Vetter von Caesars Mutter) ein neues Gesetz über die Zusammensetzung der Geschworenengerichtshöfe. Danach bestand ein Drittel der Richter aus Senatoren, das zweite aus Rittern,

[7] Plut. 4, 5–6. 5, 8. Suet. 46. 47. 50, 1–2. Die Angaben Plutarchs werden bestätigt durch die, die STRASBURGER C.s Eintr. 45ff. aus der Untersuchung von Ciceros Äußerungen gewann, besonders 50–52, ferner 89. 135. S. 46 ist er der Ansicht, der Suet. 49, 3 berichtete Vorfall, wonach Caesar im Senat für Nysa, die Tochter Nikomedes' IV. eintrat und Cicero mit einer beleidigenden Anspielung auf Caesars Verhältnis zu diesem König geantwortet habe, gehöre schon in die 70er Jahre. Doch war Caesar damals noch nicht Senator, und so ist mit MÜNZER RE 17, 1630 Nr. 7 eher daran zu denken, daß Caesar 60 als designierter Consul zur Neuordnung der kleinasiatischen Provinzen gesprochen haben mag. Ein solcher Zwischenruf Ciceros ist freilich höchst unwahrscheinlich. Strasburger führt ihn auf Tiros Sammlung von Ciceros *ioci* (Macr. sat. 2, 1, 12) zurück. Darunter befanden sich gewiß viele „Treppenwitze".

das dritte aus Aerartribunen (eine gegenüber dem Ritterstand niedrigere Censusqualifikation, also unterhalb eines Mindestvermögens von 100 000 Denaren). Es wurden so der Sullanischen Verfassung die zwei wichtigsten Stützpfeiler ausgebrochen und damit eine Zeit böser anarchischer Wirren heraufgeführt. Denn von den popularen Überlieferungen blieben nur noch die Schlagworte übrig, das Selbstbestimmungsrecht des Volkes war lediglich ein Triebrad aus der großen Maschinerie, mit welcher alle Widersacher der Optimatenoligarchie unaufhaltsam an deren Sturz arbeiteten.

Caesar begrüßte natürlich diese Wendung, konnte aber, weil noch nicht Senator, bei solchen bedeutenden Unternehmungen nur eine untergeordnete Rolle spielen. Nach Sullas Ordnung gelangte man in den Senat durch die Wahl zur Quaestur. Dieses Amt bekleidete Caesar im Jahr 69[8]. Bald nach Antritt hielt er der Witwe des Marius die Leichenrede und ließ bei Besprechung ihres väterlichen und mütterlichen Stammbaumes seinen ganzen Adelsstolz ausströmen. „Meiner Vatersschwester Julia mütterliche Abstammung geht von Königen aus, die väterliche ist mit den unsterblichen Göttern verbunden. Denn von Ancus Marcius stammen die Marcii Reges ab, welches der Name der Mutter war, von Venus die Julii, deren Geschlecht unsere Familie angehört. Es trägt also die Abstammung in sich die Ehrwürdigkeit der Könige, welche am meisten vermögen bei den Menschen, und die Heiligkeit der Götter, in deren Gewalt die Könige selbst stehen." Im Leichenzug dagegen fuhren gegen Sullas Verbot die Bilder von Marius Vater und Sohn mit, vom Publikum begeistert begrüßt. Bald darauf starb auch seine Gattin Cornelia. Es war bisher nicht Brauch gewesen, junge Frauen durch eine öffentliche Rede zu ehren, aber Caesar scheute sich nicht zu neuern und wußte durch rührende Worte großen Beifall zu gewinnen[9]. Uns muten die erhaltenen Worte an wie eine Vorausdeutung auf Caesars letztes Lebensjahr. Den Standesgenossen klangen sie wohl großsprecherisch und zu seinem sonstigen extravaganten Treiben passend. Aber dem ‚Volk' in Rom gefiel es sicherlich.

Für seine Amtsführung war er dem Propraetor von *Hispania ulterior* zugeteilt[10]. Als dessen Vertreter übte er in einem Teil der Gerichtssprengel die statthalterliche Gerichtsbarkeit aus und fand viele Gelegenheit, sich die Provinzialen zu verpflichten. Doch plötzlich packte ihn der Ehrgeiz, rascher voranzukommen. Er verließ 68 die Provinz vor dem Statthalter und begab sich nach der Transpadana. Die Verleihung des römischen Bürgerrechtes an die italischen Bundesgenossen durch die Gesetze von 90 und 89 erstreckte sich nur bis zum Po. Nördlich davon bezog sie nur die beiden latinischen

[8] Diese Datierung begründete L. R. Taylor ClPh 36, 124. Danach Broughton MRR II 132.

[9] Suet. 6, 1. Plut. 5, 2–5.

[10] Suet. 7, 1. Plut. 5, 6. Vell. 2, 43, 3. Bell. Hisp. 42, 1. Die von Suet. und Cass. Dio. 37, 52, 2 hierher verlegten Anekdoten halte ich mit Strasburger a. O. 95 für falsch datiert.

Colonien Cremona und Aquileja ein. Dagegen wurden 89 vom Consul Gnaeus Pompeius Strabo die übrigen gallischen Ortschaften in einer Anzahl von Stadtbezirken zusammengefaßt, und diese Gemeinwesen empfingen dann das Recht der früheren latinischen Colonien, wozu vornehmlich gehörte, daß die Bekleidung eines Gemeindeamtes das römische Bürgerrecht einbrachte[11]. In den verflossenen Jahrzehnten hatte die Romanisierung hier Fortschritte gemacht, und die Zurücksetzung gegenüber den Nachbarn südlich des Po wurde bitter empfunden. Jedoch die Oligarchie widerstrebte einer weiteren Ausdehnung der Bürgerschaft. Darob begann es dort zu gären, Caesar, ganz im Geiste der alten Popularen, ergriff eilends die Gelegenheit, bereiste jene Gemeinden und hoffte auf eine bewaffnete Erhebung. Indessen der Senat hatte damals zwei für Kilikien (zum Mithradatischen Krieg) bestimmte Legionen zur Verfügung und hielt sie so lange in Italien zurück, bis es im Norden wieder ruhig wurde[12]. Durch diesen mißglückten Anschlag lernen wir den zweiunddreißigjährigen Caesar als einen verwegenen Spieler kennen, und als einen, der sich gleich mit hohem Einsatz zu spielen vermaß. Übrigens legte er durch seinen warmen Eifer für die Transpadaner den Grund zu höchst folgenreichen Patronatsbeziehungen.

In Rom vermählte er sich nach seiner Rückkehr mit Pompeia. Ihr Vater war der Sohn des Consuls Quintus Pompeius Rufus vom Jahre 88, ihre Mutter die Tochter Sullas, sie war also die Enkelin der beiden Consuln, die 88 die tribunicische Gewalt so nachdrücklich beschnitten hatten[13]. Dergleichen Erinnerungen zählten also bei Caesar nicht. Als Quaestorier nahm er seit 67 an den Senatssitzungen teil. Das Seeräuberwesen hatte infolge Versagens des Antonius dergestalt überhand genommen, daß nur eine besondere Kraftanstrengung davon befreien konnte. Eben stellte der Volkstribun Aulus Gabinius den Antrag auf Schaffung eines außerordentlichen Kommandos mit Vollmachten, wie sie in der römischen Geschichte unerhört waren. Jedermann wußte, daß er auf Pompeius zugeschnitten war. Der gesamte Senat folgte dem verehrten Haupte der Optimaten, Quintus Catulus, und lehnte den Plan ab, nur in der untersten Rangklasse sprach Caesar keck dafür. So wenig ihm die neue Erhöhung des Pompeius behagte, ihm blieb keine andere Wahl, wollte er als Popular seinen Weg machen[14]. Er wurde darauf zum Curator für die Via Appia gewählt, eine Stellung, worin man sich durch gute Geschäftsführung leicht vielseitigen Dank erwerben konnte.

[11] Ascon. zu Cic. Pis. frg. 9. GELZER Vom römischen Staat (1943) II 70.

[12] Suet. 8. Die Legionen waren die des Consuls 68 Q. Marcius Rex, Cass. Dio 36, 2, 2; 15, 1; 17, 2. DESSAU ILS 868. GELZER RE 13, 400 gegen MÜNZER RE 14, 1584. L. R. TAYLOR a. O. 123, 39. BROUGHTON MRR II 137.

[13] Suet. 6, 2. Plut. 5, 7. Mit der Familie des Cn. Pompeius Magnus war sie nicht verwandt, STRASBURGER a. O. 135.

[14] Plut. Pomp. 25, 8. STRASBURGER a. O. 101. Über den Seeräuberkrieg GELZER Pompeius[2] (1959) 71 ff.

Trotz seiner unheilbaren Verschuldung setzte er denn aus aus eigenen Mitteln bedeutend zu und befestigte sich immer mehr in der Volksgunst [15].

Inzwischen traten in der großen Politik wichtige Veränderungen ein. Schon vor der Wahl des Pompeius war Lucius Lucullus trotz seinen großen Leistungen durch Gabinius seines Kommandos enthoben worden. Da er der unsäglich geldgierigen Aussaugung der Provinz Asia durch die römische Finanz ein Ende gemacht hatte, wurde er vom Haß der Ritterschaft so lange verfolgt, bis es ihren unablässigen Wühlereien gelang, diese Leuchte der Nobilität zu stürzen. Wie Metellus Pius, dem Rom mehr als dem Pompeius die Bewältigung des Sertoriuskrieges zu verdanken hatte, war Lucullus dem Sullanischen System der Optimatenoligarchie aufrichtig ergeben. Aber darin lag die tragische Unzulänglichkeit dieser Regierungsform, daß sie hervorragende Persönlichkeiten nicht ertragen konnte. Die Koterien, in denen betriebsame Wichtigtuer das große Wort führten, ließen den bedeutendsten Mann der Nobilitätsherrschaft, der es verschmähte, sich zu den Popularen zu schlagen, selbst fallen. Die Absicht war, den Mithradatischen Krieg durch die ordentlichen Proconsuln zu Ende zu führen. Aber bis ins Jahr 66 hinein hatten diese ihre Aufgabe immer noch nicht ergriffen, und mittlerweile entglitt das Heft den Händen der Senatshäupter [16].

Der Seeräuberkrieg ließ Pompeius' Talent im hellsten Lichte strahlen: er konnte weit überlegene Machtmittel durch wohlerwogene Organisation zu vernichtenden Schlägen zusammenfassen. Ende 67 waren nicht nur die Seeräuber aus dem Mittelmeer verschwunden, sondern ein großer Teil dieser unruhigen Leute sollte, als Ansiedler auf verödete griechische Städte verteilt, ein ehrsames bürgerliches Leben beginnen. Alle Umstände vereinigten sich, um in Pompeius, wie der es brennend wünschte, den gegebenen Nachfolger Luculls darzubieten. Der gemeine Mann in Rom war begeistert für den Helden, der ihm das tägliche Brot gesichert hatte. Die Kapitalisten merkten mit Schrecken, daß seit der Lahmlegung Luculls der Krieg wieder in die römischen Provinzen getragen wurde und all ihre riesigen Staatspachtunternehmungen in Gefahr gerieten. Pompeius selbst war für neue Aufgaben frei.

Anfang 66 stellte der Volkstribun Gaius Manilius den Antrag, Pompeius' Kommando auch auf die Führung des Mithradatischen Krieges zu erstrecken und ihm das Recht zu verleihen, Kriege zu erklären, Frieden und Verträge zu schließen. Mit einem Wort, die Lösung der gesamten orientalischen Frage wurde in seine Hand gelegt. Seit der Wiederherstellung des Volkstribunats konnte der Senat der Gewalt einer solchen Bewegung nimmermehr widerstehen. Die Führer Catulus und Hortensius kämpften für eine verzweifelte Sache, auch vier Consulare ihrer Richtung, darunter

[15] Plut. 5, 9. Mommsen RStR II 669 erwähnt dieses Zeugnis nicht. Vgl. Dessau ILS 5800 und Broughton MRR II 141, 8.

[16] Gelzer RE 13, 404.

bedeutende, wie Publius Servilius Isauricus und Gaius Scribonius Curio, schwammen diesmal mit dem Strom.

Von Staats wegen wurden jetzt dem Pompeius politische Möglichkeiten in den Schoß gelegt, wie sie Sulla als Geächteter im Bürgerkrieg erkämpft hatte. Wer bei der vorauszusehenden Neuordnung nicht unter die Räder kommen wollte, mußte dem zukünftigen Machthaber zu Gefallen wirken. Das war die bittere Notwendigkeit für Caesar. Da es aber sein mußte, begnügte er sich nicht mit einer Mitläuferrolle, sondern wurde ein eifriger Verfechter des Gesetzes[17]. Ihm gleich tat es nur der Praetor dieses Jahres, Marcus Tullius Cicero. Auch der konnte nicht anders, wollte er den Wunsch seines Lebens, daß er, der Ritterbürtige, kraft seiner Beredsamkeit das Consulat erlange, einmal erfüllt sehen. Er war zwar aufrichtiger Begeisterung voll für die glorreiche Vergangenheit der Nobilitätsherrschaft, aber unter dem damaligen Senatsregime gab es für einen „Neuling“ kein Consulat zu erhoffen. Nach Ansicht der hochmögenden Herren mochte er sich glücklich preisen, daß man ihn bis zur Praetur hatte steigen lassen.

Pompeius hat bis zum Jahre 62 die militärischen und organisatorischen Erwartungen, die man auf ihn setzte, vollauf erfüllt. Welche politischen Folgerungen er aus seiner Stellung zu ziehen beabsichtigte, darüber gab es bis zu seiner Rückkehr Anfang 61 in Rom nur Gerüchte[18]. Das politische Leben lag infolgedessen unter dem Druck einer furchtbaren Spannung. Wer unter den römischen Politikern sich selbst für eine große Rolle ausersehen glaubte, mußte handeln, bevor ihm ein Stärkerer die Freiheit raubte. Während äußerlich die Geschäfte den gewohnten Gang gingen, wußte der Eingeweihte, daß man auf einem Vulkan lebte, dessen Ausbruch unabsehbare Verheerungen anrichten würde. Die Lage war beklemmend.

Man kann sich von dem damaligen sittlichen Verfall des römischen Volkes kaum eine genügend dunkle Vorstellung bilden. Die altrömische Sittlichkeit war rauh und steif gewesen wie die alte Religion, aber rechtlicher Sinn hatte die römische Nationaleigenschaft, die brutale Selbstsucht[19], gemildert. Die Weltherrschaft untergrub den festen Boden, aus dem Rom seine besten Kräfte gezogen hatte. Vor allem die wachsende Durchdringung mit griechischem Wesen konnte nur zersetzen. Denn es war doch nur der in allen Gesellschaften kleine Bruchteil der Hochgesinnten und der selbständigen Köpfe, welcher die unvergänglichen Güter des hellenischen Geisteslebens in sich aufnehmen konnte. Der derben römischen Sinnlichkeit gingen andere Seiten einer überreifen Kultur, ihre Frivolität und ihr Luxus, ihre Genüsse und Laster, leichter ein. Dem Römer, der im Osten sich einlebte in die politische Korruption und skrupellose Geldmacherei der Griechen,

17 Cass. Dio 36, 43, 2–3. Gelzer Pompeius² 80, zu Cicero RE 7A, 855.

18 Vgl. Gelzer a. O. 112ff.

19 Cato in der Rhodierrede bei Gell. N. A. 6, 3, 37. Vell. 2, 27, 1.

der täglich sah, wie sie mit Brutalität am leichtesten und einträglichsten zu behandeln waren, dem mußten sich die alten Begriffe von Ehrbarkeit verwirren. Die griechische Rhetorik durchseuchte die gerichtliche und politische Beredsamkeit des Forums. Optimaten und Popularen wetteiferten darin, das römische Stadtvolk zu korrumpieren. Am Ende des zweiten Jahrhunderts war auch in Rom, wie in Griechenland schon von jeher, für Geld bei vornehm und gering alles zu haben[20]. Wer Macht besaß, nutzte sie schonungslos aus, nicht nur die Großen in der Provinzialverwaltung, ebenso schlimm trieben es die Geschäftsleute, allen voran die Pachtgesellschaften und ihre Angestellten. Treu und Glauben galten nur noch, soweit sie dem Eigennutz dienten. Das Familienleben war weithin zerrüttet; nicht nur in Rom, sondern auch in die Municipien gewähren uns Ciceros Gerichtsreden einen erschrekkenden Einblick. Ebenso wurden die sozial so wichtigen Treuverhältnisse der Schutzverwandtschaft und der politischen Freundschaft immer mehr zu Geschäftsbeziehungen. Die ungeheuren Reichtümer, die in Rom zusammenflossen, trieben den Luxus fortwährend zu neuen Ausschweifungen. Mitzutun gehörte zum vornehmen Ton. In kurzen Jugendjahren wurden große Vermögen vertan; aber stiegen die Schulden auch noch so hoch, der Senatorensohn tröstete sich damit, daß ihm die Politik alles mit Zinsen zurückerstatten werde.

Über diese verderbte Welt kam seit 90 eine wirtschaftliche Katastrophe nach der anderen. Der Bundesgenossenkrieg riß das italische Wirtschaftsgebiet plötzlich auseinander und brachte das Geschäftsleben ins Stocken[21], 88 gingen bei dem von Mithradates befohlenen Italikermorden in Kleinasien nicht nur 80 000 Menschenleben, sondern auch riesige Kapitalien verloren[22]. In der nachfolgenden Revolutionszeit bekamen die siegreichen Ritter den Spitznamen der „Geldsäckler"[23]. Die Antwort auf diese Ausnutzung der Konjunktur waren die 1600 römischen Ritter, welche Sullas Proskriptionen zum Opfer fielen[24]. Wieder trat eine völlige Veränderung der Besitzverhältnisse ein. Die Sullaner kauften die konfiszierten Güter zu Spottpreisen, und außerdem wurden 120 000 Veteranen in italischen Gemeinden angesiedelt[25]. Den ungeheuren Gewinnen der einen Seite standen auf der anderen Flüchtlingselend und Armut gegenüber. Ein großer Teil der plötzlich Reichgewordenen verschleuderte seine Schätze ebenso rasch. Als Lehre aus dieser Aufeinanderfolge grauenvoller Umwälzungen leuchtete jedem Verarmten und Verschuldeten die Hoffnung, das Schicksalsrad werde sich demnächst wieder drehen und obenauf bringen, was eben noch in der Tiefe lag[26]. So überwogen

[20] Polyb. 18, 35, 2. 31, 25, 3. 6, 57, 6. Vgl. Gnomon 29 (1957), 407

[21] Oros. 5, 18, 27. Appian. Mithr. 84. b. c. 1, 234. Liv. per. 74. Val Max. 9, 7, 4.

[22] Memnon (FgrHist 434) 22, 9. Plut. Sull. 24, 7 gibt sogar 150000 an. Cic. imp. Cn. Pomp. 7. 19. Flacc. 60. 61.

[23] Ascon. zu Cic. tog. cand. frg. 17 (Schoell).

[24] Appian. b. c. 1, 442. Flor. 2, 9, 25.

[25] Appian. b. c. 1, 489.

[26] Cic. Cat. 2, 19. 20. Sall. Cat. 16, 4. 20, 14. 39, 4. Sehr schön sagt Cicero in der Einleitung seines meisterhaften Dialogs *de oratore* (1, 1), wie er sich gewünscht hätte, *in optima re publica* (er

damals in der moralischen Atmosphäre Roms die unreinen Elemente von gewissenloser Frivolität bis zu vollkommener Ruchlosigkeit in beklemmender Weise. Namentlich in der politischen Welt, wo man in dauernder Berührung stand mit diesem Wesen, konnten sich nur ganz wenige von jeglicher Befleckung freihalten. Das alles muß man bei der Entwicklung der Dinge in den folgenden Jahren bedenken, um nicht in verkehrte Urteile zu verfallen.

Für das Jahr 65 war Caesar zum curulischen Aedil gewählt worden. Die Aedilität war ein rein städtisches Amt, ihre Aufgabe die Polizeiaufsicht über den Marktverkehr und allgemein die Überwachung der öffentlichen Ordnung auf Straßen und Plätzen einschließlich der Sorge für die Tempel und öffentlichen Bauten, verbunden mit dem Recht, Fehlbare mit Geldbußen zu bestrafen[27]. Was es aber auf der Stufenleiter der senatorischen Laufbahn begehrenswert machte, war die den Aedilen überdies obliegende Pflicht, die an den staatlichen Feiertagen stattfindenden Festspiele abzuhalten. Dafür wurden aus der Staatskasse Mittel bewilligt[28]; aber schon längst galt es Anwärtern auf die höhern Ämter als bestes Mittel, sich den Wählern zu empfehlen, wenn sie aus eigenem Vermögen für erhöhte Pracht sorgten. Man kann sich denken, wie Caesar von dieser Gelegenheit Gebrauch machte. Die curulischen Aedilen — es gab noch zwei plebeische mit andern Spielverpflichtungen — hatten im April während sieben Tagen die Spiele zu Ehren der Göttermutter Cybele *(ludi Megalenses)*[29] und im September während fünfzehn Tagen[30] die römischen Spiele (zu Ehren des Juppiter Capitolinus) zu veranstalten.

Caesars College war Marcus Calpurnius Bibulus, rechtschaffen, aber dem optimatischen System treu ergeben und, wie er in seinem Consulat 59 noch schmerzlicher erfahren sollte, Caesar in keiner Weise gewachsen. Er hat damals witzig bemerkt, „als Aedil sei es ihm ergangen wie dem Pollux; wie man den Dioskurentempel auf dem Forum nur als Castortempel bezeichne, so schreibe man seine und Caesars Freigebigkeit Caesar allein zu“. Dieser erreichte durch besondere Zugaben, daß man nur von ihm sprach. Aber noch mehr stellte er Bibulus in den Schatten, weil er trotz seinen Schulden sein Amtsjahr auch dazu benutzte, seinen vor zwanzig Jahren verstorbenen Vater durch unerhört glänzende Gladiatorenspiele zu ehren. Dieser Brauch der Totenehrung stammte von den Etruskern. Die Fechtersklaven wurden

denkt an die Zeit vor 133) zu leben, als die Senatoren *eum vitae cursum tenere potuerunt, ut vel in negotio sine periculo vel in otio cum dignitate esse possent.* Statt dessen (3) *prima aetate incidimus in ipsam perturbationem disciplinae veteris, et consulatu devenimus in medium rerum omnium certamen atque discrimen et hoc tempus omne post consulatum* (Cicero schreibt i. J. 55) *obiecimus iis fluctibus, qui per nos a communi peste depulsi in nosmet ipsos redundarent.* Eine Charakteristik der Jahre 70–63 gibt Sallust Cat. 38, 1–39, 4.

27 Mommsen RStR II 476. 492. 499. 505. 507.

28 Habel RE Suppl. B. 5, 619.

29 G. Wissowa Rel. u. Kult. d. Röm. 318.

30 Cic. Verr. I 31.

in eigenen Kasernen ausgebildet. Es war noch nicht lange her, daß Spartacus aus einer solchen ausgebrochen war[31], und man begreift, daß im Senat Aufregung entstand, als Caesars Vorbereitungen bekannt wurden. Obwohl eine Höchstzahl festgesetzt wurde, waren es 320 Paare, die auftraten, Rüstungen und Waffen funkelten von Silber[32]. Doch damit nicht genug, ließ Caesar in einer Nacht auf dem Forum auch noch die von Sulla beseitigten Siegesdenkmäler des Marius wieder aufrichten. Das Straßenvolk war begeistert; aber die Hüter der Optimatentradition fanden, diese Demagogie beginne gefährlich zu werden, und ihr Führer, Lutatius Catulus, sprach im Senat das Wort: „Caesar greift die Republik nicht mehr mit Minengängen sondern schon mit Sturmböcken an". Doch der Beschuldigte wußte so zu antworten, daß sich der Sturm wieder legte[33]. Leider wird nicht berichtet, was er sagte; vermutlich vertrat er die Ansicht, es sei jetzt Zeit, die alte Feindschaft zu begraben und die unvergänglichen Verdienste des großen Kriegshelden wieder anzuerkennen. Wir bemerken bei Caesar immer wieder die besondere Gabe, seine Gegner als unvernünftige Fanatiker ins Unrecht zu setzen. Wir dürfen nicht übersehen, daß der Kreis der unentwegten Sullaner damals nur noch begrenzt war[34], und sollen uns nicht vorstellen, daß Caesar in der Nobilität isoliert dagestanden hätte[35].

Im übrigen war Caesars Aedilität keineswegs das aufregendste Ereignis des Jahrs. Es begann gleich mit einem mißglückten Putschversuch. Die für 65 gewählten Consuln Publius Autronius und Publius Sulla (ein Verwandter des Dictators) waren wegen Wählerbestechung verurteilt worden, und an ihre Stelle traten die siegreichen Mitbewerber und Ankläger Lucius Aurelius Cotta (der Vetter von Caesars Mutter) und Lucius Manlius Torquatus. Im Bund mit Lucius Sergius Catilina wollten nun die Verurteilten über den

31 Plut. Crass. 8, 2.

32 Suet. 10, 1. Plut. 5, 9. Cass. Dio. 37, 8. Plin. n. h. 33, 53. SCHNEIDER RE Suppl. B. 3, 763.

33 Suet. 11. Plut. 6. Vell. 2, 43, 3.

34 In diesem Jahr fand der Hochverratsprozeß des Volkstribunen von 67, C. Cornelius, statt, der von Cicero verteidigt wurde. Seine Reden sind uns nur durch den Commentar des Asconius bekannt. Die Anklage ging von demselben Optimatenkreis aus; aber Cornelius wurde mit großer Mehrheit freigesprochen. Ich suchte die komplizierten Verhältnisse RE 7A, 860–862 darzulegen.

35 R. SYME Rom. Rev. 68–70. In der ‚guten Gesellschaft' Roms kannte jeder den andern, und wir besitzen gerade aus dieser Zeit einen köstlichen Bericht über einen vom *pontifex maximus* Q. Metellus Pius zu Ehren eines neueingeführten *flamen Martialis* veranstalteten Festschmaus. Leider ist die Liste der anwesenden *pontifices* in der Handschrift unvollständig erhalten; aber wir erfahren, daß Caesar daran mit Catulus teilnahm, und auch Metellus gehörte zu jenen Optimaten (Macrob. Sat. 3, 13, 10–12). Die Liste wurde von L. R. TAYLOR ergänzt AJPh 63 (1942), 400ff. und Proceedings of the Americain Philological Association 73 (1942), 13, 25. 15, 31. H. STRASBURGERS Vorstellung (H. Z. 175 (1953), 233), Caesars Verfeindung mit den Häuptern der Nobilität beruhe auf nie verwundenem Ressentiment gegen Sulla, erscheint mir nicht richtig. Dann hätte er wohl nicht Sullas Enkelin geheiratet.

Leichen der Nebenbuhler doch Consuln werden. Aber der für den 1. Januar geplante Anschlag mißlang und ebenso der Versuch, ihn am 5. Februar zu wiederholen. Die Consuln wünschten einen Senatsbeschluß zur Unterdrückung der Umtriebe, aber Intercession eines Volkstribunen vereitelte die Verhandlung[36]. So konnte Cicero 62 behaupten, er habe damals nichts davon erfahren[37].

Wir müssen uns mit dieser dunkeln Affäre beschäftigen, weil eine reichdokumentierte Überlieferung[38] berichtet, auch Caesar sei in diese ‚Verschwörung' verwickelt gewesen, und zwar sei es eigentlich darum gegangen, daß in der Verwirrung Crassus die Dictatur ergreife und Caesar sein *magister equitum* werde. Was Caesar anbetrifft, ergibt sich aus den angeführten Zeugnissen, daß der Vorwurf offenbar zuerst in der vor keiner Gehässigkeit zurückschreckenden Publizistik des Consulatsjahrs 59 auftauchte; die Edicte des Bibulus werden genannt und Reden des Consulars Gaius Scribonius Curio. Da ist es nun eine schlagende Widerlegung, daß Cicero in seiner damals verfaßten Schrift „über seine Entschlüsse", die nach seiner Verfügung erst nach seinem Tod veröffentlicht wurde, für das Unternehmen von 65 nur Crassus erwähnt hat[39]. In der Tat ist es höchst unwahrscheinlich, daß sich Caesar zu Plänen, die auf Ermordung seines Vetters Cotta abzielten, hergegeben hätte. So ist der *magister equitum* bösartige Erfindung, damit aber auch die Dictatur des Crassus. Nur ließ dessen Verhalten auf Begünstigung der damaligen Unruhe schließen[40].

Wie Pompeius von Sulla herkommend hatte auch Crassus den Ehrgeiz, sich eine von der Optimatenoligarchie unabhängige Machtstellung zu schaffen. Durch geschickte und oft skrupellose Mehrung seines Vermögens war er zum reichsten Mann Roms geworden[41]. Wessen Einkünfte nicht zum Unterhalt eines Heeres ausreichten, könne es nicht zum führenden Staats-

36 Sall. Cat. 18, 5. Cic. Cat. 1, 15. Mur. 81. Cass. Dio 36, 44, 3–5.

37 Sull. 11–13. 81.

38 Suet. 9, 1–3.

39 Diese entscheidende Einsicht bei H. STRASBURGER C.s Eintr. 108. Die Stelle aus Ciceros nicht erhaltener Schrift bei Ascon. zu Cic. tog. cand. frg. 1 (SCHOELL). HRF S. 209 frg. 2. Die Datierung Cic. Att. 2, 6, 2. 14, 17, 6. Cass. Dio 39, 10, 3. Plut. Crass. 13, 4. RE 7A, 909. Ich habe früher, in den vorangehenden Auflagen dieses Buchs und RE 2A, 1696–1697. 13, 309. 7 A, 859 an Caesars Teilnahme geglaubt, weil ich Asconius nicht richtig würdigte. In diese Zeit könnte auch der Suet. 9, 2. mitgeteilte Satz aus einem Brief Ciceros an Axius (KLEBS RE 2, 2633 Nr. 4) gehören: *Caesarem in consulatu confirmasse regnum, de quo aedilis cogitarat. Regnum, rex* wird gebraucht wie griechisch Tyrannis und ist seit der Gracchenzeit als diffamierendes Schlagwort im Schwang. Cicero selbst wurde damit bedacht wegen der Hinrichtung der Catilinarier (Sull. 21. 22. 48). Bei Plut. 6, 3 lesen wir, die Optimaten hätten Caesar zugerufen, *τυραννίδα πολιτεύεσθαι*, weil er die Mariusdenkmäler wieder aufstellte. Darauf wird sich auch Ciceros Briefstelle beziehen, STRASBURGER a. O. 108. Über die Suet. 9, 2–3 genannten Gewährsmänner Tanusius Geminus und Actorius Naso STRASBURGER a. O. 26. 34. 108.

40 Sall. Cat. 19, 1. Ascon. zu Cic. tog. cand. frg. 1. vgl. Suet. 9, 3. Plut. Crass. 34, 2.

41 Plut. Crass. 2, 4–7. RE 13, 299.

mann bringen, hörte man ihn etwa sagen[42]. Trotz dem Sieg über Spartacus blieb er freilich weit zurück hinter dem Feldherrnruhm des Pompeius, dem nun auch noch die Kriege gegen die Seeräuber und Mithradates zugefallen waren. Aber er wollte um jeden Preis auch oben bleiben. Es gelang ihm, in diesem Jahr 65 zum Censor gewählt zu werden, und so hoffte er, mit diesem Amt bedeutendes zu erreichen. Einmal wollte er bei der Aufstellung der Bürgerliste die Transpadaner hineinnehmen (was ihm eine große neue Clientel eingebracht hätte), und noch größeres versprach die Absicht, unter Berufung auf ein angebliches Testament des 80 von Sulla eingesetzten und nach 19 Tagen ermordeten Königs Ptolemaios XI. Alexandros II. Aegypten zur Provinz zu machen. Jedoch sein College Catulus widersetzte sich den beiden Vorhaben so entschieden, daß die üblichen Censusgeschäfte liegen blieben. Crassus zog vor, daß sie beide abdankten. Einer der für 64 gewählten Nachfolger wurde Lucius Cotta. Doch wurde auch deren Amtsführung durch Volkstribunen lahmgelegt[43].

Wir erfahren aber auch, daß Caesar sich beim Streit um die aegyptische Erbschaft Hoffnung machte, im nächsten Jahr durch Plebiscit ein *extraordinarium imperium* zur Vollstreckung des Testaments zu erhalten[44]. Da jedoch die Optimaten das Manöver mit diesem Testament zu Fall brachten, wurde es damit nichts. Ich sehe keinen Grund, deswegen die Episode aus Caesars Leben zu streichen[45]. Dafür, daß Caesar damals mit Crassus in Verbindung trat, spricht besonders der Plan mit den Transpadanern, und es wäre geradezu merkwürdig, wenn sie gegen den gemeinsamen Widersacher Catulus nicht zusammengestanden hätten[46]. Dabei zeigte sich freilich Caesar mit seinem Sieg im Senat bereits als der überlegene. Der Gedanke an ein *extraordinarium imperium* war gewiß kühn, aber bei Caesar, der sich zweimal für Erteilung solcher Vollmacht an Pompeius eingesetzt hatte, nicht erstaunlich. Es ist schade, daß wir seine damaligen Reden nicht kennen;

[42] Cic. off. 1, 25 *qui in re publica princeps vellet esse*. Es ist kaum möglich, den Begriff *princeps* adaequat zu übersetzen, WICKERT RE 22, 2037: „*princeps* ist nur, wen die öffentliche Meinung als solchen anerkennt"; zu Crassus a. O. 2024 Nr. 56. Andere Fassungen des Ausspruchs RE 13, 300.

[43] Cass. Dio 37, 9, 3–4. Plut. Crass. 13, 1–2. Zum Testament des Königs App. b. c. 1, 476–477. Porphyrios Chronik FgrHist 260 F 2, 11. Gegen die Annexion Ägyptens hielt Cicero die Rede *de rege Alexandrino* (gemeint der seit 80 regierende Ptolemaios XIII. Neos Dionysos mit dem Spitznamen Auletes, der Aulosbläser. Der Aulos ist das bekannte antike Blasinstrument, das klang wie die moderne Oboe, obwohl klassische Philologen und Archäologen es noch immer mit „Flöte" übersetzen. Ciceros Rede ist nur durch schol. Bob. bekannt. Die Fragmente bei SCHOELL S. 457, unrichtig ins J. 56 datiert. Cicero kam 63 darauf zurück leg. agr. 1, 1. 2, 41–44. RE 7A, 862. H. VOLKMANN Kleopatra (1953), 34.

[44] Suet. 11. Wie STRASBURGER a. O. 113 mit andern bemerkt, erwähnt Sueton in seiner Erläuterung noch Vorgänge der Jahre 59 und 57.

[45] So auch T. RICE HOLMES The Rom. Rep. (1923) I 227. STRASBURGER a. O. 114 meint, ein Aedilicier hätte nicht wagen können, so hoch zu greifen. Aber Caesar war auch schon kein Aedil wie die andern!

[46] Plut. Crass. 7, 6.

doch beweist schon die Tatsache, daß er sie hielt, wie er sich mit dem Problem beschäftigte, und am wenigsten werden wir bezweifeln, daß er sich ebenso viel zutraute wie Pompeius, der 29jährig ein solches Imperium für den Sertoriuskrieg erhielt.

Das folgende Jahr ließ sich nicht weniger stürmisch an. Sergius Catilina bewarb sich um das Consulat von 63, Crassus finanzierte das Unternehmen und befand sich damit, wie Cicero [47] überzeugt war, im Einverständnis mit Caesar. Selbstverständlich erwarteten sie eine Gegenleistung. Crassus starrte immer auf Pompeius. Wenn Caesar mit ihm zusammenging, werden wir uns nicht vorstellen, daß er sich auf eine einseitige Bindung einlassen wollte, vielmehr, daß er in solcher Kombination Möglichkeiten für die eigene große Zukunft sah. Dafür nahm er in Kauf, daß der elende Gaius Antonius Catilinas Partner war. Jedoch trieben sie es mit dem Stimmenfang so schlimm, daß sich die Optimaten aufrafften und gegen Catilina dem *homo novus* Cicero, der kurz vor den Wahlen in einer glänzenden Rede vor dem Senat die verbrecherische Vergangenheit der beiden Gegenkandidaten gebrandmarkt hatte, zum Sieg verhalfen [48].

Doch folgte noch ein pikantes Nachspiel. In diesem Jahr 64 [49] war Marcus Porcius Cato, der Urenkel des berühmten Censorius und selbst ein Mann, der sich durch Charakterfestigkeit und eindringliches Studium der stoischen Philosophie schon einen Namen gemacht hatte, Quaestor. Man war gewöhnt, daß die Anfänger, die dieses Amt übernahmen, weil es die Ämterlaufbahn vorschrieb, sich in den Dienstgeschäften auf das Subalternpersonal verließen. Cato dagegen hatte sich gewissenhaft vorbereitet und fuhr wie ein Gewitter in diesen Schlendrian hinein [50]. Es gab schon seit 72 ein Gesetz, wonach die Gelder beigetrieben werden sollten, die Sulla seinen Günstlingen beim Verkauf des Besitzes von Proscribierten erlassen hatte. Aber es geschah nichts [51], bis Cato mit dieser Unordnung im Finanzwesen aufräumte [52]. Aber weitergehend wandte er jenes Gesetz auch gegen die Empfänger der Kopfgelder (12 000 Denare) an und behandelte sie als Verbrecher. Das hatte zur Folge, daß man versuchte, sie auch noch vor dem Gerichtshof für Mord zu belangen [53]. Nach Sullas Ordnung gab es sieben für die verschiedenen Verbrechen zuständige Geschworenengerichtshöfe [54]. Als Leiter fungierten Praetoren. Wegen der Häufigkeit der Mordprozesse sah man sich genötigt, besonders für diesen Gerichtshof auch Aedilicier zum Vorsitz heranzuziehen [55]. In diesem Jahr war Caesar ein solcher *quaesitor* oder *iudex quaestionis* [56]. Da

[47] Ascon. argum. zu Cic. tog. cand. und frg. 1.

[48] Sall. Cat. 23, 5. Plut. Cic. 11, 2. Appian. b. c. 2, 5. RE 7A, 863–864.

[49] Broughton MRR II 165, 5. Früher nahm man 65 an, weil Plut. Cat. min. 16, 6 Catulus als Censor erwähnt wird, wahrscheinlich Mißverständnis von *censorius*.

[50] Plut. Cat. min. 16, 2–10. [51] Sall. hist. 4, 1. Ascon. zu Cic. Corn. I frg. 34. RE 7A, 857.

[52] Plut. Cat. min. 17, 2. [53] Plut. a. O. 17, 5–7. [54] Mommsen R. Str. R. 203.

[55] Mommsen a. O. 206 [56] a. O. 187, 3. 615. 629.

Sulla in seinem Proscriptionserlaß die Tötung von Proscribierten straffrei gestellt hatte, war es fraglich, ob derartige Anklagen zulässig waren. Caesar entschied sich — nach seinen eigenen Erlebnissen in der Schreckenszeit begreiflich — für die Annahme, und es wurden darauf auch mehrere bekannte Sullaner verurteilt, wie Lucius Luscius, ein ehemaliger Centurio, der 10 Millionen Sesterzen besitzen sollte, und Lucius Bellienus, der Oheim Catilinas. Aber als dann Lucius Lucceius, ein Pompeius nahestehender Praetorier und namhafter Redner, den durchgefallenen Consulatskandidaten selbst anklagte, wurde dieser, der sich offen seiner Schandtaten zu rühmen pflegte, freigesprochen[57].

Der Vorsitzende war am Urteilsspruch der Geschworenen nicht beteiligt. Doch war klar, daß von mächtiger Seite eingewirkt wurde, um Catilina dem politischen Leben zu erhalten. Er bewarb sich wieder um das Consulat. Pompeius meldete aus dem Osten große Erfolge. Die Frage, was kommen werde, erregte alle Gemüter. Der Consul Cicero ging einem sehr bewegten Jahr entgegen.

Als am 10. Dezember 64 die neuen Volkstribunen ihr Amt antraten, legte einer von ihnen, Publius Servilius Rullus, ein umfangreiches Agrargesetz vor, welches nichts anderes war, als ein neuer großangelegter Versuch von Crassus und Caesar, zu einer starken außerordentlichen Gewalt zu gelangen[58]. Der Vorschlag verband weitblickende sozialpolitische Tendenzen mit kraß machtpolitischen.

[57] Suet. 11. Ascon. zu Cic. tog. cand. frg. 21. Cass. Dio. 37, 10, 1–3. Cic. Att. 1, 16, 9. Sull. 83. Pis. 95. Lig. 12. STRASBURGER a. O. 118 will der falschen Erklärung der Schol. Gronov. zu Lig. 12 entnehmen, Caesar habe sich als Ankläger betätigt. Vielleicht gehört Suet. 74, 1 in diesen Zusammenhang, wo berichtet wird, Caesar habe nicht zugelassen, daß man dem Kopfjäger, von dem er sich freikaufte, etwas antat.

[58] Hauptquelle: Ciceros drei erhaltene Reden *de lege agraria*. Nach Att. 2, 1, 3 enthielt die Ausgabe vom Jahr 60 vier. Von der 1., die Cicero am 1. Januar 63 im Senat hielt, ist der erste Teil verloren. Ferner Cic. Pis. 4. Plut. Cic. 12, 2–3. Cass. Dio 37, 25, 4. Cicero nennt Crassus und Caesar hier so wenig wie *tog. cand.* frg. 1, wo es Asconius weiß aus *de consiliis suis*. Aber er läßt keinen Zweifel, daß Rullus von bedeutenden Popularen (1, 22. 23. 27. 2, 6. 7. 12. 15. 23. 25. 98) vorgeschickt ist, die für sich Vollmachten (*extraordinaria imperia* 2, 8) erstreben, die als *regna* bezeichnet werden (2, 15. 24. 29. 32. 35). Es sind dieselben, die sich schon 65 Ägyptens bemächtigen wollten (2, 44. 1, 1. 2, 41–44). Weiter werden sie als solche charakterisiert, die *iudiciorum perturbationes*, *rerum iudicatarum infirmationes*, *restitutio damnatorum* für popular halten (2, 10). JUSTINUS KLASS Cicero und Caesar, ein Beitrag zur Aufhellung ihrer gegenseitigen Beziehungen, Berlin 1939, 28 hat insbesondere in *restitutio damnatorum* eine sichere Anspielung auf Caesar erkannt, der schon 70 für die *lex Plotia de reditu Lepidanorum* eingetreten war und sich jetzt für den Antrag eines Volkstribunen einsetzte, den Söhnen der Proscribierten das *ius honorum* zurückzugeben (Vell. 2, 43, 4). Nach Plut. Cic. 12, 2. Cass. Dio 37, 25, 3. 44, 47, 4 wäre diese *rogatio* ungefähr gleichzeitig mit der des Rullus. Cicero schlug auch diesen Angriff zurück mit seiner Rede *de proscriptorum filiis* (Att. 2, 1, 3. Pis. 4). Danach scheint sie erst nach der *pro Rabirio* gehalten zu sein. Quintilian 11, 1, 85 faßt sie in den Satz zusammen: *ita legibus Syllae cohaerere statum civitatis affirmat, ut his solutis stare ipsa non possit*, Cicero selbst Pis. 4: *ego adulescentis bonos et fortis, sed usos*

Die Stadt Rom sollte befreit werden von dem äußerst zahlreichen bürgerlichen Proletariat, welches aus den Brocken, die ihm die Politik der großen Herren zukommen ließ, ein müßiges Leben fristete[59]. Viele Tausende sollten in Italien auf stattlichen Hufen angesiedelt werden. Als Gebiet wurde vor allem die campanische Staatsdomäne in Aussicht genommen, das letzte Kulturland, das seit den Ansiedlungen und Aufteilungen der vergangenen Jahrzehnte noch im staatlichen Eigentum geblieben war und wegen der sicheren Einkünfte den Grundstock der Staatsrechnung bildete[60]. Aber das genügte bei weitem nicht. Weiteres Land mußte gekauft werden. Doch war bestimmt, daß nur freiwilliger Verkauf stattfinden solle, und den von Sulla Angesiedelten wurde zu ihrer Beruhigung ihr Besitz ausdrücklich gewährleistet[61]. Damit schien eine friedliche Lösung der sozialen Frage angebahnt, die im höchsten Staatsinteresse lag.

Die Ausführung dieser Bestimmungen war nun aber in die Hand eines Zehnmännerausschusses gelegt, dessen Vollmacht alles bisher Dagewesene überstieg. Die betreffenden Beamten erhielten auf fünf Jahre praetorische Amtsgewalt mit voller Unverantwortlichkeit. Jedem einzelnen war ein Stab von zwanzig Rittern und ein großes Bureaupersonal zugeteilt[62]. Über die Beschaffung des zum Landankauf nötigen Geldes war vorgesehen, daß es durch Verkauf von Staatsdomänen oder Steigerung ihrer Erträgnisse gewonnen werde. Während in Italien nur wenig in Betracht kam, fielen in den Provinzen gewaltige Gebiete unter diese Bestimmung[63]. Hiezu empfingen die zehn Kommissare die Vollmacht, durch richterlichen Spruch zu entscheiden, welches Land staatlich, welches Privatbesitz sei. Ihrer Entscheidung war damit — nicht ausdrücklich, aber das Gesetz konnte so ausgelegt werden — sogar überlassen, ob Aegypten auf Grund des bekannten Testaments einbezogen werden solle. Auch die königlichen Güter des Mithradates, dessen Reich eben erst durch Pompeius erobert war, wurden schon erwähnt[64]. Ein weiterer Artikel betraf die Beutegelder der kriegführenden Magistrate; insbesondere die rückständigen waren der Kommission zu überweisen. Das richtete sich vornehmlich gegen Faustus Sulla, den Sohn des Dictators, entsprechend der Tendenz der erwähnten Strafprozesse gegen die Sullaner. Pompeius war namentlich ausgenommen, ihm gegenüber war man schon weit genug gegangen, indem man ihm die Landversorgung seiner Veteranen entzog. Die geplanten Ansiedlungen in Italien hatten überdies militärpolitische Bedeuttung, weil diese Leute, deren Existenz auf dem Agrargesetz beruhte, im Notfall das Heer bilden konnten gegen den zurückkehrenden Imperator[65].

ea condicione fortunae ut, si essent magistratus adepti, rei publicae statum convolsuri viderentur, meis inimicitiis, nulla senatus mala gratia comitiorum ratione privavi. Also ist man nicht, wie STRASBURGER Eintr. 115 sagt, nur auf „gefühlsmäßige Erwägungen angewiesen“.

[59] leg. agr. 2, 70.

[60] 1, 22. 2, 34. 75. 76. 80. 83. 96.

[61] 2, 68. 3, 6.

[62] 2, 32.

[63] 2, 39.

[64] 1, 13.

[65] 1, 17. 2, 75. 99.

Die Anordnung über die Bestellung der Kommissare suchte unverhüllt die Wahl bestimmter Leute möglichst zu sichern. Es wurde nämlich das bei der Wahl des *pontifex maximus* übliche Verfahren vorgesehen, wo aus sakralen Gründen nur 17 von den 35 Stimmbezirken mitwirkten und somit schon eine Mehrheit von 9 Bezirken entschied. Ins realpolitische Leben übersetzt bedeutete das, daß der Kandidat nur für die Stimmen von 9 Tribus zu sorgen hatte[66].

Wäre dieser Gesetzesvorschlag angenommen worden, so hätten Crassus und Caesar eine großartige Machtstellung besessen, welche bei geschickter Verwendung den Senat ausschaltete und Pompeius wohl ein Gegengewicht bieten konnte[67]. Allein da war es die erste Leistung des Consuls Cicero, diese Absichten so bloßzulegen, daß es ihm Anfang 63 entgegen seinem Collegen Gaius Antonius gelang, den Angriff auf die bisherigen Staatsgrundlagen abzuwehren. Die neue Niederlage war für die beiden Popularen gewiß schmerzlich, doch hatten sie sich auch diesmal so weit im Halbdunkel gehalten, daß der Schlag sie nicht mit voller Wucht traf. Ohne Rast blieb Caesar tätig. Als Zeuge griff er den gewesenen Proconsul von Gallien, Gaius Calpurnius Piso (Consul 67), einen der schroffsten Optimaten, in seinem Repetundenprozeß (dem Verfahren zur Rückerstattung der durch einen römischen Magistrat von den Untertanen erpreßten Gelder) wegen ungerechter Hinrichtung eines Transpadaners mit größter Schärfe an. Der Consular hatte Ciceros Beredsamkeit seine Freisprechung zu verdanken, gedachte aber noch mehr Caesars mit glühendem Hasse[68]. Mit ebensolcher Heftigkeit verteidigte Caesar hernach einen numidischen Edelmann, den der König Hiempsal als tributpflichtigen Untertanen in Anspruch nahm. Im Eifer der Redeschlacht griff er dem Prinzen Juba, der seinen Vater vertrat, in den Bart. Der Prozeß ging verloren, aber Caesar schützte seinen Clienten vor den Folgen, indem er ihn bei sich im Hause verborgen hielt und ihn 61 bei seiner Abreise nach Spanien in seiner eigenen Sänfte aus Rom wegbrachte[69]. In beiden Fällen bewährte er sich als musterhafter Patron, der die Pflichten des Treuverhältnisses furchtlos mit Hingebung erfüllte. Das war ein Punkt, der für den politischen Ruf des Römers viel bedeutete, und man kann immer wieder beobachten, daß Caesar ein sicheres moralisches Gefühl besaß, sobald die Politik es erforderte.

Außer Rullus war es hauptsächlich der Volkstribun Titus Labienus, der mit ihm zusammenwirkte. Er war aus der Landschaft Picenum gebürtig, wo Pompeius schon vom Vater her eine große Clientel besaß[70]. Caesar kannte

[66] 2, 17–22. [67] 2, 25. 50. 54. [68] Sall. Cat. 49, 2. Cic. Flacc. 98.

[69] Suet. 71. Cic. leg. agr. 2, 59. Der Numider Masintha wandte sich jedenfalls an Caesar als den Neffen des C. Marius, B. Afr. 32, 3. 56, 3. Man begreift, daß König Juba im Bürgerkrieg Caesars erbitterter Feind war.

[70] Cic. Rab. perd. 21. Münzer RE 12, 260. R. Syme Rom. Rev. 31, 6.

ihn wohl vom gemeinsamen Kriegsdienst unter Servilius Isauricus, und es ist zu beachten, daß er sich keineswegs auf den pompeiusfeindlichen Kurs des Crassus festgelegt hatte. In Fortführung des Kampfes gegen die Sullanische Oligarchie nahmen sie damals einen alten, gesinnungstreuen Freund der Optimaten, den Senator Gaius Rabirius, aufs Korn. Er wurde des Staatsverbrechens beschuldigt, im Jahre 100 den sacrosancten Volkstribunen Saturninus getötet zu haben, nachdem ihm der Consul Marius bereits das Treuwort der Gemeinde, ihn zu schonen, gegeben hatte. Die Anklage wurde nun aber nicht vor dem ordentlichen Sullanischen Gerichtshof erhoben, sondern als Populare griffen sie auf ein gänzlich außer Übung gekommenes Verfahren zurück, wo der Spruch zunächst von zwei eigens bestellten Beamten für Hochverrat gefällt wurde, von dem der Verurteilte dann an die Volksversammlung provocieren konnte. Caesar selbst wurde durch einen Praetor — gar nicht popular — zu einem dieser Richter ernannt und durchs Los bestimmt, das Urteil zu verkünden. Es lautete auf Tod. Auch vor der Volksversammlung auf dem Marsfeld war der Ausgang unsicher. Da rettete der Praetor und Augur Quintus Metellus Celer den Rabirius durch eine der Listen, zu denen das alles Alte peinlichst bewahrende Staatsrecht so manche Handhabe bot: er ließ die Fahne auf dem Janiculum einziehen. Das bedeutete in alter Zeit, wo Rom rings von feindlichen Nachbarn umgeben war, die Wachmannschaft sei abgerückt, die Versammlung nicht mehr gesichert, folglich das Zeichen zum Aufhören. So brach man auch diesmal ab. Nun griff der Senat unter Consul Ciceros Führung ein zugunsten des Angeklagten. Labienus verstand sich dazu, den Prozeß in der Form eines vom Volkstribunen vor der Plebs geführten Hochverratsprozesses wieder aufzunehmen, unter Ermäßigung der angedrohten Strafe auf eine Geldbuße. Diesmal verteidigten Hortensius und Cicero, was nicht schwer fiel, da der Name des Sklaven, welcher zum Lohn für die Tötung Saturnins die Freiheit empfangen hatte, bekannt war, und Rabirius wurde freigesprochen[71]. Mit dem Leben des alten Mannes war aus politischen Gründen, um einen der großen Tage des Senatsregiments herunterzureißen, ein recht frivoles Spiel getrieben worden. Dieselbe politische Tendenz erfüllte einen tribunicischen Antrag, den Proscribiertensöhnen das Recht zur Bewerbung um die Staatsämter wiederzugeben, und selbstverständlich unterstützte ihn Caesar. Jedoch auch diesen Vorstoß schlug Cicero ab. In der Tat hätte die Zulassung dieser rachedurstigen Elemente vom Standpunkte der Senatsregierung aus die Lage nur verschlimmern können[72].

[71] Suet. 12. Cass. Dio 37, 26–28. Hauptquelle Ciceros Rede *pro C. Rabirio perduellionis reo.* Cicero sprach im Multprozeß, der Antrag des Labienus ist *multae inrogatio* (8). Meine Auffassung ausführlich begründet RE 7A, 870–872, folgt Mommsen R. Str. R. 588, 1. L. Lange Röm. Altert. III 241.

[72] o. Anm. 58.

Hingegen brachte Labienus zusammen mit seinem Collegen Titus Ampius ein Gesetz durch, wonach Pompeius in Anerkennung seiner hervorragenden Verdienste bei festlichen Anlässen durch eine besondere Ehrentracht ausgezeichnet wurde. Der also Geehrte hat später kaum davon Gebrauch gemacht. Caesar, der eben noch den Rullus vorgeschickt hatte, setzte sich charakteristischerweise dafür aufs angelegentlichste ein. Das nächste Gesetz des Labienus galt der Wiedereinführung der Priesterwahl (für die Collegien der *pontifices, augures, quindecemviri sacris faciundis)*, welche Sulla zugunsten der Cooptation abgeschafft hatte [73].

Auch um dessen Erfolg erwarb sich Caesar großes Verdienst und machte damit Stimmung für seine eigene Wahl zum *pontifex maximus*. Diese höchste sakrale Würde des römischen Staats war bisher immer den angesehensten Consularen zuteil geworden. So war noch der letzte Inhaber, Quintus Metellus Pius, einer der vornehmsten Sullaner gewesen. Daran kann man ermessen, was es bedeutete, wenn nun Caesar, der sich eben erst um die Praetur bewarb, es wagte, so hoch zu greifen. Seine Gegenkandidaten waren die erlauchten *principes* Quintus Lutatius Catulus und Publius Servilius Isauricus. Catulus war seiner ganzen Stellung nach der gegebene Anwärter. Da jedoch Caesars Aussichten vermöge gewaltiger Aufwendungen für die Wähler gleich gut waren und Caesar eine ungeheure Schuldenlast hatte, versuchte Catulus ihn durch ein großes Geldangebot zum freiwilligen Rücktritt zu bewegen. Aber Caesar verschaffte sich neue Darlehen und erhöhte die Wahlgelder. Am Wahltag sagte er allerdings zur Mutter, jetzt könne er nur als Sieger heimkommen oder — nicht mehr, siegte dann aber so glänzend, daß er sogar in den eigenen Tribus der Mitbewerber mehr Stimmen erhielt als diese in allen 17 miteinander [74].

Derweilen kandidierte Catilina für das Consulat; anfänglich unter nicht ungünstigen Aussichten: der eine der Consuln, Gaius Antonius, war für ihn, ganz in seinem Sinne waren schon einige Volkstribunen für eine Schuldentilgung tätig [75], zweifellos bestand auch Fühlung mit Crassus und Caesar. Allein solche Gefahr brachte, wie schon wiederholt, die Besitzenden, in erster Linie Senatoren- und Ritterstand, zum Zusammenschluß, welche „Einigung der Stände" für das Haupt dieser Ordnungspartei, den Consul Cicero, zeitlebens der Gegenstand großen Stolzes blieb [76]. Da Catilina angesichts dieses Widerstandes wenig Hoffnung mehr hatte, sein Ziel auf ordnungsmäßigem Wege zu erreichen, rüstete er sich, das Consulat gewaltsam zu erobern.

Dieses Unternehmen stand auf einem ungleich breiteren Boden als das ähnliche vom 1. Januar 65; denn Catilina wollte diesmal, bevor Pompeius

[73] Cass. Dio 37, 21, 4. 37, 1. Vell. 2, 40, 4.

[74] Suet. 13. Plut. 7, 1–4. Cass. Dio 37, 37, 1–3. Sall. Cat. 49, 2. Vell. 2, 43, 3. Münzer RE 13, 2091.

[75] Cass. Dio 37, 25, 4.

[76] H. Strasburger Concordia ordinum, Dissert. Frankfurt 1931, 39ff. 71. Cic. Att. 1, 17, 9. 18, 3. RE 7A, 890.

solches verhindern konnte, die große Umwälzung durchführen[77]. Nicht wenige Herren vom Senat, die vor dem Bankrott standen, Leute, die ihr Vermögen verspielt oder verjubelt hatten, waren mit ihm im Bunde. Neben diesen Offizieren der Revolution setzte sich das Heer zusammen einerseits aus den Unglücklichen, welche durch Sulla um Hab und Gut gekommen waren, und andererseits aus deren nicht glücklicheren Nachfolgern, Sullanern, die ihre Besitztümer gleich wieder verschleudert hatten[78]. Diese Elemente waren besonders zahlreich in Etrurien, aber auch in Bruttium, Apulien, Picenum, Gallien gab es ihrer genug[79]. Schließlich war stets auf den Pöbel in Rom zu rechnen. Die starke und radikale Umsturzbewegung entsprach naturgemäß den politischen Zielen des Crassus durchaus nicht mehr[80].

Bei der großen Ausbreitung der Verschwörung konnten Verräter nicht ausbleiben, und Cicero wurde seit längerem darüber auf dem Laufenden gehalten[81], vermochte aber, weil im Senat soviel Einverständnis vorhanden war, keinen durchgreifenden Beschluß zu erlangen. Wenn sich auch öffentlich jedermann über Ciceros Enthüllungen entsetzte, so gab es doch eine Reihe von Senatoren, welche behaupteten, man dürfe ihnen keinen Glauben schenken, oder man müsse die Verirrten durch freundliches Entgegenkommen bekehren[82]. Man darf annehmen, daß sich unter diesen Stimmen auch Caesar befand. Trotz diesen Schwierigkeiten hielt jedoch Cicero die Ordnung aufrecht, und statt Catilinas wurden Decimus Silanus und Lucius Murena zu Consuln gewählt. Anstandslos, wie immer in seiner Ämterlaufbahn, erhielt dagegen Caesar die Praetur. Cicero hatte durch ein starkes Aufgebot bewaffneter Gefolgsleute Catilinas Plan zunichte gemacht[83].

Doch Catilina dachte nicht daran, nun das Feld zu räumen, sondern begann Freischaren zu werben. Diese Vorbereitungen zur Aufstellung einer revolutionären Armee dauerten bis Ende Oktober, am 27. sollte in Etrurien losgeschlagen, am 28. in Rom durch Brandstiftung die Bürgerschaft verwirrt und sollten die Staatshäupter ermordet werden[84]. Aber schon in der Nacht vom 20. auf den 21. Oktober teilte Crassus dem Cicero einen anonymen Brief mit, der diese Absichten verriet, am nächsten Tage berichtete der Consul über diese und andere Meldungen im Senat, und nun erteilte der Senat den Consuln die dictatorische Vollmacht, in Rom und Italien alle geeigneten Maßnahmen zur Rettung des Staats zu ergreifen[85]. Am 27. Oktober brach

[77] Der Verlauf der ‚Catilinarischen Verschwörung' mit allen Quellenzeugnissen RE 7A, 873–890. Cic. Cat. 2, 11. Sall. Cat. 16, 5. Plut. Cic. 10, 2.

[78] Cic. Cat. 2, 17–23.

[79] Cic. Cat. 2, 6. Sall. Cat. 27, 1. 30, 2. 42, 1.

[80] Sall. Cat. 48, 5. Plut. Cic. 15, 1–3. Cass. Dio 37, 31. 1.

[81] Sall. Cat. 23, 1–4 (mit falscher Datierung ins Jahr 64.). 26, 3.

[82] Cic. Cat. 1, 30. 2, 3; 14. Mur. 51. Cass. Dio 37, 29, 3.

[83] Plut. Cic. 14, 8. Cic. Mur. 52. Sall. Cat. 26, 4. Suet. 14, 1.

[84] Cic. Cat. 1, 7.

[85] Plut. Cic. 15, 1–3. Cic. Cat. 1, 4; 7. Sall. Cat. 29, 2. Cass. Dio 37, 31, 1–2.

der Aufruhr in Etrurien los, die Attentate am 28. dagegen konnten nicht ausgeführt werden, am 30. erklärte der Senat den Kriegszustand[86]. Catilina gab hierauf neue Befehle aus, frühmorgens am 7. November[87] wurde nochmals die Ermordung Ciceros versucht. Dieser berief sofort den Senat, aber noch wurde hier Catilina von einer erheblichen Zahl gedeckt. Darum war es Cicero schon zufrieden, daß er durch seine erste Catilinarische Rede den gefährlichen Feind zum Verlassen der Stadt nötigen konnte. Nachdem etwa am 15. November sicher stand, daß Catilina zu seinem Heer in Etrurien gegangen sei, wurde er vom Senat zum Staatsfeind erklärt, die Consuln erhielten noch den ausdrücklichen Befehl zu Aushebungen.

Aber erst Anfang Dezember gaben sich die Verschwörer in der Stadt eine offenkundige Blöße, indem sie sich gegenüber allobrogischen Gesandten wegen eines Aufstandes im jenseitigen Gallien schriftlich verpflichteten, diese es aber dem Consul verrieten. Fünf von den Catilinarischen Führern wurden sofort verhaftet. In der Sitzung vom 3. Dezember konnte der Senat auf Grund der vorgelegten Dokumente nicht anders als Ciceros Vorgehen billigen und die Verhaftung von noch vier weiteren Schuldigen anordnen. In Händen hatte man allerdings nur die fünf ersten, welche zu fünf Senatoren in freien Gewahrsam gegeben wurden[88]. Unter diesen Senatoren befanden sich Crassus und Caesar[89], welche damit jedenfalls ihre Loyalität beweisen wollten. Cicero und die anderen beteiligten Magistrate wurden mit hohem Lob bedacht, Cicero persönlich durch ein Dankfest geehrt. Caesar stimmte überall zu[90]. Indessen die unversöhnlichen Gegner der beiden hervorragenden Popularen ließen sich durch diese Haltung nicht irremachen. In der Sitzung vom 4. Dezember trat zunächst ein Zeuge auf, welcher behauptete, von Crassus mit einer Botschaft an Catilina beauftragt worden zu sein. Das durchkreuzte Ciceros Politik, der zwar nicht an Crassus' und Caesars Mitwisserschaft zweifelte, aber sie jetzt auf seiner Seite halten wollte. Auf seinen Antrag sprach sich daher der Senat dahin aus, diese Meldung scheine falsch zu sein. Ebenso machten Quintus Catulus und Gaius Piso große Anstrengungen, um auch des tiefverschuldeten Caesars Namen in Verdacht zu bringen, und sie erhoben gegen Cicero Vorwürfe, daß er ihn schone. Sie meinten, jetzt wäre die beste Gelegenheit, mit den popularen Führern aufzuräumen, während Cicero alle Mühe aufwandte, Catilina und seine Spießgesellen von den ernstzunehmenden Politikern zu isolieren[91].

Am 5. Dezember sollte nun der Senat beschließen, was mit den verhafteten Catilinariern zu geschehen habe. Während Crassus dieser Sitzung fern-

[86] Sall. Cat. 30, 3.

[87] Datum bei Ascon. zu Cic. Pis. 4. RE 7A, 877. Cic. Cat. 1, 10. Sall, Cat. 28, 2–3.

[88] Cic. Cat. 3, 14. Sall. Cat. 43–47. 50, 4.

[89] Sall. Cat. 47, 4

[90] L. Aurelius Cotta (Caesars Vetter) stellte den Antrag, der ganze Senat stimmte zu (Cic. Phil. 2, 13. Pis. 6).

[91] Sall. Cat. 48, 4–49, 3. Plut. Caes. 7, 5. 8, 4. Cic. 20, 6–7. Appian. b. c. 2, 20.

blieb[92], fand sich Caesar in aller Unbefangenheit ein. Cicero erstattete zunächst Bericht über die Lage, ließ aber bereits durchblicken, welches Verfahren er für richtig halte. Bei der Umfrage rief er nach der üblichen Sitte als erste die beiden designierten Consuln auf. Von ihnen gab Decimus Junius Silanus die Erklärung ab, die Catilinarier hätten die „letzte Strafe" verdient[93]. Allgemein faßte man das als „Todesstrafe", und sein College und die 14 anwesenden Consulare stimmten bei[94]. Nach den Consularen erhielt nun aber zuerst der designierte Praetor Caesar das Wort und begründete in ausführlicher Rede folgenden Vorschlag: die überführten Catilinarier seien den stärksten Municipien, deren Auswahl Cicero obliege, zur Haft zu übergeben. Die Municipien seien für festen Gewahrsam verantwortlich, entkomme einer der Gefangenen, so gelte das als feindselige Handlung der Gemeinde gegen Rom. Ein Magistrat, der künftig die Sache der Gefangenen nochmals vor den Senat oder ans Volk bringe, werde vom Senat als Staatsfeind betrachtet. Das Vermögen der also bestraften Verbrecher sei einzuziehen[95].

Damit wies er jede Gemeinschaft mit diesen Verbrechern, welche nach seinem Urteil die schwerste Strafe verwirkt hatten, weit von sich. Wie er in seiner Rede darlegte, bestritt er für seine Person dem Consul nicht das Recht, auf Grund der dictatorischen Vollmacht die Todesstrafe vollstrecken zu lassen. Das war auch im Rabiriusprozeß nicht geschehen, und später bekämpfte Caesar ebensowenig den gegen ihn gerichteten Beschluß des Jahres 49 als verfassungswidrig[96]. Sallust läßt ihn in seinem Geschichtswerk die Ansicht äußern, die Verschwörer seien „Mörder des Gemeinwesens", gegen deren Hinrichtung vom Standpunkte des Staatsrechts aus nichts einzuwenden sei. Ebenso erkennt Sallust selbst die Rechtmäßigkeit eines solchen Senatsbeschlusses an[97].

Dagegen hob Caesar hervor, die von ihm beantragte lebenslängliche Haft sei tatsächlich eine härtere Strafe, weil der Tod überhaupt keine Strafe sei, sondern entweder eine Naturnotwendigkeit oder die Ruhe von Mühen und Elend. Vor allem jedoch sei sein Vorschlag das Gebot der Staatsklugheit. Die Hinrichtung auf Grund des Vollmachtsbeschlusses sei eine Maßregel der

[92] Cic. Cat. 4, 10 *video de istis, qui se populares haberi volunt, abesse non neminem, ne de capite videlicet civium Romanorum sententiam ferat; is et nudius tertius* (3. Dezember) *in custodiam cives Romanos dedit et supplicationem mihi decrevit et indices hesterno die* (4. Dezember) *maximis praemiis affecit. iam hoc nemini dubium est, qui reo custodiam, quaesitori gratulationem, indici praemium decredit, quid de tota re et causa iudicarit. at vero C. Caesar intellegit etc.* Cicero äußert sich über *non nemo* ganz wie in leg. agr. (o. S. 38, Anm. 58). Natürlich haben wir es mit der Ausgabe von 60 zu tun. Sallust berichtet Cat. 48, 9, wie er als Quaestor 55 im Senat den Wutausbruch des Crassus gegen Cicero miterlebte, weil dieser ihn am 4. Dezember bloßgestellt habe. RE. 7A, 952.

[93] Plut. Cic. 20, 4. Cat. min. 22, 4. Lateinisch lautete es wohl *ultima poena.*

[94] Cic. Cat. 4, 7. Sall. Cat. 50, 4. Cic. Att. 12, 21, 1.

[95] Cic. Cat. 4, 7–8; 10. Sall. Cat. 51, 43. Plut. Cat. min. 22, 5. Cass. Dio 37, 36, 1–2.

[96] Cic. Rab. perd. 28. Caes. b. c. 1, 7, 5.

[97] Cat. 51, 25. 55, 6.

äußersten Not, sie verstoße gegen die im allgemeinen Bewußtsein des römischen Volkes vorhandenen Rechtsgrundsätze, welche neuerdings auch durch einige Gesetze festgestellt worden seien. Er hatte dabei das von Gaius Gracchus eingebrachte Gesetz des Jahres 123 im Auge, wonach derjenige vor das Volksgericht gezogen und geächtet werden sollte, der als Magistrat römische Bürger ohne Urteilsspruch am Leben gestraft hätte, und wonach allgemein weder ohne Geheiß des Volkes über das Leben eines römischen Bürgers geurteilt noch irgendwer ohne ordentlichen Prozeß durch einen Spruch über Leben und Tod umstrickt werden durfte. Caesar, der das *senatus consultum ultimum* anerkannte, konnte sich formell nicht auf dieses Gesetz berufen. Denn eben durch jene Maßregel wurde es außer Kraft erklärt. Ferner wies Cicero in seiner Erwiderung treffend darauf hin, daß solche Verbrecher ihr Bürgerrecht verwirkt hätten. Aber Caesar unterstrich, daß die von Silan gewünschte Todesstrafe nicht den römischen Gepflogenheiten entspreche, es handle sich um eine neue Art der Bestrafung. Er bestritt nicht das Recht zu einer solchen Neuerung, behauptete jedoch, es liege jetzt noch kein begründeter Anlaß vor, den Rahmen der bestehenden Gesetze zu überschreiten, und bemängelte Silans Inkonsequenz, weil er nicht vor der Hinrichtung auch die Geißelung der Schuldigen beantrage; denn durch diese Unterlassung erkenne er das Weitergelten des Porcischen Gesetzes an, welches die Geißelung von Bürgern verbot. Ferner rügte er, daß das eingeschlagene Verfahren die Schuldigen der durch die Prozeßgesetze gewährleisteten Möglichkeit beraube, sich durch Selbstverbannung der Todesstrafe zu entziehen. Sein Hauptgrund gegen die Hinrichtung war schließlich der, daß die Vollstreckung des Todesurteils an so vornehmen Männern ungeheures Aufsehen erregen werde. Es sehe so aus, als lasse der Senat der Leidenschaft freien Lauf — daß das bisher nicht vorgekommen sei, pries er als Ruhmesblatt der römischen Staatskunst —, beim Volke werde nur der Eindruck des schauerlichen Untergangs haften bleiben, das Verbrechen darob ganz in Vergessenheit geraten [98]. Jeder Hörer konnte sich selbst ausmalen, wie die Sache von der popularen Agitation später behandelt würde. Denn im Bereich der Contionen (Volksversammlungen zur Entgegennahme von Mitteilungen der Magistrate) wurde die Erteilung der dictatorischen Vollmacht durch den Senat immer noch mit großem Beifall als Verfassungsbruch behandelt.

Aus diesen Gründen stellte Caesar den Antrag auf die allerhärteste Strafe, aber einen solchen, der sich einigermaßen mit der Gesetzgebung zum Schutz des römischen Bürgers gegen magistratische Willkür vertrug. Die Rede war eine Meisterleistung sondergleichen. In einer von heftigsten Leidenschaften bewegten Versammlung schlug er den Ton überlegener Sachlichkeit

[98] Caesars Rede Cic. Cat. 4, 7–10. Sall. Cat. 51. Der Vergleich der von Sallust komponierten Rede mit den von Cicero mitgeteilten Einzelheiten erlaubt die Annahme, daß auch Sallust sich an das überlieferte hielt.

an, wahrte die popularen Grundsätze und stand doch persönlich unantastbar da, während Crassus der Sitzung fernblieb. Er bekämpfte die bisher geäußerten Anträge nicht als unstatthaft, aber als unzweckmäßig. Andererseits hatte er zur Rettung der Verhafteten getan, was im Augenblick noch möglich war. Denn durch einen Senatsbeschluß, es dürfe über eine Sache niemals mehr verhandelt werden, war unter den damaligen politischen Verhältnissen das Schicksal der Gefangenen keineswegs besiegelt.

Ihre nächste Absicht, den Senatoren Schrecken einzujagen vor den unausbleiblichen Folgen der Hinrichtung, erreichte die Rede in hohem Maße. Die übrigen designierten Praetoren, darunter auch Quintus Cicero[99], der Bruder des Consuls, schlossen sich alle Caesar an. Hernach schlug der Praetorier Tiberius Claudius Nero[100] vor, man solle eine neue Beratung unter militärischem Schutze anberaumen. Marcus Cicero hielt jede Verschiebung für gefährlich; um am 5. Dezember noch einen Beschluß herbeizuführen, unterbrach er also die Umfrage und führte den Senatoren die Sachlage noch einmal eindrucksvoll vor Augen in einer Rede, die er im Jahre 60 als die vierte Catilinarische veröffentlichte[101]. Dann begann er eine neue Umfrage, wiederum mit Silan anfangend. Dieser erklärte jetzt unter dem Eindruck von Caesars Rede, mit „letzter Strafe“ habe er auch nur Haft gemeint. Von den Consularen widersprach nur Catulus Caesars Antrag[102], alle anderen Senatoren stimmten zu, bis das Wort an den designierten Volktribunen Marcus Porcius Cato gelangte, den wir schon als Quaestor kennenlernten. Dieser einzige Mann stand in jeder Hinsicht zu Caesar im größten Gegensatz. Die sittlichen Grundsätze der stoischen Lehre, die er aus innerster Begeisterung ergriffen hatte, bestimmten seine Lebenshaltung in allen Lagen. Als Privatmann wie als Politiker war er stets derselbe.

Jetzt tadelte er zunächst schonungslos die klägliche Meinungsänderung seines Schwagers Silanus. Die Hauptwucht seiner leidenschaftlichen Rede wandte sich aber gegen Caesar, der unter der Maske des Volkswohls und der Humanität den Staat zugrunde richte und den Senat in Furcht versetze mit Gründen, deretwegen er selbst fürchten sollte, müßte er doch froh sein, wenn er selbst straflos ausgehe. Aber er erdreiste sich noch, die gemeinsamen Feinde ihrer Strafe zu entreißen. Für die Vaterstadt kenne er kein Mitleid, aber für diese schlimmsten Übeltäter stimme er ein Klagelied an, wenn man durch ihre Hinrichtung den Staat von großer Gefahr befreien wolle. Schließlich stellte er den Antrag, daß an den geständigen Verbrechern, die ihr Leben verwirkt hätten, die Todesstrafe nach alter Vätersitte, womit auch Gütereinziehung verbunden war, vollzogen werde[103].

[99] Suet. 14, 2.

[100] Sall. Cat. 50, 4. Appian. b. c. 2, 19. RE 7A, 888.

[101] Cic. Cat. 4, 6.

[102] Plut. Cic. 21, 4. Caes. 8, 1.

[103] Catos Rede Plut. Cat. min. 23, 1–2. Plutarchs Biographie geht zurück auf die von Catos Freund Munatius Rufus (37, 1. HRF S. 243). Nach Plut. 23, 3 war es die einzige aufgezeichnete

Diese zündenden Worte rissen alle, die nach ihm kamen, mit. Cicero wollte nun über Caesars und Catos Antrag abstimmen lassen. Caesar machte noch den Versuch, Catos Vorschlag dadurch abzumildern, daß gesondert über Todesstrafe und Konfiskation gestimmt werden sollte. Dagegen erhob sich heftiger Widerspruch. Caesar rief die Volkstribunen an, doch leisteten diese keine Hilfe. Es entstand vielmehr ein Tumult, indem die zum Schutze des Senats aufgebotenen Ritter mit ihren Schwertern auf ihn eindrangen. Nur unter dem Schutz des Consuls konnte er den Tempel der Concordia, wo der Senat tagte, verlassen. Aber nachher stellte Cicero Catos Antrag ohne Erwähnung der Gütereinziehung zur Abstimmung[104]. In dieser Form nahm ihn der Senat an, und gleich darauf wurden die fünf Hochverräter hingerichtet[105].

Bei der Ordnungspartei blieb nach ihrem Siege die Stimmung gegen Caesar höchst feindselig, und er hielt sich deshalb bis zum Ende des Jahres den Senatssitzungen fern[106]. Es gehört zu seinen wesentlichen Charakterzügen, seine Kraft nicht im politischen Kleinkrieg zu verbrauchen. Er ließ nicht zweifelhaft, daß er die popularen Vorstöße dieses Jahres billigte. Aber im Fall der *rogatio agraria* des Rullus blieb er persönlich im Hintergrund, und wenn er andere tribunicische Aktionen öffentlich unterstützte, dürfen wir uns sein Auftreten wohl ähnlich vorstellen wie am 5. Dezember, indem er nämlich in den von den Tribunen einberufenen Contionen die Anträge mit überlegener Sachlichkeit empfahl. Daß er ein ‚*popularis*‘ sei, brauchte er nicht mehr zu beweisen, und für seine Beliebtheit bei der Plebs hatte er mit anderen Mitteln gesorgt, von deren Anwendung seine Verschuldung genugsam Kunde gab. Doch wagte es niemand, ihn wegen Ambitus[107] anzuklagen.

In der veröffentlichten Rede behandelt ihn Cicero mit betonter Hochachtung: wohl habe er in der Politik ‚den popularen Weg‘ eingeschlagen und sei ‚dem Volk lieb und erfreulich‘, aber, wie es sein Rang *(dignitas)* — gedacht ist an den *pontifex maximus* — und die großen Überlieferungen seiner Ahnen fordern, bürge sein Antrag für sein politisches Verantwortlichkeitsgefühl und mache klar, welcher Unterschied bestehe zwischen Demagogie und einer von Verständnis für das wahre Wohl des Volks erfüllten Gesinnung; und doch beantrage auch ein so ‚milder und nachsichtiger Mann‘ eine sehr harte Strafe[108]. Cicero steht nicht an, auszusprechen, daß dieser Antrag für ihn selbst weniger gefährlich wäre, fügt aber hinzu, daß der Senat nur an das Staatsinteresse denken solle[109].

Rede, da Cicero sie während der Sitzung nachschreiben ließ. Die von Sall. Cat. 52 gebotene Rede dient nur der Charakteristik Catos im Kontrast zu Caesar, abgesehen vom Antrag § 36. Cic. Sest. 61. 63. Att. 12, 21, 1.

104 Plut. Cic. 21, 5. Caes. 8, 2–4. Sall. Cat. 49, 4 (zeitlich falsch).

105 Plut. Cic. 22, 1–4. Sall. Cat. 55, 2–6. Appian. b. c. 2, 21–22. Cass. Dio 37, 36, 3

106 Suet. 14, 2. Plut. 8, 5 wohl Verwechslung mit Suet. 16, 2.

107 Mommsen R. Str. R. 869 ff. 108 Cat. 4, 9–10. 109 Cat. 4, 9; 24.

Diese Würdigung steht freilich nicht in einer Aufzeichnung der Rede unmittelbar nach dem 5. Dezember 63, sondern in einer Ausgabe, mit der Cicero im Juni 60 beschäftigt war, und in demselben Brief, in dem er seinem Freund Atticus die Zusendung verspricht, teilt er mit, daß er in Kürze den eben aus Spanien zurückreisenden Caesar zu sehen hoffe, und äußert er die optimistische Erwartung, daß er, falls Caesar Consul werde, mäßigend auf seine Politik einwirken könnte[110]. Aber, als es dann so weit war, im Jahr 59, hat er in seiner nicht veröffentlichten Schrift *de consiliis suis*[111] Crassus und Caesar als die Anstifter der Catilinarischen Unruhen bezeichnet und diese Überzeugung immer behalten. Aber er wußte schon 63 sehr wohl, daß sie Catilina nur benutzen wollten und ihn alsbald fallen ließen, als seine wüsten sozialrevolutionären Absichten ruchbar wurden, und am 5. Dezember war er sich gewiß völlig klar über Caesars politische Potenz. Wer ihn nicht genauer kannte, vermochte nach seinem bisherigen Verhalten schwer zu entscheiden, ob er mehr sei als ein begabter, aber doch stark zum Abenteuerlichen neigender Außenseiter[112]. In der politischen Welt, deren gewichtigste Faktoren damals die Optimaten und der stets siegreiche Imperator Pompeius waren, schien für ihn kein Spielraum übrig zu bleiben. Die richtigen Optimaten erkannten ihn mit dem Scharfblick des Hasses früher als Cicero, verkannten ihn aber auch, indem sie ihn allzu gröblich auf die Stufe Catilinas stellten.

Er konnte zunächst den Dingen ruhig ihren Lauf lassen. Denn als am 10. Dezember die neuen Volkstribunen ihr Amt antraten, begannen ihrer zwei sofort gegen das Blutgericht vom 5. Dezember zu hetzen, wie er es vorausgesagt hatte. Als sich am letzten Tag des Jahres Cicero mit einer Rede von der Bürgerschaft verabschieden wollte, intercedierte der eine von ihnen, Quintus Metellus Nepos, dagegen und gestattete ihm bloß den üblichen Eid, die Gesetze gewissenhaft gehalten zu haben[113].

Am 1. Januar bereitete der neue Praetor dem Stadtvolk eine unerwartete Sensation. Während die neuen Consuln auf dem Capitol ihr Amt antraten, veröffentlichte er einen Gesetzesvorschlag, wodurch der 78 dem Quintus Lutatius Catulus vom Senat erteilte Auftrag zum Neubau des capitolinischen Juppitertempels diesem entzogen und einem andern zugewiesen werden sollte. Er begründete ihn in einer Contio und ließ dabei auch Catulus zu seiner Rechtfertigung sprechen, freilich in der verletzenden Weise, daß er ihm verbot, auf die Rednerbühne zu steigen. Der Tempel war 83 abgebrannt.

110 Att. 2, 1, 3; 6; 9. 111 Plut. Crass. 13, 4. Cic. 20, 7 und oben Anm. 39.

112 Hier mag auch an die Anekdote Plut. Cat. min. 24, 1–3 erinnert werden, wonach in einer der Senatssitzungen Caesar ein Briefchen eingehändigt wurde. Cato vermutete, es komme von einem Catilinarier, und verlangte, es solle vorgelesen werden. Statt dessen reichte es Caesar ihm hin – und es war ein billet doux von Catos Stiefschwester Servilia, der Gemahlin des designierten Consuls D. Junius Silanus!

113 Cass. Dio 37, 38. Cic. fam. 5, 2, 6–7. RE 7A, 892.

Nach seinem Sieg hatte zunächst Sulla selbst die Wiederherstellung übernommen. Die Tempelweihe fand schon 69 statt, aber der Gesamtbau war noch nicht vollendet. Das mochte schon als optimatischer Schlendrian gelten, und Caesar forderte von Catulus Rechenschaft für die aufgewandten Gelder, nicht ohne Anspielung auf die Möglichkeit von Unterschlagung. Da jedoch die Freunde des Catulus sofort von der Feier auf dem Capitol herbeieilten und Miene machten, die Versammlung zu sprengen, brach Caesar mit der *contio* dieses Unternehmen überhaupt ab, woraus denn wohl deutlich hervorgeht, daß es ihm nur darauf ankam, den alten Herrn, der ihn als Catilinarier vernichten wollte, recht kläglich zu demütigen[114]. Die Öffentlichkeit war durch größere Dinge erregt. Jedermann sah mit Spannung auf Pompeius. Würde er als ein zweiter Sulla zurückkehren? Vom Wiederhersteller der tribunicischen Gewalt, dessen nunmehrige Machtfülle auf Plebisciten beruhte, war freilich alles andere eher zu erwarten als eine Stärkung des Optimatenregiments. Möglicherweise konnte es also zu einer Auseinandersetzung kommen, gegen die Catilinas Unternehmen ein Sturm im Wasserglas war. Wie die Dinge lagen, bestand für Caesar nur die Möglichkeit sich ihm anzuschließen. Denn zu den Optimaten führte keine Brücke, und die Volkstümlichkeit, deren er sich erfreute, genügte nicht als Rückhalt für eine selbständige Stellung zwischen den beiden Gruppen. Sogar der damals viel mächtigere Crassus vermochte eine solche nicht zu behaupten und begab sich auf Reisen[115].

Es war bekannt, daß Metellus Nepos, der seit 67 als Legat unter Pompeius gedient hatte, nach Rom zurückgekehrt war, um als Volkstribun die Sache seines Feldherrn wahrzunehmen. Sein Vorgehen gegen Cicero entsprach der popularen Linie, auf die Caesar am 5. Dezember hingewiesen hatte, und es ist verständlich, daß sich Caesar ihm nun für eine Aktion zur Verfügung stellte, die darauf abzielte, Pompeius bei seiner Heimkehr wieder eine überragende Machtstellung zu verschaffen. Da Catilina noch im Felde stand, sollte ein Plebiscit Pompeius damit betrauen, mit seinem Heer in Italien die Ordnung wiederherzustellen. Tatsächlich ist Catilina freilich schon im Februar durch die vom Senat beauftragten Streitkräfte vernichtet worden. Wir wissen nicht, ob Nepos mit dieser Möglichkeit im Ernst nicht rechnete; denn sein Bruder Celer wirkte als Proconsul von Gallia citerior beim Unternehmen gegen die Catilinarier mit. Eben darum ist glaublich, daß er noch ein anderes Plebiscit vorbereitete, das Pompeius das Recht verlieh, sich aus der Ferne um das Consulat von 61 zu bewerben[116]. Man darf nicht verkennen, daß Caesar

[114] So Suet. 15. Cass. Dio 37, 44, 1 berichtet, es sollte Pompeius an Stelle des Catulus gewählt werden. Aber Suet. scheint korrekt; die Wahl sollte ein weiterer Akt sein. Cic. Att. 2, 24, 3. Tempelbrand: Tac. hist. 3, 72. Datum der Tempelweihe: Phlegon v. Tralles FgrHist 257 F 12, 11. Inschriften des Catulus am Tabularium Dessau ILS 35. 35a. Münzer RE 13, 2088–2089.

[115] Plut. Pomp. 43, 2. Cic. Flacc. 32. [116] Schol. Bob. zu Cic. Sest. 62.

diese Anträge als zweckmäßig begründen konnte[117]. Aber da war es wiederum Cato, der sie leidenschaftlich als Anschläge gegen die Optimatenrepublik entlarvte und seine Intercession ankündigte.

So war zu erwarten, daß es bei der Abstimmung zu Unruhen kommen werde, und Nepos stellte für alle Fälle einen Trupp von Gladiatoren und andern handfesten Leuten bereit. Sobald er am Abstimmungstag mit dem Praetor Caesar auf den Stufen des Castortempels Platz genommen hatte, erschien Cato mit seinem Collegen Quintus Minucius Thermus, um zu intercedieren, und beide setzten sich zwischen Metellus und Caesar. Als sie dann die übliche Verlesung des Gesetzestextes verboten, ließ Metellus seine Mannschaft vorbrechen. Catos Begleiter flüchteten, aber er blieb und hielt unter einem Hagel von Steinen und Holzknüppeln aus, bis der Consul Lucius Licinius Murena herbeikam und ihn in den Tempel führte, um ihn vor Schlimmerem zu bewahren. Jetzt wollte Metellus mit der Abstimmung beginnen; doch hatten mittlerweile die Gegner so viele schreiende Anhänger gesammelt, daß er den Versuch aufgab[118].

Auf diese skandalösen Vorgänge antwortete der Senat noch am selben Tag, indem er den Consuln die dictatorische Vollmacht zum Schutz der Gemeinde übertrug, den beiden aufrührerischen Magistraten Metellus und Caesar die weitere Amtsführung untersagte und jeden, der wegen der Hinrichtung der Catilinarier Bestrafung der Verantwortlichen fordere, zum Staatsfeind erklärte[119]. Caesar wagte es auch diesmal, den Metellus und sich in einer Rede zu rechtfertigen[120]. Leider wissen wir nicht, was er sagte. Doch läßt sein nachmaliges Verhalten in seinem Consulat darauf schließen, daß er als *popularis* keine Bedenken hatte, optimatische Obstruktion, die sich der Intercession bediente und so die Volksversammlung ihres Rechts auf Willensäußerung beraubte, mit Gewalt abzuwehren. Seinerseits war er entschlossen, sich um das Verbot, weiter zu amtieren, nicht zu kümmern. Jedoch Metellus gab sich geschlagen und reiste zornerfüllt nach Kleinasien ab, um Pompeius zu berichten[121]. Auch Caesar merkte, daß die Consuln vorhatten, gegen ihn von ihrer Vollmacht Gebrauch zu machen, und hielt es nun für klüger, sich zu fügen. Er entließ seine Lictoren, legte die Toga mit dem Purpursaum ab

117 Plut. Cat. min. 26, 3.

118 Die ausführliche Erzählung Plut. Cat. min. 26, 2 – 28, 5 geht auf Munatius Rufus zurück, der als Catos Begleiter (27, 6) alles miterlebte. Cic. Sest. 62. Cass. Dio 37, 43, 1–3. Suet. 16,1.

119 Cass. Dio 37, 42, 3. 43, 3. Suet. 16, 1.

120 Sueton sagt 55, 3, daß er die Rede *pro Metello* oder, wie es in einigen Exemplaren hieß, *quam scripsit Metello* las. Den zweiten Titel bezeichnet er als irrig, weil Caesar in eigener Person sprach. Er fügt hinzu, daß es sich nach dem Urteil des Augustus um eine von Schnellschreibern angefertigte Nachschrift handelte, nicht um eine von Caesar selbst veröffentlichte Rede. Vgl. F. Lossmann Hermes 85 (1957), 52. Nachschriften von *contiones* des P. Sestius Cic. Vat. 3.

121 Plut. Cat. min. 29, 1–4. Cass. Dio 37, 43, 4. Cic. fam. 5, 2, 9 die Antwort auf die Beschwerde des Metellus Celer 5, 1, 1.

und zog sich in sein Haus zurück[122]. Schon nach zwei Tagen wandte sich das Blatt. Eine Volksmenge verlangte so stürmisch seine Wiedereinsetzung, daß eilends der Senat einberufen wurde. Allein Caesar beschwichtigte die Aufregung und erreichte mit seiner Korrektheit, daß man ihn in den Senat holte, ihm dafür dankte und den gegen ihn erlassenen Beschluß aufhob[123]. Zweifellos hat Caesar so den peinlichen Zwischenfall, an einer Aktion teilgenommen zu haben, bei welcher der sacrosancte Volkstribun mißhandelt wurde, mit größtem Geschick in Vergessenheit gebracht. Indem er das ‚Volk' von Gewalttätigkeit abhielt, erwies er sich wieder wie am 5. Dezember als der *popularis,* der sich davon, was man gemeinhin unter diesem Schlagwort verstand, distanzierte, und die gemäßigten Optimaten taten wohl daran, ihn dafür zu loben[124].

Es ging ihm um die Anerkennung seiner *dignitas,* des ihm im öffentlichen Leben zukommenden Rangs, worüber wir sein Selbstzeugnis besitzen, daß „sie ihm immer das höchste Gut war, höher als das Leben"[125]. Wie gewaltig er zuschlug, wenn an diese Stelle gerührt wurde, sollte sich alsbald zeigen. Nachdem Catilina im Februar 62 bei Pistoria vernichtet war, ging die siegreiche Partei daran, durch gerichtliche Verurteilung die übriggebliebenen Verschwörer unschädlich zu machen. Neben Quintus Curius, der schon vor dem 21. Oktober 63 das Komplott verraten hatte, beteiligte sich dabei als Denunziant der römische Ritter Lucius Vettius, der ebenfalls zu den Eingeweihten gehörte. Dieser stellte schließlich eine ganze Liste der Schuldigen auf und kündigte weitere Angaben an. Darunter nannte er dem Vorsitzenden des Gerichtshofes für Gewaltverbrechen, Novius Niger, auch Caesar und versprach ihm dazu, ein an Catilina gerichtetes Handschreiben beizubringen. Curius bestätigte diese Anzeige im Senat und berief sich dafür auf eine Mitteilung Catilinas selbst. Caesar widersprach dieser Beschuldigung im Senat aufs schärfste, rief Cicero erfolgreich als Entlastungszeugen an, indem er daran erinnerte, daß er ja selbst unaufgefordert dem Consul Mitteilungen gemacht habe, und setzte durch, daß Curius der erhoffte Angeberlohn nicht bezahlt wurde. Gegen Vettius aber machte er Gebrauch von seiner Coercitionsgewalt (Recht des römischen Magistrats, sich durch Zwangsmaßnahmen Gehorsam zu verschaffen): er befahl, den Vettius durch Zerstörung eines Vermögensteils zu strafen. Dabei wurde sein Hausrat geplündert, er selbst

122 Im Jahr 48 billigte Caesar eine analoge Maßnahme des Senats (b. c. 3, 21, 3).

123 Suet. 16, 1–2. Cass. Dio 37, 44, 2.

124 Vgl. Cic. fam. 5, 2, 9. Nach Plut. Cat. min. 29, 3–4 trat auch Cato im Senat der Absicht, den Metellus abzusetzen, entgegen, „um Pompeius nicht zu reizen", was die φρόνιμοι billigten.

125 Suet. 16, 2 *multitudinem . . . operam sibi in adserenda dignitate tumultuosius pollicentem conpescuit.* Caes. b. c. 1, 9, 2 *sibi semper primam fuisse dignitatem vitaque potiorem.* Wenn Suet. die *multitudo* bezeichnet als *sponte et ultro confluentem,* so mag das zu einem Fragezeichen reizen; aber es ist nicht ausgeschlossen, daß die demonstrative Einstellung der Rechtsprechung genügte, um einen Volksauflauf zu Stande zu bringen. Etwas ähnliches Plut. 8, 5. o. Anm. 106.

vor der Rednerbühne verprügelt und schließlich ins Gefängnis geworfen. Eben dahin ließ Caesar auch den Novius abführen, weil er zugelassen habe, daß bei ihm ein höherstehender Magistrat belangt werden sollte. Uns mag solch drastisches Verfahren befremden. Doch handelte Caesar im Rahmen des geltenden Rechts[126]. Jeder Römer mußte zugeben, daß er damit nur seine magistratische Würde wahrte. Wir hören nicht, daß daraufhin noch jemand wagte, ihn anzugreifen.

Aber am Ende des Amtsjahres geriet er in unangenehme Beziehung zu dem Religionsfrevel des Publius Clodius Pulcher[127], eines berüchtigten Vertreters der vornehmen römischen Jugend, die in ihrer edlen Abkunft und der dadurch gewährleisteten politischen Laufbahn vor allem eine fortdauernde Gelegenheit zu zügellosem Lebensgenuß sah. Seinen ersten Offiziersdienst machte Clodius im Heere seines Schwagers Lucius Lucullus. Unzufrieden mit der ihm dort zugewiesenen Stellung, übernahm er 67 eine führende Rolle bei der großen Meuterei, welche dessen glorreichem Siegeszug solch unrühmliches Ende bereitete. Nach seiner Rückkehr klagte er 65 den Catilina — erfolglos — wegen Erpressung an; allerdings blieb zweifelhaft, ob es ihm damit ernst war. Indessen tat er auch 63 eifrig Dienst in der von Cicero aufgebotenen ritterlichen Schutzwehr. Über sein Privatleben liefen die übelsten Gerüchte um; so behauptete Lucullus von ihm mit Bestimmtheit, er habe mit seiner früheren Gemahlin Clodia blutschänderischen Verkehr gepflogen[128]. Im Jahre 62 warf er seine Augen auf Pompeia, Caesars Gattin. Er war damals zum Quaestor designiert und hatte am 5. Dezember sein Amt anzutreten. Kurz vorher bot ihm das Fest der Frauengottheit Bona Dea Aussicht, sich Pompeia zu nähern. Diese nur Frauen zugängliche Feier wurde im Hause eines Magistrats mit der eigentümlichen römischen Befehlsgewalt *(imperium)* begangen. In diesem Jahre war das Haus des Praetors und Oberpontifex Caesar dazu auserlesen. Hier schlich sich Clodius in Weiberkleidern ein, wurde aber entdeckt und entkam nur dank der Beihilfe einer Sklavin. Mit

[126] Mommsen RStR I 153. 160, 2. Suet. 17. Cass. Dio 37, 41 erwähnt Caesar anläßlich der Vettius-Denunziationen nicht, wie auch 37, 43 nicht das Zusammengehen mit Metellus Nepos. Entweder bot Dios annalistische Quelle nichts darüber, oder Dio hat es nicht excerpiert. Ich sehe keinen Grund, deswegen Suetons Bericht anzuzweifeln wie Strasburger C. s Eintr. 124. Suet. 17, 2 sagt zur Denunziation: *id vero Caesar nullo modo tolerandum existimans.* Eine gute Parallele finden wir in der zur selben Zeit von Cicero gehaltenen Verteidigungsrede für P. Cornelius Sulla. Der Ankläger L. Manlius Torquatus hatte Cicero vorgeworfen, er habe die Niederschrift über die Aussagen der Allobroger vom 3. Dezember 63 gefälscht; darauf Cic. § 46 *nisi tibi aliquem modum tute constitueris, coges oblitum me nostrae amicitiae habere rationem meae dignitatis. Nemo umquam me tenuissima suspicione perstrinxit quem non perverterim ac perfregerim.* Es besteht nur der Unterschied, daß Cicero bei der Verteidigung seiner *dignitas* seine Verleumder nur mit Worten zermalmte, während Caesar als Inhaber des Imperiums derber zugreifen konnte. Sall. ad. Caes. 2, 2, 4 *in praetura inimicorum arma inermis disiecit.*

[127] Fröhlich RE 4, 82ff. Nr. 48.

[128] Cic. Mil. 73. Münzer RE 4, 107, Nr. 67.

der ihm eigenen Sicherheit schickte Caesar der Pompeia alsbald die Scheidungsbotschaft[129].

In der Folge wuchs sich der Skandal zu einem großen politischen Ereignis aus. Monatelang drehte sich in Rom die Politik um die Frage, ob Clodius vor einen Sondergerichtshof gestellt werden könne oder nicht. Denn er besaß einen großen Freundeskreis, der seinen Spaß daran fand, die Hüter von Religion und Sittlichkeit recht gründlich zu ärgern, gegen welche ja in den Kreisen der geschlagenen Catilinarier schon gereizte Stimmung genug angesammelt war. So warb er sich noch eine bewaffnete Schutztruppe und spielte sich als Verfechter der unterdrückten popularen Sache auf. Schließlich wurde zwar trotz allen Quertreibereien das Gesetz über den Sondergerichtshof angenommen, aber in einer dem Angeklagten günstigen Fassung, und im letzten Augenblick griff ihm auch noch Crassus mit Geld unter die Arme, so daß es ihm Anfang Mai gelang, 31 Richter zu erkaufen, während ihn nur 25 schuldig sprachen[130]. Caesar war damals bereits in seine Provinz abgegangen, hielt sich aber schon vorher in der ihn so nah angehenden Affäre auffällig zurück. Zur Rede gestellt, warum er denn eigentlich seine Frau entlassen habe, antwortete er: „Darum, weil ich der Ansicht bin, meine Angehörigen müßten ebensogut frei sein von Verdacht wie von Verbrechen."[131]

Dieses Verhalten ist wieder höchst bemerkenswert. Er verstieß seine Frau, da er als Staatsmann großen Stils nicht in die lächerliche Lage des betrogenen Ehemanns fallen wollte. Aber sobald der Skandal politisch ausgeschlachtet wurde, fand er die Leute, die er politisch brauchen konnte, auf Seiten des Clodius.

Gerade umgekehrt verfuhr Cicero. Er hatte ursprünglich keinen persönlichen Grund, sich besonders zu erregen. Wie nun aber Clodius in seinen Contionen die Häupter des Senats wie Lucullus, Hortensius, Gaius Piso, den Consul Messalla anzugreifen begann, schonte er auch Ciceros nicht, der sich seit seinem Sieg „im Friedensgewand" dem Pompeius gleichwertig fühlte, spottete über sein in den Catilinarischen Unruhen oft vernommenes „Ich habe Kenntnis" und hetzte gegen die unter seiner Führung vollbrachte Ge-

[129] Cic. Att. 1, 12, 3. 13, 3 *uxori Caesarem nuntium remisisse* bedeutet Übermittlung der Scheidungserklärung durch einen Boten (nicht schriftlich). P. Jörs – W. Kunkel R. Privatrecht § 177, 3. Plut. 9, 1–10, 11. Cic. in P. Clod. et C. Cur. frg. 28 mit schol. Bob. Zu Bona Dea G. Wissowa R. u. K. d. R. 216ff.

[130] Cic. Att. 1, 16, 5; 9. in P. Clod. frg. 27.

[131] Stasburger C. s Eintr. 111, 55 bemerkt mit Recht, daß Caesar nicht, wie es Suet. 74, 2. Plut. 10, 8 heißt, im Prozeß, der im Mai stattfand als Zeuge aussagte, weil Caesar damals bereits in seine Provinz abgereist war. Aber aus Cic. Att. 1, 13, 3 und schol. Bob. argum. zu Cic. in P. Clod. (bei Erwähnung des s. c. vom Januar 61 *accedebat huc etiam praeiudicium quoddam C. Caesaris ipsius pontificis, qui uxorem suam ilico repudiavit*) ist zu schließen, daß Caesars Ausspruch im Senat fiel. Nach Cic. hatte das Collegium der *pontifices* das Gutachten erstattet, *nefas esse*, was sich auf das Eindringen eines Mannes bezog. Es wäre merkwürdig, wenn da niemand Caesar befragt hätte. Caesars Antwort braucht also nicht, wie Strasburger 135 sagt, „erdichtet" zu sein.

walttat. Damit war Cicero an der empfindlichsten Stelle getroffen und blieb die Antwort nicht schuldig. Während Clodius im Prozesse behauptete, er habe sich zur betreffenden Zeit in Interamna befunden, bezeugte Cicero, Clodius habe ihm an jenem Tage seine Aufwartung gemacht. Durch den Richterspruch sah er seine ganze Consulatspolitik, den Sieg der vereinigten „Gutgesinnten“ über die „Bösen“, zusammenbrechen und benutzte jeden Anlaß, mit Witz und Ernst den neuen Catilina zu bekämpfen. Wohl verstummte am 15. Mai 61 Clodius vor dem Feuerwerk der Ciceronischen Sarkasmen, aber Cicero machte sich damit einen Feind, der es verstand, ihm die nächsten neun Lebensjahre aufs bitterste zu vergällen[132].

Wegen des Clodiushandels war auch die Verteilung der propraetorischen Provinzen bis in den März verzögert worden[133]. Bei der Verlosung empfing Caesar dann *Hispania ulterior,* wo er schon als Quaestor gewirkt hatte, und reiste unverzüglich ab, ohne den Senatsbeschluß über die Geldbewilligungen für seine Statthalterschaft abzuwarten. Der Boden brannte ihm unter den Füßen, denn seine Schuldenlast soll damals bei Abrechnung der Vermögenswerte 25 Millionen Denare betragen haben[134]. Seine Gläubiger wollten die Pause, da er zwischen Praetur und Propraetur wieder Privatmann war, benutzen, um die Schulden einzuklagen, und drohten, durch Pfändung seiner statthalterlichen Ausrüstung seine Abreise zu verhindern. In dieser Not half ihm Marcus Crassus zu einer Verständigung, indem er für rund 5 Millionen Denare Bürgschaft leistete[135]. Es liegt auf der Hand, daß solche Quellenangaben auf Gerüchte zurückgehen, die wir nicht nachprüfen können. Aber die Hilfe des Crassus wird geschichtlich sein und beweist dann, daß er noch immer auf Caesars Unterstützung rechnete.

Die Möglichkeiten, welche dem römischen Staatsmann eine Provinz bieten konnte, nutzte Caesar im jenseitigen Spanien voll aus. Sein nächstes Ziel war, im Jahre 59, dem verfassungsmäßig frühesten Zeitpunkt, zum Consulat zu gelangen. Soviel dieses oberste Staatsamt im Lauf der Zeit auch an tatsächlicher Macht eingebüßt hatte, öffnete es doch immer noch den Zutritt in den Kreis der eigentlichen *principes civitatis,* und außerdem hatte sogar ein *homo novus* wie Cicero kürzlich wieder gezeigt, was es in der Hand eines gewandten Politikers auch jetzt noch zu leisten vermochte. Um sich dafür von vornherein eine starke Autorität zu sichern, war es Caesars Ehrgeiz, sich als Triumphator zu bewerben. Er wußte, daß der lusitanische Teil der Provinz von Räubern heimgesucht wurde, und begründete damit offiziell seinen vorzeitigen Aufbruch[136], vermied dadurch aber auch, daß der Senat ihm in seine Pläne hineinredete. Bei seiner Ankunft war er als General

[132] Cic. Att. 1, 14, 5. 16, 3–11. Schol. Bob. argum. zu Cic. in P. Clod. RE 7A, 896–899.

[133] Cic. Att. 1, 13, 5. 15, 1.

[134] Appian. b. c. 2, 26.

[135] Suet. 18, 1. Plut. Caes. 11, 1–3. Crass. 7, 6.

[136] Suet. 18, 1. 54, 1 gibt den Titel *pro consule.* Cass. Dio 37, 52, 1–2.

sogleich wieder der schneidige Offizier seiner Jugendjahre, hob alsbald zu den 20 vorhandenen Cohorten 10 weitere aus[137] und gebot den Räuberstämmen, die südlich des Duero das Herminiusgebirge bewohnten, sich in der Ebene anzusiedeln und dort ein Leben friedlichen Erwerbes zu führen. Die Weigerung verschaffte ihm die erhofften Siege. Als ein Teil der Flüchtigen sich auf einer Insel der Westküste festsetzte und seinen ersten mit Flößen unternommenen Landungsversuch abschlug, ließ er Schiffe von Gades kommen und nötigte sie zur Ergebung.

Dann fuhr er mit dem Geschwader bis nach Brigantium[138], einer Stadt der Kallaiker an der Nordküste, deren Bewohner vom ungewohnten Anblick erschreckt sich ebenfalls unterwarfen. Das Heer rief ihn zum Imperator aus, und er konnte aus der reichen Beute seine zerrütteten Vermögensverhältnisse wieder einigermaßen herstellen, vergaß jedoch auch nicht seinen tapferen Soldaten davon mitzuteilen und beträchtliche Summen an das Aerarium in Rom zu überweisen[139]. Seine Gegner wußten freilich zu erzählen, er habe öfter Städte plündern lassen, die sich ihm nicht widersetzten, und von den dankbaren Untertanen über Gebühr Geschenke angenommen[140]. Doch wagte niemand gegen ihn eine Repetundenklage, und der Senat bewilligte ihm vielmehr den Triumph, womit sich seine Hoffnungen glänzend erfüllten. Leider wissen wir nicht, unter welchen Umständen dieser Beschluß zustande kam, aber wir vermögen uns aus Caesars Büchern über den Gallischen Krieg wohl ein Bild davon zu machen, wie seine Kriegsberichte abgefaßt waren. Die Kunst, die Erfolge sprechen zu lassen, die doch immer Ruhmestaten des römischen Soldaten waren, glänzt noch heute frisch wie am ersten Tag. Wie viel weniger konnten sich die Senatoren ihrer Wirkung entziehen! Auch übelwollende Optimaten mußten anerkennen, daß durch diesen Feldzug früher kaum betretene Gebiete befriedet wurden, wie es die gedeihliche Entwicklung der Provinz erheischte[141].

Wenn wir so abkürzend von Optimaten sprechen, ist auch immer wieder daran zu erinnern, daß man sich die Vorstellung von modernen Parlamentsparteien fernhalte. Die *principes* des Senats setzten ihre Ehre darein, selb-

137 Plut. 12, 1.

138 Cass. Dio 37, 52, 3–53, 4. Plut. 12, 1. Suet. 54, 1. Brigantium, bei Orosius 1, 2, 71 Brigantia, heute Betanzos, Hübner RE 3, 847.

139 Plut. 12, 4. Appian. b. c. 2, 27. Gegen Mommsen RStR I 242, wonach Verwendung von *praeda* und *manubiae* (Beuteerlös) „immer im öffentlichen Interesse stattfinden muß", hat H. Vogel ZSav 66 (1948), 413 ff. gezeigt, daß es nicht als rechtswidrig angesehen wurde, wenn der Feldherr, so lange die Beute noch nicht dem Aerarium überwiesen war, bei der Verteilung der Beute an die Soldaten auch sich selbst bedachte. Vogel verweist vor allem auf Plut. Mar. 31, 4. 34, 6. 45, 12, sonst auf Spätannalistik bei Liv. und Dionys. Hal., die für das letzte Jahrhundert der Republik ebenfalls beweiskräftig ist.

140 Suet. 54, 1. Auch Dios Bericht ist übelwollend. Vgl. Catull. c. 29, 19.

141 Plut. 12, 1. Appian. b. c. 2, 28.

ständig zu urteilen, und waren durchaus gewillt, Ehre und Größe des Staats zu wahren und zu mehren wie ihre Ahnen[142]. Aber dieser gute Wille bewegte sich freilich in den Grenzen des überkommenen optimatischen Standesinteresses, das heißt, er war überall gehemmt, wo sie die Behauptung ihrer Herrenstellung bedroht fühlten.

Mit gleichem Geschick nahm sich Caesar den Winter über der Zivilverwaltung an. Ein Teil der Gemeinden lag noch unter dem Druck der von Metellus Pius im Sertoriuskrieg auferlegten Kriegsentschädigungen. Er setzte sich beim Senat für deren Aufhebung ein. Zahlreiche sonstige Beschwerden gelangten durch seine Vermittlung an den Senat, viele Gemeinden und Private fanden in ihm einen tätigen Patron[143]. In Gades und anderen Gemeinden schlichtete er innere Wirren und verbesserte er die Verfassungen. Dabei ging ihm der aus Gades gebürtige römische Ritter Lucius Cornelius Balbus an die Hand, einer seiner Getreuesten, den er schon während der Quaestur kennengelernt, dann 61 zu seinem Adjutanten *(praefectus fabrum)* ernannt hatte. Wie Lucull in Kleinasien, erließ er auch eine Schuldentilgungsordnung, die allerdings für die Gläubiger, meist römische Ritter, bedeutend günstiger war. Sie bekamen ein klagbares Anrecht auf zwei Drittel der Einnahmen der Schuldner, so lange, bis die Schuld abgezahlt war — Lucull hatte bloß ein Viertel gewährt[144]. In Spanien haben wir schon ganz den Caesar des Gallischen Kriegs: er waltet als der geborene Feldherr und Regent, aber nie verliert er sich in dieser Tätigkeit an der Peripherie des Reichs; der Zweck von allem ist stets die Wirkung auf Rom.

Noch bevor ihn sein Nachfolger ablöste, traf er Anfang Juni 60 vor der Stadt ein, um seine Consulatsbewerbung zu beginnen[145]. Sie wurde begleitet von verheißungsvollen Zurüstungen für den Triumph, die dort draußen vor sich gingen, weil der triumphierende Magistrat an dem Tage, an dem er die sakrale Stadtgrenze, das *pomerium*, überschritt, sein *imperium* verlor[146]. Dieser Satz des Staatsrechts brachte für Caesar eine lästige Schwierigkeit. Denn im Jahre 63 war die gesetzliche Vorschrift eingeführt worden, daß der Consulatsbewerber persönlich in Rom anwesend sein müsse[147]. Nun war der

142 Cic. legg. 3, 40 *est enim ipse senator is, cuius non ad auctorem referatur animus, sed qui per se ipse spectari velit.* Historia 1 (1950), 640.

143 B. Hisp. 42, 1–2. Caes. b. c. 2, 18, 5–6. 20, 2.

144 Cic. Balb. 43. 63. Der *praefectus fabrum* verwaltete u. a. die *manubiae*, so lange der Feldherr darüber verfügte, Plin. n. h. 36, 48. VOGEL a. O. 407. Plut. Caes. 12, 3. Luc. 20, 3. RE 13, 394. M. ROSTOVTZEFF Soc. & ec. hist. of the Hellenistic World 954. 1563, 28.

145 Cic. Att. 2, 1, 9. Appian. b. c. 2, 28.

146 MOMMSEN RStR I 66ff. 128ff. 638. H. SIBER Röm. Verfassungsrecht (1952), 205ff.

147 Cic. leg. agr. 2, 24 Januar 63. Damals bestand sie noch nicht. Nach Vermutung von L. LANGE R. Altertüm. III 263 ein Artikel der *Lex Tullia Antonia de ambitu* von 63. Cic. Mur. 3. 5. 47. 67. Schol. Bob. zu Cic. Planc. 83. Sest. 133. Vat. 37. Sull. 17. G. ROTONDI Leges publicae pop. Rom. (1912), 379.

Wahltag bereits angesagt, vorher blieb keine Zeit zum Triumph, weshalb Caesar den Senat bat, ihn von dieser Bestimmung zu entbinden. Die Mehrheit war dazu geneigt, aber die Sache eilte. So gelang es Caesars härtestem Gegner Cato, den erforderlichen Beschluß zu hintertreiben, indem er so lange sprach, bis die Sitzung wegen einbrechender Dunkelheit aufgehoben werden mußte[148].

Caesar erwies sich wieder als der zielsichere Staatsmann: er überschritt das *pomerium* und verzichtete damit auf den Triumph.

Neben ihm bewarb sich wiederum Marcus Calpurnius Bibulus, den er nach der Aedilität auch in der Praetur zum Collegen gehabt und sich zum erbitterten Feinde gemacht hatte. Aber Caesars Kandidatur galt schon im Dezember 61 als so aussichtsvoll, daß sich auch ein noch nicht der Nobilität angehörender Praetorier, Lucius Lucceius, Hoffnung machte, im Wahlbündnis mit ihm gegen den angesehenen Bibulus durchzudringen[149]. Jedoch rechnete dieser vielmehr damit, den schwerreichen Lucceius noch auf seine Seite zu ziehen. Sobald Caesar die Verhältnisse an Ort und Stelle überblickte, schloß er mit Lucceius, dem Freunde des Pompeius, eine Wahlvereinbarung[150]. Cicero, der sich damals ebenfalls Pompeius angeschlossen hatte, schmeichelte sich, nicht geringen Einfluß auf ihn auszuüben, und meinte, auch Caesar zu einem „besseren“ Politiker machen zu können[151]. In dem Wahlbündnis *(coitio)* wurde bestimmt, daß Lucceius, weil er von Haus aus über keine nennenswerte politische Gefolgschaft verfügte, in beider Namen die Wahlgelder an die Stimmabteilungen auszahlen sollte. Diese Versprechung lautete so glänzend, daß Bibulus dagegen nicht aufkommen konnte. Da Caesars Wahl sicher war, setzten Bibulus' optimatische Freunde wenigstens alles daran, den unbequemen Collegen durchzubringen. Sie schossen Geld in eine gemeinsame Wahlkasse zusammen, und selbst Cato billigte es in diesem Falle, weil es zum Wohle des Staates geschehe[152]. Um ferner Caesars Wahl möglichst unschädlich zu machen, brachten sie einen Senatsbeschluß zustande, welcher den künftigen Consuln von 59 nach Ablauf der städtischen Amtszeit die lächerliche Aufgabe überwies, die dem Staat gehörigen „Waldungen und Triftwege“ abzugrenzen[153]. So wurden am Wahltage Caesar und Bibulus zu Consuln designiert.

148 Suet. 18, 2. Plut. Caes. 13, 1–2. Cat. min. 31, 2–5. Appian. b. c. 2, 28–30. Cass. Dio 37, 54, 1.
149 Cic. Att. 1, 17, 11. 14, 7.
150 Suet. 19, 1.
151 Cic. Att. 2, 1, 6. s. o. Anm. 110.
152 Suet. 19, 1.
153 Nach einem Gesetz des C. Gracchus hatte der Senat vor der Wahl über die Provinzen der künftigen Consuln zu beschließen. Gegen den Beschluß war Intercession unzulässig. Cic. prov. cons. 3. 17. 36. 37. dom. 24. 61. fam. 1, 7, 10. Sall. Iug. 27, 3. Suet. 19, 2 *opera ab optimatibus data est, ut provinciae futuris consulibus minimi negotii, id est silvae callesque, decernerentur.* P. Willems Le sénat de la rép. rom. (1883) II 576, 5 hielt *id est silvae callesque* für „Glosse“ eines unwissenden Grammatikers. J. P. V. D. Balsdon JRS 29 (1940), 182 will, es sei Italien gemeint. Aber Ed. Meyer Caesars Mon. 57, 6 verwies gut auf Tac. ann. 4, 27, 2 (von einem Quaestor 24 n. Chr.)

Die Lage, der Caesar sich jetzt gegenübersah, war diese:

Nach einem sechsjährigen, auch für römische Begriffe beispiellosen Siegeszuge war Pompeius im Anfang des Jahres 61 mit einem beträchtlichen Teile seiner Truppen in Brundisium gelandet. Das Mittelmeer war von der Seeräuberplage reingefegt, Kleinasien lag ihm zu Füßen, Mithradates war tot. Nach Norden war das römische Heer bis in den Kaukasus vorgedrungen, im Süden war Syrien bis an den Euphrat und an die Grenze Aegyptens dem römischen Reich einverleibt. In Italien angekommen, entließ er sofort, ohne einen Senats- oder Volksbeschluß abzuwarten, die Soldaten in ihre Heimatorte. Schon in der antiken Geschichtsschreibung wird viel Aufhebens davon gemacht, daß er seine Heeresmacht nicht zur Aufrichtung einer Militärmonarchie gebrauchte[154]. Doch scheint dieses Urteil erst einer rückwärtsblickenden Betrachtung entflossen. Ciceros Briefe aus dieser Zeit geben dafür keinen Anhaltspunkt. Nach menschlichem Ermessen bedurfte Pompeius gar keines Staatsstreichs. Er konnte sich mit vollem Recht für Roms ersten Mann, den *princeps* unter den *principes* halten[155]. Noch in Kleinasien hatte er seine Soldaten fürstlich belohnt. Gewiß sehnten sich die meisten nach der Entlassung, und er hatte keinen Grund, ihnen darin nicht gefällig zu sein. Denn die Macht eines römischen Staatsmannes lag in der für Abstimmungen verfügbaren Gefolgschaft. Und da konnte sich Pompeius auf seine Veteranen verlassen, zumal er ihnen auch eine großartige Landversorgung versprach. Sollte es nötig sein, konnte er jederzeit auch als Privatmann ein Heer aufstellen. Noch im Jahre 50 lebte er des Glaubens, er brauche nur auf den Boden zu stampfen und die Soldaten würden ihm in hellen Haufen zulaufen[156].

Anfang Februar 61 traf er in Rom ein[157]. Hier verbat er sich, um allen Anstoß zu vermeiden, jegliche weiteren Ehren und begnügte sich mit der Erteilung eines besonderen Privilegs zur nachträglichen Abhaltung des Triumphs. Er feierte ihn an den beiden letzten Tagen des September mit dem seinen Taten geziemenden Glanze[158]. Die politischen Folgerungen für seine Stellung in Rom zu ziehen, überließ er dem nächsten Amtsjahr, 60. Vorläufig genügte ihm, daß für diese Zeit einer seiner getreuen Unterführer, Lucius Afranius, zum Consul gewählt wurde, allerdings nur dank besonders krasser Wählerbestechung[159].

Jedoch nun, als die zwei Forderungen, welche die Grundlage eines dauernden Vorrangs im Staate bilden sollten, auf die Tagesordnung des Senats

cui provincia vetere ex more calles evenerant. Ebenso J. van Ooteghem Pompée le Grand (1954), 321, 1. 470. Cic. Vat. 12 *aquaria provincia* Mommsen RStR II 573, 3.

154 Vell. 2, 40, 3. Cass. Dio 37, 20, 5. 50, 6. Plut. Pomp. 43, 1. Appian. Mithr. 567.

155 Cic. p. red. ad Quir. 16 (im Jahr 57) *vir omnium qui sunt, fuerunt, erunt, virtute sapientia gloria princeps.*

156 Plut. Pomp. 57, 9. 60, 7. Caes. 33, 5. Appian. b. c. 2, 146.

157 Cic. Att. 1, 14, 1.

158 Plin. n. h. 7, 98. Plut. Pomp. 45, 1.

159 Cic. Att. 1, 16, 12. Plut. Pomp. 44, 4–6. Cat. min. 30, 7.

kamen, zeigte sich, daß er die Widerstandskräfte der Oligarchie gegen einen solchen Anspruch unterschätzt hatte[160]. Es handelte sich einmal um die Bestätigung der in den neugewonnenen Gebieten geschaffenen Provinzial- und Gemeindeordnungen, zum anderen um die Versorgung seiner Veteranen mit Land. Den ersten Antrag bekämpfte namentlich Lucius Lucullus, der verlangte, es müsse über jene Anordnungen im einzelnen beraten werden, und besonders müsse sich der Senat sein Urteil vorbehalten in Fällen, wo Pompeius in Kleinasien von Lucullis Verfügungen abgewichen sei. Ihn unterstützten der eine Consul Quintus Metellus Celer, der Halbbruder von Pompeius' kürzlich verstoßener Gemahlin Mucia[161], ebenso Quintus Metellus Creticus, gewesener Consul von 69, wie Lucullus schwer verletzt durch Pompeius' großes Kommando, ferner Marcus Cato und Marcus Crassus. Nicht besser erging es der Veteranenversorgung im Senat, und gegenüber dem Zusammenwirken so vieler einflußreicher Gegner versagte der in der Senatstaktik wenig routinierte Afranius[162].

Zugunsten seiner Soldaten schickte Pompeius nun schon im Januar den Volkstribunen Lucius Flavius vor mit dem Vorschlag eines umfassenden Landverteilungsgesetzes. Um ihn durchzubringen, war darin auch Abgabe von Land an andere bedürftige Bürger vorgesehen. Doch hielt er sich unstreitig im Rahmen des politisch und sozial Notwendigen[163]. Dennoch widersetzte sich der Senat unter Führung der erwähnten Häupter. Das war eben das Verhängnis der Oligarchie, daß ihre Politik vornehmlich bestimmt wurde durch die persönlichen Interessen ihrer hervorragenden Mitglieder. So bekämpften tüchtige und einsichtige Männer auch dieses Gesetz unter dem Gesichtspunkt, daß damit dem Pompeius eine neue Macht gegeben werden solle. Von bedeutenden Leuten fand Pompeius nur bei Cicero Unterstützung,

[160] Cass. Dio 37, 49–50. Weitere Zeugnisse in meinem „Pompeius"[2] (1959) 126–129. VAN OOTEGHEM a. O. 290–298.

[161] Cic. fam. 5, 2, 6 *soror*. Cass. Dio 37, 49, 3. Sie war die Tochter des berühmten Juristen Q. Mucius Scaevola (Ascon. argum. zu Cic. Scaur.). Ihre Mutter müßte in früherer Ehe mit Q. Caecilius Metellus Nepos, Consul 97 (RE 3, 1216 Nr. 95) verheiratet gewesen sein. Vielleicht ist aber *soror* als Cousine zu verstehen, so FLUSS RE 16, 449 Nr. 28. Pompeius schied sich 62 von ihr (Cic. Att. 1, 12, 3). Um 55 veröffentlichte der Consular C. Scribonius Curio in Dialogform eine Invective gegen Caesar (Cic. Brut. 218–219), worin ein Verhältnis mit Caesar als Grund der Scheidung behauptet wurde; Pompeius habe Caesar seufzend als seinen „Aegisth" bezeichnet (Suet. 50, 1). MÜNZER RE 2A, 866. Wie weit man in solchen Invectiven ging, ist aus Ciceros in Pis. zu ersehen. RE 7A, 954–955. STRASBURGER C.s Eintr. 38.

[162] Seine frühere Ämterlaufbahn ist unbekannt, BROUGHTON MRR II 130,5 vermutet Praetur im Jahr 71. Seit 75 und wiederum seit 66 war er Jahre lang Legat des Pompeius. Zu Ciceros spöttischer Bezeichnung *Auli filius* (Att. 1, 18, 5. 20, 5. 2, 3, 1) VAN OOTEGHEM a. O. 291. Nach Cass. Dio 37, 49, 3 verstand er sich besser aufs Tanzen als auf Politik.

[163] Cic. Att. 1, 18, 6. 19, 4. Vorbild war die *rogatio Plotia* von 70, für die damals die Mittel fehlten (Cass. Dio 38, 5, 1–2). E. GABBA La parola del passato 13 (1950), 66ff. BROUGHTON MRR II 128. VAN OOTEGHEM a. O. 294, 3. o. S. 26, Anm. 6.

doch tat auch der es nur aus persönlichen Gründen, weil er von Pompeius Schutz erhoffte vor den Hetzereien des Clodius.

Beim Fortgang der Agitation für das Gesetz legte der Consul Celer dem Volkstribunen alle Schwierigkeiten in den Weg, bis dieser ihn im Zorn ins Gefängnis führte (Juni 60)[164]. Dort lehnte er die Hilfe der anderen Volkstribunen ab, berief vielmehr kaltblütig den Senat ebendahin zur Sitzung. Flavius setzte sich nun mit seinem Stuhl in die Türe, um den Senatoren den Eintritt zu sperren. Dagegen half sich der Consul, indem er in die Wand des Gefängnisses eine Öffnung brechen ließ. Bei diesem seltsamen Schauspiel hatte der unerschrockene Celer die Gunst des Publikums für sich, und Pompeius hieß den Volkstribunen ein Ende machen. Die Gegner hatten nun aber überhaupt beim Volk gewonnenes Spiel, so daß Pompeius den ganzen Antrag fallen ließ.

Aus diesen Vorgängen konnte Caesar ersehen, daß trotz dem glänzenden Wahlsieg seine Gegner durchaus imstande waren, bei geschickter Taktik auch ihn lahmzulegen. Durch den Beschluß über die consularischen Provinzen des Jahres 58 war der Anfang dazu schon gemacht. Caesars Name bezeichnete wie der des Pompeius eine Gefahr, gegen welche sich die zersplitterten Elemente der Oligarchie stets zusammenfanden. Der vereinigten Kraft der hinter ihr stehenden Gefolgschaften von Freunden und Clienten war Caesar allein nicht gewachsen. So mußte auch er Bundesgenossen haben, um der Oligarchie die Spitze bieten zu können. Die hierfür gegebenen Männer waren Gnaeus Pompeius und Marcus Crassus, welche sich schon längst über oder wenigstens neben die Oligarchie gestellt hatten und über großen Anhang verfügten[165]. Mit beiden in freundlichen Beziehungen zu stehen, hatte sich Caesar seit Jahren angelegen sein lassen. Die Schwierigkeit lag darin, daß Crassus eben damals aus Haß gegen Pompeius mit der Oligarchie zusammenging[166]. Um die Pläne, die ihm für sein Consulat vorschwebten, zu verwirklichen, brauchte Caesar einen festen Halt, nicht nur Hilfe von Fall zu Fall. Darum mußte er vor allem die alten Gegner Pompeius und Crassus versöhnen. Im Dezember 60 hatte er sich mit Pompeius verständigt. Damals erschien Caesars Vertrauter, Cornelius Balbus, den er, wie schon 61, auch für 59 zu seinem persönlichen Adjutanten *(praefectus fabrum)* ernannte[167], bei Cicero, Pompeius' vornehmstem Gefolgsmann, und teilte ihm mit, Caesar erwarte, daß Cicero auch ihn in seinem Consulat, insbesondere bei dem zunächst geplanten Agrargesetz, unterstützen werde; Caesar werde in allen Dingen seinen und des Pompeius Rat einholen und steure darauf hin, Pompeius mit Crassus zusammenzubringen. Cicero konnte sich allerdings zu keiner bindenden Antwort entschließen, weil er es seiner von ihm in ihrer wirklichen Bedeutung

[164] Cic. Att. 2., 1, 8. [165] Cass. Dio 37, 54, 3 bezeichnet sie als τὰς ἑταιρείας ἔχοντας. 57, 2.

[166] Appian. b. c 2, 32. Doch scheute er sich nicht, zu ihnen in Gegensatz zu treten, wenn es ihm Vorteil brachte (Cic. Att. 1, 17, 9). [167] Cic. Balb. 63.

überschätzten Vergangenheit schuldig zu sein glaubte, seine Selbständigkeit nicht der Sicherheit zu opfern[168].

Jedoch etwas später kam die Einigung mit Crassus zustande. Die drei Männer verbanden sich durch das Gelöbnis, in der Politik nichts zu unternehmen, was einer der drei mißbillige[169]. Man spürt dieser negativen Formel an, welche Mühe es kostete, das Mißtrauen zwischen Pompeius und Crassus zu überwinden, und wir irren wohl nicht, wenn wir sie dem erfinderischen Kopf Caesars zuschreiben. Die drei Verbündeten waren sich an Kräften durchaus ungleich, Pompeius bei weitem stärker als Crassus, und Caesar beiden gegenüber noch ein Anfänger, dafür aber als Consul im Besitz der taktischen Initiative und darüber hinaus ihnen an geistiger Begabung und politischer Gewandtheit weit überlegen, so daß ihm in Wirklichkeit doch die Führung zufiel[170]. An Pompeius rächte sich jetzt seine den Ämtergesetzen hohnsprechende Laufbahn. Von Jugend auf durch sein Glück verwöhnt, verachtete er die übliche Senatorenbetriebsamkeit in der Curie und auf dem Forum, aber er lernte so auch nie, seine Sache dort selbst wirksam zu führen, und sah sich nun, da die großen kriegerischen Aufgaben des Reichs gelöst schienen, in die Rolle des Wartenden gedrängt. Ganz anders Caesar, der sich regelrecht emporgedient hatte und für alle Schwierigkeiten, die ihm entgegengetürmt wurden, eine Auskunft wußte.

Zweifellos wurde gleich damals das Programm für Caesars Consulatsjahr wenigstens in den Grundzügen vereinbart, und für dessen Durchsetzung stellten die drei größten Patrone Roms gemeinsam ihre Gefolgschaften zur Verfügung, womit sie hoffen konnten, Magistrate, Senat und Volksversammlung zu beherrschen. Indessen blieb die Festigkeit der getroffenen Abmachungen vorläufig noch tiefes Geheimnis, vermutlich ist Crassus dem Bunde erst im Anfang des Jahres 59 beigetreten. Im übrigen suchte Caesar überhaupt jeden zu verpflichten, der sich bereitfand. Ein solcher war der damalige Praetor Publius Cornelius Lentulus Spinther, dem Caesar eine Stelle im Pontificalcollegium und für 59 und 58 das diesseitige Spanien als Provinz verschaffte[171].

Von größter Wichtigkeit war, daß Caesar sich einiger Volkstribunen versicherte. Aus denen, die am 10. Dezember 60 ihr Amt antraten, erkor er sich den Publius Vatinius, einen hochstrebenden Politiker aus der sabinischen Stadt Reate, zu seinem besonderen Gehilfen[172]. Dieser verlangte für seine

[168] Cic. Att. 2, 3, 3–4. [169] Suet. 19, 2. Liv. per. 103 *conspiratio inter tres civitatis principes.*

[170] Vell. 2, 44, 2 von Crassus: *ut quem principatum solus adsequi non poterat, auctoritate Pompei, viribus teneret Caesaris.* Flor. 2, 13, 10 *C. Caesar eloquentia et spiritu, ecce iam et consulatu adlevabatur; Pompeius tamen inter utrumque eminebat. sic igitur Caesare dignitatem conparare, Crasso augere, Pompeio retinere cupientibus omnibusque pariter potentiae cupidis de invadenda re publica facile convenit.* Mit dem Jahr 60 begann darum Asinius Pollio sein Geschichtswerk über den Bürgerkrieg nach Horat. c. 2, 1, 1 *Motum ex Metello consule civicum bellique causas* etc.

[171] Caes. b. c. 1, 22, 4. [172] Cic. Vat. 13ff. 16. Gundel RE 8A, 495ff.

Dienste freilich solche Summen, daß selbst Caesar staunte und später diese Verbindung dahin charakterisierte, „Vatinius habe in seinem Tribunat nichts unentgeltlich getan“ [173]. Von den Praetoren stand Caesar Quintus Fufius Calenus am nächsten, der sich schon beim Clodiushandel als geschickter popularer Tribun ausgewiesen hatte. Vatinius brachte bei Beginn seines Amtsjahres eine Reihe von Gesetzesanträgen vor, darunter einen über die Besetzung der Geschworenengerichtshöfe, und kündigte dem Senat an, er werde sich grundsätzlich um die damals immer systematischer geübte Obstruktion der Oligarchie mittels angeblicher Götterzeichen nicht kümmern. Ihn unterstützte von den Collegen noch Gaius Alfius [174]. Dieses Vorspiel gibt uns schon eine Ahnung von der mit bitterstem Haß geschwängerten politischen Atmosphäre und von den Spannungen, welche sich im nächsten Consulatsjahr entladen mußten.

[173] Cic. Vat. 38. Vgl. 29. Sest. 114

[174] Cic. Vat. 38 mit schol. Bob.

III. DAS CONSULAT

Am 1. Januar 59 traten Caesar und Bibulus ihr Amt an. Die beiden erlauchten Herren standen zueinander im Verhältnis erklärter Feindschaft, wo jeder vom anderen sich alles Schlimmen zu versehen hatte[1]. Aber hinter dieser persönlichen Fehde standen diesmal noch Gegensätze viel schwererer Art, Schicksalsfragen des römischen Reichs. Niemand wußte das besser als Caesar. Jedoch er brachte es fertig, in der ersten Senatssitzung mit einer wunderbaren Unbefangenheit darüber hinwegzuschreiten. Er sprach schöne Worte, wie die Consuln sich zum Heil des Staates versöhnen müßten, und daß er, wiewohl er in der Politik die populare Richtung vertrete, nur in Übereinstimmung mit dem Senat handeln wolle[2]. Nach dem Herkommen galt wechselweise je einen Monat lang der eine Consul als der leitende, was früher dadurch bezeichnet wurde, daß er allein die Rutenbündel führte. Caesar betonte seine Korrektheit gegenüber Bibulus nun durch ostentative Anerkennung des Turnus. Da Bibulus im Januar als der ältere den Vorrang hatte, ließ Caesar seine Lictoren nicht vor, sondern hinter sich gehen. Ebenso erschien als Ausfluß seiner Loyalität, wenn er anordnete, daß die Verhandlungen im Senat und in den Volksversammlungen regelmäßig nach Tagen zusammengestellt und veröffentlicht werden sollten, womit eine Art Staatszeitung ins Leben gerufen wurde[3]. In Einzelfällen war das schon früher geschehen. So hatte Cicero 63 die Aussagen der allobrogischen Gesandten und Catos Rede gegen die Catilinarier in ganz Italien verbreiten lassen[4]. Zweifellos hoffte Caesar dadurch seine Stellung im Kampfe gegen die Winkelzüge der Oligarchie zu stärken.

Seine nächsten Unternehmungen galten den im Vorjahr vereitelten Plänen des Pompeius, der Versorgung der Veteranen mit Land und der Gültigkeitserklärung der Ordnungen im Osten.

Schon im Jahre 60 bereitete er die Öffentlichkeit auf ein neues Agrargesetz vor[5]. Die Anträge des Rullus und Flavius waren 63 und 60 zu Fall gebracht worden, während doch kein Einsichtiger übersehen konnte, daß der soziale Notstand vorhanden war und dringend Abhilfe heischte. Rom war

[1] Über *inimicitiae* Cic. Flacc. 2. Rab. Post. 19. prov. cons. 20–25. 47. Sest. 72. Vat. 28 *sumptis inimicitiis*.

[2] Cass. Dio 38, 1, 1–2. Appian. b. c. 2, 34. Daß Caesar es ernst meinte, zeigt der Versuch, Cicero für seine Pläne zu gewinnen, im Dezember 60 (Cic. Att. 2, 3, 3. prov. cons. 41).

[3] Suet. 20, 1. MOMMSEN RStR I 40, 1. KUBITSCHEK RE 1, 291.

[4] Cic. Sull. 41. Plut. Cat. min. 23, 3.

[5] Cic. Att. 2, 3, 3.

überfüllt mit besitzlosen Müßiggängern und weite Strecken Italiens lagen unbebaut[6]. Caesar beseitigte nun eine Reihe von Anstößen der beiden früheren Entwürfe: das ganze Eigentum des Staates an italischem Boden sollte zur Verteilung kommen, aber der wichtige campanische Domanialbesitz (verpachteter *ager publicus)* war ausgenommen[7]. Weiteres Land sollte die Verteilungskommission nur durch gutwillige Veräußerung erwerben und nicht nach willkürlichem Kaufpreis, sondern nach dem im letzten Census festgesetzten Wert[8]. Alle gegenwärtigen Besitzstände wurden ohne Nachprüfung der Rechtsgrundlagen anerkannt, um jegliche Beunruhigung der Besitzenden zu vermeiden[9]. Die Ankäufe sollten aus den Beutegeldern des Pompeius und den von ihm neu erschlossenen Provinzialeinkünften bestritten werden[10]. Die den Colonisten überwiesenen Besitztümer sollten zwanzig Jahre lang unverkäuflich sein[11]. Weil seinerzeit die Zehnerkommission des Rullischen Antrags so bedenklich geschienen hatte, wurde jetzt eine Kommission von zwanzig Männern vorgesehen, Caesar war namentlich ausgenommen. Außerdem wird ein Fünferausschuß erwähnt, vermutlich das zur Leitung der Geschäfte bestimmte Gremium[12].

Caesar las den Vorschlag im Senat vor und erklärte sich zu jeder Verbesserung bereit. Zu ihrem größten Leidwesen vermochten die Gegner keine sachlichen Einwendungen zu erheben, sie sahen nur die Gefahr, die ihnen drohte, die gewaltige Gefolgschaft, die Caesar sich dadurch erwarb. Die aufgerufenen Senatoren versuchten die Abstimmung hinauszuzögern. Erst Cato verlangte, es solle überhaupt am Bestehenden nicht geändert werden und, wie schon früher, dehnte er seine Rede aus bis zum Sonnenuntergang, um die erfolglose Aufhebung der Sitzung zu erzwingen. Darauf befahl Caesar kraft seiner Coercitionsgewalt einem Amtsdiener, den widerspenstigen Senator ins Gefängnis zu führen. Cato leistete keinen Widerstand, aber die Mehrheit des Senats folgte ihm, darunter Marcus Petreius, der Besieger Catilinas. Caesar fuhr ihn an, wieso er vor Schluß die Sitzung verlasse, erhielt jedoch die Antwort, weil er lieber mit Cato im Gefängnis als mit Caesar im Senat zusammen sei. Sobald Caesar sah, daß er ins Wasser geschlagen hatte, ließ er Cato frei, bevor er zum Märtyrer geworden war, erklärte nun aber dem Senat, er sehe sich jetzt genötigt, das Gesetz ohne Senatsbeschluß vor die Comitien zu bringen und hob die Sitzung auf[13].

6 Cass. Dio 38, 1, 3. 7 Cass. Dio 38, 1, 4. 8 Cass. Dio a. O. 9 Cic. fam. 13, 4, 2.
10 Cass. Dio 38, 1, 5. Cic. dom. 23. 11 Appian. b. c. 3, 5. 24.
12 Cass. Dio 38, 1, 6–7. Cic. Att. 2, 6, 2. 7, 3; 4. prov. cons. 41. Att. 9, 2a, 1. Als Mitglied des Fünferausschusses ist inschriftlich bezeugt der Consul von 61 M. Valerius Messalla: *Vvir a(gris) d(andis) a(ssignandis) i(udicandis)* ILS 46. Lange R. A. III 280. L. R. Taylor, ‚Caesar's agrarian legislation and his municipal policy' in Studies in Roman Economic History in honor of A. Ch. Johnson 69. H. Schaefer RE 8A, 2585.
13 Cass. Dio 38, 2, 1–3, 3. Gell. N. A. 4, 10, 8 aus C. Ateius Capito (gest. 22 n. Chr.) *de officio senatorio.* Jörs RE 2, 1904, Nr. 8.

In den der Abstimmung vorangehenden Volksversammlungen, den sogenannten Contionen, wandte Caesar dieselbe Taktik an gegenüber den Optimaten. Er forderte seinen Collegen Bibulus öffentlich auf, es zu sagen, wenn er etwas am Gesetze zu tadeln habe. Dieser wußte wieder nichts vorzubringen als, in seinem Consulat dürfe nichts geneuert werden. Da redete ihm Caesar bittend zu und hieß das Volk ihm helfen, alles hänge nur von Bibulus ab, bis der in hochmütiger Ungeschicklichkeit schrie: „Ihr werdet das Gesetz in diesem Jahre nicht bekommen, und wenn ihr auch alle wollt“ [14]. Nun führte Caesar zuerst Pompeius auf die Rednerbühne. Dem fiel nicht schwer nachzuweisen, wie die Senatsmehrheit wider besseres Wissen handle. Denn schon vor elf Jahren habe der Senat seinen und des Metellus Pius Veteranen vom Sertoriuskrieg Land versprochen, aus Geldmangel habe man den Beschluß damals nicht ausführen können [15]. Jetzt seien durch seine glücklichen Feldzüge die Mittel im Überfluß da, und alle, die unter seinen Fahnen gedient hätten, müßten jetzt ihr Recht haben. Caesar fragte weiter, ob er seine Hilfe zusage gegen die Feinde des Gesetzes, worauf Pompeius erwiderte: „Wenn jemand wagt, das Schwert zu zücken, werde auch ich meinen Schild aufnehmen.“ Nach ihm sprach Crassus im gleichen Sinne [16].

Das Ergebnis der Abstimmung konnte nicht zweifelhaft sein, zumal Pompeius seine Veteranen in die Stadt entbot [17]. Um die Comitien zu verhindern, beobachtete nun Bibulus mit drei optimatischen Volkstribunen täglich den Himmel. Zur größeren Sicherheit holte er noch ein Abwehrmittel hervor, das schon Sulla als Consul des Jahres 88 gebraucht hatte [18]: er erklärte kurzerhand alle noch übrigen Comitialtage zu Festtagen gemäß dem consularischen Recht, die Abhaltung der Wandelfeste zu befehlen [19]. Caesar setzte dessen ungeachtet die Abstimmung an und ließ schon in der Nacht das Forum durch seine Leute besetzen. Die Senatsmehrheit versammelte sich in Bibulus Haus und beschloß, er solle gegen den Collegen intercedieren [20]. Bibulus gelangte am folgenden Tag glücklich zum Castortempel, von dessen Stufen aus Caesar zum Volke sprach. Wie er nun aber auch hinaufstieg und den Collegen zu unterbrechen begann, wurde er gleich mit Mist beworfen, dann fiel Vatinius mit bereitgehaltenen Bewaffneten über ihn her, und der Consul und seine Begleiter, darunter die getreuen Volkstribunen und Cato, mußten, zerprügelt und verwundet, flüchten. Seinen Lictoren wurden die Rutenbündel zerbrochen [21].

[14] Cass. Dio 38, 4, 1–3.

[15] Cass. Dio 38, 5, 1–2. Gemeint ist die rogatio Plotia von 70, o. S. 60, Anm. 163.

[16] Cass. Dio 38, 5, 3–5. Plut. Caes. 14, 2–6. Pomp. 47,5–8.

[17] Plut. Pomp. 48, 1. Cass. Dio 38, 6, 2. Cic. Vat. 5 *num armatis hominibus templum tenuerit?*

[18] Appian. b. c. 1, 244. Mommsen RStR I 82, 3. II 136, 2. III 1058, 2 bezeichnet er das Zeugnis Appians als fehlerhaft mit Berufung auf Plut. Sull. 8, 6, was mir nicht beweisend scheint.

[19] Cass Dio. 38, 6, 1. J. Bleicken Hermes 85 (1957), 471, 2.

[20] Appian. b. c. 2, 37.

[21] Cass. Dio 38, 6, 1–3. Suet. 20, 1. Plut. Pomp. 48, 2–3. Cat. min. 32, 3–4. Luc. 42, 6. Ap-

So wurde Caesars Agrargesetz vom Volk angenommen. Tags darauf berichtete Bibulus darüber im Senat in der Hoffnung, es werde der Kriegszustand erklärt und ihm die dictatorische Vollmacht übertragen. Aber niemand wagte den betreffenden Antrag zu stellen[22]. Die endgültige Fassung des Gesetzes enthielt die Klausel, welche im Jahre 100 der populare Volkstribun Appuleius Saturninus erfunden hatte[23], daß binnen einer bestimmten Frist sämtliche Senatoren sich eidlich auf das Gesetz zu verpflichten hatten. Noch einmal versuchten Männer wie Metellus Celer und Cato, sich wenigstens dem zu entziehen, bis sie Cicero in letzter Stunde durch den Hinweis, daß sie sich so selbst aus der Politik ausschalten würden, zum Nachgeben überredete[24]. Zum Schluß wurde der Zwanzigerausschuß gewählt. Die Leitung erhielten natürlich Pompeius und Crassus. Von den anderen Mitgliedern verdienen Erwähnung Marcus Atius Balbus, Caesars Schwager und Großvater des Augustus, und der berühmte Polyhistor Marcus Terentius Varro[25].

Der Kampf um dieses Agrargesetz mag sich bis in den März hingezogen haben. In den gleichen Zeitraum fallen aber auch andere Gesetze, von denen wir wissen[26].

Da war zunächst eine Angelegenheit, welche den Senat schon seit dem Jahre 61 beschäftigte, ein Gesuch der Pachtgesellschaften, welche die Einkünfte der Provinz Asia übernommen hatten, um Herabsetzung der Pachtsumme. Obwohl Crassus als Patron dafür eintrat, fand es nach mehrmonatlicher Verschleppung, besonders vermöge Catos Anstrengungen, Mitte 60 abschlägigen Bescheid[27]. Caesar brachte nun auch diese Sache vor das Volk und erwirkte anstandslos einen Nachlaß von einem Drittel der geschuldeten Summe, redete den Geldleuten aber nachher öffentlich zu, in Zukunft sich nicht mehr so in die Höhe zu steigern[28]. Caesar war übrigens so gut als Crassus auch selbst bei Pachtgesellschaften beteiligt und zog wahrscheinlich gerade aus dieser Aktion auch einen unmittelbaren Vorteil. Wir hören, daß er den Vatinius unter anderem mit solchen Anteilscheinen abfand, deren Kurs da-

pian. b. c. 2, 38–41. Cic. Att. 2, 16, 2 von Pompeius: *agrariam legem sibi placuisse, potuerit intercedi necne nihil ad se pertinere.* Vat. 5 *num consuli vim attulerit, ... num intercessorem vi deiecerit?* 15. 22.

[22] Suet. 20, 1. Cass. Dio 38, 6, 4.

[23] Plut. Mar. 29, 2. Appian. b. c. 1, 131. Flor. 2, 4, 2. Gnomon 12 (1936), 104.

[24] Plut. Cat. min. 32, 5–9. Cass. Dio 38, 7, 1–2. Cic. Att. 2, 5, 1.

[25] Cass. Dio 38, 1, 7. Suet. Aug. 4, 1. Cic. Att. 2, 12, 1. Varro r. r. 1, 2, 10. Plin. n. h. 7, 176. Broughton MRR II 191.

[26] Für die Datierung Ciceros Briefe Att. 2, 4–7, aus April und Mai 59. Hermes 63 (1928), 114ff.

[27] Cic. Att. 1, 17, 9. 18, 7. 2, 1, 8. Q. fr. 1, 1, 33. Planc. 34.

[28] Cic. Att. 2, 16, 2. Planc. 35 mit schol. Bob. zu 31 und 35. Suet. 20, 3. Cass. Dio 38, 7, 4. Appian. b. c. 2, 47–48. 5, 19. Val. Max. 2, 10, 7. Hier wie Suet. 20, 4 wird berichtet, daß Caesar bei dieser Gelegenheit Cato wegen Obstruktion in den *carcer* abführen ließ, gegen Cass. Dio 38, 3, 2, dem ich folgte.

mals besonders hoch stand[29]. Von größerer Bedeutung war der politische Gewinn, der aus der Verpflichtung der Ritterschaft erwuchs.

Des weiteren wurden jetzt die Anordnungen des Pompeius im Osten durch ein Gesetz bestätigt, ohne daß sich Widerstand regte[30]. Als Lucullus — vermutlich in einer Contio — den Versuch machte, zu widersprechen, drohte ihm Caesar, seinen Mißerfolg strafrechtlich zu ahnden, worauf ihn der so Angesprochene fußfällig um Schonung gebeten haben soll[31]. Pompeius hatte vor allem Abmachungen getroffen mit den verbündeten Königen und freien Gemeinden. Im Anschluß an das allgemeine Gesetz wurden dementsprechend zahlreiche Verträge zwischen jenen Staaten und dem römischen Volk geschlossen. Deren Erledigung überließ Caesar dem Vatinius unter Ausschaltung des Senats, was besonders stark wider alles Herkommen verstieß und, wie die Gegner versicherten, der Staatskasse große Verluste brachte, weil jene Gebiete tributfrei blieben[32].

Im Zusammenhang damit steht die Entscheidung der aegyptischen Frage, mit der sich Caesar ja schon seit 65 beschäftigte. Damals betrieb er die Einziehung des Königreichs auf Grund des angeblichen Testaments von Ptolemaios XI. Alexandros I. Der derzeitige König Ptolemaios XIII. Neos Dionysos, zubenannt der „Oboebläser", bemühte sich bis 59 immer noch um die offizielle Anerkennung durch Rom. Als Pompeius im Jahr 63 den Krieg in Judaea führte, übernahm er den Unterhalt von 8000 Reitern, womit er sich einen öffentlichen Rechtstitel erwarb[33]. Noch wirksamer aber waren die Summen, welche in die Taschen römischer Politiker flossen. Der König nahm hierzu bei römischen Finanzleuten wie Gaius Rabirius Postumus große Anleihen auf[34]. Da diese Anstrengungen nun im Jahr 59 zum Erfolg führten, wird man dem Gerücht, Caesar und Pompeius hätten gegen 6000 Talente (36 Millionen Denare) erhalten[35], den Glauben nicht versagen. Für die Beurteilung der Glaubwürdigkeit hinsichtlich der Höhe der königlichen Zahlungen haben wir einen Maßstab daran, daß 54 Aulus Gabinius verurteilt wurde, weil er sich vom König 60 Millionen habe zahlen lassen[36]. Jedenfalls

[29] Cic. Vat. 29 *eripuerisne partis illo tempore carissimas partim a Caesare, partim a publicanis?* Über die *partes* der *adfines* (Liv. 43, 16, 2) der Staatspächtergesellschaften L. Mitteis R. Privatr. I 413. Gai. instit. 3, 150. Jörs-Kunkel R. Privatr. § 151, 3. Cic. Rab. Post 4.

[30] Cass. Dio 38, 7, 5. Plut. Pomp. 48, 4. Appian. b. c. 2, 46. Vell. 2, 44, 2.

[31] Suet. 20, 4 *Lucio Lucullo liberius resistenti tantum calumniarum metum iniecit, ut ad genua ultro sibi acciderit.* Plut. Luc. 42, 6 berichtet den Widerstand beim Agrargesetz. Aber Lucullus war an dem anderen Gesetz interessiert.

[32] Cic. Vat. 29 *fecerisne foedera tribunus plebis cum civitatibus, cum regibus, cum tetrarchis, erogarisne pecunias ex aerario tuis legibus?* Att. 2, 9, 1 von Caesar und Vatinius *qui regna, qui praedia tetrarchis, qui immanis pecunias paucis dederunt,* fam. 1, 9, 7 *de donatione regnorum.* Bei den Tetrarchen ist vor allem an den Galater Deiotaros zu denken, von dem es B. Alex. 68, 1 heißt: *contra quem Caesar* (im Jahr 47), *cum plurima sua commemorasset officia quae consul ei decretis publicis tribuisset* ...

[33] Plin. n. h. 33, 136.

[34] Cic. Rab. Post. 4

[35] Suet. 54, 3.

brachte Caesar die Sache des Königs jetzt vor Senat und Volk und schloß im Gegensatz zu seiner früheren Haltung mit dem König ein Bündnis ab[37]. Selbstverständlich gaben politische Gesichtspunkte dabei den Ausschlag. Die Einziehung Aegyptens wäre ihm 65 und 63 eine willkommene Aufgabe gewesen. Jetzt trug er sich wohl schon mit anderen Plänen für sein Proconsulat, das er sich entgegen dem Senatsbeschluß des Vorjahres erobern wollte.

In diese bewegten Wochen schärfster politischer Kämpfe fiel im März[38] der Prozeß des Gaius Antonius, Ciceros Collegen im Jahr 63. Auch hier waren die Rollen seltsam vertauscht. Augenscheinlich weil er 63 die von Caesar und Crassus auf ihn gesetzten Hoffnungen nicht erfüllt hatte, ließen ihn diese nun fallen und begünstigten die gegen ihn gerichtete Anklage wegen schmählichen Verhaltens in seiner Provinz Makedonien[39]. Cicero dagegen übernahm seine Verteidigung und konnte zu seinem Unglück nicht unterlassen, Klage zu führen über die traurigen Zustände der gegenwärtigen politischen Lage. Um die Mittagsstunde fielen diese verhängnisvollen Worte, Caesar verschmähte es, darauf zu antworten, aber schon drei Stunden später war Ciceros Todfeind Publius Clodius Plebejer[40]. Um diese Zivilstandsänderung hatte sich dieser schon im Jahre 60 mit allen Mitteln bemüht, um sich für das Volkstribunat bewerben zu können, und schwor noch unter dem Consulat seines Schwagers Metellus Celer in einer Versammlung der Plebs sein Patriciat ab. Aber Celer ließ das als wider das Herkommen verstoßend nicht gelten[41]. Das Staatsrecht verlangte für einen solchen Geschlechtswechsel eines selbständigen erwachsenen Bürgers Untersuchung der Sachlage durch das Pontificalcollegium, mit dessen Zustimmung hatte sich der Betreffende vor der Curienversammlung einem anderen Bürger an Sohnes statt zu unterwerfen, und die Curien mußten sich damit einverstanden erklären[42]. Auf einen Wink des Consuls und *pontifex maximus* Caesar fielen nun plötzlich

[36] Cic. Rab. Post. 21. 30. Schol. Bob. zu Cic. Planc. 86. Der König selbst bestritt, daß er Gabinius bestochen habe (Cic. Rab. Post. 34): *recitabatur identidem Pompei testimonium regem ad se scripsisse nullam pecuniam Gabinio nisi in rem militarem datam.* Es handelte sich um die Rückführung des Königs im Jahr 55 durch Gabinius, den Proconsul von Syrien. Cic. Pis. 48 *se ipsum regi Alexandrino vendidit.* 49 *praebuit se mercennarium comitem regi Alexandrino.* Caes. b. c. 3, 103, 5. 110, 6. F. von der Mühll RE 7, 428.

[37] Caes. b. c. 3, 107, 2 *quod superiore consulatu* (59) *cum patre Ptolomaeo et lege et senatus consulto societas erat facta.* Cic. Sest. 57 *a senatu honorem istum consecutus.* Rab. Post. 6 *quicum foedus feriri in Capitolio viderat.*

[38] Hermes 63 (1928), 121.

[39] Cic. Flacc. 5. 95 danach vor Repetundengerichtshof. Frg. aus der Rede des Anklägers M. Caelius Rufus bei Quintil. 4, 2, 123–124. Cass. Dio 38, 10, 1–3. RE 7 A, 907.

[40] Cic. dom. 41. Cass. Dio 38, 11, 2. Suet. 20, 4.

[41] Cass. Dio 37, 51, 1–2. Cic. Att. 1, 18, 4–5. 2, 1, 4–5. har. resp. 45. Cael. 60. Clodius wird als Celers Vetter (*frater*) bezeichnet, weil Clodius' Vater Ap. Claudius Pulcher Consul 79 mit Metella, der Schwester von Celers Vater verheiratet war (Münzer RE 3, 1235, Nr. 135). Außerdem hatte Celer seine Cousine Clodia geheiratet (Münzer RE 4, 105, Nr. 66).

[42] Cic. dom. 34. 77. Sest. 16. Gell. N. A. 5, 19, 5–9. Mommsen RStR III 38. 318.

alle Hemmungen. Die Formalien der Adrogation (das Verfahren vor der Curienversammlung) vollzogen sich mit einer unerhört nachlässigen Eile: er ließ die dreißig Curienlictoren[43] aufmarschieren, Pompeius erschien als Augur und besorgte die Auspicien, der kaum zwanzigjährige Plebejer Publius Fonteius nahm den beinahe doppelt so alten Clodius an Kindes Statt an, allerdings, um ihn gleich darauf wieder zu emancipieren; denn Clodius führte seinen alten Namen weiter[44].

Das Verfahren war rechtlich ungültig, weil die für ein Gesetz — die Zustimmung der Curien war eine *lex curiata* — notwendigen Fristen nicht innegehalten waren, weil kein ordnungsmäßiger Beschluß der *pontifices* vorlag, schließlich, weil die Auspicien nicht in Ordnung waren, indem damals, wie überhaupt täglich, Bibulus den Himmel auf Götterzeichen beobachtete[45]. Das Ganze war nur ein Warnungszeichen für Cicero, geschah nicht dem Clodius zuliebe; denn der war viel zu eigenwillig, um sich als Handlanger gebrauchen zu lassen. Die Machthaber hielten ihn vorläufig möglichst kurz. Er sollte als Gesandter zu Tigranes von Armenien reisen, wurde nicht in die Landanweisungskommission gewählt, und Pompeius bedeutete ihm von Anfang an, wenn er Volkstribun werden sollte, dürfe er seine Macht nicht gegen Cicero benutzen[46]. Wie Cicero am 19. April hörte, schäumte Clodius darob vor Wut und drohte, als Volkstribun ins Lager der Optimaten überzugehen[47].

Gaius Antonius mußte, verurteilt, ins Exil nach Kephallenia übersiedeln[48], sein Fall wurde von popularer Seite als Rache für Catilina gefeiert durch Bekränzung von dessen Grab und durch ein Festbankett[49].

Die Ereignisse und Kämpfe bis zur Vereidigung der Senatoren auf das Agrargesetz bilden den ersten Abschnitt von Caesars Consulat. Die nächsten Ziele des Geheimbunds waren erreicht, zumeist Pompeius konnte sich voll befriedigt fühlen. Die Gegenpartei war überwältigt, was äußerlich darin aufs stärkste zum Ausdruck kam, daß Caesars College Bibulus, nachdem der Senat nicht gewagt hatte, ihm durch Erklärung des Kriegszustandes die dictatorische Vollmacht zu übertragen[50], sich für die verbleibenden acht Monate seines Amtsjahrs in sein Haus zurückzog[51]; und andere taten desgleichen. Auch Cicero begab sich im April auf seine Güter, wohin er sich von Atticus über den weiteren Verlauf der Dinge berichten ließ, und hoffte, sich nächstens durch eine Reise nach Aegypten einigermaßen zu trösten[52]. An Caesars

[43] Cic. leg. agr. 2, 31.

[44] Cic. dom. 35–39. 77. 116. har. resp. 57. Sest. 15. prov. cons. 42. 45. Att. 2, 7, 2. 9, 1. 12, 1. 21, 4. 22, 2. 8, 3, 3. Cass. Dio 38, 12, 2. Suet. Tib. 2, 4.

[45] Cic. dom. 39 *negant fas esse agi cum populo, cum de caelo servatum sit.* Über die Obnuntiation J. Bleicken Hermes 85 (1957), 471.

[46] Cic. Att. 2, 7, 2–3. 9, 1. 22, 2. Sest. 15.

[47] Cic. Att. 2, 12, 2.

[48] Strab. 10, 455. Cic. Vat. 28.

[49] Cic. Flacc. 95.

[50] Suet. 20, 1. Cass. Dio 38, 6, 4.

[51] Suet. 20, 1. Cass. Dio 38, 6, 5–6. Cic. Vat. 22. fam. 1, 9, 7. Vell. 2, 44, 5. Plut. Caes. 14, 9. Pomp. 48, 5. Appian. b. c. 2, 45.

[52] Cic. Att. 2, 4, 2. 5, 1. Sest. 63 von M. Cato.

Vorgehen fällt dem heutigen Betrachter vor allem die Meisterschaft in die Augen, womit er, wie später in seinen Kriegsbüchern, die Gegner moralisch ins Unrecht setzte: seine Aktionen galten dringlichen Aufgaben und waren sachlich tadellos. Er zeigte sich bereit, allen früheren Hader zu vergessen und den Feinden die Hand zu reichen. Waren sie nicht bösartige Narren, wenn sie nicht einschlugen? In der Tat war die Opposition, wie sie Cato vertrat, die reine Verneinung, die nichts Besseres verdiente, als daß darüber hinweggegangen wurde. Allein man wird den Optimaten zugute halten müssen, daß sie zu diesem Consul kein Vertrauen fassen konnten. Dazu wußten sie doch zu viel von seiner Vergangenheit und fühlten zu deutlich, wie er an den Grundfesten ihrer Herrschaft rüttelte. Dann kam hinzu, daß die konservative Denkweise tief im römischen Wesen wurzelte, weshalb ihr Widerstand von der Zustimmung breiter Kreise getragen wurde. So grotesk uns die Mittel ihrer Obstruktion anmuten, so rührten sie bei den Römern stets an geheiligte Überlieferungen, deren Verletzung unheimliche Gefühle weckte, auch bei Aufgeklärten.

Darum stand Caesar keineswegs als Sieger da. Was bis jetzt erreicht war, kam mehr den beiden Verbündeten zugute und bestand in einer Kette grober und gröbster Verfassungsverletzungen, für welche er allein die Verantwortung trug[53]. Seine Volkstümlichkeit war im Schwinden. Der fortwährende Protest des Bibulus gegen die schmähliche Vertreibung vom Forum verfehlte seine Wirkung nicht, mochte auch der Witz[54], man lebe jetzt unter den Consuln Julius und Caesar, Beifall finden. Denn Bibulus war nicht müßig. Alle Schritte seines Collegen begleitete er mit bissigen Edikten und Flugschriften, worin Caesars Vergangenheit schonungslos bloßgestellt wurde. Und das Publikum las und vervielfältigte sie jedesmal mit Freuden[55]. Ihn unterstützte mit dem lebendigen Wort und fand damit größten Beifall der junge Gaius Scribonius Curio, der Sohn des Consulars und Ciceros Hoffnung[56]. Auch in den Municipien verbreitete sich die ungünstige Stimmung gegen die drei Gewalthaber[57]. Als Vatinius den Bibulus aus seinem Hause ins Gefängnis führen wollte, intercedierten die anderen Tribunen, und jener gab seinen Versuch auf[58]. Zweifellos waren, wie die Gegner behaupteten, alle bisherigen

[53] Nach Cic. Att. 2, 16, 2 sagte Pompeius: *se leges Caesaris probare, actiones ipsum praestare debere.* In der Invective gegen Vatinius vom März 56 sucht freilich Cicero den Volkstribunen von Caesar abzuheben. Vat. 13. 15 *et quoniam hic locus est unus* — die Nichtbeachtung der Obnuntiation — *quam tibi cum Caesare communem esse dicas, seiungam te ab illo, non solum rei publicae causa verum etiam Caesaris, ne qua ex tua summa indignitate labes illius dignitati adspersa videatur.* 16 *seiunge te a consule.* 22. 29. 38. 30 die drei Verbündeten *summi viri,* 33 *clarissimi viri.* Aber ein Jahr später hielt ihm Piso vor (Pis. 75): *dixisti me cum iis confligere quos despicerem, non attingere eos qui plus possent, quibus iratus esse deberem.* Dazu Pis. 79.

[54] Suet. 20, 2 mit dem Distichon *Non Bibulo quiddam nuper sed Caesare factum est: Nam Bibulo fieri consule nil memini.* Cass. Dio 38, 8, 2.

[55] Suet. 9, 2. 49, 2. Cic. Att. 2, 19, 2; 5. 20, 4; 6.

[56] Cic. Att. 2, 18, 1. 19, 3.

[57] Cic. Att. 2, 13, 2. 21, 1.

[58] Cic. Vat. 21–22, nicht ganz klar, da Cicero an sonst nicht bekannte Vorfälle erinnert.

Akte Caesars formell nicht rechtsgültig, zweifellos wurde er nach Ablauf seines Jahres deswegen zur Rechenschaft gezogen, was seine Vernichtung war, wenn er nicht auch fürderhin mit überlegener Macht diesen rechtlich unanfechtbaren Angriffen Trotz bieten konnte. Darum war für ihn die dringendste Frage, ob der Dreibund Bestand haben werde, wenn es galt, seine persönlichen Pläne durchzusetzen. Pompeius fühlte sich bekanntermaßen nicht behaglich bei Caesars Gewaltsamkeiten, da er immer noch für gewisse Bedenken zugänglich blieb, die vom Standpunkt des Senatsregiments aus erhoben wurden[59].

So hing Caesars Zukunft damals von der Festigkeit des Pompeius ab, und kurzentschlossen griff er noch im April zum stärksten Mittel, ihn zu fesseln: er gab ihm seine einzige Tochter zur Gemahlin. Sie war verlobt mit Quintus Servilius Caepio, einem eifrigen Gefolgsmann Caesars, und stand wenige Tage vor der Hochzeit. Ihr Bräutigam sollte sich jetzt mit Pompeia, der Braut des Faustus Sulla, trösten[60]. Dieser Tausch besagt genug für den politischen Charakter der Verbindung. Damit ihre Bedeutung unterstrichen wurde, rief Caesar von nun an im Senat nicht mehr Crassus, sondern Pompeius zuerst zur Meinungsäußerung auf[61]. Übrigens gestaltete sich die Ehe trotz dem Altersunterschied von 30 Jahren glücklich und erfüllte dadurch Caesars Hoffnungen aufs beste. Jetzt konnten die Consulate für 58 bestimmt werden. Da Pompeius sicher war, stand nichts mehr im Wege, mit der einen Stelle den um den Schwiegersohn hochverdienten Aulus Gabinius zu belohnen. Als dessen Collegen ersah sich Caesar den Lucius Calpurnius Piso Caesoninus, dessen Tochter Calpurnia er selbst heiratete[62].

Der nächste Schlag, den er nun führte, war ein neues Agrargesetz. Im früheren hatte er die Empfindlichkeit der Gegner hinsichtlich der campanischen Domäne geschont und vornehmlich für Pompeius' Veteranen gesorgt. Doch bei der Ausführung nahm der Landankauf viel Zeit in Anspruch, während es Caesar gerade auf eine sofortige große Wirkung ankam. So tauchte schon im April der Vorschlag auf, man müsse auch das campanische Land hinzunehmen, und jetzt stellte Caesar den Antrag an das Volk, Pompeius empfahl ihn[63]. Einzig Cato widersprach in öffentlicher Volksversammlung,

59 Cic. Att. 2, 14, 1. 16, 2. 17, 1.

60 Suet. 21. Plut. Caes. 14, 7. Pomp. 47, 10. App. b. c. 2, 50. Cass. Dio 38, 9, 1. Cic. Att. 2, 17, 1 (Anfang Mai 59) *ista repentina adfinitatis coniunctio*. Caepio ist uns bekannt als Legat des Pompeius im Seeräuberkrieg und weiterhin (Flor. 1, 41, 10. Plut. Pomp. 34, 8. Cass. Dio 37, 3, 3). So erklärt sich seine Betätigung für den Dreibund. Da Pompeia tatsächlich den Faustus Sulla heiratete (Suet. 27, 1. B. Afr. 95, 3), scheint er früh gestorben zu sein. Wahrscheinlich nannte sich der spätere Caesarmörder M. Brutus auf Grund testamentarischer Verfügung nach ihm Q. Caepio Brutus, so zuerst Cic. Att. 2, 24, 2 schon im Jahr 59; dann in der Inschrift IG VII 338 = Dessau ILS 9460, Anm. 2. Neue Jahrb. 45 (1920), 440. Münzer RE 2A, 1779.

61 Suet. 21.

62 Cass. Dio 38, 9, 1. Suet. 21. Plut. Caes. 14, 8. Cat. min. 33, 7. Pomp. 47, 10. App. b. c. 2,51.

63 Cic. Att. 2, 15, 1. 16, 1–2. 17, 1. 18, 2. Vell. 2, 44, 4.

weshalb Caesar ihn wiederum abzuführen befahl. Das gab jedoch einen großen Auflauf. Cato redete auch im Gehen immer weiter, und die neue Vergewaltigung der bürgerlichen Freiheit erweckte einen sehr peinlichen Eindruck. Da Cato selbst Caesar in keiner Weise entgegenkam, so daß er hätte freigelassen werden können, gab dieser einem Volkstribunen die Weisung, zu intercedieren[64]. Nach diesem Zwischenfall ging im Mai 59 das Gesetz durch, wonach außer dem Rahmen der bisher vorgenommenen Auslosung vorweg an 20 000 römische Bürger, die drei und mehr Kinder besaßen — darunter natürlich viele Veteranen und bisher in Campanien ansässige Pächter —, die 500 Quadratkilometer, welche bei der Vernichtung der Gemeinde Capua im Jahre 211 römisches Staatseigentum geblieben waren, aufgeteilt und Capua als römische Bürgercolonie in seiner Selbständigkeit wiederhergestellt wurde[65]. Pompeius selbst leitete die Neugründung, auch Marcus Terentius Varro war dabei tätig, und einer der ersten Duovirn wurde im Jahre 58 Lucius Piso[66].

Diese Ansiedlungspolitik brachte Caesar unmittelbaren Gewinn, weil ihm die Colonisten nach römischer Auffassung zur politischen Gefolgschaft verpflichtet waren. Darum bezeichnet sie Cicero einmal als „Caesars Heer", mit dem die Verbündeten die Opposition im Zaum halten wollten[67], und Caesar erwähnt es in seinem „Bürgerkrieg" als Ungehörigkeit, daß Pompeius eben in Capua Truppen aushob[68] gegen ihn, wogegen freilich einzuwenden ist, daß Pompeius ebensogut Patron der Colonie war, sah doch das Gesetz ausdrücklich vor, daß in erster Linie die Mitglieder der Zwanzigerkommission zu Patronen erwählt werden sollten[69]. Gerade dieser Zusammenhang der Coloniegründung mit dem Gefolgschaftswesen hatte die Oligarchie bisher abgehalten, diesen Weg zu beschreiten, obwohl ihre einsichtigen Mitglieder die Notwendigkeit erkannten.

Caesar bewies mit diesen zwei Agrargesetzen eine hervorragende sozialpolitische Begabung. Der Gedanke, durch Neubesiedlung das italische Volkstum zu erneuern, stammt ja aus dem Scipionenkreise, aber bislang waren alle dahinzielenden Versuche mit schwerster Erschütterung der Besitzverhältnisse

64 Plut. Cat. min. 33, 1–4. Caes. 14, 11–12 anders eingeordnet.

65 Cic. Att. 2, 16, 1, wonach das Gebiet von Capua nur für 5000 Siedler ausreichen sollte. Suet. 20, 3. Vell. 2, 44, 2. Cass. Dio 38, 7, 3. Cic. Pis. 25 im Jahr 55 von Capua: *splendidissimorum hominum, fortissimorum virorum, optimorum civium mihique amicissimorum multitudine redundat.* Phil. 2, 101 kurzerhand *milites.*

66 Cic. Att. 2, 19, 3. Plin. n. h. 7, 176. Cic. Sest. 19. Pis. 24.

67 Cic. Att. 2, 16, 2 Pompeius: *oppressos vos tenebo exercitu Caesaris,* Hermes 63, 115–117.

68 B. c. 1, 14, 4 *Capuae primum sese confirmant et colligunt dilectumque colonorum, qui lege Iulia Capuam deducti erant, instituunt.*

69 In der Gemeindeordnung der im Jahr 44 nach der südspanischen Stadt Urso deducierten Colonia Genetiva Iulia Dessau ILS 6087 c. 97 *neve d(ecurionum) d(ecretum) facito* (sc. *duovir*) *fiat, quo quis colon(is) colon(iae) patron(us) sit atopteturve praeter eum cui c(olonis) a(grorum) d(andorum) a(tsignandorum) i(us) ex lege Iulia est, eumque, qui eam colon(iam) deduxerit liberos posterosque eorum.*

verbunden gewesen. Diese Klippe suchte Caesar schon 63 zu vermeiden durch die Bestimmung freihändigen Ankaufs des notwendigen Landes, sofern es nicht in unmittelbarem Eigentum des Staates stand; im Jahre 59 schlug er eben diesen Weg ein. Durch die weitere Bestimmung, daß die Besitztümer der Colonisten zwanzig Jahre lang unverkäuflich seien[70], sollten die Ansiedler wirklich ansässig gemacht werden. Schon Tiberius Gracchus hatte die Anteile seiner Landanweisungen für unverkäuflich erklärt, Sulla diese Klausel für seine Veteranencolonien wiederholt, und auch im Gesetzesvorschlag von 63 war sie vorgesehen. Die Befristung der Unverkäuflichkeit auf zwanzig Jahre näherte die Besitztümer doch möglichst dem vollen Eigentum an. Damit sollte die Veräußerungsbeschränkung wohl schmackhafter gemacht werden. Denn die Erfahrung zeigte, daß sie als sehr lästig empfunden, darum anfänglich umgangen und schließlich beseitigt wurde. Besondere Beachtung verdient der bevölkerungspolitische Schutz der kinderreichen Familien, der gewiß mehr fruchtete als schöne Reden gegen die Kinderlosigkeit.

Über die Gesamtzahl der unter Caesars Consulat Versorgten fehlt eine Angabe. Doch wurde neben der Unterbringung der 20 000 im Gebiet von Capua auch die im ersten Gesetz vorgesehene Ansiedlung der Veteranen auf gekauftem Land durchgeführt und immerzu fortgesetzt. Denn in den Jahren 57 und 56 wurde im Senat nochmals der Versuch gemacht, der Aufteilung der campanischen Domäne Einhalt zu gebieten, und im Jahre 51 war wiederum davon die Rede[71]. Dagegen bezeugt uns ein Plebiscit vom Jahre 55, als die Einigkeit der drei Verbündeten wiederhergestellt war, den rüstigen Fortgang der Siedlungspolitik. Die drei erhaltenen Kapitel[72] enthalten Bestimmungen über die genaue Bezeichnung der Grenzen zwischen den im Zuge der Besiedlung begründeten neuen Gemeinden. Die Zahl der Veteranen allein belief sich auf gegen 40 000. Die sozialpolitische Leistung können wir etwa daran ermessen, daß Caesar im Jahre 46 noch 150 000 erwachsenen, in Rom ansässigen Bürgern die Berechtigung für die staatlichen unentgeltlichen Getreideverteilungen zuerkannte und dadurch die Liste der Getreideempfänger um 170 000 Namen verminderte[73]. Diese Verminderung wurde vor allem durch großartige Colonisationen erzielt. Eine im Jahre 44 in Kraft gesetzte Verordnung schließt ausdrücklich die an den Landanweisungen Beteiligten und durch

[70] App. b. c. 3, 5. Ernst Muttelsee Untersuchungen über die Lex Iulia municipalis (Diss. Freiburg i. B. 1913) 54, 3. [71] Cic. Q fr. 2, 1, 1. 5, 1. 6, 2. fam. 1, 9, 8. 8, 10, 4.

[72] Die drei Kapitel der Lex Mamilia Roscia Peducaea Alliena Fabia finden sich im Corpus der römischen Feldmesser (Gromatici veteres ed. Lachmann 1848) I 263–266, abgedruckt bei Riccobono Fontes iuris Romani anteiustiniani I Nr. 12. Die Datierung bei Hans Rudolph, Stadt und Staat im römischen Italien (1935), 196. Die richtige Erklärung fand L. R. Taylor Studies in Roman Economic History in Honor of A. Ch. Johnson, 76ff. H. Schaefer RE 8A, 2585. Daß es sich um Ergänzung der Lex Iulia agraria von 59 handelt, wird dadurch erwiesen, daß Kap. 4 auch übernommen wurde in die Ordnung der Colonia Genetiva Iulia, Kap. 104.

[73] Suet. 41, 3. Cass. Dio 43, 21, 4.

die damit zusammenhängenden Landverkäufe Bereicherten von den Frumentationen aus, falls sie ihren Wohnsitz nach Rom verlegten[74]. Diese weitschauende Politik wurde im Jahre 59 eingeleitet.

Wir sahen, daß Caesars Agrargesetz zu einem guten Teil verwirklichte, was schon 63 der Rullische Vorschlag gewollt hatte. Andererseits war aber die Wiederaufnahme gewisser Abschnitte sorgfältig vermieden worden, nämlich alles, was sich auf die Schaffung jener seltsamen fünfjährigen praetorischen Amtsgewalt der vorgesehenen Zehnerkommission bezog. Diese Machtstellung hatte Caesar damals ersonnen, um Pompeius ein Gegengewicht zu bieten, doch der durchsichtige Plan war gescheitert. Seitdem hatte sich die politische Lage völlig geändert. So ließ er 59 die Verkoppelung des Agrargesetzes mit der fünfjährigen außerordentlichen Vollmacht, auf die es 63 vor allem abgesehen war, fallen. Das Ziel selbst verfolgte er jetzt unter günstigeren Bedingungen und auf anderem Wege wie ehedem. Cicero verrät sein feines politisches Witterungsvermögen, wenn er Anfang Mai 59 schreibt[75]: „Was bedeutet diese plötzliche verwandtschaftliche Verbindung, was das campanische Land, was die Ausschüttung des Geldes? Wäre es das letzte, so wäre es des Übels zu viel, aber das ist das Wesen der Sache, daß dies nicht das letzte sein kann. Denn dies selbst kann ihnen (Pompeius und Caesar) doch kein Vergnügen machen! Niemals wären sie dahin gegangen, wenn sie sich nicht zu anderen höllischen Dingen den Zugang öffnen wollten.“ Aber Caesar hielt sich damals so geschickt zurück, daß Cicero in Pompeius den künftigen Alleinherrscher vermutete[76]. Tatsächlich wurden damals schon seit Wochen in aller Stille Vorbereitungen getroffen zu dem politischen Ereignis, welches Caesar das erstrebte außerordentliche Kommando und damit die größte Aussicht bringen sollte.

Das bald mehr frivole, bald mehr rohe Possenspiel, das seit vielen Monaten mit den ehrwürdigen Organen und Institutionen der alten Verfassung getrieben wurde, lehrte jeden Tieferblickenden, daß man in der Krise des römischen Staates stehe. Große Politik konnte weder mit dem Senat noch mit der Volksversammlung mehr gemacht werden; die politischen Zukunftsmöglichkeiten lagen bei der umfassenden langfristigen Kommandogewalt, wie sie seit Sulla mehrfach hatte erteilt werden müssen, das hatte Caesar — seine bisherige Politik beweist es — längst erkannt. Aber sich in eine solche Stellung zu bringen, war für niemanden schwieriger als für ihn, dem von vornherein jedermann mißtraute.

[74] Tabula Heracleensis (Riccobono FIR I Nr. 13), Z. 1–19. Die auf dieser Tafel vereinigten Verordnungen wurden nach Caesars Tod von Antonius in Kraft gesetzt auf Grund der *lex de actis Caesaris confirmandis* (Cic. Phil. 5, 10. Kornemann RE 16, 611). Die Erklärung fand Ernst Muttelsee, ein Schüler von E. Fabricius a. O. 52ff.

[75] Att. 2, 17, 1.

[76] Att. 2, 17, 1.

Bereits hatten die Gegner es verstanden, sein Consulat dadurch möglichst unschädlich zu machen, daß sie den beiden künftigen Consuln von 59 schon im Jahre 60, wie das geltende Sempronische Gesetz es bestimmte, für das Jahr 58 zwei beleidigend unbedeutende proconsulare Verwaltungsaufgaben zuwiesen. Das konnte sich Caesar unter keinen Umständen bieten lassen, besonders nicht, seitdem er in seinem Consulat jede Verständigungsmöglichkeit mit den Feinden verloren hatte. Diese verfochten die Ansicht, daß alles, was bisher geschehen sei, weil auf verfassungswidrigem Wege zustande gekommen, der Rechtskraft entbehre[77]. Es fragte sich nur, ob sie nach Ablauf seines Consulats die Macht haben würden, diese Auffassung durchzusetzen. Womöglich wollten sie ihn sicherlich strafrechtlich verfolgen, ihn zum mindesten politisch und bürgerlich vernichten. Dieser Zukunft konnte er nur im Besitz einer besonderen Machtstellung entgehen, und da schlug das blinde Übermaß des Hasses auf gegnerischer Seite zu seinem Glück aus, weil es ihm wenigstens seine Verbündeten erhielt. Denn diese, besonders Pompeius, hatten auch alles Interesse daran, daß Caesars Consulat nicht für ungültig erklärt wurde[78], weil sie davon ebenso schwer getroffen wurden wie er, mit dessen aufstrebender Macht ihnen an und für sich nicht gedient war.

Die beste Gelegenheit boten Caesar damals die gallischen Verhältnisse. Im Zusammenhang mit Catilinas Schilderhebung hatten 62 die Allobroger (im Dauphiné) sich gegen Rom empört und wurden 61 und 60 vom Propraetor Gaius Pomptinus zur Ruhe gebracht[79]. Aber die gallischen Nachbarstaaten waren überdies von schweren Wirren erfaßt und verschiedene Parteien hatten sich schon an Rom gewendet: einmal Roms alte Verbündete, die Haeduer. Einer ihrer Fürsten, Diviciacus, war 61 selbst nach Rom gekommen, um Hilfe gegen die Sequaner zu erbitten. Der Senat empfahl hierauf die Haeduer und sonstigen Freunde Roms der Obhut des jeweiligen Statthalters von Gallia Narbonensis, doch ohne Vollmacht zu kriegerischem Vorgehen[80].

Sequaner und Arverner hatten den Suebenherzog Ariovist in ihre Dienste genommen. Der kam über den Rhein, half den Sequanern, ließ sich aber zum Entgelt von ihnen ein Drittel ihres Landes (das Unterelsaß) abtreten und traf Anstalten, ein Germanenreich auf gallischem Boden aufzurichten[81]. Diese Umwälzung in den links-rheinischen Gebieten setzte nun auch die Helvetier, die erst vor einigen Jahrzehnten aus ihrer ursprünglichen Heimat zwischen Main und Rhein nach der Schweiz gewandert waren[82], aufs neue in Bewe-

[77] Cic. prov. cons. 45 *Iulias leges et ceteras illo consule rogatas iure latas negant.* 46 *cum ab illis aliquotiens condicio C. Caesari lata sit, ut easdem res alio modo ferret, qua condicione auspicia requirebant, leges conprobabant.* [78] Cic. Att. 2, 16, 2.

[79] Cass. Dio 37, 47, 1–48, 2. Cic. prov. cons. 32. Caes. b. G. 1, 6, 2.

[80] Caes. b. G. 1, 31, 9. 35, 4. 6, 12, 5. Cic. divin. 1, 90. [81] Caes. b. G. 1, 31, 3–11.

[82] Tac. Germ. 28, 2. Ptolem. geogr. 2, 11, 6 *ἡ τῶν Ελουητίων ἔρημος*, nach E. Fabricius Die Besitznahme Badens durch die Römer (1905), 13 auf der Nordseite des Schwäbischen Juras. Ed. Norden, Alt-Germanien (1934), 170.

gung. Sie wollten sich im inneren Gallien neue Wohnsitze suchen, die Vorbereitungen begannen im Jahre 61, Anfang 60 erschienen die ersten Helvetier in der römischen Provinz[83].

In Rom, wo die Erinnerung an Kimbern und Teutonen wach wurde, nahm man diese Ereignisse nicht leicht. Der Senat beschloß im März, daß die beiden Consuln Quintus Caecilius Metellus Celer und Lucius Afranius sofort über die beiden gallischen Provinzen losen und daß Truppen ausgehoben werden sollten ohne Berücksichtigung irgendwelcher Befreiungsgründe. Ferner wurden sofort drei Senatoren als Gesandte zu den keltischen Gemeinden abgeordnet, um sie vor einer Verbindung mit den Helvetiern zu warnen. Im Mai lauteten jedoch die Berichte besser, zum Mißvergnügen des Consuls Celer, dem dadurch ein erhoffter Triumph entging[84]. Auch hinderte ihn der Volkstribun Lucius Flavius, nach der Narbonensis abzugehen[85]. Obgleich er die Provinz als proconsular im nächsten Jahr behielt, gelangte er nicht mehr hin, denn schon im April hatte ihn ein plötzlicher Tod weggerafft[86].

Celers Tod machte für Caesar die Bahn frei. Bereits Afranius und Celer hatten ihnen schon während ihres Consulats übertragene Kommandos innegehabt. Caesar sah es darum als seine nächste Aufgabe an nachzuweisen, daß die Gefährlichkeit der gallischen Verhältnisse sich noch nicht vermindert habe. Nun war eben ein Bericht des Propraetors Pomptinus, der bisher die Verwaltung der Narbonensis fortgeführt hatte, eingetroffen über seine Unterwerfung der Allobroger, wofür der Senat im Widerspruch mit Caesar ein Dankfest anordnete[87]. Gewiß bestritt Caesar die sachliche Begründung dieser Feier, wie nachher während mehrerer Jahre dem Pomptinus auch der Triumph versagt wurde. Um den Protest recht augenfällig zu machen, begab sich Publius Vatinius mit anderen Anhängern Caesars an diesem staatlichen Festtage im Werktagskleid zu einem Leichenmahl, das eben Quintus Arrius zu Ehren seines Vaters im Castortempel mit großem Gepränge ausrichtete. Da Tausende teilnahmen, erregte dieses Auftreten in vollem Maße das beabsichtigte Aufsehen[88].

Nachdem so der Boden vorbereitet war und die neuen verwandtschaftlichen Beziehungen Caesar den Rücken gestärkt hatten, brachte im Mai Vatinius den Gesetzesvorschlag vor die Plebs, es solle Caesar sofort das cisalpine Gallien samt Illyricum erhalten, mit drei Legionen und den zu ihrem Unterhalt nötigen Mitteln, und zwar sollte vor dem 1. März 54 nicht anderweitig über diese Provinz verfügt werden dürfen[89]. Wie der Senat überhaupt über-

[83] Cic. Att. 1, 19, 2. [84] Cic. Att. 1, 20, 5. 2, 1, 11. [85] Cass. Dio 37, 50, 4.

[86] Cic. Att. 2, 5, 2. Cael. 59. Vat. 19. Att. 2, 9, 2.

[87] Cic. Vat. 30 mit schol. Bob. Pis. 58. H. Gundel RE 21, 2422.

[88] Cic. Vat. 31. Att. 2, 7, 3 (April 59).

[89] Suet. 21. Cic. Vat. 35–36. Sest. 135. prov. cons. 36–37. Cass. Dio 38, 8, 5. Hermes 63, 124. Nach der Lex Sempronia de provinciis consularibus des C. Gracchus (Cic. prov. cons. 3. 17) hatte der Senat vor der Wahl der Consuln über die künftigen Consularprovinzen zu bestimmen.

gangen wurde, so legte das Gesetz auch die Bestellung der Legaten (wovon mindestens eines mit magistratischen Befugnissen) einzig in Caesars Hand. Pompeius und Lucius Piso sprachen dafür, und das Plebiscit kam zustande.

Diese *lex Vatinia* war ein Erfolg von unabsehbarer Tragweite. Wie wir bemerkten, hatte damals Caesar auch schon die *Gallia ulterior* ins Auge gefaßt und in der Folgezeit verlegte er ja das Schwergewicht seiner Tätigkeit dorthin. Ich bezweifle nicht, daß er schon damals mit dieser Möglichkeit rechnete. Aber, wenn er sich zur *citerior* auch Illyricum, den römischen Küstenstreifen am Ostufer der Adria (von Istrien bis Lissos, Leskja in Albanien), übertragen ließ, so wollte er sich offenbar gegebenenfalls auch einen Kriegsschauplatz auf dem nördlichen Balkan sichern, wo zu dieser Zeit der Daker Burebista ein Reich zu gründen begann, dessen Ausbreitung über kurz oder lang zu einem Zusammenstoß mit Rom führen mußte[90]. Doch, ob er nun im Norden oder im Osten die Gelegenheit fand, sich als Imperator dem Pompeius gleichzustellen, bot ihm die *Gallia citerior* mit ihrer starken romanisierten Bevölkerung für große kriegerische Unternehmungen einen Rückhalt, wie er sich ihn besser nicht wünschen konnte. Aber zunächst hatte sie noch besonderen Wert für die Fortsetzung der Dreibundspolitik.

Er besaß jetzt nämlich schon während seines Consulats eine starke militärische Macht in Italien, war auch für die nächsten vier Jahre unangreifbar und seinerseits zum Eingreifen bereit, falls die Politik in Rom eine unerwünschte Wendung nehmen sollte[91]. Darauf stellte bei nächster Gelegenheit Pompeius im Senat noch den Antrag, es sei Caesar auch das jenseitige Gallien mit einer Legion zu übertragen[92]. Cato widersprach mit gewohnter Un-

In der Regel fanden die Wahlen im Juli statt. Wenn in der Lex Vatinia der 1. März 54 genannt war, so bedeutete es, daß erst bei der Beratung über die Provinzen der für 53 zu wählenden Consuln Gallia citerior mit Illyricum zur consularen Provinz erklärt werden konnte. Eine andere Möglichkeit wäre gewesen, sie zur praetorischen zu machen. Dann konnte sie nach dem 1. März sogleich einem Praetor des Jahrs 55 zugewiesen werden. Aber wie Cicero (prov. cons. 17. 36. 39) bemerkt, war gegen einen solchen Beschluß Intercession möglich, während nach der Lex Sempronia gegen den Beschluß über die Consularprovinzen nicht intercediert werden durfte. Darum wurde auch am 29. September 51 gegen den Senatsbeschluß, daß vom 1. März 50 an über die Consularprovinzen beraten werden sollte, nicht intercediert (Cic. fam. 8, 8, 5). Am 15. März 61 schreibt Cicero (Att. 1, 15, 1), daß sein Bruder Quintus, der im Jahr 62 Praetor war, die Provinz Asia erhielt. Zur Lex Vatinia P. J. Cuff, Historia 7 (1958), 454ff.

[90] Strab. 7, 298. 303–4 *Βυρεβίστας* genannt oder *Βοιρεβιστας*. Dittenberger Syll. 762, 34 im Jahr 48 *Βυραβείστας*. Jordan. 11 Burvistas. Zur Datierung Brandis RE 4, 1959. E. Swoboda Carnuntum (1958), 201. Als Caesar 58 den Oberbefehl übernahm, lagen die 3 Legionen der Gallia citerior bei Aquileia an der Grenze von Illyricum im Winterquartier (b. G. 1, 10, 3).

[91] Cic. dom. 131 vom Jahr 58 *absentis exercitus terrore*. Sest. 40 Clodius berief sich auf die drei Verbündeten, *ex quibus unum habere exercitum in Italia maximum ... dicebat*. 41 *Caesar ... erat ad portas, erat cum imperio, erat in Italia eius exercitus*. p. red. in sen. 32 *erat alius ad portas cum imperio in multos annos magnoque exercitu*.

[92] Suet. 22, 1 *mox per senatum Comatam quoque veritis patribus ne, si ipsi negassent, populus et hanc daret*. Cic. Att. 8, 3, 3 von Pompeius *ille Galliae ulterioris adiunctor*.

erschrockenheit, eiferte wider den Tauschhandel mit Töchtern und Provinzen und prägte das Wort, der Senat setze sich selbst den Tyrannen in die Burg. Aber in der Erwägung, daß im Falle der Ablehnung ein weiteres Plebiscit drohe, trat der Senat dem Pompeius bei und fügte die genannte Provinz mit einer Legion Caesars Verwaltungsbereich hinzu, allerdings mit dem Unterschied, daß diese Statthalterschaft gemäß dem Sempronischen Gesetz frühestens am 1. Januar 58 begann und von Jahr zu Jahr verlängert werden mußte[93].

Selbstverständlich erklärten die unversöhnlichen Gegner auch das Vatinische Gesetz, weil beschlossen ohne Berücksichtigung der von Bibulus gemeldeten Götterzeichen, für ungültig, eine Auffassung, die freilich angesichts des späteren Senatsbeschlusses schwer fiel aufrechtzuerhalten[94]; und Caesar scheute sich nicht, ihnen jetzt im Senat mit der gepanzerten Faust zu drohen: er habe trotz ihrem Aufheulen erlangt, was er sich wünschte, und werde ihnen von dort aus noch auf die Köpfe springen[95]. Von einer Niederhaltung der Feinde war jedoch keine Rede. Ihr Wortführer, der junge Curio, nicht Pompeius oder Caesar, war der populärste Mann in Rom[96]. Bibulus' Edicte fanden noch immer bereitwilligste Verbreitung — Cicero erzählt einmal, das Gedränge an der Aushangstelle bringe den Verkehr zum Stocken[97]. Während Caesars Freund und Helfer, der Praetor Quintus Fufius Calenus, ausgepfiffen wurde[98], fanden bei den Apollinarspielen (Anfang Juli) Anspielungen auf des Pompeius Entwicklung zum Schlechteren endlosen Beifall. Caesar wurde matt begrüßt, während gleich darauf Tausende Curio mit gewaltigem Händeklatschen auszeichneten, wie es in früherer Zeit nur Pompeius zu hören bekommen hatte[99]. Derartige Vorfälle konnten von den Gewalt-

[93] Cic. prov. cons. 36. fam. 1, 7, 10. Cass. Dio 38, 8, 3. App. b. c. 2, 49. Ill. 34. Plut. Caes. 14, 10. Pomp. 48, 4. Cat. min. 33, 5. Vell. 2, 44, 5. Oros. 6, 7, 1. Über diese Provinz konnte der Senat unabhängig von der Lex Vatinia frei verfügen. [94] Cic. prov. cons. 26–28. 36.

[95] Suet. 22, 2 *quo gaudio elatus non temperavit, quin paucos post dies frequenti curia iactaret, invitis et gementibus adversariis adeptum se quae concupisset, proinde ex eo insultaturum omnium capitibus.* Ich halte den Ausspruch für geschichtlich. Wenn man bedenkt, wie unflätig Caesar immerfort beschimpft wurde, so kann er noch für maßvoll gelten. Sest. 42 erinnert Cicero an die Umstände, die ihn 58 ins Exil trieben: *intenta signa legionum existimari cervicibus ac bonis vestris falso, sed putari tamen.* Sueton berichtet weiter von einem obszönen Zwischenruf, auf den Caesar mit den Worten eingegangen sei: *in Suria quoque regnasse Sameramin magnamque Asiae partem Amazonas tenuisse quondam.* Die Verdächtigung der Gastfreundschaft mit König Nikomedes IV. von Bithynien wurde schon 77 von dem angeklagten Cn. Dolabella aufgebracht (Suet. 49, 1) und seitdem immerzu wiederholt (Suet. 49, 2–4). Daß auch Cicero sich in einem (nicht erhaltenen) Brief so äußerte, ist nach Att. 2, 24, 3 (Anspielung auf Caesars Verhältnis zu Servilia) nicht unmöglich. Insonderheit ist zu erwähnen, daß auch Bibulus in seinen „archilochischen Edicten" (Cic. Att. 2, 20, 6. 21, 4. Brut. 267) so loszog (Suet. 49, 2): *collegam suum Bithynicam reginam, eique antea regem fuisse cordi nunc esse regnum.* In diesem Zusammenhang läßt sich Caesars Antwort als ironisch verstehen. Gegenüber seinen Soldaten hat er sich beim Triumph 46 ernsthaft dagegen verwahrt (Cass. Dio 43, 20, 4). [96] Cic. Att. 2, 18, 1. [97] Cic. Att. 2, 21, 4. [98] Att. 2, 18, 1.

[99] Att. 2, 19, 3.

habern nicht leicht genommen werden, weil sie sich in ihrer Stellung staatsrechtlich auf Volksbeschlüsse stützten. Nun wirkte bei diesen Entscheidungen nur ein geringer Bruchteil der Stimmfähigen, in der Regel Stadtbewohner, mit, weswegen solche Mißstimmungen des römischen Publikums unliebsame Folgen haben konnten.

Pompeius und Caesar lag darum viel daran, ihre Reihen durch angesehene und einflußreiche Senatoren zu verstärken. Besonders Cicero erschien ihnen begehrenswert. Als ein Mitglied der Zwanzigerkommission starb, wollten sie ihn nachwählen lassen[100]. Wiederholt forderte ihn Caesar auf, im nächsten Jahr sein Legat zu werden. Obwohl Cicero dadurch Schutz vor Clodius erlangt hätte, schätzte er jedoch den schlechten Eindruck, den sein Abschwenken auf die anständigen Leute machen würde, als das größere Übel ein[101]. Durch ein Edict vertagte Bibulus die Consulnwahlen auf den 18. Oktober[102], sehr gegen den Willen der Verbündeten, die diese Sache beizeiten zum Abschluß bringen wollten. Denn jede Verzögerung besserte bei der steten Verschärfung der Gegensätze die Aussichten der Gegenkandidaten von Gabinius und Piso. Am 25. Juli sprach Pompeius in einer Contion dagegen und überhaupt gegen die ihn tief kränkenden Angriffe des Bibulus. Cicero urteilte davon, die völlige Eindruckslosigkeit der Rede eines einst so gefeierten Mannes sei zum Weinen gewesen, höchstens für Crassus erfreulich[103]. Nicht besser erging es Caesar, als er die Bürgerversammlung vor Bibulus' Haus führen wollte, um ihn zur Zurücknahme des Edicts zu bewegen[104]. Cicero beklagte an diesem Zustand nur, daß er zu neuen Gewalttaten reize, und es war so weit, daß sogar Clodius mit dem Gedanken spielte, beim Kampf gegen die Verbündeten mitzumachen[105]. Die Senatssitzungen erhielten nur spärlichen Besuch, der wackere Quintus Considius sagte es Caesar ins Gesicht, das geschehe aus Furcht vor seinen Soldaten. Auf Caesars Frage, warum er sich denn nicht auch fürchte, antwortete er, er sei zu alt, um sich vor dem Tod in acht zu nehmen[106].

Diese allgemein höchst erbitterte Stimmung wurde allmählich für Caesar zu einer wirklichen Gefahr, weil sie, wie schon einige Monate früher, nicht ohne Wirkung blieb auf Pompeius. Ihn begann die Flut von Haß, Spott und Verachtung, die täglich über sein Haupt ausgegossen wurde, zu zermürben. Der gegenwärtige Zustand ekelte ihn an, er wollte sich aus seiner Erniedrigung wieder befreien[107].

Wie kritisch damals die Lage der Verbündeten war, zeigt sich am augenfälligsten daran, daß sie die von Bibulus angeordnete Verschiebung der Consulnwahlen hinnehmen mußten. Die Wahl der Volkstribunen fand wie üblich

[100] Att. 2, 19, 4. prov. cons. 41 genauer *quinqueviratus*.
[101] Att. 2, 18, 3. 19, 5. prov. cons. 41. Pis. 79. [102] Att. 2, 20, 6. [103] Att. 2, 21, 3.
[104] Cic. Att. 2, 21, 5. [105] Att. 2, 22, 1. [106] Att. 2, 24,4. Brut. 219. Plut. 14, 13–15.
[107] Att. 2, 21, 4.

im Juli statt, und dabei hatte Clodius das schon lange erstrebte Ziel erreicht[108], aber, wie bemerkt, war auf ihn kein Verlaß. Desto wichtiger war darum, daß Gabinius und Piso die ihnen zugedachten Consulate erhielten. Da fuhr ihnen Bibulus mit seinem Edict dazwischen. Diese Niederlage der Verbündeten dürfte sich daraus erklären, daß im Juli ein gegen die Optimaten gerichtetes Manöver kläglich gescheitert war[109].

Etwa am 17. Juli[110] schrieb Cicero seinem damals in Epiros weilenden Freund Atticus, daß sich der berüchtigte Lucius Vettius, den Caesar als Praetor 62 eingesperrt hatte, an den jungen Curio heranmachte und ihn zur Teilnahme an einem Attentat auf Pompeius bereden wollte. Doch Curio ließ sich nicht fangen, sondern machte seinem Vater, dem Consular, Mitteilung, und dieser meldete es weiter an Pompeius. Die Sache kam nun vor den Senat, Vettius wurde vorgeladen. Nach anfänglichem Leugnen erbot er sich bald gegen Zusicherung des Lebens zu weiteren Enthüllungen. Er nannte eine Reihe jüngerer und älterer vornehmer Herren, welche der Verschwörung angehören sollten. Der Anstifter sei Bibulus, dessen Schreiber ihm einen Dolch eingehändigt habe. Das war sehr ungeschickt; denn Bibulus hatte schon am 13. Mai den Pompeius vor einem Anschlag gewarnt und dafür dessen Dank erhalten. Auf Senatsbeschluß wurde deshalb Vettius wegen unbefugten Waffentragens in Haft gesetzt. Jedoch am folgenden Tag ließ ihn Caesar vor versammeltem Volk seine Angaben, freilich mit erheblichen Abweichungen, wiederholen. So beschuldigte er jetzt neu den Lucius Lucullus und den Lucius Domitius Ahenobarbus, Ciceros Namen nannte er nicht, aber auf Befragen des Vatinius den des Gaius Piso, des Verlobten von Ciceros Tochter Tullia. Den ärgsten Stoß erlitt seine Glaubwürdigkeit allerdings dadurch, daß er jetzt den Quintus Caepio Brutus — so lautete der Name des berühmten späteren Caesarmörders nach seiner Adoption durch einen Verwandten seiner Mutter Servilia — nicht mehr aufführte, dem gestern noch eine führende Rolle zugeschrieben wurde. Denn es war stadtbekannt, wie der Consul zur Mutter des jungen Mannes stand, eben sollte er ihr Perlen im Werte von 1½ Millionen Denaren verehrt haben, und Cicero spottete: es lag eben eine Nacht dazwischen[111].

Cicero war damals gegenüber Atticus davon überzeugt, daß Vettius als Spitzel in Caesars Dienst handelte. Drei Jahre später schob er in veröffent-

108 Att. 2, 22, 1 (Ende Juli nach L. R. Taylor Historia 1, 48, 10).

109 Ich schließe mich damit der Erklärung an, die L. R. Taylor in dem sehr scharfsinnigen Aufsatz über Datum und Bedeutung der Vettiusaffäre gefunden hat, Historia 1 (1950), 45–51. Wie ich glaube, hat sie überzeugend nachgewiesen, daß die Briefe Att. 2, 23 und 24 zeitlich früher anzusetzen sind, als ihre Einreihung in der Briefsammlung vermuten läßt. Die neuen Datierungen sind a. O. 48, 14 zusammengestellt und nochmals verteidigt ClQu 4 (1954), 181.

110 Att. 2, 24, 2ff. L. R. Taylor a. O. 47.

111 Cic. Att. 2, 24, 3 *ut appareret noctem et nocturnam deprecationem intercessisse*. Das ist natürlich nur eine Vermutung. Suet. 50, 2 *ante alias dilexit Marci Bruti matrem Serviliam, cui et proximo suo consulatu sexagiens sestertium margaritam mercatus est.*

lichten Reden alles dem Vatinius zu[112]. In Wahrheit wird es so gewesen sein, daß Caesar wie sonst zu solch unsauberem Geschäft den Vatinius benutzte. Getroffen werden sollte vor allem der junge Curio[113], der sich als Wortführer der Opposition so erfolgreich und gefährlich gezeigt hatte; aber neben ihm besonders Lucius Cornelius Lentulus Niger, der sich damals um das Consulat bewarb[114]. Weiter Domitius Ahenobarbus, der für die Praetur kandidierte. Als letztes berichtete Cicero im Brief an Atticus, daß Vettius beim Gerichtshof für Gewaltverbrechen angeklagt sei und vorhabe, sich durch weitere Enthüllungen vor der Verurteilung zu retten[115]. Die Beschuldigten sollten dann vor Gericht kommen. In der Invective gegen Vatinius behauptet er, Vatinius habe zur Aburteilung der von Vettius Denunzierten einen Volksbeschluß über Einsetzung eines Sondergerichts und Auszahlung einer großen Belohnung an Vettius vorbereitet; dieser Plan sei jedoch auf solchen Widerstand gestoßen, daß er vorzog, sich des Angebers zu entledigen, indem er ihn im Gefängnis erdrosseln ließ[116]. Tatsache war, daß Vettius tot aufgefunden wurde, und da der Tod des Tölpels Caesar gelegen kam, glaubte man gern, er sei von dieser Seite veranlaßt worden[117].

Kein Zweifel, der junge Curio hatte den ihm zugedachten Schlag glänzend pariert, und so war es das klügste, was Caesar tun konnte, sich zunächst mit dem Edict des Bibulus abzufinden und dafür zu sorgen, daß am 18. Oktober die Consulnwahlen in seinem Sinn ausfielen. Darüber war er sich mit Pompeius einig.

112 Sest. 132. Vat. 24–26.

113 Cicero sagt Vat. 24 von Curio Vater und Sohn: *C. Curionem, perpetuum hostem improborum omnium, auctorem publici consilii in libertate communi tuenda maxime liberum cum filio principe iuventutis cum re publica coniunctiore etiam quam ab illa aetate postulandum fuit, delere voluisti.* Der Consular Curio verfaßte um 55 eine scharfe Invective gegen Caesar, die als Dialog zwischen dem Verfasser, seinem Sohn und C. Vibius Pansa nach einer vom Consul Caesar im Jahr 59 gehaltenen Senatssitzung geboten wurde. Dabei widerfuhr ihm das von Cicero (Brut. 218–219) verspottete Mißgeschick, daß er auch über Caesars Amtsführung in Gallien von 58–55 loszog. Einzelheiten sind uns durch Sueton bekannt (9, 2. 49, 1. 50, 1. 52, 3. MÜNZER RE 2A, 867) Ich glaube nicht, daß JOHN H. COLLINS Propaganda, Ethics and Psychologicals Assumptions in Caesar's Writings (Diss. Frankfurt a. M., 1952), 23 Recht hat, wenn er die bei Sueton angeführten Reden Curios nicht auf dieses Werk bezieht.

114 Cic. Att. 2, 24, 2 über die erste Aussage des Vettius: *exposuit manum fuisse iuventutis duce Curione, in qua Paulus initio fuisset et Q. Caepio hic Brutus et Lentulus, flaminis filius conscio patre,* erläutert durch Vat. 25 *L. Lentulum ... flaminem Martialem, quod erat eo tempore Gabini tui competitor, eiusdem Vetti indicio opprimere voluisti: qui si tum illam labem pestemque* (sc. *Gabinium*) *vicisset, quod ei tuo scelere non licuit, res publica* (im Jahr 58) *victa non esset.* Eben damit begründet L. R. TAYLOR a. O. 48 ihre These, daß es bei dem ganzen Vettiusskandal um die Wahlen ging.

115 Att. 2, 24, 4. MOMMSEN Str. R. 504, 2.

116 Vat. 26.

117 Suet. 20, 5 Caesar soll ihn durch Gift beseitigt haben. Plut. Luc. 42, 8 angeblich Selbstmord, aber Spuren von Erdrosselung. Cass. Dio 38, 9, 4. App. b. c. 2, 44 mit der Variante, daß Caesar die Optimaten bezichtigte. Dazu CORDULA BRUTSCHER Analysen zu Suetons Divus Julius und der Parallelüberlieferung (Noctes Romanae 8, 1958), 62–66.

Im August[118] sprach Cicero in einem Repetundenprozeß für Lucius Flaccus, der ihm 63 im Kampf gegen Catilina gute Dienste geleistet hatte, und stellte zum Schluß den Geschworenen eindringlich vor, wie der populare Kurs der gegenwärtigen Machthaber die 63 durch die Einigung der beiden obern Stände so glücklich hergestellte Ordnung gefährde. Der Vettiusskandal zeige, was den Verteidigern dieser Ordnung drohe; sie könnten froh sein, wenn man sie leben lasse[119].

Es ist begreiflich, daß Cicero die Ereignisse dieses Jahres nur in der Perspektive seiner dadurch in Frage gestellten Consulatspolitik sah. Wir bemerkten andrerseits, zu welch massiven Drohungen der durch die verletzenden Beschimpfungen gereizte Caesar sich gelegentlich hinreißen ließ. Der um ein gerechtes Urteil bemühte Sallust faßte seinen Eindruck dahin zusammen: „Er wünschte sich sehnlichst große Befehlsgewalt, ein Heer, einen unerhörten Krieg, wobei seine Fähigkeit aufleuchten konnte[120]". Wir dürfen ein Selbstzeugnis Caesars hinzunehmen: „ihm habe stets die *dignitas* an erster Stelle und höher als das Leben gestanden". *Dignitas* ist der dem Senator zuerkannte Rang im politischen Leben. Wie Caesar sich selbst einschätzte, sagt er kurz vorher: Pompeius habe sich (seit dem Jahr 50) von ihm abgewandt, „weil er wollte, daß ihm niemand an *dignitas* gleichkomme". Die *dignitas* beruhte auf Leistungen; in diesem konkreten Fall hatte ihn der Gallische Krieg so hoch erhoben[121]. Aber zutiefst entsprang der Anspruch dem Bewußtsein, seinen politischen Widersachern geistig überlegen zu sein. Wir mögen ihnen die Empörung nachfühlen, wenn sie erlebten, mit welcher Skrupellosigkeit Caesar die von ihnen geübte verfassungsmäßige Obstruktion niedertrat. Aber wir sahen, wie Caesar zunächst durchaus bereit war, für sein erstes Siedlungsgesetz die Zustimmung des Senats zu gewinnen. Die Optimaten lehnten es nur ab, weil es von Caesar kam. Es war eine politische Notwendigkeit, daß die Veteranen des Pompeius die versprochene Versor-

[118] Datum L. R. Taylor Historia 1, 48 nach Att. 2, 25, 1. [119] Cic. Flacc. 94–105.

[120] Sall. Cat. 54, 4 *sibi magnum imperium, exercitum, bellum novum exoptabat, ubi virtus enitescere posset.* Vgl. Cicero Pis. 59 (im Jahr 55) *fertur ille gloria, flagrat, ardet cupiditate iusti et magni triumphi. Virtus* wird mit „Fähigkeit" nicht ausreichend wiedergegeben. Was Sallust meint, zeigt der Zusammenhang. Zuerst (53, 4) sagt er, die Großtaten der altrömischen Geschichte habe die hervorragende *virtus* weniger Bürger vollbracht, dann (53, 6), zu seiner Zeit habe es zwei Männer „mit ungeheurer *virtus*" gegeben, Marcus Cato und Gaius Caesar. Wenn er den beiden grundverschiedenen Zeitgenossen *virtus* beilegt, so scheint er doch auch bei Caesar mehr gemeint zu haben als unersättliche Ruhmbegierde. W. Steidle Sallusts historische Monographien (Historia Einzelschriften 3, 1958), 27 „Natürlich darf man die Worte nicht so verstehen, als ob dem hier genannten Zug Caesars ein positives Prädikat versagt oder gar ein Egoismus Caesars gebrandmarkt werden sollte".

[121] B. c. 1, 9, 2 *sibi semper primam fuisse dignitatem vitaque potiorem.* 1, 4, 4 *ispe Pompeius, ab inimicis Caesaris incitatus et quod neminem dignitate secum exaequari volebat, totum se ab eius amicitia averterat et cum communibus inimicis in gratiam redierat.* Vgl. über Caesars *dignitas* Cic. Vat. 13. 15. 39 (im Jahr 56).

gung erhielten. Darüber hinaus war das Gesetz sorgfältig durchdacht, und ebenso machte das zweite, das ergänzend den *ager Campanus* heranzog, dem staatsmännischen Weitblick Caesars alle Ehre.

Wenn er nun im August[122] ein weiteres gesetzgeberisches Werk von bleibender Bedeutung vorlegte, so können wir dabei nur die Absicht erkennen, die stumpfsinnige Obstruktion durch sachlich unangreifbare Taten zu widerlegen.

Hatte er mit den Agrargesetzen einen Ausweg eröffnet aus der sozialen Krise Italiens, so faßte er hier einen anderen Krebsschaden der oligarchischen Reichsverwaltung mit festem Griffe an: den Raubbau, durch den die römischen Statthalter allmählich die Provinzen verwüsteten. Darüber waren sich sozusagen alle Römer einig, daß die Provinzen da seien, um zum Nutzen des römischen Volkes ausgebeutet zu werden. Aber bei dem jetzigen System mußte die Henne, welche die goldenen Eier legte, einmal verenden. Die Mitglieder der Oligarchie sahen es als ihr gutes Recht an, die ungeheuerlich gesteigerten geldlichen Anforderungen des politischen Lebens mit den statthalterlichen Einnahmen aus den Provinzen zu bestreiten. Eine scharfe Kontrolle konnte diesen Betrieb davor bewahren, unerträglich zu werden. Aber gegenseitige Konnivenz ist eben die herkömmliche Schwäche der Oligarchie. Die seit den Gracchen aufkommende populare Politik verschlimmerte nur den Zustand durch die einseitige Begünstigung der Ritterschaft — die Staatspächtergesellschaften und römischen Finanzleute sogen den Provinzen nicht minder das Mark aus als die Senatoren — und die unsinnige Verteuerung der Wahlkosten, abgesehen davon, daß die senatorischen Vertreter dieser Richtung sich in den Provinzen um kein Haar besser betrugen. Es waren übrigens ehrbare Glieder der Nobilität, aus deren Kreise 149 das erste Gesetz gegen das Geldnehmen der Magistrate und über die Aburteilung dieses Verbrechens vor einem besonderen Gerichtshof hervorging. Darauf folgten zwei Gesetze mit verschärften Bestimmungen, gegeben im Interesse der Ritterschaft. Bis 59 galt dann das Gesetz Sullas. Nun legte Caesar eine sorgfältige und höchst ausführliche Neubearbeitung des Gegenstandes vor, das Julische Repetundengesetz, welches seitdem noch die ganze Kaiserzeit hindurch in Kraft geblieben ist[123].

[122] Ich schließe aus Cic. Flacc. 13 *lege hac recenti ac nova certus est inquisitioni comitum numerus constitutus*, daß zur Zeit dieser Rede das Gesetz promulgiert war. Die schol. Bob. meinen, es sei die Rede von der *lex Vatinia de alternis consiliis reiciendis* (Cic. Vat. 27. Mommsen Str. R. 216) oder der *lex iudiciaria* des Praetors Q. Fufius Calenus über das getrennte Abstimmen der 3 Stände in den Geschworenengerichten (Cass. Dio 38, 8, 1. Mommsen Str. R. 445, 5). Aber eine Bestimmung über die Zahl der Begleiter, die der Ankläger in die Provinz mitnehmen darf, um die Zeugen zu ermitteln, paßt nur für das Repetundengesetz, das nach Val. Max. 8, 1, 10 auch die Höchstzahl der vorzuladenden Zeugen mit 120 festlegte. Cicero erwähnt das neue Gesetz, weil der Ankläger D. Laelius ein ganzes „Heer von Begleitern" nach Asia geführt haben soll. Für den Prozeß galt noch die Lex Cornelia (Rab. Post. 9). Aber Cicero kennt schon das promulgierte Gesetz Caesars.

[123] Nach Cic. fam. 8, 8, 3 über 100 Kapitel. Rab. Post. 8 *multa sunt severius scripta quam in antiquis et sanctius*. Sest. 135 *optima lex*. Vat. 29 *acerrima*. Pis. 37 *iustissima atque optima*. Die Tituli Dig. 48, 11 *de lege Iulia repetundarum*. Cod. Iust. 9, 27 *ad legem Iuliam repetundarum*.

Es enthielt einmal genaue Bestimmungen der in Frage kommenden verbrecherischen Handlungen[124] und des Kreises der unter das Gesetz fallenden Personen. Außer den Magistraten waren auch die senatorischen Mitglieder ihrer Stäbe einbezogen, vornehmlich die Legaten, ferner der senatorische Geschworene, Ankläger, Zeuge, der sich bestechen ließ. Des weiteren waren darin der Prozeßgang neu geregelt und im Zusammenhang mit dem eigentlichen Thema eine Fülle von Verordnungen für die Provinzialverwaltung gegeben. Grundsätzlich Neues brachte das Julische Gesetz nicht, aber seine Fassung war schärfer und strenger als die früheren, und es bildete so ein treffliches Werkzeug zur Überwachung des Senatorenstandes. Vom Standpunkt der Reichspolitik aus war freilich ein Repetundengesetz, das an den Rittern[125] vorüberging, unbedingt eine Halbheit, wiewohl es seinem Urheber die Meisterschaft auf dem Gebiete der Verwaltung bezeugte. Schon damals fand es den Beifall der Sachverständigen, auch Catos[126], und wurde, soviel wir wissen, vom Volk ohne Widerstand angenommen.

Wie bemerkt, war Caesar die Verwaltung des diesseitigen Gallien mit Illyricum schon für das laufende Jahr übertragen, und er nahm hier sofort die Fäden auf, die er schon 67 als Quaestor gesponnen hatte. Durch das Gesetz von Magnus' Vater, Gnaeus Pompeius Strabo, hatten die Gemeinden Galliens nördlich des Po, sofern sie nicht, wie Cremona und Aquileja, als latinische Colonien des römischen Bürgerrechts teilhaftig wurden, das latinische Recht erhalten, das heißt: ihre Bürger standen den Latinern gleich, und diejenigen, die zu den Gemeindeämtern gelangten, erwarben hierdurch persönlich und für ihre Nachkommen das römische Bürgerrecht[127]. Der Wunsch der Transpadaner ging nun aber auf das volle Municipalrecht, wie es seit 89 die sämtlichen selbständigen Gemeinden Italiens südlich des Po besaßen. Hierfür hatte ihnen Caesar 67 seinen Beistand zugesagt, 65 machte sein Verbündeter Marcus Crassus als Censor den Versuch, sie als Bürger in die Censuslisten einzutragen. Aber durch ein Plebiscit des Volkstribunen Gaius Papius[128] wurden im selben Jahre alle Nichtbürger — abgesehen war es dabei auf die Transpadaner — aus Rom ausgewiesen.

124 Darunter Cic. Pis. 50 *exire de provincia, educere exercitum, bellum sua sponte gerere, in regnum iniussu populi ac senatus accedere, quae cum plurimae leges veteres, tum lex Cornelia maiestatis, Iulia de pecuniis repetundis planissime vetat.* prov cons. 7 Clodius habe durch sein Gesetz den Piso bevollmächtigt, *ut tibi de pecuniis creditis ius in liberos populos contra senatus consulta et contra legem generi tui dicere liceret.* Ähnlich dom. 23 über *populos liberos multis senatus consultis, etiam recenti lege generi ipsius liberatos.*

125 Cic. Rab. Post. 12 *iste ordo lege ea non tenetur.* 13 im Jahr 55 habe die Senatsmehrheit sich gegen Äußerungen einiger strenger Senatoren erklärt, die forderten, *ut tribuni, ut praefecti, ut scribae, ut comites omnes magistratuum lege hac tenerentur.* Alle Stellen in der Caesarausgabe B. KÜBLERS III 2 (1897), 172–175.

126 Cass. Dio 38, 7, 5.

127 Ascon. zu Cic. Pis. frg. 9. Plin. n. h. 3, 138.

128 Cic. off. 3, 47. leg. agr. 1, 13. Cass. Dio 37, 9, 3–5.

Jetzt ließ Caesar durch Vatinius ein Plebiscit durchbringen über eine Verstärkung der latinischen Colonie Comum durch neue Ansiedler und übernahm die Ausführung des Gesetzes. Im Laufe der nächsten Jahre brachte er dort 5000 Bürger unter. Nach dem strengen Staatsrecht wären sie Latiner geworden, aber Caesar sah sie, ohne daß das im Gesetz besonders erwähnt wurde, ohne weiteres als römische Bürger an und ging sogar so weit, 500 Mann griechischer Abkunft durch Aufnahme in das Ansiedlerverzeichnis das römische Bürgerrecht zu verleihen [129]. Dementsprechend behandelte er während seiner Provinzialverwaltung stillschweigend die sämtlichen transpadanen Stadtgemeinden als römische Bürgercolonien. Das war ein Schritt von größter Bedeutung für seine politische Zukunft. Denn aus diesem Gebiet vornehmlich zog er seinen Truppenersatz für den gallischen Krieg und schuf er sich das treuergebene Heer des Bürgerkriegs. Wie weit er dieses Ziel schon 59 planmäßig verfolgte, bleibe dahingestellt, freilich hat er schon 58 dort zwei römische Legionen ausgehoben [130]. Zunächst dachte er wohl mehr an die politische Gefolgschaft dieser Neubürger bei Wahlen und Abstimmungen. Aber sicherlich ruft es größte Bewunderung hervor zu sehen, wie Caesars politische Unternehmungen stets aufs trefflichste der Gegenwart dienen, jedoch zugleich noch größere Möglichkeiten für später enthalten. Er setzte bei der Konstruktion seiner Politik keinen Stein, auf dem er nicht weiterbauen konnte, so daß der rückschauende Betrachter unter den Eindruck gerät, es sei tatsächlich wie von einem Architekten das Ganze schon in allen Einzelheiten vorausgedacht gewesen.

Der äußeren Politik seines Proconsulats baute er vor durch Verhandlungen mit Ariovist. Er wollte die Dinge in Gallien in der Schwebe erhalten und erwirkte dem Suebenherzog deshalb vom Senat die Anerkennung als König und Freund des römischen Volkes. Die Botschaft war begleitet von reichen Geschenken und erreichte ihren Zweck vollauf. Ariovist fühlte sich sicher und hielt Ruhe, bis er im Sommer 58 angegriffen wurde [131].

Die Consularcomitien am 18. Oktober brachten den Verbündeten den Sieg. Gabinius und Piso wurden gewählt. Als Gaius Cato versuchte, den ersteren wegen Anwendung unerlaubter Mittel bei der Amtsbewerbung zu belangen, wagte kein Praetor die Klage anzunehmen, und wie er sich weiter darüber in einer Volksversammlung beschwerte und den Pompeius einen Dictator ohne gesetzliche Befugnisse nannte, wurde er beinahe totgeschlagen. Auch Clodius hatte das ersehnte Volkstribunat erlangt. Dagegen drangen bei den Praetorwahlen einige tatkräftige Optimaten durch, voran Lucius Domitius Ahenobarbus und Gaius Memmius [132].

[129] Suet. 28, 3. Plut. 29, 2. App. b. c. 2, 98. Strab. 5, 213. Catull. 35, 3.

[130] Caes. b. G. 1, 10, 3.

[131] Caes. b. G. 1, 35, 2. 40, 2. 42, 3. 43, 4. 44, 5. Cass. Dio 38, 34, 3. Plut. 19, 2. App. Celt. 16.

[132] Cic. Q. fr. 1, 2, 15–16. Über C. Cato Miltner RE 22, 106.

Wie zu erwarten stand, betätigte sich Clodius seit dem 10. Dezember durch eine Reihe von Gesetzesvorschlägen als Demagoge wüstester Art. Von weitreichender politischer Bedeutung war davon das neue Frumentargesetz. An Stelle des vom Staat gewährleisteten billigen Preises setzte er nämlich die volle Unentgeltlichkeit. Dabei war der Kreis der Berechtigten so weit gezogen, daß sie bis zum Jahre 46 auf 320000 anschwollen. Schon 56 verschlangen diese Getreideverteilungen den fünften Teil der Staatseinkünfte[133]. Ferner ist hier noch zu nennen das Gesetz, welches das 64 ergangene Verbot der städtischen Vereine aufhob und die Neubildung unbeschränkt freigab. Dabei war es insbesondere auf Organisation des Straßenpöbels zu Abstimmungszwecken abgesehen[134]. Selbstverständlich unterließ es Clodius, darüber das Gutachten des Senats einzuholen. So gingen diese Gesetze am 3. Januar des Jahres 58 durch[135]. Kurz zuvor, am letzten Dezember, wollte Bibulus die Eidesleistung bei der Amtsniederlegung noch einmal zu einer Volksrede benutzen, wurde aber sofort von Clodius zum Verstummen gebracht[136]. Caesar hat als Dictator die Wirkung der genannten Clodischen Gesetze wieder auf ein erträgliches Maß zurückgeführt[137], aber im Kampf auf Leben und Tod ließ er Skrupeln keinen Raum[138]. Denn trotz Clodius brachen, sowie er nicht mehr Consul war, die Angriffe der Feinde mit voller Wucht los.

Die beiden Praetoren Lucius Domitius und Gaius Memmius brachten zustande, daß im Senat über Caesars Consulat verhandelt wurde[139]. Wegen Verfassungswidrigkeit sollten seine sämtlichen Amtshandlungen außer Kraft gesetzt werden. Da Caesar erklärte, sich dem Urteil des Senats unterwerfen zu wollen[140], wurde drei Tage lang vornehmlich über die Agrargesetze gestritten. Dann zog er vor, die Entscheidung nicht abzuwarten, sondern das *pomerium* zu überschreiten und damit sein proconsulares *imperium* aufzunehmen. Ihn begleitete Vatinius als Legat[141]. Aber jetzt lud ihn der Volkstribun Lucius Antistius vor das Volksgericht; doch er stellte sich nicht, sondern deckte sich durch das Gutachten der anderen Volkstribunen, er könne nicht in Anklagezustand versetzt werden, solange er in amtlicher Stellung von Rom abwesend sei. Dagegen wurde sein gewesener Quaestor regelrecht angeklagt, mit welchem Erfolg, steht dahin[142].

133 Cass. Dio 38, 13, 1. Cic. Sest. 55. dom. 25. Suet. 41, 3. Rostovtzeff RE 7, 175. Doch ist hier Cass. Dio 39, 24, 1 mißverstanden, wo es heißt, daß viele Sklaven von ihren Herren freigelassen wurden, damit sie die Getreideunterstützung erhielten.

134 Cass. Dio 38, 13, 2. Cic. Pis. 9 mit Ascon. Sest. 34. 55. p. red. in sen. 33. Att. 3, 15, 4.

135 Cic. Pis. 9.

136 Cass. Dio 38, 12, 3.

137 Suet. 41, 3. Cass. Dio 43, 21, 4. bei Plut. 55, 5. App. b. c. 2, 425 mißverstanden.

138 Vor dem 10. Dezember 59 versprach er wie Pompeius Cicero vor Clodius zu schützen (Q. fr. 1, 2, 16. vgl. Cass. Dio 38, 16, 1).

139 Suet. Caes. 23, 1. Ner. 2, 2. Cic. Sest. 40.

140 Cic. Vat. 15. Caesar konnte für die Rechtmäßigkeit der *lex agraria* geltend machen, daß sich alle Senatoren, auch Cato durch Eid verpflichtet hatten, sie zu halten. Dies schon Cic. Sest. 61 zugegeben.

141 Cic. Vat. 35.

142 Suet. 23, 1.

Da die Lage durchaus ungeklärt war, wartete Caesar vor der Stadt noch die Wirkung seiner Gegenschläge ab. Er selbst veröffentlichte seine „drei Reden gegen Domitius und Memmius“ [143], die Schläge wurden von Clodius geführt. Dieser kündigte zunächst folgende neue Gesetze an: nach dem Beispiel des Vatinischen Plebiscits über Caesars Provinzen sollten auch die beiden Consuln von 58 ihre proconsularen Provinzen mit außerordentlich hohen Geldbewilligungen durch Plebiscit erhalten [144]. Ein weiterer Vorschlag sprach die Strafe der Ächtung aus gegen denjenigen Magistrat, der einen Bürger ohne gesetzlichen Urteilsspruch töte oder getötet habe. Dem Inhalte nach wiederholte er also das bereits bestehende Gesetz des Gaius Gracchus. Man erinnert sich, welche Rolle dasselbe am 5. Dezember 63 in Caesars Rede spielte. Jedermann wußte deshalb, worauf die Erneuerung durch Clodius hinauswollte. Immerhin sahen wir, wie Caesar seinerzeit nicht so weit gegangen war, jenes Gesetz auch gegen den Senatsbeschluß über Erteilung der dictatorischen Vollmacht zu brauchen. Er warnte nur im Hinblick darauf. Cicero bezeichnete es darum mit Recht später als Kopflosigkeit, daß er sich damals nicht auf diesen Standpunkt stellte, sondern durch sein Verhalten die Meinung aufkommen ließ, als hänge seine Existenz von der Annahme oder Verwerfung dieses Gesetzes ab. Er zog nämlich sofort Trauerkleidung an, legte die senatorischen Standesabzeichen ab und eröffnete die Agitation gegen das Gesetz. Ritterschaft und Senatoren veranstalteten Kundgebungen. Der Volkstribun Lucius Ninnius Quadratus übernahm seine Vertretung. Jedoch die beiden Consuln verhielten sich ablehnend, verboten im Gegenteil, Trauer anzulegen, und Clodius zersprengte die von Ninnius einberufenen Versammlungen kurzerhand mit seinen Banden [145].

Er selbst hielt eine große Volksgemeinde im Circus Flaminius ab. Diesen Ort hatte er gewählt, weil er außerhalb des *pomerium* lag und so auch Caesar persönlich erscheinen konnte [146]. Zuerst sprach Piso über die Hinrichtung der Catilinarier, er sei immer zum Mitleid geneigt gewesen und die durch Tötung unverurteilter Bürger begangene Grausamkeit habe sein höchstes Mißfallen erregt. Ebenso äußerte sich Gabinius [147]. Nach den Consuln erteilte Clodius Caesar das Wort. Dieser wies zurück auf seine Rede vom 5. Dezember 63, es sei bekannt, daß er das damalige Vorgehen von Consul und Senat nicht gebilligt habe, jedoch jetzt ein Gesetz mit rückwirkender Kraft zu erlassen, halte er nicht für richtig. Damit erwies er wieder aufs glänzendste seine

[143] Suet. 73. Schol. Bob. zu Sest. 40. Vat. 15. Wieviel gäbe man darum, wenn wir außer den Kriegsbüchern diese Reden lesen könnten!

[144] Cic. dom. 24. 55. 60. 70. 124. Sest. 24. 53. 55. p. red. in sen. 18. Pis. 37. 57. prov. cons. 3–12. Att. 3, 1. Plut. Cic. 30, 2. v. ill. 81, 4.

[145] Cass. Dio 38, 14, 4–7. 16, 4. Cic. Att. 3, 8, 4. 9, 2. 14, 1. 15, 5. 4, 1, 1. Q. fr. 1, 3, 6. fam. 14, 3, 1. Sest. 25–32. dom. 5. 54.

[146] Cic. p. red. in. sen. 13. Sest. 33.

[147] Cic. p. red. in sen. 17. Pis. 14. Cass. Dio 38, 16, 6.

staatsmännische Überlegenheit. Wie schon 63 wußte er den Vorgängen das Ansehen zu geben, als ob er, den die Feinde mit sinnloser Wut verfolgten, der einzige sei, der die Dinge mit der geziemlichen Objektivität überschaue. Den brutalen Rechtsverletzungen stand er, vornehm wie immer, ferne; daß es so kommen werde, hatte er freilich den Gegnern schon 63 vorausgesagt. Noch kurz vor dem 10. Dezember 59 hatte er Cicero seinen Schutz zugesichert. Dieses sein Wort löste er ein, so gut es noch möglich war, und Cicero hätte allerdings verständiger gehandelt, wenn er die angebotene Legatenstelle angenommen hätte [148].

Noch weiter ging Pompeius, als ihn einige angesehene Senatoren auf seinem albanischen Landsitze aufsuchten und für Cicero um seine Hilfe baten. Da antwortete er, als Privatmann könne er dem Volkstribunen nicht in den Arm fallen. Das sei Sache der Consuln, die müßten darüber an den Senat berichten. Wenn daraufhin der Senat die Vollmacht zum Schutz des Staates erteile, werde er zu den Waffen greifen. Cicero selbst zu empfangen, vermied er allerdings und entschuldigte sich mit Rücksicht auf Caesar [149]. Ebenso vertröstete ihn Crassus mit den Consuln [150]. Dagegen erklärte Clodius täglich, er handle in voller Übereinstimmung mit den drei Verbündeten, was ihrerseits nicht in Abrede gestellt wurde. Das höchste war, daß sie mitteilen ließen, zu einer Zeit, wo ihr eigenes politisches Werk in höchster Gefahr stehe, könnten sie sich den popularen Volkstribunen nicht entfremden [151].

Unter diesen Umständen wartete Cicero die Abstimmung über das Gesetz gar nicht ab und entwich freiwillig in die Verbannung, noch vor Mitte März. Der Gesetzesbeschluß und die namentliche Ächtung Ciceros folgten gleich darauf [152]. Es war gerade die Zeit, zu welcher bedenkliche Nachrichten aus Gallien Caesar in seine Provinz abriefen [153]. Doch hatte er noch die erste Niederlage seiner Feinde bei Rom miterleben können. Daß gerade Cicero ihr Symbol wurde, lag in der Person des damaligen Handlangers; Caesar hätte den redegewaltigen Consular gewiß lieber für sich gewonnen. Für ihn kam es ja lediglich darauf an, daß der Senatsmehrheit, welche ihn vernichten wollte, gezeigt wurde, sie vermöge nichts.

Das Schlußstück dieser Politik kam erst zur Vollendung, nachdem er Rom verlassen hatte, das war die Entfernung seines gefährlichsten Gegners, Catos, aus Italien. Da Clodius die für das julische Ansiedlungsgesetz bestimmten Gelder für die Proconsulate von Gabinius und Piso vergeben hatte, mußten hierfür und für das neue Frumentargesetz anderweitig Mittel flüssig gemacht

148 Cass. Dio 38, 17, 1–2. Plut. Cic. 30, 3–5. Cic. prov. cons. 41. Pis. 79.

149 Cic. Pis. 77. Att. 10, 4, 3. Cass. Dio 38, 17, 3. 150 Cic. Sest. 41. Cass. Dio 38, 17, 3.

151 Sest. 39–40.

152 Cic. Att. 3, 1 (Mitte März). Vell. 2, 45, 1. Plut. Cic. 31, 5–32, 1. Cass. Dio 38, 17, 4–7. Cic. dom. 47. 50. 95. 129. har. resp. 11. Die vielen andern Stellen, an denen Cicero auf diese für ihn überaus schmerzlichen Ereignisse zurückkommt, RE 7A 916–917. Mein ‚Pompeius'[2] 142/3

153 Caes. b. G. 1, 6, 4.

werden[154]. Zu diesem Zwecke brachte Clodius ein Gesetz ein über Einziehung des Königreichs Cypern, wo damals Ptolemaios, der Bruder des aegyptischen Königs, regierte. Die Begründung trug echt Clodisches Gepräge. Der jetzige Volkstribun war nämlich vor Jahren in die Hand kilikischer Seeräuber gefallen und hatte vom cyprischen König den Loskauf gefordert. Die übersandte Summe war jedoch zu gering. Darum sollte er jetzt als Helfershelfer der Seeräuber entsetzt werden. Der Völkerrechtsbruch fiel darum besonders kraß aus, weil der aegyptische Bruder eben erst anerkannt worden war, der Vorwand des väterlichen Testaments also nicht mehr gebraucht werden konnte[155]. Nachdem Clodius' Banden das Gesetz angenommen hatten, ließ er durch ein weiteres Plebiscit die Ausführung dem Cato in außerordentlicher Mission als einem Quaestor mit praetorischer Amtsgewalt übertragen. Darin lag noch eine besondere Bosheit, weil Cato der prinzipielle Feind aller außerordentlichen Gewalten war. Er war nun in einer üblen Lage; hätte er sich geweigert, so wäre man ihm wegen Verletzung der Hoheit des römischen Volkes zu Leibe gerückt. So fügte er sich, und bald darauf konnte Clodius in einer Volksversammlung einen Brief vorlesen, worin ihm der vielbeschäftigte Proconsul von Gallien seine hohe Befriedigung darüber ausdrückte, daß Cato künftighin nicht mehr gegen die außerordentlichen Gewalten eifern könne[156].

Dieses Consulatsjahr würde in der römischen Geschichte einen Markstein bilden, auch wenn es nicht die Vorbedingungen geschaffen hätte für Caesars Aufstieg zur Alleinherrschaft. Denn abgesehen von dem mehr um seiner Tendenz willen beachtenswerten als mit Erfolg gekrönten Dauerconsulat Cinnas war das alte Oberamt des römischen Staats schon längst verkümmert zur Geschäftsleitung im Senatsregiment, während es die gesetzgeberische Initiative zur Neugestaltung der Verfassung in der Regel den Volkstribunen überließ. Insonderheit gingen die großen Reformversuche des letzten Jahrhunderts von Tribunen aus, in deren Reihe neben den großen popularen Namen der Gracchen, des Saturninus und Sulpicius auch der des Optimaten Livius Drusus steht. Nach der Wiederherstellung des Tribunats im Jahr 70 fehlte es an Persönlichkeiten dieses Formats, aber das Plebiscit wurde wiederum das entscheidende Mittel, um unaufschiebbare Fragen der Reichspolitik durch Sondervollmachten zu lösen. Caesar konnte als Patricier das Tribunat nicht übernehmen, zeigte dafür aber, was ein zielbewußter Wille mit dem Consulat zu leisten vermochte. Wenn es ihm gelang, die großen Aktionen, die bis dahin trotz ihrer Dringlichkeit stockten, siegreich durchzuführen, so sahen wir allerdings, daß er dabei auf den popularen, ja geradezu revolutionären Weg gedrängt wurde, indem er der Meinungsäußerung der Comitien durch das

154 Cic. dom. 23. har. resp. 58. Pis. 86. Ammian. Marc. 14, 8, 15.

155 Cic. dom. 20. 52. Sest. 57. 59 mit schol. Bob. Cass. Dio 38, 30, 5.

156 Plut. Cat. min. 34, 4–5. Strab. 14, 684. Liv. per. 104. Vell. 2, 45, 4. App. b. c. 2, 85 (mit falscher Datierung). Cic. dom. 22. Sest. 60–63.

Faustrecht nachzuhelfen gestattete. Man muß billigerweise zugeben, daß der unselige Zustand der römischen Verfassung mit ihren unzähligen Hemmungsvorrichtungen keine andere Wahl ließ. Denn Caesar selbst hatte deutlich genug erklärt, daß es ihm allein auf die Sache und nicht auf die populare Methode ankam. Es ist die tragische Schuld der Optimaten, daß sie dieses Angebot so halsstarrig ablehnten, und unser Urteil wird nur gemildert durch die Einsicht in die übermächtige Gewalt, welche auf römische Gemüter das Altgewohnte ausübte, weil es ihnen als das Altbewährte erschien. In der Hartnäckigkeit, womit jetzt die Optimaten ihre Herrschaft verteidigten, lebte doch noch etwas vom Geist der Ahnherren aus der Zeit des Hannibalkriegs. Caesar, selbst Römer durch und durch, empfand die Größe der Vergangenheit und die besondere Verantwortung des Adels für ihre Wahrung so stark wie einer von ihnen, aber ihn riß sein Genie empor zu Taten, mit denen er das immer noch im Rohbau stehengebliebene Reich vollenden wollte. Das Consulat zeigt uns davon die ersten mächtigen Griffe, aber zugleich auch das ungeheure Wagnis des Unterfangens. Denn jene alte Welt der optimatischen *principes* erhebt sich geschlossen dagegen, und Caesar steht ihr in Wahrheit allein gegenüber. Helfer wie Vatinius, Fufius Calenus und Cornelius Balbus sind ohne eigenes Gewicht, Pompeius und Crassus Verbündete, die um ihr eigenes Principat kämpfen.

Vorderhand hat ihm Clodius den Rücken gedeckt zu seinen Unternehmungen im Norden. Aber was er dort erreichen will, muß dennoch geschehen unter Voraussetzungen der denkbar schwierigsten Art. Seine ganze bisher errungene Stellung kann vor dem Verfassungsrecht nicht bestehen, die optimatische Nobilität mit ihren Gefolgschaften hat ihm den Kampf auf Leben und Tod angesagt. Gehalten wird er durch die nur unter ganz bestimmten Bedingungen vorhandene Interessengemeinschaft mit Pompeius und Crassus. Seine Sache wird geführt von der unberechenbaren Laune des Clodius, dessen gesamte Amtsführung auf ungesetzlicher Grundlage ruht. Daß er in Gallien große Taten vollbringt, ist darum nicht nur Sache des Ehrgeizes, sondern eine Frage der Selbstbehauptung. Auf dem von ihm betretenen Wege wäre Stillstand Untergang. Nur wenn er viel stärker zurückkommt, vermag er sich durchzusetzen. Aber diesem Ziel kann er nur mit halber Kraft nachjagen. Nicht geringere Anstrengungen erheischt der Zwang, dafür zu sorgen, daß ihm in Rom nicht unversehens der Boden unter den Füßen weggezogen wird, von dem aus er mit den Kelten kämpft.

IV. DAS PROCONSULAT

Sicherlich ließ sich Caesar über die Vorgänge im freien Gallien ständig durch Vertrauensmänner auf dem laufenden halten. So bekam er davon Kunde, daß die Helvetier für den 28. März 58 die Versammlung ihres ganzen Volks, verstärkt noch durch einige Nachbargaue, am Rhone-Ufer angesagt hatten. Ihre Wohnstätten waren zerstört, und ihr Plan ging auf neue Sitze jenseits Jura und Rhone. Der bequemste Weg führte durch das Allobrogerland in der römischen Provinz (im heutigen Savoyen). Da die Allobroger sich eben noch im Aufstand gegen Rom befunden hatten, war anzunehmen, daß den Stammesbrüdern hier keine großen Schwierigkeiten bevorstanden[1].

Indem Caesar täglich 140—150 Kilometer zurücklegte, langte er schon am achten Tage in Genava (Genf) an und ließ die dortige Rhonebrücke zer-

[1] Caes. b. G. 1, 5–6. Caesar führt 1, 3–4 aus, daß der Auswanderungsplan im Jahr 61 von Orgetorix, dem mächtigsten Helvetier, betrieben wurde, der sich 60, wie man glaubte selbst den Tod gab (4, 4). Wie wir durch Cic. Att. 1, 19, 2 wissen, herrschte in Rom deswegen im März 60 *Gallici belli metus*. Der Senat schickte 3 Gesandte nach Gallien. Schon im Mai glaubte man, die Gefahr sei vorüber (Att. 1, 20, 5. 2, 1, 11), vermutlich wegen des Todes des Orgetorix. Darum war unerwartet, daß die Helvetier 59 trotzdem den Plan ausführten (Caes. 1, 5, 1). Der Auftrag der Gesandten im März 60 lautete: *qui adirent Galliae civitates darentque operam ne eae se cum Helvetiis coniungerent*. Wie sich alsbald zeigte (Caes. 9, 2), bestand 59 die von Orgetorix angeknüpfte Verbindung mit dem Haeduer Dumnorix (1, 3, 5. 18, 3–9) weiter. Caesars Mitteilung richtet sich also gegen die falsche Meinung über die Zustände in Gallien. G. Walser Caesar und die Germanen (Historia Einzelschriften 1, 1956), 2ff. sagt mit Recht, daß man aus Caesar kein klares Bild über die Vorgänge bei den Helvetiern bekommt. Aber Caesar schrieb für römische Senatoren und gegen das von seinen Feinden verbreitete Gerede, seine Feldzüge in Gallien seien unnötige Abenteuer (Cass. Dio 38, 31, 1). Mommsen R. G. III 615/6 hat das Werk trefflich gewürdigt. Nur die Formulierung „der militärische Rapport des demokratischen Generals an das Volk, von dem er seinen Auftrag erhalten hatte" ist unglücklich, weil das „römische Volk", die *plebs urbana*, keine Bücher las. Vom röm. Staat I 37 und Einleitung zur Auswahl aus Caesars Werken (Heidelberger Texte, Lat. Reihe 1, 1957), 18 verwies ich auf Hirtius b. G. 8, 52, 4, wo er von Caesar sagt: *iudicabat enim liberis sententiis patrum conscriptorum causam suam facile obtineri*. Caesar selbst b. c. 1, 9, 5 *discedant in Italia omnes ab armis, metus e civitate tollatur, libera comitia atque omnis res publica senatui populoque Romano permittatur*. Das ganze Problem ist gründlich und mit Heranziehung von Analogien aus neuerer und neuester Geschichte behandelt worden von John H. Collins Propaganda, Ethics and Psychological Assumptions in Caesar's Writings (Dissert. Frankfurt a. M. 1952).

Entsprechend dem Titel dieses Buchs wird die Kriegsgeschichte nur kurz behandelt. Die grundlegenden Werke dafür sind T. Rice Holmes Caesar's Conquest of Gaul[2] 1911. Ancient Britain[2] 1911. Davon deutsche Bearbeitung: Caesars Feldzüge in Gallien und Britannien 1913 (von W. Schott und F. Rosenberg). The Roman Republic and the Founder of the Empire II und III, 1923. Camille Jullian Histoire de la Gaule III, 1920.

stören. Die Legion von *Gallia ulterior* und Provinzialmiliz wurden ebendahin in Marsch gesetzt. Helvetische Gesandte verlangten von ihm die Durchzugsbewilligung für die angeblich 368 000 Köpfe, wovon 92 000 Waffenfähige, zählenden Auswanderer — diese Ziffern gibt Caesar nach den später aufgefundenen Aufzeichnungen. Moderne Kritik senkt sie auf die Gesamtzahl 150 000, wovon ein Viertel Waffenfähige[2]. Er stellte ihnen die Antwort auf den 13. April in Aussicht. Bis zu diesem Zeitpunkt konnte er durch Feldbefestigungen die Rhoneübergänge zwischen Genfersee und Jura sperren und schlug ihnen nun ihr Begehren rundweg ab, weil es sich mit dem Brauch und den Grundsätzen des römischen Volkes nicht vertrage. Da den Helvetiern ein gewaltsamer Versuch mißlang, schlugen sie den Weg durch das Sequanerland (die Freigrafschaft) ein. Die Erlaubnis hierzu vermittelte ihnen der Haeduerfürst Dumnorix, der Bruder des Diviciacus, und so konnten sie ohne Berührung römischen Bodens nach ihrem Ziel, dem Santonenland (zwischen Gironde und Charente), weiterziehen[3].

Diese Landschaft grenzte nicht an die römische Provinz. Was sich jetzt abspielte, war eine Angelegenheit der freien Kelten, und ein Proconsul, der nicht wie Caesar jede Gelegenheit, Kriegsruhm zu gewinnen, ergreifen wollte, hätte den Dingen ihren Lauf lassen können. Doch Caesar sah voraus, daß das unruhige Wandervolk von den neuen Sitzen her in Bälde dem Westteil der römischen Provinz, bei Tolosa, gefährlich werden könnte, und dem mußte er nach bewährter römischer Überlieferung zuvorkommen[4]. Darum betraute er seinen Legaten mit praetorischer Amtsgewalt, Titus Labienus, mit dem Schutz der Rhonegrenze und eilte selbst in das italische Gallien. Hier zog er die drei Legionen, die bei Aquileja im Quartier lagen, an sich und ließ außerdem noch zwei neue ausheben, indem er die dortige Jungmannschaft allgemein als römische Bürger behandelte[5]. Derartige selbstherrliche Truppenaufstellung hatte sich Caesar schon als Propraetor in Spanien herausgenommen; in Notzeiten war solches wohl auch schon durch andere geschehen; aber nach

[2] Caes. 1, 29, 3. JULIUS BELOCH Die Bevölkerung der griechisch-römischen Welt (1886), 229. E. KIRSTEN Raum und Bevölkerung in der Weltgeschichte I (1956), 229: „Trotz vieler Zweifel und der Schwierigkeit von Marsch und Verpflegung einer solchen Masse sind die Zahlen als zuverlässig und der Ertragsfähigkeit des Raumes entsprechend zu betrachten, die Bevölkerungsdichte wäre dann 10 auf einen km²“.

[3] Caes. 1, 7, 1–10, 1. Cass. Dio 38, 31, 2 – 32, 3.

[4] Caes. 1, 10, 1–2. Bei Cass. Dio 38, 32, 3 wird Caesars Pflicht zum Eingreifen noch durch die Bemerkung gerechtfertigt, daß sich andernfalls Haeduer und Sequaner mit den Helvetiern verbündet hätten. Die Maxime der „gefährlichen Nachbarn“ zuerst bei Polyb. 1, 10, 6, wie ich glaube, nach Fabius Pictor, Hermes 68 (1933), 137. 163. Die weiteren Zeugnisse vom röm. Staat I (1943), 45: Augustin. civ. dei 4, 15 *sed procul dubio felicitas maior est vicinum bonum habere concordem quam vicinum malum subiugare bellantem*. Bei Liv. 42, 52, 15 sagt Perseus (wohl nach Polyb.) *cum patre suo gerentis bellum Romanos speciosum Graeciae liberandae praetulisse titulum*; *nunc propalam Macedoniam in servitutem petere, ne rex vicinus imperio sit Romano, ne quis bello nobilis arma habeat.* Plut. Caes. 19, 2.

[5] Caes. 1, 10, 3. Vgl. 5, 24, 4 (wohl i. J. 55).

der überlieferten Verfassung war der Auftrag zur Heerbildung Sache des Senats[6].

Caesar wußte, wie seine Gegner in Rom jeden seiner Schritte mit argwöhnischen Augen beobachteten und gerade in solchen Eigenmächtigkeiten das willkommenste Anklagematerial finden würden. Als er im Jahr 51 seine Kriegsberichte veröffentlichte, hat er darum mit besonderer Sorgfalt herausgearbeitet, wie dieser Helvetierkrieg, aus dem alle andern zwangsläufig hervorgingen, mit den bewährten Grundsätzen der römischen Politik durchaus im Einklang stand: Die Helvetier sind alte Feinde der Römer, 107 haben sie den römischen Consul geschlagen, sein Heer unter dem Joch durchgetrieben. Caesar hat dazu noch einen ganz persönlichen Grund zur Rache, weil der Urgroßvater seiner Gemahlin Calpurnia in dieser Schlacht sein Leben verlor. Sie werden also in ihren geplanten neuen Wohnsitzen höchst gefährliche Nachbarn für die fruchtbare Umgebung von Tolosa sein[7]. Die Schrift „vom gallischen Krieg" und insonderheit ihr erstes Buch sind für ‚Caesar als Politiker' eine Erkenntnisquelle von höchstem Wert. Mit derselben Souveränität, mit der er als Consul seine belfernden Feinde durch seine ausgezeichneten Gesetze widerlegte, geht er hier über alle von ihnen gesammelten Klagepunkte hinweg, indem er nur darlegt, wie musterhaft er seine Pflicht als römischer Statthalter erfüllte und weiterhin im Tone objektiver Sachlichkeit besonders eindrücklich seine und seines Heers Großtaten zusammenfaßt, in seiner Sprache die *tantae res gestae*, die ihm eine unantastbare *dignitas* eingebracht haben[8].

[6] Gnomon 1 (1925), 272. Suet. 24, 2 *qua fiducia* (auf Pompeius und Crassus) *ad legiones, quas a re publica accepisset, alias privato sumptu addidit.* Cic. Pis. 37 *habebas exercitum tantum quantum tibi non senatus aut populus Romanus dederat, sed quantum tua libido conscripserat; aerarium exhauseras. Quas res gessisti imperio, exercitu, provincia consulari?*

[7] Caes. 1, 8, 3. 12, 5–7. Ich kann Collins a. O. 27 nicht zustimmen, wenn er gegen A. Klotz bestreitet, daß Caesar die beiden Feldzüge des Jahres 58 aus dem oben genannten Grund so ausführlich motiviert. Collins betont 37 mit Recht, daß Römer Feldzüge gegen Barbarenvölker nicht unter dem Aspekt von „Kriegsschuldfrage" betrachteten. Aber er würdigt nicht, daß Caesar von vornherein die Klagepunkte entkräftet, die seine Feinde in dem gegen ihn vorbereiteten Hochverratsprozeß vorbringen wollten. Diesen Prozeß meint er mit dem Ausspruch auf dem Schlachtfeld von Pharsalos: *hoc voluerunt; tantis rebus gestis Gaius Caesar condemnatus essem, nisi ab exercitu auxilium petissem* (Suet. 30, 4. Plut. 46, 1). Was geplant war, zeigt Suet. 24, 3 *nec deinde ulla belli occasione, ne iniusti quidem ac periculosi abstinuit, tam foederatis quam infestis ac feris gentibus ultro lacessitis, adeo ut senatus quondam legatos ad explorandum statum Galliarum mittendos decreverit ac nonnulli dedendum eum hostibus censuissent* (das letzte nach Plut. 22, 4 aus Tanusuis Geminus. App. Celt. 18, 2. Münzer RE 4A, 2231). Besonders wichtig die dem Gabinius vorgehaltenen Verstöße gegen die lex Cornelia maiestatis und lex Iulia repetundarum Cic. Pis. 49–50: *in Aegyptum venit, signa contulit cum Alexandrinis. quando hoc bellum aut hic ordo aut populus susceperat? . . . mitto exire de provincia, educere exercitum, bellum sua sponte gerere, in regnum iniussu populi ac senatus accedere, quae cum plurimae leges veteres, tum lex Cornelia maiestatis, Iulia de pecuniis repetundis planissime vetat.*

[8] B. c. 1, 13, 1 der Gemeinderat von Auximum erklärt: *neque se neque reliquos municipes pati*

Caesar hatte bereits nordwärts die Rhone und damit die Grenze seiner Provinz überschritten, als sich ihm ein besserer Grund bot. Wie er berichtet, hätten nämlich die Helvetier in den durchzogenen Gebieten großen Schaden angerichtet, so daß er von seiten der Haeduer, deren südlichen Nachbarn, der Ambarrer, und der links der Rhone wohnenden Allobroger um Schutz angegangen wurde. Die Sorge um das Wohl dieser Bundesgenossen, wie sie der Senatsbeschluß von 61 anordnete[9], so konnte er nun sagen, habe ihn zum sofortigen Angriff auf die Helvetier bestimmt. Es verhielt sich tatsächlich so, daß eine Partei der Haeduer, an ihrer Spitze Diviciacus und der damalige Vergobret (Landammann) Liscus, die schon 61 die römische Hilfe angerufen hatte, Caesar einlud und bewaffnete Unterstützung mit ihm vereinbarte. Dumnorix dagegen, der mächtigste Mann im Lande, wollte vielmehr im Gegensatz zu den Regenten und zu seinem Bruder Diviciacus, auf die Helvetier gestützt, das alte Königtum wiederherstellen. Allein die offizielle Regierung hatte mit Caesar abgeschlossen und ihm so einen wertvollen Rechtstitel in die Hand gegeben[10].

Rasch holte er die Auswanderer an der Saône ein. Ihr letztes Viertel hatte den Fluß noch nicht überschritten und wurde durch den überraschenden römischen Angriff zersprengt. Wie Caesar anmerkt, waren es gerade die Leute des Tigurinergaus, die sich seinerzeit den Kimbern und Teutonen an-

posse C. Caesarem imperatorem bene de re publica meritum tantis rebus gestis oppido moenibusque prohiberi. 9, 2 *sibi semper primam fuisse dignitatem vitaque potiorem : doluisse se quod populi Romani beneficium sibi per contumeliam ab inimicis extorqueretur.* Cic. Pis. 81 *cum tantas res gessisset gereretque cotidie* (i. J. 55). Cicero hat Brut. 262 entsprechend seiner eigenen Auffassung von *commentarii rerum suarum* (fam. 5, 12, 10) wohl zu stark die historiographische Absicht Caesars betont: *voluit alios habere parata, unde sumerent qui vellent scribere historiam.* Diese fehlte natürlich nicht, und sein Buch hat auf die Folgezeit so gewirkt. Caesar brauchte nicht wie Pompeius einen Theophanes. Aber zunächst war es für die Gegenwart bestimmte Publizistik, wir haben seine Berichterstattung aufzufassen wie die *narratio* der Reden, die damals vor Senat, Volk und Gerichten gehalten wurden, wo niemand unparteiische Wahrheit erwartete. Gewiß wird der moderne Historiker deswegen nicht auf die Prüfung der ‚Glaubwürdigkeit' verzichten; aber man sollte nicht in anklägerischem Ton von déformation historique sprechen wie M. Rambaud L'art de la déformation historique dans les Commentaires de César, 1953. Vgl. J. H. Collins Gnomon 26 (1954), 537ff. und J. P. V. D. Balsdon JRS 45 (1955), 161ff. Ich bemerkte HZ 178 (1954), 453, daß das von Hirtius (b. G. 8 praef. 6) bezeugte „leicht und rasch" Schreiben solch raffinierte Kunst ausschließt und daß die Zeitgenossen die Vorgänge in Gallien keineswegs nur durch Caesar selbst erfuhren. Nach Ciceros Behauptung sandte Piso keine Berichte an den Senat (Pis. 38–40); aber Cicero weiß dennoch seine Fehlschläge und Verbrechen breit zu schildern (83–93).

[9] Caes. 1, 10, 5–11, 6. Cass. Dio 38, 32, 2–3 abweichend. Caesar richtete sich jetzt nach der Maxime, die Cic. r. p. 3, 35 so formuliert: *noster autem populus sociis defendendis terrarum iam omnium potitus est.* Vom röm. Staat I 33–35. 145–147. Zu den angeführten Stellen noch Plaut. Cistell. 199/200 *servate vostros socios, veteres et novos, augete auxilia vostris iustis legibus.* Auch Cass. Dio verwendet die Maxime 38, 36, 5. 39, 5. Das s. c. von 61 wird erst 1, 35, 4 erwähnt. 43, 7; 8 *populi Romani hanc esse consuetudinem, ut socios atque amicos non modo sui nihil deperdere, sed gratia, dignitate, honore auctiores vellet esse.*

[10] Caes. 1, 16, 5–18, 10.

geschlossen und die Römer besiegt hatten. Zur Verfolgung der übrigen wechselte er sogleich das Ufer. Nun begann eine helvetische Gesandtschaft unter Führung Divicos, des Siegers in jener Schlacht von 107, Verhandlungen und erklärte sich bereit, die Wohnsitze anzunehmen, die Caesar ihnen anweise. Nach Caesars Bericht beschloß er freilich dieses Angebot mit der hochfahrenden Bemerkung, es sei nun Caesars Sache, zu verhüten, daß diese Gegend durch eine neue römische Niederlage berühmt werde. Dieser antwortete, auch wenn das römische Volk die alte Schmach vergäße, könne es doch nicht die neuen Übergriffe übersehen, den Versuch, ohne Erlaubnis durch die Provinz zu ziehen, und die Gewalttaten im Lande der Haeduer, Ambarrer und Allobroger. Die Helvetier sollten nicht auf ihr bisheriges Glück pochen, denn es sei die Gewohnheit der unsterblichen Götter, längere Zeit mit der Strafe zu warten, um die Frevler dann desto tiefer zu stürzen. Dennoch wolle er sich mit Vergütung der Schäden, die sie im Lande der Haeduer und Allobroger angerichtet hatten, und Geiselstellung begnügen und dann mit ihnen Frieden schließen. Solche Bedingungen bezeichnete jedoch Divico als der Helvetier unwürdig und setzte am nächsten Tage mit seinem Volke den Vormarsch nordwärts fort[11]. Das römische Heer folgte in einem Abstand von etwa 8 Kilometern vierzehn Tage lang. Durch den Zuzug der haeduischen Ritterschaft verfügte Caesar jetzt über 4000 Reiter, auch die Getreideversorgung hatten die Verbündeten übernommen. Jedoch die Reiter ließen sich vom Feind schimpflich in die Flucht jagen, die Getreidelieferungen blieben aus. Offenbar war Verrat im Spiele, und auf heftige Vorstellungen, die Caesar den anwesenden Häuptern machte, erfuhr er, daß Dumnorix dahinter stecke. Aus Rücksicht auf Diviciacus und vor allem auf die weitverzweigten Verbindungen des Fürsten in Gallien beschränkte sich der Proconsul, ihn durch strenge Überwachung unschädlich zu machen[12].

Zur Sicherung der Lebensmittelversorgung sah er sich indessen veranlaßt, die Verfolgung der Helvetier einzustellen und nordwärts nach Bibracte (Mont Beuvray), der mit reichen Vorräten versehenen Hauptstadt der Haeduer, abzuschwenken. Die Helvetier mißdeuteten diese Bewegung als Furcht, wandten sich ihrerseits zur Verfolgung und büßten ihre Überhebung bald mit der entscheidenden Niederlage[13]. In der Nacht des Schlachttages wälzte sich der Strom der Flüchtlinge nordwärts ins Lingonenland (in die Gegend von Dijon). Caesar mußte seinen Truppen drei Tage Ruhe gönnen, bedrohte aber die Lingonen, falls sie den Helvetiern irgendwelche Hilfe leisteten, sofort mit Krieg. Sein Befehl fand Gehör und nötigte die Reste der Helvetier, sich, als er anmarschierte, zu ergeben. Er erlegte ihnen Geiselstellung, Entwaffnung, Auslieferung der römischen Überläufer auf. Ein Haufe von 6000, der ausbrechen wollte, wurde auf sein Gebot von den umwohnenden Kelten, wohl den Sequanern, festgenommen und verfiel der Strenge des Kriegsrechts.

[11] 1, 12–14. [12] Caes. 1, 15–20. [13] 1, 23–26, 5.

Die übrigen, noch 110000, mußten in ihre Heimat zurückkehren, dort ihre alten Wohnsitze wiederaufbauen, um zu verhüten, daß die Germanen sich darin festsetzten und zu Nachbarn der römischen Provinz wurden. Durch einen Bündnisvertrag traten sie in feste Beziehungen zu Rom. Darin wurde ihnen nach dem Muster älterer Verträge mit keltischen Staaten zugesichert, daß sie niemanden von ihren Leuten durch Aufnahme ins römische Bürgerrecht verlieren sollten. Die Allobroger wurden angewiesen, ihnen zunächst das zur Lebensfristung nötige Getreide zu liefern. Den überlebenden Boiern, welche sich dem helvetischen Wanderzuge angeschlossen hatten, gestattete Caesar, im Haeduerlande zu bleiben [14].

An diesen glücklich bestandenen Krieg schloß sich alsbald der Feldzug gegen Ariovist an [15]. Da dieser erst kürzlich in das Verhältnis eines mit dem römischen Volk befreundeten Königs gelangt war, verwendet Caesar besondere Mühe auf den Nachweis, warum er auch gegen ihn einschreiten mußte. Nach seiner Erzählung fanden sich nach dem Sieg zahlreiche Keltenfürsten bei ihm ein, um ihm im Namen ihrer Gemeinden dafür zu danken, daß er sie von der Helvetiergefahr befreit habe, und baten ihn, ihnen eine gemeinsame Beratung zu gestatten [16].

Die Verhandlungen selbst waren geheim, aber nach ihrer Beendigung machte Diviciacus im Namen der Versammelten dem Proconsul folgende Eröffnungen: als er im Jahre 61 in Rom den Senat um Hilfe bat, sei es geschehen, nachdem die Haeduer und ihre Verbündeten von ihren Rivalen, den Arvernern und Sequanern, aufs Haupt geschlagen waren. Im Dienste dieser Feinde war es der Suebenführer Ariovist, welcher das vollbrachte und die Haeduer zwang, den Sequanern und ihm selbst Geiseln zu geben, der Sequaner Vormachtstellung anzuerkennen und ihm Kontributionen zu entrichten. Zum Lohn erhielten die Sueben ein Drittel des Sequanergebiets, verlangten jetzt aber schon ein weiteres Drittel, weil neue Zuzügler nachdrängten. Die einzige Rettung Galliens vor dieser Überflutung sei ein Machtwort Roms, um ein solches bäten die anwesenden Vertreter der gallischen Staaten [17]. Vor etwa 15 Jahren [18] nämlich waren starke germanische Wanderscharen, die von den antiken Schriftstellern mit dem gemeinsamen Namen Sueben bezeichnet werden, in das seit den Kimbernzügen von der keltischen Bevölkerung verlassene Gebiet Süddeutschlands zwischen Main und Rhein eingerückt und hatten auch schon begonnen, in der Gegend von Mainz den Rhein zu über-

[14] Caes. 1, 26, 5–29. Cic. Balb. 32 (i. J. 56) *etenim quaedam foedera exstant, ut Cenomanorum Insubrium Helvetiorum Iapydum nonnullorum item ex Gallia barbarorum, quorum in foederibus exceptum est, nequis eorum a nobis civis recipiatur.* Danach hat Caesar die Bestimmungen der alten Verträge des 3. Jahrhunderts übernommen.

[15] Darüber WALSER, Caesar und die Germanen, 8ff. [16] Caes. 1, 30.

[17] Caes. 1, 31.

[18] 1, 36, 7. Ich sehe keinen Grund, diese Angabe, wie WALSER a. O. 26, 6 will, als Erfindung abzutun.

schreiten. Das Erscheinen dieser Kriegsvölker brachte die Sequaner auf den Gedanken, solche Germanen als Landsknechte in ihre Dienste zu nehmen, was sie bald bitter bereuten, da es deren Herzog Ariovist auf dauernde Niederlassung in ihrem fruchtbaren Lande absah und sich in erfolgreichen Verhandlungen mit Rom die Anerkennung als selbständiger Landesherr verschaffte [19].

Caesar selbst hatte 59 veranlaßt, daß ihn der Senat zum König und Freund des römischen Volkes ernannte, und so besorgte er von römischer Seite nichts Feindliches, denn dann hätte er wohl die Helvetier unterstützt [20]. Allein die Haltung, die der Proconsul seit seinem Einrücken ins unabhängige Gallien einnahm als der Beschützer der Haeduer, lief dieser früheren Politik zuwider. Das erkannte auch Caesar wohl erst jetzt, zögerte indessen keinen Augenblick, das Steuer herumzuwerfen; denn eine bessere Rechtfertigung weiterer Kriegführung konnte er ja nicht finden, als daß eine Versammlung keltischer Fürsten ihn um Hilfe ersuchte. Zweifellos entsprachen aber auch die politischen Gründe, die er selbst anführt, durchaus den römischen Überlieferungen: es war eine Ehrenpflicht Roms, die Haeduer, welche der Senat wiederholt als Blutsbrüder bezeichnet hatte, aus ihrer bedrängten Lage zu befreien. Vor allem waren die gefürchteten Germanen, zumal unter einem Führer mit hochfliegenden Plänen wie Ariovist, von den Grenzen des römischen Reichs möglichst fernzuhalten, damit sie nicht wie die Kimbern und Teutonen in Italien einbrächen. Also versprach er den gallischen Vertretern seinen Schutz und äußerte die Zuversicht, Ariovist werde sich, eingedenk der erfahrenen guten Behandlung, auf sein Wort hin freiwillig fügen und sich mit den bisher zugestandenen Grenzen begnügen [21].

Jedoch Ariovist schlug eine persönliche Besprechung an einer in der Mitte der gegenwärtigen Standorte gelegenen Stätte ab. Wenn Caesar einen Wunsch habe, möge er zu ihm kommen. Es nehme ihn allerdings wunder, was Caesar oder das römische Volk mit seinem Gallien, das er besiegt habe, zu schaffen habe. Darauf stellte ihm Caesar durch Gesandte folgende Bedingungen für die Fortdauer der freundschaftlichen Beziehungen: Einstellung der germanischen Einwanderung auf das linke Rheinufer, Rückgabe der Geiseln, die er oder die Sequaner den Haeduern abgenommen haben, Vermeidung jeglicher Belästigung der Haeduer und Verzicht auf Kriegsführung gegen sie und ihre Verbündeten. Im Falle der Ablehnung werde Caesar im Sinne des Senatsbeschlusses von 61 die Verteidigung der Freunde des römischen Volkes übernehmen. Ariovist wies derartige Einmischung in seine Angelegenheiten schroff zurück. Gleichzeitig erhielt Caesar von den Haeduern und Treverern die Nachricht vom Eindringen neuer Germanen [22].

[19] 1, 40, 2. [20] Vgl. 1, 44, 10. [21] Caes. 1, 33. Cass. Dio 38, 34, 1–4.

[22] Caes. 1, 34–37. Cass. Dio 38, 34, 5–6. Ich halte es für übertrieben, wenn Walser a. O. 27 sagt, die 1, 36 dem Ariovist in den Mund gelegte Antwort sei „unhistorisch“, „Caesars

Er brach nun nach Nordosten auf und brachte glücklich Vesontio (Besançon), die Hauptstadt der Sequaner, in seine Hand, bevor Ariovist dort eintraf[23]. Hier erregten, wie uns Caesar anschaulich berichtet, die Schauermären, welche die Kelten seinen Soldaten von der Unwiderstehlichkeit der Germanen zu erzählen wußten, im Heer eine gefährliche Panik, so daß man ihm schon meldete, es werde sich weigern, weiter vorzurücken. Er rief sofort sämtliche höheren Offiziere und Hauptleute zusammen und bewirkte durch eine energische Rede einen völligen Umschwung der Stimmung. Wenn er sie auch nur in indirekter Form mitteilt, dürfte ihre Gedankenführung doch charakteristisch sein für sein Verhalten in solch kritischen Lagen. Ganz ähnlich wie am 5. Dezember 63 tritt er unter die Aufgeregten mit einer nüchternen Darlegung seiner Überlegungen, deren Kette sich am Ende zu einem eindeutigen Schluß zusammenfügt. Auch von seinen Untergebenen verlangt er kein blindes Vertrauen, sondern sie sollen sich davon überzeugen, daß sein scheinbar tollkühnes Unternehmen auf einem wohldurchdachten Plan beruht: zunächst ist überhaupt noch ungewiß, ob nicht Ariovist die billigen Bedingungen annehmen wird. Ist er so wahnwitzig anzugreifen, so hat ein römisches Heer von Germanen nichts zu fürchten. Das beweisen die Siege über die Kimbern und Teutonen und über die Germanen im Sklavenheer des Spartacus. Sogar die Helvetier haben oft Germanen geschlagen. Die Kelten mochte Ariovist im letzten Krieg mit seiner Strategie überlisten, gegen ein römisches Heer wird ihm das nicht gelingen. Mag der Vormarsch auch noch so weit in unwegsames Feindesland führen, so ist die Verpflegung durch Lieferungen der Sequaner, Leuker (um Toul) und Lingonen (um Langres) gesichert. Es ist ungehörige Anmaßung, die Feigheit mit Zweifeln an solcher Vorsorge zu bemänteln. Ein Feldherr von Caesars tadellosem Ruf wird auch von seinen Soldaten nicht im Stich gelassen. Andere, denen solches geschah, hatten das Vertrauen durch Niederlagen oder Habgier verloren. Sein Glück ist durch den Helvetierfeldzug erwiesen. Darum wird er schon in der nächsten Nacht, früher als er beabsichtigt hat, abmarschieren, um zu erproben, ob nicht Ehr- und Pflichtgefühl stärker sei als die Angst. Wenn sonst keiner kommt, wird er mit der 10. Legion allein ausziehen, auf die er als auf seine Leibgarde zählen kann. Zur Erläuterung für den Leser fügt er hinzu: „Diese Legion hatte Caesar mit besonderer Auszeichnung behandelt und ihr traute er wegen ihrer Tapferkeit am meisten.“ Den Erfolg der Rede bezeichnet er selbst als wunderbar. Zuerst ließ ihm die 10. Legion durch ihre Tribunen den Dank aussprechen für seine gute Meinung und erklärte ihm ihre unbedingte Kampfbereitschaft. Dann baten ihn auch die andern Legionen durch ihre

Erfindung“, „ein reines Erzeugnis römischer Rhetorik“. Sie hat alle innere Wahrscheinlichkeit für sich. Die von Walser 28 mit Recht als echte Überlieferung anerkannte Variante Dios erklärt, Caesar habe ihn provoziert.

[23] Caes. 1, 38.

Offiziere um Entschuldigung[24]. In solchen entscheidenden Augenblicken ging von seiner überlegenen Ruhe und unerschütterlichen Sicherheit eine überwältigende Kraft aus. Sechs Tage später stand er im Oberelsaß (wahrscheinlich in der Nähe von Rappoltsweiler)[25], 35 Kilometer vom Lager Ariovists entfernt. Dieser ließ sich jetzt zu einer persönlichen Unterredung herbei. Caesar begleitete die mündliche Wiederholung seiner Forderungen mit dem Hinweis auf die gütige Behandlung und Auszeichnung, die Ariovist bisher in Rom erfahren habe, und andererseits auf den Grundsatz der römischen Politik, Macht und Ansehen der Bundesgenossen zu fördern. Nie könne Rom zugeben, daß seine alten Freunde, die Haeduer, von jeher das erste Volk Galliens, jetzt eine Einbuße erlitten.

Ariovist antwortete, er habe auf Wunsch der Kelten den Rhein überschritten und seine jetzige Stellung beruhe auf Kriegsrecht, die Römer hätten ihm nichts dreinzureden. Die Begründung Caesars mit den Haeduern schlage nicht durch. Die „Blutsbrüder" hätten jüngst, 61 und 60, auch nicht geholfen beim Allobrogeraufstand, und in ihrem Krieg gegen die Sequaner hätten sie ebensowenig römische Hilfe in Anspruch genommen. Wenn Caesar dieses Gebiet nicht räume, werde er ihn als Feind behandeln. Es sei ihm genau bekannt, daß viele vornehme Herren in Rom ihm für Caesars Beseitigung Dank wüßten. Man habe ihn dessen ausdrücklich versichert — ein scharfer Hieb, den Caesar hier seinen optimatischen Gegnern versetzt! Falls Caesar dagegen sein Recht auf Gallien anerkenne, so stehe er ihm für jeglichen Krieg zur Verfügung.

Darauf betonte Caesar nochmals, daß er und das römische Volk wohlverdiente Bundesgenossen unter keinen Umständen preisgäben. Weiter habe Ariovist kein besseres Anrecht auf Gallien als das römische Volk. Nämlich nach den schweren Niederlagen der Arverner und Rutener im Jahre 121

[24] Caes. 1, 39–41, 3. Cass. Dio 38, 35–46. Nach Caes. 39, 2 ging die Panik aus *a tribunis militum, praefectis reliquisque, qui ex urbe amicitiae causa Caesarem secuti non magnum in re militari usum habebant*. Es folgen ihre Ausreden. Cass. Dio 35, 2 bietet die Variante, bei den Soldaten (37, 1) sei das Gerede aufgekommen, sie wollten nicht in einen Krieg ziehen, der weder gerecht, noch vom Senat oder Volk (41, 1) beschlossen, nur Caesars Ehrgeiz diene. Wie Caes. 40, 1, läßt er 35, 3 Caesar alle Offiziere und Centurionen zu einem *consilium* berufen; aber die große, mit viel Thukydidesimitation geschmückte Rede Caesars ist eine Instruktion an die Offiziere (37, 3. 46, 2), wie sie die Soldaten von der Notwendigkeit des Krieges überzeugen sollen. Mit Caes. 40, 15 stimmt nur 46, 3, der Appell an die 10. Legion überein. Ed. Schwartz RE 3, 1707, führt die für Caesar ungünstigen Varianten Dios auf Livius zurück. Als echte Überlieferung können sie nur gelten, wenn Livius einem älteren Gewährsmann folgte. Walser a. O. 28, 2 vermutet Asinius Pollio. Wenn, wie ich annehmen möchte, darin Nachrichten nachklingen, die Caesars Feinde in Rom von ihren Verwandten oder Freunden in Caesars Hauptquartier erhielten, so hat Caesar diese Korrespondenten in charakteristisch boshafter Weise abgefertigt, indem er sie als Feiglinge der Lächerlichkeit preisgab, ohne ihre ‚staatsrechtlichen' Sorgen zu erwähnen; entsprechend 44, 12, wonach *principes populi Romani* mit Ariovist in Verbindung standen. Vermutlich bot auch Livius eine Rede, und Dio mag ihr manches entnommen haben.

habe es im Belieben Roms gelegen, das Land jenseits der Cevennen zur tributpflichtigen Provinz zu machen. Das sei damals nicht geschehen, aber das römische Volk habe den gerechtesten Anspruch auf die Herrschaft über Gallien, und es gehe nicht an, daß Ariovist in einem Land gebiete, das der Senat als frei anerkannt habe[26].

Bei der eingehenden Wiedergabe dieser Verhandlungen kommt Caesar hier auf den entscheidenden Punkt seiner Kriegführung in Gallien: Ariovist griff in die Machtsphäre Roms ein — und der Vertreter dieser Macht hätte seine Pflicht sträflich versäumt, wenn er eine solche Herausforderung tatenlos hinnahm. Als er im Jahr 51 seine Kriegsberichte veröffentlichte, sollten unvoreingenommene Leser erkennen, wie sich aus dieser Lage alles folgende ergab. Die Unterredung mußte abgebrochen werden, weil Ariovists Gefolgsleute Caesars Truppen anzugreifen begannen. Als jener nach zwei Tagen Wiederaufnahme der Verhandlungen forderte, beschränkte sich Caesar auf Absendung zweier Unterhändler. Diese setzte aber Ariovist sogleich als Spione gefangen[27]. Dann marschierte er dem Rand der Vogesen entlang an Caesars Lager vorbei und bezog südlich davon (wahrscheinlich am Zellenberg südlich von Rappoltsweiler) eine Stellung, von der aus er Caesars rückwärtige Verbindungen bedrohte. Caesar jedoch begegnete dieser Gefahr durch Befestigung eines zweiten Lagers noch weiter südlich[28].

Nach solchem achttägigen Manövrieren entschied Anfang September die blutige Schacht zu Caesars Gunsten. Das große Kriegervolk wurde auseinandergesprengt[29]. Nur die Stämme der Triboker (nördlich Straßburg), Nemeter (um Speyer) und Vangionen (um Worms und Mainz) konnten sich auf dem linken Rheinufer halten[30]. So hatte Caesar in zwei kurzen Feldzügen bei Herbstbeginn zwei Gegner bewältigt, deren man in Rom seit längerem mit berechtigter Unruhe gedachte.

Zur Sicherung des Erreichten konnte er wohl nicht anders, als seinem Heer unter Labienus Winterquartiere im Sequanerlande anzuweisen. Er selbst reiste ins diesseitige Gallien, um in den dortigen Gerichtssprengeln Recht zu sprechen; vor allem konnte er hier auch die Lage in Rom aus der

[25] So Kromayer-Veith, Schlachtenatlas zur antiken Kriegsgeschichte (1922), 70. Kartenblatt 15. Caesars Angaben lassen Raum für viele Vermutungen. Über die ältern C. Jullian, Hist. de la Gaule III 231, 4. Zuletzt verlegte R. Schmittlein, La première campagne de César contre les Germains (1956) die Schlacht nach Belfort, mir nur bekannt durch die Besprechung von J. H. Collins Gnomon 30 (1958), 300ff.

[26] Caes. 1, 42–45. Cass. Dio 38, 47, 3–4. [27] Caes. 1, 46–47.

[28] Caes. 1, 48–49. Cass. Dio 38, 48, 1–3 mit kleinen Varianten.

[29] Caes. 1, 50–53. Cass. Dio 38, 47, 4–50. Frontin. strat. 2, 6, 3 bezieht sich vielleicht auf den bei Dio 50, 4 berichteten Kampf um die Wagenburg und kann keinesfalls mit Walser a. O. 26, 6 als Gegensatz zu Caesar gedeutet werden. Oros. 6, 7, 8–10.

[30] Caes. 1, 51, 2. 4, 10, 3. Strab. 4, 193. Plin. n. h. 4, 106. Tac. Germ. 28, 5. Ptol. Ge ogr. 2, 9, 9.

Nähe beobachten und seine Maßnahmen danach treffen. Es herrschte ein beständiges Kommen und Gehen während der Wintermonate[31]. Davon, was im einzelnen zu erwägen war, haben wir nur Kenntnis, soweit es Cicero betraf.

In Rom begannen sich bald nach Caesars Abreise im März 58 die Verhältnisse zu verschieben. Der Übermut des Clodius kannte keine Grenzen mehr und machte schon im April Pompeius und Gabinius zur Zielscheibe seiner Streiche[32]. Die Folge war, daß Pompeius auf die Seite der Optimaten gedrängt wurde und anfing, sich mit der Rückberufung Ciceros zu beschäftigen. Nachdem im Juli die Comitien stattgefunden hatten, verhandelte er darüber mit dem Volkstribunen Quintus Terentius Culleo. Caesars Lage wird genugsam bezeichnet dadurch, daß sein erbitterter Feind, der Praetor Lucius Domitius Ahenobarbus, ebenfalls die Sache in die Hand nehmen wollte. Dementsprechend machte auch Culleo dem Pompeius den Vorschlag, sich von Julia zu scheiden und Caesar die Freundschaft zu künden[33]. Allein jener wurde nicht wankend, erbat sich vielmehr Caesars Zustimmung, bevor er etwas unternahm[34]. Clodius trieb es immer toller. Am 11. August wurde ein von ihm in Szene gesetztes Attentat auf Pompeius entdeckt, die nächsten Tage dessen Haus von einer Bande umlagert, so daß er es vorzog, in diesem Tribunatsjahr überhaupt nicht mehr auszugehen[35]. Im Zorn über das Scheitern seiner Pläne warf sich Clodius dann plötzlich den Optimaten in die Arme und erklärte Caesars Gesetzgebung vom Vorjahr für rechtsungültig[36].

Am 29. Oktober stellten unter Pompeius' Zustimmung acht Volkstribunen den Antrag für die Rückkehr Ciceros, der freilich infolge Intercession nicht zur Abstimmung gelangte[37]. Publius Sestius, einer der designierten Volkstribunen und treuer Anhänger Ciceros, reiste jedoch zu Caesar nach Oberitalien, um dessen Einwilligung zu holen. Es scheint, daß dieser sich zurückhaltend äußerte[38]; und freilich war vorauszusehen, daß die Anwesenheit Ciceros, sofern seiner verzehrenden Begierde nach Genugtuung freier Lauf gelassen wurde, auf Caesars Verhältnis zu Pompeius nicht günstig wirken würde. Cicero mußte denn auch bis in den August 57 auf die heißersehnte Rückberufung warten[39]. Übrigens lenkte Caesar sofort zu seinen Gunsten ein, sowie er die Unvermeidlichkeit der an und für sich unerwünschten Tatsache erkannte[40].

Neben der hauptstädtischen Politik forderte aber auch Gallien Caesars volle Aufmerksamkeit. Wie zu erwarten stand, erregten die Winterquartiere

[31] Plut. 20, 1–3. [32] Cic. Att. 3, 8, 3. dom. 66. Ascon. in Mil. 37. Cass. Dio 38, 30, 1–3.

[33] Cic. Att. 3, 15, 4–5. Plut. Pomp. 49, 4. [34] Cic. Att. 3, 18, 1.

[35] Cic. Mil. 37 mit Ascon. Sest. 69. Plut. Pomp. 49, 2–3.

[36] Cic. dom. 40. har. resp. 48. [37] Cic. Att. 3, 23, 1. p. red. in sen. 8.

[38] Cic. Sest. 71. [39] Cic. Att. 4, 1, 4.

[40] Cic. prov. cons. 43. har. resp. 46. Balb. 59. Pis. 80. fam. 1, 9, 9. Cass. Dio 39, 10, 1. Klio 30 (1937), 7.

der sechs römischen Legionen im Sequanerland weithin Beunruhigung. Im Laufe des Winters vernahm Caesar, daß die mächtigen Staaten der Belger (Frankreich nördlich Marne und Seine, Belgien und Niederlande) sich zur Abwehr weiteren römischen Vordringens zusammentaten[41].

Er ließ nun Anfang 57 im diesseitigen Gallien zwei neue Legionen ausheben[42], brachte also stillschweigend sein Heer auf den doppelten Bestand dessen, was Senat und Volk ihm zuerkannt hatten[43], und Ende März marschierten diese Rekruten über die Alpen. Er selbst traf zu Sommerbeginn im Hauptquartier ein und gab den Senonen (Volk um Sens) und anderen Nachbarstaaten der Belger Befehl, ihn über das, was im Norden vorgehe, auf dem laufenden zu halten[44]. Da die Belger ihre Aufgebote zusammenzogen, rückte er bald darauf mit seinen acht Legionen in die Champagne vor. Das erste belgische Volk, auf das er stieß, waren die Remer (um Reims). Ihre Vertreter begrüßten ihn an der Landesgrenze und erklärten ihm ihre Unterwerfung, offenbar, weil ihnen die Vorgänge des letzten Jahres bei ihren keltischen Nachbarn für einen solchen Schritt guten Nutzen versprachen. Caesar empfing sie mit Freuden und versicherte sich ihrer Treue durch Geiseln, als welche die Häupter des Landes ihre Kinder zu stellen hatten. Wie sich zeigte, war die Unterwerfung der Remer durchaus aufrichtig gemeint und verschaffte so Caesar im Norden dieselben Vorteile, die er im Süden an den Haeduern besaß, eine feste Stütze der römischen Macht[45].

Nach Überschreiten der Aisne kam er in Fühlung mit den vereinigten Belgern und befreite eine Stadt der Remer von belgischer Belagerung. Das riesige belgische Aufgebot konnte wegen Lebensmittelnot nicht lange zusammengehalten werden. Da Caesar einen Angriff auf seine rückwärtigen Verbindungen abschlug und seinerseits die Haeduer in das Land der Bellovaker (Beauvais) vorgehen ließ, löste es sich innerhalb weniger Tage auf[46]. Bei raschem Vordringen westwärts konnte Caesar ohne Kampf die Dedition (bedingungslose Unterwerfung) der Suessionen (um Soissons), Bellovaker, Ambianer (um Amiens) entgegennehmen. Auf Fürsprache der Remer erhielten die Suessionen die (selbstverständlich prekäre) Erhaltung ihrer Gemeinde zugesichert. Für die Bellovaker als alte Bundesgenossen der Haeduer verwandte sich Diviciacus und erreichte ihre Aufnahme ins Treuverhältnis. Doch mußten sie 600 Geiseln stellen[47]. Getreu dem altbewährten Grundsatz der römischen Staatskunst wurden mit jedem Einzelstaat besondere Abkünfte getroffen, die Besatzungen der Städte, die der römische Vormarsch berührte, wurden entwaffnet, und gewiß wurde schon damals allen durch kriegerische

[41] Caes. b. G. 2, 1, 1. Cass. Dio 39, 1, 2. [42] B. G. 2, 1, 1.
[43] Suet. 24, 2. [44] Caes. b. G. 2, 2, 2–4.
[45] B. G. 2, 3, 1–5, 1. 6, 12, 7–9. Cass. Dio 39, 2, 3.
[46] B. G. 2, 5, 2–11, 6. Cass. Dio 39, 1, 3–2, 2. Plut. 20, 5.
[47] B. G. 2, 13, 1–15, 2.

Maßnahmen unter Rom gelangten Staaten ein Tribut oder, wie die Römer sagten, ein Kriegskostenersatz *(stipendium)* auferlegt[48].

Von Amiens aus schlug Caesar nordöstliche Richtung ein ins Gebiet der Nervier (Hennegau - Brabant), eines wegen seiner urwüchsigen Tapferkeit gefürchteten Volkes. Wie er erfuhr, erwartete ihn ihr Heer, vereint mit den Atrebaten (Arras) und Viromanduern (Vermandois) hinter der Sambre (in der Gegend von Maubeuge). In Bälde sollten noch die Atuatuker, die Nachkommen einer von den Kimbern und Teutonen in der Gegend von Namur zurückgelassenen Wachmannschaft, zu ihnen stoßen. Als Caesars Truppen diesseits des Flusses ein Lager bauten, brach das ganze feindliche Heer plötzlich aus seiner Walddeckung zu einem glänzenden Sturmangriff vor. Die schwere Schlacht schien geraume Zeit für die überraschten Römer schlimm auszugehen. Caesar setzte sich an einer besonders bedrohten Stelle selbst an die Spitze seiner Leute und rief die einzelnen Hauptleute mit Namen an[49] — dieser Zug ist charakteristisch, denn bei einem Heer von 40000 Mann ist er nicht selbstverständlich. Dank dem verständnisvollen Eingreifen der Unterführer wurde schließlich ein voller Sieg erstritten, und ihm folgte sogleich die Dedition der Nervier. Caesar ließ mit geflissentlicher Milde auch diesen Staat weiterbestehen[50].

Dann rückte er vor die Stadt der Atuatuker. Nachdem die Belagerungsmaschinen aufgestellt waren, kapitulierten auch diese trotzigen Gesellen, baten aber um Belassung der Waffen, deren sie gegen ihre Nachbarn dringend benötigten. Caesar erklärte ihnen nun die Grundsätze, nach denen er bei der Dedition verfahre: ihre Gemeinde wolle er erhalten, weil sie sich dediert hätten, bevor der Sturmbock die Mauer berührte; aber die Waffen müßten unbedingt ausgeliefert werden. Die Atuatuker fügten sich zum Schein dem Befehl, machten aber in der darauffolgenden Nacht einen Ausfall. Er wurde blutig abgewiesen, die Stadt besetzt und zur Strafe für den Treubruch die gesamte Einwohnerschaft mit ihrer Habe versteigert. Es sollen 53000 Menschen versklavt worden sein[51].

Noch während der Belagerung hatte Caesar unter Führung seines jungen Freundes Publius Licinius Crassus, des Sohnes seines Verbündeten, eine Legion in Marsch gesetzt nach den in der heutigen Normandie und Bretagne gelegenen Staaten. Der Eindruck von Caesars Erfolgen war dergestalt, daß sie sämtlich ohne Zögern die römische Hoheit anerkannten. Crassus bezog dort im Land der Anden (Angers, Anjou) Winterquartier, zwei Legionen wurden östlich anschließend in die Staaten der Turonen (Tours) und Carnu-

[48] Suet. 25, 1. B. G. 7, 76, 1.

[49] B. G. 2, 25, 2. Plut. 20, 8. Flor. 1, 45, 4. Oros. 6, 7, 16. Val. Max. 3, 2, 19.

[50] B. G. 2, 15, 3–28, 3. Nach 28, 2 behaupteten die Gesandten der Nervier, von 600 Gemeinderäten seien nur noch 3, von 60000 Waffenfähigen nur 500 übrig geblieben. Nach 5, 38, 4ff. war das übertrieben; nach 7, 75, 3 sollten sie im Jahr 52 6000 Mann stellen.

[51] B. G. 2, 29, 1–33, 7. Auch die Atuatuker sind im Jahr 54 wieder kampffähig. Cass. Dio 39, 4.

ten (Chartres, Orléans) gelegt, vier weitere ins belgische Gebiet und schließlich die letzte unter Servius Sulpicius Galba ins Wallis, um den Großen St. Bernhard zu sichern. Diese mußte sich allerdings vor den Angriffen der tapferen Landeseinwohner ins Allobrogerland zurückziehen[52].

Als Caesar im Herbst 57 nach Illyricum reiste, um auch diesen Teil seines proconsularen Gebietes kennenzulernen[53], hielt er den großen Krieg in Gallien für beendet. Die Schlacht an der Sambre hatte augenscheinlich die sämtlichen Kelten gelehrt, sich ihrem Schicksal zu beugen. Für ihn galt es jetzt, diese militär-politischen Erfolge auf weitentlegenen Kriegsschauplätzen in die Werte umzusetzen, mit welchen die Politik in Rom zu handeln pflegte. Nach Abschluß der Operationen sandte er einen Bericht an den Senat und erreichte durch die Darstellung der unerhörten Taten des römischen Heeres auf dem bisher ganz unbekannten und höchst gefährlichen Kriegsschauplatz in der römischen Öffentlichkeit eine gewaltige Begeisterung. Auch der in seiner Mehrheit Caesar durchaus nicht günstig gestimmte Senat konnte der allgemeinen stolzen Erhebung des Nationalgefühls nicht widerstehen und ordnete, geführt von Pompeius und dem eben zurückgekehrten Cicero, zur Feier dieser Ereignisse ein fünfzehntägiges Dankfest an — das übliche waren höchstens fünf Danktage gewesen, nur Pompeius hatte 63 die doppelte Zahl bekommen[54]. Caesar, der seit dem Januar 58 mit der optimatischen Senatsmehrheit gänzlich zerfallen war, gewann damit einen politischen Erfolg von größter Bedeutung. Denn eine so außergewöhnliche Ehrung des Proconsuls von Gallien entzog der von einer starken Senatspartei beliebten Ansicht, Caesars amtliche Stellung ermangle seit 58 der Rechtsgültigkeit, den Boden. Der Senat bekannte sich dadurch zu der Anfang März 56 von Cicero ausgesprochenen Ansicht, Caesars früher begangene Verfassungsverletzungen würden durch seine seitherigen Kriegstaten ausgelöscht[55].

Diese Anerkennung war allerdings nur das Ergebnis einer bestimmten Konstellation, die schon wenige Tage später wieder vergessen war. Denn seitdem Caesar im März 58 die Stadt verlassen hatte, war die von ihm geschaffene und gelenkte Front der drei großen *principes* und des Tribunen Clodius längst auseinandergeborsten. Die Rückberufung Ciceros im August 57 bezeichnete einen völligen Wandel der Verhältnisse, und dabei hatte sich Pompeius an die Spitze gestellt! Als nämlich am 9. Dezember 58 das unheilvolle Tribunat des Clodius abgelaufen war, ging der Hexensabbat erst recht an, weil Clodius mit seinen Banden das ganze öffentliche Leben terrorisierte und dank seinen Beziehungen durchgreifende Maßnahmen der Magistrate durch verfassungsmäßige Obstruktion zu verhindern verstand. In Ermanglung einer ausreichenden staatlichen Polizei blieb kein anderes Mittel, als

[52] B. G. 2, 34–3, 6, 5. Cass. Dio 39, 5, 2–4. [53] B. G. 3, 7, 1.

[54] B. G. 2, 35, 4. Cic. prov. cons. 27. Balb. 61. Pis. 45. 59. Cass. Dio 39, 5, 1. Plut. 21, 1–2.

[55] Cic. Vat. 15. Vgl. dom. 39–40.

daß die beiden tapfern optimatischen Tribunen Titus Annius Milo und Publius Sestius im Einverständnis mit Pompeius aus Clienten, Freigelassenen und Sklaven einen bewaffneten „Selbstschutz" bildeten und in vielwöchigen Straßenschlachten mit zahlreichen Toten und Verwundeten den Terror brachen [56]. Nachdem so die grobe Arbeit getan war, trat auch Pompeius hervor und vollendete die Niederlage durch Aufhebung der von Clodius verhängten Ächtung Ciceros [57]. Während sich nun dieser in überschwenglichem Siegesjubel dem Wahn hingab, in seiner Person kehre die alte Herrlichkeit der Optimatenrepublik zurück, wie er sie in seinem Consulat durch die Zusammenfassung aller ordnungsliebenden Kräfte schon einmal verwirklicht glaubte [58], steuerte Pompeius sachte auf eine dictatorische Vollmacht zu, die ihm ein Gegengewicht gegen Caesars glänzende Kriegserfolge bieten sollte. Als Gelegenheit ersah er sich das Bedürfnis nach einem Getreidebeschaffungsamt, welches sich infolge der großen Anforderungen des Clodischen Gesetzes über unentgeltliche Getreideabgabe immer dringlicher fühlbar machte. Zuletzt gab eine Hungerrevolte am 5. September 57 den Ausschlag dafür, daß auch der Senat einem Consulargesetz zustimmte, das ihm in Form eines proconsularen *imperium* Verfügungsgewalt über die Getreidevorräte des ganzen Reichs für 5 Jahre und zur Unterstützung 15 Legaten verlieh. Cicero stellte aus Dankbarkeit im Senat den Antrag, versichert aber, Pompeius habe eigentlich noch mehr gewollt; wenigstens traten seine Vertrauensmänner für einen viel weiter gehenden Vorschlag eines Volkstribunen ein, wonach zur *curatio annonae* (Getreideversorgung) noch die volle Verfügung über die Staatskasse, Flotte und Heer und in sämtlichen Provinzen eine höhere Amtsgewalt als die den ordentlichen Behörden zuständige gehört hätte [59].

Daß diese Allmachtstellung verhütet werden konnte, war gewiß auch im Sinne Caesars. Denn schon so machte sich wieder das Bestreben bemerkbar, den Schwiegersohn gegen den Schwiegervater auszuspielen. Man erzählte sich, daß jener die Siegesmeldungen aus Gallien mit Unmut höre und sogar habe verlauten lassen, man müsse Caesar vor Ablauf der festgesetzten Frist einen Nachfolger schicken [60]. Im Dezember 57 richtete einer der am 10. dieses Monats neuangetretenen Volkstribunen, Publius Rutilius Lupus, einen Angriff gegen das zweite Agrargesetz Caesars. Da er sich später als Parteigänger des Pompeius erwies, ist anzunehmen, daß er schon damals nicht gegen den Willen des Pompeiuskreises handelte; auch am 5. April 56 glaubte Cicero durch solch einen Angriff Pompeius nicht zu verletzen. Dieser selbst

[56] Cic. p. red. in sen. 19–20. ad Quir. 15. Sest. 84. 90. 92. Cass. Dio 39, 8, 1.

[57] Cic. dom. 25. Vell. 2, 45, 3. [58] Cic. p. red. ad Quir. 17–18. Sest. 143. RE 7A, 933.

[59] Cic. Att. 4, 1, 6–7. dom. 3. 16–19. Cass. Dio 39, 9, 1–10, 1. J. BÉRANGER, Recherches sur l'aspect idéologique du principat (1953), 189. 191, 135 bemerkt, daß *cura annonae* kein Begriff des republikanischen Staatsrechts ist; *curatio* Cic. dom. 14. l. agr. 2, 17. Augustus r. g. 5.

[60] Cass. Dio 39, 25, 1–2.

wohnte jener Dezembersitzung nicht bei, wie es überhaupt seine Art war, andere vorzuschieben. Aus diesem Grunde ließ sich aber diesmal der Senat, dessen optimatische Häupter ihm noch keineswegs trauten, auf keine Erörterung dieser Frage ein[61].

Dagegen führte das Wiederauftauchen der aegyptischen Angelegenheit zu einem erbitterten Zerwürfnis zwischen Pompeius und Crassus. Im Jahre 57 flüchtete Ptolemaios, der königliche Oboebläser, vor den revoltierenden Alexandrinern zu seinem Gönner Pompeius, und dieser deckte ihn gegen alle Angriffe. Sein Aufenhalt in Rom war eine Kette von Skandalen: Mordtaten an alexandrinischen Gesandten, welche dem Senat Aufklärungen geben wollten, und unverschämte Bestechung römischer Senatoren.

Im Senat erhob sich ein wildes Intrigenspiel für und gegen seine Rückführung und darum, wer der glückliche sein sollte, dem diese einträgliche Aufgabe zufiele. Mit Hilfe eines sibyllinischen Orakels erging Anfang 56 der Senatsbeschluß, es dürfe kein Heer dabei verwendet werden. Trotzdem hätte Pompeius auch unter dieser weniger günstigen Bedingung gerne den Auftrag erhalten[62]. Aber gegen ihn fanden sich die scharfen Optimaten und Clodius zusammen, eine unnatürliche Verbindung, hinter welcher er nur Crassus vermuten konnte. Alles schien sich gegen ihn verschworen zu haben, er fürchtete ernstlich für sein Leben und ließ zu seinem persönlichen Schutze aus seiner Heimat Picenum und aus dem cisalpinen Gallien, mit dessen Gemeinden er vom Vater her im Treuverhältnis stand, handfeste Gefolgsleute kommen. Das Vertrauen, das er noch vor einigen Monaten beim Stadtvolk und im Senat genossen hatte, war im März 56 dahin[63].

[61] Cic. Q. fr. 2, 1, 1 *fuerunt non nulli aculei in Caesarem, contumeliae in Gellium, expostulationes cum absentePompeio.* Warum Lupus den bald 80jährigen Consular L. Gellius Poplicola schlecht behandelte, wissen wir nicht. Nach Plut. Cic. 26, 4 soll er 59 gesagt haben, daß zu seinen Lebzeiten der *ager Campanus* nicht aufgeteilt werde. Auch welcher Art die Beschwerden waren, die er gegen Pompeius vorbrachte, ist nicht eindeutig zu erklären. Es ließe sich denken, daß er herausbringen wollte, wie Pompeius jetzt stehe. Denn am 13. Januar 56 stellte er im Senat den Antrag, den Pompeius mit der Rückführnug des Königs Ptolemaios zu beauftragen, was von den *familiares* des Pompeius begrüßt wurde (fam. 1, 1, 3. vgl. Q. fr. 2, 2, 3). Justinus Klass, Cicero und Caesar (1939), 91, 52. 92, 58 hat das nicht beachtet. Darum ist auch die Beurteilung des Antrags Ciceros vom 5. April 56 (fam. 1, 9, 8) a. O. 125ff. nicht richtig. Pompeius war ein Meister in der Kunst, seine eigentlichen Wünsche zu verschleiern. Am 14. Januar 56 speiste Cicero nach der Senatssitzung bei ihm und berichtete darüber an P. Lentulus Spinther, den Proconsul von Kilikien, der selbst jenen Auftrag zu erhalten wünschte: *Quem ego ipsum cum audio, prorsus eum libero omni suspicione cupiditatis; cum autem eius familiares omnium ordinum video, perspico, id quod iam omnibus est apertum, totam rem istam iam pridem a certis hominibus non invito rege ipso consiliariisque eius esse corruptam* (fam. 1, 2, 3). J. P. V. D. Balsdon Historia 1 (1950), 298.

[62] Der zusammenhängende Bericht Cass. Dio 39, 12, 1–16, 3 wird bestätigt durch Mitteilungen Ciceros fam. 1, 1. 2. 4. 5a. 5b. 7, 2–6. Q. fr. 2, 2, 3. 3, 2. Besonders anschaulich über die ganze Atmosphäre Cael. 23–24. 51–55. Q. fr. 2, 8, 2. Strab. 17, 796. Plut. Cat. min. 35, 4–7. Pomp. 49, 9–14. Fenestella frg. 21 (Peter). Dio Prus. 32, 70.

[63] Cic. Q. fr. 2, 3, 3–4. 4, 5–6. Plut. Pomp. 48, 11–12. Cass. Dio 39, 19, 1–2.

Für Caesar wurde durch diese Wirren die Lage wieder kritischer. Als Consul und seither in den zwei Jahren seines Proconsulats hatte er gezeigt, daß er ein Staatsmann war, der wie kein andrer die innere und äußere Politik des Weltreichs kannte. Sein unbezähmbarer Wille zur Macht war geadelt durch das Wissen, wie den politischen Gebrechen des Zeitalters abzuhelfen sei. Dies zu verwirklichen, mußte er sich jedoch erst die Bewegungsfreiheit erkämpfen gegen die bisherige Oligarchie. Genial führte er diesen Kampf mit deren eigenen Waffen. Denn wenn er sich mit zwei anderen Senatoren zusammenschloß, die ebenfalls über die oligarchischen Schranken hinausstrebten, so bediente er sich desselben Gefolgschafts- und Koterienwesens, auf dem die bisherige Nobilitätsherrschaft beruhte. Wie das im großen sein System war, verfolgte er auch sein nächstes Ziel, die Behauptung der Bewegungsfreiheit in Gallien, auf diesem Wege. Das Mittel, die Widerstände des Senatsregiments lahmzulegen, fand er in der Besetzung von möglichst vielen Magistratsstellen mit seinen Gefolgsleuten und politischen Freunden. Dabei ergab sich, daß er fortdauernd auf den Bund mit Pompeius und Crassus angewiesen war; denn nur so verfügte er über die nötige Zahl von Kandidaten, obwohl er persönlich sein möglichstes tat, aufstrebende Leute an sich zu fesseln. Der letzte Feldzug hatte gewaltige Beute in seine Hand gebracht, und diese Reichtümer standen bereitwillig jedem zur Verfügung, der für seine Wahl oder für die von ihm in der Amtszeit zu gebenden Spiele Geld brauchte, wofern er sich dafür verpflichtete, den abwesenden Proconsul gegen seine Widersacher zu verteidigen. Wo es nötig schien, wurden solche Abmachungen durch Eid oder schriftlichen Vertrag bekräftigt, und er vergaß auch nicht, sich durch seine Aufmerksamkeiten die Damen der in Betracht kommenden Kreise zu gewinnen[64]. Selbstverständlich empfing damals auch der getreue Balbus einen Lohn, der ihn zum vielbeneideten Manne machte[65].

Aber was Caesar allein tun konnte, genügte noch nicht zur vollen Sicheheit. Als er Anfang 56, nachdem er den ersten Teil des Winters in Illyricum verbracht hatte, für einige Zeit nach Aquileja[66] übersiedelte, mußte er ver-

[64] Suet. 23, 2. Plut. Caes. 20, 2. Pomp. 51,3.

[65] Cic. Balb. 56. 63 *est fortasse nunc nonnullorum particeps commodorum*. Att. 7, 7, 6.

[66] Von diesem Aufenthalt ist uns auch Kunde erhalten durch Bruchstücke einer Inschrift in Salona, die zuletzt M. ABRAMIĆ im Bulletin d'archéologie et d'histoire dalmate 46 (1923), 3 ff. herausgab. Sie bezeugt, daß am 2. März 56 Gesandte der zu Illyricum gehörigen Inselgemeinde Issa (Vis, Lissa) vor dem Imperator C. Caesar über Freiheit und Freundschaft und Bündnis mit dem römischen Volk verhandelten, wobei ein römischer Bürger, C. Gavenius (Gabinius?) das Wort führte. Die ersten Zeilen lauten: *ἐπὶ ὑπάτων Γν[αίο]υ Λέντλου Μ[αρ]κελλείνου καὶ Λ[ευκ]ίου Φι[λίπ]που πρὸ ἡμερ[ῶν πέ]ντε Νωνῶν [Μαρ]τίων [ἐν δὲ Ἴσσῃ] ἐπὶ ἱεραμνάμο-[νος] Ζωπύ[ρου* . . . Nach den Namen der Gesandten Z. 10: *ἐν Ἀκυληίᾳ ἐπὶ Γαίου Ἰουλί[ου] Καί[σαρος] αὐτοκράτορος Γαίος Γανένι[ος Γαίου(?) υἱ]ὸς Φαβίᾳ λόγους ἐποήσα[το περὶ τῆς τε] ἐλευ[θε]ρίας τῶν Ἰσσαίω[ν καὶ τῆς φιλίας] τ[ῶν Ῥωμαί]ων καὶ Ἰσσαί[ων* . . . aus Frg. B Z. 5 . . . *φ]ιλίαν καὶ συμμα[χίαν* . . .

Über Issa FLUSS RE Suppl. 5, 349. Caesar berichtet b. c. 3, 9, 1 zum Jahr 49: der Flottenführer

nehmen, daß bei den Aedilenwahlen, die infolge der Wirren bis zum 20. Januar verschleppt worden waren, zwei seiner bekanntesten Gefolgsleute — der eine war Publius Vatinius — durchgefallen waren [67]. Auch Gnaeus Domitius Calvinus, im Jahr 59 als Volkstribun sein scharfer Gegner, jetzt Praetor, behagte ihm nicht [68]. Doch all das wollte wenig bedeuten gegenüber der Aussicht, daß Lucius Domitius Ahenobarbus, einer der unentwegtesten Vorkämpfer der Oligarchie, im Jahre 55 Consul werde. Er bewarb sich jetzt darum und stellte die Enthebung Caesars von seinem ungesetzmäßigen Kommando als sein Programm auf [69]. Diese Streitfrage, mit deren Erledigung Caesar stand oder fiel, schien vor einigen Monaten aus der Welt geschafft, lebte aber jetzt mit Macht wieder auf, nicht zum wenigsten, weil Cicero in seinen Reden über sein verfassungswidriges Exil immerzu darauf zu sprechen kam. Am weitesten ging er Anfang März, als er in einer Rede gegen Vatinius dessen Gesetz über Caesars Provinz als Mord der hergebrachten Verfassung bezeichnete [70].

Caesar machte nun den Versuch, sich seine Stellung durch ein neues Gesetz einiger Volkstribunen bestätigen zu lassen. Allein diese ließen ihn ohne weiteres im Stich, als ihnen der Consul Lentulus Marcellinus abriet [71], und wie am 5. April der Senat — was nicht zu umgehen war — dem Pompeius für die Getreideversorgung 10 Millionen Denare bewilligte, brachen zugleich heftige Angriffe los gegen das zweite Agrargesetz, das den Staat des so einträglichen campanischen Domänenlands beraubt hatte, und Cicero stellte unter außergewöhnlich starkem Beifall den Antrag, daß am 15. Mai darüber an den Senat berichtet werde [72]. Der wohlgesinnte Verteidiger der guten alten Zeit ahnte nicht, daß Caesars Vorbereitungen zu einem überwältigenden Gegenschlag schon im besten Gange waren. Dieser war nämlich auf seiner Winterreise durch die Provinzen mittlerweile nach Ravenna gelangt und erneuerte hier in heimlicher Besprechung den Bund mit Crassus [73]. In aller Stille traf er dann Anfang April in Luca ein. Am 7. April machte Cicero dem Pompeius einen Abschiedsbesuch, weil dieser am 11. nach Sardinien verreisen wollte, um für den Einkauf der dortigen Getreidevorräte seine Befehle zu geben. Cicero schreibt am 8. arglos dem Bruder, der als Legat des *curator annonae* bereits seit einiger Zeit in Sardinien tätig war, sein Vorgesetzter wisse noch nicht, ob er von Pisa oder einem anderen Hafen aus überfahren wolle [74].

des Pompeius, M. Octavius, sei nach Salona gekommen, *ibi concitatis Dalmatis reliquisque barbaris Issam a Caesaris amicitia avertit.* B. Alex. 47, 4 Vatinius besiegt 47 den Octavius und fährt nach Issa: *quo ut venit, oppidani supplices se Vatinio dediderunt.* R. Syme Historia 7 (1958), 178, 3 bemerkt, daß die Inschrift Caesar den Imperatortitel gibt, was Caesar im B. G. nicht der Erwähnung wert achtet. Cicero schreibt ihn fam. 7, 5 im Jahr 54 natürlich so an.

[67] Cic. Vat. 38.

[68] Cic. a. O.

[69] Suet. 24, 1. Plut. Cat. min. 41, 3. Er war Catos Schwager.

[70] Vat. 16-18, 23. 35 *esne igitur patriae certissimus parricida?* 36. 39.

[71] Cic. Q. fr. 2, 4, 5.

[72] Cic. Q. fr. 2, 5, 1. fam. 1, 9, 8

[73] Cic. fam. 1, 9, 9.

[74] Cic. Q. fr. 2, 5, 3.

Einige Tage später befand sich Pompeius zu Luca im Quartier Caesars[75], und nun erhielten die Vereinbarungen mit Crassus Ergänzung und Abschluß durch den Beitritt des dritten Verbündeten. Caesar muß es meisterhaft verstanden haben, das Zerwürfnis zwischen Crassus und Pompeius auszugleichen. Denn es kamen jetzt Beschlüsse von unzweideutiger Klarheit und zusammengefaßter Wucht zustande, denen man keine mühevolle Vorbereitungen mehr anmerkt: die große Gefahr, die Consulatskandidatur des Domitius, sollte dadurch gesprengt werden, daß Crassus und Pompeius selbst 55 das Consulat übernahmen[76]. Die Wahl sollte gesichert werden durch Abkommandierung von Urlaubern aus Caesars Heer und mußte deshalb bis in den Winter, wo solche abkömmlich waren, verzögert werden[77]. Als Consuln sollten sie sich beide ein großes Kommando verschaffen, welches der gegenwärtigen Stellung Caesars entspreche[78]. Damit wurde eine Ungleichheit behoben, durch welche sich Caesars Partner vom Jahre 59 offenbar zunehmend benachteiligt fühlten. Denn, nachdem sie ihn zunächst als „jungen Mann" betrachtet hatten, brauchbar, ihre gestrandeten Schiffe wieder flott zu machen, mußten sie bald gewahren, daß er mit seinem Consulat über alles, was sie sich träumen ließen, weit hinaus gelangte. Nun setzte er sie ans Steuer und gewährte mit dem Consulat auch noch ein *imperium*, das entsprechend dem seinigen durch eine bis zum 1. März 50 geltende Beratungssperre gegen Einmischung des Senats geschützt war. Zur Wahrung der völligen Gleichheit versprachen sie dagegen, dafür zu sorgen, daß auch sein *imperium* in beiden Gallien bis zum selben Datum durch eine solche Gesetzesklausel gesichert werde. Dann sollte er entsprechend ihrem zweiten Consulat nach Ablauf der gesetzlich vorgeschriebenen zehnjährigen Frist im Jahr 48 ebenfalls sein zweites Consulat erhalten. Laut der Bestimmung des Sempronischen Gesetzes über die Zuteilung der Consularprovinzen stand dabei noch zu erwarten, daß er auf Grund jener Klausel auch in den Jahren 50 und 49 im Besitz seiner Provinzen blieb, weil der Senat danach schon im Jahr 51, vor der Wahl der Consuln für 50, anzuordnen hatte, welche Provinzen den künftigen Consuln zufallen sollten. Wegen der Sperrklausel kamen dafür im Jahr 51 die beiden Gallien keinesfalls in Frage, und nor-

[75] Cic. fam. 1, 9, 9. Plut. Crass. 14, 6 betont wohl richtig, die drei Verbündeten hätten ohne Zeugen verhandelt. Dagegen wissen Plut. Caes. 21, 5. Pomp. 51, 4. Appian. b. c. 2, 62 noch von Scharen anderer Besucher, so viele Statthalter, daß man 120 Lictoren zählte, mehr als 200 Senatoren. Plut. Caes. 21, 5 nennt Ap. Claudius Pulcher, den Proconsul von Sardinien, und Q. Metellus Nepos, den Proconsul von Hispania citerior (Cass. Dio 39, 54, 1–2). Von Ap. Claudius berichtet Cic. Q. fr. 2, 4, 6 im März: *Appius a Caesare nondum redierat.* Damals befand sich Caesar jedenfalls noch nicht in Luca. So scheint das gleichzeitige Zusammenströmen von so viel Senatoren in Luca als arge Übertreibung, und ganz besonders die 120 Lictoren (vgl. MOMMSEN RStR I 382ff.). Merkwürdigerweise ist Cass. Dio 39, 26, 3 überhaupt entgangen, daß Pompeius sich mit Caesar verständigte. Er behauptet, er habe sich mit Crassus gegen Caesar zusammengefunden.

[76] Suet. 24, 1. [77] Plut. Pomp. 51, 5. Cass. Dio 39, 31, 2.

[78] Plut. Caes. 21, 6. Pomp. 51, 5. Appian. b. c. 2, 63.

malerweise konnten nach der *lex Cornelia* jene Consuln erst im Jahr 49 als Proconsuln die Verwaltung ihrer Provinzen antreten. Gerade dieser Teil der Vereinbarung war für Caesar von entscheidender Bedeutung, weil dadurch der Gefahr vorgebeugt war, daß schon 49 die Proconsuln die gallischen Provinzen übernahmen und sich dann Caesar als Privatmann der Rache seiner Feinde preisgegeben sah[79].

Das waren die Hauptpunkte dieser zunächst noch in tiefes Geheimnis gehüllten Abmachungen von Luca, wodurch drei einzelne Politiker für mehrere Jahre die gesamte römische Politik gemäß ihren persönlichen Interessen festzulegen gedachten, ohne Rücksicht auf die von der Verfassung hierzu berufenen Instanzen. Es war, wie ein antiker Schriftsteller[80] sagt, „eine Verschwörung zur Verteilung der Herrschaft und Auflösung der Verfassung". Darüber hinaus wurde im einzelnen noch vieles geregelt. Caesars angefochtene Stellung sollte, da kürzlich die beauftragten Volkstribunen versagt hatten, schon in den nächsten Wochen durch Senatsbeschlüsse aufs neue anerkannt werden. Cicero sollte verwarnt und herangezogen werden, und so wurden gewiß auch die übrigen Politiker gemustert. Manche der politischen Freunde und Gefolgsleute hatten sich ebenfalls persönlich eingefunden, so schon seit März Appius Claudius, der Bruder des Clodius, der als Propraetor nach Sardinien, und Quintus Caecilius Metellus Nepos, der als Proconsul nach dem diesseitigen Spanien reiste.

Man irrt wohl nicht, wenn man in diesen Vereinbarungen völlig das Gepräge Caesarischen Geistes findet[81]. Von welcher Seite man sie betrachtet, stets erblickt man dieselbe gründliche Ausschöpfung des Möglichen. Wie greift überall ein Glied ein ins andere, wie ordnet sich Caesars Egoismus einer peinlichst beobachteten Gleichberechtigung unter und weiß sich doch seine Sondervorteile zu wahren! Wie sorgfältig ist abgewogen, wie weit vorläufig die brutale Mißachtung der Verfassung gehen darf, und doch alles durchdrungen von dem klaren Bewußtsein, daß jetzt ein tödlicher Schlag gegen das Gefüge der Optimatenoligarchie geführt wird! — Und über das weitere sprach man nicht, das mußte sich aus der künftigen Lage ergeben.

Jedenfalls waren Pompeius und Crassus hochbefriedigt. Während Caesar wiederum den Kriegsschauplatz aufsuchte, trafen sie, sichtlich neu beschwingt,

[79] Die hier gegebene Auffassung der in den Quellen nicht eindeutig überlieferten Angaben suchte ich in dem Aufsatz Hermes 63 (1928), 125ff. zu begründen. Vgl. ‚Pompeius'[2] 152. Eine besonnene Besprechung der reichen wissenschaftlichen Literatur zu dieser Streitfrage bietet J. van Ooteghem, Pompée le Grand, bâtisseur d'empire (1954), 470ff. Zuletzt der ausführliche Aufsatz von P. J. Cuff Historia 7 (1958), 445ff. Er scheint mir nichts stichhaltiges Neues zu bringen. Zu S. 451 verweise ich auf meine Abhandlung: „Das erste Consulat des Pompeius und die Übertragung der großen Imperien" (Abh. Berlin 1943, 1), 38ff. L. Wickert RE 22, 2276 bis 2278.

[80] Plut. Cat. min. 41, 2. Vgl. Flor. 2, 13, 11–12; 15.

[81] Suet. 24, 1 *Crassum Pompeiumque in urbem provinciae suae Lucam extractos compulit* etc. Dazu W. Steidle Suet. und die antike Biographie (1951), 41.

in Rom die verabredeten Vorkehrungen zu Caesars Sicherheit. Pompeius wirkte allerdings nur aus der Ferne, da ihn zunächst seine Reise nach Sardinien, Afrika und Sizilien in Anspruch nahm[82]. Noch im April traf er in Sardinien mit Quintus Cicero zusammen und machte ihn für das fernere Wohlverhalten seines Bruders haftbar. An diesen sandte er noch eigens seinen Vertrauensmann Lucius Vibullius Rufus mit der Weisung, er möge sich bis zu Pompeius' Rückkehr in der Angelegenheit des Agrargesetzes zurückhalten. So kam es, daß Cicero der Sitzung vom 15. Mai nicht beiwohnte[83]. Vielmehr ließ sich der Senat einige Tage später zu Beschlüssen herbei, wie sie sich Caesar nicht günstiger ausdenken konnte: erstens, daß die Besoldung der von ihm eigenmächtig ausgehobenen vier Legionen künftig von der Staatskasse getragen werden solle, zweitens, daß er zehn Legaten haben solle[84]. Nicht nur das Vatinische Gesetz von 59 wurde damit aufs neue anerkannt, sondern auch alles, was Caesar seit 58 in Gallien getan hatte, in aller Form für rechtskräftig erklärt. Denn auch die Geldbewilligung hatte nur politische Bedeutung. Jedermann wußte, daß Caesar ohne jegliche Schwierigkeit die Besoldung der vier Legionen aus eigenen Mitteln bestreiten konnte, während die Staatskasse fortwährend an Geldmangel litt[85].

Anfang Juni wurde im Senat gemäß dem Sempronischen Gesetz über die Provinzen beraten, welche die für das Jahr 55 zu wählenden Consuln im Jahre 54 erhalten sollten. Es konnte nicht ausbleiben, daß Caesars Feinde jetzt besondere Anstrengungen machten, weil ja das Vatinische Gesetz zwar Caesars *imperium* für *Gallia citerior* und Illyricum mindestens bis zum 1. März 54 erstreckte, während *Gallia ulterior* überhaupt schon vom 1. Januar ab zur Verfügung stand[86]; und unter den damaligen Kandidaten stand Lucius Ahenobarbus an der Spitze, der als Consul Caesar seines Kommandos berauben wollte und zudem vom Großvater her Patron von *Gallia ulterior* war[87]. So wurde der Vorschlag laut, die beiden Gallien für die Consuln von 55 zu bestimmen. Andere wollten aus Opportunitätsgründen Caesar nur die eine Provinz entziehen, entweder *ulterior*, weil das im freien Belieben des Senats stehe, oder *citerior* vom 1. März ab, damit nicht ein neuer Volksbeschluß darüber ergehe[88].

[82] Plut. Pomp. 50, 1. [83] Cic. Q. fr. 2, 6. fam. 1, 9, 9–10.

[84] fam. 1, 7, 10. prov. cons. 28. Balb. 61. Cass. Dio 39, 25, 1 faßt die 10 legati als Senatskommission zur Neuordnung der eroberten Provinz; Balb. 61 *imperatori decem legatos decrevit* könnte zur Not so verstanden werden; aber nach prov. cons. 28 ist doch eher an die Bevollmächtigung Caesars zur Ernennung von Legaten zu denken, womit auch die von Cic. Vat. 35 heftig getadelte Verfassungsverletzung der Lex Vatinia wieder gut gemacht wurde.

[85] Cic. Balb. 61. Plut. 21, 7. Die Frage der *acta Caesaris* Cic. prov. cons. 43–45. fam. 1, 9, 14.

[86] Cic. prov. cons. 36–37.

[87] Suet. 24, 1. Plut. Cat. min. 41, 3. Sein Großvater war Cn. Domitius Ahenobarbus, der als Proconsul 121 zusammen mit dem Consul Q. Fabius Maximus Allobrogicus die Siege über Allobroger und Arverner gewann. MÜNZER RE 5, 1323. [88] Cic. prov. cons. 17. 36. 39.

Gegen diesen Vorstoß setzten jedoch Caesars Vertreter mit vollem Erfolg Ciceros Beredsamkeit ein, und durch die Veröffentlichung seiner bedeutenden Rede, die ihm freilich als Widerruf seiner bisherigen politischen Haltung — *παλινῳδία* wie er selbst sagte[89] — sauer genug fiel, wurde seine dabei eingenommene Stellung auf alle Zeiten festgehalten. Als sachlichen Grund führte er an, Caesar sei der gegebene Mann, um sein in Gallien begonnenes Werk, wie das in den beiden nächsten Jahren möglich sei, selbst zu Ende zu führen, und da er dieses selbst so wünsche, dürfe er nicht daran gehindert werden. Die Eroberung dieses Landes, von dem man bisher nur einen Streifen besessen habe, sei von größter Wichtigkeit für die Sicherheit Italiens, schiebe sie doch die Grenze von den Alpen bis an den Ozean vor, und Caesars Glück biete die beste Gewähr für eine baldige und vollständige Unterwerfung[90]. Wenn der Senat nun von Caesars Provinzen für das Jahr 54 absah, so war einmal Caesar vorläufig für diesen Zeitraum darin bestätigt und war überdies Raum geschaffen für die weiteren geheimen Pläne.

Während Caesar mit Crassus und Pompeius seine bedeutsamen Verhandlungen pflog und, wie die nächstfolgenden Senatsbeschlüsse zeigen, hinsichtlich Galliens eine sehr zuversichtliche Haltung an den Tag legte, gingen ihm von jenseits der Alpen in Wahrheit recht beunruhigende Nachrichten zu.

Wie berichtet, hatten sieben Legionen am Ende des Kriegsjahrs 57 Winterquartier im nördlichen Gallien bezogen, am meisten westlich diejenigen unter dem jungen Crassus im Gebiet von Anjou. Die umliegenden Staaten der Bretagne und Normandie hatten sich alle der römischen Hoheit unterworfen. Doch während des Winters geschah ein Umschlag. Die römischen Offiziere, welche zur Requisition von Getreide in diese Gebiete kamen, wurden festgenommen und sollten nur im Austausch gegen die dem Crassus gestellten keltischen Geiseln freigegeben werden, die Gemeinden verbanden sich zu gemeinsamem Schutz der angestammten Freiheit. Die Bewegung ging aus von dem streitbaren Seevolk der Veneter in der südlichen Bretagne und pflanzte sich rasch nach Osten und Süden fort, auch von Britannien fuhren Stammesgenossen herüber[91].

Um gegen den Herd der Erhebung vorgehen zu können, gab Caesar noch von Oberitalien aus den Befehl, auf der Loire eine römische Flotte zu bauen und Schiffsleute aus der alten Provinz aufzubieten[92]. Anfang Mai traf er selbst dort ein und teilte mit kühnem Entschluß seine Streitkräfte in fünf Gruppen, um gleichzeitig die Staaten von der Bretagne bis an den Rhein und

89 Cic. Att. 4, 5, 1. RE 7 A, 943.

90 Cic. prov. cons. 29. 32. 33 *semitam tantum Galliae tenebamus antea patres conscripti; ceterae partes a gentibus aut inimicis huic imperio aut infidis aut certe inmanibus et barbaris et bellicosis tenebantur; quas nationes nemo umquam fuit quin frangi domarique cuperet.* 34–35.

91 Caes. b. G. 3, 9, 10. 92 B. G. 3, 9, 1. Cass. Dio 39, 40, 3.

andererseits bis zu den Pyrenäen niederzuhalten. Er selbst leitete den Landangriff gegen die Veneter. Die Entscheidung brachte aber erst im Spätsommer die Flotte unter dem Befehl des Decimus Brutus, eines sehr befähigten jungen Gefolgsmannes. Obwohl er noch nicht Senator war, hatte ihn, der übrigens durch seine Mutter Sempronia möglicherweise ein Enkel des Gaius Gracchus war, der scharfe Blick des Proconsuls für den verantwortungsvollen Posten erlesen[93]. Es gelang, die ganze Veneterflotte zu vernichten und damit die Volksgemeinde zur Übergabe zu zwingen. Diesmal kannte er keine Schonung: er ließ die sämtlichen Ratsherren hinrichten, die übrige Bevölkerung überwies er dem Sklavenmarkt. Wie er sagte, tat er das, um den Barbaren die Heiligkeit des Gesandtenrechts einzuprägen — als ob die römischen Requisitionsoffiziere Gesandte gewesen wären[94].

Um dieselbe Zeit schlug der Legat Quintus Titurius Sabinus die Aufständischen der Normandie und brachte sie wiederum unter die römische Hoheit. Glänzendes leistete der junge Crassus, der bloß mit zwölf Cohorten römischer Truppen neben keltischer Reiterei in Aquitanien eingerückt war. Er zersprengte dort in siegreicher Schlacht ein mehrfach überlegenes Heer von Aquitanern, verstärkt durch spanische Nachbarn unter kriegserfahrenen Führern aus der Sertoriuszeit, mit dem Ergebnis, daß sich im Herbst 56 eine Reihe aquitanischer Staaten (zwischen Garonne und Pyrenäen) Rom unterwarf und Geiseln stellte[95].

Die Ruhe im Belgerlande bis an den Rhein hielt Labienus mit keltischer Reiterei aufrecht[96]. Im Herbst unternahm Caesar selbst noch einen Feldzug nach Flandern gegen die dort wohnenden Moriner, vermochte aber wegen der dichten Bewaldung des Landes nicht, ihnen nachdrücklich zu Leibe zu rücken. Das römische Heer bezog Winterquartiere in den neuerdings beruhigten Landschaften zwischen Seine und Loire[97].

Caesar selbst begab sich, wie gewohnt, über die Alpen[98]. In Rom hatten sich die Dinge verabredungsgemäß entwickelt. Weil Crassus und Pompeius versäumten, ihre Kandidatur zur gesetzlich vorgeschriebenen Zeit anzumelden, erklärte ihnen der energische Consul Gnaeus Cornelius Lentulus Marcellinus, daß von ihrer Wahl unter seiner Amtsführung keine Rede sein könne. Darauf ließen sie durch den Volkstribunen Gaius Cato entgegen dem heftigsten Widerstand des Senates jegliche Wahltätigkeit im Jahre 56 unterbinden, um dann Anfang 55 unter einem Interregnum ihre Wahl durchsetzen zu können. Gegen den Zusammenhalt der drei Großen war nicht aufzukommen, so viele Hebel die Gegner auch in Bewegung setzten[99]. Sehr ein-

[93] B. G. 3, 11, 5. Münzer RE 2A, 1446. Suppl. 5, 370. Röm. Adelsp. (1920), 273.

[94] B. G. 3, 7, 4–16, 4. Cass. Dio 39, 40, 1–43, 5. Cic. Balb. 64. P. Merlet RE 8A, 742-752. Die *civitas* bestand in der Kaiserzeit weiter, Plin. n. h. 4, 107.

[95] B. G. 3, 17, 1–27, 2. Cass. Dio 39, 45, 1–46, 4. [96] B. G. 3, 11, 1–2.

[97] B. G. 3, 28, 1–29, 3. [98] B. G. 4, 6, 1. 5, 1, 1.

[99] Cass. Dio 39, 27, 1–30, 4. Plut. Pomp. 51, 6–8. Cic. Att. 4, 5, 2 (Juni 56) *quoniam qui*

drucksvoll trat das in Erscheinung, als im September 56 — natürlich aus rein politischen Gründen — Lucius Cornelius Balbus, Caesars vielbewährter Vertrauensmann, vor Gericht belangt wurde, weil er sein römisches Bürgerrecht zu Unrecht führe. Keine Geringeren nämlich als Pompeius, Crassus und Cicero erwirkten ihm als Patrone den Freispruch[100].

Im Januar des Jahres 55 wurde die Consulnwahl dann durchgeführt. Von den Mitbewerbern hielt nur noch Lucius Domitius Ahenobarbus seine Kandidatur aufrecht, unermüdlich ermutigt von seinem Schwager Marcus Porcius Cato. Der junge Publius Crassus brachte, wie es Caesar zugesagt hatte, in geschlossenem Zug einige tausend Urlauber über die Alpen, welche zur Sicherung des Abstimmungsergebnisses genügten[101]. Trotzdem wagte es Domitius in der Nacht vor dem Wahltag, mit seinen Freunden nach dem Marsfeld zu gehen. Cato hoffte, es würde sich im letzten Augenblick doch noch eine Mehrheit finden, wenn auch bisher die Einschüchterung ziemlich allgemein war. Da Crassus und Pompeius eine solche Überraschung vermeiden wollten, ließen sie ihren Gegner mit seinem Gefolge gewaltsam vertreiben. Sein Fackelträger wurde getötet, Cato selbst am Arm verwundet, Domitius flüchtete in sein Haus. Am folgenden Tag waren Crassus und Pompeius Consuln und leiteten zunächst die Wahlen der übrigen Magistrate nach ihrem Sinne[102]. Das wichtigste davon war, daß sie unter Aufwendung großer Gelder und Benutzung der bekannten (zum Zweck der Obstruktion gemeldeten) unglückskündenden Donnerschläge während der ersten Wahlhandlung Catos Ernennung zum Praetor hintertrieben und statt seiner Publius Vatinius in dieses Amt beförderten[103].

In den nächsten Wochen betrieb der Volkstribun Gaius Trebonius das Gesetz, welches den beiden Consuln auf fünf Jahre die Provinzen Spanien und Syrien überwies mit dem unbeschränkten Recht zu Aushebungen, zur Kriegserklärung und zum Friedensschluß. Unterstützt von zwei Volkstribunen führte Cato mit großem Mut den Kampf dagegen, kam jedoch gegen die mannigfachen Gewalttätigkeiten nicht auf. Als das Gesetz durch-

nihil possunt, ii me nolunt amare, demus operam ut ab iis qui possunt diligamur. fam. 1, 7, 10 (Juli 56) *nam, qui plus opibus, armis, potentia valent, perfecisse tamen mihi videntur stultitia et inconstantia adversariorum, ut etiam auctoritate iam plus valerent.* har. resp. 55 (August 56)*qui sine controversia plus possunt.* fam. 1, 8, 1 (Januar 55) *sunt quidem (res communes) certe in amicorum nostrorum potestate atque ita, ut nullam mutationem umquam hac hominum aetate habitura res esse videatur.* Q. fr. 2, 7, 3 (Februar 55) *tenent omnia idque ita omnis intellegere volunt.*

[100] Cic. Balb. 17.

[101] Cass. Dio 39, 31, 2. Solchen Urlaub berichtet er auch 39, 5, 3, vielleicht selbständige Überlieferung neben Caes. b. G. 3, 2, 2 *compluribus singillatim qui commeatus petendi causa missi erant absentibus.* Cic. Q. fr. 2, 7, 2 (Februar 55) Cicero trifft P. Crassus bei seinem Vater in Rom: *interfuit huic sermoni P. Crassus adulescens nostri, ut scis, studiosissimus* (vgl. Brut. 281).

[102] Cass. Dio 39, 31. Plut. Cat. min. 41, 3–42, 1. Pomp. 52, 1–2. Crass. 15, 4–7. Appian. b. c. 2, 64. Cic. Att. 4, 8a, 2 wohl November 56 wegen Erwähnung von *ludi* (*plebei*?).

[103] Cic. Q. fr. 2, 7, 3. Cass. Dio 39, 32. Plut. Cat. min. 42, 2–6. Pomp. 52, 3.

gedrückt wurde, gab es vier Tote und zahlreiche Verwundete. Crassus schlug mit eigener Hand einen Senator blutig [104].

Hernach kamen die beiden Consuln durch ein gemeinsam beantragtes Gesetz ihren Verpflichtungen gegen Caesar nach [105]. Im April losten die beiden Collegen um die Provinzen, Pompeius erhielt nach seinem Wunsch die beiden Spanien [106], Crassus Syrien. Beide hoben sofort Truppen aus und entsandten Legaten zur Übernahme ihrer Gebiete. Während Crassus Rom schon Mitte November verließ, blieb Pompeius auch als Proconsul in der Nähe der Stadt, um, wie man sich im Kreise der Verbündeten euphemistisch ausdrückte, hier die Ordnung aufrechtzuerhalten. Den staatsrechtlichen Vorwand konnte die *curatio annonae* abgeben [107]. Die Wahlen für das nächste Jahr hatten nämlich gezeigt, daß die Verfassungspartei noch nicht wehrlos war. Denn neben Appius Claudius Pulcher gelangte diesmal Lucius Domitius Ahenobarbus zum Consulat und Cato zur Praetur [108].

Nachdem die verabredete Machtverteilung die gesetzliche Festigkeit bekommen hatte, ging Caesar früher im Jahre als sonst zu seinem Feldheer ab [109]. Es war Meldung eingelaufen, daß unter dem Druck der suebischen Wanderung zwei germanische Völker, die Usipeter und Tenkterer, im Norden des heutigen Landes Nordrhein-Westfalen den Rhein überschritten hatten. Einige keltische Staaten bezeugten Lust, sie in ihren Dienst zu nehmen, und die Germanen zogen zunächst südwärts, dann ostwärts der unteren Mosel [110] zu. Sobald Caesar die keltischen Reiterkontingente an sich gezogen hatte, rückte er ihnen in der Richtung auf Koblenz nach und traf in kurzem mit einer Gesandtschaft der beiden Völker zusammen. Sie bat ihn, ihnen Land am linken Rheinufer anzuweisen oder zu dulden, daß sie sich welches

[104] Cass. Dio 39, 33, 2. 34. Plut. Pomp. 52, 4. Cat. min. 43, 1–7. Crass. 35, 3.

[105] Cass. Dio 39, 36, 2. Vorher 33, 3–4 behauptet er, entsprechend seinem Übergehen der Zusammenkunft in Luca, die Freunde Caesars seien durch die Lex Trebonia unangenehm überrascht worden, und ebenso falsch, die Consuln hätten sie nun erst mit dem Versprechen beschwichtigt, auch Caesars Imperium um 3 Jahre (!) zu verlängern. Wenn Dio das bei einem Autor fand, so müßte ein Zeitgenosse absichtlich zugunsten des Pompeius die Wahrheit entstellt haben. Plut. Pomp. 52, 4. Cat. min. 43, 8. Appian. b. c. 2, 65. Vell. 2, 46, 2.

[106] Cic. Att. 4, 9, 1 (27. April 55) von Pompeius: *Syriam spernens, Hispaniam iactans.*

[107] Cass. Dio 39, 39, 1–7. Cic. fam. 7, 5, 1. Caes. b. G. 6, 1, 2 (zum Jahr 53) von Pompeius: *quoniam ipse ad urbem cum imperio rei publicae causa remaneret.* Cic. fam. 1, 9, 20. Att. 4, 13, 2 (November 55). Plut. Cic. 26, 1. Vell. 2, 48, 1.

[108] Caes. b. G. 5, 1, 1. Plut. Cat. min. 44, 1.

[109] Caes. b. G. 4, 6, 1.

[110] Caes. b. G. 4, 9, 3. 10, 1. 12, 1. 15, 2 *ad confluentem Mosae et Rheni.* 16, 2. Mit Holmes, Caesars Feldzüge in Gallien und Britannien (deutsche Übersetzung 1913), 84, 1 bin ich der Ansicht, daß zum mindesten an den beiden letzten Stellen die Mosel, nicht die Maas gemeint ist, wie Flor. 1, 45, 14 *hic vero iam Caesar ultro Mosellam navali ponte transgreditur ipsumque Rhenum et Hercyniis hostem quaerit in silvis.* Die Ubier, zu deren Schutz Caesar den Rhein überschritt, wohnten nördlich des unteren Mains, L. Schmidt Die Westgermanen II (1940), 209. Caesar sagt 6, 9, 3 von der zweiten Rheinbrücke: *paulo supra eum locum quo ante exercitum traduxerat.* Cass. Dio 39, 47, 1 spricht vom Trevererland.

eroberten, sie würden den Römern nützliche Freunde sein. Caesar erklärte, in Gallien sei kein Platz für sie, dagegen könnten sie sich bei den Ubiern auf dem rechten Rheinufer niederlassen; denn diese hätten ihn um Schutz vor den Sueben angegangen. Hierauf ersuchte die Gesandtschaft um eine dreitägige Frist, innerhalb deren Caesar seinen Vormarsch einstellen sollte und sie bei ihren Leuten die Antwort einholen wollten. Nach Caesars Behauptung war ihre Absicht die, in dieser Zeit ihre Reiterei, welche nach Getreide fortgeritten war, heranzuholen. Darum zog er weiter bis auf achtzehn Kilometer Entfernung vom germanischen Lagerplatz. Hier baten ihn die Gesandten nochmals um Anhalten seiner Truppen und um eine dreitägige Frist, damit sie sich mit den Ubiern verständigen könnten. Caesar versprach, nur noch sechs Kilometer bis zu einer Wasserstelle vorzurücken und der Reiterei, welche die Vorhut bildete, Vermeidung von Feindseligkeiten zu befehlen. Allein es kam dennoch zu einem Reitertreffen, worin die Germanen die sechsfach überlegenen Kelten in schmähliche Flucht warfen. Am folgenden Tag erschienen die sämtlichen Fürsten und angesehenen Männer der Germanen in Caesars Lager, erbaten von ihm Entschuldigung für die gestrigen Vorgänge und neuerdings einen Waffenstillstand. Statt dessen befahl Caesar sie festzunehmen und rückte im Kriegsmarsch vor das ahnungslose germanische Lager. Da kein geordneter Widerstand geleistet wurde, drangen die Soldaten ein, die Auswanderer stoben in die Flucht. Caesar behauptete später, es seien im ganzen 430 000 Köpfe gewesen, die größtenteils durch seine Verfolgung umgekommen wären ohne eines einzigen Mannes Verlust römischerseits. Nach dem Untergang der Völker gab er den festgehaltenen Fürsten die Freiheit wieder[111].

Den nächsten Monat verwendete er dazu, über den Rhein vorzustoßen. Von der germanischen Reiterei, die beim Überfall nicht zugegen gewesen war, entkam ein Teil zu den Sugambrern (auf dem rechten Rheinufer nördlich von den Ubiern bis in die Lippegegend). Als diese seine Aufforderung, die Flüchtlinge auszuliefern, höhnisch abwiesen mit der Begründung, er habe jenseits des Rheins nichts zu befehlen, hielt er es für geboten, ihnen die römische Macht zu zeigen. Zugleich baten ihn auch die Ubier, ihnen durch sein Erscheinen Ruhe vor den Sueben zu schaffen. In zehn Tagen wurde im Neuwieder Becken eine feste Brücke erbaut, achtzehn Tage lang verweilte er auf dem rechten Rheinufer, ohne einen Feind zu sehen, dann kehrte er zurück und ließ die Brücke abbrechen[112]. Handelte es sich hier nur um die militärische Sicherung der Rheingrenze, so sollte dagegen die gewaltsame Rekognos-

[111] Cass. b. G. 4, 4–15. Cass. Dio 39, 47, 1–48, 2. Plut. 22, 1–5. Appian. Celt. 18, 1–4.

[112] B. G. 4, 16–19. Cass. Dio 39, 48, 3–49, 2. Plut. 22, 6–23, 1. Cic. Pis. 81 (September 55) über Caesar: *ei cum tantas res gessisset gereretque cotidie, non amicus esse non possem. cuius ego imperium non Alpium vallum contra ascensum transgressionemque Gallorum, non Rheni fossam gurgitibus illis redundantem Germanorum inmanissimis gentibus obicio et oppono. perfecit ille, ut si montes resedissent, amnes*

zierung Britanniens, die Caesar im Herbst 55 mit zwei Legionen unternahm, die dauernde Besitzergreifung dieses Landes einleiten.

Politisch bestand ein enger Zusammenhang zwischen den Kelten diesseits und jenseits des Kanals, zeitenweise hatten sie ein einheitliches Reich gebildet, in den bisherigen Kämpfen, zumal im Veneterkrieg des Vorjahrs, hatten auch britische Kelten gegen Caesar gefochten. Außerdem galt Britannien als ein reiches Land. Getreide, Viehherden, Gold, Silber und Eisen sollte es dort geben[113]. Diplomatisch wurde das Unternehmen vorbereitet durch Verhandlungen mit Abgesandten einiger britischer Staaten, welche sich gleich auf die Kunde von Caesars Absicht einfanden. Auf die Rückreise gab er ihnen Commius mit, den Atrebaten, welchem er zum Lohn für seine guten Dienste das Königtum in seinem Staate verliehen hatte und welcher wohl Beziehungen hatte zu den britischen Atrebaten. Allerdings hielten ihn die Briten fest und gaben ihn erst auf Caesars Landung hin wieder frei[114]. Militärisch wurde nichts erreicht, weil es nicht gelang, die Schiffe mit den Reitern hinüberzubringen[115]. Doch wurde das Lager behauptet und, nachdem schon Stürme die Flotte erheblich beschädigt hatten, erreichte schließlich das römische Expeditionskorps ohne allzu schwere Verluste wieder das Festland. Die Geiseln, welche Caesar allen Gemeinden, mit denen er in Berührung gekommen war, abverlangt hatte, blieben begreiflicherweise mit zwei Ausnahmen aus[116].

In Rom machte jedoch gerade diese Fahrt nach der sagenhaften Insel den größten Eindruck, und ein willfähriger Senat — die Sitzungen wurden ganz verschieden besucht — antwortete auf Caesars Bericht über das beendete Kriegsjahr durch ein Dankfest von zwanzig Tagen[117]. Desto schroffer lehnte dagegen die kleine Gruppe der entschiedenen Optimaten jede Gemeinschaft mit dem bewunderten Imperator ab. Der designierte Praetor Cato stellte in derselben Sitzung kurz und bündig den Gegenantrag, es solle Caesar zur Sühnung seines niederträchtigen Wortbruchs den Germanen ausgeliefert werden, damit der Fluch nicht auf Rom, sondern auf den Schuldigen falle. Dies blieb natürlich, so ernst es gemeint war, nur eine Demonstration, indessen beschloß der Senat, es sollten zur Untersuchung der mannigfachen Vorwürfe,

exaruissent, non naturae praesidio, sed victoria sua rebusque gestis Italiam munitam haberemus. Die Erwähnung des Rheins macht wahrscheinlich, daß damals schon die Kunde vom Rheinübergang oder seiner Vorbereitung nach Rom gelangt war.

113 B. G. 5, 12, 3–5. Strab. 4, 199. Vgl. Cic. fam. 7, 7, 1. Suet. 47 *Britanniam petisse spe margaritarum.*

114 B. G. 4, 20, 1–21, 9. 27, 2–5.

115 B. G. 4, 26, 5. 28, 2–3.

116 B. G. 4, 22, 3–38, 4. Cass. Dio 39, 51, 1–53, 1. Plut. 23, 2–3.

117 B. G. 4, 38, 5. Cass. Dio 39, 53, 2. Cicero Att. 4, 13, 1 (15. November 55 = Ende Oktober julian.) war in dieser Senatssitzung nicht zugegen; Caesar trat die Rückfahrt von Britannien vor dem 21. September julian. an (B. G. 4, 36, 2), sodaß sein Feldzugsbericht schon im Senat behandelt werden konnte: *ego ... afuisse me in altercationibus quas in senatu factas audio fero non moleste. nam aut defendissem quod non placeret aut defuissem cui non oporteret.*

die gegen die frivole Art Caesars, unter Mißachtung aller Rechtsgrundsätze den Staat in immer neue Kriege zu stürzen, laut wurden, Gesandte abgeordnet werden. Als der Angegriffene hiegegen in einem Briefe mit schärfsten Ausfällen gegen Cato Verwahrung einlegte, rechtfertigte dieser seine Haltung so überzeugend, daß Caesars Vertrauensmänner bereuten, das Schreiben verlesen zu haben. Wir hören dann nichts mehr darüber, wie dieser Handel auslief, und ob es überhaupt zur Absendung der Senatskommission kam[118]. Aber Caesars Kriegsbericht zeigt, wie er sein Verfahren durch die Behauptung rechtfertigen wollte, daß der tückische Überfall der germanischen Reiter ihn dazu genötigt habe, und die ungeheuerliche Zahlenangabe sollte natürlich dartun, welch furchtbare Gefahr er durch die Vernichtung der Wandervölker von dem nunmehr römischen Gallien abwandte, ohne einen einzigen Römer einzubüßen. Wie es seine Art war, widerlegte er die Kritik durch eine schlichte Darstellung, die an den Tatsachen selbst nachwies, wie ausgezeichnet er seine Pflicht als römischer Proconsul erfüllte[119].

[118] Plut. Cat. min. 51, 1–5. Caes. 22, 4 mit der Angabe, das werde von Tanusius berichtet, entsprechend Appian. Celt. 18, 2 τῶν τις συγγραφέων. Über Tanusius Geminus Münzer RE 4A, 2231, der in ihm einen Senator vermutet. Suet. 24, 3 *nec deinde ulla belli occasione, ne iniusti quidem ac periculosi abstinuit, tam foederatis quam infestis ac feris gentibus ultro lacessitis, adeo ut senatus quondam legatos ad explorandum statum Galliarum mittendos decreverit ac nonnulli dedendum eum hostibus censuerint.* Dazu W. Steidle, Suet. u. d. antike Biographie (1951), 42, 1. Plut. Caes. 22, 2 und Appian. 18, 3 weisen auch darin auf eine gemeinsame Quelle, daß sie beide die entgegenstehende Darstellung Caesars erwähnen mit der merkwürdigen Bezeichnung *Καῖσαρ ἐν ταῖς ἐφημερίσι* und *Καῖσαρ ἐν ταῖς ἰδίαις ἀναγραφαῖς τῶν ἐφημέρων ἔργων*, was auf Vermittlung durch einen griechischen Schriftsteller, wie z. B. Asinius Pollio von Tralles (F gr Hist. Nr. 193) schließen läßt. Man kann auch fragen, ob Plut. Cat. und Suet. nur auf Tanusius zurückgehen. Es wäre anzunehmen, daß Catos Freund Munatius Rufus (Plut. Cat. min. 37, 1. Peter HRF S. 83) diesen Vorstoß Catos berichtete. S. vorige Anmerkung, wo ich die von Cicero erwähnten *altercationes* auf diesen Vorgang beziehen möchte (RE 7A, 953). Catos religiöse Begründung war den Senatoren nichts ungewohntes. Zwei Monate vorher argumentierte Cicero gegen Caesars Schwiegervater L. Piso ebenso (Pis. 84. 85): Als Proconsul von Makedonien *Denseletis* (am Oberlauf des Strymon) ... *nefarium bellum et crudele intulisti ... Tua scelera di immortales in nostros milites expiaverunt. qui cum novo genere morbi affligerentur neque se recreare quisquam posset qui semel incidisset, dubitabit nemo quin violati hospites, legati necati, pacati atque socii nefario bello lacessiti, fana vexata hanc tantam efficerent vastitatem.*

[119] Wie besonders Ed. Norden Die germanische Urgeschichte in Tacitus Germania (1920), 87ff. betont hat, liegen Caesars *commentarii* die an den Senat gesandten Feldzugsberichte zu Grunde; aber es scheint mir, daß Caesar bei der Veröffentlichung im Januar 51 die Hinweise auf die tückische Wortbrüchigkeit der Germanen im Hinblick auf die gegen ihn erhobenen Beschuldigungen verstärkt hat: schon 4, 4, 5 beim Eindringen in das linksrheinische Menapierland *simulaverunt*; bei der ersten Verhandlung mit Caesar ihre Prahlerei 7, 5, außer den Sueben in *terris esse neminem quem non superare possint*; 9, 3 Caesar merkt, daß die Bitte um 3tägige Waffenruhe nur Vorwand ist, ihre Reiter zurückzurufen; ebenso 11,2–4 die zweite Bitte: trotzdem befiehlt er 11, 6 seinen Reiterführern, nicht anzugreifen; 12, 1 *nihil timentibus nostris, quod legati eorum paulo ante a Caesare discesserant atque is dies indutiis erat ab his petitus* fallen die Germanen über sie her; 3–6 auf römischer Seite 74 Tote, darunter ein vornehmer Aquitaner; darum will Caesar nichts mehr von Verhandeln wissen 13, 1 *ab iis qui per dolum atque insidias petita pace ultro bellum intulis-*

Er verweilte bis nach dem Beginn des neuen Amtsjahrs 54 (nach dem später verbesserten julianischen Kalender bis Mitte November 55) in Gallien, um den großen Feldzug nach Britannien vorzubereiten[120]. Von den beiden Söhnen seines Verbündeten Crassus kam diesmal der ältere, Marcus, als Quaestor mit[121]. Den Winter über ließ er nach sorgfältig ausgedachtem Plan eine Flotte bauen, um fünf Legionen und 2000 Reiter hinüberzuschaffen. Aber nicht mindere Sorgfalt als die militärischen Anstalten heischte die politische Sicherung eines Unternehmens, das vor sich gehen sollte mit einem eben erst unterworfenen und an ungebändigten Widerstandskräften noch überreichen großen Lande im Rücken. Die römische Herrschaft war noch kein Schicksal, mit dem sich die gallische Nation abgefunden hatte. Vielmehr ließ sie sich nur halten vermöge der willigen Mithilfe römerfreundlicher Parteien in allen Staaten. Überall lagen die Verhältnisse anders. Bei den Atrebaten, Carnuten, Senonen setzte Caesar ihm ergebene Edelleute zu Königen ein[122], oder er erkannte bestehende Fürstentümer an, so bei den Eburonen[123]. Anderwärts betrachtete er es im Gegenteil als seinen Nutzen, die Aristokratie gegen Versuche der Alleinherrschaft zu unterstützen, so bei den Haeduern, bei den Sequanern, bei den Suessionen[124]. Alle diese Verhältnisse mußte er beständig im Auge behalten, mußte durch stets neue Belohnungen seine Anhänger an sich fesseln. So berichtet er gelegentlich, wie er zwei vornehmen Allobrogern in ihrem Staat das oberste Amt verschaffte, dafür sorgte, daß sie außer der Reihe in die Ratsversammlung gelangten, wie er sie mit eingezogenen Gütern und Beutegeldern beschenkte und sie als seine vertrauten Freunde behandelte[125]. Das ist nur ein Beispiel aus hundert Fällen, von denen die Geschichte schweigt. Nach demselben Grundsatz, den er in jedem Einzelstaat anwandte, verfuhr er auch im Großen. Die Kelten waren gewohnt, daß sich um führende Staaten die schwächeren Nachbarn als deren Clienten gruppierten. Caesar erkannte nun als solche Führerstaaten die Haeduer und Remer an[126]. Die Gemeinden, die sich in deren Clientel begaben, waren bei ihm wohlgelitten. Auf der anderen Seite konnte er hoffen, durch eine derartige Ehrenstellung seine Verbündeten am leichtesten an sich zu ketten; Commius, der hochver-

sent; 13, 2 abwarten, bis sie durch ihre Reiter verstärkt wären, *summae dementiae esse iudicabat;* 13, 4 *consilio cum legatis et quaestore communicato* besonders hervorgehoben zum Beweis, daß die Unterführer mit ihm einig sind; von der Rückkehr der germanischen Gesandten in großer Zahl *eadem et simulatione et perfidia usi;* 13, 5 *ut si quid possent, de indutiis fallendo impetrarent;* 13, 6 darum *sibi Caesar oblatos gavisus illos retineri iussit;* 14, 3 *milites nostri pristini diei perfidia incitati;* Caesars Forderung an die Sugambrer 16, 3 *qui sibi Galliaeque bellum intulissent, sibi dederent.* Daß eine Ansiedlung der Germanen im eben erst befriedeten Gallien die Kelten zu Erhebungen gereizt hätte 5, 1. 6, 1. 8, 2. 13, 3. Besondere Beachtung gebührt der Ironie des Schlußsatzes 15, 4 *Caesar iis, quos in castris retinuerat, discedendi potestatem fecit. illi supplicia cruciatusque Gallorum veriti, quorum agros vexaverant, remanere se apud eum velle dixerunt. his Caesar libertatem concessit.*

120 B. G. 5, 1, 1.
121 5, 24, 3. 46, 1.
122 4, 21, 7. 5, 25, 1. 54, 2.
123 5, 26, 2. 27, 2.
124 1, 3, 4. 18, 9. 20, 6. 2, 13, 1.
125 B. c. 3, 59, 1–2.
126 B. G. 6, 12, 7.

diente Atrebatenfürst, wurde mit Tributfreiheit seines Staates belohnt und erhielt noch die Herrschaft über die Moriner[127].

Derselbe Mann entwarf die kühnen Feldzugspläne und bedachte alle Einzelheiten ihrer Durchführung. Befand er sich beim Heere, so sah man ihn unermüdlich den Stellungen nachreiten oder -fahren. Selbst die Nacht brachte er häufig im Wagen oder in der Sänfte zu, um keine Zeit zu versäumen. Auf den Märschen teilte er die Strapazen mit dem gemeinen Mann, indem er meist zu Fuß voranschritt, unbekümmert, ob er das unbedeckte Haupt dem Regen oder der Sonne aussetzte[128]. Allein damit ist erst die eine Seite seiner nie rastenden Tätigkeit betrachtet. Allen römischen Senatoren, die zeitweilig eine weitentlegene Provinz regierten, blieben Curie und Forum Roms die Stätten des großen politischen Lebens, von deren Ereignissen sie sich in allen Einzelheiten berührt fühlten und mit denen sie durch regen Briefverkehr in steter Verbindung zu bleiben trachteten. Caesar war schon weit hinausgewachsen über die gewöhnlichen Consulare, seine Stellung war nur durch beständige Einwirkung auf die stadtrömischen Verhältnisse zu behaupten. Glücklicherweise gewährt uns Ciceros Korrespondenz für das Jahr 54 einige Möglichkeit, zu verfolgen, was er auch auf diesem Gebiete leistete[129].

Grundlage für seine Entscheidungen bildeten mit größter Genauigkeit abgefaßte Berichte über sämtliche politischen Geschäfte, große wie kleine. Die Leitung dieses Nachrichtendienstes lag in der Hand des Gaius Oppius[130], welcher seit 54 neben dem altbewährten Cornelius Balbus als sein bedeutendster Vertrauensmann erscheint. Balbus selbst, der bisher persönlicher Adjutant *(praefectus fabrum)* des Imperators gewesen war[131], ging Ende 55 ganz in den diplomatischen Dienst über, an seine Stelle trat Mamurra, ein als üppiger Lebemann bekannter Ritter aus Formiae, der sich auch in Versen versuchte. Es ist derjenige, den Catull durch seine haßerfüllten Spottgedichte unsterblich gemacht hat[132]. Der Dichter von Verona war 57 im Stabe des Gaius Memmius nach Bithynien gegangen und durchaus unbefriedigt heimgekehrt[133]. Bei Caesar war es anders; alle, die ihm ihre Dienste widmeten,

[127] 7, 76, 1.

[128] Suet. 57. Plut. 17, 2–7.

[129] Von 54–52 befand sich Ciceros Bruder Quintus als Legat bei Caesar. Davon erfahren wir aus Cic. Q. fr. 2, 10–3, 9, alles Briefe vom Jahr 54, ein Brief des Quintus fam. 16, 16 vom Jahr 53. Dazu sind in der Sammlung fam. 7, 6–18 die Briefe erhalten, die Cicero in den Jahren 54 und 53 an seinen jungen Freund, den später berühmten Juristen C. Trebatius Testa schrieb. Voran geht 7, 5 der charakteristische Empfehlungsbrief an Caesar. Trebatius war nicht Kriegstribun (8, 1), Caesar zog ihn als Berater bei der Rechtsprechung zu (10, 1. 11, 2. 13, 1. Q. fr. 2, 13, 3). Vgl. Sonnet RE 6A, 2257. W. Kunkel Herkunft und soziale Stellung der römischen Juristen (1952), 28. Die juristischen Fragmente bei O. Lenel Palingenesia iuris civilis (1889) II 343ff.

[130] Q. fr. 3, 1, 8; 10; 13; 18. Att. 4, 17, 7.

[131] Cic. Balb. 64.

[132] Plin. n. h. 36, 48. Catull. 29. 41. 43. 57, wohl auch 94. 105. 114. 115. Münzer RE 14, 966.

[133] Catull. 10, 7. 28, 9.

wurden alsbald schwerreiche Leute, Labienus und Balbus waren die größten Beispiele[134]. Daß nun auch der protzige Schlemmer Mamurra in Zukunft die Reichtümer Galliens und Britanniens verschleudern werde, das versetzte Catull in solche Wut auch gegen dessen hohen Gönner, daß er ihn kurzerhand zum Wüstling des nämlichen Schlages machte, der sich nun im gemeinsamen Laster mit dem übelberüchtigten Gesellen zusammenfinde. Des Dichters Vater war einer der Honoratioren von Verona, bei dem der Proconsul auf seinen Conventsreisen abzusteigen pflegte, und er geriet deshalb über die unerhört frechen Verse des Sohnes in nicht geringe Sorge. Denn Caesar ließ keinen Zweifel darüber, daß ihn diese Art der Brandmarkung schwer verletzte. Der junge Catull mußte sich schon herbeilassen, im Frühjahr 54, als Caesar in Oberitalien weilte, den mächtigen Mann um Entschuldigung zu bitten. Damit war aber für diesen, dem weitere Rache politisch nichts nützte, die Sache auch erledigt, und er zog den Sohn des Gastfreundes noch am selben Tag zu Tafel[135].

Balbus blieb auch jetzt längere Zeit im Hauptquartier. Nachdem er sich Anfang des Jahres in Rom aufgehalten hat, finden wir ihn im Frühjahr 54 in Oberitalien, während des Feldzugs nach Britannien ebenfalls bei Caesar. Doch gleich nach der Rückkehr wird er wieder nach Rom gesandt und soll da bis zum 15. Mai 53 bleiben. In einem Brief vom 8. April erwähnt ihn Cicero tatsächlich als noch anwesend[136]. Ihm lag wohl vor allem ob, die Fühlung mit Pompeius aufrechtzuerhalten. Zum selben Zweck schickte Pompeius gelegentlich seinen Adjutanten Lucius Vibullius Rufus nach Gallien[137]. Auch sonst gab es diplomatische Geschäfte genug, die nicht schriftlich erledigt werden konnten. Überhaupt ging aller schriftliche und persönliche Verkehr mit Caesar durch seine Vermittlung. Wenn Cicero dem Imperator einen jungen Freund empfehlen will, so tut er es nach Rücksprache mit Balbus, wenn er an Caesar schreibt, legt er auch einen Brief an Balbus bei, und, wagt er nicht, den Imperator selbst zu belästigen, so trägt er den Wunsch Balbus vor. Die gütige Aufnahme, die im Sommer 54 Quintus Cicero als Legat bei Caesar findet, wird zu einem guten Teil dem Einfluß des Balbus zugeschrieben[138].

Für den politischen Schriftenverkehr bestand im Hauptquartier eine eigene Kanzlei[139]. In den ersten Jahren des Proconsulats amtete hier Gnaeus Pompeius Trogus, ein römischer Bürger keltischer Herkunft. Jedenfalls war er vor allem Caesars Berater und Helfer in der keltischen Politik[140]. Wir

[134] Cic. Att. 7, 7, 6.

[135] Suet. 73. Vgl. Catull. 54, 6 *irascere iterum meis iambis inmerentibus unice imperator.*

[136] Cic. Q. fr. 2, 10, 4. 3, 1, 9; 12. fam. 7, 5, 2. 6, 1. 9, 1. 18, 3. [137] Cic. Q. fr. 3, 1, 18.

[138] fam. 7, 5, 2. 6, 1. 7, 1. 9, 1. Q. fr. 3, 1, 9. [139] B. G. 5, 47, 2 *litterae publicae.*

[140] Iustin. 43, 11–12 *in postremo libro Trogus: maiores suos a Vocontiis* (Dauphiné) *originem ducere; avum suum Trogum Pompeium Sertoriano bello civitatem a Cn. Pompeio percepisse, patruum Mithridatico bello turmas equitum sub eodem Pompeio duxisse; patrem quoque sub C. Caesare militasse epistularumque et legationum, simul et anuli curam habuisse.* Über die Vocontier O. Hirschfeld Kl. Schr. 62ff.

wissen nicht, wie lange er diesen Dienst versehen hat, da Caesar ihn nicht erwähnt. Jedenfalls scheint später die Kanzlei unter der Leitung des Aulus Hirtius gestanden zu haben, dem wir das 8. Buch des Gallischen Kriegs und wohl noch mehr von den Fortsetzungen der caesarischen Kriegsgeschichte verdanken[141]. Wie hoch Caesar ihn schätzte, bewies er damit, daß er ihm später das Consulat für das Jahr 43 bestimmte.

Umgekehrt waren diese Männer von uneingeschränkter Bewunderung für ihren Imperator erfüllt. Trotz der bedeutenden Rolle, die sie auf der politischen Bühne spielten, wußten sie selbst am allerbesten, daß sie nicht mehr waren als Werkzeuge in des Meisters Hand. Ein guter Teil von Caesars Größe liegt in dieser Fähigkeit, andere Menschen ganz mit seinen Intentionen zu durchtränken und mit ihrer Hilfe die Wirkung seiner eigenen Persönlichkeit zu vervielfältigen. Von ihm selbst strömte ein Zauber aus, dem sich nur die härtesten politischen Gegner, zeitweilig beinahe nur Cato, entziehen konnten. Je länger der gallische Krieg dauerte, desto gespannter wurde die militärische wie die allgemeine politische Lage. Täglich konnte irgendwo ein Umschwung eintreten, der alles in Frage stellte. Dessenungeachtet verfügte Caesar, wenn er wollte, zu jeder Stunde über die bestrickendste Liebenswürdigkeit, die zarteste Rücksichtnahme, den heitersten Humor. Cicero hat das in reichstem Maße erfahren — woraus zugleich zu entnehmen ist, wie seine politische Bedeutung von Sachkundigen gewertet wurde[142].

Im Grunde seines Herzens war ihm Caesars dämonische Gewalt über die Menschen stets unheimlich. Dazu hatte ihn sein Exil aufs schmerzlichste darüber belehrt, wie erbarmungslos sie über jeden hinwegschritt, der sich ihr in den Weg zu stellen wagte. Als er sich dann aber nach seiner Rückkehr berufen glaubte, mit der Parole zur Sammlung aller Gutgesinnten den alten Optimatenbegriff mit neuem Gehalt zu füllen[143], stieß er gerade bei der Nobilität, deren Herrschaft er damit retten wollte, wieder auf die kränkende Abneigung gegen den *homo novus*, die er durch seine Verdienste und seine Leiden glücklich überwunden zu haben meinte. In dieser Stimmung blieb er dann nicht unempfänglich für den Ruf, der von Pompeius und Caesar an ihn ergangen war, ihre Sache zu vertreten. Das veränderte Verhältnis schützte ihn nicht nur vor Clodius, es gab ihm auch ein neues Gewicht gegenüber den hochmütigen Herren, die sich noch immer allein als die wahren Optimaten fühlten, und er schmeichelte sich 56 eine Zeitlang mit dem Gedanken, durch seinen Stellungswechsel einen Weg zu zeigen, auf dem die beiden „Mäch-

[141] B. G. 8 praef. 6. In einem Brief des Q. Cicero vom Jahr 44 (fam. 16, 27, 2) wird er als Kumpan des M. Antonius bezeichnet. Dieser ging 54 zu Caesar (Cic. Phil. 2, 49), war 52 sein Quaestor (B. G. 8, 2, 1. Cic. Att. 6, 6, 4. fam. 2, 15, 4). Hirtius wurde wahrscheinlich 48 Volkstribun (Cass. Dio 42, 20, 1. Cic. Phil. 13, 32). *Rog(atio) Hirtia* erwähnt in dem Inschriftfragment CIL I 2, 604. Broughton MRR II 274. Von der Mühll RE 8, 1957 zieht 46, das Jahr der Praetur, vor.

[142] RE 7A, 956.

[143] In der Rede für P. Sestius Anfang März 56, RE 7A 932–933.

tigen“ sich mit den andern *principes* zusammenfinden könnten gegen das umstürzlerische Treiben des Clodius[144]. Diese Hoffnung dauerte freilich nicht lange, die Tatsachen widersprachen zu handgreiflich, und so zog er sich seit 55 mehr und mehr auf die Aufgabe zurück, in formvollendeten Dialogen sein Ideal vom vollkommenen Redner und Staatsmann zu verkünden. Das lag nun freilich hoch über der Tagespolitik und war andrerseits weltenweit entfernt von Caesars durchgreifender Wirksamkeit. Denn diese war, wie sein Proconsulat immer deutlicher bekundete, durch die Bedürfnisse der Reichspolitik bestimmt, während Cicero noch immer von der in ihrem wahren Wesen verstandenen und erneuerten altrömischen Staatsverfassung das Heil erwartete. Diesen eigentlichen Gegensatz hat Cicero nie begriffen, sondern mußte nach seiner der griechischen Staatstheorie folgenden Auffassung Caesars Machtstreben in der Kategorie des Tyrannen unterbringen, womit dann auch das schwerste Verdammungsurteil gefällt war[145]. Desto mehr bedeutet es, daß er in diesen Jahren trotz allem Trennenden mit Caesar in freundschaftlichen Verkehr kam. Offenbar übte gerade dessen Abwesenheit darauf günstigen Einfluß aus, da Ciceros politische Tätigkeit sich im Senat abspielte, wo ihn eigentlich alle andern ärgerten, während er Caesar dort nicht traf. Vielmehr beglückte ihn in seiner Isolierung dessen Hochschätzung doppelt. Während ihn die Geburtsoptimaten nie als ihresgleichen anerkannten und Pompeius ihn stets wieder durch seinen kühlen hinterhältigen Egoismus abstieß, behandelte ihn Caesar mit unvergleichlichem Charme als den geistig Ebenbürtigen, dem selbstverständlich auch in der Politik ein entsprechender Rang gebühre[146].

144 In der Rede über das Gutachten der *haruspices* August 56, RE 7A, 945–947.

145 Daß die römische Herrschaft über die Provinzen immer aufs neue mit den Waffen verteidigt und gesichert werden mußte, war allgemein anerkannt. In der Rede über die Consularprovinzen hat Cicero im Juni 56 das selbst trefflich ausgeführt (RE 7A, 941–943), und Caesar setzte diese Einsicht voraus, wenn er etwa die Notwendigkeit, den Rhein zu überschreiten oder nach Britannien zu fahren, kurz begründete (B. G. 4, 16, 1. 20, 1). Aber die Optimaten wollten nicht wahrhaben, daß im Zeitalter des weiträumigen Provinzialreichs die jährlich wechselnden Magistrate den Bedürfnissen nicht mehr genügten, obwohl man sich auf dem militärischen Gebiet schon gezwungen sah, die für beschränkte Zeit einberufenen Bürgeraufgebote durch Armeen von langdienenden Berufssoldaten zu ersetzen. Pompeius und Caesar rechneten stillschweigend mit dieser umwälzenden Veränderung. Aber es ist charakteristisch, daß sie in der Publizistik meines Wissens nie grundsätzlich erörtert wurde. Man fühlte das Herankommen der Militärmonarchie; aber diese Vorstellung schien mit der überlieferten *res publica* so unvereinbar, daß man in Erinnerung an Sulla wohl mit Abscheu von Tyrannis, *dominatio*, sprach, jedoch niemand es wagen konnte, öffentlich eine solche Umgestaltung der Verfassung zu empfehlen. Das äußerste war, daß man in diesen Jahren von der Notwendigkeit einer Dictatur zu reden begann (Cic. Q. fr. 2, 13, 5. 3, 4, 1. 7, 2. 8, 4. Att. 4, 18, 3. Auf diesem Hintergrund de re publ. 1, 63. 6, 12). Schon das war bedenklich; aber sie war eine Institution des römischen Staatsrechts und mit ihr war nach republikanischer Auffassung der Gedanke an ein Durchgangsstadium verbunden. Die eigentliche Frage war jedoch, ob die alte *res publica* mit ihren Prinzipien der Annuität, Collegialität und Intercession zu halten war.

146 Dargelegt fam. 1, 9, 11–18.

Anfang 54 benutzte Caesar die beständige Geldverlegenheit des auf zu hohem Fuße lebenden Consulars, um ihm mit einem erheblichen Darlehen — wie es scheint 200 000 Denaren — auszuhelfen, soweit er es in seiner eigenen „Bedürftigkeit“ vermöge, wie er scherzend schrieb [147]. Diese Gefälligkeit verfehlte ihren Eindruck auf Cicero nicht, er fühlte sich jetzt dem mächtigen Manne zu aufrichtigem Dank verpflichtet und kam seinem Wunsch, sich den politischen Geschäften in Rom nicht zu entziehen nach Kräften nach [148]. Für den Sommerfeldzug trat Quintus Cicero als Legat in den Dienst des Proconsuls und wurde diesem ein neues Mittel, sich den Bruder zu verbinden. Die geringste politische Handlung oder Äußerung Ciceros zu Caesars Gunsten wurde im gallischen Hauptquartier dem Legaten durch irgendwelche Aufmerksamkeit vergolten. Im Herbst 54 schreibt Cicero, Quintus werde so behandelt, als ob sein Bruder der Imperator wäre, stellte ihm doch Caesar die Wahl des Winterquartiers frei [149]. Aber auch sonst fand Cicero immer geneigtes Gehör für seine Anliegen. Als er im Frühjahr einen Mann an Caesar empfohlen hatte, kam die Antwort zurück, dieser solle König von Gallien oder sonst etwas Schönes werden, Cicero möge gleich einen zweiten senden. Cicero erbat sich hierauf eine Stellung für den jungen Rechtsgelehrten Trebatius [150], worauf Caesar umgehend mit witzigem Doppelsinn seinen wärmsten Dank aussprach, denn in der großen Zahl seiner Offiziere befinde sich bisher keiner, der eine Bürgschaftserklärung abfassen könne [151]. Auch verschmähte er es nicht, späterhin Cicero persönlich Auskunft zu geben über das Ergehen seines Schützlings, und Balbus gab mündlich die Zusicherung, Trebatius werde reich werden. Bald darauf verwandte sich Cicero für einen jungen Mann, der für das Jahr 53 ein Kriegstribunat wünschte. Caesar antwortete, dasselbe werde offengehalten, Cicero möge doch nicht so schüchtern bitten [152].

Während des Feldzugs in Britannien schrieb Caesar, wie wir zufällig hören, am 23. August, am 1. und 25. September an Cicero [153]. Und dieser war natürlich nicht der einzige Senator, mit dem er Briefe wechselte. Soviel uns Cicero vom Inhalt verrät, befand sich darunter keiner, der in witzigen Pointen und freundlichen Aufmerksamkeiten nicht eigens auf den Empfänger abgestimmt gewesen wäre. Caesar brauchte denn auch jede freie Minute zum

[147] Q. fr. 2, 10, 5. Att. 5, 1, 2. 4, 3. 5, 2. 6, 2. 7, 3, 11. 8, 5. RE 7A, 977.

[148] Q. fr. 2, 11, 1 im Februar 54 *nam ut scis, iam pridem istum canto Caesarem. Mihi crede, in sinu est neque ego discingor.* 3, 1, 18 *Ille mihi secundum te et liberos nostros ita est, ut sit paene par. Videor id iudicio facere; iam enim debeo, sed tamen amore sum incensus.* fam. 1, 9, 21 *Quintus frater meus legatus est Caesaris et nullum meum minimum dictum, non modo factum pro Caesare intercessit, quod ille non ita inlustri gratia excepit, ut ego eum mihi devinctum putarem. Itaque eius omni et gratia, quae summa est, et opibus, quas intellegis esse maximas, sic fruor ut meis nec mihi aliter potuisse videor hominum perditorum de me consilia frangere, nisi cum praesidiis iis, quae semper habui, nunc etiam potentium benevolentiam coniunxissem.* Weitere Zeugnisse RE 7A, 956. Ferner F. Adami Hermes 78 (1943), 282ff.

[149] Att. 4, 19, 2.

[150] Fam. 7, 5, 2.

[151] Q. fr. 2, 13, 3.

[152] Fam. 7, 8, 1. 16, 3. Q. fr. 2, 13, 3. 3, 1, 10.

[153] Q. fr. 3, 1, 17; 25. Att. 4, 18, 5.

Diktieren. Wenn er im Wagen oder in der Sänfte durch die Provinz reiste, so saß ein Schreiber bei ihm, und sonst war er gewöhnt, gleichzeitig ihrer zwei zu beschäftigen, ja Oppius erzählt, daß es oft noch mehr waren [154].

Im Frühsommer 54 benutzte er die Reise von Oberitalien nach dem Kriegsschauplatz zur Abfassung eines gehaltvollen grammatischen Werkes, worin er im Gegensatz zu gewohnheitsmäßiger Nachlässigkeit der Sprechweise eine Auswahl der Flexionsformen nach den Regeln der Vernunft forderte. Es ist schmerzlich, daß uns diese zwei Bücher *de Analogia* verloren sind. Denn man ahnt, daß das hier verfochtene Stilprinzip seiner auf kristallhelle Klarheit des Ausdrucks gerichteten Wesensart entsprang. So bot die Einleitung die charakteristische Mahnung: „Wie der Schiffer das Felsenriff, so sollst du das ungebräuchliche und ungewöhnliche Wort meiden!" [155]. Man könnte sie ebensogut über seine Politik setzen, der jegliches Prunken mit geistvoll sein sollender Originalität fremd ist, sondern die sich in monumentaler Einfachheit als Erfüllung der einer wahren römischen Staatskunst aufgegebenen Pflichten darstellt. Auch diese Schrift widmete er mit einer schmeichelhaften Vorrede über Cicero als den Schöpfer und Meister lateinischen Prosastils dem großen Redner [156]. Cicero gab sich viele Mühe, ihm mit einem Epos über die Heerfahrt nach Britannien seinen Dank abzustatten. Als Probe seiner Dichtkunst hatte er ihm vorher das Werk *de temporibus suis* übersandt, dessen drei Bücher sein Exil und die glorreiche Rückberufung und Rückkehr schilderten [157]. Sicher war darin mancherlei zu lesen, was Caesars Ansichten über diese Ereignisse nicht entsprach. Desto mehr zeugt es für das nunmehrige neue Verhältnis, daß Cicero es ihm durch seinen Bruder zur Beurteilung vorlegen ließ. Caesar schrieb ihm sogleich nach der Lektüre des 1. Buchs, er kenne auch in der griechischen Literatur nichts besseres als die Anfangspartie, später folge einiges, das weniger sorgfältig gearbeitet sei. Cicero fragt den Bruder, ob sich das auf den Inhalt oder auf die Form beziehe, fügt aber gleich bei, daß ihn keine Kritik in seiner eigenen Befriedigung beirren werde. Leider fehlt die Antwort [158].

[154] Plut. 17, 4–7. Plin. n. h. 7, 91 *scribere aut legere, simul dictare et audire solitum accepimus, epistulas vero tantarum rerum quaternas pariter dictare librariis aut, si nihil aliud ageret, septenas.*

[155] Suet. 56, 5. Gell. N. A. 1, 10, 4 der Philosoph Favorinus mahnt: *Vive ergo moribus praeteritis, loquere verbis praesentibus atque id, quod a C. Caesare, excellentis ingenii ac prudentiae viro, in primo de analogia libro scriptum est, habe semper in memoria atque in pectore, „ut tamquam scopulum, sic fugias inauditum atque insolens verbum"*. Einzelheiten 19, 8, 3–10. Macr. Sat. 1, 5, 2. Caes. frg. (Kübler) S. 140–145.

[156] Cic. Brut. 253 *„ac si, cogitata praeclare eloqui ut possent, non nulli studio et usu elaboraverunt, cuius te paene principem copiae atque inventorem bene de nomine ac dignitate populi Romani meritum esse existumare debemus: hunc facilem et cotidianum novisse sermonem num pro relicto est habendum?"* Vorher läßt Cicero den Atticus sagen: *qui etiam in maxumis occupationibus ad te ipsum, inquit in me intuens, de ratione Latine loquendi accuratissume scripsit primoque in libro dixerit verborum dilectum originem eloquentiae.*

[157] Q. fr. 2, 13, 2. 15, 4. 3, 1, 11. 8, 3. 9, 6. Büchner RE 7A, 1256.

[158] 2, 15, 5 *quomodonam, mi frater, de nostris versibus Caesar? nam primum librum se legisse scripsit*

Um dem Volk in Rom die Größe der gallischen Siege und Eroberungen eindrucksvoll vor Augen zu führen, begann er 54 aus der Kriegsbeute gewaltige Bauten aufzuführen, an der Südseite des Forums die Basilica Julia, dazu ein neues Forum und ein riesiges Gebäude auf dem Marsfelde für die Abstimmungen. Zunächst war das Bauland für das Forum zu kaufen, welches bisher mit Wohnhäusern bedeckt war. Bei diesem umständlichen Geschäft ersuchte er ebenfalls Cicero, dem Oppius seinen Rat zu leihen[159]. Man sieht, wie Caesar schlechterdings keine Möglichkeit vorübergehen ließ, den hervorragenden Consular in den Dienst seiner Politik zu stellen. Und so wie diesen behandelte er jeden, mit dem er zu tun hatte. „Caesar galt als großer Mann um seiner Wohltaten und seiner Freigebigkeit willen“, so urteilte Sallust[160], der es wissen konnte.

Nach dieser Abschweifung kehren wir zum Gang der Ereignisse zurück. Während Caesar in den ersten Monaten des Jahres 54 im diesseitigen Gallien die Gerichtstage abhielt, empfing er die Kunde, es seien die räuberischen Pirusten in das römische Illyricum eingebrochen, was ihn veranlaßte, sich dorthin zu begeben. Er bot sofort die Miliz der dortigen Gemeinden auf und erreichte schon mit dieser Drohung, daß die Pirusten sich zum Frieden bereit-

ad me ante et prima sic ut neget se ne Graeca quidem meliora legisse; reliqua ad quendam locum ῥᾳθυμότερα; *hoc enim utitur verbo. Dic mihi verum, num aut res eum aut* χαρακτὴρ *non delectat? Nihil est quod vereare; ego enim ne pilo quidem minus me amabo.* Büchner RE 7A, 1252. fam. 1, 9, 23. Ich möchte vermuten, daß Caesars Kritik nicht politisch gemeint war, sondern wie vorher die dichterische Qualität betraf. Auch am 19. Dezember 45 sprach er als Ciceros Gast nichts über Politik, *φιλόλογα multa* (Att. 13, 52, 2). In diesem Zusammenhang darf vielleicht im Anschluß an Wolfgang Schmid Rh. M. 95 (1952), 269 gefragt werden, ob die einzigen erhaltenen Verse Caesars, in denen er Terenz als *dimidiate Menander* anspricht und das Urteil mit der ihm fehlenden *vis* begründet, nicht auch in diese Zeit des regen freundschaftlichen Briefwechsels mit Cicero gehören. Sie folgen nämlich in der von Donat aus Suetons *de poetis* übernommenen Vita des P. Terentius Afer auf vier Verse aus Ciceros ‚Limon‘, und es spricht alles dafür, daß Caesar Cicero antwortete (Büchner RE 7A, 1258, der, wie mir scheint, mit Recht bestreitet, daß Ciceros Verse in dessen Jugend zu datieren seien). Die Verse C. Suet. Tranquilli reliquiae ed. Reifferscheid (1860) S. 34. Frg. Poet. Lat. ed. W. Morel (1927), S. 66 u. 91. F. Leo Gesch. der röm. Lit. (1913) 253. G. Jachmann in seiner ausführlichen Würdigung der dichterischen Leistung des Terenz RE 5A, 627 findet wie Ed. Norden (Die röm. Lit. (1952), 20) Caesars Urteil durchaus zutreffend; „denn eben auf den Mangel an Kraft des künstlerischen Blicks, an Intensität des Fühlens und Ergreifens der Dinge läuft es letztlich hinaus. Der durchgängige Mangel an Äquivalenz – das ist es, was seine Art der Reproduktion zu tiefst charakterisiert“ (im einzelnen 613ff.). Im Gegensatz zu dem Genannten tritt W. Schmid a. O. 255ff. dafür ein, *vis comica* zu verstehen und das Komma hinter „comica“ zu setzen. Ich fühle mich nicht dazu befugt, diese alte Streitfrage zu entscheiden. Bei Caesar:

Tu quoque, tu in summis, o dimidiate Menander,
Poneris, et merito, puri sermonis amator.
Lenibus atque utinam scriptis adiuncta foret vis,
Comica ut aequato virtus polleret honore
Cum Graecis neve hac despectus parte iaceres!
Unum hoc maceror ac doleo tibi desse, Terenti.

159 Att. 4, 17, 7. Suet. 26, 2. Plin. n. h. 36, 103.

160 Cat. 54, 2.

erklärten. Diesen bewilligte er ihnen unter der Bedingung der Geiselstellung und der Anerkennung von ihm eingesetzter Schiedsrichter, welche die angerichteten Schäden und den dafür zu leistenden Ersatz abzuschätzen hatten[161]. Ende Mai (nach dem damaligen Kalender) trat er die Reise nach Norden an. Nachdem er sich durch Besuch der Winterlager von dem guten Stand des Schiffsbaus überzeugt hatte, gab er Befehl, die Flotte im Hafen von Boulogne zu versammeln[162]. Die Zeit, welche bis zur Einschiffung der Expeditionsarmee übrigblieb, benutzte er dazu, mit vier Legionen ins Trevererland einzumarschieren. Dieser mächtige Staat hatte sich unter Führung des Fürsten Indutiomarus der Verbindung mit Rom wieder entzogen. Es erschienen keine Vertreter mehr auf den von Caesar einberufenen gallischen Landtagen und die Truppengestellungsbefehle blieben unbeachtet, dagegen waren die Beziehungen zu den Germanen jenseits des Rheins desto reger. Eine solche Macht wollte Caesar nicht in seinem Rücken lassen. Auch hier brauchte das römische Heer bloß zu erscheinen, um die Gegenpartei ans Ruder zu bringen. Deren Haupt, Cingetorix, stellte sich sofort Caesar zur Verfügung. Indutiomarus, der in den Ardennen den Widerstand hatte rüsten wollen, mußte ihn aufgeben und sich mit 200 Geiseln im römischen Lager einfinden. Da Caesar keine Zeit zu verlieren hatte, sah er von einer Bestrafung ab, erklärte aber vor versammeltem Treverer Adel den Cingetorix als den von Rom anerkannten Führer[163].

Auch nach der Rückkehr zum Hafen gab es Schwierigkeiten. Caesar hatte 4000 Mann der keltischen Ritterschaft dahin entboten und besonderes Gewicht darauf gelegt, daß sich die Häupter sämtlicher Staaten möglichst vollständig einfanden. Denn sie sollten als Geiseln mit über den Kanal fahren. Dem widersetzte sich der bekannte Haeduerfürst Dumnorix hartnäckig. Er wünschte in Gallien zu bleiben, wie Caesar vermutete, um während seiner Abwesenheit das längst erstrebte Königtum aufzurichten. Wie dem Proconsul aus dem Haeduerland zugetragen wurde, berief sich Dumnorix dort sogar auf ihn, als würde er ihm die Königswürde übertragen; das beste Mittel, um die Republikaner, auf welche sich Caesar stützte, an ihm irre zu machen. Da widriger Wind die Abfahrt mehr als drei Wochen hindurch verzögerte, fand Dumnorix Gelegenheit, unter dem anwesenden Adel eine Verschwörung anzuzetteln. Caesar hielt es nicht für ratsam, ohne offenkundigen Anlaß gegen den hochangesehenen Mann einzuschreiten; aber als guter Wind eintrat und er den bestimmten 5 Legionen und 2000 Reitern den Befehl gab, sich einzu-

[161] B. G. 5, 1, 5–9. Die Heimat der Pirusten ist vielleicht in der Gegend der Bucht von Cattaro zu suchen, Polaschek RE 20, 1731. Bei den *civitates* hat man wohl an die auch von Römern bewohnten Städte wie Lissus, Narona, Salona, Iader zu denken (Caes. b. c. 3, 9, 2. 29, 1. B. Al. 42, 3. 43, 2. Cic. fam. 13, 77, 3. 5, 9, 2. 10b). Fluss RE 16, 1749. W. Schmitthenner Historia 7 (1958), 224.

[162] B. G. 5, 2, 3. Portus Itius Haverfield RE 9, 2368.

[163] B. G. 5, 2, 4 – 4, 4.

schiffen, ritt statt dessen Dumnorix mit den Seinigen nach Hause. Jetzt hielt Caesar die Einschiffung sofort an und entsandte die gesamte Reiterei zur Verfolgung des Verräters. Es entwickelte sich ein Gefecht, worin Dumnorix fiel, seine Leute kehrten wieder zu Caesar zurück [164].

Der Feldzug nach Britannien, der etwa die Monate August und September (des damaligen römischen Kalenders) in Anspruch nahm [165], erfüllte die gehegten Erwartungen keineswegs. Die bedrohten britischen Staaten hatten sich dem Oberbefehl des mächtigen Königs Cassivellaunus unterstellt, der nördlich der Themse herrschte. Zwar gelang es Caesar, diesen Fluß zu überschreiten, aber Cassivellaunus erwies sich als Meister der Guerilla. Auch hier hatte Caesar freilich das Glück, daß einige dem Cassivellaunus untertänige Staaten zu ihm übergingen; einer ihrer Fürsten hatte bereits vor längerem bei ihm vor Cassivellaunus Zuflucht gesucht. So vermochte Caesar auch einen mächtigen Ringwall (vielleicht Verulamium, St. Albans nordwestlich von London) zu erobern, und Cassivellaunus bequemte sich nach einem fehlgeschlagenen Angriff auf das römische Schiffslager zu Verhandlungen. Caesar nahm ihm Geiseln ab und legte ihm für die Zukunft einen jährlichen Tribut auf, aber von einer dauernden Besetzung des Landes sah er ab und führte das ganze Heer nach Gallien zurück. Die reiche Beute, von der man zuvor in Rom so viel zu erzählen wußte, blieb aus [166].

Auch in Gallien verschlimmerte sich unterdessen die Lage; eine schlechte Getreideernte gesellte sich zur politischen Unzufriedenheit [167]. Die Carnuten (um Chartres) töteten den durch Caesar eingesetzten König Tasgetius [168]. Trotzdem sah sich Caesar wegen des Getreidemangels genötigt, die Winterquartiere außergewöhnlich weit auseinanderzulegen, so daß einige Legionen ganz auf sich allein angewiesen waren. Er selbst wollte darum diesmal im Hauptquartier Samarobriva (Amiens) bleiben, bis die Lager befestigt waren. Doch bald zeigte sich die Notwendigkeit, überhaupt den ganzen Winter dort zu verbringen [169]. Indutiomarus hatte nicht geruht. Auf seine Anstiftung hin überfielen die Eburonen (im Maasgebiet nördlich von Lüttich) unter ihrem ebenso verwegenen als verschlagenen Führer Ambiorix das am weitesten nach

164 B. G. 5, 5–7.

165 Cic. Q. fr. 2, 15, 4. 3, 1, 10; 13; 25. 3, 4. Att. 4, 15, 10. 17, 6. 18, 5 (nach Brief des Quintus vom 25. September wieder von der gallischen Küste): *confecta Britannia, obsidibus acceptis, nulla praeda, imperata tamen pecunia exercitum ex Britannia reportabant.* fam. 7, 7, 1. 17, 3. 16, 1. B. G. 5, 23, 5.

166 B. G. 5, 8–23. Cass. Dio 40, 1–4. Hier 1, 2 in für Caesar unfreundlichem Sinn betont, wie er um jeden Preis Britannien haben wollte. Oros. 6, 9, 4–9. Plut. 23, 4. Suet. 25, 2. Polyaen. strat. 8, 23, 5. Cic. Q. fr. 3, 1, 10 (1. Oktober 54). Cic. Att. 4, 17, 6 *Britannici belli exitus exspectatur; constat enim aditus insulae esse muratos mirificis molibus. Etiam illud iam cognitum est neque argenti scripulum esse ullum in illa insula neque ullam spem praedae nisi ex mancipiis.* Q. fr. 3, 9, 4 Quintus verspricht dem Bruder Sklaven.

167 B. G. 5, 24, 1.

168 B. G. 5, 25.

169 B. G. 5, 24, 8. 53, 3. Cass. Dio 40, 4, 2. 9, 1.

Osten vorgeschobene Winterlager und rieben die dort befindlichen 15 Cohorten (1 1/2 Legionen) gänzlich auf. Diese römische Niederlage, wie eine solche seit Jahren nicht mehr vorgekommen war, brachte sofort auch die Nervier unter die Waffen, und das Lager in ihrem Lande (Gegend von Namur), wo Quintus Cicero befehligte, hatte eine furchtbare Belagerung zu bestehen, bis Caesar mit nur zwei schwachen Legionen der Entsatz glückte[170].

Dieser Sieg schaffte dann auch Labienus Luft, der in der Gegend von Sedan stand und die Treverer unter Indutiomarus selbst sich gegenüber hatte[171]. Sobald aber Caesar sich samt Cicero wieder nach Samarobriva zurückgezogen hatte, bereitete der Unermüdliche einen neuen Angriff vor. Wohl gelang es ihm nicht, Germanen über den Rhein zu ziehen, aber weithin in Gallien fand er Zustimmung, so daß er sich jedenfalls auf einen Zustrom von Freiwilligen verlassen konnte[172]. Wie die Carnuten ihren König ermordet hatten, verjagten nun deren östliche Nachbarn, die Senonen (um Sens), den ihrigen, ebenfalls einen Schützling Caesars. Dessen Befehl, es solle der ganze Gemeinderat zu ihm kommen, blieb unbeachtet[173]. So erklärte Indutiomarus auf einer bewaffneten Landsgemeinde den Cingetorix zum Landesfeind und führte seine Leute wiederum gegen Labienus. Doch der hatte zahlreiche keltische Reiterei an sich gezogen, und diese brachte von einem Verfolgungsgefecht befehlsgemäß den Kopf des gefährlichen Rebellen zurück[174].

Ein solcher Schlag hinderte den allerorten glimmenden Aufruhr wieder auf eine Weile am Auflodern; doch Caesar war sich ganz klar darüber, daß er außer den Haeduern und Remern keinem der gallischen Staaten trauen konnte. Er berief den ganzen Winter hindurch die Häupter zu sich und verwarnte sie ernstlich[175], aber mehr wirkte gewiß, daß er in der Cisalpina 3 neue Legionen aufstellte, wovon eine, welche schon 55 von Pompeius in Eid genommen, jetzt auf Caesars Bitten „um des Staates und der Freundschaft willen“ ihm von jenem geliehen wurde. Schon die eine Legion, welche die Eburonen vernichtet hatten, war eine neu ausgebildete gewesen. Für die 15 verlorenen Cohorten verschaffte sich Caesar also 30 neue, so daß sich die Armee jetzt auf 10 volle Legionen belief[176].

Noch bevor der Winter zu Ende war, führte er im Jahre 53 mit 4 Legionen die Züchtigung der Nervier durch. Die große Beute an Menschen und

[170] B. G. 5, 26–52. Cass. Dio 40, 5–10. Plut. 24. Suet. 25, 2. Polyaen. 8, 23, 6. Cic. Q. fr. 3, 8, 2 *Ubi enim isti sint Nervii et quam longe absint nescio.* Es war das Winterlager, das sich Quintus selbst aussuchen durfte (Att. 4, 19, 2). Q. fr. 3, 1, 17. Rab. Post. 42 (RE 7A, 965).

[171] B. G. 5, 53, 1–2. [172] B. G. 5, 55, 1–56. 1. [173] B. G. 5, 54.

[174] B. G. 5, 56, 2–58. Cass. Dio 40, 11, 1–2. Trebatius befand sich im Winterquartier von Samarobriva. Cic. fam. 7, 10, 2 nach einem Witz über das kalte Winterlager *quamquam vos nunc istic satis calere audio; quo quidem nuntio valde mehercule de te timueram.* 11, 2. 12, 1. 16, 3. 18, 4. 13, 2 *Treviros vites censeo.* [175] B. G. 5, 54, 1; 4.

[176] B. G. 6, 1. 32, 5–33, 4. 8, 54, 2. Plut. 25, 1–2 fälschlich 2 Legionen des Pompeius. ebenso Pomp. 52, 4. Dagegen 1 Cat. min. 45, 6.

Vieh, die gemacht wurde, kam diesmal ganz den Soldaten zugute. Das unglückliche Volk beugte sich aufs neue dem römischen Joch, indem es die geforderten Geiseln stellte[177]. Überhaupt trug sich Caesar für dieses Jahr mit dem Plan, durch furchtbare Bestrafung aller Aufständischen Schrecken über das Land zu verbreiten. Seitdem er den Untergang der 15 Cohorten vernommen, ließ er sich Haar und Bart wachsen; erst wenn seine Kameraden gerächt seien, so erklärte er, wolle er wieder geschoren und rasiert werden. Damit verstand der letzte Mann im Heer, worum es ging[178].

Auf dem Frühlingslandtag fehlten nicht nur die östlichen, mit den Treverern verbündeten Staaten, sondern auch keine Senonen und Carnuten hatten sich eingefunden. Das war offene Empörung, und um zu zeigen, daß er das nicht dulde, verlegte Caesar Hauptquartier und Landtag von Samarobriva (Amiens) nach Lutecia (Paris) in die nächste Nähe des Aufstandsgebiets[179]. Dann führte er das Heer südwärts ins Senonenland. Erschreckt zeigten die beiden überraschten Staaten sogleich durch Vermittlung der Haeduer und Remer ihre Unterwerfung an[180]. Caesar ging gerne darauf ein, weil ihm vor allem die Vernichtung der Eburonen und die Überwältigung der Treverer am Herzen lag. Diese Ziele wurden auch voll erreicht. Labienus erfocht einen glänzenden Sieg über die Treverer, infolge dessen die Sippe des Indutiomarus das Land verließ und statt ihrer Cingetorix wieder das anerkannte Oberhaupt des Staates wurde[181]. Caesar isolierte die Eburonen zunächst, indem er ihre nördlichen Freunde, die Menapier (im Mündungsgebiet von Rhein und Schelde) durch einen großen Plünderungszug heimsuchte, worauf sie Geiseln stellten[182]. Dann überschritt er nochmals den Rhein, um die Sueben von weiterer Verbindung mit Ambiorix und den Treverern abzuhalten[183]. Und jetzt brach die Rache über die Eburonen herein. Ihr ganzes Land wurde einige Wochen hindurch systematisch ausgeraubt und verwüstet — wobei übrigens die von Caesar herbeigerufenen Kelten größten Eifer entwickelten —, so daß seitdem der Name dieses Stammes aus der Geschichte verschwunden ist. An ihre Stelle traten die Tungrer (um Tongeren). Bloß die mit allen Mitteln betriebene Jagd auf Ambiorix blieb ergebnislos. Doch war auch seine Rolle ausgespielt[184].

Im Herbst berief Caesar wiederum einen Landtag ein, diesmal nach Durocortorum (Reims), dem Hauptort der getreuen Remer. Hier wurde von ihm vor versammeltem keltischem Adel Gericht gehalten über Acco, den Führer der rebellischen Senonen. Das Todesurteil wurde in römischer Weise nach vorausgegangener Stäupung vollzogen. Seine Gesinnungsgenossen, die

177 B. G. 6, 3, 1–3. 178 Suet. 67, 2. Polyaen. 8, 23, 23. 179 B. G. 6, 3, 4–6.
180 B. G. 6, 4. 181 B. G. 6, 7–8. Cass. Dio 40, 31, 2–6. 182 B. G. 6, 5–6.
183 B. G. 6, 9–10. 29, 1–3. Cass. Dio 40, 32, 1–2 mit der unfreundlichen Bemerkung, Caesar habe sich aus Furcht vor den Sueben zurückgezogen.
184 B. G. 6, 29, 4–43, 6. 8, 24, 4. Cass. Dio 40, 32, 3–5.

geflüchtet waren, wurden geächtet. Agedincum (Sens), die Stadt der Senonen, erhielt 6 Legionen ins Winterquartier. Es herrschte jetzt in Gallien vollkommene Ruhe, und Caesar konnte diesen Winter wieder in Oberitalien verbringen[185].

Die Wendung der Dinge in Rom machte es zur dringenden Notwendigkeit, daß er nach langer Pause ihnen eine Zeitlang seine Hauptkraft widmete. In den ersten Monaten des Jahres 54 hatte sich das mit den Verbündeten vereinbarte System zur Niederhaltung der politischen Gegner durchaus bewährt. Der Consul Lucius Domitius spottete ingrimmig, er vermöge nicht einmal einen Kriegstribunen zu ernennen, sein College Appius Claudius sei eigens zu Caesar gelaufen, um ein Tribunat bewilligt zu erhalten[186]. Jedoch in der Frage, welche Consuln für 53 gewählt werden sollten, blieben sich Caesar und Pompeius nicht einig. Ihr gemeinsamer Kandidat war Gaius Memmius, 58 Caesars scharfer Gegner, dem aber jetzt Pompeius seinen Patronatseinfluß im cisalpinen Gallien, Caesar seine Soldaten für die Wahl zur Verfügung stellte. Wie es hieß, sollte bei zweifelhafter Aussicht die Wahl bis in den Winter verzögert werden, um Caesars Urlaubern wieder das Mitstimmen zu ermöglichen[187]. Darüber hinaus sicherte sich Memmius jedoch seine Wahl durch Abmachungen, welche die damalige Verderbnis des politischen Lebens noch greller beleuchten. Auf den Rat der beiden Consuln tat er sich mit Gnaeus Domitius Calvinus zusammen, der im Jahre 59 als Volkstribun ebenfalls Caesar bekämpft hatte. Sie versprachen den Stimmberechtigten der Centurie, die zuerst ihre Stimme abgeben würde[188], zusammen 10 Millionen Sesterzen (2½ Millionen Denare), ferner aber auch den beiden Consuln von 54 je 4 Millionen (1 Million Denare), falls sie selbst im Jahr 53 Consuln würden und dann nicht zustande brächten, daß ihre Vorgänger die von ihnen gewünschten Provinzen erhielten. Der Consul Appius Claudius vermittelte dabei die Zustimmung Caesars; denn diesem konnte es nur recht sein, so den gefährlichen Lucius Domitius zu binden. Dagegen wünschte Pompeius statt des Gnaeus Domitius einem anderen Kandidaten, zunächst seinem früheren Quaestor Marcus Aemilius Scaurus, den Sieg und veranlaßte aus diesem Grunde im September den Memmius, im Senat den abgeschlossenen geheimen Wahlvertrag vorzulesen. Doch schaufelte sich dieser damit sein eigen Grab. Denn Caesar entzog ihm jetzt seine Unterstützung. Statt seiner wurde nun Marcus Valerius Messala Rufus der aussichtsvollste Kandidat neben Calvinus. Indessen kam bis zum Juli 53 auch deren Wahl nicht zustande[189].

Dadurch, daß Caesar diesen Winter in Gallien festgehalten wurde, bekam Pompeius in der städtischen Politik immer mehr die Oberhand. Seit den

185 B. G. 6, 44.
186 Cic. Q. fr. 2, 13, 3.
187 Cic. Att. 4, 16, 6. Q. fr. 3, 2, 3. 8, 3. fam. 7, 16, 3. Suet. 73.
188 Über den Einfluß der *praerogativa centuria* Chr. Meier RE Suppl. 8, 593.
189 Cic. Q. fr. 2, 14, 4. 3, 1, 16. 8, 3. 9, 3. Att. 4, 17, 2–3. Cass. Dio 40, 45, 1. Appian. b. c. 2, 69–71.

letzten Monaten des Jahres 54 machte er sich in Italien mit der Getreideversorgung zu schaffen[190]. In dieser Zeit konnte der von seinem Kreise schon im Juni aufgebrachte Gedanke von der Notwendigkeit einer Dictatur stetsfort Boden gewinnen[191]. Trotzdem bestand nach außen hin das Einverständnis der beiden Verbündeten in der alten Weise weiter. In ihrem gemeinsamen Auftrag verteidigte Cicero im August 54 seinen alten Feind Publius Vatinius[192], und im Dezember mußte er im Dienste seiner beiden mächtigen Freunde gar die peinlichste Verleugnung seiner Vergangenheit auf sich nehmen und Aulus Gabinius in seinem Repetundenprozeß vertreten. Pompeius reiste eigens herbei und hielt, da er als Proconsul die Stadt nicht betreten durfte, vor dem *pomerium* eine Rede, worin er auch einen Brief Caesars vorlas. Daß ungeachtet dieser Anstrengungen Gabinius, einer der vornehmsten Gefolgsleute der Machthaber, nicht freigesprochen wurde, zeigt, wieviel zu einer unbedingten Knebelung des politischen Lebens noch fehlte[193]. Die allmähliche Entfremdung zwischen Pompeius und Caesar entsprang den veränderten Machtverhältnissen, für ihren Verlauf war aber vor allem von großer Bedeutung, daß im August 54 Julia im Wochenbett starb. Vater und Gemahl waren ihr in herzlicher, ja zärtlicher Liebe zugetan. Man darf wohl annehmen, daß sich gerade die liebenswerten Eigenschaften des Vaters auf sie vererbt hatten, und mag sich danach vorstellen, welch wichtige Vermittlerrolle sie spielen konnte. Bei der Leichenfeier hat das Volk die Tote entführt und gegen den Einspruch des Consuls Domitius und der Volkstribunen auf

[190] Cic. Q. fr. 3, 9, 3. Att. 4, 19, 2. Cass. Dio 39, 63, 3.

[191] Cic. Q. fr. 3, 8, 4; 6. 9, 3. Att. 4, 18, 3. 19, 1. Appian. b. c. 2, 72–73. Plut. Pomp. 54, 3–5.

[192] Cic. Q. fr. 2, 15, 3. fam. 1, 9, 4; 19. 5, 9, 1. RE 7A, 958.

[193] Cass. Dio 39, 63, 3–5. Cic. Rab. Post. 19. 32–33. Der römische Ritter C. Rabirius Postumus hatte 59 dem König Ptolemaios XIII. das Geld geliehen (Cic. a. O. 25. 38. 39), das er benötigte, um von Pompeius und Caesar die Anerkennung als König zu erkaufen (angeblich gegen 36 Millionen Denare, Suet. 54, 3. o. S. 68). Um es beizutreiben, hatte er sich 55 der Expedition des Proconsuls Gabinius zur Rückführung des Königs nach Alexandria angeschlossen und übernahm dann dort den Posten des Finanzministers (Dioiketes), Cic. Rab. Post. 22. 28. fam. 7, 17, 1. Suet. Claud. 16, 2. Als Gabinius, im Repetundenprozeß dazu verurteilt, die vom König angeblich versprochene Bestechungssumme in die römische Staatskasse einzuzahlen, wegen Unvermögens ins Exil gehen mußte, fand noch im Dezember 54 oder Januar 53 ein weiteres Repetundenverfahren gegen Rabirius statt mit dem Ziel, ihn, weil er sich bei den Erpressungen des Gabinius bereichert habe, zur Deckung von dessen Schuld heranzuziehen. Cicero verteidigte ihn, wahrscheinlich erfolgreich (Rab. Post. 8. 30. 36–37). Dabei behauptete er, daß Rabirius in Aegypten nichts bekommen habe und ganz auf Caesars Großmut angewiesen sei (39. 41–43), der Prozeß solle überhaupt nur Caesars *dignitas* erschüttern (43 *equitem Romanum veterem amicum suum studiosum, amantem, observantem sui non libidine, non turpibus impensis cupiditatum atque iacturis, sed experientia patrimonii amplificandi labentem excepit, corruere non sivit, fulsit et sustinuit re, fortuna, fide hodieque sustinet nec amicum pendentem corruere patitur*). Wir haben hier ein Beispiel für Sallusts Zeugnis (Cat. 54, 2): *Caesar beneficiis ac munificentia magnus habebatur*. Aber natürlich war Caesars *fides* auch besonders berührt, da das dem König gewährte Darlehen ihm zu Gute gekommen war. F. von der Mühll RE 1 A, 26. 7, 429. 7 A, 963–966.

dem Marsfelde beigesetzt, ein Beweis, wie dieses Ereignis sogleich auf die Öffentlichkeit wirkte. Man wollte damit vor allem den im fernen Britannien abwesenden Vater ehren, und dieser vergaß trotz aller Trauer nicht, in der geeigneten Weise dafür zu danken. Er ließ nämlich, was noch nie geschehen war, zum Gedächtnis seiner Tochter ein Gladiatorenspiel mit anschließendem Festschmaus ansagen[194].

Vorderhand hatte Pompeius reichlich Gelegenheit, seine eigenen Wege zu gehen. Nachdem seit Caesars Consulat die Vergewaltigung der Verfassung und das frivole Spielen mit ihren altväterischen Bräuchen zur Gewohnheit geworden war, sank das politische Leben allmählich in den Zustand der Anarchie. Wenn überhaupt Beamte gewählt wurden, so konnten sie, durch ungesetzliche Gewalttaten gehemmt, nicht regieren. Da es an ausreichender Polizei fehlte, nahm das Unwesen, daß die Politiker ihre Kämpfe mit bewaffneten Banden führten, immer mehr überhand. Geld und Banden, das waren mehr oder weniger die einzigen Mittel zum politischen Erfolg. In unverhüllter Widerwärtigkeit zeigten Volksversammlungen, Senatssitzungen, Gerichtsverhandlungen immer dasselbe Bild. Desto heller leuchtet in einer solchen Welt die Gestalt Catos, der nicht bloß seine sittliche Persönlichkeit unbefleckt behauptete, sondern in unermüdlichem furchtlosem Kampf der herrschenden Verderbnis in nicht wenigen Fällen Erfolge abzwang. Die römische Nobilitätsherrschaft, welche noch einen solchen Politiker hervorbrachte, starb nicht ganz unwürdig ihrer großen Vergangenheit.

Auch Pompeius mußte innewerden, was dieser Mann politisch bedeutete; denn er trat in der ersten Hälfte des Jahres 53 hartnäckig allen Versuchen, Pompeius die Dictatur zu verschaffen, entgegen[195]. Schließlich übertrug im Juli der Senat dem in Italien weilenden Proconsul die Vollmacht zur Aufrechterhaltung der Ordnung. Er kehrte darauf wieder in die Nähe der Stadt zurück, und in seinem Kreise wurde heftig für eine Dictatur Stimmung gemacht, wiewohl er selbst vorgab, diese Stellung nicht zu begehren. Sobald im Senat diese seine persönliche Haltung bekanntgegeben wurde, nagelte ihn Cato darauf fest, sprach ihm sein Lob aus dafür und ersuchte ihn, wieder für gesetzmäßige Zustände zu sorgen. Pompeius konnte nicht anders, als sich mit der Durchführung der Consulnwahlen begnügen. Dafür rührte er sich aber auch nicht mehr, als mit den neuen Wahlkämpfen das alte Treiben sich fort-

[194] Die Zeit des Todes ist zu erschließen aus Cic. Q. fr. 3, 1, 17; 25. 8, 3 (Ende November) *de virtute et gravitate Caesaris, quam in summo dolore adhibuisset, magnam ex epistula tua accepi voluptatem.* fam. 7, 9, 1. Suet. 26, 2. 84, 1. Plut. Caes. 23, 5–7. Pomp. 53, 2–7. Appian. b. c. 2, 68. Cass. Dio 39, 64. 40, 44, 3. Lucan. 1, 111–120. 5, 473 f. 9, 1049. Vell. 2, 47, 2. Liv. per. 106. Flor. 2, 13, 13. Senec. dial. 6, 14, 3 *intra tertium diem imperatoris obit munia et tam cito dolorem vicit quam omnia solebat.* Tiberius bei Tac. ann. 3, 6, 2 *referendum iam animum ad firmitudinem, ut quondam divus Iulius amissa unica filia.*

[195] Plut. Cat. min. 45, 5–7. Zugrunde liegt jedenfalls die Biographie von Catos Freund Munatius Rufus (37, 1). Vgl. Cic. Q. fr. 2, 14, 4.

setzte. Und diesmal war es schlimmer als je zuvor, weil die Inhaber der größten Banden, Titus Annius Milo und Publius Clodius, sich selbst, jener um das Consulat, dieser um die Praetur für 52, bewarben[196].

Am Neujahrstag 52 gab es wiederum weder Consuln noch Praetoren[197]. Nach der Verfassung hatte nun die Wahl der Consuln unter Leitung eines Interrex („Zwischenkönigs") stattzufinden, welcher aus dem Kreise der patricischen Senatoren alle fünf Tage neu zu bestellen war[198]. Milo machte sich Hoffnung, auf diese Weise gewählt zu werden. Allein Pompeius wünschte statt seiner den Quintus Metellus Scipio, Roms vornehmsten Mann, aus dem Hause der Scipiones Nasicae und Adoptivsohn des *pontifex maximus* Metellus Pius, und damit die Comitien weiter hinausgeschoben wurden, intercedierte auf sein Betreiben einer der Volkstribunen gegen das Zusammentreten der Patricier[199]. Da begegneten sich am 18. Januar Milo und Clodius auf der appischen Straße, es kam zur Schlägerei, und Milos bewaffnetes Gefolge machte Clodius nieder[200]. Daraus entwickelten sich schwere Ausschreitungen des Pöbels und der Banden in der Stadt. Es war schon lange zu erwarten gewesen, daß es mit Clodius einmal so zu Ende gehe. Aber der plötzliche Tod des Mannes, der mit seinen verwegenen Streichen all die Jahre hindurch die Stadt in Atem gehalten hatte, der sich als Glied der vornehmsten Adelsgesellschaft jegliche Unverschämtheit erlauben konnte und von der besitzlosen Menge als ihr größter Wohltäter und unermüdlicher Vorkämpfer geliebt wurde, schlug nun doch wie ein Blitz ein, und als gar seine Anhänger das Rathaus der Gemeinde, die Curia Hostilia am Forum, in Brand steckten, sah jeder, daß der letzte Rest staatlicher Ordnung zusammenbrach, wenn es nicht gelang, das anarchische Treiben sofort zu unterdrücken. Der Senat beschloß am 19. sogleich die Wahl eines Interrex und übertrug Interrex, Volkstribunen und dem Proconsul Pompeius wiederum die Vollmacht zum Schutze des Staates. Da die Unruhen trotzdem fortdauerten, erließ er bald darauf die Weisung, es sei die sämtliche wehrpflichtige Mannschaft Italiens in Eid zu nehmen, und Pompeius möge die nötigen Truppen ausheben. Dieser zog außerhalb des *pomerium* rasch diese Kräfte zusammen, sah aber von hier aus dem weiteren Verlauf der Dinge zu. In Rom kamen keine Wahlen zustande, weil die Banden der Kandidaten den Gang der Staatsgeschäfte verhinderten, und es erhob sich aufs neue der Ruf nach der Dictatur des Pompeius[201].

Unterdessen war um den 18. Januar (8. Dezember des verbesserten Julianischen Kalenders) auch Caesar in Ravenna eingetroffen und hatte dem Senatsbeschluß gemäß sogleich in seiner Provinz Aushebungen vorgenom-

[196] Plut. Pomp. 54, 4–5. Cat. min. 47, 1. Appian. b. c. 2, 73. Cass. Dio 40, 46, 1 (in der Datierung verwirrt). Cic. Mil. 24–26. fam. 2, 4, 1. 5, 2. 6, 3–5. [197] Cass. Dio 40, 46, 3.

[198] MOMMSEN, RStR I 654ff. [199] Ascon. in Milon. argum. S. 31 (Clark).

[200] Cic. Mil. 27. Ascon. a. O. [201] Cic. Mil. 70. Ascon. a. O. 33–35. Cass. Dio 40, 48-50, 1.

men[202]. Die Entscheidung über des römischen Reichs ferneres Schicksal schien in nächste Nähe gerückt. Am 9. Juni 53 war Marcus Crassus in Mesopotamien untergegangen[203], die Verhältnisse in Rom hatten sich so entwickelt, daß Pompeius, wie anzunehmen war, nur zuzugreifen brauchte, um Dictator zu werden. Caesars dortige Gefolgsleute wußten gegenüber der Propaganda für Pompeius' Dictatur keinen anderen Ausweg, als für Caesar das Consulat, gemeinsam mit Pompeius, zu verlangen[204]. Allein diesen Plan auszuführen, machten die Ereignisse in Gallien gänzlich unmöglich. Der keltische Adel hatte der Hinrichtung Accos die Lehre entnommen, jetzt oder nimmermehr sei die gallische Freiheit zu retten. Er verfolgte die stadtrömische Politik mit gespanntester Aufmerksamkeit und zog beim Eintritt der großen Krise sofort den Schluß, Caesar werde dadurch in Italien festgehalten. So brach der gewaltige Aufstand aus, als dessen Führer bald von der ganzen Nation der Arvernerfürst Vercingetorix anerkannt wurde[205]. Aus Rücksicht auf Rom mußte ihn Caesar mehrere Wochen gewähren lassen, um in dieser Frist von Ravenna aus in Verhandlungen mit Pompeius möglichst günstige Ausgleichsbedingungen herauszuschlagen[206].

Auf der anderen Seite fühlte sich Pompeius nicht so frei, wie man erwarten konnte. Er übersah wohl Caesars damalige prekäre Lage nicht und mußte ihn demgemäß als bedeutendes Gegengewicht in seine Rechnung setzen. Und wenn er auch augenblicklich kraft seines stattlichen Truppenaufgebots in Rom das entscheidende Wort sprechen konnte, während die verfassungsmäßigen Behörden dem wüsten Treiben der Banden ohnmächtig preisgegeben waren, so schätzte er mit Recht die im römischen Wesen so tief eingewurzelten optimatischen Widerstandskräfte nicht gering. Der tiefste Grund seines Zauderns lag aber in seiner Vorsicht, die sich an kein Unternehmen mehr getraute, dessen Gelingen nicht mit größtmöglicher Sicherheit vorausberechnet werden konnte. Denn der kühne Wagemut seiner Jugend war längst verflogen.

So suchte er in mehrwöchigen Verhandlungen seine Stellung zwischen Caesar und den Optimaten. Jener schlug ihm zunächst Wiederaufnahme der

202 B. G. 7, 1, 1. 203 Ovid. fast. 6, 465. 204 Cass. Dio 40, 50, 3. Suet. 26, 1.

205 B. G. 7, 1, 2–8. Plut. 26, 1–2. Den großen Aufstand des Jahres 52 habe ich im Artikel ‚Vercingetorix' RE 8 A, 981 ff. behandelt.

206 Caesar bietet zur Datierung nur die Anhaltspunkte B. G. 7, 6, 1 *cum iam urbanas res virtute Cn. Pompei commodiorem in statum pervenisse intellegeret* und 8, 2, wonach er die Cevennen *durissimo tempore anni altissima nive* überschritt. Die erste Angabe ist offenbar auf die Wahl des Pompeius zum *consul sine collega* am 5. Februar (julianisch) zu beziehen. JULLIAN III 428, 4 nimmt an, daß Caesar etwa am 10. Februar von den Ereignissen in Gallien, die er 7, 1, 2–5, 6 berichtet, erfahren habe, was reichlich spät scheint. Setzen wir den Vorstoß über die Cevennen in das Ende des Februars (julianisch), so erhalten wir vom 18. Dezember bis zu Caesars Aufbruch aus Italien einen Zeitraum von etwa 2 Monaten. Vgl. G. FERRERO, Grandezza e Decadenza di Roma (1908) II 164, 5. ED. MEYER, Caesars Monarchie (1918) 226, 1. 233, 1 mit dem Hinweis auf B. G. 7, 9, 4, wonach Caesar neu aufgebotene Reiter *multis ante diebus* nach Vienna vorausgeschickt hatte.

verwandtschaftlichen Verbindung vor, die durch Julias Tod gelöst war. Er selbst wollte an Stelle der Calpurnia die Tochter des Pompeius heiraten, und dieser sollte sich mit Caesars Großnichte Octavia (der Schwester des späteren Augustus, damals Gattin des Gaius Marcellus, des nachmaligen Consuls von 50) vermählen. Diesen Plan lehnte Pompeius ab[207]. Dagegen verstand er sich dazu, ein Plebiscit zuzusagen, durch welches Caesar das Recht erhalten sollte, sich abwesend um das Consulat von 48 zu bewerben, mit anderen Worten, daß er seine Provinz bis Ende 49 behalten dürfe und dadurch vor einer Anklage geschützt werde[208]. Cicero, der damals nach Ravenna gereist war, übernahm es auf Caesars dringende Bitte, seinen Gefolgsmann, den damals scharf optimatischen Volkstribunen Marcus Caelius, von einer Intercession gegen diesen Antrag abzuhalten[209]. Für Caesar war dieses Zugeständnis von höchstem Wert. Er konnte sich so auch gegenüber einer Dictatur des Pompeius gesichert fühlen und seine ganze Kraft der Bewältigung des keltischen Aufstandes zukehren.

Auch Pompeius' Verhandlungen mit den Senatshäuptern führten zu einem Kompromiß. Cato wehrte sich zwar längere Zeit gegen Erteilung einer außerordentlichen Vollmacht an Pompeius. Doch wie sich herausstellte, daß die Anarchie schließlich einen Staatsstreich des Pompeius rechtfertigen würde, setzte er durch, daß der Senat die Initiative ergreife. Statt einer Dictatur wurde sehr geschickt die außerordentliche Vollmacht in die Form eines Consulats ohne Collegen gekleidet[210]. Das war keine Spielerei mit Worten, sondern gegenüber einer Dictatur, wie sie Sulla innegehabt hatte, war dieses Amt von vornherein befristet und unterlag der üblichen Verantwortlichkeit. In Wahrheit gab Pompeius damals die von ihm stets prätendierte Stellung des über dem gewöhnlichen politischen Treiben Stehenden auf und trat in die Reihen der Optimatenoligarchie zurück. Die Gabe der schöpferischen Staatskunst war ihm durchaus versagt. Seine Fähigkeit, für einzelne Bedürfnisse der Reichspolitik vorhandene Mittel zu organisieren, hatte er oft bewährt, aber den Gedanken einer gründlichen Neugestaltung der politischen Verhältnisse vermochte er nicht zu fassen, geschweige denn nach einer solchen Vorstellung zu handeln. Überdies beherrschte er nicht einmal den Mechanismus des politischen Geschäfts, wie es in Senat und Volksversammlung betrieben wurde, so daß ihm die 61 gehegte Erwartung, fortan der erste Mann im Staate zu sein, kläglich zuschanden wurde. Und als ihm nun sein Glück zum zweitenmal die größte Möglichkeit entgegentrug, verstand er nicht den Augenblick zu nutzen. In welches Verhältnis zu Caesar er jetzt tatsächlich kam, ergibt sich daraus, daß den entscheidenden Antrag im Senat Marcus

[207] Suet. 27, 1 nennt die Pompeia *Fausto Sullae destinatam*. Sie war wohl schon mit ihm verheiratet. Im Jahr 47 hatte sie zwei Kinder (B. Afr. 95, 3. Appian. b. c. 2, 416).

[208] Suet. 26, 1. Cass. Dio 40, 51, 2. Caes. b. c. 1, 9, 2. 32, 3.

[209] Cic. Att. 7, 1, 4. 3, 4. 6, 2. 8, 3, 3. fam. 6, 6, 5.

[210] Plut. Cat. min. 47, 1–3. Cic .Mil. 61.

Bibulus stellte, warm unterstützt von Marcus Cato, und daß zum Vorsitzenden in dem zur Aburteilung Milos gebildeten Sondergerichtshof Lucius Domitius Ahenobarbus bestellt wurde[211]. Diese drei waren Caesars Todfeinde[212].

Am 25. des zwischen dem 24. Februar und 1. März eingeschobenen Schaltmonats (am 5. Februar des verbesserten Kalenders) wurde Pompeius zum drittenmal zum Consul gewählt und ergriff sogleich die Zügel der Regierung[213]. Statt der ihm von Caesar zugedachten Octavia heiratete er damals Cornelia, die Tochter des eifrigen Caesargegners Quintus Metellus Scipio, und ließ im August seinen Schwiegervater zum zweiten Consul wählen[214].

Daß er seinem Versprechen getreu gegen Catos Widerspruch das Gesetz der zehn Volkstribunen über die Zulassung Caesars zur Consulatsbewerbung, ohne nach Rom zu kommen, empfahl[215], wog die Beweise unfreundlicher Gesinnung gegen den Verbündeten nicht auf. Im Gegenteil folgten im Laufe des Consulatsjahres gesetzgeberische Maßnahmen, welche eine Rechtsgrundlage zur Beseitigung Caesars schufen. In einem seiner Gesetze nahm er einen Senatsbeschluß[216] von 53 auf, wonach die Provinzen an Magistrate früherer Jahre nicht mehr unmittelbar nach der städtischen Amtsführung an die Consulare und Praetorier zu vergeben waren. Der Senatsbeschluß hatte die Korruption[217] der Ämterbewerbung eindämmen sollen. Das neue Gesetz konnte, wie sich bald herausstellte, gegen Caesar gekehrt werden. Denn jetzt standen auch für seine Provinzen nicht erst die Consuln von 49 zur Verfügung, sondern man konnte ihm gleich nach dem 1. März 50 einen Nachfolger schicken. Dann war er bis zum Antritt des Consulats im Jahre 48 amtslos und strafrechtlicher Verfolgung erreichbar.

Ein weiteres Gesetz des Pompeius über das Ämterrecht enthielt die Bestimmung, daß ein Bewerber sich persönlich melden müsse. Caesars Freunde machten sogleich darauf aufmerksam, daß diese allgemeine Fassung dem Plebiscit über Caesars Consulatsbewerbung widerspreche. Indessen das Gesetz wurde ohne Erwähnung von Caesars Privileg vom Volke angenommen, auf Bronze eingegraben und dem Staatsarchiv einverleibt. Erst nachträglich

211 Plut. Pomp. 54, 5–8. Cat. min. 47, 3–4. Caes. 28, 7. Cass. Dio 40, 50, 4–5. Appian. b. c. 2, 84. Vell. 2, 47, 3. Asc. in Mil. S. 36. 38. Cic. Mil. 22.

212 Sall. ad. Caes. 2, 9, 1–3. 213 Ascon. S. 36.

214 Plut. Pomp. 55, 1–3; 11. Lucan. 3, 23. Cass. Dio 40, 51, 2–3. Appian. b. c. 2, 95.

215 Caes. b. c. 1, 32, 3. Cass. Dio 40, 51, 2.

216 Cass. Dio 40, 46, 2 spricht von einem Intervall von 5 Jahren. In dem Senatusconsultum von 51 bei Cic. fam. 8, 8, 8 wird auf ein *quinquennium* nicht Bezug genommen. Darum halte ich für möglich, daß Dio (oder seine Quelle) es aus der augusteischen Ordnung (53, 14, 2) erschlossen hat. Hermes 63 (1928), 130. RE 7A, 971; anders ‚Pompeius'² 179. MOMMSEN RStR II 248 dachte an Übergangsbestimmungen.

217 Cass. Dio 40, 30, 1. 56, 1. Caes. b. c. 1, 6, 5 (von den beiden für 49 zu Proconsuln bestimmten war Metellus Scipio Consul 52, L. Domitius 54). 85, 9 *in se iura magistratuum commutari, ne ex praetura et consulatu ut semper, sed per paucos probati et electi in provincias mittantur.*

ließ Pompeius noch eine bezügliche Anmerkung beifügen, die selbstverständlich staatsrechtlich keine Gültigkeit hatte[218].

So war der gesetzliche Boden, auf dem Caesar stand, gänzlich unterhöhlt. Nur war seine auf Verfassungsverletzungen gegründete Macht im Laufe der Jahre zu einer autonomen Größe geworden, der mit solchen politischen Mitteln nicht mehr beizukommen war. Denn in Rom war man damals dahin gelangt, daß das gültige Staatsrecht auf Grund der militärischen Stärke der politischen Machthaber festgestellt wurde. In dieser Einsicht ließ sich Pompeius seine spanischen Provinzen auf weitere fünf Jahre übertragen und trieb so die Krise des Staates voraussichtlich einer Entscheidung durch die Waffen entgegen[219]. Indessen das große Ereignis der Tagespolitik war der Sieg der Staatsgewalt über die Anarchie, wie er sich in einer Reihe von Prozessen vollzog. Zunächst wurde am 8. April Milo verurteilt[220]. Cato drang mit seiner Forderung, er müsse als ein um den Staat hochverdienter Mann freigesprochen werden[221], nicht durch, und auch sein Verteidiger Cicero konnte ihn mit der Behauptung, er habe in Notwehr gehandelt[222], nicht retten, da er tatsächlich den Befehl gegeben hatte, den bereits verwundeten Clodius zu töten[223]. Dazu war Pompeius durch seinen und seiner Freunde Widerstand gegen die Ordnungsmaßnahmen gereizt und billigte darum das Urteil[224], und erst recht war es natürlich im Sinne Caesars. Allein dann begann sich das Blatt zu wenden. Der Anführer des Trupps, der Clodius erschlagen hatte, wurde freigesprochen, und nun folgten das ganze Jahr hindurch Prozesse, in denen ein Clodianer nach dem andern verurteilt wurde[225]. Wir hören von einem Fall, wo sich selbst Pompeius vergeblich für einen Angeklagten einsetzte[226]. Sein nunmehriger Schwiegervater Scipio stand mit Cato und Domitius Ahenobarbus bei dieser Säuberungsaktion an der Spitze, und er ließ sie fortan gewähren. Diese „Herrschaft in den Gerichtshöfen"

[218] Suet. 28, 3. Cic. Att. 8, 3, 3 über Pompeius: *contendit, ut decem tribuni pl(ebis) ferrent, ut absentis ratio haberetur, quod idem ipse sanxit lege quadam sua.* Dagegen Suet. 28, 2 behauptet 51 der Consul M. Marcellus: *ne absentis ratio comitiis haberetur, quando lege* (so emendiert O. Hirschfeld Kl. Schr. 810) *plebi scito Pompeius postea obrogasset.* Cass. Dio 40, 56, 1–3. Mommsen, RStR I 504, 2. Wie ich, Pompeius'[2] 178 bemerkte, glaube ich nicht an Arglist des Pompeius, anders Syme R. R. 40.

[219] Cass. Dio 40, 44, 2. 56, 2. Plut. Pomp. 55, 12. Caes. 28, 8. Appian. b. c. 2, 92. Mit Lange R. A. III 376 bin ich der Ansicht, daß es durch Plebiscit geschah. ‚Pompeius'[2] 179, 85. Lange erinnert an das Urteil des Tacitus über Pompeius ann. 3, 28, 1: *suarum legum auctor idem ac subversor, quae armis tuebatur armis amisit.* Caes. b. c. 1, 85, 8 *omnia haec iam pridem contra se parari: in se novi generis imperia constitui, ut idem ad portas urbanis praesideat rebus et duas bellicosissimas provincias absens tot annos obtineat.*

[220] Ascon. S. 40. [221] Ascon. zu Cic. Mil. 95 S. 53-54. Vell. 2, 47, 4. Cic. fam. 15, 4, 12.

[222] Cic. Mil. 9–11. 23. 26-29. 30. 37. 41-46. [223] Ascon. S. 35. 53.

[224] Cic. Mil. 65–71. Ascon. S. 36. 38. Cass. Dio 40, 53, 2–54, 4. [225] Ascon. 55-56.

[226] Cass. Dio 40, 55. Cic. fam. 7, 2, 2. Phil. 13, 27. Plut. Pomp. 55, 8–11. Cat. min. 48, 8–10. Val. Max. 2, 6, 5.

bezeichnete am augenfälligsten den Sieg der Optimaten und die gänzlich veränderte politische Lage. Des politischen Kreises, der jetzt durch die Strafurteile so empfindlich gelichtet wurde, bemächtigte sich maßlose Erbitterung gegen den Verrat des Pompeius. Gewiß war keiner bei den Verurteilten, der das Exil nicht voll verdiente. Aber sie hatten doch bisher zur Gefolgschaft der Verbündeten gehört und sahen sich nun böse geprellt. Ihre einzige Hoffnung blieb Caesar, und er nahm auch jeden auf [227]. Aber gerade, als der Sturm am ärgsten wütete, konnte er ihnen am wenigsten helfen. Denn als er 52, noch im Winter, nach dem jenseitigen Gallien eilte, fand er, daß dort überhaupt alles, was er bisher geschaffen hatte, wieder in Frage gestellt war.

Furchtbar offenbarte sich, welch grimmigen Haß die Jahre seiner Gewaltherrschaft in Gallien bei den Unterjochten erweckt hatten. Die Haupthelden dieses Nationalkriegs waren Männer, welche er durch seine Gunsterweisungen gewonnen glaubte. Im Belgerlande nämlich war Commius, der Atrebatenfürst, der ihm früher so bedeutende Dienste geleistet hatte, von Anfang an die Seele des Aufstandes [228], und auch Vercingetorix, der große Führer der Arverner, war einstmals von ihm mit dem Titel eines Freundes geehrt worden [229]. Dieser Umstand erklärt auch, daß die Kelten so gut Bescheid wußten über seine Stellung in Rom. Nur kurze Zeit nach dem Bekanntwerden der Ermordung des Clodius machten die Carnuten die römischen Handelsleute und auch Caesars Verpflegungskommissar, die sich in ihrer Stadt Cenabum (Orléans) befanden, nieder [230]. Ungeachtet, daß im Senonenlande das Gros des römischen Heeres, 6 Legionen, lag, sammelte hier sogleich der verwegene Drappes Freischaren und störte die Verpflegung der Römer

[227] Sall. ad Caes. 2, 3, 1 (im Jahr 50) *quoniam Cn. Pompeius aut animi pravitate aut quia nihil eo maluit quod tibi obesset ita lapsus est, ut hostibus tela in manus iaceret. 2 primum omnium summam potestatem moderandi de vectigalibus sumptibus iudiciis senatoribus paucis tradidit. 3 idem illi factiosi regunt, dant adimunt quae lubet, innocentis circumveniunt, suos ad honorem extollunt. 6 homines inertissimi, quorum omnis vis virtusque in lingua sita est, forte atque alterius socordia* (gemeint ist Pompeius, W. Steidle Hermes 78 (1944), 82) *dominationem oblatam insolentes agitant.* 4, 1 *L. Sulla, cui omnia in victoria lege belli licuerunt, tametsi supplicio hostium partis suas muniri intellegebat, tamen paucis interfectis ceteros beneficio quam metu retinere maluit. at hercule M. Catoni L. Domitio ceterisque eiusdem factionis quadraginta senatores, multi praeterea cum spe bona adulescentes sicutei hostiae mactati sunt.* Diese ungeheuerliche Übertreibung zeigt am besten die Wut der von der Säuberungsaktion Getroffenen. Vergl. Ciceros Bericht über die Contio des Volkstribunen M. Antonius vom Dezember 50 (Att. 7, 8, 5): *accusatio Pompei usque a toga pura, querela de damnatis, terror armorum.* Appian. b. c. 2, 96. Caes. b. c. 1, 4, 3 von Metellus Scipio: *iudiciorum metus atque ostentatio sui et adulatio potentium, qui in re publica iudiciisque tum plurimum pollebant.* Im Mai 51 schrieb M. Caelius an Cicero (fam. 8, 1, 4): *Plancus quidem tuus Ravennae est et magno congiario donatus a Caesare nec beatus nec bene instructus est.* Es ist der von Cicero angeklagte Volkstribun 52 T. Munatius Plancus Bursa, für den Pompeius vergeblich eingetreten war (fam. 7, 2, 2). Atticus sprach später, als die zu Caesar Geflüchteten im Bürgerkrieg wieder auftauchten, von der *νέκυια* (Att. 9, 10, 7. 11, 2. 18, 2).

[228] B. G. 7, 76, 1–2. 8, 23, 3. [229] Cass. Dio 40, 41, 1. RE 8A, 982.

[230] B. G. 7, 3, 1 *C. Fufium Citam, honestum equitem Romanum, qui rei frumentariae iussu Caesaris praeerat.*

aufs empfindlichste[231]. Es scheint, daß aus diesem Grunde Labienus nichts weiter unternahm als den Versuch, des Commius Umtrieben durch Meuchelmord ein Ende zu machen[322].

Diese Zeit nutzte Vercingetorix, dessen Vater Celtillus vor Jahren den Tod gefunden hatte, weil er König werden wollte[233], dazu, um zunächst gegen den Widerstand der anderen Arvernerfürsten seinen Staat zum Krieg mitzureißen. Er wurde zum König ausgerufen und gewann sofort mehr als ein Dutzend Nachbarvölker zum Anschluß und zur Anerkennung seines Oberbefehls. Bald konnte sich sein Ehrgeiz zum Gedanken an ein Königtum in einem keltischen Nationalreich erheben, ein Ideal, das erst dadurch möglich wurde, daß Caesar das keltische Staatengewimmel in den Rahmen einer einheitlich regierten römischen Provinz zwang und den Kelten so die nationale Zusammengehörigkeit auch als eine politische zum Bewußtsein brachte[234]. Einen Teil des aufgebotenen Bundesheeres führte er selbst zu den Biturigern (Berry) und löste diese von ihrer Schutzmacht, den Haeduern, los[235]. Mit dem anderen Teil stieß Lucterius gegen Süden und trug den Aufstand bis an die Grenze der alten römischen Provinz[236]. Als Caesar endlich etwa Ende Februar jenseits der Alpen erschien, rüstete er sich eben zu einem Vorstoß gegen die römische Colonie Narbo. Doch dem kam Caesar nun zuvor, indem er die gefährdeten Stellen mit Provinzialmilizen und den mitgeführten Legionsrekruten besetzte. Weiter ließ er sofort auch in der transalpinen Provinz Mannschaften für die reguläre Armee ausheben ohne Rücksicht darauf, ob die Rekruten das römische Bürgerrecht besaßen. So wurden allmählich 22 neue Cohorten gebildet mit stark keltischem Einschlag[237].

Mit den Milizen und Rekruten, die er eben zur Hand hatte, überschritt er ganz überraschend die tiefverschneiten Cevennen und bedrohte die Auvergne. Durch diese Demonstration zog er Vercingetorix in seine Heimat ab, eilte persönlich sofort nach Vienna und gelangte von hier in auch des Nachts nicht unterbrochenem Ritte glücklich in die Gegend von Langres, wo die zwei am weitesten im Süden einquartierten Legionen standen[238]. Während er nun in der Gegend von Agedincum (Sens) das gesamte Heer zusammenzog, marschierte Vercingetorix nach Norden und begann die Belagerung von Gorgobina. Das war der Mittelpunkt der durch Caesar in der dortigen Gegend an-

[231] B. G. 8, 30, 1. [232] B. G. 8, 23, 4–6.

[233] B. G. 7, 4, 1. Plut. 25, 5. RE 8 A, 982.

[234] B. G. 7, 4, 2–10. Plut. 27, 1. Polyaen. 8, 23, 9. Oros. 6, 11, 7.

[235] B. G. 7, 5, 2–6. [236] B. G. 7, 5, 1. 8, 30, 1.

[237] B. G. 7, 7, 1–8, 1. 9, 1. 65, 1. Aus solchen Mannschaften wurde möglicherweise die spätere *legio V Alaudae* gebildet, Suet. 24, 2 *unam etiam ex Transalpinis conscriptam vocabulo quoque Gallico — Alauda enim appellabatur — quam disciplina cultuque Romano institutam et ornatam postea universam civitate donavit.* Plin. n. h. 11, 121 *postea Gallico vocabulo etiam legioni nomen dederat alaudae.* Cic. Phil. 1, 20. 5, 12. 13, 3; 22. fam. 10, 34, 1 *legio* V. B. Afr. 1, 5. 28, 2. Ritterling RE 12, 1564. [238] B. G. 7, 8, 2–9, 4.

gesiedelten und der Hoheit der Haeduer unterstellten Boier. Gelang Vercingetorix dessen Eroberung, so war das für ganz Gallien das Zeichen, daß Caesar seine Freunde nicht zu schützen vermöge[239]. Aus diesem Grunde entschloß sich Caesar, sofort den Feldzug zu beginnen trotz den großen Schwierigkeiten, welche die Jahreszeit der Verpflegung bereitete. Zugleich wollte er durch Zerschmetterung der Rebellen weitere Aufstandsgelüste abschrecken. Darum wandte er sich zunächst gegen Cenabum. Unterwegs zwang er einen Ringwall der Senonen schon nach zweitägiger Belagerung zur Übergabe. Auch in Cenabum war man auf den Angriff nicht gerüstet. Die Bewohner wollten in der Nacht über die Loirebrücke flüchten. Aber die Römer merkten es, drangen in die Stadt ein und nahmen noch den größten Teil der Feinde gefangen. Die Stadt, von welcher der Aufstand ausgegangen war, wurde geplündert und angezündet, die ganze Beute schenkte Caesar den Soldaten[240]. Dann überschritt er die Loire und kam ins Biturigerland. Zu dessen Schutz zog ihm Vercingetorix unter Verzicht auf Gorgobina sogleich entgegen. Das römische Heer stand vor einer Stadt Noviodunum (südlich von Cenabum), die eben kapituliert hatte, als die keltische Vorhut auftauchte. Darauf schloß die Stadt wiederum ihre Tore, hatte es aber bald zu bereuen, da dank 400 germanischen Reitern, die Caesar in Sold genommen hatte, die keltischen Ritter in die Flucht gejagt wurden. Er rückte nun — etwa im April des Julianischen Kalenders — vor Avaricum (Bourges), die reiche und überaus feste Hauptstadt der Bituriger. Von deren Eroberung erhoffte er viel, weil die Gewinnung der Bituriger ein Haupterfolg des Vercingetorix gewesen war[241]. Ebendeshalb war dieser dazu geneigt, sie freiwillig preiszugeben, da die Römer in der Feldschlacht kaum zu besiegen waren. Sein strategischer Plan ging dahin, sie durch Wegnahme der Verpflegungsmöglichkeiten bis zum Untergang zu zermürben. Hierzu mußten rücksichtslos alle gegen einen Angriff nicht durchaus geschützten Ortschaften, wo Vorräte aufgespeichert waren, zerstört werden. Er hatte auch seine Landsleute so gut in der Hand, daß allein die Bituriger zwanzig Städte in Brand steckten. Nur in die Vernichtung Avaricums willigten sie nicht ein, und so wurde die Verteidigung des Platzes beschlossen[242]. Vercingetorix blieb mit dem Feldheer in der Nähe und erschwerte den Römern das Heranbringen der Zufuhren aufs äußerste. Der Hunger war bei ihnen zeitweilig groß, so daß Caesar die Belagerung nur fortzusetzen wagte, nachdem er den Soldaten den Abzug freigestellt hatte und sie ihn ausdrücklich zum Aushalten aufforderten. Diese Ausdauer wurde schließlich durch die Eroberung der Feste mit ihren reichen Vorräten belohnt. In ihrer Wut machten die Soldaten die gesamte Einwohnerschaft, auch Frauen und Kinder, nieder, angeblich etwa 40 000 Menschen[243]. Caesar mochte hoffen, daß die Macht des Gegners nun abzubröckeln beginne. Darin

[239] B. G. 7, 9, 6. 10, 1. [240] B. G. 7, 10, 2–11, 9. [241] B. G. 7, 12–13. RE 8A, 985.
[242] B. G. 7, 14–15. [243] B. G. 7, 16–28. Cass. Dio 40, 34. Oros. 6, 11, 1–4.

täuschte er sich aber vollkommen. Der militärische Erfolg von Avaricum brachte keinen politischen Gewinn. Denn Vercingetorix wies vor seinen Leuten darauf hin, wie er durchaus gegen das Halten von Avaricum gewesen sei und wie sich im übrigen die Lage der Römer nicht gebessert habe. Getragen vom allgemeinen Vertrauen, befahl er, durch neue Aufgebote die Verluste zu ersetzen, und ließ durch Gesandte die Staaten, die sich noch fernhielten, erfolgreich bearbeiten. Gerade um diese Zeit traf der Nitiobrogenkönig Teutomatus (von der mittleren Garonne) mit einem starken reisigen Gefolge bei ihm ein, obwohl sein Vater vom Senat auf die Liste der Freunde Roms gesetzt worden war[244].

Am bedenklichsten war für Caesar, daß auch die Haeduer immer unsicherer wurden. Sie waren schon in den Getreidelieferungen für das Belagerungsheer nachlässig gewesen[245]. Nun berichtete man ihm, daß infolge zwiespältiger Wahl das oberste Landesamt doppelt besetzt sei und der Bürgerkrieg vor der Tür stehe. Einige Edelleute riefen seine Vermittlung an. Da ihm klar war, daß die schwächere Partei sich im Falle eines blutigen Kampfes Hilfe bei Vercingetorix verschaffen werde, unterbrach er den Feldzug und berief die Ratsversammlung der Haeduer nach Decetia (Decize an der Loire). Bei seinem Schiedsspruch hielt er sich an das bisher geltende Gewohnheitsrecht und erkannte den Convictolitavis, der nach altem Brauch von den Druiden gewählt war, als den rechtmäßigen Vergobreten an. Dann sprach er die Erwartung aus, sie würden die Streitigkeiten jetzt begraben und durch eifrige Teilnahme am Krieg sich nach dem Sieg große Belohnungen verdienen wollen. Demgemäß befahl er, die gesamte Ritterschaft und 10 000 Mann zu Fuß für ihn ins Feld zu stellen[246].

Das Haeduerland sollt ihm für seine weiteren Unternehmungen die Operationsbasis bilden, so ließ er die Getreidevorräte sämtlich nach Noviodunum (Nevers, etwas unterhalb Decetia, ebenfalls an der Loire) schaffen, wo unter dem Schutz geringer Bedeckungsmannschaften auch die Geiseln der gallischen Völker, die statthalterliche Kasse, ein großer Teil der Armeebagage und die in Italien und Spanien aufgekauften Remonten zurückblieben. Für den weiteren Krieg teilte er dann sein Heer: während er selbst 6 Legionen das Alliertal aufwärts gegen Gergovia, die Hauptfeste der Arverner (7 km südlich von Clermont-Ferrand), führte, sollte Labienus mit 4 Legionen wieder in das Land der Senonen und der noch nördlicher sitzenden Parisier (Paris) einrücken[247].

Sobald Caesar vor Gergovia eingetroffen war, stellte sich heraus, daß er die Schwierigkeiten eines Angriffs auf diese ausgedehnte und von Natur sehr feste, zudem von Vercingetorix mit überlegenen Kräften gehaltene Stellung erheblich unterschätzt hatte. Sie war nicht durch Einschließung, nur durch Sturm zu nehmen, dieser aber nur möglich unter besonders glücklichen Um-

244 B. G. 7, 29–31. 245 B. G. 7, 17, 3. 246 B. G. 7, 32–34, 1.
247 B. G. 7, 34, 2. 55, 1–3. Cass. Dio 40, 38, 2.

ständen[248]. Inzwischen gelang es jedoch den Gesandten des Vercingetorix, bei den Haeduern den längst sich vorbereitenden politischen Umschwung herbeizuführen. Es hatte ja auch in diesem Staat, der doch Caesar seine gegenwärtige Machtstellung verdankte, immer starke römerfeindliche Elemente gegeben — man braucht nur Dumnorix zu erwähnen. Jetzt hielten auch die bisherigen Römerfreunde den Zeitpunkt für gekommen, sich auf die andere Seite zu schlagen; solange ihr Übertritt noch etwas bedeutete, konnten sie auf eine große Rolle im neuen Reiche hoffen. So stellte sich Convictolitavis selbst an die Spitze der nationalen Bewegung. Die Ritterschaft unter Eporedorix und Viridomarus stand damals bereits im römischen Lager vor Gergovia, dagegen war das Fußvolk noch hinzuführen. Mit dem Befehl darüber wurde nun Litaviccus betraut, der sich mit dem Vergobreten im Einverständnis befand. Noch etwa zwei kleine Tagemärsche von Gergovia entfernt, rief er durch die Erzählung, die beiden Häupter der Ritterschaft seien von Caesar ohne Urteilsspruch als Verräter hingerichtet worden, seine 10 000 zur Empörung gegen die Römer auf. Sogleich wurden die Römer, die unter dem Schutz der Haeduerkolonne einen großen Verpflegungstransport nach Gergovia führten, niedergemacht, der Transport geplündert, die Heimat zur Nachahmung dieses Beispiels aufgefordert. Das geschah auch sogleich: allenthalben im Lande wurden unter Zustimmung des Vergobreten die anwesenden Römer getötet oder zu Sklaven gemacht, ihre Habe geraubt. In Cabillonum (Chalon-sur-Saône), wo eine größere Zahl von römischen Kaufleuten ansässig war, wurden sie aus der Stadt verwiesen, dann überfallen, ausgeplündert und eingeschlossen gehalten[249].

Sobald die Haeduer vor Gergovia erfuhren, was beim Fußvolk vorgegangen war, machte Eporedorix Caesar Mitteilung und bat ihn, gleich Schritte dagegen zu tun. Dazu entschloß er sich auch auf der Stelle: mit 4 Legionen und der gesamten Reiterei zog er von Gergovia ab, um die 10 000 abzufangen und ein weiteres Umsichgreifen des Verrates zu verhüten. Angesichts dieser Macht unterwarfen sich die Meuterer ohne Zögern und folgten ihm, der ihnen jegliche Bestrafung erließ, nach Gergovia, Litaviccus, der Anstifter, entkam zu Vercingetorix. Auf die Nachricht davon ließ man auch im Haeduerlande die festgehaltenen Römer los und erklärte sich zum Schadenersatz bereit, zur Entschuldigung der begangenen Ausschreitungen wurden Gesandte an Caesar abgeordnet. Dieser machte auch ihnen die Aufgabe leicht, indem er erklärte, die Taten eines unverständigen Pöbels hätten keinen Einfluß auf seine Gesinnung gegen die Gemeinde[250].

Allein solche Nachsicht konnte nur noch helfen, wenn sie gestützt wurde durch kriegerische Erfolge gegen die Arverner. Doch die blieben aus. Schon während Caesars kurzer Abwesenheit waren die Feinde über die beiden zu-

[248] B. G. 7, 36.
[249] B. G. 7, 37–38. 42. Cass. Dio 40, 37. Appian. Celt. 21.
[250] B. G. 7, 39–41, 1. 43, 1–4.

rückgelassenen Legionen hergefallen und hatten sie in große Bedrängnis gebracht[251]. Caesar sah ein, daß er das ganze Unternehmen aufgeben müsse. Da glaubte er bei einem Rundgang durch seine Linien noch eine Gelegenheit zu einem Handstreich zu finden und ließ seine Truppen zum Sturm auf einen unbesetzten Teil der feindlichen Befestigungen antreten. Nach anfänglichem Erfolg endete dieser Kampf mit einer offenkundigen Niederlage: 46 Hauptleute und gegen 700 Legionare deckten das Schlachtfeld[252].

Wenn sich auch die Loslösung vom Gegner zwei Tage darauf ohne weitere Verluste vollzog, so schien doch der Zusammenbruch von Caesars Kriegführung in absehbare Nähe gerückt. Litaviccus begab sich sogleich mit der gesamten Reiterei des Bundesheeres nach Bibracte (Mont Beuvray), der Hauptstadt der Haeduer. Viridomarus und Eporedorix verlangten gegen ihn nach Hause geschickt zu werden, und Caesar, wiewohl er ihnen nicht traute, ließ sie ziehen, um Zuversicht an den Tag zu legen. Als die beiden nach Noviodunum kamen, hörten sie, der Haeduerstaat sei offiziell zum Bunde der Kelten übergegangen, Gesandte seien schon unterwegs zu Vercingetorix. Da ließen sie die römische Wache von Noviodunum und die bei den Magazinen befindlichen Händler niedermachen. Das Geld und die Pferde wurden ihre Beute, was von dem Getreide nicht verschifft werden konnte, ließen sie in die Loire schütten oder verbrennen, die keltischen Geiseln nach Bibracte führen. Noviodunum selbst wurde in Brand gesteckt, damit es Caesar nicht mehr benutzen könne. Der Landsturm der Umgebung besetzte die Loireübergänge, überall streiften die keltischen Reiter, um den Römern die Verproviantierung abzuschneiden. Caesar sollte entweder verhungern oder wenigstens zum Rückzug in die alte Provinz genötigt werden[253].

Der sieggewohnte Imperator jedoch gab auch in diesen Gefahren den strategischen Plan, den er für den Rückzug gefaßt hatte, nämlich sich wieder mit Labienus zu vereinigen, nicht auf. In Eilmärschen bei Tag und Nacht erreichte er die Loire, setzte die ganze Armee glücklich über eine Furt, trieb im Lande die nötigen Vorräte auf und marschierte weiter in das Gebiet der Senonen. Hier, etwas südlich von Agedincum, gelang dann auch die Vereinigung mit Labienus, welcher seinerseits die Seine überschritten, dann aber auf die Kunde von Caesars Rückzug sich ebenfalls rückwärts gewandt und nach einem Sieg über die Aufgebote der nördlichen Staaten sich nach Agedincum durchgeschlagen hatte[254].

[251] B. G. 7, 41, 2–5.

[252] B. G. 7, 43, 5–51. Suet. 25, 2 *ad Gergoviam legione fusa*. Oros. 6, 11, 6 *Caesar erumpentibus desuper hostibus pressus multa exercitus sui parte perdita victus aufugit*. Diese starke Betonung der Niederlage geht wahrscheinlich schon auf die Quelle (Livius?) zurück, so daß zeitgenössische Caesarfeindseligkeit durchschimmern könnte. Caesar widerlegt nach seiner Art 7, 52 solche übertriebenen Behauptungen durch Mitteilung seiner an die Soldaten gerichteten Contio, worin er das Unglück deren Disziplinlosigkeit zuschiebt.

[253] B. G. 7, 54–55. Cass. Dio 40, 38, 1–3. [254] B. G. 7, 56–62. Cass. Dio 40, 38, 4.

Der Abfall der Haeduer und die Ergreifung der keltischen Geiseln in Noviodunum waren Ereignisse von größter Bedeutung. Als jetzt eine gallische Landsgemeinde nach Bibracte einberufen wurde, waren es, abgesehen von den Aquitanern, nur vereinzelte Keltenvölker, welche sich noch abseits hielten, namentlich die Remer und Lingonen, die Rom treu blieben, und die Treverer, die mit den Germanen zu kämpfen hatten[255]. Durch Abstimmung aller Anwesenden wurde Vercingetorix aufs neue als Bundesfeldherr bestätigt[256]. Er hielt an seinem Plane fest, Caesars Heer ohne Schlacht auszuhungern, aber gleichzeitig wurden die Haeduer und andere Nachbarvölker der alten Provinz zu einem neuen Angriff auf dieselbe angesetzt. Er hoffte, die Allobroger, welche Rom vor zehn Jahren noch einmal blutig niedergeworfen hatte, würden sich der großen Freiheitsbewegung anschließen und versprach ihnen dafür die Vormachtstellung in der ganzen Transalpina[257]. Zwar trog diese Hoffnung, weil Caesar gerade hier im Adel unbedingt ergebene Anhänger hatte. So ließen die Allobroger niemanden über die Rhone. Dagegen war im übrigen die Lage ernst genug: es gelang der Vorstoß über die Cevennen, die 22 neu ausgehobenen Cohorten standen an der langen Grenze verzettelt, so daß Caesar selbst zu Hilfe kommen mußte[258].

Während der neuen Vorbereitungen der Gegner hatte er seinen braven Legionen im Lingonenlande einige Wochen wohlverdiente Ruhe gegönnt[259]. Da aus der Provinz oder gar aus Italien kein Truppenersatz herbeizuschaffen war und die Feinde über eine weit überlegene Reiterei verfügten, ließ er von jenseits des Rheins noch mehr von den germanischen Reitern kommen, deren unvergleichlichen Kampfwert er im ersten Gefecht dieses Krieges schätzen gelernt hatte[260]. Die Streitmacht des Vercingetorix zog sich unterdessen mehr südlich zusammen, wo er den Ringwall der Mandubier, Alesia, als Stützpunkt herrichtete[261]. Um sich der alten Provinz zu nähern, setzte Caesar sein ganzes Heer in Marsch nach dem Sequanerland. Als er auf dem Wege dahin in die Gegend von Dijon[262] kam, entschloß sich Vercingetorix, die lange Ko-

[255] B. G. 7, 63, 7. Plut. 26, 5. [256] B. G. 7, 63, 6. [257] B. G. 7, 64.

[258] B. G. 7, 65, 1–3. B. c. 3, 59, 1–3. [259] Jullian III 483, 6. RE 8A, 995.

[260] B. G. 7, 65, 4–5.

[261] B. G. 7, 69, 5. 71, 7. Über Alesia (Mont Auxois mit der Ortschaft Alise-Sainte-Reine in der Bourgogne) RE 8A, 995 f. 2418-19. J. Carcopino Alésia et les ruses de César (1958), 1–184.

[262] So nach Annahme von Napoleon III., Jullian, Holmes in RE 8A, 997. Caesar nennt 7, 66, 2 als sein Marschziel das Sequanerland, östlich der Saône (B. G. 1, 12, 1. Strab. 4, 186. 192). Cass. Dio 40, 39, 1 gibt an, Vercingetorix sei gegen die Allobroger gezogen und im Sequanerland mit Caesar zusammengestoßen. Er hat seine Quelle ungeschickt gekürzt. Die Allobroger gehen letztlich zurück auf B. G. 7, 64, 5 *bellum inferre Allobrogibus iubet*, und ebenso ungenau macht er aus B. G. 66, 2 *cum Caesar in Sequanos per extremos Lingonum fines iter faceret* „Vercingetorix habe Caesar bei den Sequanern gefaßt." Wie Dio 72, 23, 5 erzählt, brauchte er für das Excerpieren der Geschichtswerke, die von den Anfängen Roms bis auf die von ihm selbst erlebte Zeit Auskunft gaben, 10, für die darauf folgende künstlerische Ausarbeitung 12 Jahre. Daß bei dieser Arbeitsweise solche Versehen unterliefen, ist begreiflich. Man kann nicht wie Carcopino a. O. 122

lonne mit seiner an Zahl weit überlegenen Reiterei anzugreifen. Denn er sagte mit Recht, daß dieser Rückzug Caesars keinesfalls den endgültigen Verzicht auf Gallien bedeute, und hoffte, den Marsch aufzuhalten oder gar die Römer dahin zu bringen, in schmählicher Flucht ihren Troß preiszugeben. Die keltischen Ritter waren von dem Plan begeistert und schworen einen hohen Eid, daß keiner in die Heimat zurückkehren dürfe, der nicht zweimal durch die römische Kolonne hindurchgeritten sei. Sie kamen von vorn, links und rechts zugleich, wurden aber von den Römern erfolgreich abgewehrt, und schließlich nahmen die germanischen Reiter die Höhe in der rechten Flanke, warfen die Feinde mit großen Verlusten in die Flucht, so daß bald auch die übrigen aus Furcht vor Umzingelung auseinanderstoben[263].

Die moralische Wirkung dieser ganz unerwarteten Niederlage war so groß, daß Vercingetorix es für nötig hielt, auf Alesia zurückzugehen. Aber nun erfaßte Caesar blitzschnell die veränderte Lage und begann schon am Tage darauf, die sturmfreie Feste mit einem 17 Kilometer langen Gürtel von Belagerungswerken einzuschließen. Vercingetorix konnte noch seine Reiterei entlassen mit dem Befehl, das gesamte Bundesheer zum Entsatz aufzubieten, dann schlossen sich die Linien für immer. Es waren Wochen ungeheurer Spannung, während derer nun die Mannschaften von 43 Staaten sich im Haeduerlande versammelten und dem gemeinsamen Befehl von Commius, Viridomarus, Eporedorix und Vercassivellaunus, einem Vetter des Vercingetorix, unterstellt wurden und andrerseits Caesar zu ihrer Abwehr einen zweiten Gürtel um die innere Sperrlinie legte. Endlich, nach mehr als dreißig Tagen, als in Alesia bereits die Getreidevorräte aufgezehrt waren und es auch im römischen Lager immer knapper wurde, kam die große Entscheidung[264].

Sie begann am ersten Tage mit einer Reiterschlacht, welche wiederum dank der ungestümen Tapferkeit der Germanen mit dem römischen Siege endete. Nach einem Tag der Ruhe wurden von innen und außen zugleich die römischen Befestigungsringe angegriffen, aber nirgends durchbrochen. Um die Mittagsstunde des vierten Tages brach der letzte Sturm los, für den Belagerte und Entsetzende ihre äußerste Kraft drangaben. Nach einem furchtbaren Kampfe blieben auch diesmal die Römer Sieger. Das große Entsatzheer zerstreute sich nach einem Verlust von 74 Feldzeichen. Tags darauf kapitulierte Vercingetorix. Caesar befahl Abgabe der Waffen und Auslieferung der Führer und ließ in Erwartung derselben sein Tribunal auf einer

Dio gegen Caesar ausspielen. Über diese auch sonst in der antiken Historiographie übliche Arbeitsweise ausführlich Gert Avenarius Lukians Schrift zur Geschichtsschreibung (1956), 85ff. Plut. 26, 6 hat das richtige. Neuerdings vermutet Luigi Pareti Storia di Roma e del Mondo Romano IV (1955), 133 den Schlachtort in der Gegend von Monbard im Tal der Armançon, nordwestlich von Alesia. Dijon liegt südöstlich. Noch näher bei Alesia, aber auch nordwestlich sucht ihn Carcopino a. O. 188.

263 B. G. 7, 66, 2–67. Plut. 26, 7–8. Cass. Dio 40, 39, 2–3. RE 8A, 997–999.

264 B. G. 7, 68–76. Plut. 27, 1–4. Cass. Dio 40, 40, 1–4. RE 8A, 999–1001.

der Schanzen errichten[265]. Hoch zu Roß sprengte Vercingetorix heran und ließ sich vor Caesar stumm auf seine Knie nieder, als ehemaliger Freund auf Begnadigung durch den Sieger hoffend. Manche Zuschauer wurden gerührt, doch Caesar blieb hart und hielt ihm seine Felonie vor. Der große Rebell sollte die Folgen seiner Vermessenheit tragen, und der Imperator befahl, ihn nach römischem Herkommen für den Triumph und die nachfolgende Hinrichtung in festen Gewahrsam zu legen. Da er erst 46 zum Triumphieren gelangte, mußte der unglückliche keltische Nationalheld sechs Jahre lang in römischen Kerkern auf den Tod warten[266]

Die Gefangenen wurden als Sklaven an die Soldaten verteilt, nachdem die 20 000 Haeduer und Arverner ausgeschieden waren. Diesen beiden mächtigen Staaten gab er die Ihrigen zurück[267]. Den Haeduern gewährte er sogar wiederum die alte Stellung von freien Verbündeten, welche außer ihnen nur die getreuen Remer und Lingonen erhielten[268]. Und den Arvernern gab er gegen Stellung einer hohen Zahl von Geiseln glimpfliche Unterwerfungsbedingungen. Sie wurden als frei anerkannt, d. h. Rom griff nicht ein in ihre einheimische Verfassung[269].

Diese Vorzugsbehandlung der beiden Hauptvölker erreichte ihren Zweck vollauf. Sie gaben die nationale Sache preis und leisteten Caesar jeden gewünschten Dienst. Das war sehr wichtig, weil der Krieg durchaus nicht zu Ende war. Wohl war die Gefahr eines geeinigten Keltenreichs beseitigt, und mit mehr Recht als jemals konnte man dafür in Rom ein zwanzigtägiges Dankfest[270] feiern, aber ob Caesar imstande sein werde, das empörte Land noch während seiner Statthalterschaft zum Gehorsam zurückzubringen, war eine ernste Frage. Die keltischen Führer kannten die römischen Verhältnisse gut genug, um zu wissen, daß im Jahr 50 sein Kommando wahrscheinlich zu Ende gehe[271]. Sollte es nicht möglich sein, bis dahin wenigstens den Klein-

[265] B. G. 7, 77–89, 4. Seltsame Abweichungen Plut. 27, 1–4. Polyaen. 8, 23, 11. RE 8 A, 1005.

[266] Cass. Dio 40, 41. 43, 19, 4. Plut. 27, 8–10. Oros. 6, 11, 11. Flor. 1, 45, 23–26. RE 8 A, 1006. L. PARETI Stor. di Roma IV 139 hält den Kopf eines Kelten auf einer Münze des Jahres 48 für Vercingetorix (Abb. auch bei H. KÄHLER Rom und seine Welt, 1958, Taf. 59); weiter gibt PARETI S. 146. 149 vergrößerte Münzbilder mit gefangenen Kelten, die er als Darstellungen des Vercingetorix bezeichnet. Vgl. RE 8 A, 989. Ebenso skeptisch K. CHRIST Historia 6 (1957), 228.

[267] B. G. 7, 89, 5–90, 3.

[268] Plin. n. h. 4, 107. 106. DESSAU ILS 1380. 6997 *civitas Remor(um) foeder(ata)*. Tac. hist. 4, 67 von den Lingonen. O. HIRSCHFELD Kl. Schr. 192-93.

[269] Plin. n. h. 4, 109. Vgl. Suet. 25, 1 *omnem Galliam ... praeter socias ac bene meritas civitates in provinciae formam redegit.*

[270] B. G. 7, 90, 8. Caesars Feinde stimmten wohl dafür, um einen Grund zu haben, Caesar abzuberufen: Suet. 28, 2 im April 51 berichtet der Consul M. Marcellus dem Senat, *ut ei succederetur ante tempus, quoniam bello confecto pax esset ac dimitti deberet victor exercitus.* Vgl. Cass. Dio 40, 44, 1.

[271] B. G. 8, 39, 3 *cum omnibus Gallis notum esse sciret reliquam esse unam aestatem provinciae suae.*

krieg gegen das zersplitterte römische Heer durchzuhalten und nach Caesars Abgang die Freiheit zu behaupten? Um solche Pläne im Keime zu ersticken, blieb er diesen Winter wiederum im Hauptquartier zu Bibracte[272].

Nachdem die Truppen kaum ihre Lager bezogen hatten, hielt er es für geboten, bei Beginn des neuen Amtsjahres 51 (nach dem verbesserten Kalender Anfang Dezember) mit zwei Legionen die Bituriger und ihre Nachbarn zur Ruhe zu bringen. Die Schnelligkeit, mit welcher das Land besetzt wurde, machte einen Widerstand unmöglich, und als sie um Gnade nachsuchten, bekamen auch sie gute Bedingungen: ihr Staat wurde ebenfalls einer der „freien"[273]. Die Soldaten, welche diesen Winterfeldzug mitgemacht hatten, erhielten, bevor sie wieder in die Winterquartiere zurückmarschierten, ein Extrageschenk von 200 Sesterzen (50 Denaren), die Hauptleute von 2000 (500 Denaren)[274]. Caesar traf nach einer Abwesenheit von 40 Tagen (Anfang Januar des verbesserten Kalenders) wieder in Bibracte ein, wurde aber schon nach 18 Tagen aus der Rechtsprechung heraus von den Biturigern zu Hilfe gerufen gegen die Carnuten. Durch Verlegung von zwei Legionen nach Cena-

Ein Caesarianer wie Hirtius kann damit nicht den Sommer 51 gemeint haben, wie O. Hirschfeld Kl. Schr. 318. 325 behauptete. Ihm ist selbstverständlich (48, 10), daß Caesar im Jahr 50 in Gallien blieb. Caesar selbst b. c. 3, 1, 1 vom Jahr 48: *is enim erat annus, quo per leges ei consulem fieri liceret.* Richtig für 50 P. J. Cuff Historia 7 (1958), 469, 96. Wenn 52 der Vorschlag auftauchte, Caesar könnte mit Pompeius das Consulat übernehmen, so zeigt das, daß im Fall der Verständigung zwischen den beiden *principes* Caesar so gut wie Pompeius von dem zur Übernahme eines zweiten Consulats vorgeschriebenen Intervall hätte entbunden werden können. Darüber Hermes 63, 129. Ebenda 125, 3, daß man über die Dauer der außerordentlichen Imperien von Caesar und Pompeius keine Berechnungen nach Monaten und Tagen anstellen kann. Caesars Imperium wurde schon 55, das des Pompeius schon 52 verlängert, obwohl der Senat nach Lex Vatinia und Trebonia vor dem 1. März 54 oder 1. März 50 über die fraglichen Provinzen nicht beschließen durfte. Cuff a. O. 464 hat diesen Tatbestand nicht beachtet.

272 B. G. 7, 90, 8. 8, 4, 2 *ibi cum ius diceret.* Es ist jedenfalls vorzugsweise an die magistratische Rechtsprechung in Zivilprozessen zwischen römischen Bürgern oder römischen Bürgern und Peregrinen zu denken. Caesar selbst erwähnt nur (1, 54, 3. 5, 1, 5. 2, 1. 6, 44, 3. 7, 1, 1 = 8, 23, 3 *Caesare in Gallia citeriore ius dicente*) seine Convente in Gallia citerior. Aber in den Briefen an Trebatius spielt Cicero öfter auf die Jurisdiction im Winterlager Samarobriva an, bei der Trebatius als *iuris consultus* zugezogen wurde, fam. 7, 10, 1. 13, 1. 14, 2, 16, 3. Es ist für den modernen Historiker erfreulich, daß sich A. Hirtius, der Verfasser des 8. Buches, genauer an die in Caesars Kanzlei geführten Aufzeichnungen, die *commentarii* im eigentlichen Sinn (F. Bömer Hermes 81, 1953, 214) hielt, während der Imperator auch mit den Akten souveräner verfuhr und wegließ, was ihm unwichtig schien.

273 B. G. 8, 1–4, 1. 3, 5 *Bituriges, cum sibi viderent clementia Caesaris reditum patere in eius amicitiam finitimasque civitates sine ulla poena dedisse obsides atque in fidem receptas esse, idem fecerunt.* Plin. n. h. 4, 109 *Bituriges liberi qui Cubi appellantur.* Strab. 4, 190, von Caesar werden die Cubi nie genannt (Ihm RE 3, 548). Die *Bituriges cognomine Vivisci* (Plin. n. h. 4, 108) mit der Hauptstadt Burdigala wohnten am Unterlauf der Garonne.

274 B. G. 8, 4, 1. Nach G. R. Watson Historia 7 (1958), 117 betrug damals (Plin. n. h. 33, 45) der Jahressold der Soldaten 112½ Denare. Suet. 26, 3 berichtet: *legionibus stipendium in perpetuum duplicavit.* Wir wissen nicht, ob das schon für den gallischen Krieg galt.

bum wurde auch diese Bewegung sofort unterdrückt, die Bevölkerung mußte in die umliegenden Staaten flüchten[275].

Nun erfuhr er durch die Remer, daß die Bellovaker und einige andere belgische Staaten zum Kriege rüsteten, worauf er sogleich vier Legionen gegen sie zusammenzog. Da sie den Krieg unter Führung des Correus und Commius sehr geschickt führten, mußte er bald noch zwei andere Legionen kommen lassen, erlitt aber trotzdem einige ernste Schlappen, so daß sich Ende April (des verbesserten Kalenders) seine Feinde in Rom, wie Lucius Domitius, sogar schon heimliche Hoffnungen auf ein größeres Unglück machten[276]. Allein dem setzte ein siegreiches Treffen, worin Correus den Tod fand, ein plötzliches Ende. Demütiglich flehten die Abgesandten der Bellovaker jetzt um Gnade, indem sie alle Schuld auf den gefallenen Führer schoben. Caesar bemerkte ihnen, solche Ausflüchte verfingen bei ihm nicht, aber er verzichtete auf weitere Bestrafung und erreichte damit auch die sofortige Unterwerfung der übrigen aufständischen Belger. Neben der Stellung von Geiseln wurde allerdings diesen Staaten ein ihrer bisherigen Unzuverlässigkeit angemessener Tribut auferlegt[277]. Mit der Beruhigung Belgiums war der schwierigste Teil der übriggebliebenen Aufgabe erledigt. Caesar fühlte sich stark genug, zum Zeichen,

[275] B. G. 8, 4, 2–5.

[276] Caelius an Cicero (fam. 8, 1, 4 kurz nach dem 24. Mai 51) *Quod ad Caesarem, crebri et non belli de eo rumores, sed susurratores dumtaxat, veniunt. Alius equitem perdidisse, quod opinor certe factum est, alius septimam legionem vapulasse, ipsum apud Bellovacos circumsederi interclusum ab reliquo exercitu; neque adhuc certi quicquam est, neque haec incerta tamen vulgo iactantur, sed inter paucos quos tu nosti palam secreto narrantur; at Domitius, cum manus ad os apposuit.* Die Nachricht, die Caelius sicher scheint, wird von Hirtius 12, 3–7 bestätigt, wonach das Reiterkontingent der Remer schwere Verluste erlitt. Die 7. Legion befand sich bei Caesar (8, 2); aber von einem Mißgeschick berichtet Hirtius nichts. Nur 16, 4 allgemein *magna detrimenta Romanis in pabulationibus inferebant.* Von Einschließung Caesars konnte keine Rede sein. Aber die witzige Mitteilung des Caelius ist darum wichtig, weil sie zeigt, wie auch Caesars Feinde in Rom beständig über die Vorgänge auf dem gallischen Kriegsschauplatz auf dem laufenden gehalten wurden. Die Falschmeldungen gingen wohl auf Gerüchte zurück, die in den von Caesar entfernten Winterlagern herumgeboten wurden. Im April 53 schrieb Cicero an Trebatius (fam. 7, 18, 1): *Tu me velim de ratione Gallici belli certiorem facies; ego enim ignavissimo cuique maximam fidem habeo.*

[277] B. G. 8, 6–23, 2. Cass. Dio 40, 42–43, 1. Tribut Suet. 25, 1. Cass. Dio 40, 43, 3. Aus dem Bericht des Hirtius über die Verhandlungen mit den Bellovakern ist bemerkenswert, daß diese behaupteten (21, 4) *numquam enim senatum tantum in civitate illo vivo quantum imperitam plebem potuisse.* Darauf habe Caesar erwidert (22, 2): *neminem tantum pollere, ut invitis principibus, resistente senatu, omnibus bonis repugnantibus infirma manu plebis bellum concitare et gerere posset.* Es ist dieselbe soziale Schichtung, die Caesar 6, 13, 1–2 beschreibt (*plebes paene servorum habetur loco*). Aber Hirtius nimmt keinen Anstand, ihm für die Oberschicht, die Caesar (13, 3) als *equites* bezeichnet, den Ausdruck *omnes boni* in den Mund zu legen, ganz wie Cicero (p. red. in sen. 17. Sest. 1. 11. 53) von *senatus atque omnes boni* spricht. Dazu H. Strasburger Concordia ordinum (Diss. Frankfurt 1931) 60, der noch dom. 94 *ex auctoritate senatus consensu bonorum omnium*, fam. 1, 9, 12. 5, 2, 8 anführt. J. Vogt Hermes 68 (1933), 91. In seinen Kriegsbüchern braucht Caesar *bonus* nicht in dieser politischen Bedeutung; aber im Brief an Cicero vom 16. April 49 (Att. 10, 8B, 2): *quid viro bono et quieto et bono civi magis convenit quam abesse a civilibus controversis.*

wie es in Gallien stehe, eine Legion nach Oberitalien zu verlegen[278]. Er selbst leitete zunächst die nochmalige Verwüstung des Eburonenlandes, um eine Rückkehr des verhaßten Ambiorix ganz unmöglich zu machen, während seine Legaten die Völker des Loiregebiets und der Bretagne und Normandie, andererseits im Osten die Treverer zum Gehorsam zurückführten. Einen großen Teil der Neuunterworfenen besuchte er dann noch persönlich und wußte durch seine wohlüberlegte Milde allenthalben beruhigte Stimmung zu verbreiten. Sogar bei den Carnuten, die sich so schwer verfehlt hatten, begnügte er sich mit der Hinrichtung eines einzigen Führers[279].

Der letzte ernsthafte Kampf entspann sich um die Feste Uxellodunum (Puy d'Issolu an der Dordogne), wo Drappes und Lucterius sich bis zu Caesars Abgang zu halten hofften. Daß derartiges nicht geschehe, daran lag ihm viel, und so begab er sich im Hochsommer selbst noch auf diesen Kriegsschauplatz, wo er durch Abschneiden des Wassers in kurzem die Übergabe der Stadt erzwang[280]. Diesmal schien ihm Grausamkeit besser angebracht als Milde: darum ließ er sämtliche Gefangenen, welche Waffen getragen hatten, zwar nicht töten, aber ihnen die Hände abschlagen. In ganz Gallien sollte man nicht nur hören, sondern auch sehen, wie er von nun an jede weitere Auflehnung behandle. Drappes gab sich in der Gefangenschaft selbst den Tod. Lucterius war zunächst entkommen, wurde dann aber von einem römischgesinnten Arverner Caesar zur Hinrichtung eingeliefert[281]. Der einzige, der noch bis in den Winter in seiner belgischen Heimat weiterkämpfte, war Commius, er unterwarf sich dann aber gegen Zusicherung des Lebens dem Quaestor Marcus Antonius[282]. Nachdem Caesar schließlich auch Aquitanien persönlich kennengelernt hatte, ließ er das Heer Winterquartiere beziehen. Auch in diesem Jahr ging er nicht über die Alpen, sondern begnügte sich, während einiger Tage die Narbonensis zu bereisen und hier mit freigebiger Hand alle diejenigen zu belohnen, welche sich in den schweren Zeiten des Vorjahres bewährt und dadurch so viel zum endlichen Siege beigetragen hatten. Solche konnten nun haben, was sie nur wünschten: Geld, eingezogene Güter von Rebellen, Ehrenstellen in den Gemeinden[283].

Im übrigen verbrachte er den Winter im Hauptquartier zu Nemetocenna (Arras) und gab dem Lande nun die feste Organisation. Aus dem Krieg im freien Keltenland, den er zunächst mit dem Schutz der haeduischen Blutsbrüder gerechtfertigt hatte, war im Laufe der Jahre die Eroberung eines Ge-

[278] B. G. 8, 24, 3. Der militärische Grund war der Schutz gegen Barbareneinfälle.

[279] B. G. 8, 24, 4–31. 38. 45. Zur Hinrichtung des Gutruatus bemerkt Hirtius (38, 5): *cogitur in eius supplicium contra naturam suam Caesar maximo militum concursu qui ei omnia pericula et detrimenta belli accepta referebant, adeo ut verberibus exanimatum corpus securi feriretur.* Orosius 6, 11, 15–19.

[280] B. G. 8, 30. 32–37. 39–43. Oros. 6, 11, 20–28.

[281] B. G. 8, 44. Oros. 6, 11, 29–30. Hirtius bemerkt (44, 1) auch zu dieser Bestrafung: *Caesar, cum suam lenitatem cognitam omnibus sciret neque vereretur, ne quid crudelitate naturae videretur asperius fecisse...*

[282] B. G. 8, 47–48.

[283] B. G. 8, 46. B. c. 3, 59, 2.

biets von 500 000 Quadratkilometern geworden. Selbstherrlich, wie er den Krieg geführt hatte, gab er diesem nun auch die Verfassung: das Verhältnis jedes Staates zu Rom wurde geregelt, denen, die nicht wie die Haeduer, Remer und Lingonen als gleichstehende Bundesgenossen anerkannt waren, die Tribute endgültig festgesetzt. Die Gesamtsumme, die danach jährlich von der *Gallia Comata* zu entrichten war, belief sich auf 40 Millionen Sesterzen (10 Millionen Denare), welche auffällig geringe Zahl ihre Erklärung findet in der schrecklichen Erschöpfung des Landes[284]. Man schätzte, daß in diesem Krieg ein Drittel der waffenfähigen Mannschaft dem römischen Schwert erlag, ein weiteres Drittel der Gefangenschaft und Sklaverei anheimfiel. Über 800 Ortschaften wurden gewaltsam erobert, ein großer Teil dabei zerstört, weite Gebiete aufs gründlichste ausgeplündert und verwüstet[285]. Die Reichtümer, welche Caesar als Beute, Requisitionen und Kriegskontributionen aus dem Lande herauszog, sind nicht zu beziffern, müssen aber ganz ungeheuer gewesen sein. Daß er selbst sein zerrüttetes Vermögen wiederherstellte, war das geringste, aber seine verschwenderische Freigebigkeit gegen alle, die ihm dienten, kannte keine Grenzen. Auf den glänzenden Belohnungen, womit er die Leistungen seines Heeres anerkannte, beruhte zu einem Teil auch die begeisterte Anhänglichkeit der Soldaten an ihren Imperator. Aber die größten Summen müssen doch die politischen Verbindungen verschlungen haben. Cicero war nur einer von zahlreichen Senatoren, denen Caesar mit stattlichen Vermögen unter die Arme griff[286]. Seine Vertrauensleute und hohen Offiziere gelangten alle zu auffälligem und vielverhaßtem Reichtum, und die Menge der jungen Leute, die sich durch einen Aufenthalt im gallischen Hauptquartier vom lockeren oder anrüchigen Leben in der Stadt erholten, war stets beträchtlich[287]. Als Ende 52 Titus Munatius Plancus bei der großen Säube-

[284] Suet. 25, 1 *omnem Galliam ... in provinciae formam redegit eique quadringenties centena milium in singulos annos stipendii nomine inposuit.*

[285] Plut. 15, 5. Auf dieselbe Quelle geht Appian. Celt. 1, 6 zurück, der aber als Gesamtzahl der Besiegten 4 Millionen und 400 ἔϑνη statt 3 Millionen und 300 ἔϑνη Plutarchs hat. Caesars Angaben beim Gallischen Triumph (Suet. 37, 1. Cass. Dio 43, 19, 1) 46 beliefen sich nach Plin. n. h. 7, 92 auf 1192000 Gefallene, wozu Plinius sagt: *non equidem in gloria posuerim tantam etiam coactam humani generis iniuriam*, Caesar habe das auch selbst erkannt, indem er die Ziffer der im Bürgerkrieg Gefallenen nicht bekannt gab. Vermutlich ist die Zahl ebenso übertrieben, wie die Angaben über die feindlichen Heereszahlen. Vgl. RE 8A, 999. 1001–1003. Dafür spricht auch die Zahl von 300 oder 400 ἔϑνη, womit nur die *pagi* der *civitates* gemeint sein können. Nach B. G. 1, 12, 4 bestand die *civitas* der Helvetier aus 4 *pagi*; 1, 37, 3 und 4, 1, 3 werden den Sueben 100 *pagi* zugeschrieben; 4, 22, 5 *in eos pagos Morinorum, a quibus ad eum legati non venerunt.*

[286] Mit einem Darlehen. Ende Dezember 50 war er zu seinem Kummer noch nicht in der Lage, es zurückzuzahlen (Att. 7, 3, 11. 8, 5). o. S. 125.

[287] Cicero an Trebatius (fam. 7, 13, 1): *Audi, Testa mi: utrum superiorem te pecunia facit an quod te imperator consulit? Moriar ni, quae tua gloria est, puto te malle a Caesare consuli quam inaurari.* Aber er spottet, Trebatius habe es so eilig wieder heimzukehren, sobald er Geld bekommen habe, als ob er dem Imperator nicht Ciceros Empfehlungsschreiben sondern eine Schuldver-

rungsaktion verurteilt wurde, weil er sich als Volkstribun dieses Jahres bei den anarchischen Umtrieben hervorgetan hatte, reiste er nach Ravenna und lebte dort von der Pension, die ihm Caesar auswarf[288]. Dazu kamen von Jahr zu Jahr steigende Aufwendungen fabelhaften Umfangs für seine Popularität in Rom und in den Provinzen. Schon der für das neue Form Julium nötige Boden kostete 100 Millionen Sesterzen[289]. Manchen Städten in Italien, in den alten gallischen Provinzen, in Spanien, Griechenland und Kleinasien stiftete er Bauwerke; verbündeten Königen schickte er Beutesklaven oder half er mit Söldnern aus (vermutlich keltischen)[290]. Diese ungeheuren Geldmittel wurden hauptsächlich aufgebracht durch die Plünderung der keltischen Heiligtümer, worin sich im Laufe der Jahrhunderte durch fromme Weihegaben köstliche Schätze angehäuft hatten. Italien wurde mit diesem Gold geradezu überschwemmt, so daß ein Pfund (320 g) damals für 3000 Sesterzen (750 Denare) feilgeboten wurde, während dasselbe Quantum in Goldmünzen 4000 Sesterzen (1000 Denaren) entsprach[291].

So hat Caesar die Bevölkerung Galliens in einen solchen Zustand versetzt, daß sie — mit Ausnahme der Bellovaker, die sich 46 noch einmal regten[292] — für mehr als ein Jahrzehnt unfähig war zu jeglicher Auflehnung[293]. Daß überdies in allen Staaten nur gutgelohnte Parteigänger am Ruder waren, bedarf kaum der Bemerkung. Als römischer Staatsmann konnte er darauf verweisen, daß das *imperium populi Romani* über die neue Provinz endgültig gesichert sei. Durch die wiederholten Beschlüsse von vieltägigen Dankfesten empfing diese Leistung die offizielle Anerkennung. Schon 56 hat sie Cicero in beredten Worten gepriesen: Bisher besaßen wir nur einen Fußpfad in Gallien — er denkt an die Landverbindung mit Spanien — und doch ist das Land voller feindseliger, tückischer, barbarischer und kriegerischer Völker, eine beständige Gefahr für das römische Imperium. Doch wagte bisher niemand, nicht einmal Gaius Marius, den Kampf mit der Gesamtheit. Man wehrte bloß einzelne Angriffe ab. Caesar aber ist der Ansicht, ganz Gallien müsse unter die römische Herrschaft kommen. Darum drang er in Gegenden vor, die man bisher nicht dem Namen nach kannte,

schreibung (‚Scheck') überbracht hätte (fam. 7, 17, 1). Allgemein Cass. Dio 40, 60, 3–4. Cic. Phil. 2, 50 von Antonius.

288 M. Caelius an Cicero (fam. 8, 1, 4). S. o. 140, 227. 133, 193.

289 Suet. 26, 2. Plin. n. h. 36, 103. o. S. 127.

290 Suet. 28, 1.

291 Suet. 54, 2. Ein *aureus* wog 8 g und galt 100 Sesterzen. Becker RE 19, 1474. Hultsch RE 5, 209.

292 Liv. per. 114 *Brutus legatus Caesaris in Gallia Bellovacos rebellantes proelio vicit.* Appian. b. c. 2, 465.

293 Oros. 6, 12, 1. Er schließt daran eine Betrachtung an über das Schicksal Galliens und läßt im Hinblick auf seine Zeit das Land sprechen (12, 7): *ita me Romani inclinaverunt, ut nec ad Gothos surgam*, ein für die Beurteilung der römischen Kaiserzeit erstaunlich zutreffendes Urteil. Vgl. „Aufstieg und Untergang der Großreiche des Altertums" (1958), 125.

und verlegte die römische Grenze bis an den Ozean[294]. Und 55 rühmt er an Caesars Kriegführung nochmals, daß jetzt nicht mehr die Alpen den Schutzwall gegen die Kelten bilden oder die Strömung des Rheins die Germanen abhält, sondern daß Italien jetzt durch Caesars Siege geschirmt sei, auch wenn die Berge versänken oder die Flüsse austrockneten[295]. Caesar selbst schlägt in seinen Kriegsbüchern nicht solche Töne an. Er begründet seine Feldzüge freilich stets mit der Notwendigkeit, höchst gefährliche Angriffs- und Eroberungspläne abzuwehren. Aber mit seinen Siegen und der sich daraus ergebenden Befestigung der römischen Herrschaft über die Besiegten erfüllt er lediglich die ihm durch Volksbeschlüsse übertragenen Pflichten. So seine Handlungen als das selbstverständlich richtige darzustellen, erscheint als ein wesentlicher Zug seiner Genialität. Und doch bezeichnete ihm die Eroberung Galliens kein Endziel, nach dessen Erreichung er sich ausruhen konnte. Dazu war seine politische Stellung in Rom viel zu gefährdet. Da stand ihm jetzt noch der schwerste Kampf bevor. In dieser Voraussicht hatte er sich mit seinem gallischen Heer ein Instrument geschaffen, wie es noch nie ein römischer Staatsmann besessen, und dazu vermochte er seine Politik zu finanzieren, daß es nicht seinesgleichen fand. Seit dem Herbst 51 konnte er sich wieder ganz der Politik in Rom zuwenden.

Dort arbeiteten die Gegner unentwegt an seinem Sturze weiter. Allerdings war es deren gefährlichstem, Marcus Cato, nicht gelungen, für dieses Jahr zum Consul gewählt zu werden[296]. Aber einer der nach Begabung und sittlicher Haltung würdigsten Optimaten, Marcus Claudius Marcellus[297], der statt seiner das Amt bekam, verfolgte dasselbe Programm: Caesar baldmöglichst seines Kommandos zu entheben und ihn dann als Privatmann durch Verurteilung unschädlich zu machen. Cato erklärte bei jeder Gelegenheit, er werde ihn sofort nach Entlassung seines Heeres anklagen, und wie Milo sollte er sich dann vor einem durch starkes Truppenaufgebot geschützten Gerichtshof verantworten[298].

Gegen diese Gefahr hatte sich Caesar durch das Plebiscit von 52, welches ihm die Bewerbung um das Consulat von 48 ohne persönliche Anwesenheit bewilligte, nur teilweise zu decken vermocht. Denn durch das neue Gesetz des Pompeius über die Provinzialverwaltung wurde in Frage gestellt, ob er vom 1. März 50 bis zum 29. Dezember 49 im Besitze seiner Provinzen blieb, wie das im Jahr 55, als nur das Sempronische und Cornelische Gesetz galt, stillschweigend vorausgesetzt werden konnte. Nun hatte der Senat inzwischen dem Pompeius das Proconsulat in den beiden Spanien verlängert, während er zugleich sein drittes Consulat bekleidete. Obwohl die Vereinbarungen von Luca durchaus privater Natur waren, so lehren uns doch Ciceros Reden aus

294 Prov. cons. 32–34.
295 Pis. 81–82.
296 Plut. Cat. min. 49–50. Cass. Dio 40, 58.
297 Cic. Brut. 250. Ein Brief von Marcellus bei Cic. fam. 4, 11.
298 Suet. 30, 3.

dem Jahre 56, wie man seither in der Politik mit den dabei eingegangenen Bindungen rechnen mußte. Davon war aber einer der wesentlichsten Punkte die volle Gleichberechtigung der Partner gewesen. Noch hatte bisher Pompeius die Maske des Freundes nicht fallen lassen, so wenig sein Verhalten in letzter Zeit der früheren Vertraulichkeit entsprach. So kam es also auf einen Versuch an, ob nicht wie im Jahr 56 auch diese Krise zu beschwichtigen sei, und Caesar stellte Anfang 51 beim Senat den Antrag, auch sein Proconsulat in derselben Weise zu verlängern unter Anerkennung des für 48 in Aussicht genommenen Consulats[299]. Freilich waren seit dem Tod der Julia und der Vermählung mit Cornelia die Beziehungen zu Pompeius so gelockert, daß er von dieser Seite kaum Unterstützung erhoffen konnte. Aber er war entschlossen, sich unter keinen Umständen hinter Pompeius zurücksetzen zu lassen. Durch seine Taten in Gallien hatte er sich in der römischen Politik eine solche Stellung *(dignitas)* erworben, daß diese Zumutung eine unerträgliche Entehrung *(contumelia)* bedeutete[300]. Wie es hieß, erklärte er wiederholt, er sei als *princeps civitatis* schwerer von der ersten Reihe in die zweite als von der zweiten in die hinterste zu drängen[301], und es war nach seiner Ansicht nur der Klüngel seiner verbohrten Feinde, der sein gutes Recht nicht anerkannte. Daß sie den Senat beherrschten, war verfassungswidrige Oligarchie *(factio paucorum)*[302]. Wenn nur die Senatoren frei urteilen könnten, wäre ihm die Mehrheit sicher![303] Um ihnen dafür die nötige Unterlage zu geben, veröffentlichte er zugleich mit seinem Antrag die 7 Bücher *de bello Gallico*.

Es war die eindrucksvolle zusammenfassende Bearbeitung seiner Feldzugsberichte, die er früher an den Senat gesandt hatte, und endete mit dem Senatsbeschluß, der die glorreiche Niederwerfung der letzten großen Rebellion durch ein zwanzigtägiges Dankfest feierte[304]. In streng objektiver Haltung, nur auf den siebenjährigen Krieg beschränkt, der dem römischen Reich das weitgedehnte, reiche Land der gefürchteten Kelten als neue Provinz gewann, zwingt sie den unvoreingenommenen Leser in den Bann, die Dinge so zu sehen, wie der Verfasser will. Selbst Cicero, dem diese Form monumentaler Schlichtheit fremd war, kann daran nur rühmen: „Es gibt in der Geschichtschreibung nichts Lieblicheres als die ungekünstelte und lichtvolle Kürze.“[305] In unserer Darstellung wurde öfter auf die hinter der Objek-

[299] Plut. 29, 1 (verwechselt die Consuln von 51 mit denen von 49). Appian. b. c. 2, 97.

[300] B. c. 1, 4, 4. 9, 2. 22, 5.

[301] Suet. 29,1 *difficilius se principem civitatis a primo ordine in secundum quam ex secundo in novissimum detrudi.* Er nahm denselben Vorrang für sich in Anspruch wie Pompeius, von dem er b. c. 1, 4, 4 sagt: *neminem dignitate secum exaequari volebat.*

[302] B. c. 1, 22, 5.

[303] Hirtius b. G. 8, 52, 4 *iudicabat enim liberis sententiis patrum conscriptorum causa m suam facile obtineri.* Vgl. b. c. 1, 9, 5.

[304] B. G. 7, 90, 8.

[305] Brut. 262 *nihil est enim in historia pura et illustri brevitate dulcius.* Geschichtsschreibung im strengen Sinn konnte freilich ein solcher vom Feldherrn verfaßter Tatenbericht nicht sein. Darum geht das Buch von M. Rambaud L'art de la déformation historiqe dans les commentaires de

tivität verborgene Tendenz hingewiesen. Das wird niemand anders erwarten[306]. Aber deswegen von einer Rechtfertigungsschrift zu sprechen, würde das Wesentliche verfehlen. Sie richtet sich an Römer, die bewundernd miterleben sollen, welch ungeheure Schwierigkeiten ihr Proconsul in verzehrender Pflichterfüllung zur Ehre Roms meisterte und welche Heldentaten seine Legionen gegen gefährliche und an Zahl stets weit überlegene Feinde vollbrachten. Anschauliche Schilderungen von Land und Leuten und eingehende Wiedergabe der hochfliegenden Pläne kühner feindlicher Führer setzen den Leser in Stand, an der furchtbaren Bedrohung des Reichs das Verdienst ihrer Überwindung richtig zu ermessen, so daß nur böser Wille oder Dummheit daran mäkeln kann. Die Niederträchtigkeit der in Rom gesponnenen Intrigen wird nur einmal bloßgestellt, wo Ariovist, der in unerträglichem Übermut den alten Anspruch Roms auf Gallien zu bestreiten wagt, höhnisch bemerkt, daß sehr vornehme Herren in Rom ihm für die Beseitigung Caesars dankbar wären[307]. Wenn wir uns vergegenwärtigen, wie wenig Ruhe sich Caesar gerade nach dem Sieg über Vercingetorix gönnen konnte, verstehen wir erst recht die Bewunderung, die Aulus Hirtius über die schnelle Vollendung des Werks ausspricht. Vermutlich war der Plan schon älter und waren die früheren Bücher bereits skizziert, aber schon die Niederschrift des 7. allein mit der dramatisch bewegten Fülle der Ereignisse muß Staunen genug erregen. Die geistige Spannkraft dieses Genies scheint keine Grenzen gekannt zu haben.

César (1953) von ganz falschen Voraussetzungen aus. Dazu J. H. Collins Gnomon 26 (1954), 527ff. J. P. V. D. Balsdon JRSt 45 (1955), 161ff. Wohl verdient ist der Spott, den A. N. Sherwin-White JRSt 48 (1958), 191 an dieser modisch gewordenen Caesarkritik übt.

[306] Cicero spottet Brut. 218 über einen Dialog des Consulars C. Curio, der in das Jahr 59 verlegt war, worin er aber *reprehendit eas res, quas idem Caesar anno post et deinceps reliquis annis administravisset in Gallia.* Suet. 9, 2. 49, 1. 50, 1. 52, 3 gibt einige Proben von dem darin aufgewühlten Schmutz, wonach man sich vorstellen kann, wie die Tätigkeit in Gallien behandelt war (vgl. Suet. 24, 3). Andere Proben bieten die o. S. 121 erwähnten Gedichte Catulls. Aus Ciceros Briefen an den Bruder und an Trebatius erhalten wir ein gutes Bild von der lebhaften Korrespondenz der Politiker in Rom mit Caesars Offizieren und Diensttuenden in den Stäben (*contubernales*) über alle Vorgänge auf den Kriegsschauplätzen und in den Winterlagern. Tiro hat uns auch einen Brief des Q. Cicero vom Dezember 44 aufbewahrt (fam. 16, 27), worin dieser von den für 43 designierten Consuln A. Hirtius und C. Vibius Pansa behauptet, sie hätten auch während der Feldzüge ihr Leben in Saus und Braus (*quos ego penitus novi libidinum et languoris effeminatissimi animi plenos*) nicht gemäßigt und würden sich darum sicher mit ihrem Kumpan, dem *latro* M. Antonius wieder zusammenfinden (*incredibile est, quae ego illos scio oppositis Gallorum castris in aestivis fecisse, quos ille latro, nisi aliquid firmius fuerit, societate vitiorum deleniet*). Ich halte für möglich, daß Caesar bei der Schilderung der Panik in Vesontio (o. S. 99) mit der boshaften Bemerkung über die jungen Herren (b. G. 1, 39, 2 *qui ex urbe amicitiae causa Caesarem secuti non magnum in re militari usum habebant*) gerade jene Korrespondenten treffen wollte. Vgl. Anm. 276, o. S. 150. Wer im Stande ist, sich von dem haßerfüllten Gerede, das seit Jahren über Caesar umlief, eine Vorstellung zu machen, wird erst recht bewundern, mit welcher Souveränität Caesar seine Feldzüge in „lichtvoller Kürze" darstellt.

[307] 1, 44, 12.

Jedoch die Feinde in Rom ließen sich in ihrem Vorhaben nicht beirren. Cicero hat es nach Caesars Tod einmal ausgesprochen, daß all diese Genialität einzig dem Zwecke diente, den Freistaat seiner Herrschsucht zu unterwerfen[308]. Nein, Caesar war nicht der *princeps,* wie er ihn in seinen Büchern vom wahren Staat und vom wahren Staatsmann gefordert hatte[309], und die optimatischen *principes* von Fleisch und Blut fühlten erst recht, wie ihnen sein Anspruch an den Lebensnerv ging.

Im April (März des verbesserten Julianischen Kalenders), als ihm die Leitung der Senatssitzungen oblag, berief Marcellus durch Edict den Senat, um im Anschluß an Caesars Forderung über die Gesamtlage des Staates zu berichten, und benutzte — bei der tatsächlichen Lage (S. 150) recht boshaft — eben die Siegesmeldung von Alesia, welche Caesar das zwanzigtägige Dankfest eingetragen hatte. Er erklärte nämlich, dieser Krieg sei jetzt zu Ende und das Heer müsse entlassen werden, das Plebiscit über Caesars Consulatsbewerbung sei durch das spätere Gesetz des Pompeius außer Kraft gesetzt und es könne sogleich ein Nachfolger bestimmt werden[310]. Ihm widersprach freilich sein College, der berühmte Jurist Servius Sulpicius Rufus, indem er dem Senat die Schrecken des Bürgerkriegs vor Augen führte: die Machthaber der bisherigen Revolutionen seien noch Neulinge gewesen, von den künftigen werde deren Grausamkeit noch weit überboten werden[311]. Vor allem aber verstieß der Vorschlag gegen die im Gesetz des Pompeius und Crassus von 55 enthaltene Klausel über die Beratungssperre. So kündigten die für Caesar tätigen Volkstribunen Intercession an, und die Mehrheit der Senatoren ließ sich nicht auf eine Beschlußfassung ein[312]. Dagegen war Caesars Bitte damit abgelehnt, und der Senat stimmte auch der Erklärung des Marcellus zu, daß

[308] Phil. 5, 49 *omnem vim ingenii, quae summa fuit in illo, in populari levitate consumpsit. itaque cum respectum ad senatum et ad bonos non haberet, eam sibi viam ipse patefecit ad opes suas amplificandas, quam virtus liberi populi ferre non posset.*

[309] Dagegen schreibt er 46 an M. Marcellus (fam. 4, 8, 2): *quod ego facio, tu quoque animum inducas, si sit aliqua res publica, in ea te esse oportere iudicio hominum reque principem, necessitate cedentem tempori.*

[310] Suet. 28, 2. Das Datum ist aus Cic. Att. 5, 2, 3 zu erschließen, wo sich Cicero am 10. Mai 51 danach erkundigt, *quomodo Caesar ferret de auctoritate perscripta.*

[311] Cic. fam. 4, 3, 1 im Jahr 46 nach eigener Erinnerung. Als Caesar sich im September 46 durch die Bitte des Senats bewegen ließ, Marcellus zu begnadigen, tat er es, wie Cicero dem Sulpicius schreibt: *accusata ‚acerbitate' Marcelli (sic enim appellabat) laudataque honorificentissime et aequitate tua et prudentia* (4, 4, 3).

[312] Hirtius b. G. 8, 53, 1 *nam M. Marcello proximo anno* (51), *cum impugnaret Caesaris dignitatem, contra legem Pompei et Crassi rettulerat ante tempus* (1. März 50) *ad senatum de Caesaris provinciis, sententiisque dictis discessionem faciente Marcello, qui sibi omnem dignitatem ex Caesaris invidia quaerebat, senatus frequens in alia omnia transiit.* Cass. Dio 40, 59, 1 erwähnt neben Sulpicius die Volkstribunen. Suet. 29, 1 (*Caesar*) *summa ope restitit partim per intercessores tribunos, partim per Servium Sulpicium alterum consulem.* Aus den Cic. fam. 8, 8, 5–8 erhaltenen Senatsbeschlüsesn vom 29. September 51 kennen wir die Namen von 4 Tribunen, die zugunsten Caesars intercedierten. Einer war C. Vibius Pansa, der nachmalige Consul 43.

den Colonisten Caesars in Novum Comum das römische Bürgerrecht nicht zustehe, was ein schwerer Schlag gegen dessen Autorität in seiner Provinz war. Denn er behandelte die Latiner der Gemeinden nördlich des Po stets als römische Bürger, hob sie für seine Legionen aus und betrachtete auch die 5000 Colonisten, die er allmählich in Comum ansiedelte oder in die Ansiedlerliste aufnehmen ließ, als römische Bürger. Darum intercedierten die Volkstribunen in seinem Dienst gegen diesen Beschluß, so daß er, obwohl ihn Marcellus aufzeichnen ließ, keine staatsrechtliche Gültigkeit besaß[313].

In Italien entstand ob diesem Vorstoß große Aufregung. In Campanien erzählte man sich, Caesar lasse sich diese Behandlung nicht gefallen; um der Transpadaner sicher zu sein, habe er ihren sämtlichen bisher latinischen Gemeinden Befehl gegeben, die römische Municipalverfassung einzuführen[314]. Das war freilich ein völlig haltloses Gerücht, Caesar war damals ganz vom Bellovakerkrieg in Anspruch genommen; aber auch der Consul Sulpicius erklärte es unter diesen Umständen für unmöglich, daß die neuernannten Proconsuln von Syrien und Kilikien, Bibulus und Cicero, für ihre von den Parthern bedrohten Provinzen in Italien Truppen aushöben, und bei dieser Ansicht verharrte der Senat das ganze Jahr hindurch, obwohl seit Crassus' Niederlage die römische Kriegsmacht im Osten einem ernstlichen Angriff des Siegers nicht gewachsen war und die Ehre des Reichs ein starkes Auftreten gebot[315].

Pompeius befand sich in Tarent[316] und schien sich an diesen Vorgängen in Rom nicht zu beteiligen; wie es hieß, wollte er nächstens nach Spanien gehen. Allerdings versprach er für den Fall, daß die von seiten Caesars befürchtete Gefahr eintreten sollte, seine volle Bereitwilligkeit zu helfen, doch den offenen Feindseligkeiten gegen ihn hielt er sich fern[317]. Infolgedessen führte Marcellus den begonnenen Hauptangriff vorläufig nicht weiter[318]. Aber als ihm im Juni ein uns nicht näher bekannter Vorfall Gelegenheit bot, gegen einen Bürger von Comum seine Coercitionsgewalt auszuüben, benutzte er sie, um noch einmal drastisch zu zeigen, daß er trotz jener Intercession an der Verfassung nicht rütteln lasse, und befahl, den Mann, der obendrein in seiner Gemeinde sogar ein Amt bekleidet haben sollte, mit Ruten zu streichen. Das war eine Herausforderung Caesars in der schroffsten Form, weil nach der herrschenden Auffassung die Latiner zwar nicht rechtlich, aber tatsächlich

[313] Suet. 28, 3. Cic. Att. 5, 2, 3. Plut. 29, 2. Appian. b. c. 2, 98.

[314] Cic. Att. 5, 2, 3 *eratque rumor de Transpadanis, eos iussos IVviros creare.* fam. 8, 1, 2. Ebenso unglaubhaft berichtet Appian. b. c. 2, 97, Caesar habe, als er den ablehnenden Bescheid des Senats vernahm, an sein Schwert geschlagen mit den Worten: „dieses wirds mir geben". Nach Plut. Pomp. 58, 3. Caes. 29, 7 Ausspruch eines Centurios.

[315] Cic. fam. 3, 3, 1. 8, 5, 1. 10, 2–3. Ciceros zahlreiche Mitteilungen über die Parther RE 7A, 978–981. 985–986.

[316] Cic. Att. 5, 5, 2. 6, 1.

[317] Cic. Att. 5, 7. 5, 11, 3. fam. 2, 8, 2. 3, 8, 10. Cass. Dio 40, 59, 2.

[318] Caelius an Cicero fam. 8, 1, 2.

in diesem Punkte von den übrigen Peregrinen zu scheiden waren, und Cicero, der in Athen davon hörte, schrieb mißbilligend, das müsse auch Pompeius als den Patron der Transpadaner verstimmen [319]. Caesar antwortete denn auch mit der Verlegung einer Legion nach Oberitalien „zum Schutze der römischen Colonien vor Barbareneinfällen", wie die offiziöse Begründung lautete [320]. Übrigens war der Gegensatz in der Transpadanerfrage höchst charakteristisch für die beiden Parteien: hier unfruchtbares Beharren auf einem älteren Verhältnissen angemessenen Rechtsstandpunkt, dort die feine Witterung für die zukunftsvollen Kräfte des politischen Lebens.

Am 22. Juli kam Pompeius auf der Reise nach Ariminum, von wo er eine Heeresabteilung nach Spanien führen wollte, in die Nähe Roms und wohnte einer Senatssitzung bei. Man verhandelte eben über die Besoldung seiner Truppen, und er wurde sogleich um Auskunft gebeten über die Legion, welche er Anfang 53 Caesar geliehen hatte. Er versprach, sie zurückzuverlangen, gab aber zu verstehen, daß er das nicht auf den Wunsch von Caesars Widersachern tue. Hinsichtlich der Nachfolge in Gallien äußerte er sich gesprächsweise, es müßten alle dem Senat gehorchen. Der Senat sprach den Wunsch aus, daß in einiger Zeit über diese Sache in Pompeius' Anwesenheit beraten werde [321]. Allein Quertreibereien und schlechter Besuch der Sitzungen verhinderten, daß im August und September etwas geschah; doch wurde bekannt, Pompeius sei dagegen, daß Caesar zum Consulat gelange, solange er Provinz und Heer innehabe, und sein Schwiegervater Scipio gab im Senat das Votum ab, es solle am 1. März 50 über die gallischen Provinzen Bericht erstattet werden [322].

Am letzten September war endlich der Senat verhandlungsfähig und bestand Klarheit darüber, was Pompeius wollte: nämlich vor dem 1. März 50 könne nach dem Wortlaut des Consulargesetzes von 55 keine Bestimmung getroffen werden über Caesars Provinzen, aber nachher stehe seinem Abgang nichts mehr im Wege [323]. Dementsprechend beschloß der Senat, es solle vom 1. März ab zunächst nur über die consularen Provinzen verhandelt werden, d. h. darüber, welche beiden Provinzen von den elf verfügbaren an Consulare vergeben werden sollten [324]; Intercession gegen die Ausführung dieses Beschlusses verstoße wider das Staatsinteresse [325]. Ferner erhielten die zuständigen Magistrate den Auftrag, über die Entlassung von Caesars ausgedienten Soldaten an den Senat zu berichten [326], und schließlich wurde bestimmt, in welcher Weise im Jahre 50 die neun übrigbleibenden Provinzen mit Praeto-

319 Att. 5, 11, 2. Plut. 29, 2. Appian. b. c. 2, 98.
320 Hirtius b. G. 8, 24, 3.
321 Caelius an Cicero fam. 8, 4, 4.
322 Caelius fam. 8, 5, 2–3. 9, 5.
323 Caelius fam. 8, 8, 4; 9.
324 Fam. 8, 8, 5. Wenn man die beiden dem Pompeius übertragenen Spanien abzieht, bleiben: Gallia cisalpina mit Illyricum, Gallia transalpina, Syria, Cilicia, Asia, Bithynia et Pontus, Macedonia, Creta et Cyrene, Africa, Sicilia, Sardinia.
325 fam. 8, 8, 6
326 fam. 8, 8, 7.

riern besetzt werden sollten[327]. Ohne daß es ausgesprochen wurde, war damit in staatsrechtlich unanfechtbarer Form festgelegt, daß im nächsten Jahr auch die beiden Gallien wiederum gesondert an neue Statthalter (vermutlich, wie es dann 49 geschah, *ulterior* an einen Consular, *citerior* mit Illyricum an einen Praetorier) kommen sollten.

Gegen den ersten Beschluß war Intercession nicht zulässig[328], aber gegen die drei übrigen intercedierten sofort einige caesarische Volkstribunen, so daß sie ohne Rechtskraft blieben. Doch das hatte wenig zu bedeuten, weil Pompeius erklärte, wenn nach dem 1. März wiederum intercediert werde, so wäre das Auflehnung Caesars gegen den Senat, und für diesen Fall hatte er ja seit längerem der Senatsautorität seinen Schutz zugesagt. Man fragte ihn nochmals, was geschehe, wenn Caesar Consul sein und das Heer behalten wolle. Da antwortete er: „Was, wenn mein Sohn mit einem Knüttel auf mich einschlägt?“, bezeichnete also in scheinbarem Vertrauen auf Caesars Loyalität diesen Fall als ganz undenkbar. Indessen die Zuhörer entnahmen diesem Ausspruch, daß es jetzt wirklich mit der schon ins zehnte Jahr gehenden Verbin-

[327] fam. 8, 8, 8. Indem die bisher consulare Provinz Kilikien ausdrücklich genannt war, blieben von den Consularprovinzen nur Syrien und die beiden Gallien übrig, von denen eine aber auch praetorisch werden sollte.

[328] Nach der Lex Sempronia von 123 (Cic. prov. cons. 3. 17. 36), P. J. Cuff Historia 7 (1958), 448. Die Lex Sempronia hätte gefordert, daß der Senat vor den Consulnwahlen 50 die Consularprovinzen der für 49 zu wählenden Consuln bestimmte. Das Gesetz des Pompeius von 52 machte diese Erwartung illusorisch, weil es ermöglichte, daß vom 1. März 50 ab an Consulare aus früheren Jahrgängen Provinzen vergeben wurden, so 51 Kilikien an Cicero, Consul 63, und Syrien an Bibulus, Consul 59. Cuff hebt 469, 96 richtig hervor, daß bei Hirtius b. G. 8, 39, 3 (Caesar 50 im Besitz seiner Provinz) die fortdauernde Gültigkeit der Lex Sempronia vorausgesetzt wird. Caesar selbst sah in der Lex Pompeia einen gegen ihn gerichteten Schachzug: (b. c. 1, 85, 9) *in se iura magistratuum commutari, ne ex praetura et consulatu, ut semper, sed per paucos probati et electi in provincias mittantur.* Dem entsprechend 6, 5: im Januar 49 *provinciae privatis decernuntur, duae consulares, reliquae praetoriae.* Caesar begründete die Fortdauer der Lex Sempronia mit dem Gesetz der 10 Volkstribunen von 52, das ihm gestattete, zur Bewerbung um das 2. Consulat nicht nach Rom zu kommen. Indem schon im Januar 49 Nachfolger ernannt wurden, war er für das halbe Jahr bis zu seiner voraussichtlichen Wahl um sein im Tribunengesetz vorausgesetztes Imperium geprellt (b. c. 1, 9, 2): *doluisse se, quod populi Romani beneficium* (das Tribunengesetz) *sibi per contumeliam ab inimicis extorqueretur ereptoque semenstri imperio in urbem retraheretur, cuius absentis rationem haberi proximis comitiis* (49) *populus iussisset* (52). Im Sommer 49 erwartete er zum Consul 48 gewählt zu werden (b. c. 3, 1, 1). Am 1. April 49 im Senat (b. c. 1, 32, 2): *docet se nullum extraordinarium honorem adpetisse, sed exspectato legitimo tempore consulatus eo fuisse contentum, quod omnibus civibus pateret. latum ab X tribunis plebis contra dicentibus inimicis..., ut sui ratio absentis haberetur* und später in Spanien (b. c. 1, 85, 10): *in se uno non servari, quod sit omnibus datum semper imperatoribus, ut rebus feliciter gestis aut cum honore aliquo aut certe sine ignominia domum revertantur exercitumque dimittant.* Eine größere *ignominia* ist in der Tat nicht denkbar als der 3. Senatsbeschluß vom 29. September 51 (fam. 8, 8, 7): *Item senatui placere de militibus, qui in exercitu C. Caesaris sunt, qui eorum stipendia emerita aut causas, quibus de causis missi fieri debeant, habeant, ad hunc ordinem referri, ut eorum ratio habeatur causaeque cognoscantur. Si quis huic s(enatus) c(onsulto) intercessisset, senatui placere auctoritatem perscribi et de ea re p(rimo) q(uoque) t(empore) ad hunc ordinem referri. Huic s(enatus) c(onsulto) intercessit C. Caelius, C. Pansa tr(ibuni) pl(ebis).* Cuff a. O. 468 richtig über b. c. 1, 9, 2. Nur hätte

dung von Pompeius und Caesar vorbei sei[329]. Der einzige Ausweg, um den Zusammenstoß der beiden übermächtigen Proconsuln zu verhüten, schien der Partherkrieg, und so wurden von seiten derer, die den Frieden erhalten wollten, alsbald Stimmen laut, Pompeius oder Caesar mit dieser Aufgabe zu betrauen. Pompeius, der Eroberer Syriens, war ja in der Tat der gegebene Mann hierzu und schrieb in diesem Sinne auch selbst an Cicero in Kilikien. Dagegen wollten Caesars Senatsgegner ihren Beschützer unter keinen Umständen aus Italien fortziehen lassen, wodurch dieser Ausweg an Gangbarkeit viel verlor[330].

Für Caesar war seit dem 29. September 51 die Lage völlig klar: wollte er sich nicht fügen, so mußte er sich darauf vorbereiten, den ungleichen Kampf gegen Pompeius und die mit ihm verbündete Oligarchie aufzunehmen. Wir sehen ihn daher jetzt alle Mittel in Bewegung setzen, um möglichst stark zu sein. Ein besonders gefährlicher Anschlag seiner Feinde war der, daß der Senat über die Entlassung seiner Soldaten befinden wollte. Dem brach er die Spitze ab, indem er seinen Legionen ein für allemal den Sold auf das Doppelte erhöhte und ihnen bei jeder Gelegenheit Zulagen und Sonderbelohnungen gewährte[331]. Obwohl der Krieg in Gallien beendet war, wurde mit den Aushebungen fortgefahren und Kriegsmaterial gerüstet[332]. Das Volk in Rom wurde durch die früher erwähnten Bauten (S. 127) in guter Laune gehalten, noch mehr aber durch die Vorbereitungen zu den großartigen Lustbarkeiten, die bei seiner Rückkehr zu Ehren der verstorbenen Tochter vor sich gehen sollten. Man erzählte von den Verträgen, die er mit den Feinkostgeschäften abgeschlossen habe, und von den Zurüstungen bei ihm zu Hause, dann, wie seine Vertrauensleute, Senatoren und Ritter, Briefe bekämen mit genauen Anweisungen, wie die Gladiatoren für die Fechterspiele auszubilden seien. Aber auch den Municipien und Colonien Italiens und Galliens, den Stadtgemeinden in Spanien, Asia, Griechenland stiftete er Bauwerke und erwies den verbündeten Königen alle möglichen Gefälligkeiten, dem bot er 1000 Gefangene zum Geschenk an, einem anderen half er mit Truppen aus. Daß er die Zuflucht aller war, denen in Rom aus irgendeinem Grunde der Boden zu heiß wurde, ist schon wiederholt berichtet worden. Man sagte ihm nach, er mache solchen Leuten gegenüber, die ganz hoftnungslos verschuldet waren, kein Hehl mehr daraus, daß ein Bürgerkrieg nötig sei, um ihnen wieder aufzuhelfen[333].

er z. B. aus meinem ‚Pompeius'[2] 198, 137 sehen können, daß seine Erkenntnis nichts neues ist. Wie dort bemerkt, halte ich für möglich, daß das Tribunengesetz auf die Entscheidung der Tribunen von 58 (Suet. 23, 1) *cum rei publicae causa abesset* zurückgriff. Wenn die Tribunen 51 nicht gegen eine am 1. März einsetzende Beratung über die Provinzen der künftigen Consuln 49 intercedierten, so dürfen wir schließen, daß sie mit der Anerkennung der fortdauernden Geltung der Lex Sempronia eine Weisung Caesars befolgten. [329] Caelius an Cicero fam. 8, 8, 9.

[330] Cic. Att. 5, 18, 1. 6, 1, 14. Caelius an Cic. fam. 8, 10, 2. 14, 4.

[331] Suet. 26, 3. s. o. S. 149, Anm. 274. [332] Cass. Dio 40, 60, 1.

[333] Suet. 26, 2–3. 27, 1–28, 2. S. o. S. 153, Anm. 289. Es ist sehr wertvoll, daß uns Sueton so viel aus der zeitgenössischen Publizistik für und gegen Caesar erhalten hat. Die verdienst-

Indessen ist sehr zweifelhaft, ob Caesar wirklich so geredet hat. Denn bei der vorliegenden Kräfteverteilung war der Krieg ein durchaus unsicheres Wagnis, eine diplomatisch-politische Lösung also, wenn irgend möglich, vorzuziehen. Weil diese nur zustande kommen konnte, wenn das Bündnis zwischen Oligarchie und Pompeius, worauf die gegenwärtige materielle Überlegenheit über Caesar beruhte, gesprengt wurde, drängte das Interesse der Gegenpartei naturgemäß nach der entgegengesetzten Seite. Zwischen beiden Extremen waren aber noch erhebliche Kräfte tätig, welche den Frieden erhalten wollten und auf ein die Entscheidung hinausschiebendes Kompromiß hinarbeiteten. Das kam mittelbar auch Caesar zugute und machte seine Bemühungen um Vermeidung eines Krieges nicht aussichtslos.

Für die wichtigen politischen Kämpfe, die im nächsten Jahre bevorstanden, gelang es ihm, sich den einen der designierten Consuln, Lucius Aemilius Paullus, zu sichern, und zwar mit einem Aufwand von nicht weniger als 9 Millionen Denaren, damit er den Neubau der Basilica Aemilia auf dem Forum bereitstellen konnte[334]. Der andere designierte Consul, Gaius Marcellus, war zwar der Gemahl von Caesars Großnichte Octavia[335], aber ein ausgesprochener Optimat. Viel wichtiger als Paullus war jedoch die Gewinnung des Volkstribunen Gaius Scribonius Curio. Dieser glänzend begabte, aber von moralischen Vorurteilen völlig freie Politiker hatte in seiner Jugend zusammen mit seinem Vater Caesar aufs heftigste bekämpft. Trotzdem war er, als er sich im Sommer 51 um die Tribunatsstelle bewarb, bereit, in Caesars Dienste zu treten, fand aber, es werde ihm zu wenig geboten, und schickte sich darum an, der Kämpe der Oligarchie zu werden. Da griff eben Caesar nochmals zu, und diesmal, indem er kurzweg alle Schulden Curios — man sprach von $2^1/_2$ Millionen Denaren — zu zahlen übernahm, mit besserem Erfolg[336]. Er fand in ihm einen Helfer, der seine Sache aufs geschickteste

lichen Bemühungen W. Steidles Sueton und die antike Biographie (1951), 41ff. und Cordula Brutschers Analysen zu Suetons Divus Iulius und der Parallelüberlieferung (1958), 105, Suetons persönliche Leistung zu würdigen, sollten nicht dazu führen, seine Zuverlässigkeit in der Wiedergabe zeitgenössischer Quellen zu unterschätzen.

334 Suet. 29, 1. Plut. Caes. 29, 3. Pomp. 58, 2. Appian. b. c. 2, 102. Cass. Dio 40, 63, 2. Paullus war der Bruder des nachmaligen Triumvirs M. Lepidus und Sohn des revolutionären Consuls von 78 (Vell. 2, 67, 2. Cic. Phil. 13, 8).

335 Cic. Phil. 3, 17. Suet. 27, 1. Nikol. Dam. FgrHist 90 F 128, 28. Plut. Ant. 31, 2. Hammond RE 17, 1859.

336 Caelius an Cic. fam. 8, 4, 2 hofft am 1. August 51: *ut spero et volo et ut se fert ipse bonos et senatum malet; totus, ut nunc est, hoc scaturit, huius autem voluntatis initium et causa est, quod eum non mediocriter Caesar, qui solet infimorum hominum amicitiam sibi qualibet impensa adiungere, valde contempsit.* Vell. 2, 48, 4 *Hic primo pro Pompei partibus, id est, ut tunc habebatur, pro re publica, mox simulatione contra Pompeium et Caesarem sed animo pro Caesare stetit; id gratis an accepto centies sestertio fecerit, ut accepimus, in medio relinquam.* Voraus geht (3) die Charakteristik *vir nobilis, eloquens, audax, suae alienaeque et fortunae et pudicitiae prodigus, homo ingeniosissime nequam et facundus malo publico, cuius animo neque opes ullae neque cupiditates sufficere possent.* Val. Max. 9, 1, 6 gibt die Höhe der Schulden

führte. Bis Ende Februar 50 gab sich Curio noch als Optimat, bis ihm ein Zerwürfnis mit deren Häuptern Gelegenheit bot, seinen Übergang zu Caesar vor der Öffentlichkeit zu rechtfertigen[337].

Als nun am 1. März die Beratungen über die consularen Provinzen begannen, entspannen sich die heftigsten Kämpfe, die erst Ende Mai zu einer vorläufigen Ruhe gelangten, indem Curio seine Intercession sieghaft aufrechterhielt[338]. Zunächst hatte der Consul Gaius Marcellus zur Beratung gestellt, sogleich Nachfolger in Caesars Provinzen zu schicken. Curio erklärte sich damit einverstanden, warf aber die Forderung in die Debatte, daß gleichzeitig auch Pompeius auf Provinzen und Heer zu verzichten habe. Diese war rechtlich unbegründet, denn 52 war Pompeius' Proconsulat in aller Form um fünf Jahre verlängert worden; desto mehr hatte sie aber den Schein der Billigkeit und der republikanischen Überlieferung, welche kein stehendes Heer zum Schutze der Regierung kannte, für sich, und Curio heimste sich damit große Popularität ein[339]. Er handelte selbstverständlich nach Caesars Anweisung. Dieser zog damit seine aussichtslose Forderung, durch Belassung in Gallien Pompeius gleichgestellt zu werden, zurück, hielt aber unbeugsam am Grund-

mit 15 Millionen Denaren an. Für die Leichenspiele zu Ehren seines 53 verstorbenen Vaters (s. o. S. 156, Anm. 306) ließ er z. B. ein hölzernes Doppeltheater bauen, auf dessen Bühnen gleichzeitig gespielt werden konnte, das sich aber durch Drehung von zwei großen Achsen auch zu einem Amphitheater zusammenfügen ließ (Plin. n. h. 36, 117). Suet. 29, 1. Plut. Ant. 5, 2. Caes. 29, 3. Pomp. 58, 2. Appian. b. c. 2, 101. Cass. Dio 40, 60, 2–3.

337 Caelius an Cic. fam. 8, 10, 3–4. 6, 4–5. Cic. an Caelius fam. 2, 13, 3. Att. 6, 1, 25. 3, 4. Caes. b. c. 2, 25, 4. Lucan. 4, 688–692. Appian. b. c. 2, 102. Cass. Dio 40, 61, 1–62, 2.

338 Cic. Att. 6, 2, 6 (Cicero verfügt über die *acta urbana* bis zum 7. März 50). Caelius an Cic. fam. 8, 11, 1. Dazu mein ‚Pompeius'[2] 276, 55 „Curio läßt nicht zu, daß ihm durch Ansetzung eines Dankfestes für Ciceros Taten in Kilikien Comitialtage verloren gehen" *ne quod furore Pauli adeptus esset boni sua culpa videretur amisisse.* Nach Cic. Att. 6, 3, 4 *huc enim odiosa adferebantur de Curione, de Paulo* haben Curio und Paullus zusammengearbeitet, zugunsten Caesars, was im Munde des damals noch durchaus optimatischen Caelius als *furor Pauli* bezeichnet wird. Caelius a. O. § 3 *nostri porro, quos tu bene nosti, ad extremum certamen rem deducere non audebant.* Caelius im Mai 50 (fam. 8, 13, 2): *Voles, Cicero, Curionem nostrum lautum intercessionis de provinciis exitum habuisse; nam cum de intercessione referretur* (vgl. das Senatus consultum fam. 8, 8, 6), *quae relatio fiebat ex senatus consulto, primaque M. Marcelli sententia pronuntiata esset, qui agendum cum tribunis pl. censebat, frequens senatus in alia omnia it.* Darüber Cic. Att. 7, 7, 5 (Dezember 50) *Numquam enim Curio sustinuisset, si cum eo agi coeptum esset; quam sententiam senatus sequi noluit; ex quo factum est, ut Caesari non succederetur.* Nach Hirtius b. G. 8, 52, 4–5 forderte Curio die Abstimmung: *nam C. Curio, tribunus plebis, cum Caesaris causam dignitatemque defendendam suscepisset, saepe erat senatui pollicitus, si quem timor armorum Caesaris laederet et quoniam Pompei dominatio atque arma non minimum terrorem foro inferrent, discederet uterque ab armis exercitusque dimittant. fore eo facto liberam et sui iuris civitatem. neque hoc tantum pollicitus est, sed etiam s. c. per discessionem facere coepit; quod ne fieret consules amicique Pompei evicerunt atque ita rem morando discusserunt.* Zur Erklärung Hermes 63 (1928), 132. Zu den Angriffen auf Pompeius' *dominatio* Caelius fam. 8, 11, 3 *totus eius secundus consulatus exagitatur.* Gemeint ist sicher das 3. Consulat von 52 (‚Pompeius'[2] 277, 65). In grellen Farben schildert Sallust ad Caes. 2, 3, 2–3 die *dominatio* des Pompeius und der *pauci,* o. Anm. 227.

339 Appian. b. c. 2, 103–106. Cass. Dio 40, 62, 3–4.

satz der Gleichberechtigung fest[340]. Sein Rechtstitel war das Plebiscit der 10 Tribunen, das ihn für sein künftiges Consulat von der persönlichen Meldepflicht befreite[341]. Wenn dessen Gültigkeit anerkannt wurde, so dauerte auch nach Abgabe von Heer und Provinzen formal sein *imperium* bis zum Betreten der Stadt fort. Er konnte abwesend zum Consul gewählt werden, war als Consul gerichtlich nicht zu belangen[342] und durfte sich zutrauen, Mittel und Wege zu finden, sich auch künftig zu behaupten, sofern nur nicht Pompeius im Besitz seines Heeres blieb. Nun bestritten allerdings die Gegner die Rechtsgültigkeit des Plebiscits. Aber die Entscheidung, ob es durch das Ämtergesetz des Pompeius außer Kraft gesetzt sei, hing letztlich von den Machtverhältnissen ab[343], und darum galt es zu erreichen, daß Pompeius gleichzeitig mit Caesar Heer und Provinzen abgab. Den entwaffneten Pompeius, das wußte Caesar aus langer Erfahrung, brauchte er nicht zu fürchten. Aber das wußten die optimatischen Gegner ebensogut und sahen in Caesars Vorschlag nur eine arglistig gestellte Falle[344]. Dafür war er geeignet, all denen einzuleuchten, welchen vor einem neuen Bürgerkrieg graute[345], und es zeigte sich immer deutlicher, daß die Mehrheit der Senatoren so dachte. Caesar hatte durchaus recht, wenn er die Gegner als eine Minderheit bezeichnete, die den andern ihren Willen aufzwang[346], und solange Frieden bestand, war noch immer möglich, daß sie schließlich das Äußerste nicht wagten. Denn Caesar ließ darüber keinen Zweifel, daß ihm die Ehre höher stehe als das Leben, woran er noch nach Ausbruch des Kriegs den Pompeius erinnerte[347].

340 B. c. 1, 4, 4 *Pompeius ab inimicis Caesaris incitatus et quod neminem dignitate secum exaequari volebat, totum se ab eius amicitia averterat et cum communibus inimicis in gratiam redierat.*

341 Caes. b. c. 1, 9, 2. 32, 3–5. Cic. Att. 7, 3, 4. Sall. ad Caes. 2, 2, 3 *beneficia populi. Suet.* 29, 2 *beneficium populi.*

342 o. Anm. 328. Dig. 2, 4, 2 (Ulpianus libro quinto ad edictum) *In ius vocari non oportet neque consulem neque praefectum neque praetorem neque proconsulem neque ceteros magistratus, qui imperium habent.* 4, 6, 26, 2 *Ait praetor: „aut cum eum invitum in ius vocare non liceret neque defenderetur". haec clausula ad eos pertinet, quos more maiorum sine fraude in ius vocare non licet, ut consulem, praetorem cerosque, qui imperium potestatemve habent.* Mommsen RStR I 706, 3 darüber, daß das auch für Strafprozesse gilt.

343 Cic. Att. 7, 3, 4 (9. Dezember 50) *de sua potentia dimicant homines hoc tempore periculo civitatis.* fam. 4, 4, 3 (46 an Ser. Sulpicius Rufus) *postquam armis disceptari coeptum sit de iure publico.*

344 Suet. 29, 2 (zu Caesars Brief an den Senat von Ende 50) *confisus, ut putant, facilius se, simul atque libuisset, veteranos convocaturum quam Pompeium novos milites.* Vor allem Cic. Att. 7, 9, 3 (Ende 50) *Dices profecto persuaderi illi* (sc. *Caesari*) *ut tradat exercitum et ita consul fiat. est omnino id eius modi ut, si ille eo descendat, contra dici nihil possit idque eum, si non obtinet ut ratio habeatur retinentis exercitum, non facere miror. nobis autem, ut quidam putant, nihil est timendum magis quam ille consul.* Cicero erinnert den Atticus an Caesars 1. Consulat 59: *Vide consulem illum iterum quem vidisti consulatu priore. „at tum inbecillus plus" inquit* (vielleicht Pompeius, mit dem Cicero am 25. Dezember gesprochen hatte. Att. 7, 8, 4, RE 7A, 990) *„valuit quam tota res publica".* Dagegen Caesar selbst (Januar 49 b. c. 1, 9, 5): *Proficiscatur Pompeius in suas provincias, ipsi* (Caesar und Pompeius) *exercitus dimittant, discedant in Italia omnes ab armis, metus e civitate tollatur, libera comitia atque omnis res publica senatui populoque Romano permittatur.* 345 Cic. Att. 7, 5, 4. 346 B. c. 1, 22, 5. 347 B. c. 1, 9, 2. Sall. ad Caes. 2, 2, 3.

Pompeius und der Senat machten in dieser Lage, um den Vorwurf der Unbilligkeit abzuschwächen, Caesar das Zugeständnis, er solle seine Provinzen erst am 13. November abgeben, wohl wissend, daß ihm mit diesem Entgegenkommen, welches ihn für das ganze Jahr 49 zum waffenlosen Mann machte, nicht geholfen war. Curio ließ darum auch nicht im geringsten locker[348].

Inzwischen trafen aus dem Osten wieder beunruhigende Nachrichten über die Parther ein, und der Senat beschloß, zur Verstärkung 2 Legionen nach Syrien zu entsenden. Pompeius führte dazu aus, das geschähe am einfachsten, indem er und Caesar je eine Legion abgäben, in welchem Sinne der Senat alsbald beschloß. Nun bezeichnete Pompeius als die seinige die, welche er 53 Caesar geliehen hatte (S. 130), so daß dieser tatsächlich um 2 Legionen geschwächt wurde. Caesar fügte sich, gab aber jedem Legionar ein Abschiedsgeschenk von 250 Denaren mit und konnte im übrigen die entstandene Lücke durch Rekruten sogleich ausfüllen, auch blieb Oberitalien mit einer Legion belegt[349]. Wie genau er damals alle Vorgänge in Rom verfolgte und die Fäden seiner Politik selbst in der Hand behielt, beleuchtet eine geringfügige, Cicero berührende Angelegenheit. Um eben diese Zeit, etwa Ende April, kam im Senat Ciceros Siegesbericht aus Kilikien zur Verhandlung und sein Wunsch, es möchte dafür ein Dankfest gefeiert werden. Curio fürchtete, seine Unternehmungen könnten dadurch gestört werden, und war darum dagegen. Doch da machte ihn Balbus darauf aufmerksam, daß es eine Beleidigung Caesars wäre, wenn dessen Freund so behandelt würde. Und nachdem das Dankfest beschlossen war, schrieb Caesar sogleich einen Glückwunschbrief, worin er stark unterstrich, daß Cato in schnödem Undank gegen das Fest gestimmt habe[350].

Während die Frage der Consularprovinzen noch weiter umstritten wurde, erkrankte Pompeius schwer und konnte an den Geschäften nicht mehr teilnehmen[351]. Unter diesen Umständen glückte es Curio ausgangs Mai, die Debatte zu einem günstigen Ende zu bringen. Marcus Marcellus hatte im Senat den Antrag gestellt, es sollten die Volkstribunen durch Verhandlungen zum Nachgeben bestimmt werden. Bei dem damaligen Besuch der Sitzung wurde das mit großer Mehrheit abgelehnt, die Intercession Curios blieb bestehen, mit anderen Worten: es billigte der Senat, daß Caesar sich bewerbe, ohne Provinzen und Heer abzugeben[352].

Das politische Tagesinteresse wandte sich nun den Wahlfragen zu. Bei der Wahl der Censoren erlebte Caesar die Genugtuung, daß College des Appius Claudius, der jetzt ausgesprochener Pompeianer war, Lucius Piso, sein

[348] Caelius fam. 8, 11, 3.

[349] Hirtius b. G. 8, 54, 2. Caes. b. c. 1, 4, 5. 32, 6. Cic. fam. 2, 15, 4. Cass. Dio 40, 65. Appian. b. c. 2 ,114–115. Plut. 29, 4.

[350] Cael. fam. 8, 11, 2. Cic. fam. 2, 15, 1. Att. 7, 1, 7.

[351] Caelius fam. 8, 13, 2. Appian. b. c. 2, 107.

[352] o. Anm. 388.

Schwiegervater, wurde, womit wirksamen Feindseligkeiten ein Damm gesetzt sein mochte[353]. Im künftigen Volkstribunencollegium verschaffte er sich in seinem bewährten Proquaestor Marcus Antonius und Quintus Cassius Longinus geeignete Nachfolger Curios[354]. Dagegen unterlag bei den Consulatswahlen sein Kandidat, der Legat Servius Sulpicius Galba gegen Gaius Marcellus und Lucius Lentulus Crus, was von der Oligarchie mit Frohlocken begrüßt wurde, wiewohl die unmäßige Verschuldung des letzteren den Zweifel erweckte, ob er nicht schließlich noch von Caesar erkauft werde[355]. Auch Lucius Piso war zu viel Epikureer, um die auf ihn gesetzten Hoffnungen zu erfüllen, und ließ geschehen, daß sein College nach seinem Gutdünken den Senat und die Ritterschaft von unerwünschten Elementen säuberte. Das traf nun zumeist Caesarianer. Nur als er sich sogar an den amtierenden Tribunen Curio wagte, griff Piso zusammen mit dem Consul Aemilius Paullus ein. Trotzdem verlas dann aber Claudius sein Urteil wenigstens im Senat, worüber es zu einem wüsten Handgemenge kam, in dem Curio dem Censor die Toga zerriß. Dagegen verlor damals der später berühmte Geschichtschreiber Gaius Sallustius Crispus, der sich 52 als Tribun in den Kämpfen gegen Milo hervorgetan hatte, seinen Senatssitz[356]. Er richtete nun eine gehaltvolle Denkschrift an Caesar[357], worin er mit grellen Farben die unerträgliche Schreckensherrschaft

[353] Cic. fam. 3, 10, 1. 11, 4–5. 13, 2. 8, 6, 3. Cass. Dio 40, 63, 1–3.

[354] Plut. Ant. 5, 2. Cic. Att. 6, 8, 2. Caes. b. c. 1, 2, 7.

[355] Hirtius b. G. 8, 50, 4. Cic. Att. 6, 8, 2 (1. Oktober 50) traut ihm zu, er werde zu Caesar halten. Caes. b. c. 1, 1, 3. 4, 2. Balbus an Cic. Att. 8, 15A, 2. Balbus erhielt von ihm das *gentilicium* Cornelius (R. Syme R. R. 44, 2. 72, 2).

[356] Cass. Dio 40, 63, 3–64, 1. Die Zeit ist wohl danach zu bestimmen, daß Cicero am 15. Oktober von Athen aus den Atticus um Nachrichten über die Censoren bittet (Att. 6, 9, 5). Den Brief des Caelius mit Nachrichten über Ap. Claudius (fam. 8, 14, 4) setzt O. E Schmidt Der Briefwechsel des M. Tullius Cicero (1893), 88 etwa auf den 24. September. Der Zusammenstoß mit Curio scheint Caelius noch nicht bekannt. Dio rückt ihn an den Konflikt mit dem Consul C. Marcellus heran, der wohl erst in den Dezember gehört. Über das Tribunat des Sallust Ascon. in Cic. Mil. argum. S. 37 (Clark) und zu Mil. 14. 45. 47. Bei der Streichung von der Senatsliste spielte wohl auch der Ehebruchskandal mit, den Varro in seinem logistoricus ‚Pius aut de pace‘ bei Gell. N. A. 17, 18 erwähnte: *in adulterio deprehensus ab Annio Milone loris bene caesum dicit et, cum dedisset pecuniam, dimissum.* Das richtige Verständnis dieser Schrift hat H. Dahlmann Varronische Studien I (Abh. Ak. Mainz 1957, 4), 159ff. erschlossen. Mit Pius ist Metellus Pius Scipio, der Consul 52 und Schwiegervater des Pompeius, der sich 46 den Tod gab, gemeint. Dahlmann 166 vermutet plausibel, daß Varro den ‚Pius‘ bald darauf schrieb; denn die einleitende Bemerkung *C. Sallustium scriptorem seriae illius et severae orationis, in cuius historia notiones censorias fieri atque exerceri videmus* stammt von Gellius, nicht von Varro (164).

[357] Die hier gegebene Datierung der im cod. Vat. überlieferten 2. *epistula ad Caesarem senem* (Appendix Sallustiana ed. Alph. Kurfess, fasc. prior[4], 1955) begründete ich Vierteljahrsschrift für Sozial- und Wirtschaftsgesch. 15 (1920), 528 und ausführlicher DLZ 1921, 1986–1989. Danach ‚Einleitung‘ zu C. Sallustius Crispus (Heidelberger Texte, Bd. 8, 1953) 9–10. Hier (13) erinnerte ich zur Widerlegung der von Ed. Fraenkel JRSt 41 (1951), 192 vorgetragenen Ansicht, die Thukydides-*imitatio* spreche gegen die Verfasserschaft Sallusts, an Cic. or. 32, wo Cicero im

des oligarchischen Klüngels um Pompeius schilderte und den Imperator dringend bat, sofort in diese verzweifelte Lage einzugreifen. Dabei dürfe er sich nicht damit begnügen, seine Ehre zu wahren, sondern müsse durch eine gründliche Reform Volk und Senat wieder befähigen, ihre verfassungsmäßigen Aufgaben zu erfüllen, andernfalls er die furchtbare Schuld auf sich lade, die Macht des römischen Volks dem Verfall zu überantworten. Vollbringe er dagegen dieses Werk, so werde es auf Erden keinen größern und berühmteren Mann geben[358]. Die Schrift ist für uns noch besonders interessant, weil Sallust im Gegensatz zu den staatsphilosophischen Werken Ciceros praktische Vorschläge gibt: die ungerechtfertigte Macht der jetzigen Nobilität und die Herrschaft des Geldes müssen gebrochen werden, damit der alte Römerstaat wieder in seiner Würde ersteht[359]. Die Korruption des Volkes ist zu beheben durch Aufnahme neuer Bürger, die in Colonien mit den alten gemischt einen gesunden wehrhaften Volkskörper bilden[360]. Bei den Abstimmungen sollen die 5 Censusklassen gleichmäßig zur Geltung kommen, die Gerichtshöfe sind mit Leuten aus der gesamten ersten Klasse zu besetzen, beim Senat ist die Mitgliederzahl zu erhöhen und geheime Abstimmung einzuführen[361].

Wir wissen nicht, was sich Caesar beim Empfang dieser in archaischem Stil daherschreitenden Mahnrede gedacht hat[362]. In der Grundtendenz konnte

Jahr 46 (30–32) Redner, nicht Historiker, im Auge hat, die Thukydides zum Vorbild nehmen. Gegen dieselben wandte er sich schon Brut. 287–288 und opt. gen. or. 15–16; ebenso Dionys. Hal. de Thuc. 2. 50. Jetzt kann vor allem auf W. Steidle Sallusts historische Monographien (Historia Einzelschr. Heft 3, 1958) 95ff. verwiesen werden. Hier (96) der ausgezeichnete Einwurf, daß die Philologen, die Sallust den für seine *epistulae* gewählten Stil verbieten, dem supponierten kaiserzeitlichen Deklamator bedenkenlos Sallust-*imitatio* zugestehen. Kurz zuvor hatte das schon Günter Dietz Sallusts Briefe an Caesar (Diss. Freiburg i. B. 1956), 138–179 dargelegt. Er hat 43–99 auch gezeigt, warum diese Briefe nicht von einem späteren Rhetor verfaßt sein können. Dagegen hilft auch R. Syme's Versuch (Mus. Helv. 15, 1958), den von ihm verehrten philologischen Autoritäten (55, 70) beizustehen, nichts. Wenn er (52) den Autor rügt, weil er nicht mehr und andere Namen von Politikern erwähnt, so zeugt das gerade für Sallust. Dieser brauchte in einer Denkschrift *de summa re publica* (ep. 2, 2, 4) Caesar doch nicht alle seine *inimici* aufzuzählen. Übrigens spielt er 2, 3 auf den *adversus consul* (C. Marcellus) an. Er tut sie 9, 4 als *inertissimi nobiles* ab. Wie H. Dahlmann Gnomon 14 (1938), 142 bemerkt hat, erinnert das an das Urteil des Caelius fam. 8, 10, 3 über M. Marcellus. Dem ist hinzuzufügen die o. Anm. 348 angeführte Stelle fam. 8, 11, 3 über das Versagen gegenüber Curio im Jahr 50. Von den *nobiles* werden 9, 4 Männer wie L. Postumius und M. Favonius unterschieden (gegen Syme 53). Die Miszelle von R. G. M. Nisbet JRSt 48 (1958), 30 beweist nichts gegen Sallust, da auch er die Rede Lykurgs aus seinem rhetorischen Unterricht gekannt haben kann. Vgl. W. Avenarius Symbolae Osloens. 33 (1957), 80. Der Güte des Verfassers verdanke ich den Sonderdruck: Egon Maróti Der zweite Sallustbrief und Cicero (Acta sessionis Ciceronianae diebus 3-5 mensis Decembris a. 1957 Varsoviae habitae, Warschau 1960, 123-141), wo die Angriffe auf die Echtheit des Briefs nochmals trefflich widerlegt werden.

358 13, 5. 359 7, 3. 360 5, 8. 361 7, 11. 8, 1. 11, 5.

362 Ich glaube, daß Sallust, indem er als ‚alter Römer' sprach, Caesar imponieren wollte. Man denkt sicher zu gering von Caesars geistigem Format, wenm man wie A. Dihle Gnomon 29 (1957), 598 annimmt, er hätte einen solchen Versuch, weil er seinem eigenen Stilideal wider-

sie ihm nur sympathisch sein. Aber wie Cicero sieht Sallust ganz an der Tatsache vorbei, daß es in der damaligen Zeit nicht mehr bloß auf die Verfassung des römischen Gemeindestaats ankam, sondern daß vor allem die Frage des Reichsregiments zu lösen war, für das die alten Organe nicht genügten. Caesar merkte sich den fähigen Mann zu späterer Verwendung, aber vorderhand war er noch nicht so weit, sich mit solchen Zukunftsplänen zu befassen.

Der nächste bedeutende Wahlkampf drehte sich um die Augurenstelle des berühmten Redners Hortensius, wo sich Lucius Domitius und Marcus Antonius gegenüberstanden. In den letzten Septembertagen siegte hier wiederum Antonius und fiel Caesars fanatischer Feind zu seinem heftigsten Zorne durch[363].

Caesar kam um diese Zeit nach Oberitalien. Wie er sagte, wollte er den Marcus Antonius den römischen Bürgern in den Municipien und Colonien seiner Provinz empfehlen. Das war nun nicht mehr nötig. Dafür lud er auf seiner Rundreise durch die Städte jene Bürger ein, im nächsten Jahre bei der Consulnwahl dessen eingedenk zu sein, was ihr Proconsul alles für sie getan habe. Der unbeschreibliche Jubel, mit welchem sämtliche Gemeinden den obersten Beamten des Landes in glänzenden Empfängen feierten, ließ über die Stimmung der Provinz keinen Zweifel[364]. In Rom hieß es, er werde sein Heer unter keinen Umständen entlassen, und das Gerücht wollte genau wissen, daß am 15. Oktober vier Legionen in Placentia eintreffen würden[365]. Dem war freilich nicht so: in Oberitalien stand nur eine Legion, und über die 8 anderen Legionen hielt Caesar damals vielmehr im Trevererland eine Truppenschau ab, bevor er sie in Belgium und im Haeduerlande in die Winterquartiere entließ. Außerdem besaß er freilich noch die 22 neu ausgehobenen Cohorten, die vermutlich in der alten Provinz standen[366]. Jenes Gerücht verkannte Caesars Absichten, denen mit einer bewaffneten Drohung in Oberitalien nicht gedient war, durchaus. Je aufgeregter die Gegner wurden, desto mehr beherrschte er sich, um durch maßvolle und einwandfreie Haltung die öffentliche Meinung zu gewinnen[367].

Auf der anderen Seite genas Pompeius in Neapel von seiner Krankheit, wofür allerorten in Italien Dankfeste gefeiert wurden und er selbst auf einer Reise begeisterte Huldigungen empfing[368]. Im Vertrauen auf diese Stimmung richtete er an den Senat einen Brief, worin er seine und Caesars Verdienste aufzählte und darlegte, wie seinem früheren Freund und Schwiegervater nichts lieber sein könne, als nach den langen Feldzügen in Rom die wohlver-

sprach, nicht goutiert. Auch Cicero gab sich in den erhaltenen Empfehlungsschreiben an Caesar besondere Mühe (fam. 7, 5. 13, 15. 16).

[363] Cic. Brut. 324. Caelius fam. 8, 14, 1. Hirtius b. G. 8, 50, 1. Plut. Ant. 5, 2.

[364] Hirtius b. G. 8, 50–51. [365] Cic. Att. 6, 9, 5. 7, 1, 1.

[366] Hirtius b. G. 8, 52, 1. 54, 3–5. Caes. b. c. 1, 18, 5. [367] Hirtius b. G. 8, 55, 2. o. S. 162.

[368] Cic. Tusc. 1, 86. Vell. 2, 48, 2. Cass. Dio 41, 6, 3–4. ‚Pompeius'[2] 191.

dienten Ehren zu ernten. Er selbst sei ohne sein Zutun im Jahre 52 mit seiner Macht bekleidet worden, sei aber auf Wunsch schon jetzt bereit, vor Ablauf der erteilten Frist zurückzutreten. Curio ging jedoch auf diesen freundlichen Ton nicht ein, sondern stellte unter gehässigen Ausfällen gegen die Spiegelfechtereien des Pompeius als allein billige Lösung des Streits den Vorschlag Caesars auf, daß beide Proconsuln gleichzeitig ihre Heere abgäben, weil nur dann der Staat frei und seiner selbst Herr sein werde[369].

Diese stets wiederholte Formel drängte bei dem großen Teil der Bürgerschaft, welcher den Frieden erhalten wollte, den staatsrechtlichen Konflikt — daß ein Proconsul sich mit Hilfe des Volkstribunats dem erklärten Willen der verfassungsmäßigen Regierung widersetzte — in den Hintergrund. Caesar versäumte auch nicht zu betonen, daß ihm durch die Aufhebung der im Plebiscit der 10 Tribunen zugesagten Vergünstigungen das „Geschenk des Volks“ geraubt werde. Daher schrieb Cicero, der im Dezember von Brundisium nach Rom reiste, am 17. dieses Monats, er habe noch niemanden gefunden, der nicht das Zugeständnis an Caesar dem Krieg vorzöge[370]. Die Formel besaß aber außerdem noch die Eigenschaft, Caesars tatsächlichem Wunsch zu entsprechen: denn wenn seine Gegner über kein Heer mehr verfügten, durfte der Meister popularer Taktik, der seiner Veteranen sicher war, zuversichtlich auf den Sieg hoffen. Sein zweites Consulat würde ihm die Stellung geben, den Staat nach seinem Willen zu ordnen[371].

Pompeius dagegen war weniger als je zum Nachgeben geneigt. Denn Appius Claudius (der Neffe des Censors), welcher im Auftrag des Senats die beiden für den Partherkrieg bestimmten Legionen nach Italien führte, berichtete, die Stimmung in Caesars Heere sei ganz schlecht[372], und was noch mehr sagen wollte, Caesars erster Offizier, sein *legatus pro praetore* Titus Labienus, welchen der Imperator damals über *Gallia citerior* gesetzt hatte, damit er von dort bequem seine Bewerbung um das Consulat betreiben könne, verhandelte bereits mit den Häuptern der Oligarchie über seinen Übertritt. Er war in letzter Zeit sehr anspruchsvoll geworden und konnte nicht verwinden, daß Caesar ihm seither merklich kühler begegnete[373]. In Er-

369 Appian. b. c. 2, 107–110. Caelius fam. 8, 14, 2 (September 50): *Propositum hoc est de quo qui rerum potiuntur sunt dimicaturi, quod Cn. Pompeius constituit non pati C. Caesarem consulem aliter fieri nisi exercitum et provincias tradiderit, Caesari autum persuasum est se salvum esse non posse, si ab exercitu recesserit; fert illam tamen condicionem, ut ambo exercitus tradant. Sic illi amores et invidiosa coniunctio* (der ehemalige Dreibund) *non ad occultam recidit obtrectationem, sed ad bellum se erupit.*

370 Att. 7, 6, 2. 371 o. Anm. 344.

372 Plut. Pomp. 57, 7–9. Caes. 29, 5–6. Appian. b. c. 2, 116–117.

373 Hirtius b. G. 8, 52, 2–3. Bei dem Consulat könnte es sich nur um das von 48 handeln. Caesar hätte sich ihn also einmal zum Collegen gewünscht. Nach Cass. Dio 41, 4, 4 stellte er sich Caesar gleich. Da er wie Pompeius aus Picenum stammte, darf auf alte Verbindung mit diesem geschlossen werden, woraus sich für Caesar unliebsame Folgen entwickeln konnten. R. Syme R. R. 67, 7.

wartung der nahenden Entscheidung nahm Pompeius jetzt wieder Wohnung in seinem Vorstadtpalaste[374].

Angesichts der wachsenden Friedensströmungen hielten es Caesars Gegner für nötig, die Entwicklung in ihrem Sinne voranzutreiben. Als Consul Gaius Marcellus im Dezember die Senatssitzungen zu leiten hatte, benutzte er den Streit des Censors Appius Claudius mit Curio dazu, vom Senat ein Urteil über diesen Politiker zu fordern. Dank dessen geschickter Behandlung der friedliebenden Senatsmehrheit nahm die Diskussion aber eine andere Wendung als der Consul gehofft hatte. Als Curio schließlich eine Abstimmung darüber durchsetzte, wer für den gleichzeitigen Rücktritt der beiden Proconsuln sei, da bekannten sich 370 Senatoren zu dieser Ansicht und nur 22 dagegen. Während Curio für diesen Erfolg vom Volk bejubelt wurde, schloß Marcellus die Sitzung, um am nächsten Tag auf Grund der umlaufenden Gerüchte Maßnahmen des Senats gegen Caesars Anmarsch zu verlangen[375]. Von Curio wiederum erfolgreich widerlegt, zog er mit den beiden designierten Consuln und den übrigen Gesinnungsgenossen hinaus zu Pompeius und übertrug ihm, ohne dazu vom Senat autorisiert zu sein, die Vollmacht zum Schutze des Staates, vorab den Befehl über die beiden Partherkrieglegionen, die damals zu Capua im Quartier lagen, samt der Ermächtigung zu weiteren Aushebungen. Pompeius leistete der Aufforderung Folge[376], Cicero traf ihn am 10. Dezember auf dem Weg nach Capua und erfuhr von ihm, der Krieg sei nicht mehr zweifelhaft, Caesar sei ihm ganz entfremdet, am 6. Dezember abends sei Hirtius nach Rom gekommen, habe ihn aber nicht aufgesucht, Balbus habe versprochen, am 7. frühmorgens mit Metellus Scipio (Pompeius' Schwiegervater) die schwebenden Fragen zu besprechen, aber noch in der Nacht sei Hirtius wieder zurückgereist. Im übrigen schließt Cicero den Brief an seinen intimen Freund Atticus mit den Worten: „Ich glaube nicht, daß Caesar dermaßen den Verstand verliert, daß er diese Dinge auf die Entscheidung zutreibt. Denn, wenn er sich hinreißen läßt, fürchte ich allerdings vieles, was ich nicht zu schreiben wage." Er hoffte also doch noch auf ein Kompromiß[377]. Die Lage war allerdings durch das eigenmächtige Vorgehen des Consuls und seiner Nachfolger sehr ernst geworden. Curio protestierte aufs schärfste dagegen und begab sich sogleich nach Ablauf des Tribunats am 10. Dezember zu Caesar[378].

Dieser war nach dem diesseitigen Gallien zurückgekehrt. Gegenüber der neuen Lage zog er seine dortige Legion in Ravenna zusammen und gab in aller Heimlichkeit zwei Legionen in *Gallia ulterior* und den 22 Cohorten

374 Appian. b. c. 2, 112.

375 Cass. Dio 40, 64, 1–4. Plut. Pomp. 58, 6–10. Caes. 30, 1–2. Appian. b. c. 2, 118–121. Ich folge in der Datierung Ed. Meyer Caesars Mon. 269, 2. o. Anm. 356.

376 Hirtius b. G. 8, 55, 1. Caes. b. c. 1, 2, 3. 4, 5. 9, 4. 6, 2 die angebliche Unzuverlässigkeit von Caesars Soldaten. Cass. Dio 60, 64, 4. 66, 1–3. Appian. b. c. 2, 121–123. Plut. Pomp. 59, 1–2. Oros. 6, 15, 1.

377 Att. 7, 4, 2–3.

378 Appian. b. c. 2, 123. Cass. Dio 40, 66, 5.

Marschbefehl nach Italien, drei weiteren Legionen wies er Quartiere in der Narbonensis an, um gegen Pompeius' spanische Armee gesichert zu sein[379]. Daneben ließ er aber in der Tat kein Mittel unversucht, sein Ziel ohne Krieg zu erreichen[380]. Denn in dieser Stellungnahme schien immer mehr seine Stärke zu liegen: seine bisherige Politik hatte dahin geführt, daß, wenn es im Bürgerkrieg Partei zu wählen galt, er kaum auf eines einzigen achtbaren Mannes Anschluß rechnen konnte. Hier beginnt sich in seiner staatsmännischen Laufbahn der tragische Knoten zu schürzen. Von Jugend auf im Kampf gegen die Optimaten vermochte er nie wirkliches Vertrauen zu gewinnen in den Reihen der alten Regenten. Die wenigen Legaten aus der Nobilität, die unter ihm dienten, waren unbedeutende Männer. Freunde, die aus innerer Überzeugung zu ihm standen und mit ihm zusammen für seine Sache zu kämpfen bereit waren, besaß er unter seinen Standesgenossen nicht, und das lag nicht bloß an deren Selbstsucht und Verständnislosigkeit, sondern was ihn zutiefst von ihnen trennte, war das moralisch Anrüchige, das seiner Vergangenheit in ihren Augen anhaftete. Sie empfanden im Dämonischen seines Wesens etwas Unheimliches, Undurchsichtiges, gegen das ihr Instinkt sich sträubte, weil sie fühlten, daß ihm nicht wie ihnen die Behauptung der ererbten Herrenstellung im Staat der selbstverständliche Lebensinhalt war. Auch dem Pompeius mißtrauten sie aus demselben Instinkt heraus lange, bis er zuletzt seinen Anspruch, mehr zu sein als die andern *principes*, fahren ließ. Als alter Sullaner hatte er trotz zeitweiliger Entfremdung stets mancherlei persönliche Beziehungen behalten, auch als er der Verbündete Caesars war, und dieser bemerkt im ersten Buch vom Bürgerkrieg bitter: „Pompeius, von den Feinden Caesars aufgereizt und weil er nicht wollte, daß ihm einer an Rang gleichkam, hatte sich ganz von der Freundschaft mit ihm abgewandt und sich mit den gemeinsamen Feinden versöhnt, die er selbst zum größten Teil in jener Zeit der Verschwägerung Caesar eingebracht hatte." [381] Hieran war richtig, daß seit seinem Consulat für ihn die Brücken zu den optimatischen *principes* abgebrochen waren.

Gewiß, Caesars Heer mit seinen Centurionen bildete eine festgefügte Gefolgschaft, wie sie bisher noch nie ein römischer Staatsmann im politischen Kampf einsetzen konnte. Dazu kamen die höheren Offiziere, die in seiner Schule erzogen Tüchtiges leisteten, auch Männer aus dem Ritterstand, die ihm mit unbedingter Hingabe dienten und mit größter Zuverlässigkeit seine politischen Aufträge ausführten. Aber aus der alten Herrenschicht, der Nobilität und dem Senatorenstand, gewann er sich keine solchen Gehilfen. Wenn sich ein so hochbegabter Mann wie Curio kaufen ließ, so wollte er letzten Endes nicht dienen, sondern es Caesar gleichtun. Wie diese Leute rechneten, sprach schon im September Marcus Caelius, der optimatische Tribun von 52, in

[379] Hirtius b. G. 8, 55, 1. Caes. b. c. 1, 7, 7. 8, 1. 15, 3. 18, 5. 37, 1–2. Appian. b. c. 2, 124–125. Suet. 30, 1. [380] Hirtius b. G. 8, 55, 2. [381] B. c. 1, 4, 4.

einem Brief an Cicero offenherzig aus: „Ich denke, es entgeht Dir nicht, daß die Menschen im häuslichen Streit auf der anständigeren Seite stehen müssen, solange politisch ohne Waffen gekämpft wird, sobald es aber zu Krieg und Lager kommt, auf der stärkern und das für das Bessere halten, was sicherer ist. In dieser Entzweiung sehe ich, daß Gnaeus Pompeius den Senat und die Mitglieder der Gerichtshöfe bei sich haben wird, daß zu Caesar alle die stoßen werden, die in Angst und mit schlechten Aussichten leben, daß das Heer unvergleichbar ist. Jedenfalls bleibt genug Zeit, die beidseitigen Kräfte in Betracht zu ziehen und die Stellung zu wählen." [382] Caesar sah das natürlich genau so, aber diese Verteilung der Kräfte auf die beiden Fronten war ihm keineswegs gleichgültig. Wie er als Consul bereit gewesen war, mit dem Senat zusammenzugehen, so rang er auch jetzt um ihn. Er wußte, was es in Rom bedeutete, diese Autorität gegen sich zu haben. Wenn er nur seine *dignitas* behauptete, wollte er darum den Krieg vermeiden. Denn tatsächlich sammelten sich in seinem Lager nur solche, die in ihrer politischen Laufbahn bisher Schiffbruch gelitten hatten, Bankerotte, Überschuldete, Exilierte, Kompromittierte, unzuverlässige Streber, die durch ihn rasch steigen wollten, kurzum die, welche der Optimatenjargon nicht unzutreffend als „die Bösen" *(improbi)* bezeichnete, oder „das Totenreich", wie Ciceros Freund Atticus bitter scherzte. Von seinem Sieg erwartete man also Abschlachtung der Häupter des Staates wie unter Cinna, Proskription der Reichen wie unter Sulla, Kassierung sämtlicher Schulden und Rückkehr aller landesflüchtigen Verbrecher [383]. Auch Pompeius erklärte, sein ehemaliger Schwiegervater wolle alles in Verwirrung bringen, weil er weder seine begonnenen Unternehmungen vollenden noch die Erwartung des Volks, die er für seine Ankunft erregt hatte, mit seinen privaten Mitteln erfüllen könne [384]. Die besitzenden Stände, vor deren Augen dieses Schreckbild aufstieg, sahen ihre Rettung in Pompeius. Aber noch lieber war ihnen der Friede. Die letzten Vorgänge im Senat fanden bei Senatoren und Rittern heftigsten Tadel, allgemein forderten sie die Annahme von Caesars Bedingungen. Der Senat in seiner Mehrheit, Staatspächter, Finanzleute, Landwirte wollten nach Ciceros Urteil Caesars Herrschaft gern ertragen, wenn nur der Gang der Geschäfte nicht gestört wurde [385].

Wir sehen, wie Caesars Vertrauensleute bis zum 6. Dezember in Fühlung blieben mit den Gegnern, und nachdem er Hirtius' Bericht gehört hatte, ließ er ihnen aufs neue vertrauliche Vorschläge machen: er sei bereit, auf die Transalpina zu verzichten und sich bis zum Antritt seines Consulats mit zwei Legionen zu begnügen. So wäre sein Privileg für die Bewerbung gewahrt und der Oligarchie der Vorwand zu ihren Rüstungen entzogen worden. Aber die Gegner fürchteten eben sein Consulat, und darum antwortete man ihm im Sinne Catos, der Staat würde nicht zum Gegenstand eines Privatvertrags

382 fam. 8, 14, 3. 383 Cic. Att. 7, 3, 5. 7, 7. 11, 1. 12, 2. o. Anm. 227.

384 Suet. 30, 2. 385 Att. 7, 7, 5.

gemacht[386]. Gleichzeitig stellte Antonius, der am 10. Dezember sein Volkstribunat angetreten hatte, das Vorgehen der Senatsminorität und des Pompeius schonungslos an den Pranger. Er erließ ein Edict, worin er den unverzüglichen Abtransport der beiden Legionen nach Syrien verlangte und verbot, daß der Aushebung des Pompeius Folge geleistet werde[387]. In einer großen Rede schilderte er am 21. Dezember den Pompeius als den Unterdrücker der bürgerlichen Freiheit, namentlich während seines dritten Consulats[388]. Überhaupt wiederholte jetzt Caesars Propaganda unermüdlich, der Staat werde von einer kleinen Gruppe, die sich in ihren persönlichen Haß gegen ihn verbissen habe, vergewaltigt, er selbst trete für die freie Willensäußerung von Senat und Volksversammlung ein[389]. So mochte er noch immer hoffen, die Gegner in der öffentlichen Meinung zu diskreditieren und sie, so in die Enge getrieben, zum Nachgeben zu bringen.

Für die nächste Senatssitzung, die am 1. Januar 49 unter dem Vorsitz des neuen Consuls Lucius Lentulus stattfinden sollte, faßte er sein Angebot nochmals in einem offiziellen Schreiben zusammen, das Curio[390] überbrachte: nach einer Aufzählung seiner Verdienste um den Staat forderte er entweder Wahrung des ihm vom Volk bewilligten Privilegs, so daß er mindestens bis zu erfolgter Wahl seine Provinzen behalten könne, oder gleichzeitige Niederlegung des Heeresbefehls von seiten sämtlicher Kommandoinhaber[391]. Schon die Verlesung dieses Briefes mußte von den Volkstribunen Antonius und Cassius erzwungen werden, und Lentulus berichtete nicht über diese Vorschläge, sondern über die Gesamtlage des Staates, worauf der Senat mit überwältigender Mehrheit für den Antrag Scipios stimmte, Caesar habe bis zu einem bestimmten Tag sein Heer zu entlassen, ansonst er als Feind des Staates erachtet werde. Sein Privileg galt als erloschen. Er hätte sich also im Sommer persönlich in Rom um das Consulat bewerben müssen und durch

386 Suet. 29, 2. Plut. 31, 1. Vell. 2, 49, 3. Appian. b. c. 2, 126. Leider bricht das Werk des Hirtius, der zum Teil diese Verhandlungen führte, gerade hier ab. Sie wurden noch fortgesetzt, nachdem Cicero am 4. Januar 49 (fam. 16, 11, 2) vor Rom angekommen war. Er hat sich dann noch eifrig um eine Verständigung bemüht, und so scheint es bei Plut. Pomp. 59, 5, als ob überhaupt erst er die Angebote Caesars vermittelt habe. Über die Möglichkeit, den Frieden zu erhalten, unterhielt sich Cicero am 25. Dezember 50 in Formiae mit Pompeius (Att. 7, 8, 4).

387 Plut. Ant. 5, 4. 388 Cic. Att. 7, 8, 5.

389 Caes. b. c. 1, 9, 5. 22, 5. Hirtius b. G. 8, 52, 4. o. Anm. 338.

390 Appian. b. c. 2, 127. Cass. Dio 41, 1, 1. Cic. fam. 16, 11, 2.

391 Leider ist der Anfang von Caesars b. c. in den Handschriften mangelhaft überliefert und ebenso fehlt der Schluß von Hirtius b. G. 8. Bei Suet. 29, 2 die kurze Inhaltsangabe: *ne sibi beneficium populi adimeretur, aut ut ceteri quoque imperatores ab exercitibus discederent.* Bei Cass. Dio 41, 1, 4 wird nur Pompeius genannt. Ich möchte annehmen, daß die allgemeine Formulierung auf den echten Wortlaut zurückgeht, weil Caesar vermeiden wollte, Pompeius namentlich zu bezeichnen. B. c. 1, 9, 3 *cum litteras ad senatum miserit, ut omnes ab exercitibus discederent, ne id quidem impetravisse.* 1, 5, 5 spricht er von *suis lenissimis postulatis.* Dagegen Cic. fam. 16, 11, 2 (am 12. Januar 49): *omnino et ipse Caesar, amicus noster, minacis ad senatum et acerbas litteras miserat et erat adhuc*

Überschreiten des *pomerium* sein *imperium* verloren, so daß er während des nächsten Halbjahrs seinen Feinden zum heißersehnten gerichtlichen Strafverfahren ausgeliefert war[392]. Da die beiden Tribunen sogleich intercedierten, wurde am 2., 5., 6. und 7. Januar über die hierdurch geschaffene Lage ver-

impudens qui exercitum et provinciam invito senatu teneret, et Curio meus illum incitabat. Nach Appian. b. c. 2, 128, hätte er für den Fall der Ablehnung erklärt: *Τιμωρὸς αὐτίκα τῇ τε πατρίδι καὶ ἑαυτῷ κατὰ τάχος ἀφίξεσθαι*. So plump wird er nicht gedroht haben. Dagegen wird der Gedanke von 1, 9, 3 *sibi semper primam fuisse dignitatem vitaque potiorem* nicht gefehlt haben, womit die o. Anm. 301 mitgeteilte Formulierung übereinstimmt. Das erklärt Ciceros Ausdrucksweise.

392 Caes. b. c. 1, 1, 2–2, 7. 2, 6 *uti ante certam diem Caesar exercitum dimittat* gibt jedenfalls den Wortlaut des Antrags wieder. Der Tag selbst sollte noch bestimmt werden. Zunächst wurde grundsätzlich entschieden, daß Caesar entgegen den letzten (inoffiziellen) Vorschlägen keinen einzigen Soldaten behalten sollte. Dieser Tatbestand ist richtig überliefert bei Vell. 2, 49, 4: *ut deinde spretis omnibus, quae Caesar postulaverat, tantummodo contentus cum una legione titulum retinere provinciae, privatus ut in urbem veniret et se in petitione consulatus suffragiis populi Romani committeret, decrevere,* eröffnete Caesar den Krieg. Karl Barwick Caesars Bellum civile (Tendenz, Auffassung und Stil), Ber. Leipzig 99, 1 (1951), 18, 3 vertritt eine Ansicht, die ich jetzt anders als RE 7A, 991 nicht mehr für richtig halte. Barwicks Buch erkenne ich als gediegenen Beitrag zur Quellenkritik gerne an. Aber meine Beurteilung der ihm zugrunde liegenden Auffassung deckt sich mit der von F. Lossmann Gnomon 28 (1956), 355ff. Barwick geht (14) davon aus, daß sich Caesar im Unrecht befand, und sucht ihm fortlaufende Entstellung der Wahrheit nachzuweisen. Außerdem glaubt er (124), daß die Bücher 1 und 2 Ende 49, Buch 3 Ende 48 veröffentlicht wurden. Die dabei Caesar zugeschriebene Absicht, auf die öffentliche Meinung Italiens zu wirken (129), halte ich für eine unzutreffende Voraussetzung. Denn eine Leserschaft, wie sie sich Barwick denkt (135), „die große Masse der Gebildeten in Rom und Italien", gab es nicht. Wie Ciceros Briefsammlung zeigt, wußten die politisch interessierten Kreise durch Kundgebungen beider Seiten von Anfang an Bescheid über die gegenseitigen Beschuldigungen. Außerdem hat Lossmann Hermes 85 (1957), 47ff. dargelegt, daß sich dem von Barwick (130) angeführten Asinius Pollio-Citat bei Suet. 56, 4 nichts über die Abfassungszeit entnehmen läßt. Ich halte für das wahrscheinlichste, daß Caesar sein b. c. 47 während des Aufenthalts in Aegypten entwarf, als der Endkampf in Afrika noch bevorstand. Da wollte er zusammenfassend zeigen, daß es seine Feinde waren, die ihm den Krieg aufzwangen. Wenn das 3. Buch mit dem Beginn des alexandrinischen Kriegs abbricht, so schließe ich daraus, daß das Werk unvollendet liegen blieb, weil es nach dem Sieg bei Thapsus nicht mehr nötig war. Da Hirtius (B. G. 8 praef. 2) es nach Caesars Tod als bekannt erwähnt, scheint es damals veröffentlicht worden zu sein. Daß ein Staatsmann, der zur Feder greift, einseitig seinen Standpunkt vertritt, ist so selbstverständlich, daß man darüber nicht zu sprechen braucht. Der mäkelnde Asinius Pollio behauptet a. O., daß Caesar manches *vel consulto vel etiam memoria lapsus* unrichtig (*perperam* nach Loßmann 57, 1) dargestellt habe, und der heutige Geschichtsforscher wird nach dem Grundsatz *audiatur et altera pars* verfahren. Aber kleinliches Nachweisen von Wahrheitsentstellungen wird Caesar nicht gerecht, weil es mit einer Kümmerlichkeit rechnet, die seinem Wesen fremd wäre. Seinem Bewußtsein, allen Zeitgenossen überlegen zu sein, entsprang naturgemäß das Gefühl, daß seine Art, die Dinge aufzufassen, die richtige sei. Wenn er bei dem eiligen Diktieren gelegentlich Tatbestände verschob, so braucht man dahinter nicht ausgeklügelte Fälschungen zu suchen. Wie auch Pollio zugibt, mag er sich bisweilen an Einzelheiten nicht mehr genau erinnert haben. Daß er sich zu seinen Gunsten irrte, ist menschlich. Aber wir wissen auch von der Gegenseite genug, um sagen zu können, daß sich im ganzen die Dinge so abspielten, wie Caesar berichtet. Weiteres Hist. Ztschr. 178 (1954), 453. Über die Abfassungszeit des b. c. zuletzt John H. Collins AJPh 80 (1959), 113ff., der besonders 126 für die Zeit des alexandrinischen Kriegs eintritt.

handelt[393]. Am 4. traf Cicero vor der Stadt ein, der als den Triumph erhoffender Imperator das *pomerium* nicht überschritt, dagegen an den wichtigen inoffiziellen Beratungen im Landhause des Pompeius teilnahm. Er setzte sich mit größtem Eifer für einen friedlichen Ausgleich ein, indem er nochmals zur Annahme der von Caesar vertraulich gemachten Vorschläge riet und Pompeius empfahl, nach Spanien zu gehen. Da dies Pompeius nicht genügte, brachte er Caesars Freunde schließlich so weit, auf Illyricum ohne die Cisalpina und eine Legion herunterzugehen, und wie er versichert, war nun Pompeius nicht abgeneigt, das anzunehmen. Aber der Consul Lentulus und namentlich Cato, der laut rief, er dürfe sich nicht wieder von Caesar betrügen lassen, hielten ihn zurück. So scheiterte Ciceros Vermittlungsversuch[394], und am 7. Januar folgte der Senat dem Beispiel, das der Consul Gaius Marcellus schon einen Monat früher gegeben hatte: er übertrug den Consuln, Praetoren, Volkstribunen und Proconsuln in der Nähe der Stadt die Vollmacht zum Schutze des Staates. Da der Beschluß gefaßt wurde zur Verteidigung der Staatsinteressen gegen die Intercession zweier Volkstribunen, erklärten diese beiden ihre tribunicische Unverletzlichkeit für bedroht und reisten zusammen mit Curio und Caelius alsbald zu Caesar ab. Im Gegensatz zu dem eigenmächtigen Vorgehen des Consuls Marcellus entsprach dieses *senatus consultum ultimum* völlig dem damals gültigen Staatsrecht: die ordnungsmäßige Regierung Roms erteilte ihren Organen dictatorische Befugnisse, um einen widerspenstigen Proconsul zum Gehorsam gegen ihre Befehle zu zwingen. Den beiden Volkstribunen persönlich wurde kein Haar gekrümmt. Caesar selbst bestreitet in seinem „Bürgerkrieg“ die Kompetenz des Senats zu diesem Beschlusse nicht, leugnet aber, daß damals begründeter Anlaß vorgelegen habe[395].

393 B. c. 1, 2, 8. 5, 4. Cass. Dio 41, 3, 4. Plut. 30, 4.

394 Cic. fam. 16, 12, 2 (23. Januar 49). 4, 1, 1 (April 49). 6, 21, 1 (April 45). Rückblickend meint er fam. 6, 6, 5 (Oktober 46), *ea me suasisse Pompeio, quibus ille* (Pompeius) *si paruisset, esset hic* (Caesar) *quidem clarus in toga et princeps, sed tantas opes, quantas nunc habet, non haberet.* Att. 8, 11 D, 7 (27. Februar 49 an Pompeius) *primum enim prae me tuli me nihil malle quam pacem, non quin eadem timerem quam illi* (die radikalen Caesarfeinde), *sed ea bello civili leviora ducebam.* Att. 9, 11 A, 2 (19. März 49 an Caesar) von sich: *qui et illi* (Pompeius) *semper et senatui cum primum potui pacis auctor fui nec sumptis armis belli ullam partem attigi iudicavique eo bello te violari contra cuius honorem populi Romani beneficio concessum inimici atque invidi niterentur.* Plut. Caes. 31, 1–2. Pomp. 59, 5–6. Suet. 29, 2–30, 1. Vell. 2, 49, 4.

395 Caes. b. c. 1, 5, 2–5. 7, 2–5. Cic. fam. 16, 11, 2. Att. 10, 8, 8. Deit. 11. Phil. 2, 51. In dem interessanten Brief vom 27. Dezember 50 (Att. 7, 9, 2), wo Cicero im Anschluß an das Gespräch mit Pompeius die verschiedenen Eventualitäten des Konflikts erörtert, wird auch dieser (nunmehr eingetretene) Fall bedacht: Caesar könnte schon aus dem Grund den Krieg beginnen, weil das Gesetz der 10 Tribunen nicht beachtet werde *aut addita causa, si forte tribunus pl. senatum impediens aut populum incitans notatus aut senatus consulto circumscriptus aut sublatus aut expulsus sit dicensve se expulsum ad illum* (Caesar) *confugerit* ... Cass. Dio 41, 3, 1–3 (im Widerspruch zu Cic. fam. 16, 11, 2). Appian. b. c. 2, 129–133 (dramatisierend), ähnlich Plut. Ant. 5, 8–9. Caes. 30, 4–6. Liv. per. 109.

Die Nachricht von diesem Ereignis wurde mit Windeseile nach Ravenna überbracht, Caesar wird sie am 10. Januar empfangen haben[396]. Die politische Lage hatte sich völlig gewandelt: bisher konnte er in Übereinstimmung mit einer Senatsmehrheit den Friedfertigen spielen, jetzt legte die Senatsmehrheit die größte gesetzliche Gewalt in die Hände seiner Gegner. Daß diese sich ihrer bedienen würden, indem sie die Hilfsmittel des ganzen Reichs gegen ihn führten[397], stand klar vor seinen Augen. Da mußte er zeigen, daß er sich vor ihrer Übermacht nicht fürchte, und durch raschen Angriff ihren Rüstungen zuvorkommen. Weitere diplomatische Bemühungen konnten nur Erfolg haben, wenn er bewies, daß seine militärischen Aussichten nicht hoffnungslos waren.

Deshalb setzte er sofort fünf Cohorten nach Ariminum, die anderen fünf nach Arretium in Etrurien in Marsch[398]. „Hoch fliege der Würfel" (ein Halbvers seines griechischen Lieblingsdichters Menander), sagte er, als er auf dem Wege nach Ariminum mit seinem Stabe den Rubico, den Grenzfluß seiner Provinz überschritt[399]. Das große Glücksspiel konnte jetzt beginnen; denn er

[396] Caes. b. c. 1, 5, 5. Das Datum ist daraus zu erschließen, daß Pompeius am 17. Januar nach Eintreffen der Kunde, daß Caesar Ariminum besetzt habe, Rom verließ (Cic. Att. 7, 10. 9, 10, 2. 8, 11 B, 3. fam. 16, 12, 2. Plut. Pomp. 60, 1. O. E. Schmidt Briefwechsel 104. 106. 114. T. Rice Holmes The rom. rep. and the founder of the empire (1928) III 377. Max Binder Studien z. Gesch. des zweiten Bürgerkriegs (Diss. Freiburg i. B., 1928), 16. 45 setzt den Rubicoübergang erst auf den 14. Januar.

[397] Cic. Att. 8, 11, 2. 9, 9, 2. 10, 3; 6 *hoc turpe Gnaeus noster biennio anno ante cogitavit. Ita sullaturit animus eius et proscripturit iam diu.*

[398] Caes. b. c. 1, 8, 1. 11, 4. O. E. Schmidt, a. O. 105, 1. 115. Binder, 46, 1 sicher richtig, daß Caesar nicht, wie er sagt, Antonius erst von Ariminum aus gegen Arretium marschieren ließ.

[399] Caesar erwähnt den Rubico nicht. Desto mehr wird die entscheidende Bedeutung dieser Grenzüberschreitung bei Vell. 2, 49, 4. Suet. 31, 2. Plut. Caes. 32, 5. Pomp. 60, 3. Appian. b. c. 2, 139 betont. Da Plut. 32, 7 den Asinius Pollio im Gefolge Caesars erwähnt, darf der berühmte Ausspruch: ἀνερρίφθω κύβος letztlich auf sein Geschichtswerk zurückgeführt werden. Plut. Pomp. 60, 4 wird ausdrücklich erwähnt, daß Caesar griechisch zitierte. Die obige Übersetzung stammt von F. Dornseiff Die griechischen Wörter im Deutschen (1950), 28. Der ganze Vers lautet bei Athen. 13, 559e: δεδογμένον τὸ πρᾶγμ' ἀνερρίφθω κυβος. Indem Caesar 1, 6 berichtet, was sich in Rom nach der Flucht der Volkstribunen am 7. Januar begab, 7, 1 fortfährt *quibus rebus cognitis Caesar apud milites contionatur* (in Ravenna) und 8, 1 behauptet, er sei erst in Ariminum mit den Volkstribunen zusammengetroffen, hat er den Hergang sicher falsch dargestellt. (Darüber ausführlich Barwick a. O. 26ff.). Cass. Dio 41, 4, 1 verlegt die Ansprache an die Soldaten nach Ariminum, und dazu stimmen die Erzählungen bei Suet. 31, 1–33. Plut. 32, 3–9. Appian. b. c. 2, 137–141 über den Aufbruch von Ravenna. Nach Appian. 133 soll Caesar die Volkstribunen schon vorher den Soldaten vorgeführt haben. Suet. 32 bietet noch die Zugabe einer Wundergeschichte und wandelt den Ausspruch ab in *alea iacta est*, worüber E. Hohl Hermes 80 (1952), 246ff. Vgl. Petron. 122, 174–176. Es ist aber zu bemerken, daß Caesar in der Mitteilung seiner Contio an die 13. Legion nur die Vergewaltigung der Volkstribunen erwähnt, und so bleibt als Abweichung von der Wahrheit nur, daß er die Contio nach Ravenna verlegte, wobei der Widerspruch entsteht, daß er die Volkstribunen erst in Ariminum vorfindet. Man sieht daran, daß sich Caesar darüber nicht so viele Gedanken machte wie seine Kritiker. Ihm kam es einmal darauf an, den

eröffnete den Bürgerkrieg, und nach der Ansicht, die er gelegentlich in seinen Werken ausspricht, ist ja „das Glück die größte Macht in allen Dingen und ganz besonders im Kriege“[400]. Allerdings fügt er an einer anderen Stelle hinzu, es könne dem Glück durch menschliche Anstrengung nachgeholfen werden, und das Bewußtsein, daß es hieran seinerseits nicht fehlen werde, mochte ihn mit guter Zuversicht erfüllen[401].

Eindruck zu erwecken, daß er mit der Zustimmung der Soldaten nach Ariminum marschierte: 7, 8 *conclamant legionis XIII quae aderat milites ... sese paratos esse imperatoris sui tribunorumque plebis iniurias defendere.* 8, 1 *cognita militum voluntate Ariminum cum ea legione proficiscitur.* Aber die ganze Rede und besonders die betont sachliche Darlegung, warum in diesem Fall das s. c. *darent operam magistratus, ne quid res publica detrimenti caperet* (7, 5), nicht begründet war, soll vor allem den Lesern klarmachen, daß Caesar gegen das ihm angetane Unrecht an die Soldaten appellieren mußte. Cicero (Phil. 2, 53) wirft dem Antonius vor, daß er Caesar diese *causa belli contra patriam inferendi* an die Hand gab: *quid enim aliud ille dicebat, quam causam sui dementissimi consili et facti adferebat, nisi quod intercessio neglecta, ius tribunicium sublatum, circumscriptus a senatu esset Antonius? omitto quam haec falsa, quam levia, praesertim cum omnino nulla causa iusta cuiquam esse possit contra patriam arma capiendi.* Caesars b. c. richtete sich vorzüglich gegen diese Verurteilung seiner Handlungsweise. Wie wir aus dem Brief an Caesar (Att. 9, 11 A o. Anm. 394) sehen, konnte sich auch Cicero auf Caesars Standpunkt stellen; ähnlich im Dezember 45 (Deit. 11). Lucan läßt Caesar die Rede (1, 299–351) in Ariminum halten (1, 231), der Hinweis (340–345), daß mit Caesars Absetzung die Versorgung seiner Veteranen gefährdet werde, mag einer wirklichen Überlegung der Soldaten entsprochen haben. Suet. 33 bietet eine dramatisierende Schilderung, auf deren Glaubwürdigkeit ich nicht so viel geben möchte wie Ed. Meyer Caesars Monarchie (1918), 291: Caesar soll mit Tränen und Zerreißen des Kleides auf die Soldaten gewirkt haben; dazu habe er mehrmals den Goldring der linken Hand gezeigt und gesagt, auch den werde er opfern, um die Soldaten für die Verteidigung seiner *dignitas* zu belohnen; das sei von den hintern dahin mißverstanden worden, er habe ihnen den Rittercensus versprochen. In welchem Flüßchen man den Rubico zu suchen hat, ist strittig. Philipp RE 1 A, 1165 (Karte 1163) ist für den Uso, J. van Ooteghem Pompée le Grand (1954) Abb. 37 hinter S. 514 sagt, neuerdings ziehe man den Fiumicino vor.

400 B. G. 6, 30, 2. 35, 2. 42, 1. B. c. 3, 10, 6, ähnlich 1, 21, 2 *magni casus.*

401 B. c. 3, 73, 4 *si non omnia caderent secunda, fortunam esse industria sublevandam.* Im Hinblick auf das Menanderzitat ist beachtenswert, daß bei Terenz Adelph. 739 ff. derselbe Gedanke begegnet:

ita vitast hominum, quasi quom ludas tesseris:
si illud quod maxume opus est iactu non cadit,
illud quod cecidit forte, id arte ut corrigas.

Es ist ein wesentlicher Charakterzug Caesars, daß er gemeinverständlich sprach und schrieb (bei Cic. Brut. 253). Er war kein Philosoph, und man braucht seine Aussprüche über *fortuna* nicht tiefsinnig zu interpretieren. Darin stimme ich C. (Gigon-) Brutscher Mus. Helv. 15 (1958), 75 zu. Aber sie deuten darauf, daß sein Wagemut vom *fortis fortuna adiuvat* (Ter. Phorm. 203) beflügelt wurde. An ‚Mystik‘ ist nicht zu denken. Ähnlich sagte schon Demosthenes in der 2. olynthischen Rede (22): μεγάλη γὰρ ῥοπή, μᾶλλον δ' ὅλον ἡ τύχη παρὰ πάντ' ἐστὶ τὰ τῶν ἀνθρώπων πράγματα. Wenn Caesar gern auf *fortuna* zu sprechen kam, dürfen wir wohl annehmen, daß ihm die sprichwörtliche Redensart (auch Ennius Ann. 257. Verg. Aen. 10, 284) gegenwärtig war. Andererseits dürfte er auch den Satz der Tusculanen (2, 11) bejaht haben: *fortis enim non modo fortuna adiuvat, ut est in vetere proverbio, sed multo magis ratio, quae quibusdam quasi praeceptis confirmat vim fortitudinis.* Cic. Att. 7, 11, 1 (20. Januar 49) *sibi habeat suam fortunam!* Asinius Pollio (bei Cic. fam. 10, 31, 3) *Caesar in tanta fortuna.* Horaz (c. 2, 1, 2) erwartet vom Werk des Asinius, daß er behandle *bellique causas et modos ludumque fortunae gravisque principum amicitias et arma.* Über *fortuna* bei Caesar HARRY ERKELL Augustus, Felicitas, Fortuna, Lateinische Wortstudien (1952), 160–162. Er behandelt S. 52 auch das bei Ammian. 21, 16, 13 erhaltene Fragment eines Briefs Ciceros an Cornelius Nepos (frg. 2, 5 ed. Purser): *neque enim quicquam aliud est felicitas, inquit, nisi honestarum rerum prosperitas; vel ut alio modo definiam, felicitas est fortuna adiutrix consiliorum bonorum, quibus qui non utitur felix esse nullo pacto potest. Ergo in perditis impiisque consiliis quibus Caesar usus est, nulla potuit esse felicitas; feliciorque meo iudicio Camillus exsulans quam temporibus isdem Manlius, etiam si — id quod cupierat — regnare potuisset.* Offenbar ist es Ciceros Urteil nach Caesars Ermordung, ähnlich off. 1, 26. ERKELL verweist noch auf Phil. 2, 64 *Caesar Alexandria se recepit felix, ut sibi quidem videbatur; mea autem sententia qui rei publicae sit hostis, felix esse nemo potest.* Tatsächlich verwendet Caesar b. c. 3, 73, 3 *felicitas* gleichbedeutend mit *fortuna.* Andererseits billigt jedoch Cicero im Jahr 46 auch Caesar *felicitas* zu (Marc. 19), weil er sich durch die Begnadigung des M. Marcellus als *sapiens* erwiesen hatte: *tantus est enim splendor in laude vera, tanta in magnitudine animi et consili dignitas.* Auch da hebt er 16. 19 *fortuna* von *felicitas* ab.

V. DER BÜRGERKRIEG

Am Morgen des 11. Januar 49 (24. November 50 julianisch) war Ariminum in Caesars Hand; er konnte hier seinen Soldaten die beiden geflüchteten Volkstribunen vorstellen und erhielt die Antwort, sie seien bereit, das Unrecht, das ihrem Imperator und den sacrosancten Beamten widerfahren sei, zu rächen. In rastlosem Vordringen wurden bis zum 14. Ancona und Arretium besetzt, wovon am 17. die Kunde in Rom eintraf und ungeheure Bestürzung hervorrief [1]. Der Senat hatte in den auf den 7. Januar folgenden Tagen zur Durchführung des *senatus consultum ultimum* eine Reihe weiterer Maßregeln beschlossen, vornehmlich Truppenaushebung in ganz Italien und die Verteilung der noch nicht bestimmten Statthalterschaften auf Consulare und Praetorier. Dabei erhielt Lucius Domitius *Gallia ulterior,* der Praetorier Marcus Considius Nonianus die *citerior* [2]. Die Nachrichten von Caesars Vormarsch machten diesen Beratungen ein plötzliches Ende. Zur zornigen Enttäuschung der Optimaten erklärte Pompeius, die Stadt müsse aufgegeben werden, und machte es jedem Patrioten zur Pflicht, ihm zu folgen. So begab er sich mit den Consuln und einem großen Teil des Senates nach Campanien; in den eingeweihten Kreisen erwog man schon den weiteren Rückzug nach Epiros [3]. Pompeius hatte schon im Dezember jedem, der es hören wollte, erklärt, daß man bei einem Angriff Caesars vielleicht Rom räumen müsse, um ihn von Zufuhr und Verbindung mit seinen übrigen Truppen abzuschneiden [4]. Dagegen in den Beratungen der ersten Januartage gab er sehr zuversichtliche Auskünfte, er verfüge über 10 kriegsbereite Legionen und wisse bestimmt, daß Caesars Soldaten sich bei diesem Unternehmen nicht für ihn schlagen würden [5]. Und noch früher hatte er einmal gegenüber besorgten Fragern lachend geäußert: „Wo ich auf den italischen Boden stampfe, werden Mannschaften zu Fuß und zu Pferd heraufsteigen!“ [6]. So gab sich der Senat der begreiflichen Hoffnung hin, Caesar werde mit seiner einen Legion den Einmarsch nicht wagen, und daraus erklärt sich die maßlose Enttäuschung [7].

[1] o. S. 176, Anm. 396. [2] Caes. b. c. 1, 6, 3; 5. Cic. fam. 16, 11, 3. 12, 3.

[3] Cic. Att. 7, 10. 11, 1; 3. 12, 2; 4. 8, 1, 4. 9, 10, 2; 4. fam. 14, 18, 1. Caes. b. c. 1, 14, 1–3. 33, 2. Appian. b. c. 2, 148. Plut. Pomp. 61, 6, Caes. 33, 6. Suet. 75, 1. Cass. Dio 41, 6, 2.

[4] Cic. Att. 7, 8, 5. 9, 2. 8, 11 D, 6. [5] Caes. b. c. 1, 6, 2.

[6] Plut. Pomp. 57, 8–9. 60, 7. Caes. 33, 5.

[7] Caes. b. c. 1, 30, 5. Cic. Att. 7, 11, 3. 13, 2.

Jedoch Caesar überschätzte seinen Erfolg nicht. Wenn einer, so übersah er die politischen und strategischen Gedankengänge seines ehemaligen Schwiegersohnes, nämlich, daß er nach Sullas Vorbild versuchen würde, Italien von Osten her zurückzuerobern. Seine Lage war nur unvergleichlich günstiger als die Sullas. Dieser war der geächtete Führer einer kleinen Armee gewesen, Pompeius dagegen war der gefeierte Organisator der östlichen Reichshälfte, über deren gesamte Kräfte er als bevollmächtigter Proconsul verfügte, und überdies besaß er in Spanien, dessen größter Patron er ebenfalls war, eine ansehnliche, völlig gerüstete Armee [8]. Der Nachteil einer gegenüber Caesar veralteten Methode der Kriegführung wurde zu einem guten Stücke wettgemacht durch den Übertritt von Caesars bestem Legaten Labienus, welcher sich oft genug als selbständiger Führer bewährt hatte [9].

Caesars militärisch wohlgelungener Einmarsch in Italien hatte ferner die politisch höchst unerwünschte Wirkung, daß die legitime Regierung vor ihm flüchtete [10]. Er, der bisher alles getan hatte, um die Gegner vor der öffentlichen Meinung ins Unrecht zu setzen, stand damit als der Revolutionär da; die Absicht, seine Pläne wenigstens der Form nach mit den Mitteln des überlieferten Staatsrechts durchzusetzen, war durchkreuzt. Die Sympathien, die er sich durch seine bisherige Nachgiebigkeit bei der friedliebenden Bürgerschaft erworben hatte, waren mit einem Schlag dahin [11], seitdem er das Entsetzen des Bürgerkriegs über Italien brachte, zumal der Schrecken, der ihm vorausging, vermehrt wurde durch das Gerücht, er führe auch zahlreiche keltische Truppen heran [12]. Zwei Jahre lang hatte er darum gerungen, ohne Waffengewalt das zu erlangen, was er für sein gutes Recht hielt [13]. Kein Wun-

8 Cic. Att. 8, 11, 2. 9, 1, 3. 9, 2. 10, 2; 3–6. Caes. b. c. 1, 38, 1. 39, 1. Cic. fam. 16, 12, 4. Att. 7, 26, 1. 8, 2, 3. 3, 7.

9 Cic. Att. 7, 12, 5. 13, 1. 13a, 3. 15, 3. 16, 2. fam. 14, 14, 2. 16, 12, 4. Cass. Dio 41, 4, 3. Plut. 34, 5.

10 Cic. Att. 7, 13, 1 *Quid autem sit acturus aut quo modo nescio, sine senatu, sine magistratibus. ne simulare quidem poterit quicquam* πολιτικῶς. 17, 3.

11 Cic. Att. 7, 11, 4.

12 Cic. Att. 7, 11, 3. 13, 3. 9, 13, 4. Danach die *amplificatio* Lucan. 1, 394–465.

13 In seiner Sprache: die Anerkennung seiner *dignitas*. B. c. 1, 4, 4. 7, 7. 9, 2. Dazu Ciceros Aufschrei (Att. 7, 11, 1) *O hominem amentem et miserum qui ne umbram quidem umquam* τοῦ καλοῦ *viderit! Atque haec ait omnia facere se dignitatis causa. Ubi est autem dignitas nisi ubi honestas?* Wie Caesar den Bürgerkrieg als eine ihm von seinen Feinden aufgezwungene persönliche Auseinandersetzung auffaßte, sagt er 1, 22, 5: *se non maleficii causa ex provincia egressum, sed uti se a contumeliis inimicorum defenderet, ut tribunos plebis nefarie ex civitate expulsos in suam dignitatem restitueret, ut se et populum Romanum factione paucorum oppressum in libertatem vindicaret.* Wie selbstverständlich nennt er sich vor den Volkstribunen und dem populus! Mit der Vergewaltigung des Intercessionsrechts hatten ihm die Feinde eine verfassungsrechtliche Begründung zugespielt und als *popularis* nannte er das Volk. Aber bei der ‚Befreiung' ging es ihm in Wirklichkeit nur darum, daß die Oligarchen (die *pauci*) die Entfaltung der seiner *dignitas* zukommenden Möglichkeiten verhindern wollten. Caesar gegenüber erkennt das auch Cicero an (Att. 9, 11A, 2 o. S. 175, Anm. 394): *iudicavi eo bello te violari contra cuius honorem populi Romani beneficio concessum inimici atque invidi niterentur.* Aber schon am 2. Februar (Att. 7, 17, 4) *Totam enim Italiam flagraturam bello intellego. Tantum mali est excitatum*

der, daß noch im Anfang seines Werks über den Bürgerkrieg der dämonische Zorn nachzittert, der bei der Nachricht vom Scheitern dieser Bemühungen in ihm aufloderte. In dem sachlich knappen Bericht über die ersten Januartage saust es von Peitschenhieben, die auf die Köpfe der Schuldigen niederhageln, auf den Consul Lentulus, der sein Angebot als Luft behandelt, die wenigen Stimmen, die zur Vernunft mahnen, niederbrüllt und als ein zweiter Sulla seine Schulden los werden will, auf Cato, mit dessen altem Haß sich der Groll über das entgangene Consulat mischt, auf Metellus Scipio, der sich in der Hoffnung wiegt, mit seinem Schwiegersohn teilzuhaben am Oberbefehl, und als der große Mann in den Gerichtshöfen von allen Seiten umschmeichelt wird, und schließlich auf Pompeius selbst, der, von Caesars Feinden aufgehetzt und vom Ehrgeiz besessen, keinen andern neben sich aufkommen zu lassen, sich mit den zwei schmählich geraubten Legionen zum Alleinherrscher aufgeworfen hat und die Waffenentscheidung sucht[14]. Sie, die angeblichen Hüter der Verfassung, treten alles göttliche und menschliche Recht mit Füßen[15]! Auf der andern Seite war Cicero der Meinung, daß vor allem Curio zuletzt noch bei Caesar Öl ins Feuer goß[16], und als Cicero Ende Dezember mit Pompeius zusammentraf, erhielten sie gerade die *contio* des Antonius, worin dieser so schonungslos mitgenommen wurde. Er bemerkte dazu: „Was meinst Du wird er selbst tun, wenn er in den Besitz des Staates gelangt, da sein schwacher und mittelloser Quaestor dieses zu sagen wagt?" Cicero[17] stand noch immer zu beiden in guten Beziehungen und hätte sich gern einer Entscheidung entzogen. Doch wenn der Bruch unvermeidlich war, kam er

partim ex improbis, partim ex invidis civibus. Auch distanzierte er sich bereits im Dezember 50 von jener politischen Gruppe, die Atticus als ‚*boni*' bezeichnet hatte (Att. 7, 7, 5): *ego quos tu bonos esse dicas non intellego. ipse nullos novi, sed ita, si ordines bonorum quaerimus; nam singulares sunt boni viri. verum in dissensionibus ordines bonorum et genera quaerenda sunt.* Doch weiß er, daß er mit seiner großen politischen Vergangenheit der Entscheidung nicht ausweichen kann und schließt daher (7): *adsentior Cn. Pompeio, id est T. Pomponio.*

[14] B. c. 1, 4.

[15] B. c. 1, 6, 8 *omnia divina humanaque iura permiscentur.* Dasselbe warf ihm nach seinem Tod Cicero vor (off. 1, 26) in Erläuterung des Enniusworts (scen. 404 Vahlen) '*nulla sancta societas nec fides regni est*'. *Declaravit id modo temeritas C. Caesaris, qui omnia iura divina et humana pervertit propter eum, quem sibi ipse opinionis errore finxerat principatum.* Dieser *principatus* war die Folgerung, die Caesar aus seiner *dignitas* ableitete. Cicero nannte das schon im Januar 49 (Att. 7, 11, 1) mit Eurip. Phoen. 507 Tyrannis (entsprechend 7, 20, 2. 8, 2, 4) und behauptet off. 3, 82, Caesar habe stets die Verse 525/26 im Munde geführt

εἴπερ γὰρ ἀδικεῖν χρὴ τυραννίδος πέρι
κάλλιστον ἀδικεῖν τἆλλα δ'εὐσεβεῖν χρεών.

Danach Suet. 30, 5.Es ist zu beachten, daß Cicero zweimal dieselbe Rede des Eteokles anführt. Vielleicht diente sie dem Schulunterricht (Vgl. Quintil. 10, 1, 67) und war daher auch Caesar bekannt. Außerdem verfaßte er in seiner Jugend eine Tragödie ‚Oedipus' (Suet. 56, 7) Zweifellos hat sich Caesar im Kreise der Vertrauten gelegentlich offenherzig geäußert, und Ciceros Mitteilung könnte wie andere auf einen Ohrenzeugen zurückgehen. Schon am 27. Februar 49 (Att. 8, 11, 2) schreibt Cicero aber von Pompeius und Caesar: *dominatio quaesita ab utroque est, non id actum beata et honesta civitas ut esset.* Auch Pompeius war nicht der *princeps*, den Cicero in *de republica* gefordert hatte. 9, 7, 1; 3–4. 9, 2. 10, 2; 6.

[16] fam. 16, 11, 2.

[17] Att. 7, 8, 5.

zuletzt immer zum Schluß, daß Caesars Sieg das größere Übel wäre, weil man sich von ihm keines Bessern versehen könne als von Cinna oder Sulla [18]. Wie sich in der Folge zeigte, war diese Befürchtung ungerechtfertigt. Aber, darin liegt die Tragik, niemand traute ihm Besseres zu.

Sein Ziel war allerdings, wie Pompeius es formulierte, in den Besitz des Staates zu gelangen. Diesen Weg ging er schon manches Jahr, es gab für ihn kein Zurück mehr. Aber welche Gefahren und Hindernisse lagen noch vor ihm! Gerade jetzt türmten sie sich höher als je. Dagegen war ihm der ungeheure Vorteil zugefallen, daß er Staatsmann und Feldherr in einer Person war, er konnte seine, am Gegner gemessen, bedeutend schwächere Kraft zu Rate halten wie er wollte, seine Kriegführung war ihm nichts mehr als ein Mittel im politischen Kampf. Am stärksten zeigte sich das im Anfang, solange noch keine großen Entscheidungen die Möglichkeit seines Endsiegs dargetan hatten.

Seinen Zorn beherrschend benutzte er sogleich die offizielle Mitteilung des Senatsbeschlusses vom 7. Januar, um durch die Überbringer neue Versicherungen seiner Friedensliebe an den Senat und die Aufforderung zu persönlicher Besprechung an Pompeius zu schicken [19]. Dieser gab ihr allerdings keine Folge, doch hatte Caesar die Genugtuung, daß der Senat, dessen Friedenspartei über Pompeius' mangelnde militärische Vorbereitung ungehalten war, nochmals eine Gesandtschaft abfertigte. Caesars neue Bedingungen trafen am 23. Januar in Teanum Sidicinum ein, wo Pompeius mit den Consuln über die Antwort beriet [20]. Sie besagten nichts Geringeres, als daß Caesar sich dem Senatsbeschluß vom 1. Januar fügen wolle: er sei bereit, seine Provinzen den neuen Statthaltern abzugeben und unter Verzicht auf sein Privileg sich persönlich zur Wahl in Rom einzufinden. Als Gegenleistung forderte er dann aber Aufhebung des gegen ihn ergangenen *senatus consultum ultimum*. Die sämtlichen Truppen in Italien sollten nach Hause zurückkehren, wie er selbst solle auch Pompeius sein Heer entlassen und nach Spanien gehen. Damit würde die Freiheit der Wahlversammlung gesichert und der Staat in der verfassungsmäßigen Gewalt von Senat und Volk sein. Beide Teile sollten sich eidlich zur Einhaltung der vereinbarten Bedingungen verpflichten [21].

Unleugbar stellte sich Caesar damit auf den Boden der Verfassung, im Hauptquartier zu Teanum kam es jedoch nur auf die politische Bedeutung dieser Worte an. Man antwortete ihm also in einem Schreiben, das gleichzeitig veröffentlicht wurde, für seine glänzenden Taten gebühre ihm das zweite Consulat und der Triumph, er möge die besetzten Plätze Italiens wieder räumen, dann werde der Senat zur weiteren Beschlußfassung nach Rom

[18] Att. 7, 11, 1. 12, 2. 13, 1. 20, 2. 22, 2. 26, 2. 8, 1, 4. 2, 4. 3, 2; 6. 16, 2.

[19] Cass. Dio 41, 5, 3. Caesar selbst spricht freilich nur von einer Gesandtschaft (b. c. 1, 8, 2). Möglicherweise hat also Dio seine Quelle nicht richtig wiedergegeben. So ‚Pompeius'[2] 280, 153. [20] Att. 7, 14, 1. [21] Caes. b. c. 1, 9, 5–6. Cic. fam. 16, 12, 3.

zurückkehren; sobald Caesar sein Heer entlassen habe, werde Pompeius nach Spanien gehen. Der Punkt, auf den er das größte Gewicht legte, die Entwaffnung Italiens und Spaniens, wurde gar nicht berührt[22]. Die Gegner dachten nicht daran, sich dem unwiderstehlichen Demagogen auszuliefern[23]. Caesar brach darauf die Verhandlungen ab[24].

Die militärischen Operationen hatte er diese Tage über nicht eingestellt, und er machte nun wieder reißende Fortschritte. In den ersten Februartagen bemächtigte er sich ganz Picenums[25]. Dieser Erfolg kam besonders überraschend, da diese Landschaft das ausgesprochene Patronatsgebiet des Pompeius war. Caesar betont denn auch in seiner Erzählung, wie die Decurionen von Auximum, der nördlichsten Stadt, bei seinem Anrücken den Praetorier Attius Varus ersuchten, mit seinen Cohorten abzuziehen. Ihnen stehe zwar kein Urteil zu über den Streitfall, aber sie und die andern Bürger könnten nicht dulden, daß dem Imperator Caesar, der sich durch seine Großtaten um den Staat wohlverdient gemacht habe, der Einlaß in ihre Stadt gesperrt werde. Darum möge Attius die Nachwelt und seine eigene Gefährdung bedenken[26]. Diese schlichten Leute hatten erfaßt, was die bornierten Optimaten nicht wahr haben wollten! Ebenso nahm ihn Cingulum begeistert auf, obwohl ihm Labienus die Municipalverfassung verliehen und aus eigenen Mitteln öffentliche Bauten aufgeführt hatte[27]. Mehrere Cohorten, welche die optimatischen Senatoren ausgehoben hatten, verliefen sich oder gingen zu Caesar über[28], 19 weiteren gelang der Rückzug nach dem festen Corfinium im Abruzzengebiet, wo der Proconsul der *Gallia ulterior*, Lucius Domitius, bereits 12 Cohorten zusammengebracht hatte[29]. Dieser war selbst Großgrundbesitzer, seine Mannschaften Bauern des Landes, deren Treue er sich

[22] Caes. b. c. 1, 10–11, 3. Cic. Att. 7, 14, 1. 15, 2. 16, 2. 17, 2. 18, 1. 19 C. Furnius (Volkstribun 50. Kappelmacher RE 7, 376) teilte Cicero einen Brief Curios mit, worin dieser *inridet L. Caesaris legationem*. Curio behauptete also, Caesars Botschaft sei nicht ernst gemeint. Dagegen 21, 3 *ipse me Caesar ad pacem hortatur*. 7, 26, 2 *plane eum quoi noster* (Pompeius) *alterum consulatum deferret et triumphum* (*at quibus verbis! ‚pro tuis rebus gestis amplissimis*‘) *inimicum habere nolueram*. 7, 18, 2. 8, 9, 2. 11 D, 7 (Cicero an Pompeius). 12, 2.

[23] Cicero, der am 26. Januar dachte, Caesar werde sich aus den besetzten Städten zurückziehen, stellt fest (Att. 7, 15, 3): *vicerit enim, si consul factus erit, et minore scelere vicerit quam quo ingressus est*.

[24] Caes. b. c. 1, 11, 4. Hier erweckt er tatsächlich den Anschein, als ob das in Ariminum geschehen wäre und er erst dann den Antonius nach Arretium geschickt und Pisaurum, Fanum und Ancona besetzt hätte, während Cicero (Att. 7, 11, 1) schon am 20. Januar weiß, daß er schon Ancona erreicht hat. Irrtümliches Gerücht 7, 18, 2. Am 27. Januar (fam. 16, 12, 2) schreibt er sogar ungenau, die Senatoren hätten Rom verlassen, nachdem Caesar Ariminum. Pisaurum, Ancona, Arretium genommen habe. Aber, wie sich Cicero hier schon nach wenigen Tagen irrte, dachte Caesar im Jahr 47 nicht daran, daß ihm spätere Leser seine Ungenauigkeiten nachrechnen könnten.

[25] Cic. Att. 7, 16, 2. 21, 2. Caes. b. c. 1, 15, 1.

[26] B. c. 1, 13, 1.

[27] B. c. 1, 15, 2.

[28] B. c. 1, 12, 2. 13, 4. 15, 3.

[29] Cic. Att. 8, 11 A (Brief des Pompeius an Cicero). Caes. b. c. 1, 15, 4–7 zählt im ganzen ‚ungefähr‘ 33 Cohorten. 17, 2.

durch das Versprechen einer großartigen Aufteilung seiner Güter zu erkaufen hoffte[30]. Aus diesem Grunde konnte und wollte er der Aufforderung des Pompeius, ihm nach Brundisium zu folgen, nicht nachkommen, wurde nun aber am 14. Februar von Caesar eingeschlossen und mußte schon am 21. kapitulieren[31]. Am Morgen dieses Tages ließ sich Caesar die 50 Gefangenen, welche dem Senatoren- und Ritterstand — es befand sich darunter auch Publius Lentulus Spinther, der gewesene Consul von 57 — angehörten, vorführen und sah nach neun Jahren zum erstenmal wieder seinem Todfeind Domitius ins Auge[32]. Er wußte natürlich genau, welches Schicksal ihm im umgekehrten Fall bereitet worden wäre, aber er, der den Vercingetorix schon das dritte Jahr auf die Hinrichtung warten ließ, beherrschte sich so, daß er dem höheren politischen Ziel die persönliche Rache opferte und allen diesen Gefangenen die Freiheit schenkte, während er die Soldaten ins eigene Heer einstellte. Die entlassenen Herren haben nachher alle gegen ihn weitergekämpft. Caesar sagt nichts davon, daß er ihnen eine Bedingung auferlegt habe, doch werden sie sonst in seinem Bericht genug bloßgestellt: Domitius will heimlich fliehen, worauf seine Soldaten ihn festnehmen und beschließen, sich zu ergeben und ihn lebend an Caesar auszuliefern[33]. Er läßt Corfinium nicht sogleich besetzen, weil es Nacht ist und er die Stadt vor Plünderung bewahren will. Er schließt sie aber völlig ein und bemerkt dazu, sein ganzes Heer habe mit Spannung erwartet, wie er mit den Belagerten verfahren werde[34]. Gegen Ende der Nacht bittet Lentulus, mit ihm sprechen zu dürfen, und fleht um sein Leben, erinnert an die alte Freundschaft und alle Förderung, die er stets in seiner Laufbahn bis zum Consulat empfangen habe. Doch Caesar unterbricht ihn: er sei nicht aus seiner Provinz ausgezogen, um Böses zu tun, sondern um sich gegen die schmachvolle Behandlung seitens seiner Feinde zu verteidigen, um die widerrechtlich aus der Stadt vertriebenen Tribunen wieder in ihren Rang einzusetzen, um sich und das römische Volk von

[30] Caes. b. c. 1, 17, 4. Att. 8, 12 B, 2 (Brief des Pompeius an Domitius). Cass. Dio 41, 11, 1–2.

[31] B. c. 1, 23, 5. Cic. Att. 8, 14, 1. 8, 12 C, 1 (Brief des Pompeius an Domitius).

[32] B. c. 1, 23, 1–2.

[33] B. c. 1, 19–20.

[34] B. c. 1, 21. Die Art, wie Caesar die erste weitausstrahlende Bekundung seiner politischen Absichten darstellt, ist meisterhaft. Ihre entscheidende Bedeutung wird nur durch die gespannte Erwartung seines ganzen Heers, was nach der Kapitulation geschehen werde, charakterisiert: 21, 5–6 *Neque vero tam remisso ac languido animo quisquam omnium fuit, qui ea nocte conquieverit: tanta erat summae rerum exspectatio, ut alius in aliam partem mente atque animo traheretur, quid ipsis Corfiniensibus, quid Domitio, quid Lentulo, quid reliquis accideret, qui quosque eventus exciperent.* Noch lebten viele, die sich schaudernd erinnerten, wie Sulla 82 nach der Kapitulation von Praeneste verfuhr, der alle Nichtrömer der Besatzung, 12000 Mann (Plut. Sull. 32, 1), niedermachen ließ, Praenestiner und Samniter (Appian. b. c. 1, 437/8), dazu sämtliche Offiziere (Oros, 5, 21, 10 *omnes Marianae militiae principes, hoc est legatos quaestores praefectos et tribunos iussit occidi*). Derartiges erwartete im Anfang selbst Cicero (Att. 7, 11, 1. 12, 2. 13, 3.). Am 10. Februar (23, 1 *persequi Caesar Pompeium? quid? ut interficiat?* Noch am 10. März (9, 5, 3) *sed video plane nihil aliud agi, nihil*

der Unterdrückung durch den Klüngel der Wenigen zu befreien[35]. Wie dann die 50 Standespersonen vor ihn gebracht werden, schützt er sie vor ihren eigenen Leuten und beklagt sich nur kurz darüber, daß ein Teil von ihnen sich so wenig dankbar erwies für die großen empfangenen Wohltaten[36].

Diese „Milde von Corfinium“[37] verfehlte ihres beabsichtigten großen Eindrucks nicht. Cicero, der sich damals auf seinem Gut bei Formiae an der Küste von Latium aufhielt und viel mit den Bewohnern von Stadt und Land ins Gespräch kam, schrieb am 1. März, die Stimmung wende sich ganz Caesar zu, seitdem man sehe, daß er niemanden töte und keinem etwas wegnehme[38]. Zahlreiche Optimaten kehrten nach Rom zurück und rüsteten sich auf den Empfang des Siegers[39]. Auch Ciceros Freund, der nüchtern urteilende Pomponius Atticus, hielt für möglich, daß Caesar den einmal gewählten Weg weiterschreite[40]. Dieser selbst richtete um diese Zeit einen zur Weiterverbreitung bestimmten Brief an Oppius und Balbus nach Rom[41], es freue ihn, daß sie sein Verhalten vor Corfinium billigten. „Eures Rates werde ich mich gern bedienen und desto lieber, weil ich mich schon von mir aus dazu entschlossen hatte, mich möglichst milde zu verhalten und mich um Versöhnung des Pompeius zu bemühen. Versuchen wir nach Kräften auf diese Weise die allgemeine Meinung wiederzugewinnen und uns eines dauernden Siegs zu erfreuen; denn die anderen konnten wegen ihrer Grausamkeit dem Haß nicht entfliehen und vermochten nicht, den Sieg länger zu behaupten, Sulla einzig ausgenommen, den ich nicht nachahmen will. Das sei die neue Art zu siegen, daß wir

actum ab initio, nisi ut hunc occideret. Am 6. März (9, 1, 4): die Marcelli, die Consuln von 51 und 50, würden in Italien bleiben, *nisi gladium Caesaris timuissent. Appius* (der Censor von 50) *est eodem in timore et inimicitiarum recentium etiam.*

[35] B. c. 1, 22, 1–5.

[36] B. c. 1, 23, 3.

[37] Cic. Att. 9, 16, 1. 8, 9, 3 *alterum* (Caesar) *existimari conservatorem inimicorum, alterum* (Pompeius) *desertorem amicorum.* § 4 der jüngere Balbus berichtet ihm, Caesar wünsche nichts mehr als Versöhnung mit Pompeius: *id non credo et metuo ne omnis haec clementia ad Cinneam illam crudelitatem conligatur.*

[38] Att. 8, 13. 9, 13, 4. 15, 3.

[39] Att. 8, 16, 1–2. 9, 1, 2. 5, 4. 8, 1. 12, 3. Cicero hat schon am 16. Februar vorausgesehen (8, 1, 3): *prope diem video bonorum, id est lautorum et locupletum, urbem refertam fore, municipiis vero his relictis* (wenn Pompeius Italien räumt) *refertissimam.* Am prägnantesten Att. 8, 16, 1 *Municipia vero deum, nec simulant, ut cum de illo aegroto* (Pompeius im Jahr 50) *vota faciebant.* Jetzt ist Caesar ihr Gott, und sie heucheln dabei ebenso wenig wie 50, weil sie meinen, die Gefahr sei vorüber.

[40] Att. 8, 9, 4. 9, 10, 9 Cicero zitiert aus einem Brief des Atticus vom 5. März: *hoc ita dico, si hic* (Caesar) *qua ratione initium fecit eadem cetera aget, sincere, temperate, prudenter.* Am 9. März schrieb Atticus (10), auch Sex. Peducaeus (Münzer RE 19, 50. Münzer dachte eher an den Vater, was aber nach Att. 10, 1, 1 höchst unwahrscheinlich. Corn. Nep. Att. 21, 4) billige, daß Cicero in Italien bleibe. Einige Tage nach dem 19. März (dem Datum von Ciceros Brief an Caesar Att. 9, 11 A) schreibt Cicero, daß Atticus und ein anderer (*vos duo tales*) Caesar beim 5. Meilenstein vor Rom empfangen wollen: *quanto autem ferocius ille* (Caesar) *causae suae confidet, cum vos, cum vestri similis non modo frequentis sed lauto vultu gratulantis viderit* (Att. 8, 9, 2). Ich vermute, daß der andere Peducaeus war. Dieser auch erwähnt 9, 7, 2. 13, 6.

[41] Bei Cic. Att. 9, 7 C. Vg. Cass. Dio 41, 10, 2 wonach Caesar schon vor dem Angriff auf Corfinium Briefe in ganz Italien verbreiten ließ.

uns durch Erbarmen und Weitherzigkeit sichern. Darüber, wie das geschehen kann, kommt mir einiges zu Sinne, und es läßt sich vieles finden. Bitte richtet darauf euer Nachdenken."[42] Des weiteren berichtet er, Numerius Magius, ein Adjutant des Pompeius, sei in seine Hand gefallen. Den habe er sogleich mit der Aufforderung zu einer persönlichen Besprechung in Brundisium an Pompeius geschickt, damit die Mißverständnisse, welche ihre gemeinsamen Feinde zwischen ihnen gepflanzt hätten, beseitigt und die Ruhe des Staates wiederhergestellt werden könne[43].

Andererseits suchte er durch das Treuverhältnis, welches den Lucius Cornelius Balbus mit seinem Patron, dem Consul Lucius Cornelius Lentulus, verband, auf die Rückkehr dieses letzteren nach Rom hinzuwirken. Er gestattete dem Balbus, in Rom die Interessen seines Gönners wahrzunehmen[44], und am 23. Februar reiste Balbus' Neffe mit Aufträgen Caesars dem Consul nach, erreichte ihn aber in Brundisium nicht mehr, da am 4. März die beiden Consuln mit einem Teil der Truppen in See gestochen waren, für Caesar eine recht ärgerliche Enttäuschung[45]. Denn das Fehlen beider Consuln nahm den Aktionen, die er mit dem Senat vorhatte, den verfassungsmäßigen Anstrich, vor allem seine Wahl zum Consul war dadurch erschwert[46].

Am 9. März langte er mit 6 Legionen vor Brundisium an, wo Pompeius sich noch befand[47]. Dieser sandte auch sofort den Magius zu Verhandlungen zurück, ließ sich aber nicht zu der gewünschten Zusammenkunft bewegen[48]. Nun bediente sich Caesar noch der Vermittlung seines Legaten Gaius Caninius Rebilus, welcher befreundet war mit Lucius Scribonius Libo, dem damaligen Hauptvertrauensmann des Pompeius und Schwiegervater von dessen Sohn Sextus. Libo gewährte die Unterredung und überbrachte dem Pompeius Caesars Anerbietungen des Inhalts, daß sich bei einer persönlichen Besprechung leicht billige Bedingungen würden finden lassen, unter denen sie beide ihre Heere entlassen könnten. Pompeius gab zur Antwort, er könne in Abwesenheit der Consuln nicht über die Beilegung des Streites verhandeln, und

[42] Aus Ciceros Briefen wissen wir, wie die Erinnerung an die Schrecken des 1. Bürgerkriegs die ältere Generation bewegte. Diesen Vergleich will Caesar gar nicht aufkommen lassen.

[43] Dasselbe bei Caes. b. c. 1, 24, 4–6 mit der Beifügung, daß es ihm auf die Zusammenkunft mit Pompeius ankomme. Im Brief erwähnt er auch den andern *praefectus fabrum* L. Vibullius Rufus (b. c. 1, 34, 1. Cic. Att. 8, 15, 1); beiden habe er aufgetragen *Pompeium hortari, ut malit mihi esse amicus quam iis qui et illi et mihi semper fuerunt inimicissimi, quorum artificiis effectum est, ut res publica in hunc statum perveniret* (Vgl. b. c. 1, 4, 4).

[44] Att. 9, 7 B, 2 (Brief des Balbus an Cicero).

[45] Att. 8, 9, 4. 11, 5. 15A, 2–3 (Balbus an Cicero). 9, 6, 1; 3. Caes. b. c. 1, 25, 2. 3, 4, 1. Plut. Pomp. 62, 3. Caes. 35, 2. Appian. b. c. 2, 152. Cass. Dio 41, 12, 1.

[46] Att. 9, 9, 3. 15, 2.

[47] Att. 9, 13A, 1 (Caesar an Oppius und Balbus).

[48] In demselben Brief: *misit ad me N. Magium de pace. quae visa sunt respondi.* B. c. 1, 26, 2 hebt er nur hervor, daß Magius (ein zweites Mal) nicht zurückgesandt wurde. Plut. Pomp. 63, 3. Die Entrüstung Barwicks a. O. 57 ist nicht gerechtfertigt.

am 17. März gelang es ihm, mit geringem Verlust sich der Belagerung zu entziehen und über die Adria zu setzen[49].

Damit war Caesars Plan, Pompeius wiederum, wie er das in den verflossenen zehn Jahren so manches Mal vermocht hatte, von den Optimaten loszureißen, endgültig gescheitert. Pompeius ließ sich durch die von Caesar in Umlauf gebrachte Redensart, er wünsche nichts mehr, als unter Anerkennung der Vormachtstellung des Pompeius ohne Furcht zu leben[50], nicht blenden: des Gegners ganzes Wesen widersprach der Möglichkeit eines solchen Verhältnisses. So stand Caesar vor der Notwendigkeit, den wirklichen Krieg gegen die übermächtigen Verbündeten zu wagen. Da ihm die Schiffe zur Verfolgung des Pompeius mangelten, mußte er sich zunächst gegen Spanien wenden, von woher er militärisch im Augenblick am meisten gefährdet war. Von ebenso großer Wichtigkeit war, des Pompeius Aushungerungsplan zunichte zu machen. Zu diesem Zwecke wurden sogleich Heeresabteilungen zur Überfahrt nach Sizilien und Sardinien in Marsch gesetzt[51].

Auf der Reise nach Spanien wollte er sich einige Tage in Rom aufhalten und versuchen, sich durch Senatsverhandlungen eine einigermaßen legitime Stellung zu schaffen[52]. Die staatsrechtliche Voraussetzung dazu besaß er in den beiden Volkstribunen Antonius und Cassius und mehreren Praetoren, die nebst einer erheblichen Zahl von Senatoren nach Rom zurückgekehrt waren[53]. Aber politische Autorität kam den beabsichtigten Beschlüssen nur zu, wenn einige angesehene Häupter dafür eintraten. Caesar wandte deshalb diesem

[49] Caes. b. c. 1, 26, 3–6. Att. 9, 15, 6 (Brief von Matius und Trebatius an Cicero). Cass. Dio 41, 12, 3.

[50] Att. 8, 9, 4 *Balbus quidem maior ad me scribit nihil malle Caesarem quam principe Pompeio sine metu vivere*. 7, 20, 1 (5. Februar) Caesars Absicht, ut *fugam intercludat*.

[51] Caes. b. c. 1, 29–30, 2. Cic. Att. 7, 26, 1. 8, 2, 3 (17. Februar) *Afranium exspectabimus et Petreium*. 3, 7. Aushungerungsplan Cic. Att. 9, 7, 3–4. 9, 2; 4. Fehlen von Schiffen Att. 9, 3, 2. M. Curtius Postumus über Caesars Pläne Att. 9, 2a, 3 (8. März). Dieser Curtius war schon 54 Kriegstribun unter Caesar geworden (Münzer RE 4, 1869 Nr. 26): *venit nisi classis loquens et exercitus. eripiebat Hispanias, tenebat Asiam, Siciliam, Africam, Sardiniam, confestim in Graeciam persequebatur*. Es sind Neuigkeiten, wie sie aus Hauptquartieren kolportiert zu werden pflegen. In diesen Zusammenhang gehört auch Caesars Ausspruch vor dem spanischen Feldzug bei Suet. 34, 2 *professus ante inter suos, ire se ad exercitum sine duce et inde reversurum ad ducem sine exercitu*. Man braucht die Echtheit nicht zu bezweifeln. Nur spricht die große Mühe, die sich Caesar gegeben hat, Pompeius am Entkommen zu verhindern, dagegen, daß er den erlittenen Fehlschlag so leicht nahm. Eben darum war es nötig, daß er sich vor seiner Umgebung zuversichtlich gab. Entsprechend M. Caelius (fam. 8, 16, 3 am 16. April an Cicero) *Hispanias tibi nuntio adventu Caesaris fore nostras. quam isti* (Pompeius und Genossen) *spem habeant amissis Hispaniis nescio*. Ebenso Curio bei Cic. Att. 10, 4, 8. Doch Cicero glaubte es nicht, Att. 10, 8, 2; 4. Cass. Dio 41, 15, 1. Plut. 35, 3.

[52] Caesar teilte die Absicht Cicero schon in den ersten Tagen des März mit (Att. 9, 6A). Att. 9, 8, 2. 15, 6.

[53] Att. 9, 8, 1. 12, 3. Von den Praetoren sind uns bekannt M. Aemilius Lepidus (b. c. 2, 21, 5. Appian. b. c. 2, 165) und L. Roscius Fabatus (b. c. 1, 3, 6. Cic. Att. 8, 12, 2). Broughton MRR II 257.

Punkt unausgesetzte Bemühungen zu. Einige Consulare standen zu ihm in verwandtschaftlichen Beziehungen: Lucius Piso, sein Schwiegervater, Lucius Cotta, der Vetter seiner Mutter, Lucius Philippus, der Gemahl seiner Nichte Atia, der Stiefvater des nachmaligen Augustus und seiner Schwester Octavia. Von diesen hatte sich Piso am 1. Januar als Vermittler angeboten, Cotta und Philippus waren bei der Verteilung der Provinzen als unzuverlässig von der Verlosung ausgeschlossesn worden[54]. Aber nach dem 17. Januar verließen sie alle die Stadt und begnügten sich mit einer mehr oder weniger neutralen Stellung, wovon Caesar sich schließlich befriedigt erklärte, wie wir wenigstens von Philippus bestimmt wissen[55]. Die damalige Haltung von Lucius Julius Caesar, der im Jahre 52 sein Legat geworden war und später auf seiner Seite erscheint, und von Gnaeus Domitius Calvinus, der seit 48 Caesars Legat ist, kennen wir nicht. Aus Ciceros Stillschweigen zu schließen, haben sie sich nicht für Caesar betätigt. Die beiden Consuln von 66, Manius Lepidus und Lucius Volcacius Tullus, hatten Rom verlassen, waren aber nicht gewillt, dem Pompeius über das Meer zu folgen, sondern entschlossen, in diesem Falle sich Caesar zur Verfügung zu stellen[56].

Bedeutender als die genannten alle waren jedoch Cicero und Servius Sulpicius Rufus. Da sie bisher in aufrichtigem Eifer für den Frieden gewirkt hatten, hoffte Caesar, sie zu sich herüberziehen und damit die ihm so nötige moralische Autorität gewinnen zu können. Dank Ciceros erhaltener Korrespondenz vermögen wir ziemlich genau zu verfolgen, wie er dabei vorging:

Schon am 22. Januar gab er seinem Gefolgsmann Gaius Trebatius, den ihm seinerzeit Cicero empfohlen hatte, den Auftrag, diesen nach Rom zu bitten[57]. Einige Tage später schrieb er ihm selbst. Er hatte erfahren, daß seine Feinde die Gladiatoren, welche er in einer Kaserne zu Capua für die geplanten Festspiele ausbilden ließ, mit dem Versprechen der Freilassung gegen ihn ins Feld führen wollten, und rief nun wider diese Verletzung seines Eigentumsrechtes die Hilfe seines Freundes Cicero an, ihn zugleich auch zur Friedensvermittlung auffordernd. Weitere Briefe aus Caesars Umgebung wiederholten immer aufs neue, dieser sei von Ciceros Haltung durchaus befriedigt[58]. Der antwortete in den ersten Februartagen entgegenkommend, voller Bewunderung für Caesar und mit Billigung seines Standpunktes, aber auch warm für Pompeius eintretend. Um den beweglichen Consular festzuhalten, machte Caesar dieses Schreiben sogleich einem weiteren Leserkreis zugänglich und versicherte ihn in einem zweiten Briefe, dem Balbus mit einem ähnlich lautenden sekundierte, aufs neue seiner Freundschaft und seines Dankes für die bisherige Neutralität, worin er ihn weiter zu verharren bat. Cicero

[54] B. c. 1, 3, 6. 6, 5. über L. Marcius Philippus MÜNZER RE 14, 1568/9. Cic. Att. 7, 17, 3.
[55] Cic. Att. 9, 15, 4. 10, 4, 10.
[56] Att. 8, 1, 3. 9, 3. 15, 2.
[57] Att. 7, 17, 3.
[58] Att. 7, 21, 3. 23, 3. 8, 2, 1. Caes. b. c. 1, 14, 4–5. Att. 7, 14, 2.

antwortete hierauf am 17. Februar, am 25. erwähnt er einen Brief des Balbus mit der wenig Vertrauen einflößenden Mitteilung, Caesar wünsche nichts mehr, als unter der Vormachtsstellung des Pompeius ohne Furcht zu leben[59]. Um diese Zeit wurden die Vorgänge der Kapitulation von Corfinium bekannt, und Cicero sprach seinen Dank aus für die Schonung seines früheren Helfers Lentulus Spinther. Caesars Milde, im Charakter begründet, biete Aussicht zu friedlicher Beilegung des Zerwürfnisses, das scheint ferner der Sinn seines Schreibens gewesen zu sein[60].

Inzwischen lief bei Cicero ein Brief des Balbus ein, der um den 1. März in Rom geschrieben war. Pompeius befand sich damals in Brundisium, Caesar marschierte von Corfinium aus ihm nach. Balbus ersuchte nun dringend, Cicero möge den Pompeius mit Caesar aussöhnen, er solle den Consul Lentulus zur Rückkehr nach Rom bewegen und dann selbst im Senat die Führung übernehmen bei einem ausgleichenden Beschluß[61]. Caesar sandte vom Marsch aus an einem der ersten Märztage folgendes Billett[62]: „Imperator Caesar grüßt Imperator Cicero. Da ich unsern Furnius nur sah und ihn weder in Ruhe sprechen noch anhören konnte, in Eile war und mich unterwegs befand, hinter den Legionen, konnte ich mir doch nicht versagen, an Dich zu schreiben und ihn mit meinem Dank an Dich zu senden, obwohl ich das schon oft getan habe und wohl noch öfter tun werde. So verdienst Du es um mich. Vor allem bitte ich, weil ich bald nach der Stadt zu kommen gedenke, darum, Dich dort zu sehen, damit ich mich Deines Rats, Deiner Beliebtheit, Deines Rangs und Deiner Hilfe in allen Dingen bedienen kann. Doch zurück zu meinem Anliegen: Du wirst mir meine Eile und die Kürze des Briefs verzeihen. Das übrige wirst Du von Furnius erfahren.“ Gleich darauf schrieben Balbus und Oppius aus Rom[63], soweit sie unterrichtet seien, wünsche Caesar die Versöhnung mit Pompeius, in die Notwendigkeit weiterer Kriegführung versetzt, verlange er von Cicero nichts weiter als Neutralität.

Nach mehrtägigem Überlegen antwortete Cicero am 19. März auf Caesars Billett[64], er deute die angeführten Worte dahin aus, daß Caesar ihn, der mit den beiden Gegnern gleichermaßen befreundet sei, als Vermittler wünsche, er fühle sich hierzu geeignet unter der Bedingung, daß Caesar ihm die geziemende Freiheit nach beiden Seiten lasse. Als er so schrieb, wußte er nicht, daß Pompeius bereits am 17. März Brundisium geräumt hatte und damit die Rolle des Friedensstifters gegenstandslos geworden war. Erst am 26. März empfing er ein weiteres Schreiben[65], worin Caesar Bezug nahm auf Ciceros Dank für „die Milde von Corfinium“. Er beteuerte, an dieser Gesinnung festzuhalten, obwohl er erfahren habe, daß Domitius und Spinther wiederum die

[59] Att. 8, 2, 1. 9, 3–4. 11, 5. o. Anm. 50. [60] Att. 9, 11A, 3. 16, 1.

[61] Att. 8, 15A.

[62] Att. 9, 6A. 9, 11, 2. Cicero war 51 als Proconsul von Kilikien zum Imperator ausgerufen worden, RE 7A, 981. [63] Att. 9, 7A. [64] Att. 9, 11A. [65] Att. 9, 16, 2–3.

Waffen gegen ihn erhöben, denn gerade dadurch offenbare sich der Unterschied der beidseitigen Charaktere: „Imperator Caesar grüßt Imperator Cicero. Richtig vermutest Du von mir — denn ich bin Dir wohl bekannt —, daß nichts mir ferner liegt als Grausamkeit. Da ich schon an der Sache selbst große Freude habe, so triumphiere ich geradezu darüber, daß Du meine Sache billigst. Mich rührt auch nicht, daß die von mir Entlassenen, wie es heißt, sich entfernt haben, um wieder gegen mich zu kämpfen. Denn nichts wünsche ich mehr, als daß ich mir und sie sich gleich bleiben. Von Dir wünsche ich, Du mögest Dich in der Nähe der Stadt bei mir einstellen, damit ich mich Deiner Räte und Deiner Hilfe wie gewohnt bediene. Du mußt wissen, daß mir nichts lieber ist als Dein Dolabella. Anders werde ich ihm nicht danken, denn er kann ja gar nicht anders, so groß ist seine Liebenswürdigkeit, sein Feingefühl, seine gute Gesinnung gegen mich." Dieser Dolabella, ein junger Patricier vom Schlage des Clodius, war seit kurzem mit Tullia vermählt, eine Verbindung, die dem Schwiegervater nur Enttäuschung und Kummer bereitete[66]. So verfehlten diese Schlußwendungen ihren Zweck. Aber auch sonst führte ihm der Brief nur seine fatale Lage zu Gemüte. Denn nachdem er den Anschluß an Pompeius versäumt hatte, befand er sich ganz in Caesars Machtsphäre[67].

Er lebte damals auf seinem Landgut bei Formiae, das an Caesars Wege lag. Eine Bekanntmachung, die in allen Municipien angeschlagen wurde, lud die Senatoren auf den 1. April zu einer Sitzung ein[68]. So konnte sich Cicero einer persönlichen Besprechung mit dem siegreichen Imperator nicht entziehen. Dieselbe fand am 28. März in Formiae statt. Caesar verlangte Ciceros Anwesenheit in der Sitzung: sein Fehlen komme einer Verurteilung von Caesars Politik gleich, gebe den übrigen Senatoren ein schlechtes Beispiel; er müsse kommen und den Frieden vermitteln, nach seinem Ermessen. Worauf Cicero als sein Vorhaben ankündigte, der Senat möge beschließen, daß Caesar weder nach Spanien gehe noch Truppen nach Griechenland übersetze; auch wolle er die Lage, in welche Pompeius geraten sei, beklagen. Das lehnte Caesar rundweg ab und sagte, Cicero möge sich die Sache noch überlegen; wenn er ihm unmöglich mache, sich seines Rates zu bedienen, so werde er sich an die halten, welche sich ihm darböten, und dann sei ihm jeder Weg recht[69]. Mit dieser Drohung wollte er also Cicero die Verantwortung für die kommenden Ereignisse zuschieben. Was darunter zu verstehen sei, glaubte dieser zu wissen. Schon am 25. März meldet er aus angeblich zuverlässiger Quelle[70], wie Caesar sich gelegentlich seinen Gefolgsleuten gegenüber äußere: er werde an Pompeius Strafe nehmen für den Tod des Gnaeus Carbo und des Marcus

66 Münzer RE 4, 1301. 67 Att. 9, 12, 4. 15, 3. 68 Att. 9, 17, 1.

69 Att. 9, 18. fam. 4, 1, 1.

70 Att. 9, 14, 2. Als Gewährsmann wird ein sonst unbekannter Baebius genannt, der es von Curio hatte, womit die Zuverlässigkeit also nicht so verbürgt ist, wie Cicero annahm.

Brutus und für alle Grausamkeiten, die Sulla unter seinem Beistand begangen habe[71]. Curio habe unter ihm ebenso freie Hand als Pompeius unter Sulla. Von Caesar würden die zurückgeholt, die auf Grund der verschärften Strafbestimmungen der leges Pompeiae von 52 ins Exil gehen mußten[72], während Pompeius Vaterlandsverräter zurückgeführt habe; selbst den Milo beklage er als eines der vornehmsten Opfer. Doch werde er keinem, der nicht mit den Waffen gegen ihn kämpfe, etwas antun. Und nun kam Cicero gar Caesars Gefolge, dieses ‚Schattenreich', leibhaftig vor Augen; niemals habe er den Auswurf Italiens so beieinander gesehen![73] Es bestätigte sich ihm, was ihm am 19. März selbst Gaius Matius, einer von Caesars Getreuen, aber zugleich von makellosem Charakter, nicht verhehlt hatte[74]. Diese widerwärtigen Eindrücke bestärkten Cicero zum mutigen Entschluß, seiner Vergangenheit treu zu bleiben und nicht nach Rom zu gehen[75].

Der Rumpfsenat, der sich am 1. April auf Caesars Geheiß zusammenfand, sah recht dürftig aus, wohnten ihm doch von Consularen nur Sulpicius Rufus und Volcacius Tullus bei[76]. Immerhin war er durch die Volkstribunen Antonius und Cassius rechtmäßig berufen worden[77], und ein Beschluß, der Caesar anerkannte, mußte eine gewisse Wirkung ausüben. Caesar setzte in langer Rede nochmals sein Recht gegenüber seinen Feinden auseinander und zählte die Beweise seiner Friedensliebe auf. Daraus leitete er die Aufforderung ab, der Senat solle mit ihm gemeinsam die Staatsgeschäfte führen, und zwar zunächst offizielle Friedensverhandlungen mit Pompeius aufnehmen. Denn er scheue sich nicht, die Friedenshand zu bieten, obwohl Pompeius früher im Senat dies für das Eingeständnis der Unterlegenheit und der Furcht erklärt habe. Das sei eine kleinliche Auffassung; er, Caesar, wolle, wie er im Handeln voranzugehen strebe, so auch durch Gerechtigkeit und Billigkeit übertreffen[78].

Ähnlich sprach er sich darauf auch vor einer Volksversammlung aus, wobei er seiner Rede noch Nachdruck gab durch das Versprechen einer Getreidespende und eines Geldgeschenks von 75 Denaren auf den Kopf[79]. Der Senat

[71] Brutus (der Vater des Caesarmörders. Volkstribun 83) und Carbo (Consul 85. 84. 82). ‚Pompeius'[2] 37. 44. Sall. ad Caes. 1, 4, 1.

[72] Rotondi Leges publicae p. R. (1912), 410. ‚Pompeius'[2] 175. Att. 7, 11, 1. 10, 4, 8. 8, 2.

[73] Att. 9, 18, 2. 19, 1. Es sind die wieder erstandenen Catilinarier 10, 8, 8. Sallust, selbst ein Opfer der optimatischen Schreckensherrschaft (ad Caes. 2, 4, 2), urteilte 46 nicht besser über diese Gefolgsleute (ad Caes. 1, 2, 5. 4, 2. 6, 1). Doch Caesar soll im Gegensatz zu Sallusts Mahnung, sie kurz zu halten, gesagt haben (Suet. 72): *si grassatorum et sicariorum ope in tuenda sua dignitate usus esset, talibus quoque se parem gratiam relaturum.*

[74] Att. 9, 11, 2. Münzer RE 14, 2206.

[75] Att. 9, 18, 3. 19, 2. 10, 1, 1.

[76] Att. 9, 19, 2. 10, 3a, 2. fam. 4, 1, 1 (April 49 an Sulpicius nur ein *conventus senatorum*). Att. 10, 1, 2 *consessus senatorum.*

[77] Cass. Dio 41, 15, 2. Da Caesar als Proconsul die Stadt nicht betreten durfte, tagte der Senat außerhalb des Pomeriums, 16, 1 von der Contio.

[78] B. c. 1, 32. Vell. 2, 50, 1. Cass. Dio 41, 15, 3 betont, daß er die verängstigten Senatoren beruhigen wollte.

[79] Cass. Dio 41, 16, 1. Appian. b. c. 2, 163.

konnte nicht anders, als die Abfertigung von Friedensgesandten beschließen, aber es fand sich niemand, der sich der Aufgabe unterziehen wollte; begreiflich, da Pompeius schon Zurückbleiben in der Stadt dem Übergang in Caesars Lager gleichgestellt hatte. Drei Tage lang gingen die Verhandlungen nicht vom Flecke[80]. Gegen weitere Anträge Caesars intercedierte der Volkstribun Lucius Metellus. Caesar wünschte vor allem, daß ihm Vollmacht erteilt werde über das *aerarium sanctius*, den Reserveschatz im Saturntempel, den die Gegner nicht hatten fortschaffen können[81], und geriet so in die ungeschickte Stellung, daß er, der für die Rechte des von der Oligarchie unterdrückten Volkes zu kämpfen vorgab und der so viel Wesens machte von der Flucht der beiden Volkstribunen am 7. Januar, seinerseits — wovon er in seinem Bericht natürlich nichts erwähnt — Gewalt anwenden mußte gegen den sacrosancten Volkstribunen. Da Metellus mit seinem Leibe die verschlossene Türe des Tempels schützte, begab sich Caesar persönlich mit einer Abteilung Soldaten hin, um anzuzeigen, daß jetzt das Kriegsrecht gelte[82]. Als sich aber Metellus auch so nicht verscheuchen ließ, bedrohte er ihn mit dem Tode. Nun gab der Tribun nach[83]; die Soldaten erbrachen die Türen und holten 15 000 Gold- und 30 000 Silberbarren, dazu noch 30 Millionen Sesterzen gemünzten Geldes heraus[84]. Jedoch bezahlte Caesar diesen Gewinn mit der gänzlichen Einbuße seiner Popularität bei der Plebs, der die Unverletzlichkeit ihres Vorkämpfers über alles ging. Um sich nicht Unannehmlichkeiten auszusetzen, mußte er sogar darauf verzichten, sich mit einer Rede vom Volke zu verabschieden, wie er beabsichtigt hatte[85].

Sein ganzer Aufenthalt in Rom war ergebnislos verlaufen. Am meisten erbitterte ihn der stumme Widerspruch des Senats. „Alles wird von mir ausgehen", hörte man ihn sagen[86]. Aber unter dieser stolzen Selbstgenügsamkeit

[80] B. c. 1, 33. Nach Cic. fam. 4, 1, 1 sprach Ser. Sulpicius Rufus für Frieden. Plut. 35, 4–5.

[81] B. c. 1, 33, 3. 14, 1. Hier wird Caesars Darstellung durch Cic. Att. 7, 21, 2 als unrichtig erwiesen. Die Consuln gingen nicht nach Rom und konnten die Türe zum *aerarium sanctius* nicht offen stehen lassen. Caesar eliminierte so die peinliche Szene, daß er diese Türe aufbrechen ließ. Barwick a. O. 37, 1. Nach Cass. Dio 41, 17, 1 hatte ihm der Senat die Gelder bewilligt, wie vorher dem Pompeius (b. c. 1, 6, 3). Dagegen vor allem intercedierte L. Metellus (Cass. Dio 41, 17, 2).

[82] Dabei überschritt er nun doch das Pomerium! O. E. Schmidt Briefwechsel 167, Plut. 35, 6–11.

[83] Cic. Att. 10, 4, 8 nach der Erzählung Curios hätte ihn Caesar umbringen wollen. Nach Lucan. 3, 143 gab er nach auf Rat eines Cotta. Falls das nicht erfunden ist, wäre wohl nicht an den Consular und Censorier, den Vetter von Caesars Mutter L. Aurelius Cotta zu denken, sondern an einen uns sonst nicht bekannten Volkstribunen (Broughton MRR II 258). Plut. Pomp. 62, 2 (chronologisch falsch). Appian. b. c. 2, 164. Danach soll sich Metellus darauf berufen haben, daß das *aerarium sanctius* nur für einen Keltenkrieg bestimmt sei, worauf Caesar antwortete, er habe Gallien befriedet. Flor. 2, 13, 21.

[84] Plin. n. h. 33, 56. Oros. 6, 15, 5.

[85] Cic. Att. 10, 4, 8 nach Bericht Curios. 8, 6.

[86] Cic. Att. 10, 4, 9 *At ille* (Caesar) *impendio magis odit senatum. ‚A me' inquit ‚omnia proficiscentur'* (Worte Curios). Caesar selbst (b. c. 1, 32, 7): Wenn die Senatoren aus Furcht nicht mit ihm zusammen die Geschäfte der *res publica* wahrnehmen wollten, *illis se oneri non futurum et per se rem*

und Selbstherrlichkeit barg sich doch der Unmut, daß ihm nicht gelungen war, sich irgendwelche offiziell beglaubigte Rechtsgrundlage zu schaffen. Er gab sich die größte Mühe, Cicero wenigstens bei seiner bisherigen formellen Neutralität festzuhalten, ließ ihn durch Curio mündlich, durch Caelius schriftlich bearbeiten und schrieb ihm am 16. April selbst noch einmal[87]: „Imperator Caesar grüßt Imperator Cicero. Obwohl ich Dir keine Unbesonnenheit, keine Unvorsichtigkeit zutraue, glaube ich doch, bewogen durch das Gerede der Leute, Dir schreiben und Dich bei unserer Liebe bitten zu sollen, jetzt, da die Sache schon fast entschieden ist, keinen Schritt zu tun, den Du, so lange sie sich noch in der Schwebe befand, zu vermeiden für richtig hieltest. Denn Du wirst der Freundschaft schwerer Unrecht tun und für Dich weniger gut sorgen, wenn es den Anschein hat, nicht etwa, Du habest dem Glück gehorcht — denn auf unserer Seite ist alles sehr günstig, auf der andern sehr ungünstig verlaufen — oder Du seist der Sache gefolgt — denn sie war dieselbe, als Du Dich entschiedst, ihren Plänen fernzubleiben —, sondern Du habest irgend eine meiner Handlungen verurteilt. Etwas Schlimmeres könnte mir von Dir

publicam administraturum. Curio besuchte auf der Durchreise nach Sizilien Cicero in seiner Villa bei Cumae, nachdem er zu den Bürgern von Puteoli gesprochen hatte. Von seiner optimatischen Zeit her war er mit dem Consular befreundet. Am 2. Mai traut ihm Cicero zu, daß er gegebenenfalls wieder zu Pompeius überwechseln könnte (Att. 10, 8, 2). Caesar schildert ihn (b. c. 2, 32, 14. 42, 4) als ihm treu ergeben. Bei den Optimaten galt er als Hauptanstifter des Bürgerkriegs (Vell. 2, 48, 3 *homo ingeniosissime nequam et facundus malo publico*. Lucan. 4, 810 ff. Petron. 124, 288). Cicero berichtete Atticus ausführlich über die Unterhaltung und meinte, Curio habe sich offenherzig geäußert (10, 4, 8). Zuerst legte er es darauf an, Cicero Angst einzujagen vor Caesar, seine Milde sei nicht aufrichtig gemeint; wenn er beim Volk damit keinen Erfolg habe, werde er grausam sein, *ipsum non voluntate aut natura non esse crudelem*. Als Cicero fragte, was aus der *res publica* werde, ließ er keine Hoffnung übrig (9). Im weitern Verlauf des Gesprächs gab er jedoch günstige Auskunft über Caesars Stimmung gegenüber Cicero. Dieser dürfe sich getrost auf ein ruhiges Plätzchen, sogar in Griechenland, zurückziehen. Schließlich verstieg er sich zur eidlichen Versicherung, Caesar müsse sein bester Freund sein, Dolabella habe es ihm geschrieben. Caesars Verhalten bis zu seinem Tod hat die zynischen Worte über seine *clementia* widerlegt. Aber daß Caesar am Ende des römischen Aufenthalts sehr gereizt war, wurde bald darauf auch von M. Caelius bestätigt (Att. 10, 9A. fam. 8, 16, 1): *nihil nisi atrox et severum cogitat atque etiam loquitur; iratus senatui exiit, his intercessionibus plane incitatus est*. Daß sich solche Opposition hervorwagte, zeigt, wie wenig man an Caesars Endsieg glaubte. Das letzte, was wir von L. Metellus hören, ist, daß er nach der Schlacht bei Pharsalos nach Rom zurückkehren wollte. Da schrieb Caesar an Antonius, er habe sich bis auf weiteres von Italien fernzuhalten: *prohiberique omnis Italia nisi quorum ipse causam cognovisset; deque eo vehementius erat scriptum* (Cic. Att. 11, 7, 2). Für Ciceros schwankende Stimmung ist charakteristisch sein Brief vom 7. April, nachdem er erfahren hatte, Atticus habe Caesar in Rom seine Aufwartung gemacht (Att. 10, 3a, 1): *Visum te aiunt in regia, nec reprehendo, quippe cum ipse istam reprehensionem non fugerim*. Am 14. April heißt es dann wieder (Att. 10, 4, 2): *Alter ardet furore et scelere nec remittit aliquid sed in dies ingravescit; modo Italia expulit, nunc alia ex parte persequi, ex alia provincia exspoliare conatur nec iam recusat sed quodam modo postulat ut, quem ad modum est, sic etiam appelletur tyrannus*.

[87] Att. 10, 8B. Aber Cicero hatte schon am 7. April einen Brief erhalten (10, 3a, 2): *Caesar mihi ignoscit per litteras quod non venerim seseque in optimam partem id accipere dicit*.

nicht widerfahren. Daß Du das nicht tust, darum bitte ich Dich bei dem Rechte unserer Freundschaft. Schließlich, was ziemt sich für einen wackern Mann und einen ruhigen und guten Bürger mehr als innern Streitigkeiten fernzubleiben? Einige konnten, obwohl sie das billigten, wegen ihrer Gefährdung nicht danach handeln. Da Du das Zeugnis meines Lebens und das Urteil meiner Freundschaft genau kennst, wirst Du für Deine Sicherheit und Ehre nichts Besseres finden als allem Kampf fernzubleiben. Am 16. April von der Reise."

Es war alles umsonst. Die politischen Mittel versagten eben, weil die militärische Überlegenheit des Pompeius zu überwältigend erschien. Caesar und seine Parteigänger mochten sich noch so zuversichtlich gebärden und die Gewinnung Spaniens als ausgemachte Sache ansehen, man hielt das nicht für entscheidend. „Des Pompeius ganzer Plan ist themistokleïsch. Er ist nämlich der Ansicht, daß der, welcher die See beherrscht, notwendigerweise den Krieg gewinne. Darum ging er nie darauf aus, die beiden Spanien um ihrer selbst willen zu halten, sondern die Flottenrüstung war ihm stets die vornehmste Sorge. Er wird also, wenn es Zeit ist, mit einer gewaltigen Flotte in See stechen und an Italien herangehen." Diese Erwägung Ciceros vom 2. Mai[88] entsprach der allgemeinen Ansicht. Dazu hatten die Consuln und der Proconsul Pompeius durch Edict die Senatoren nach Thessalonike entboten mit der Erläuterung, die gesetzmäßige Regierung befinde sich, da Rom vom Feinde besetzt sei, dort, wo Consuln und Senat sich aufhielten[89]. In dieser Auseinandersetzung zwischen Legitimität und Revolution konnte nur eine unzweifelhafte kriegerische Entscheidung einen Umschwung bewirken. Cicero hatte zwar auch gegenüber Pompeius schwere Bedenken. „Er spielt den Sulla", sagte er von ihm, aber nach den Auskünften, die er von Curio erhielt, war unter Caesar auf eine Fortdauer der *res publica,* wie er sie verstand, gar nicht zu rechnen. So fuhr er am 7. Juni von Caieta ab nach dem Osten[90].

Caesar sicherte seinen spanischen Feldzug durch folgende Maßnahmen: in Rom überließ er die Wahrnehmung seiner Interessen dem Praetor Marcus Aemilius Lepidus; mit dem Befehl über die in Italien verbleibenden Truppen betraute er den Volkstribunen Marcus Antonius, dem er zu seinem Amt aus eigener Macht den Titel *pro praetore* verlieh; *Gallia citerior* verwaltete Marcus Licinius Crassus, der Sohn des früheren Verbündeten, der 54 Quaestor bei Caesar gewesen war. Zur Abwehr eines Angriffes zur See sollten Publius Cornelius Dolabella im Adriatischen, Quintus Hortensius im Tyrrhenischen Meer Kriegsschiffe zusammenbringen. Gegen einen Vormarsch zu Lande wurden unter Gaius Antonius, dem jüngeren Bruder des Volkstribunen, zwei

88 Att. 10, 8, 4. 12a, 3. Vgl. Appian. b. c. 2, 205.

89 Cic. Phil. 13, 26; 28. Cass. Dio 41, 18, 4–6. 43, 2–4. Plut. Pomp. 64, 4. Lucan. 5, 9–14. 22.

90 Cic. Att. 9, 10, 2; 6. 11, 3. 14, 1. Fam. 14, 7, 3. RE 7A, 1001

Legionen nach Illyricum vorgeschoben. Da Rom samt Italien ohne den Besitz der getreideliefernden Provinzen auf die Dauer nicht zu halten war, erhielt ferner Gaius Curio den Auftrag, sich mit vier Legionen in den Besitz von Sizilien und Afrika zu setzen, Quintus Valerius Orca bekam zum selben Zweck eine Legion nach Sardinien[91]. Caesar war nun wieder guter Laune und scherzte bei der Abreise zu seinen Vertrauten, er ziehe aus gegen das Heer ohne Führer und werde von dort zurückkehren gegen den Führer ohne Heer[92].

Etwa am 19. April (am 28. Februar des Julianischen Kalenders) langte er vor Massilia an[93]. Wie alle anderen Beurteiler hegte auch dieser altverbündete Freistaat kein Zutrauen zu Caesars Aussichten. Der vom Senat bestellte Proconsul des jenseitigen Gallien, Lucius Domitius Ahenobarbus, hatte überdies schon seine Ankunft angesagt, eine Gesandtschaft der Stadt war kürzlich noch vom Pompeius empfangen worden. Darum erklärte der regierende Fünfzehnerausschuß Caesar, ihr Staat, der Pompeius und Caesar für geleistete Dienste in gleicher Weise zu Dank verpflichtet sei, beabsichtige sich in diesem Kriege neutral zu verhalten und beiden Parteien die Tore zu schließen. Diese versprochene Neutralität wurde jedoch sogleich ganz einseitig durchgeführt, indem Domitius in den Hafen Einlaß fand und gleich darauf die Leitung der Verteidigungsmaßnahmen gegen gewaltsame Versuche erhielt[94].

Die Haltung dieser mächtigen Stadtgemeinde war von großer Bedeutung für den spanischen Feldzug. Denn in *Hispania ulterior*, wo Caesar durch seine Quaestur und Propraetur zu einem der bekanntesten Patrone des Landes geworden war, bestand eine stark caesarfreundliche Stimmung (ganz anders als in *citerior*, deren Hauptpatron seit dem Sertoriuskrieg Pompeius war), die sich aber im Fall der Aussichtslosigkeit von Caesars Sache nicht hervorwagte. So setzte er alles daran, den Widerstand Massilias rasch zu brechen. Er begann sofort mit drei Legionen die Belagerung; um eine Blockade ins Werk zu setzen, wurden auf der Rhone zwölf Kriegsschiffe gebaut. Doch infolge der ebenso trefflich organisierten als heldenhaft durchgeführten Verteidigung blieb ihm ein schneller Erfolg versagt. Er mußte nach mehreren Wochen die Belagerung dem Legaten Gaius Trebonius überlassen und gelangte am 22. Juni (1. Mai des Julianischen Kalenders) zu seinem Heer in Spanien[95].

[91] Caes. b. c. 1, 30, 2. 31, 1. Appian. b. c. 2, 165–166. Flor, 2, 13, 22. Cass. Dio 41, 18, 3. Cic. Att. 10, 6, 3. 7, 3. [92] o. Anm. 51.

[93] Das Datum von O. E. Schmidt Briefwechsel 176 erschlossen aus Cic. Att. 10, 12a, 3 (6. Mai).

[94] Caes. b. c. 1, 33, 4–36, 3. Cass. Dio 41, 19. Vell. 2, 50, 2. Lucan. 3, 300–452 (caesarfeindlich). Ilona Opelt Hermes 85 (1957), 445. Gnomon 30 (1958), 450. Flor. 2, 13, 23.

[95] Caes. b. c. 1, 36, 4–5. Cass. Dio 41, 19, 3. Das Datum läßt sich daraus errechnen, daß nach b. c. 2, 32, 5 der spanische Feldzug 40 Tage dauerte und nach Dessau ILS 8744 die Kapitulation bei Ilerda am 2. August stattfand. T. Rice Holmes The rom. rep. III 408.

Dort war es bei Beginn des Frühlings dem Legaten Gaius Fabius[96] gelungen, die feindlichen Paßwachen aus den Pyrenäen zu vertreiben. Nun stand er mit sechs Legionen bei der festen Stadt Ilerda am Sicoris (Segre) den vereinigten fünf Legionen der Legaten Lucius Afranius und Marcus Petreius gegenüber[97]. Die beiden gehörten zu den bewährtesten Heerführern der Gegenpartei — Afranius, der gewesene Consul von 60, Petreius, der Besieger Catilinas — und hatten ihre regulären Truppen durch ein allgemeines Aufgebot der einheimischen Kontingente mächtig verstärkt[98]. Caesar war ihnen aber überlegen durch seine treffliche Reiterei, wovon die Hälfte 3000 keltische Edelleute, die er namentlich einberufen hatte, das bekannte Mittel, Gallien ruhig zu halten[99]. Nach einiger Zeit unentschiedenen Stellungskrieges geriet er plötzlich durch eine Hochwasserkatastrophe in größte Not. Die Sicorisbrücken, auf die er für Fourage und Nachschub angewiesen war, wurden weggerissen, ihre Wiederherstellung hinderte der wachsame Feind. Es schien, als ob sich in wenigen Tagen sein Schicksal erfüllen müßte. Denn sein Heer litt Mangel am Nötigsten, während der Feind reichlich mit allem versehen war[100]. In Rom fanden begeisterte Kundgebungen vor dem Hause des Afranius statt, und viele Senatoren und sonstige angesehene Bürger ergriffen die Gelegenheit, sich jetzt noch in letzter Stunde bei Pompeius zu melden, ohne daß Antonius sie daran hinderte[101]. Man zählte jetzt in Thessalonike gegen 200 Senatoren[102].

Doch Caesar brachte es fertig, 33 Kilometer hinter seiner Stellung unbemerkt vom Feind eine Brücke zu schlagen und seine Verpflegung zu sichern. Gleichzeitig schlug Decimus Brutus, der Befehlshaber der Blockadeflotte vor Massilia, einen heftigen Durchbruchsversuch der Belagerten mit großen Verlusten für diese ab. Diese Wendung der Dinge bewirkte bei verschiedenen bedeutenden spanischen Gemeinden nördlich des Ebro den Übertritt zu Caesar[103]. Es ist wohl kein Zufall, daß Osca dabei voranging, die Stadt, wo sich solange das Hauptquartier des Sertorius befunden hatte; überhaupt waren

[96] Wenn er mit dem Volkstribunen von 55 identisch ist (Broughton MRR II 220, 2), sicher nicht Patricier. Nach Münzer RE 5, 1745 könnte er auch der Praetor von 58 sein (Broughton II 194).

[97] Caes. b. c. 1, 37. 38, 1; 4. 39, 2. Cass. Dio 41, 20, 1.

[98] B. c. 1, 38, 3. Lucan. 4, 5–10.

[99] B. c. 1, 39, 2. In Spanien lief das Gerücht um, daß Pompeius vorhabe, von Mauretanien aus nach Spanien zu kommen (39, 3. 60, 5). Ferner erwähnt Caesar (39, 3–4), daß er bei Tribunen und Centurionen Geld lieh und es an die Soldaten verteilte. Damit habe er zweierlei erreicht, als Schuldner die Centurionen an sich gefesselt und durch die Geldausschüttung den guten Willen der Soldaten erkauft. Holmes R. R. III 390.

[100] B. c. 1, 40–52. Lucan. 4, 24–120. Cass. Dio 41, 20, 2–21, 1 Appian. b. c. 2, 168. Cic. Att. 10, 12a, 3. 13, 3. 14, 2. 18, 2. Karten des Kriegsschauplatzes bei Holmes RR III vor S. 51. Kromayer-Veith Schlachtenatlas, Röm. Abt. Blatt 19.

[101] B. c. 1, 53. Cass. Dio 41, 21, 2.

[102] Cass. Dio 41, 43, 2.

[103] B. c. 1, 54–60. Cass. Dio 41, 21, 2–4.

es die Landschaften, in denen sich dieser am längsten zu behaupten vermocht hatte [104]. Gerade Afranius war es damals gewesen, der als Legat des Pompeius hier die Ausläufer jenes gewaltigen Aufstandes zu bewältigen hatte [105], Caesar aber stand in gutem Rufe, weil er als Propraetor der *ulterior* den Erlaß der von Metellus Pius auferlegten Kontributionen durchgesetzt hatte [106]. So wirkten auch da alte politische Gegensätze nach.

Aus diesem Grunde und zugleich durch Caesars militärische Unternehmungen bedrängt, entschlossen sich Afranius und Petreius, den Kriegsschauplatz nach dem Keltiberischen Hochland südlich des Ebro zu verlegen, wo vom Sertoriuskrieg her der Name des Pompeius in besonders hohem Ansehen stand, während Caesar wenig bekannt war. Dort hofften sie große Verstärkungen, insonderheit auch Reiterei, heranziehen zu können, und gedachten sich in dem wohlvertrauten Gelände bis in den Winter zu behaupten [107]. Indessen erhielt Caesar durch seine Späher sogleich Kenntnis von ihrem Vorhaben und, als sie frühmorgens von Ilerda aus auf das östliche Sicorisufer übersetzten, führte er sein Heer ungesäumt etwas oberhalb durch den reißenden Fluß. Denn seine Soldaten bestürmten ihn, den Feind nicht entkommen zu lassen, damit der Feldzug bald zu Ende gehe. So gelang ihm, die feindliche Kolonne schon am Nachmittag einzuholen; Afranius trachtete die Gebirgsgegend zwischen Sicoris und Ebro zu gewinnen, wo er Caesars Verfolgung mit geringen Kräften abzuwehren hoffte, bis seine Hauptmacht die bereits geschlagene Schiffsbrücke über den Ebro erreichte. Allein Caesar ließ nicht locker, so daß jener am Abend schon 8 Kilometer vor dem schützenden Engpaß auf einer Höhe Lager beziehen mußte. In der Nacht weiterzumarschieren wagte er nicht, weil er meinte, daß im Bürgerkrieg die Disziplin seiner Truppen bei einem Nachtangriff versagen würde. Dieser Aufschub gab nun aber Caesar Zeit, das Gelände erkunden zu lassen, am Morgen, den Afranius für den Abmarsch bestimmt hatte, sein Heer unter größten Strapazen durch Felsen und Schluchten östlich am Feind vorbeizuführen und ungeachtet des weiten Umwegs den Wettlauf zu gewinnen, so daß er den Eingang in das Gebirge sperren konnte [108]. Wieder hielt Afranius an; einen Versuch, über die Berge den Ebro zu erreichen, vereitelte Caesar schon in den Anfängen, und seine Soldaten verlangten heftig den Angriffsbefehl gegen den augenscheinlich moralisch schon schwer erschütterten Feind. Doch er erkannte, daß eine Schlacht überhaupt nicht mehr nötig sei, da die Feinde wegen Nahrungsmangel in ihrer jetzigen Stellung nicht lange bleiben konnten. Wozu sollte er da noch das Glück versuchen? Wozu das Leben seiner braven Soldaten aufs Spiel setzen? Und standen auf der Gegenseite nicht auch Bürger, die er gern

[104] B. c. 1, 60, 1. Strab. 3, 161. Plut. Sert. 14, 3. 25, 6.
[105] B. c. 1, 61, 3. Oros. 5, 23, 14. Val. Max. 7, 6 ext. 3.
[106] B. c. 2, 17, 2. 18, 6. b. Hisp. 42, 2.
[107] B. c. 1, 61, 1–3. Lucan. 4, 143–147.
[108] B. c. 1, 61, 4–70, 3. Lucan. 4, 167.

schonen wollte, wo er ohne Schlacht Sieger bleiben würde? Diese Überlegungen fanden allerdings, wie er berichtet, durchaus nicht den Beifall seiner Soldaten, die sogar drohten, wenn man eine solche Gelegenheit zum Siege verpasse, auch nicht zu kämpfen, wenn Caesar wolle[109].

Die Ereignisse brachten diese Unstimmigkeit bald in Vergessenheit. Afranius und Petreius entschlossen sich zum Rückzug und berieten nur noch, ob nach Ilerda oder ostwärts nach Tarracona. Die nächste Sorge war, ihrem Lager den Zugang zu den Wasserstellen durch eine Befestigungslinie zu sichern. Während sie persönlich die hiefür nötigen Anordnungen gaben, blieben ihre Soldaten eine Zeitlang sich selbst überlassen und begannen sich mit Caesars Vorposten zu unterhalten. Von diesen zur Kapitulation ermuntert, sandten sie die ersten Centurionen der Legionen als Unterhändler zu Caesar, und diesen gesellte sich eine stattliche Zahl von Tribunen, Centurionen und spanischen Edelleuten bei, die alle mitkamen, um ihre Bekannten in Caesars Lager aufzusuchen, die sie bei Caesar einführen sollten. Sogar der Sohn des Afranius wandte sich wegen seiner und seines Vaters Begnadigung an den Legaten Publius Sulpicius Rufus. Umgekehrt gingen auch Caesarianer ins andere Lager. Der alte Afranius hätte den Dingen ihren Lauf gelassen, wenn nicht Petreius dazwischengefahren wäre und mit seiner spanischen Leibgarde den Verbrüderungsszenen ein blutiges Ende bereitete und hernach das ganze Heer aufs neue vereidigte. Die Caesarianer, deren er im Lager noch habhaft wurde, ließ er töten, wogegen Caesar die bei ihm Vorgefundenen ungekränkt entließ, sofern sie nicht vorzogen, bei ihm zu bleiben. Er bemerkt dazu, daß diese nachher unter ehrenvollen Bedingungen in sein Heer aufgenommen wurden[110].

Bald darauf traten die Gegner den Rückzug nach Ilerda an. Caesar bedrängte sie unausgesetzt und, als sie wieder ein Lager bezogen, schnitt er ihnen durch Feldbefestigungen die Wasserversorgung ab, so daß den beiden feindlichen Führern nichts übrigblieb, als am 2. August (10. Juni julianisch) um Verhandlungen nachzusuchen[111]. Caesar bewilligte solche nur unter der Bedingung, daß sie öffentlich in Hörweite für beide Heere geführt würden, und bekam so Gelegenheit, weithin vernehmlich seine Sache zu vertreten. Er führte aus, wie er nichts anderes im Auge gehabt habe, als das Leben der gegnerischen Soldaten zu schonen, um möglichst bald mit ihnen zum Frieden zu kommen. Diese Soldaten hätten auch schon aus eigenem Antrieb Verhandlungen angebahnt, nur die Führer hätten dem widerstrebt. Doch er wolle die jetzige Notlage nicht ausnutzen, nicht etwa das Heer zum Übertritt in seine Dienste nötigen, sondern wünsche nur, daß diese Armeen, die ja schon seit Jahren nur gegen ihn in Spanien aufgestellt seien, jetzt aufgelöst würden. Er

[109] B. c. 1, 70, 4-72, 4. [110] B. c. 1, 72, 5–77, 2. Appian. b. c. 2, 168–171. Lucan. 4, 174–262.
[111] Dessau ILS 8744. B. c. 1, 78, 1–84, 1. Lucan. 4, 337–340.

werde auch weiterhin die ungerechte Behandlung, die ihm durch seine politischen Gegner zuteil werde, geduldig ertragen, nur das Mittel, ihm zu schaden, müsse er ihnen nehmen. Darum müßten die beiden Provinzen geräumt, das Heer entlassen werden[112].

Im einzelnen wurde darauf vereinbart, daß die Soldaten, welche ihren Wohnsitz in Spanien hatten, sofort, die übrigen am Var, dem Grenzfluß zwischen Gallien und Italien, entlassen würden. Ausdrücklich wurde noch festgelegt, es dürfe keiner gegen seinen Willen zu einem Fahneneid gezwungen werden[113]. Während dieses Geschäft sich abwickelte, setzte Caesar zwei Legionen unter dem Volkstribunen Quintus Cassius in Marsch nach der *Hispania ulterior* und ließ durch Edict die gesamten Beamten und Notabeln der Provinz zu einem Landtag nach Corduba entbieten[114].

In einem Feldzug von 40 Tagen war die beste Armee, über welche die Gegenseite verfügte, außer Gefecht gesetzt[115]. Die beiden kriegserfahrenen Legaten des Pompeius zeigten sich Caesars genialer Strategie nicht gewachsen, der allen Schwierigkeiten mit so kühnen Entschlüssen zu begegnen vermochte, weil seine Soldaten jedes Hindernis überwanden. Sein eigener Bericht wurde hier möglichst genau wiedergegeben, weil darin gerade auch seine politischen Absichten besonders deutlich zum Ausdruck kommen. Wie schon in Italien kämpfte er auch auf diesem Kriegsschauplatz nicht, um seine Feinde zu vernichten, sondern um die Gegensätze mit möglichst wenig Blutvergießen zu versöhnen und so den Weg zu bahnen zur endgültigen Beruhigung der von heftigsten Krisen erschütterten römischen Welt. Wir werden noch sehen[116], daß er in dem zur Vertretung seiner Sache geschriebenen Werk „Über den Bürgerkrieg“ kein anderes Kriegsziel nennt als dieses, und zwar an der einzigen Stelle, wo er davon spricht, sogleich unter der Voraussetzung, daß auch die Gegner es als selbstverständlich richtig und wünschenswert anerkennen müßten. Wie bei allen politischen Programmen kam alles auf die Verwirklichung an, aber man darf doch sagen, daß es in der auf die Erhaltung des Bestehenden gerichteten Formulierung echt römisch war, und ich glaube, daß Caesar nicht nur so sprach, um die Römer zu gewinnen, sondern daß er auch selbst seinen staatsmännischen Beruf so sah[117].

[112] B. c. 1, 84, 2–85, 12. Appian. b. c. 2, 172. Lucan. 4, 363.

[113] B. c. 1, 86. [114] B. c. 2, 19, 1. [115] B. c. 2, 32, 5. [116] u. S. 213. B. c. 3, 57, 4.

[117] Im Brief Att. 8, 11, 1 mißt Cicero den Pompeius am Ideal seines *moderator rei publicae*, wie er es (re p. 5, 8) formuliert hatte: *Ut enim gubernatori cursus secundus, medico salus, imperatori victoria, sic huic moderatori rei publicae beata civium vita proposita est, ut opibus firma, copiis locuples, gloria ampla, virtute honesta sit. huius enim operis maximi inter homines atque optimi illum esse perfectorem volo.* Dem dürfte Caesar durchaus zugestimmt haben. Aber während Cicero in gemeindestaatlichem Denken – wie sein Vorbild Platon (W. Jaeger Paideia II 329) – nur an die Bürger seiner *res publica* dachte, hatte Caesar das ganze Reich im Auge: *quietem Italiae, pacem provinciarum, salutem imperii.* – Appian hat in seinem Excerpt (b. c. 2, 170) die hämische Bemerkung bewahrt: Caesar *δημοκοπῶν ἐς τοὺς πολεμίους πανταχοῦ* wie Curio bei Cic. Att. 10, 4, 8. Appian. geht letzt-

Ursprünglich hatte sich Petreius mit Marcus Terentius Varro in die Verwaltung der jenseitigen Provinz geteilt[118]. Seit dem Abmarsch des Petreius lag diese Aufgabe einzig dem auch als Dichter berühmten Universalgelehrten ob, desto schwieriger für ihn, weil er persönlich bisher zu Caesar angenehme Beziehungen unterhalten hatte[119]. Er begann darum, wenn wir Caesars sarkastischem Bericht glauben dürfen, ernsthafte Rüstungen erst, als das Glück sich von Caesar abzuwenden schien. Dabei ging er scharf vor gegen die caesarfreundlichen Gemeinden, denen er höhere Kontributionen auferlegte, und auch gegen unzuverlässige Private, die er mit Vermögenseinziehung bestrafte. Nach Caesars Sieg hoffte er, sich in Gades mit seinen Truppen, Schiffen und Heeresvorräten halten zu können[120]. Aber bevor er dahin gelangte, war schon die ganze Provinz zu Caesar übergegangen. Auch die eine Legion meuterte. Darauf übergab er selbst die andere einem von Caesar beauftragten Offizier und stellte in Corduba dem Sieger seine Provinz zur Verfügung[121].

Dieser ließ sich angelegen sein, alle zu belohnen und zu ehren, die für seine Sache gelitten hatten. So versprach er Gades ein Gesetz, das den Angehörigen dieser Gemeinde das römische Bürgerrecht verleihen sollte[122]; im übrigen ließ auch er sich freilich gewaltige Kontributionen zahlen[123]. Als Legaten mit praetorischer Gewalt setzte er den Volkstribunen Cassius über das Land, den er für diesen Posten als besonders geeignet ansah, weil er vor einigen Jahren daselbst Quaestor gewesen war; in Wirklichkeit eine ganz verhängnisvolle Wahl, denn er war schon von jener Zeit her verhaßt wegen seiner unersättlichen Habgier und bewirkte durch seine neue Verwaltungstätigkeit in dieser so caesarfreundlichen Provinz bald einen vollständigen Umschwung der Stimmung und offene Empörung[124]. Auf ihn paßt so recht das Wort, womit Cicero einmal[125] allgemein die vornehmen Caesarianer charakterisiert: „Welcher Genossen oder Gehilfen soll sich Caesar bedienen? Sollen diejenigen die Provinzen, den Staat regieren, von denen keiner zwei Monate lang sein Erbe in Ordnung halten konnte?"

lich vielleicht auf Asinius Pollio zurück, der schon 43 behauptete, Caesar nur mit republikanischen Vorbehalten geliebt zu haben (bei Cic. fam. 10, 31, 3). Der redliche Vater Seneca berichtet (Suas. 6, 15) mit berechtigter Entrüstung, daß er in einer während der Triumviralzeit gehaltenen Rede die Verleumdung in Umlauf setzte, Cicero sei bereit gewesen, die Verfasserschaft seiner philippischen Reden abzuleugnen und ihre Widerlegung öffentlich vorzutragen. Freilich habe er diese Lüge erst in der veröffentlichten Rede beigefügt. Ein solches Verhalten warnt davor, Pollios Urteile zu ernst zu nehmen.

118 B. c. 1, 38, 1–2. Über Varro H. Dahlmann RE Suppl. 6, 1172ff.

119 B. c. 2, 17, 2.

120 B. c. 2, 17, 3–18, 6.

121 B. c. 2, 18, 7–20, 8. Cass. Dio 41, 23, 2.

122 Cass. Dio 41, 24, 1. Liv. per. 110.

123 Caesar selbst (b. c. 2, 21, 1–3) erwähnt nur die Belohnungen. Cass. Dio 41, 24, 1.

124 B. c. 2, 21, 4. B. Alex. 48–49. Cass. Dio 41, 24, 2. 42, 15–16.

125 Att. 10, 8, 6.

Nachdem Caesar auf dem Rückweg auch in Tarraco seinen dortigen Anhängern gedankt hatte, begab er sich nach Massilia [126] und konnte hier nach einem halben Jahr heftiger Belagerung die Kapitulation der mächtigen Festung entgegennehmen. Der besiegte Staat mußte sein ganzes Kriegs- und Flottenmaterial ausliefern, dazu auch seinen Staatsschatz und verlor schließlich auch einen großen Teil seines Territoriums mit seinen Einkünften. Zwei Legionen blieben als Besatzung [127]. Doch beließ ihm Caesar seine äußere Stellung als formell unabhängiger Verbündeter, da sich die völlige Vernichtung einer so altangesehenen hellenischen Gemeinde zu übel ausgenommen hätte [128]. In diesen Tagen empfing Caesar die Meldung, daß ihn der Praetor Marcus Aemilius Lepidus im Auftrag des Volks zum Dictator ernannt habe. Das war der beste Ausweg, im nächsten Jahr zu gesetzmäßigen Zuständen zu gelangen. Denn als Dictator bekam er die Befugnis, Consulnwahlen vorzunehmen. Die Bestellung des Dictators durch den Praetor war ungewöhnlich, aber auch schon 217 vorgekommen und außerdem durch ein besonderes Volksgesetz angeordnet [129].

Beim Rückmarsch des Heeres kam es, zum ersten Male seit er das Kommando führte, bei Placentia zu einer Meuterei, die in der neunten Legion begann. Es hieß, er verlängere absichtlich den Krieg, um die versprochene Belohnung nicht zahlen zu müssen, und es herrschte Unzufriedenheit, weil es nichts zu plündern gegeben hatte [130]. Schon in Spanien hatten die Soldaten Kundgebungen gewagt, die zeigten, daß sie sich wohl bewußt waren, wie Caesar, der Rebell, auf ihren guten Willen angewiesen sei, und daß sie an seiner Art, die Gegner zu schonen, wenig Geschmack fanden [131]. Jetzt mußte sich entscheiden, ob er noch der Imperator war. Obwohl er im Grunde keinen einzigen Mann entbehren konnte, erklärte er der Heeresversammlung, daß er nach altem Kriegsbrauch die neunte Legion dezimieren und dann die Übrigbleibenden als untauglich entlassen werde. Diese furchtlose Unbeugsamkeit wirkte dergestalt, daß die Legion flehentlich bat, im Dienst bleiben zu dürfen. Er bewilligte es unter der Bedingung, daß ihm 120 Rädelsführer namhaft gemacht würden; 12 davon, die das Los traf, ließ er unerbittlich zu Tode führen. Als sich ergab, daß einer unschuldig von seinem Hauptmann bezichtigt worden war, befahl er kurzerhand, an seiner Stelle den Hauptmann hinzurichten [132].

126 B. c. 2, 21, 4–5.

127 B. c. 2, 22, 5–6. Cass. Dio 41, 25, 3. Flor. 2, 13, 25. Oros. 6, 15, 7.

128 Cic. Phil. 8, 19. 13, 32. off. 2, 28. Att. 14, 14, 6. Strab. 4, 181. Plin. n. h. 3, 34. O. Hirschfeld Kl. Schr. 57. Holmes RR III 420.

129 B. c. 2, 21, 5. Liv. 22, 31, 8 (nach 22, 8, 6 aus Coelius Antipater). 27, 5, 16. Mommsen RStR II 147, 4. Cic. Att. 9, 15, 2. 10, 4, 11. Cass. Dio. 41, 36, 1.

130 Suet. 69. Appian. b. c. 2, 191. Cass. Dio 41, 26, 1. Lucan. 5, 246.

131 B. c. 1, 64, 3. 68, 3. 71, 2. 72, 4. 82, 2.

132 Appian. b. c. 2, 194–195. Cass. Dio 41, 35, 5.

Die militärische und damit auch die politische Gesamtlage hatte sich durch den glänzenden spanischen Feldzug wohl gebessert, aber nicht entscheidend verändert. Denn auf anderen Kriegsschauplätzen konnten auch die Gegner bedeutende Erfolge aufweisen. Pompeius' Flotte nahm an der dalmatischen Küste dem Dolabella 40 Schiffe ab; Gaius Antonius, der ihm zu Hilfe gekommen war, mußte nach schweren Verlusten mit seiner ganzen Armee kapitulieren[133]. Curio hatte Sizilien in raschem Zugreifen Anfang Mai kampflos in seine Hand gebracht, darauf landete er mit zwei Legionen glücklich in Afrika, fand aber in der Schlacht gegen Juba, den König von Numidien, der sich jetzt, indem er sich auf die Seite der Oligarchie schlug, an Caesar für alte Unbill rächte, mit seinen Truppen den Untergang[134]. Dazu konnte Pompeius in Gemächlichkeit, wie er es liebte, seine Streitkräfte organisieren. Eine Flotte von mehreren hundert Kriegsschiffen sammelte sich an der Westküste Griechenlands, und bei Beroea (westlich von Thessalonike) in Makedonien wurden neun Legionen einexerziert; 3000 Bogenschützen, 1200 Schleuderer, 7000 Reiter stellten die verbündeten Staaten des Ostens; Quintus Metellus Scipio, der Proconsul von Syrien, war mit den zwei Legionen seiner Provinz unterwegs. Gesichert durch die Flotte, plante Pompeius, die Armee an der illyrischen Küste (Albanien) in der Gegend von Dyrrhachion und Apollonia ins Winterquartier zu legen, um im Frühjahr die überwältigende Offensive gegen Italien zu unternehmen[135].

Während Caesars Truppen (12 Legionen) zur Überfahrt nach Brundisium marschierten, verbrachte der Dictator elf inhaltsreiche Tage zu Rom[136]. Im Besitz Roms konnte er gesetzmäßige Wahlen vornehmen lassen und schuf so die staatsrechtliche Lage, daß „der Staat sich", wie die Römer sagten, „auf seiner Seite befand"[137]. Bisher war er der rebellische Proconsul gewesen, die Gegner stellten die legitime Regierung dar. Jetzt war er rechtmäßiger Dictator, in den von ihm geleiteten Wahlcomitien wurde er rechtmäßig zum Consul gewählt zusammen mit Publius Servilius Isauricus, dem Sohn seines ehemaligen Vorgesetzten. Nach den bestehenden Gesetzen durfte er 48 zum zweitenmal das Consulat bekleiden, was ja schon 56 in Aussicht genommen war. In dieser Wahl sprach sich, wie er betont, das Urteil des ganzen in Italien wohnenden römischen Volkes über seine Persönlichkeit aus[138]. Ebenso wurden die übrigen Beamten gewählt, ledige Priestertümer neu besetzt. Auch

[133] Caes. b. c. 3, 10, 5. 67, 5. Der Bericht ist nach 3, 8, 4 verloren gegangen. Liv. per. 110. Flor. 2, 13, 31–33. Oros. 6, 15, 8–9. Appian. b. c. 2, 191. Cass. Dio 41, 40. Lucan. 4, 406ff.

[134] B. c. 1, 30, 5. 2, 23–44. Appian. b. c. 2, 175–190. Cass. Dio 41, 41–42. Liv. per. 110. Lucan. 4, 581–824.

[135] B. c. 3, 3–5. Appian. b. c. 2, 201–204. Vell. 2, 51, 1. ‚Pompeius'[2] 214.

[136] B. c. 3, 2, 1. Plut. 37, 2. Appian. b. c. 2, 196.

[137] Dolabella bei Cic. fam. 9, 9, 3. B. Al. 68, 1. Cass. Dio 41, 43, 2. Lucan. 5, 385–398 verdreht gehässig die Rechtslage. [138] B. c. 3, 1, 1.

verfehlte er nicht, das Fest des Juppiter Latiaris auf dem Albanerberg, zu dessen Abhaltung die Consuln von 49 nicht gelangt waren, nachzuholen[139].

Die dringendste und schwierigste Regierungsaufgabe stellten die gänzlich zerrütteten wirtschaftlichen Verhältnisse, deren tiefeingefressene Ungesundheit viel zur Atmosphäre des Bürgerkriegs beigetragen hatte. Seit dessen Ausbruch stockte der Geldverkehr überhaupt. Weder wurden Schulden gezahlt noch konnten Bedürftige Geld erhalten[140]. Alles schaute mit Spannung auf Caesar. Nach seiner Vergangenheit und seiner Umgebung von liederlichen Adligen und sonstigen Glücksrittern befürchtete oder erhoffte man von ihm trotz seiner bisherigen Milde immer noch einen allgemeinen Schulderlaß. Doch in diesem Punkte konnte er als Staatsmann seinen Gefolgsleuten nicht zu Willen sein. Statt der gewünschten kurzsichtigen und brutalen Beraubung der Besitzenden zugunsten einer zweifelhaften Gesellschaft von Schuldnern gab er eine wohlüberlegte dictatorische Verfügung mit Gesetzeskraft (eine *lex data* im Gegensatz zu einer vom Volk beschlossenen *lex rogata)*, eine Anweisung über Darlehen und Besitz innerhalb Italiens[141]. Demnach waren die Gläubiger verpflichtet, Grundbesitz zum Vorkriegswert, wie ihn vom Stadtpraetor eingesetzte Schiedsrichter feststellten, in Zahlung zu nehmen. Bei Rückzahlung von Kapitalien durften geleistete Zinsen bis zur Höhe von etwa einem Viertel des Kapitals (also etwa die Zinsen von zwei Jahren bei einem Zinsfuß von 12 Prozent) abgezogen werden[142]. Um die Flüssigkeit des Geldmarktes zu fördern, griff er auf ein altes Gesetz zurück, wonach niemand an Bargeld mehr als 15 000 Denare liegen haben durfte[143]. Auch über die Höhe des Zinsfußes waren Bestimmungen getroffen. Zur Beruhigung der Kapitalisten lehnte er das Ansinnen, Sklaven, die ihre Herren wegen Übertretung des Gesetzes denunzierten, Belohnungen auszusetzen, mit aller Entschiedenheit ab. Wenn auch in den Kreisen der geschädigten Gläubiger dieser Eingriff in das Privateigentum scharf getadelt wurde[144], so machte man doch regen Gebrauch von dem Erlaß, und einem großen Teil der Bürgerschaft, Gläubigern wie Schuldnern, war damit gedient.

Für weniger heikle Gegenstände ließ er die Gesetzgebungsmaschinerie in regulärer Weise durch Praetoren und Volkstribunen handhaben. So war schon am 11. März auf Antrag des Praetors Lucius Roscius den latinischen

[139] B. c. 3, 2, 1. Cass. Dio 41, 36, 2–3. Lucan. 5, 400–403. Cass. Dio 41, 14, 4.

[140] Cic. Att. 7, 18, 4. 9, 9, 4. 10, 11, 2.

[141] B. c. 3, 1, 2 *constituit.* 20, 1; 2 *decretum.*

[142] B. c. 3, 1, 2–3. 20, 1. Suet. 42, 2. Cass. Dio 41, 37, 3. 42, 22, 3. Plut. 37, 2. Appian. b. c. 2, 198. [143] Cass. Dio 41, 38. Tac. ann. 6, 16, 1.

[144] Cic. off. 2, 84 (nach Caesars Ermordung) *At vero hic nunc victor* (Caesar seit 49) *tum quidem victus* (63 als ‚Catilinarier'), *quae cogitarat, cum ipsius intererat* (63), *tum* (49) *ea perfecit, cum eius iam nihil interesset. Tanta in eo peccandi libido fuit, ut hoc ipsum eum delectaret peccare, etiam si causa non esset.* Dieser Haßausbruch ist nur als Symptom zu bewerten. Caesar selbst sagt (b. c. 3, 20, 2; 4), die Schuldner hätten die Billigkeit des Verfahrens anerkannt.

Gemeinden der Transpadana das längst versprochene Bürgerrecht verliehen worden[145]. Der Volkstribun Rubrius ließ nun die dadurch nötig gewordene einheitliche Gerichtsordnung für die sämtlichen im diesseitigen Gallien gelegenen Municipien und sonstigen Ortschaften von der Plebs genehmigen[146]. Ebenso empfingen die Gaditaner das versprochene Bürgerrecht[147]. Getreu seiner Vergangenheit veranlaßte Caesar auch ein Plebiscit, wodurch die Söhne der von Sulla Proskribierten das Recht, sich um die Ämter zu bewerben, zurückerhielten[148]. Weiter wurde einer Reihe von Politikern, die infolge gerichtlicher Verurteilung hatten ins Exil gehen müssen und sich nun Caesar anschlossen, durch besondere Gesetze die Rückkehr nach Rom rechtsgültig bewilligt. Unter ihnen befand sich auch Aulus Gabinius. Doch galten die Gesetze zumeist Opfern der 52 nach dem Gesetz des Pompeius über Wahlumtriebe stattgehabten Prozesse. Damals hatte sich Caesar nicht für seine Anhänger wehren können. Jetzt ließ er ihnen zur Genugtuung vom Volk feststellen, jenes Verfahren sei eine Vergewaltigung des Rechts gewesen[149]. Juba wurde zum Feind des römischen Volkes erklärt, seine beiden mauretanischen Nachbarn Bocchus und Bogud dagegen als Könige anerkannt[150].

Den Senatssitzungen wohnte diesmal auch Caesars Schwiegervater Lucius Piso bei. Es charakterisiert die Lage, daß er es wagte, auf das im April verhandelte Friedensangebot an Pompeius zurückzukommen. Aber, da Caesar jetzt unter günstigen Bedingungen die Offensive in Illyrien aufnehmen zu können und dann bei etwaigen Verhandlungen der Mitwirkung des Senats nicht mehr zu bedürfen hoffte, lehnte er mittels widersprechenden Votums des designierten Mitconsuls Servilius die Anregung ab[151]. Dem unter der Teuerung leidenden Volk spendete er eine Getreideverteilung[152], dagegen fielen seiner Geldbedürftigkeit die letzten Weihgeschenke, auch die vom Capitol, zum Opfer, als er Ende Dezember 49 nach Niederlegung der Dictatur die Stadt verließ. Auch das geleitende Volk rief ihm zu, er möge sich mit Pompeius einigen. In weiten Kreisen fühlte man sich eben nicht wohl beim Gedanken an den entschiedenen Sieg der einen oder anderen Partei[153].

145 Erwähnt im Fragment einer *lex data*, die in Ateste (Este) gefunden wurde, CIL I² 600 = Riccobono FIR I 20, 13 *ante legem seive illud pl(ebei) sc(itum) est, quod L. Roscius a. d. V eid. Mart. populum plebemve rogavit.* Cass. Dio 41, 36, 3.

146 Erwähnt im Fragment einer *lex data*, die in Veleia (bei Piacenza) gefunden wurde, CIL I² 592 = Riccobono FIR I 19, 29. 39 *ex lege Rubria sive id pl(ebei) ve sc(itum) est.* Die beiden Fragmente zeigen, daß die römischen Volksgesetze in den einzelnen Municipien durch besondere Beauftragte in Kraft gesetzt wurden.

147 Cass. Dio 41, 24, 1.

148 Cass. Dio 41, 18, 2. 44, 47, 4. Suet. 41, 2. Plut. 37, 2. Vell. 2, 28, 4.

149 Cic. Phil. 2, 56; 98. Att. 10, 8, 3. fam. 11, 22, 1. B. Al. 42, 4. M. Antonius war Volkstribun bis zum 9. Dezember 49. B. c. 3, 1, 4. Suet. 41, 1. Cass. Dio 41, 36, 2. Plut. 37, 2. Appian. b. c. 2, 198.

150 Cass. Dio 41, 42, 7.

151 Plut. 37, 1.

152 Appian. b. c. 2, 198.

153 Appian. b. c. 2, 199. Cass. Dio 41, 39, 1. Ebenda 2–4 für Caesar günstige Omina, bei Lucan. 5, 395 gehässig verdreht.

In Brundisium fand er seine Legionen von Märschen und Klima schwer mitgenommen. Die Zahl der Schiffe genügte unter normalen Umständen nur für den Transport von 15 000 Legionaren und 600 Reitern[154]. Das war eine schmerzliche Enttäuschung. Denn, wie er bemerkt, hinderte ihn allein dieser Mangel an Schiffsraum daran, den Krieg rasch zu beenden. Dennoch wagte er im Vertrauen auf sein Glück am 4. Januar 48 (nach Julianischem Kalender am 6. November 49) mit rund 20 000 Mann die Überfahrt und landete am folgenden Tag unbemerkt von der feindlichen Flotte an der epirotischen Küste[155]. Pompeius befand sich noch im Anmarsch westlich dem See von Ochrida[156], so daß Caesar in raschem Vordringen nordwärts bis Apollonia eine Reihe schwach verteidigter epirotischer Städte gewinnen konnte. Die Bevölkerung schloß sich sogleich dem zur Zeit Stärkeren an[157]. In dieser Lage schickte er den Lucius Vibullius Rufus, den frühern Adjutanten des Pompeius, der, bei Corfinium freigelassen, in Spanien wiederum in seine Hand gefallen war, mit einem neuen Friedensangebot an das feindliche Oberhaupt. Folgendes ließ er ihm mitteilen[158]: beide müßten dem hartnäckigen Kampf ein Ende machen und nicht länger das Glück versuchen. Beiderseits seien schwere Einbußen erlitten worden, die zur Belehrung dienen könnten. Darum möchten sie ihrer selbst und des Staates schonen. Jetzt sei der Augenblick zum Friedensschluß da, wo beide noch Vertrauen zu sich hätten und beide gleich zu sein schienen. Sobald das Glück sich nur ein wenig auf die eine Seite neige, werde der im Vorteil Befindliche zu keinem Verhandeln auf gleichem Fuße mehr bereit sein. Da sie sich bisher über die Friedensbedingungen nicht hätten einigen können, solle deren Formulierung in Rom dem Senat und Volk anheimgestellt werden. Das diene dem Staatswohl und müsse ihnen selbst genehm sein. Wenn sie beide sofort in der Heeresversammlung den Schwur ablegten, innerhalb der nächsten drei Tage das Heer zu entlassen, so müßten sie nach Niederlegung der Waffen und Verzicht auf die Mittel, denen sie jetzt vertrauten, beide notwendigerweise zufrieden sein mit dem Entscheid von Volk und Senat.

Diese Aktion war wieder sehr geschickt angelegt: sie entsprach voll Caesars Wunsch, den politischen Kampf mit seinen Gegnern vom Schlachtfeld wieder nach dem Forum zu verlegen. Zu diesem Zwecke hatte er schon längst die beidseitige Entwaffnung vorgeschlagen. Im Besitz der Stadt Rom und ihrer sämtlichen ordentlichen Behörden und nach Beseitigung der Armeen in Spanien war der politische Sieg dann unzweifelhaft. Deshalb betonte Cae-

[154] B. c. 3, 2, 2.

[155] B. c. 3, 6, 2–3. Appian. b. c. 2, 214. 221–223. Cass. Dio 41, 44, 2–3. Plut. 37, 3. Suet. 58, 2. Vell. 2, 51, 1 *sua et celeritate et fortuna C. Caesar usus.* Appian. 227. Nach seiner Angabe nahm Caesar 7 Legionen mit. Da er 3, 89, 2 in der Schlacht bei Pharsalos 80 Cohorten mit 22000 Mann beziffert, kann man den Transport auf 20000 schätzen, Holmes RR III 434.

[156] B. c. 3, 11, 2. [157] B. c. 3, 11, 3–12, 4. Cass. Dio 41, 45, 1. [158] B. c. 3, 10, 3.

sar, das Kriegsglück habe noch nicht für eine Seite entschieden. Da sich Pompeius durch Caesars Landung eben dergestalt hatte überraschen lassen, daß in seinem Heere eine gefährliche Panik ausbrach[159], mochte er in diesem Augenblicke am ehesten geneigt sein, auf so billig scheinende Bedingungen einzugehen. Seine Rolle wäre damit allerdings ausgespielt gewesen — gegenüber Caesar wie gegenüber der Oligarchie. Wenn nun aber aus diesem Grunde die Aktion mißlang, so war sie doch nicht nutzlos. Der Aufenthalt in Rom hatte aufs neue gezeigt, wie sich Italien nach Frieden sehnte und wie nichts Caesars Stellung mehr stärken konnte als der Eindruck, daß er dem Reich zu diesem Glück verhelfen wolle. Eine Vermittlung durch den Senat hatte er abgelehnt, weil die radikalen Optimaten der Gegenseite dafür unzugänglich waren. Dagegen mochte es vielleicht doch noch gelingen, Pompeius von seinen nunmehrigen Verbündeten zu trennen. Versagte er sich, trug er die Schuld an der Kriegsverlängerung, und in jedem Fall schürte ein solcher Versuch das im feindlichen Lager stets glimmende Mißtrauen.

Vibullius machte dem Pompeius erst, nachdem die Panik des Heeres überwunden war, Mitteilung von diesem Vorschlag. Zugezogen wurden noch die vertrauten Ratgeber Lucius Scribonius Libo, Lucius Lucceius und Gnaeus Pompeius Theophanes von Mytilene, Pompeius' damaliger Adjutant, früher sein Geschichtsschreiber[160]. Aber, wie Caesar später von Ohrenzeugen erfuhr, konnte Vibullius gar nicht ausreden, da Pompeius, die Arglist des Angebots durchschauend, jede weitere Erörterung abbrach mit der Erklärung, ein Leben von Caesars Gnaden zu führen sei für ihn ein Ding der Unmöglichkeit[161].

Übrigens zerrannen die günstigen militärischen Voraussetzungen, auf Grund deren Caesar Verhandlungen eröffnen wollte, schon in den nächsten Tagen. Denn Marcus Bibulus, der Oberbefehlshaber der feindlichen Flotte, ließ sich nicht zum zweitenmal überraschen, sondern organisierte unter schonungsloser Einsetzung seiner eigenen Person eine sehr wirkungsvolle Blokkade, durch welche er die gesamte epirotisch-illyrische Küste bis nach Istrien gegen jeden Landungsversuch sicherte[162]. Statt daß Caesar durch einen rasch nachfolgenden Transport seine ganze Armee vereinigen konnte, dauerte es drei Monate, bis die andere Hälfte der Truppen in See stach, etwa bis zum 10. April (8. Februar des Julianischen Kalenders)[163]. Auch gelang es Pompeius, vor Caesar Dyrrhachion zu erreichen und so die Wegnahme dieses

[159] B. c. 3, 13, 2–4. Appian. b. c. 2, 230 abschwächend. Cic. Att. 11, 1 von O. E. Schmidt Briefwechsel 184 in Anfang Januar 48 datiert.

[160] FgrHist Nr. 188.

[161] B. c. 3, 18, 3–5. Plut. Pomp. 65, 5. ‚Pompeius'² 220. Zusammenfassende Betrachtung über die gescheiterten Friedensverhandlungen bei Cass. Dio 41, 53, 2–54, 3.

[162] B. c. 3, 8, 3–4. Cass. Dio 41, 44, 4.

[163] B. c. 3, 25, 1. Plin. n. h. 2, 122. 18, 239. Der 8. Februar galt als Frühlingsanfang, danach Groebe bei Drumann III 741. O. E. Schmidt Briefwechsel 190. Suet. 35, 1. Holmes III 478.

wichtigen, mit allem Kriegsbedarf wohl versehenen Platzes, der seinen künftigen Unternehmungen gegen Italien als Basis dienen sollte, zu verhüten. Caesar zog sich nun hinter den Apsos bei Apollonia zurück, bald rückte ihm Pompeius bis an den Fluß nach, und so lagen sich mehrere Wochen lang die beiden Heere gegenüber[164]. Pompeius enthielt sich seiner Natur entsprechend einer aktiven Kriegführung, da er als Folge der Blockade die kampflose Zermürbung des Gegners erhoffte. Caesar, von allem Nachschub aus Italien abgeschnitten, war zu seiner Behauptung darauf angewiesen, den Bereich des von ihm militärisch beherrschten Hinterlandes, woraus er seine Verpflegung ziehen konnte, möglichst auszudehnen. So drang er persönlich mit einer Legion südwärts bis Buthroton vor, an der Kerkyra gegenüberliegenden Küste[165].

Hier erreichte ihn zu seiner Freude eine Meldung seines Befehlshabers in Orikon (südlich von Valona), die Führer der feindlichen Flotte, Bibulus und Libo, bäten in wichtiger Angelegenheit um eine Unterredung. Er eilte sofort nach Orikon und kam mit Libo zu einer Besprechung zusammen; Bibulus ließ sich entschuldigen, er wolle die Verhandlungen nicht durch einen Zornesausbruch gefährden, der erfolgen könnte, wenn er dem verhaßten Todfeind zu nahe käme. Caesar hoffte, es handle sich um eine Antwort auf sein durch Vibullius gemachtes Angebot[166]. Allein Libo[167] legte dar, so sehr er persönlich den Frieden wünsche, könne er bloß die Absendung von Unterhändlern vermitteln und bei Pompeius Eintreten auf Caesars Forderungen befürworten. Für den Augenblick handle es sich nur um einen Waffenstillstand zum Zweck der Aufnahme von Verhandlungen. Hierzu bezeigte sich Caesar bereit unter der Bedingung, daß der Waffenstillstand auch die Aufhebung der Blockade, nicht nur die Einstellung der Feindseligkeiten zu Lande, in sich schließe. Da sich aber Libo zum Durchlaß der Unterhändler nicht ermächtigt erklärte, und sich auch nicht für deren sicheres Geleit verbürgen wollte, erhielt Caesar den Eindruck, die Gegner suchten im Waffenstillstand nur die Möglichkeit, sich an der durch ihn besetzten und bisher für jegliche Landung gesperrten Küste zu verproviantieren. Diese Absperrung von einer großen Küstenstrecke bereitete nämlich der Blockadeflotte, die gezwungen war, ihre ganze Versorgung zur See zu bewerkstelligen, große Beschwerden. Caesar wollte natürlich auf dieses einzige Druckmittel nicht verzichten, und die Besprechung blieb ohne Ergebnis[168].

Nachdem diese Friedensaussicht getrogen hatte, schien die tatsächliche Waffenruhe am Apsos wieder eine Gelegenheit zu demagogischer Zersetzung des feindlichen Heeres zu eröffnen, wie sie in Spanien mit so gutem Erfolg

[164] B. c. 3, 13, 5–6. Appian. b. c. 2, 231–232. Cass. Dio 41, 47, 1–2.

[165] B. c. 3, 16, 1.

[166] B. c. 3, 15, 8.

[167] Er war der Schwiegervater von Pompeius' jüngerem Sohn Sextus, Münzer RE 2A, 881 Nr. 20.

[168] B. c. 3, 16, 3–17, 6.

geübt worden war. Durch häufige Gespräche einzelner Soldaten mit Kameraden von der Gegenpartei wurde die Stimmung vorbereitet, so daß Caesar nach einiger Zeit seinen bewährten Gefolgsmann Publius Vatinius zu einer weitschallenden Volksrede ans Ufer schicken konnte. Mit beweglichen Worten wurde da geschildert, wie man früher mit flüchtigen Sklaven und Seeräubern verhandelt habe, jetzt aber sollten Bürger mit Bürgern dasselbe nicht tun dürfen. Darauf erscholl aus der Zuhörerschaft der Ruf, am nächsten Tage werde Aulus Terentius Varro Murena [169], eine auch durch Briefe Ciceros bekannte namhafte Persönlichkeit, zur Anbahnung von Verhandlungen sich einfinden. Zur festgesetzten Stunde strömten von beiden Seiten die Soldaten herbei, unter Caesars Vertrauensleuten sah man in vorderster Linie Lucius Cornelius Balbus den Jüngeren, der schon vor einem Jahre mit Caesars Aufträgen nach Brundisium gereist war. Aber von der Gegenpartei begann Titus Labienus einen hochfahrenden Wortwechsel mit Vatinius, und plötzlich prasselten Geschosse auf Caesars Leute nieder, deren eines auch Balbus traf. Labienus beendigte die Szene mit dem Worte: „Hört also auf, von einer Verständigung zu sprechen; denn für uns ist ein Friede ohne Ablieferung von Caesars Kopf ausgeschlossen.“ [170]

Für Caesar war diese schroffe Absage ein schwerer Schlag. Zwar fiel Bibulus, weil er trotz schwerer Krankheit seinen Posten nicht verlassen wollte, den Strapazen zum Opfer [171]; aber die Blockade dauerte fort. Libo unternahm sogar den Versuch, den Hafen von Brundisium zu sperren. Diesen Angriff schlug freilich Antonius glänzend ab [172], jedoch die ersehnten Verstärkungen blieben noch immer aus. Auch der Nachrichtendienst stockte zeitweilig, so daß Caesar bereits Zweifel aufstiegen an der Zuverlässigkeit seiner in Italien befindlichen Legaten [173]. Solche Gedanken lagen um so näher, weil eben damals ein von ihm hochgeehrter Parteigänger, der Praetor Marcus Caelius Rufus, Urheber einer durchaus feindseligen Bewegung gegen die Durchführung des dictatorischen Erlasses über die Schuldentilgung ward. Er ging schließlich so weit, Gesetze über Nachlaß der Mieten eines Jahres und völlige Annullierung aller Schuldverhältnisse anzukündigen, und schreckte nicht zurück vor Gewalttätigkeiten gegen seinen Collegen Gaius Trebonius,

[169] B. c. 3, 19, 4. Münzer RE 5A, 705 Nr. 91. Seine Tochter heiratete den Maecenas.

[170] B. c. 3, 19. Cass. Dio 41, 47, 2–3 berichtet noch von einem fehlgeschlagenen Angriff des Pompeius und Appian. b. c. 2, 241 bemerkt, Pompeius habe damals die beste Gelegenheit zum Sieg versäumt. ‚Pompeius‘[2] 284, 54. Die bei Dio zugrunde liegende optimatische Darstellung scheint Caesars Bericht vorauszusetzen.

[171] B. c. 3, 18, 1. Cass. Dio. 41, 48, 1. Oros. 6, 15, 10.

[172] B. c. 3, 23–24. Cass. Dio 41, 48, 2–3.

[173] B. c. 3, 25, 1; 4. Cass. Dio 41, 46, 1. Weiteres offenbar auf guter Überlieferung (letztlich Asinius Pollio?) beruhendes bei Appian. b. c. 2, 238–240. Münzer RE 22, 896 vermutet scharfsinnig, daß der hier 239. 240. 242 genannte Postumius kein anderer als der bekannte C. Rabirius Postumus sei, o. S. 133, Anm. 193.

den *praetor urbanus*, und den Consul Publius Servilius. Zum Glück für Caesar war dieser jedoch eine energische Persönlichkeit. Er hielt eine Abteilung Soldaten, die eben auf dem Wege nach Gallien durchmarschierte, an, ließ sich vom Senat den bekannten Vollmachtsbeschluß erteilen und zwang so den unruhigen Praetor zur Einstellung seiner Amtstätigkeit. Es entbehrt nicht des Reizes zu sehen, wie diesmal in Caesars Interesse die Kampfmittel verwendet wurden, die ihn in solche Entrüstung versetzten, wenn die Oligarchie sich ihrer gegen ihn bediente. Um die Analogie des Falles mit der Lage am 7. Januar 49 vollständig zu machen, fehlte auch der Zug nicht, daß Volkstribunen zugunsten des Praetors intercedierten. Caelius entwich aus der Stadt und vereinigte sich mit Titus Annius Milo, der aus dem Exil herbeigeeilt war. Mit Hilfe von dessen Gladiatorenbande und freigelassenen Sklaven wollten sie eine bewaffnete Erhebung gegen Caesar entfesseln. Aber gegen Milo marschierte sofort eine Legion unter Praetor Quintus Pedius (Caesars Neffen)[174], und der Empörer fiel im Kampf. Bald darauf ereilte dasselbe Schicksal auch den Caelius[175].

[174] So gegen Suet. 83, 2, wo er wie C. Octavius und L. Pinarius als Großneffe bezeichnet wird, Münzer RE 19, 38.

[175] B. c. 3, 20–22. Cass. Dio 42, 22–25. Hier, 23, 1 die Verwendung von Soldaten und 23, 2 ausdrücklich das *s. c. de defendenda re publica* erwähnt, während Caesar 21, 3 bloß sagt: *de quibus rebus Servilius consul ad senatum rettulit senatusque Caelium ab re publica removendum censuit.* Vell. 2, 68, 1–2. Plin. n. h. 2, 147. Oros. 6, 15, 10. — M. Caelius war der hochbegabte junge Freund Ciceros, dem wir die interessanten Briefe fam. 8 verdanken und der 50 die zynische Maxime aufstellte, daß man im Bürgerkrieg die Partei des Stärkeren ergreifen müsse, o. S. 172, Anm. 382. Jetzt (etwa Ende Januar 48, O. E. Schmidt Briefwechsel 196) schrieb er an Cicero, er habe sich von Curio verführen lassen; aber er könne es bei Caesars Gefolgsleuten nicht mehr aushalten (*sed, crede mihi, perire satius est quam hos videre*, fam. 8, 17, 1). Nur die Furcht vor der Grausamkeit der Pompeianer hemme den Umschwung in Rom (*eiecti iam pridem hinc* (aus Rom) *essemus; nam hic* (in Rom) *nunc praeter faeneratores paucos nec homo nec ordo quisquam est nisi Pompeianus*); er sei jetzt daran, das Volk umzustimmen; die Pompeianer schlafen und wissen nicht, wo Caesars schwache Stellen liegen (*vos dormitis nec haec adhuc mihi videmini intellegere, qua nos pateamus et qua simus imbecilli*). Doch anders als seinerzeit heißt es nun: *atque hoc nullius praemi spe faciam sed, quod apud me plurimum solet valere, doloris atque indignitatis causa.* Aber zum Schluß gesteht er über die Lage in Illyricum doch wieder, daß Caesar die besseren Soldaten habe: *vestras copias non novi; nostri valde depugnare et facile algere et esurire consuerunt.* Schon im März 49 hatte er unter dem Eindruck von Caesars Veteranen geschrieben (fam. 8, 15, 1): *num tibi nostri milites, qui durissimis et frigidissimis locis, taeterrimo hieme bellum ambulando confecerunt, malis orbiculatis* (= Tafelobst) *esse pasti videntur?* Der Zeugniswert dieser hastig hingeworfenen Zeilen ist unschätzbar für die Seelenverfassung des Schreibenden, des ehrgeizigen ehemaligen Optimaten, der zu Caesar überging, aber sich während dessen Abwesenheit mit den alten Caesarianern überwirft, sich durch skrupellose Demagogie rehabilitieren will und doch dem Pompeius den Sieg nicht zutraut. Andererseits aber auch für die schwierige Lage Caesars, dessen Maßhalten im Sieg nichts daran geändert hat, daß er den Krieg nur militärisch gewinnen kann. Das Schuldentilgungsgesetz durfte mit Recht als wahre staatsmännische Handlung gelten. So erfüllte es ihn mit Ingrimm, wenn ein Praetor den Schuldnern dagegen seinen Schutz versprach (3, 20, 3 *nam fortasse inopiam excusare et calamitatem aut propriam suam aut temporum queri et difficultates auctionandi proponere etiam*

So bewährten sich die Männer, denen Caesar Italien anvertraut hatte, im allgemeinen vollauf; aber größere moralische Sicherheit als Caelius boten sie nicht, und für Caesar wurde die militärische Lage in Epiros allmählich so verzweifelt, daß er einmal versuchte, verkleidet in einem kleinen Boot überzusetzen, um die Truppen persönlich zu holen. Als der Steuermann wegen des hohen Wellenganges die Fahrt aufgeben wollte, gab er sich zu erkennen und ermutigte ihn mit dem Zuruf: „Du fährst Caesar und Caesars Glück!“ [176] zu einem neuen Versuch. Nur unüberwindliche Stürme verhinderten die Durchführung des Vorhabens. Dagegen gelang es schließlich, einen Brief Caesars hinüberzuschaffen, der Antonius und Fufius Calenus strengen Befehl gab, bei der ersten besten Gelegenheit überzusetzen [177]. Die beiden Legaten handelten demgemäß, und um den 10. April konnte er von seinem Lager aus beobachten, wie der ersehnte Transport der illyrischen Küste entlang fuhr. Der Wind trieb ihn freilich nordwärts bis in die Gegend von Lissos (Alessio, etwa 60 Kilometer nördlich von Dyrrhachion), aber hier konnten die Schiffe glücklich landen, weder vom verfolgenden Feind noch durch den Sturm geschädigt. Der Verein römischer Bürger in Lissos hatte durch Caesar während des gallisch-illyrischen Proconsulats bedeutende Förderung erfahren und nahm nun Antonius mit offenen Armen auf, so daß der pompeiische Kommandant schleunigst abzog. Von der feindlichen Flotte scheiterten 16 rhodische Schiffe, deren Besatzung teilweise in Caesars Hand fiel, von ihm aber großmütig in die Heimat entlassen wurde [178].

Einige Tage später vollzog sich glücklich die Vereinigung der beiden Armeen [179]. Caesars Gesamtmacht belief sich nun auf etwa 34 000 Mann zu

mediocris est animi; integras vero tenere possessiones qui se debere fateantur, cuius animi aut cuius impudentiae est!

[176] So Plut. 38, 5. Appian. b. c. 2, 236. Bei Cass. Dio 41, 46, 4 „Habe Mut, denn du fährst Caesar“. Flor. 2, 13, 37 *Caesarem vehis*. Danach auch Lucan. 5, 585. Ursprünglicher Gewährsmann für Plut. und Appian. dürfte Asinius Pollio sein, der im Brief an Cicero (fam. 10, 31, 3) Caesars *tanta fortuna* erwähnt: *Caesarem vero, quod me in tanta fortuna modo cognitum* (als sich ihm Pollio Ende 50 anschloß) *vetustissimarum familiarum loco habuit, dilexi summa cum pietate et fide.* o. S. 177, Anm. 401. Nachdem Pollio der Katastrophe Curios in Afrika entkommen war (Appian. 2, 186), kehrte er zu Caesar zurück (Appian. 2, 346. Plut. Caes. 46, 2. Pomp. 72, 4. Suet. 30, 4). Plut. 46, 2 macht höchst wahrscheinlich, daß die Angaben der Griechen direkt oder indirekt auf das griechisch geschriebene Werk des Rhetors Asinius Pollio von Tralles (FgrHist Nr. 193) zurückgehen.

[177] B. c. 3, 25, 3. Natürlich hatte er keine Veranlassung, seinen eigenen mißglückten Versuch zu berichten. Dessen Erzählung scheint auf Asinius Pollio zurückzugehen. Suet. 58, 2. Appian. b. c. 2, 234–240. o. Anm. 173. Plut. 38. Cass. Dio 41, 46, 2–4. Lucan. 5, 476—702. Flor. 2, 13, 37. Wie W. H. Friedrich Thesaurismata, Festschrift für Ida Kapp (1954), 23 die Geschichte für eine tendenziöse Erfindung der Pompeianer halten kann, ist mir unverständlich.

[178] B. c. 3, 26–29. Appian. b. c. 2, 243–245. Cass. Dio 41, 48, 4.

[179] B. c. 3, 30. ‚Pompeius‘[2] 222-23.

Fuß und 1400 zu Pferde[180]; auch so mag ihm Pompeius noch um ein Viertel überlegen gewesen sein. Da die Blockade bestehen blieb und Pompeius außerdem die Lebensmittelvorräte im Lande soviel als möglich in Sicherheit bringen ließ, stiegen für Caesar die Verpflegungsschwierigkeiten, eine Besserung der militärischen Lage trat nur ein, insofern er sich jetzt zu einer Entscheidungsschlacht stark genug fühlte. Dabei konnte er freilich nicht auf seine ganze Armee rechnen; denn gleichzeitig mußte er sich die für seine Kriegführung nötige Basis erst schaffen. Dieser Umstand beleuchtet am hellsten, wie weit er sich gegenüber seinem Gegner im Nachteil befand. Das erste, was er nach der Vereinigung mit Antonius anordnete, war die Ausscheidung von rund 12 000 Mann, die er in Makedonien, Thessalien und Aetolien zur Rückendeckung und zur Behebung der Verpflegungsnot brauchte. Politisch stützte sich das Unternehmen auf die Oppositionsparteien des Landes, mit denen Caesar teilweise schon seit langem — seit den Prozessen, die er vor bald dreißig Jahren für Griechen gegen die Greuel Sullanischer Oligarchen geführt hatte - - in Verbindung stand. Als Vermittler zwischen den Offizieren und den griechischen Gemeinden leistete namentlich Kallistos, ein Bürger von Knidos, hervorragende Dienste[181]. Den Legaten Lucius Cassius Longinus und Gaius Calvisius Sabinus gelang es, Aetolien, Akarnanien, Amphilochien für Caesar zu gewinnen; später schickte er ihnen noch den bewährten Quintus Fufius Calenus nach, unter dessen Führung Delphi, Theben, Orchomenos und andere mittelgriechische Gemeinden zum Anschluß gebracht wurden. Mit der anderen wichtigen Aufgabe, den Anmarsch des Proconsuls von Syrien, Quintus Caecilius Metellus Pius Scipio, aufzuhalten, betraute Caesar den einzigen Consular, der außer dem exilierten Aulus Gabinius unter ihm diente, Gnaeus Domitius Calvinus. Auch dieses Ziel wurde befriedigend erreicht, nur konnte Thessalien nicht, wie Caesar gehofft hatte, behauptet werden[182].

Nachdem sich Caesar und Antonius vereinigt hatten, bezog Pompeius eine Stellung am Genusos, dem nördlichen Nachbarflusse des Apsos, von Dyrrhachion noch einen starken Tagesmarsch (38 Kilometer) entfernt. Hier bot Caesar dem doppelt überlegenen Gegner die Schlacht an, aber dieser ließ sich jetzt so wenig wie früher zu dem überflüssigen Wagnis einer blutigen Entscheidung verleiten. Um ihn nun in eine Zwangslage zu versetzen, löste sich Caesar vom Feind, umging ihn und schob plötzlich sein Heer in eine Stellung zwischen Dyrrhachion und Pompeius ein, so daß dieser nur noch zur See Verbindung mit jenem wichtigen Platze halten konnte. Er hatte Caesars Absicht zu spät erkannt und mußte sich begnügen, sein Lager auf die

180 B. c. 3, 29, 2 Antonius brachte 3 Veteranenlegionen, 1 Rekrutenlegion und 800 Reiter. Holmes III 434.

181 Dittenberger syll.³ 761 A, 3. B, 4; 8.

182 B. c. 3, 33, 2–38, 4. 56. Cass. Dio 41, 51, 2–3.

Felsplatte von Petra, dem Feind südlich gegenüber, zu verlegen; aber diese Stellung besaß den Vorteil, daß, durch sie gedeckt, in dem dahinterliegenden innersten Teil der Bucht von Dyrrhachion der gesamte Nachschubtransport in aller Sicherheit vor sich gehen konnte. Trotzdem faßte Caesar den kühnen Entschluß, ihn durch Feldbefestigungen völlig einzuschließen[183]. Militärisch wollte er damit die Störung seiner eigenen Verpflegung durch die weit überlegene feindliche Reiterei lahmlegen und zugleich durch Abschneiden der Fouragemöglichkeiten ihre Kampfkraft schwächen. Vor allem aber erhoffte er von einem so seltsamen Schauspiel, wo der Schwächere den doppelt Überlegenen einschloß, ohne daß dieser eine Schlacht wagte, eine mächtige Wirkung auf die gesamte römische Welt[184].

Pompeius widersetzte sich, indem er in einem Halbkreis von 22½ Kilometern ebenfalls Befestigungen baute und damit Caesar nötigte, seinerseits seinen Linien eine Ausdehnung von 25½ Kilometern zu geben — der umfaßte Flächenraum wird auf 55 Quadratkilometer berechnet —, was trotz der schweren Gangbarkeit des Geländes für dessen kleine Armee eine schwierige Aufgabe bildete[185]. Aber Caesars Veteranen vollbrachten das Unglaubliche. Sie erinnerten sich der Strapazen, die sie in Spanien, vor Alesia und Avaricum glücklich überstanden[186]. Als Pompeius eine Probe von dem Wurzelbrot gebracht wurde, das sie sich in Ermangelung von Getreide buken, sagte er, der Kampf gehe gegen Tiere, und verbot die Verbreitung solcher Neuigkeiten, um seine Truppen nicht mutlos zu machen[187]. So entwickelte sich seit Ende April der Stellungskrieg bis in den Juli hinein, und allmählich machten sich in Pompeius' Lager dank der vollkommenen Absperrung zu Lande immer größere Unzuträglichkeiten bemerkbar. Beinahe täglich kamen Überläufer zu Caesar. Es fehlte an Wasser und Futter. Pompeius suchte sich zu helfen, indem er die Reiterei zu Schiffe nach Dyrrhachion schaffen ließ; dagegen verbesserte die reifende Ernte Caesars Verpflegungsbedingungen[188].

Diese günstige Wendung nutzte er sogleich wieder dazu, durch Verhandeln zum Frieden zu gelangen. Alles, was wir darüber wissen, führt zum Schluß, daß Caesar das persönliche Prestige des Pompeius für genug erschüttert hielt, um sich diesmal an einige Häupter der Oligarchie zu wenden, offenbar in der Hoffnung, so die Gegenpartei zu spalten. Sobald seine Truppen in Makedonien mit Metellus Scipio in Fühlung gekommen waren, entsandte

[183] B. c. 3, 41–43. Cass. Dio 41, 49–50, 1. Appian. b. c. 2, 246. ‚Pompeius'[2] 223–226. Karten des Kriegsschauplatzes RE 5, 1882. Kromayer-Veith Schlachtenatlas, Blatt 20. Holmes III 135. van Ooteghem Pompée 594. 607. 610.

[184] B. c. 3, 43, 2–4.

[185] B. c. 3, 44, 3. 63, 4.

[186] B. c. 3, 47, 6.

[187] B. c. 3, 47, 6–48, 2. Suet. 68, 2. Appian. b. c. 2, 252. Plut. 39, 2–3. Plin. n. h. 19, 144. Lucan. 6, 106–117.

[188] B. c. 3, 49. 58, 1–2. 61, 2. Für die Datierung die Briefe Ciceros Att. 11, 3 (13. Juni) und 11, 4a (einige Tage später) ‚Pompeius'[2] 226–227.

er seinen Vertrauensmann Aulus Clodius[189]. Ihn hatte er seinerzeit auf Scipios Empfehlung hin in seinen Freundeskreis aufgenommen, und so fand er sogleich einen guten Empfang bei dem alten Gönner. Caesar führte aus[190], daß bisher niemand gewagt habe, seine Vorschläge an Pompeius mitzuteilen. Scipio nehme eine solche Stellung ein, daß er nicht nur offen seine Ansicht aussprechen könne, sondern auch einen heilsamen Einfluß auszuüben vermöge auf den Irrenden. Ja, als Inhaber eines selbständigen Kommandos sei er im Besitz eines realen Druckmittels. Mache er von seiner Macht Gebrauch, so gebühre ihm allein der allgemeine Dank für die Ruhe Italiens, den Frieden der Provinzen und die Erhaltung des Reichs[191]. Während einiger Tage schienen diese Erklärungen nicht ohne Eindruck zu bleiben, aber zuletzt setzte Marcus Favonius, ein überzeugter Anhänger Catos, durch, daß Clodius mit abschlägigem Bescheid zurückkehren mußte.

Einer entsprechenden, aber viel gefährlicheren Mission unterzog sich der jüngere Balbus. Er hatte schon im Februar 49 das Treuverhältnis, das ihn mit dem damaligen Consul Lucius Lentulus Crus verband, in Caesars Dienst gestellt, freilich erfolglos, weil er den Patron nicht mehr in Brundisium traf. Jetzt wagte er sich zu längerem Aufenthalt ins feindliche Lager; aber auch diese Verhandlungen scheiterten, da Lentulus, der in unersättlichen Wün-

[189] Nur durch die Erwähnung b. c. 3, 57, 1. 90, 1 bekannt.

[190] B. c. 3, 57, 2–5. Wie H. Dahlmann (Varronische Studien I, Abh. Akad. Mainz 1957 Nr. 4, 159ff.) entgegen den unwahrscheinlichen Vermutungen von C. Cichorius (Röm. Studien 1922, 228ff.) erkannt hat, hängt der bei Gell. N. A. 17, 18 erwähnte Logistoricus Varros ‚Pius aut de pace' mit dieser Friedensverhandlung zusammen. H. Fuchs (Augustin und der antike Friedensgedanke, Neue philol. Unters. 3, 1926, 151ff.) hält dafür, daß der philosophische Traktat, dem Augustin civ. dei 19, 12–17 die Darlegung der antiken Friedensgedanken entnahm, eben diese Schrift Varros gewesen sei. Der Zweifel Dahlmann's (a. O. 168) scheint mir nicht berechtigt. Wenn Varro von dem gescheiterten Verhandlungsversuch Caesars ausging, so würde der ‚Pius' erst nach Caesars Tod verfaßt sein, da Caesar m. E. den unvollendeten Entwurf des b. c. nicht selbst veröffentlichte (o. S. 174, Anm. 392). Varro zeigte darin — polemisch gegen Caesar — die Voraussetzungen und das Wesen wirklichen Friedens. Nach Appian b. c. 4, 202–203 wurde er als „Feind der Monarchie" von Antonius proskribiert, aber von Fufius Calenus gerettet. Wenn Dahlmann (a. O. 166) den ‚Pius' schon ins Jahr 46 datiert, so übersieht er, wie verhaßt sich Scipio durch die Kriegführung in Afrika bei den Caesarianern und bei Caesar gemacht hatte (b. Afr. 44, 3–46, 4. 48, 2). Wenn die Hypothese von H. Fuchs zutrifft, so haben wir in Varros Schrift einen sehr wichtigen Beweis dafür, welche Bedeutung Caesars Formulierung des Friedensziels zukommt. Vgl. o. S. 166, Anm. 356.

[191] o. Anm. 117. H. Strasburger hat H. Z. 175 (1953), 256 diese Formulierung als „vereinzelte und unbetonte Wendung" bezeichnet, die man nicht als programmatische Äußerung werten dürfe. Zu dem, was ich H. Z. 178 (1954), 464 dagegen bemerkte, füge ich hinzu, daß für Caesar bei der Abfassung des b. c. außer den Kriegstaten das Hauptthema war (3, 90, 1): *quanto studio pacem petisset*. Caesar spricht von Metellus Scipio mit besonderer Erbitterung und Geringschätzung (1, 1, 4. 4, 3. 3, 31–33. 37, 4. 83, 1). An unserer Stelle hebt er für den Leser hervor, welche Chance Scipio mit der Ablehnung des Friedensappells verpaßt hat, und da scheint mir die Wahl seiner prägnanten Worte sehr bedeutsam. Er spricht nicht von Rom und *res publika*, sondern von den realen Problemen. Dieselben

schen nach Bereicherung schwelgte, bei dem Handel zu schlecht wegzukommen fürchtete[192].

Schließlich ist uns noch ein Brief erhalten, den etwa im Juni Publius Cornelius Dolabella in Caesars Auftrag an seinen Schwiegervater Cicero richtete, der sich damals bei Pompeius befand[193]. Dieses Schreiben darf wohl als typisch angesehen werden für die Auffassung, die damals durch Caesars Hauptquartier verbreitet wurde: der Sieg hat sich auf seine Seite geneigt. Den Pompeius schützt nicht der Ruhm seines Namens noch seiner Taten, auch nicht der Anhang von Königen und Völkern, mit dem er sich zu brüsten pflegte. Ihm gelingt nicht einmal, was sonst dem Geringsten glückt, daß er anständig entkommt. Aus Italien ist er verjagt, Spanien hat er verloren, die Veteranenarmee ist gefangen, und jetzt ist er eingeschlossen, wie es noch nie einem römischen Feldherrn zugestoßen ist. Vielleicht kann er sich der Katastrophe noch einmal entziehen und sich auf der Flotte verstecken. Aber da darf ihm Cicero nicht mehr folgen. Auch für ihn gilt, lieber dort zu sein, wo sich jetzt der Staat befindet, als dem alten Staat nachzugehen und damit in keinem mehr zu sein. Falls also Pompeius geschlagen, sich anderswohin wenden müsse, solle Cicero sich nach Athen oder sonst in eine ruhige Gemeinde zurückziehen. Caesar werde ihm in seinem bekannten Edelsinn[194] gewiß alle Vergünstigungen gewähren, die seinem Rang geziemen. Man sieht, Caesar rechnete damit, daß Pompeius seine Stellung nicht werde halten können. Allerdings stand ihm für einen Rückzug noch der Seeweg offen; aber dann, so hoffte und wünschte Caesar, würde ihm ein großer Teil seiner optimatischen Bundesgenossen untreu werden und lieber seinen Frieden mit ihm selber machen. Besonders zu erstreben war, daß Männer vom Range Ciceros das

erwähnt auch Sallust in der Denkschrift von 46, wo er die Aufgabe einer *pax quam iustissima et diuturna* im Gegensatz zu *imperia crudelia magis acerba quam diuturna* behandelt (ad Caes. 1, 3, 1). Von Caesar gilt (1, 7, 1): *tibi terrae et maria simul omnia componenda sunt*. Nachdem er von der moralischen Hebung der römischen Bürgerschaft gesprochen hat (7, 2–8, 3), fährt er fort (8, 4): *ad hoc providendum est tibi, quonam modo Italia atque provinciae tutiores sint*. So der Caesarianer. Die Übereinstimmung mit Caesar wird noch deutlicher, wenn wir die gleichzeitigen Ausführungen Ciceros betrachten, der in seiner Dankesrede für die Begnadigung des M. Marcellus auch auf die noch von Caesar zu bewältigende staatsmännische Aufgabe hinweist (Marc. 23–29). Hier ist nur von der *res publica* die Rede und 29 wird ausdrücklich *haec urbs* als der entscheidende Schauplatz seiner Tätigkeit bezeichnet. Weiteres u. S. 238, Anm. 308.

192 Vell. 2, 51, 2. Er war 43 Quaestor in Hispania ulterior und ließ damals bei Spielen, die er in seiner Heimatstadt Gades veranstaltete, ein Drama: *de suo itinere ad L. Lentulum proconsulem sollicitandum* aufführen; dabei habe er vor Ergriffenheit geweint (Asinius Pollio an Cic. fam. 10, 32, 3). Lentulus: Caes. b. c. 1, 4, 2. 3, 96, 1.

193 fam. 9, 9. Er entledigte sich der Aufgabe in so gewandter und verbindlicher Weise, daß man an Caesar selbst erinnert wird. Dieser mochte ihn offenbar gern und behandelte ihn bei seiner Rückkehr 47 sehr nachsichtig, obwohl er als Volkstribun dieses Jahrs die demagogischen Eskapaden des Caelius wieder aufgenommen hatte. Vor Curio, Antonius, Caelius hatte er wie Caesar selbst die Herkunft aus dem patricischen Hochadel voraus. Über ihn O. Seel Cicero (1953), 299ff. u. S. 190.

194 *qua est humanitate Caesar*.

sinkende Schiff verließen, weil das weithin wirkte. Ein solches Abbröckeln nach einer neuen Niederlage mußte für Pompeius' Sache der Anfang vom Ende sein.

Indessen auch diesmal, wie schon wiederholt, erfüllte der Fortgang der militärischen Operationen diese Erwartungen nicht. Etwa am 8. Juli[195] hoffte Caesar einen entscheidenden Schlag tun zu können, indem ihm Verräter Dyrrhachion in die Hand spielen sollten[196]. Doch der Anschlag mißlang, und gleichzeitig unternahm Pompeius einen ersten Durchbruchsversuch, freilich ohne Erfolg[197]. Nach Caesars Angaben verlor er dabei gegen 2000 Mann, während es auf seiner Seite nur 20 Tote, aber sehr viele Verwundete gegeben habe. Die Mannschaften eines Kastells wollten 30 000 Pfeile gezählt haben, die auf sie abgeschossen wurden. Man brachte Caesar den Schild des Centurionen Cassius Scaeva mit 120 Einschlägen. Der Imperator sprach ihm dafür seine Anerkennung aus, belohnte ihn mit 200 000 Sesterzen und beförderte ihn zum *primipilus* (die oberste Centurionenstelle der Legion). Die ganze Cohorte erhielt doppelten Sold und sonstige Auszeichnungen[198].

Jedoch gelang es Pompeius etwa am 17. Juli (15. Mai julianisch) Caesars Linie an ihrer südlichsten, vom Hauptlager in der Luftlinie 11 Kilometer entfernten Stelle, da, wo sie am Meer zu Ende ging, zu durchstoßen; er schlug daselbst ein neues Lager und machte so Caesars ganzen Einschließungsplan zunichte[199]. Um den Eindruck dieser entscheidenden Niederlage abzuschwächen, griff Caesar mit 33 von den 35 Cohorten, die er im ganzen dort hatte zusammenraffen können, eine isolierte Legion des Pompeius an. Doch diese erhielt rechtzeitig Unterstützung; von panischem Schrecken erfaßt fluteten die Caesarianer unter schweren Verlusten zurück und boten jetzt auch äußerlich den Anblick einer geschlagenen Armee[200]. Caesar büßte rund 1000 Mann

[195] Holmes III 480.

[196] Cass. Dio 41, 50, 3–4. Appian. b. c. 2, 250. Bei Caesar ist 3, 50, 2 der Beginn dieser gleichzeitig an 6 Orten geführten Kämpfe (3, 52, 1. 53, 1) ausgefallen. [197] B. c. 3, 54, 2.

[198] B. c. 3, 53, 1–5. Suet. 68, 3–4. Appian. b. c. 2, 249 verwechselte in seinem liederlichen Exzerpt den Centurio Cassius Scaeva mit dem Legaten L. Minucius Basilus (Münzer RE 15, 1948). Lucan. 6, 126 erwähnt Minucius, 140–262 Scaeva. ‚Pompeius'² 229–230.

[199] B. c. 3, 58, 5–65, 3. Caesar erklärt 59–61 ausführlich, wie Pompeius durch den Verrat der beiden Söhne eines Allobrogerfürsten, die seit dem Gallischen Krieg bei Caesar in hoher Gunst standen, über die Verhältnisse an der Durchbruchsstelle unterrichtet wurde. Sie waren (61, 1) *instructi liberaliter*, was wohl auf die Beherrschung der lateinischen Sprache geht, aber (59, 3) *stulta ac barbara arrogantia* führte sie auf Abwege. Umgekehrt setzten ihre Gefolgsleute den Domitius Calvinus in Kenntnis vom Anmarsch des Pompeius (79, 6).

[200] B. c. 3, 66–70. Cass. Dio 41, 50, 4–51, 1. Appian. b. c. 2, 256–260. Lucan. 6, 263–313. Oros. 6, 15, 19–21. Caesar sagt 3, 69, 4, daß sein Versuch, die Fahnenträger durch Anfassen zum Stehen zu bringen, gegen die Panik nichts ausrichtete. Plut. 39, 7 fügt hinzu, ein Flüchtiger, den Caesar anhielt, habe das Schwert gegen ihn erhoben; Caesar wäre gefallen, wenn nicht der Leibwächter den Arm mit dem Schwert abgeschlagen hätte. Das ist Fortbildung der bei Appian. b. c. 2, 258–259 erhaltenen und wohl glaubwürdigen Überlieferung, wonach ein Fahnenträger

und 32 Fahnen ein[201]; der mehrmonatige Stellungskrieg, für den er Tag und Nacht alle Kräfte seines erfindungsreichen Geistes angespannt hatte, endete mit glänzendem Sieg zu Pompeius' Gunsten, und bald hallte die ganze römische Welt wider von der neuen Großtat des Altmeisters der Feldherrnkunst[202]. Caesars Schicksal stand damals einen Augenblick lang auf des Messers Schneide, aber Pompeius übersah nicht sofort die Schwere der feindlichen Niederlage und zögerte mit der Verfolgung. So blieb Caesar Herr seiner Entschlüsse und konnte aufatmend zu den Kameraden sagen: „Heute wäre der Krieg von den Feinden gewonnen gewesen, wenn sie einen hätten, der zu siegen verstände." [203] Den Mut seiner Soldaten hob er durch eine Ansprache, von deren Gedankengang er folgendes mitteilt[204]: „Ihr dürft nicht schwer tragen an dem, was sich ereignet hat, auch nicht Euch dadurch abschrecken lassen und den vielen glücklichen Schlachten die eine ungünstige und dazu nicht einmal besonders schwere entgegenhalten. Dem Glück müßt Ihr dankbar sein, weil Ihr Italien ohne den geringsten Verlust erobert, weil Ihr die beiden Spanien, wo unter den erfahrensten und erprobtesten Führern die kriegstüchtigsten Mannschaften kämpften, befriedet, weil Ihr die benachbarten Kornprovinzen in Eure Gewalt gebracht habt. Dann müßt Ihr Euch erinnern, unter welch glücklichen Umständen Ihr mitten durch die feindlichen Flotten hindurch, die nicht nur alle Häfen, sondern auch alle Küsten besetzt hielten, ans andere Ufer gelangt seid. Wenn nicht alles nach Wunsch gelingt, so muß dem Glück durch Anstrengung nachgeholfen werden. Der erlittene Schade darf allen andern Ursachen eher als meinem Verschulden zugeschrieben werden. Ich habe Euch einen guten Kampfplatz gegeben, habe das feindliche Lager erobert, die Feinde vertrieben und besiegt. Aber hat nun Eure eigene Panik oder irgendein Irrtum oder gar das Glück Euch um den schon gewonnenen und vorhandenen Sieg gebracht, so müßt Ihr Euch alle bemühen, die erlittene Schlappe durch Tapferkeit wieder wettzumachen. Wenn das

den unteren Teil der Fahnenstange gegen Caesar erhob und von den Leibwächtern niedergemacht wurde. Während Caesar diesen Fall von Meuterei übergeht, hebt er 3, 64, 3–4 hervor, wie der sterbende *aquilifer* der 9. Legion seinen Adler rettete, auch bei Appian. 2, 256, freilich anders. Über die Leibwächter A. Alföldi, Hasta-Summa Imperii, Am. Journ. of Arch. 63 (1959), 7. Ebenda 12ff. darüber, daß die *signa* des römischen Heers Speere sind als Zeichen des Imperiums.

201 B. c. 3, 71, 1–2. Nach Oros. 6, 15, 21 sollen 4000 Soldaten gefallen sein; nach Plut. Pomp. 65, 8 2000, doch Caesar 71, 1 nur 1000.

202 B. c. 3, 72, 4. 79, 4. 80, 2. 81, 1. Appian. b. c. 2, 261. Plut. Pomp. 66, 1; 3. 74, 2. 82, 1. Dittenberger syll. 762, 33ff. Cass. Dio 41, 52 pompeiusfreundlich abschwächend.

203 Suet. 36. Appian. b. c. 2, 260. Plut. Caes. 39, 8. Pomp. 65, 9. Caesar verschweigt die ungeheure Gefährlichkeit der Niederlage nicht (3, 70, 1): *his tantis malis haec subsidia succurrebant, quo minus omnis deleretur exercitus, quod Pompeius insidias timens, credo ... munitionibus adpropinquare aliquamdiu non audebat.*

204 B. c. 3, 73. Statt einer Erklärung, wie Caesar die Panik bemeisterte, erzählt Plut. 39, 9–10 nur von einer schlaflosen Nacht.

geschieht, so wird sich der Schade in Gewinn wandeln, wie es sich bei Gergovia ereignete."

Die Bedeutung dieser Rede geht zweifellos über den augenblicklichen Anlaß hinaus. Dargeboten in einer der größten Krisen seines Lebens soll sie beispielhaft Caesars Verhalten in solchen Lagen zeigen. Man spürt die überzeugende Sicherheit, die von ihr auf die Hörer ausströmt, indem er sie teilhaben läßt an seinen Überlegungen, worin am stärksten der Hinweis auf das geheimnisvolle Walten der *fortuna* spricht. Obwohl unberechenbar, ist sie doch der wichtigste Faktor in allem Geschehen. Kurz vorher sagt er, daß „sie das meiste vermag in allen Dingen und ganz besonders im Krieg" [205]. Darum muß immer mit ihr gerechnet werden. Aber dabei ergibt die sachliche Beobachtung, daß sie bisher im ganzen durchaus auf seiner Seite stand, und daß sie, zusammengenommen mit dem Bewußtsein der eigenen Leistung, offenbar auch den Tüchtigen begünstigt. Eben darum findet freilich falsche Nachsicht keinen Raum. Im Anschluß an die Rede wurden die fehlbaren Fahnenträger schimpflich degradiert, was die gesunkene Disziplin auf einen Schlag wiederherstellte, so daß einige Offiziere sogar meinten, Caesar solle sogleich eine neue Schlacht liefern [206].

Doch nachdem des Pompeius sechsfach überlegene Reiterei wieder die Bewegungsfreiheit erlangt hatte, war die Verpflegung von Caesars Armee auf dem bisherigen Kriegsschauplatz nicht mehr möglich. Das gegebene Ziel des Rückzugs war Thessalien mit seinen reichen Hilfsquellen und wo er außerdem seine detachierten Truppen an sich ziehen konnte. Würde ihm Pompeius dahin folgen, so wollte er ihn zur Entscheidungsschlacht zwingen, würde Pompeius nach Italien übersetzen, so wollte er auf dem Landweg zusammen mit Domitius Calvinus ebendorthin marschieren; würde Pompeius Apollonia und Orikon belagern, so wollte er Metellus Scipio angreifen und so Pompeius nötigen, diesem zu Hilfe zu kommen [207]. Noch in der Nacht des

[205] B. c. 3, 68, 1. o. S. 177, Anm. 401. Auch in der Kritik, die er an der Siegesnachricht des Pompeius übt, betont er 3, 72, 4: *non denique communes belli casus recordabantur, quam parvulae saepe causae vel falsae suspicionis vel terroris repentini vel obiectae religionis magna detrimenta intulissent, quotiens vel ducis vitio vel culpa tribuni in exercitu esset offensum.* Darum bestreitet er, daß der Sieg des Pompeius *virtute* gewonnen sei. Die *parvae res* wirkten auch zu Caesars Gunsten 3, 70, 2.

[206] B. c. 3, 74. Appian. b. c. 2, 261–266 behauptet, Pompeius habe gehofft, daß Caesars Heer zu ihm übergehen werde; aber Gott habe bewirkt, daß sich die Soldaten ihres Versagens schämten, und da Caesar sie nur sanft tadelte und ihnen verzieh, sei die Stimmung dahin umgeschlagen, daß sie selbst ihre Dezimierung forderten und, als Caesar das ablehnte, die Hinrichtung der Fahnenträger verlangten, was Caesar ebenfalls verweigerte. Die Heranziehung Gottes macht deutlich, daß in dieser Version Caesars Leistung herabgesetzt werden sollte. Ähnlich heißt es 259, Labienus habe, indem Gott ihn irreführte, dem Pompeius geraten, die Flüchtlinge zu verfolgen, und so die Vollendung des Siegs verhindert. Caesar berichtet 3, 71, 4, daß sich Labienus von Pompeius die Gefangenen erbat, sie als Kameraden ansprach, dann unter Flüchen fragte, ob es Veteranenbrauch sei, zu fliehen, und sie öffentlich hinrichten ließ.

[207] B. c. 3, 78, 2–4.

Schlachttages trat er mit dem sofort versammelten Heer den Marsch an. Dank der unvergleichlichen Leistungsfähigkeit der Veteranen gelang die Loslösung vom Gegner vollkommen. Nach kurzem Aufenthalt in Apollonia ging der Marsch weiter durch Epiros. Bei der ersten thessalischen Stadt, Aiginion, stieß Domitius Calvinus zu ihm, der zuletzt nach Heraklea (Monastir) zurückgegangen war, sich nun aber in letzter Stunde der drohenden Umfassung durch Pompeius und Scipio entziehen konnte[208]. Dagegen war infolge der Niederlage die Haltung der Bevölkerung im durchgezogenen Gebiet feindselig, und Androsthenes, der Stratege des thessalischen Bundesstaates, stellte sich offiziell auf die Seite des Siegers. Als Caesar etwa am 31. Juli vor Gomphi anlangte, fand er die Stadt zu bewaffneter Gegenwehr bereit. Da mußte ein Exempel statuiert werden, um das gesunkene Ansehen wiederherzustellen, und er befahl, sogleich alles zum Sturm vorzubereiten. Die Soldaten waren desto eifriger, weil er ihnen ankündigte, daß nach der Eroberung die wohlversorgte Ortschaft geplündert werden solle. Am Nachmittags begann der Sturm und vor Sonnenuntergang war die Beute schon ihrer als wohlverdiente Belohnung monatelanger Entbehrungen. Auch als Schreckmittel tat das furchtbare Schicksal von Gomphi vollauf seine Wirkung, indem fortan keine thessalische Stadt mehr Caesars Befehl mißachtete, ausgenommen Larissa, das von Scipios Armee gehalten wurde[209].

Einige Tage nachdem er in der Ebene von Pharsalos, vermutlich nordwestlich der Stadt auf dem Nordufer des Enipeus, sein Lager geschlagen hatte, vereinigte sich Pompeius, der von Dyrrhachion auf der Egnatischen Heerstraße bis Heraklea marschiert war, mit Scipio und bezog dann auf den Höhen westlich von Caesars Lager eine treffliche Stellung[210]. Sein Heer zählte jetzt über 50 000 Mann und war dem caesarischen um mehr als das Doppelte überlegen[211]. Aber während dort die demoralisierende Wirkung

208 B. c. 3, 75–79.

209 B. c. 3, 80–81. Plut. 41, 6–8. Appian. b. c. 2, 267–269. Cass. Dio 41, 51, 4–5.

210 Die Lage des Schlachtfeldes, ob nördlich oder südlich des Enipeus, ob Pompeius westlich oder östlich von Caesar stand, ist strittig. Die verschiedenen Ansichten zuletzt bei VAN OOTEGHEM Pompée 624 mit Karten und M. RAMBAUD Historia 3 (1955), 346ff. Caesar selbst gibt keine Ortsbezeichnung; doch b. Al. 48, 1 *Palaepharsali rem feliciter gerebat* und 42, 3 *Pharsalicum proelium*. *Palaepharsalus* auch bei Strab. 17, 796. Frontin 2, 3, 22. Eutrop. 6, 20, 4. Oros. 6, 15, 27. Pharsalus Suet. 35, 1 *Pharsalicum proelium*. Lucan. 6, 313. 7, 61; 175; 204; 407. Plut. Caes. 52, 1. Pomp. 68, 1. Cat. min. 55, 4. 56, 7. Brut. 6, 1. Cic. 39, 1. Ant. 8, 3. 62, 4. Palaipharsalos dürfte das Genauere sein. Doch ist die Lage nicht gesichert. Appians Angabe 2, 313: Gegend zwischen Pharsalos und Enipeus, also südlich des Enipeus, scheint ein Mißverständnis, vermutlich schon bei dem benutzten Quellenautor. Ich schließe mich der Untersuchung von HOLMES III 452–467. 569 an. Entscheidend ist für mich das Marschziel: Skotussa, nördlich vom Enipeustal und östlich vom Schlachtfeld, Plut. Caes. 43, 7. Pomp. 68, 5 für den von Caesar 3, 85, 2 befohlenen Aufbruch.

211 B. c. 3, 84, 4. 88, 3–5. 89, 2. Plut. 42, 3–4. In der pompeiusfreundlichen auf Livius zurückgehenden Überlieferung bei Oros. 6, 15, 23 und Eutrop. 6, 20, 4 werden Pompeius 40000 zu

der Niederlage wieder ganz überwunden war, hatte der Sieg umgekehrt verhängnisvolle Folgen für die Sieger. Die Häupter der Oligarchie, die nur notgedrungen den Bund mit Pompeius eingegangen waren, wollten sich dieses Führers, ihres „Agamemnons“ oder „Königs der Könige“, wie ihn Lucius Domitius nannte[212], möglichst bald entledigen, und drängten jetzt mit allem Nachdruck auf die Entscheidungsschlacht, deren Ausgang ihnen nicht zweifelhaft schien und die einen Oberbefehlshaber entbehrlich machte. Pompeius blieb persönlich der Überzeugung, angesichts eines Gegners wie Caesar, dessen Veteranen eine Feldschlacht geradezu ersehnten, sei die Zermürbungsstrategie die einzig richtige; aber gegenüber der allgemeinen Siegesstimmung in seinem Heere und der oligarchischen Mißdeutung seiner Kriegführung konnte er auf seiner Ansicht nicht mehr beharren, wollte er anders nicht überhaupt die Zügel aus der Hand geben[213]. Caesar bietet mit der Schilderung dieser Vorgänge im feindlichen Lager ein Gegenstück zu den Senatsverhandlungen bei Kriegsausbruch[214]: Pompeius, so sagten die Optimaten, schiebe die Schlacht hinaus, um die Consulare und Praetorier noch länger als Sklaven zu behandeln. Unter sich haderten sie um die Praetoren- und Priesterstellen. Auf Jahre hinaus bestimmten sie die Consulate. Andern waren die Paläste und Güter der Caesarianer wichtiger[215]. Ein großer Streit ent-

Fuß und 1100 Reiter gegeben, Caesar gegen 30000 zu Fuß und 1000 Reiter. Bei Cass. Dio 41, 55, 2–4 hat Caesar die besseren Truppen, Pompeius große zahlenmäßige Überlegenheit. Bei Appian. b. c. 2, 289–290 sind verschiedene Angaben nebeneinander gestellt. Von den Italikern werden 291–295 die Auxilien der Verbündeten und Untertanen abgehoben. Nach 290 Höchstziffer der Schlachtteilnehmer 400000, bei Flor. 2, 13, 44, mehr als 300000.

[212] Plut. Caes. 41, 2. Pomp. 67, 5. Appian. b. c. 2, 278.

[213] Plut. Caes. 41, 5. Pomp. 67. Appian. 2, 275. 281. Lucan. 7, 45ff. Nach Ciceros Zeugnis fam. 7, 3, 2 (August 46) ließ er sich schließlich umstimmen und wurde selbst zuversichtlich. Caes. b. c. 3, 86, 1.

[214] B. c. 3, 82, 2–83, 4. 96, 1. Plut. Caes. 42, 2. Pomp. 67, 9. Appian. b. c. 2, 285. Caesar merkt verschiedentlich (3, 18, 5. 57, 5. 60, 4. 86, 1) an, daß er nach dem Sieg von Vorgängen auf der Gegenseite Kenntnis bekommen habe. Plut. Brut. 6, 3–5 berichtet nach glaubwürdiger Überlieferung, daß sich Caesar mit Brutus, der sogleich nach der Schlacht freundlich aufgenommen wurde, über die Absichten des Pompeius unterhielt. Cicero nahm an der Schlacht nicht teil, sondern war mit Varro bei Cato in Dyrrhachion geblieben (fam. 9, 18, 2. divin. 1, 68. 2, 114. Plut ·Cic. 39, 1); aber, was er vorher im Hauptquartier erlebt hatte, bestätigt Caesars Bericht vollauf (Att. 11, 4, 1. 6, 2; 6. fam. 4, 14, 2. 6, 6, 6. 7, 3, 2. 9, 6, 3. Marc. 18). Im Gegensatz zur Wahrheit legt Lucan 7, 62–84 dem Cicero die Rede in den Mund, die von Pompeius die Schlacht fordert. Schon im März 49 sah Cicero voraus, daß der Sieg der Optimaten die Wiederholung der Sullanischen Schreckensherrschaft bedeuten würde (Att. 9, 7, 5. 9, 2. 10, 6), und ebenso resigniert zurückblickend im Brief an M. Marcellus (fam. 4, 9, 2–3 September 46). § 3 *An tu non videbas mecum simul, quam illa crudelis esset futura victoria?* Bei Cass. Dio 41, 54, 1. 55, 1. 57, 2. 59, 4 wird ganz im Sinne Ciceros, wohl durch Dios Quelle vermittelt, zutreffend bemerkt, daß weder Pompeius noch Caesar die alte Freiheit wieder herstellen wollten. Ähnlich Plut. Pomp. 70, 1.

[215] Cic. Att. 11, 6, 6 *de Fannio* (RE 6, 1991 Nr. 9) *consoler te? Perniciosa loquebatur de mansione tua. L. vero Lentulus* (Consul von 49) *Hortensi domum sibi et Caesaris hortos et Baias desponderat.*

spann sich im Kriegsrat um die Frage, ob Lucilius Hirrus, der als Gesandter zum Partherkönig gereist war, trotz Abwesenheit bei den nächsten Comitien zum Praetor gewählt werden könne, wie ihm Pompeius versprochen hatte. Andere sahen darin eine unbillige Bevorzugung. Domitius, Scipio und Lentulus Spinther gerieten in heftigstes Zerwürfnis wegen Caesars Oberpontificat und beschimpften sich gegenseitig in der Öffentlichkeit. Acutius Rufus belangte den Afranius bei Pompeius als Verräter an seinem Heer [216]. Domitius schlug vor, man möge nach dem Sieg aus den senatorischen Kriegsteilnehmern einen Gerichtshof bilden, der über alle abzuurteilen habe, die in Rom blieben oder die sich zwar beim Heer des Pompeius befanden, aber ohne mitzukämpfen. Jeder Richter erhalte drei Stimmtäfelchen, eines für Freispruch, ein zweites für Todesstrafe und ein drittes für Geldbuße [217]. Wir wissen auch durch Cicero, daß im Hauptquartier viel von Rache und Proskriptionen gesprochen wurde. Caesar hatte Domitius und Lentulus Spinther die Freiheit geschenkt, mit Scipio zu verhandeln versucht, aber die Antwort war immer wieder unversöhnlicher Haß. Die Leser des „Bürgerkriegs" sollten nun auch vernehmen, was man von *principes* dieses Schlages zu erwarten gehabt hätte. Höhnisch schließt er seinen Bericht mit den Worten: sie alle dachten nur an Ämter, Geldbelohnungen und Rache an den persönlichen Feinden, und wie man den Sieg ausnutze, aber nicht, wie man ihn gewinne.

So bot Pompeius am 9. August (7. Juni julianisch) [218] in der Ebene nördlich des Enipeus nach wohlvorbereitetem Plan die Schlacht an. Er äußerte sich sehr zuversichtlich, daß er mit der siebenfach überlegenen Reiterei die Schlacht ohne größere Verluste entscheiden werde, und Labienus fügte dem hinzu, daß die gefürchteten Veteranen Caesars auf einen geringen Rest zusammengeschmolzen seien. Was gegenüberstehe, seien nur noch die zuletzt in der *Gallia citerior* ausgehobenen Rekruten. Zuletzt verschwor sich der ganze Kriegsrat, nicht anders denn als Sieger ins Lager zurückzukehren [219]. Caesar, der an den vorhergehenden Tagen vergeblich zur Schlacht aufmarschiert war und für diesen Tag bereits einen Stellungswechsel angeordnet hatte, war darüber hocherfreut und rückte sofort dem Feind entgegen. Sobald er dessen Aufstellung nahe genug gekommen war, erkannte er mit genialem Scharfblick, daß Pompeius beabsichtigte, mit der auf dem linken Flügel massierten Reiterei den tödlichen Stoß in seine rechte Flanke zu führen [220]. Zu dessen Abwehr schied er rechts hinter dem dritten Treffen eine besondere

[216] Nach Plut. Caes. 41, 4–5. Pomp. 67, 6 sollte er sich von Caesar haben bestechen lassen.

[217] Cic. Marc. 18 *Quidam non modo armatis sed interdum etiam otiosis minabantur, nec quid quisque sensisset sed ubi fuisset, cogitandum esse dicebant.* Att. 11, 6, 2; 6 *omnes enim qui in Italia manserunt hostium numero habebantur.*

[218] CIL I 1 S. 244 Fasti Amiterni *Fer(iae) q(uod) e(o) die C. Caes(ar) C. f. Pharsali devicit.* S. 248 Fasti Antiates *Divus Iul(ius) Phars(ali) vicit.* [219] B. c. 3, 86, 1–87, 7. Plut. Pomp. 68, 1.

[220] B. c. 3, 86, 3–4. 88, 5.

Reserve aus[221] und hielt dann die übliche Ansprache an die Soldaten. Darin betonte er nochmals seine stets bewiesene Friedensbereitschaft, deren sie selbst Zeugen gewesen seien. Nie habe er das Blut der Soldaten vergeuden, nie das Vaterland um eines seiner Heere ärmer machen wollen[222]. Darauf gab er den Angriffsbefehl, und alle seine Maßnahmen hatten den vollen Erfolg für sich. Des Pompeius Angriffsflügel wurde geworfen und außer Gefecht gesetzt, die dadurch in der Flanke entblößten Legionen von links her aufgerollt, das Lager genommen, und am Morgen des 10. August ergab sich 9 Kilometer hinter dem Schlachtfeld die Masse des Heeres (23 000 Mann) dem Sieger[223]. Die Gefallenen schätzte Caesar auf 15 000[224], davon sollen 6000 römische Bürger gewesen sein[225]. Unter ihnen lag Lucius Domitius Ahenobarbus, der den linken Flügel befehligt hatte[226], während Pompeius und die anderen Häupter sich rechtzeitig in Sicherheit bringen konnten. Caesar selbst hatte nur 200 Soldaten und 30 Hauptleute zu beklagen[227], aber ebenso tief schmerzte ihn, der das Schicksal des Reichs nicht aus dem beschränkten Gesichtskreis der Partei betrachtete, daß der Sieg mit so viel kostbarem Bürgerblut erkauft war. Als er das Leichenfeld überschaute, sagte er: „Das haben sie gewollt, mit solchen Großtaten wäre ich, Gaius Caesar, verurteilt worden, wenn ich nicht beim Heer Hilfe gesucht hätte"[228]. Von denen, die für ihn starben, zeichnet er in seinem Bericht durch ehrenvolle Erwähnung aus den ehemaligen *primipilus* der 10. Legion, der, wieder aktiv geworden, mit 120 Freiwilligen den Angriff auf dem rechten Flügel eröffnet hatte. Als er antrat, rief er seinen Kameraden zu: „Mit dieser Schlacht werden wir unserm Imperator den ihm gebührenden Rang *(dignitas)* und uns die Freiheit zurück-

221 B. c. 3, 89, 4.

222 B. c. 3, 90. Ähnlich 1, 72, 3 (in Spanien) *movebatur etiam misericordia civium, quos interficiendos videbat: quibus salvis atque incolumibus rem obtinere malebat* o. S. 198.

223 B. c. 3, 91–98. Plut. 46, 4 fügt bei, daß Caesar die meisten jener Kriegsgefangenen in sein Heer übernahm, ebenso Cass. Dio 41, 62, 1. Caesar selbst 3, 107, 1.

224 B. c. 3, 99, 4. Oros. 6, 15, 27.

225 So Asinius Pollio Plut. Pomp. 72, 4. Caes. 46, 3. Appian. b. c. 2, 345–346. Caesar erwähnt 3, 93, 7 die Vernichtung der *sagittarii funditoresque* (88, 6).

226 B. c. 3, 99, 5. Plut. Caes. 44, 4. Pomp. 69, 1. Appian. b. c. 2, 316. 346. Cic. Brut. 267. Phil. 2, 71. Tac. ann. 4, 44, 2. Suet. Ner. 2, 3. Lucan. 7, 600.

227 B. c. 3, 99, 1. Appian. b. c. 2, 345 fügt noch die caesarfeindliche Variante 1200 bei.

228 Suet. 30, 4 *Hoc voluerunt, tantis rebus gestis Gaius Caesar condemnatus essem, nisi ab exercitu auxilium petissem.* – *Tantis rebus gestis* erinnert an b. c. 1, 13, 1 *decuriones Auximi...docent...neque se neque reliquos municipes pati posse C. Caesarem imperatorem bene de re publica meritum tantis rebus gestis oppido moenibusque prohiberi.* O. S. 183, Anm. 26. Suet. 30, 4 beruft sich für den Ausspruch auf das Zeugnis des Asinius Pollio. Plut. 46, 2 bietet ihn nach dem griechischen Werk des Asinius Pollio von Tralles (FgrHist Nr. 193), der die Rhetorenschule des Timagenes fortführte und wohl ein Freigelassener des Römers war. Daß Caesar bei dieser Gelegenheit lateinisch sprach, wurde vielleicht besonders hervorgehoben, weil er beim Rubiconübergang nach Plut. Pomp. 60, 4 (vermutlich von C. Asinius Pollio überliefert) den Menandervers griechisch zitiert hatte. Jacoby Komm. S. 622. Anders als W. Aly Strabon von Amaseia, Untersuchungen über Text, Aufbau

erobern“ [229]. Wir verstehen, Caesars Veteranen waren keine Landsknechte, sondern römische Bürger, die für eine gerechte Staatsordnung kämpften.

Der Sieg war denkbar herrlich, nicht zum mindesten dank der überheblichen Stimmung, die vor der Schlacht im feindlichen Hauptquartier geherrscht hatte [230]. Dennoch war der Krieg keineswegs entschieden, wenn eine energische feindliche Führung die noch reichlich vorhandenen Widerstandskräfte sachgemäß ausnützte [231]. Die Flotte beherrschte noch ungeschwächt die See. Eben blockierte Decimus Laelius aufs neue Brundisium [232]. Gaius Cassius (der spätere Caesarmörder, dessen Bruder Lucius in Griechenland eine Legion Caesars führte) verbrannte bei einem Vorstoß gegen Messina 35 caesarische Schiffe; weniger Glück hatte er allerdings mit einem Angriff auf Caesars Geschwader, das die italische Westküste bei Vibo bewachte [233]. Einen unbedingt sicheren Stützpunkt besaß die Gegenpartei in Afrika [234]. Caesar hatte schon vor einiger Zeit seinem propraetorischen Legaten im südlichen Spanien, Quintus Cassius Longinus, Befehl gegeben, mit seiner Armee in Numidien einzurücken [235]. Diese Bewegung konnte aber nicht durchgeführt werden, weil die beiden alten pompeischen Legionen meuterten und mit ihnen der Gerichtssprengel von Corduba dem wegen seiner unerhört brutalen Habgier allgemein verhaßten Statthalter den Gehorsam aufkündete [236]. Der Aufstand trug zuerst offenkundig pompeischen Charakter, und auch dann, als der Quaestor Marcus Marcellus die Führung übernahm, blieb das Verhalten immer noch zweideutig [237].

Caesar schätzte mit Recht die moralische Wirkung der Niederlage außerordentlich hoch ein. Er war der Ansicht, daß er sich im Augenblick ohne Ge-

und Quellen der Geographika (1957), 289 vermute ich, daß der Trallianer mehr bot als nur eine Übersetzung des Werks seines Patrons. Suet. 30, 3 erinnert an die Drohung der Feinde, *ut si privatus redisset, Milonis exemplo circumpositis armatis causam apud iudices diceret. Lucan.* 7, 303 läßt Caesar in der Rede vor der Schlacht sagen:

Aut merces hodie bellorum aut poena parata.
Caesareas spectate cruces, spectate catenas
Et caput hoc positum rostris effusaque membra (die Caesar angedrohte Strafe)
Saeptorumque nefas et clausi proelia Campi (die Unterdrückung der Volksrechte).
Cum duce Sullano gerimus civilia bella.

[229] B. c. 3, 91. 99, 1–2. Plut. Caes. 44, 9–12. Pomp. 71, 1–4. Appian. 2, 347–348. Flor. 2, 13, 46. Gehässig Lucan. 7, 470–474.

[230] B. c. 96, 1–2. Im Lager fand man alles bereit, um den Sieg beim Festmahl zu feiern. Caesar erwähnt vorab das geschmückte Zelt des L. Lentullus Crus mit dem grimmigen Zusatz: *At hi miserrimo ac patientissimo exercitui Caesaris luxuriam obiciebant, cui semper omnia ad necessarium usum defuissent.*

[231] Bei Appian. b. c. 2, 297 wird Pompeius getadelt, weil er nicht von der Flotte Gebrauch machte.

[232] B. c. 3, 100.

[233] B. c. 3, 101.

[234] Cic. Att. 11, 7, 3. 10, 2. 12, 3. 14, 1. 15, 1.

[235] B. Al. 51, 1.

[236] B. Al. 53, 4–5. Cic. Att. 11, 10, 2. 12, 3. 16, 1.

[237] B. Al. 57, 5–63, 2. Cass. Dio 42, 15, 3–16, 1.

fahr mit noch so geringer Truppenmacht nach jedem beliebigen Ort der ganzen Mittelmeerwelt wenden könne[238], und ergriff als seine nächste Aufgabe, dem zerschmetterten Prestige seines früheren Schwiegersohnes durch rastlose Verfolgung den letzten Stoß zu versetzen. Aber nicht nur der General hatte jetzt entscheidende Entschlüsse zu fassen, vielleicht waren die des Staatsmannes noch schwieriger. Der riesige Körper des Weltreichs war durch 19 Monate Bürgerkrieg überall bis ins Innerste aufgewühlt. Caesar aber gehörte schon seit langem nicht mehr zu den Politikern, die sich von den Verhältnissen tragen lassen. Er fühlte sich vielmehr berufen, sie zu meistern. „Ruhe Italiens, Frieden der Provinzen, Erhaltung des Reichs“, das, was die alten Gewalten nicht mehr leisten konnten, wollte er bringen[239]. Dieses Ziel lag hoch über aller bisherigen Parteipolitik und stellte darum die größten Anforderungen an den Staatsmann, der solches unternahm. Die Senatoren, mit denen er bisher den Bürgerkrieg geführt hatte, reichten politisch nicht aus, wenn sie nicht geradezu dem großen Werk entgegen waren. Mit Helfern allein vom Schlage eines Marcus Antonius, Quintus Cassius, Publius Dolabella, Marcus Lepidus, Publius Servilius Isauricus, Aulus Gabinius, Publius Cornelius Sulla, Gnaeus Domitius Calvinus, Gaius Sallustius Crispus, Decimus Brutus Albinus, Publius Vatinius, Quintus Fufius Calenus, Gaius Trebonius, Gaius Vibius Pansa, so schätzbare Dienste manche auch leisteten, vermochte wohl auch das größte Genie kaum die titanischen Pläne durchzuführen. Es hing viel davon ab, ob es ihm jetzt gelang, anerkannte „Häupter des Staates“, erlauchte Namen der Nobilität, die bisher im feindlichen Lager standen, sich zur Mitarbeit zuzugesellen[240]. Aus diesem Grunde gestaltete er die schon bisher geübte „Milde“ zu einer grundsätzlichen weitherzigen Versöhnungspolitik gegenüber den Besiegten aus[241]. Gleich nach der Schlacht ließ

238 B. c. 3, 102, 1. 106, 3.

239 Darum die öfter wiederholten Verhandlungsversuche. Davon war im September 46 unter dem Eindruck von Caesars *magnitudo animi* (fam. 4, 4, 4) auch Cicero ehrlich überzeugt (Marc. 15): *Nemo erit tam iniustus rerum existimator, qui dubitet quae Caesaris de bello voluntas fuerit, cum pacis auctores conservandos statim censuerit* (darunter Cicero), *ceteris fuerit iratior. atque id minus mirum fortasse tum cum esset incertus exitus et anceps fortuna belli; qui vero victor pacis auctores diligit, is profecto declarat maluisse se non dimicare quam vincere.*

240 Cic. fam. 4, 8, 2 (August 46 an M. Marcellus) *is qui omnia tenet, favet ingeniis, nobilitatem vero et dignitates hominum quantum ei res et ipsius causa concedit, amplectitur.*

241 Cic. fam. 15, 15, 3 (August 47 an C. Cassius) *multis honestissimis viris conservatis*, darunter C. Cassius (Att. 11, 13, 1. 15, 2). B. c. 3, 98, 2 vom Heer, das sich nach der Schlacht ergab: *pauca apud eos de lenitate sua locutus, quo minore essent timore, omnes conservavit militibusque suis commendavit, ne qui eorum violaretur neu quid sui desiderarent.* Appian. b. c. 2, 309. 336. 340. Bei Lucan. 7, 312 bittet Caesar die Götter: *vincat, quicumque necesse non putat in victos saevum destringere ferrum quique suos cives, quod signa adversa tulerunt, non credit fecisse nefas* und 319 *civis, qui fugerit, esto.* Bei Flor. 2, 13, 50 ruft Caesar während der Schlacht einmal *miles faciem feri*, ein andermal *parce civibus*. Es ist Mißverständnis, wenn Oros. 6, 15, 26 das *parce civibus* dem Pompeius zuschreibt, wie auch Vell. 2, 52, 3 und Polyaen. 8, 23, 27 zeigen. Bei Plut. Caes. 45, 2. Pomp. 71, 7. Appian. b. c. 2, 318. Polyaen.

er die erbeutete Korrespondenz des Pompeius verbrennen[242] und gab er bekannt, daß jeder auf Begnadigung und volle Freiheit rechnen könne, der sich an ihn wende. Nur solche, die er bereits einmal verschont hatte, wie Lucius Afranius und Marcus Petreius, blieben im allgemeinen davon ausgeschlossen[243]. Der erste Träger eines großen Namens, der von dieser Gunst Caesars Gebrauch machte, war der Neffe Catos, Quintus Caepio Brutus (sein späterer Mörder), ein junger Senator, der sich bereits durch eine mit seinem hohen Bildungsstreben übereinstimmende ernste Lebensführung die allgemeine Hochachtung erworben hatte. Persönlich freute sich Caesar darüber besonders, weil er der Sohn der Servilia war; politisch war seine Gewinnung unschätzbar, weil er nicht nur leiblich der Neffe Catos war, sondern auch in seinen Anschauungen anerkanntermaßen dem Oheim nacheiferte. Wenn ein Mann dieser Gesinnung sich Caesar zur Verfügung stellte, so war das die beste Empfehlung seiner geplanten Politik. Er empfing ihn daher sogleich in Larissa und nahm ihn als hervorragend wertes Mitglied in seinen Freundeskreis auf[244].

Doch während er so das künftige Reichsregiment bedachte, vernachlässigte er keinen Augenblick die militärischen Forderungen der Stunde. An der Spitze seiner Reiterei jagte er dem fliehenden Pompeius nach Amphipolis nach und, da er ihn hier nicht mehr vorfand, weiter nach dem Hellespont. Etwa Mitte September (Anfang Juli julianisch) trafen dort auch die beiden Legionen ein, denen er zu diesem Unternehmen Marschbefehl gegeben hatte, und wurden auf den vorhandenen Fahrzeugen übergesetzt. Als er selbst in einem solchen Kahne saß, überraschte ihn ein plötzlich auftauchendes pompeisches Geschwader. Er war verloren, sein Lebenswerk hing, wie schon öfter, an einem Faden, wenn der feindliche Führer die Lage begriff. Aber in nie versagender Geistesgegenwart ließ er auf den Gegner zusteuern und verlangte die sofortige Übergabe der zehn Kriegsschiffe. Der tollkühne Wagemut des Siegers von Pharsalos behielt auch diesmal recht, Lucius Cassius (natürlich nicht der Bruder des Caesarmörders) bat demütig um Begnadigung[245].

Während Erkundigungen eingezogen wurden über die weitere Flucht des Pompeius, konnte sich Caesar im Sinne seiner Reichspolitik etwas mit den

8, 23, 25. Frontin. 4, 7, 32 gehört das ‚*faciem feri*‘ zur Instruktion des 4. Treffens zur Abwehr des Reiterangriffs.

[242] Cass. Dio 41, 63, 5.

[243] Cass. Dio 41, 62, 2–3. Dazu berichtet er, daß Caesar seinen Freunden gestattete, auch je einen Senator oder Ritter loszubitten, der schon einmal begnadigt war. Im übrigen erklärte er, daß die Freunde des Pompeius sich gegen ihn nicht verfehlt hätten.

[244] Plut. Brut. 6, 1–4. Caes. 46, 4. 62, 3. Appian. b. c. 2, 464. Cass. Dio 41, 63, 6. Vell. 2, 52, 5.

[245] B. c. 3, 102, 1; 4. 105, 1. Cass. Dio 42, 6, 1–3. Suet. 63. Appian. b. c. 2, 370–372 gibt dem Cassius 70 Trieren statt 10 wie Suet. und verwechselt ihn mit C. Cassius, auch 464. Dieser L. Cassius (Münzer RE 3, 1680 Nr. 14) ist sonst nicht bekannt. L. Cassius Longinus, der Bruder des C., war Caesars Legat (Münzer RE 3, 1784 Nr. 65).

Angelegenheiten der Provinz Asia befassen. Zunächst stattete er Ilion, der Stadt seines heroischen Ahnen Aeneas, des Aphroditesohnes — die aus ebendiesem Grunde schon vor vierzig Jahren sein Geschlechtsgenosse, der Censor Lucius Caesar, mit seiner Gunst bedacht hatte —[246], einen Besuch ab und verlieh der Gemeinde politisches Selbstbestimmungsrecht und Abgabenfreiheit. Zugleich tat er es mit diesem Gnadenbeweis Alexander dem Großen gleich, der seinerzeit nach der Schlacht am Granikos Ilion in ähnlicher Weise geehrt hatte[247]. Auch war dieser Besuch eine nicht mißzuverstehende Kundgebung über die Bedeutung der jüngsten Ereignisse. Die göttliche Abkunft des Juliers stand in innigstem Zusammenhang mit seinem Sieg und der ihm als dessen Preis zufallenden Herrschaft über das Reich. Darum verschmähte er es auch nicht, in seinem Bericht[248] auf die Wunder hinzuweisen, die sich am 9. August an verschiedenen Orten begeben hatten: wie sich im Athenetempel von Elis die Nikestatue gedreht habe, wie in Antiochia und Ptolemaïs Kriegslärm erscholl, im Allerheiligsten eines Tempels von Pergamon die Pauken ertönten und im Niketempel von Tralles vor der dort geweihten Caesarstatue eine Palme aus dem Steinboden emporsproß. Der Eindruck auf die Griechen Kleinasiens, deren Gesandtschaften von ihm freundlich empfangen wurden, war ungeheuer. Kurze Zeit darauf errichteten die sämtlichen Gemeinden der Provinz in Ephesos ein gemeinsames Denkmal[249] für „Gaius Julius Caesar, Sohn des Gaius, den Oberpriester und Imperator und Consul zum zweitenmal, den von Ares und Aphrodite abstammenden in Erscheinung getretenen Gott und gemeinsamen Retter der Menschheit". So billig göttliche Ehren im hellenistischen Kulturgebiet seit Alexander geworden sein mochten, mit diesem universalen Überschwang und der wohldurchdachten Bezeichnung des Aeneaden auch als Marsenkel, wodurch er als irdischer Vertreter des römischen Volkes anerkannt wurde, leuchtete eine neue, monarchische Auffassung des römischen Reichsregiments auf.

Für den ganzen Osten hatte sich seit 20 Jahren die römische Ordnungsmacht in Pompeius verkörpert. Er war der große Patron der neu gewonnenen Provinzen, der verbündeten Gemeinden und Fürsten. Ihm hatten sie für den großen Kampf ihre Mannschaften und Schiffe zugeführt, und eben noch hatte man vom glänzenden Sieg bei Dyrrhachion vernommen und die gewisse Hoffnung geschöpft, daß es mit dem verwegenen Rebellen bald zu Ende gehe. In diese Illusionen schlug der Tag von Pharsalos wie ein betäubender Blitzstrahl ein, und schon stand der Sieger in Kleinasien, wahrlich ein Ereignis, das nach religiöser Deutung verlangte.

[246] Dittenberger Or. gr. 440. Ein nächtliches Opfer Caesars an Mars und Venus Victrix vor der Schlacht bei Pharsalos berichtet Appian. b. c. 2, 281. Bei Plut. 43, 2 vielleicht genauer ein Opfer zwei Tage vor der Schlacht.

[247] Strab. 13, 593. 594–595. Vgl. Lucan. 9, 964–999.

[248] B. c. 3, 105, 2–5.

[249] Dittenberger Syll. 760. F. Taeger Charisma II (1960), 56.

Caesar übergeht in seinem Bericht diese Huldigung, macht sogar geflissentlich wenig Aufhebens vom Aufenthalt in Asia[250]; wollte er doch in seinem Werk sein Unternehmen als Notwehr im Sinn der republikanischen Überlieferungen darstellen. Innerlich muß ihn die Frage bewegt haben, in welcher Gestalt er dem ihm zugefallenen Sieg Dauer geben könne, und dazu mochte diese hellenistische Anregung Gewichtiges beitragen[251]. Jedoch hatten die Gemeinden noch einen besondern Grund zur Dankbarkeit. Denn sie waren, wie Caesar erfuhr[252], von Metellus Scipio, als er die Truppen seiner Provinz Syrien dem Pompeius zuführte und 49 bei ihnen überwinterte, rücksichtslos zur Finanzierung des Kriegs herangezogen worden. Nicht nur hatte er, wie schon in Syrien, von den römischen Abgabenpächtern den Ertrag der zwei letzten Jahre samt einem Vorschuß für das dritte erhoben, sondern trieb von den Gemeinden noch weitere Kontributionen und Lieferungen ein wie Kopfsteuer von Sklaven und Freien, Säulen- und Türensteuer von den Hausbesitzern, ferner Getreide, Mannschaften, Waffen, Ruderer, Geschütze und Fuhren. Das Aufbringen belastete die römischen Bürger und die Untertanen mit hochverzinslichen Schulden. Nur der dringende Marschbefehl des Pompeius nach Caesars Landung in Epiros verhinderte Scipio auch noch die im Tempel der Artemis von Ephesos deponierten Schätze wegzunehmen. Als dann Caesar in Asia erschien, konnte er gerade noch einen zweiten Anschlag des Legaten Titus Ampius Balbus auf das Heiligtum vereiteln, so daß er, wie er sagt, zweimal das ephesische Geld rettete[253]. Das vorgefundene brauchte er freilich dringlich; aber er schaffte die Einhebung von Zehnten und Zöllen durch die verhaßten römischen Pachtgesellschaften ab, ermäßigte die Summe

[250] B. c. 3, 106, 1 *paucos dies in Asia moratus.*

[251] C. Koch erinnert Hermes 83 (1955), 43–47 daran, daß Caesars Losung in der Schlacht bei Pharsalos ‚*Venus Victrix*' lautete (Appian. b. c. 2, 281. 319) und daß er ihr einen Tempel gelobte, im Jahr 46 den Tempel der Venus Genetrix weihte (Cass. Dio 43, 22, 2. Fasti Pinciani CIL I 1, S. 219 zum 26. September. Koch RE 8A, 865), was wohl die Hinwendung zum Dynastischen bezeichnete.

[252] Caesar behandelt b. c. 3, 31–33 den Scipio mit unübertrefflichem Sarkasmus. In der bei Joseph. ant. Iud. erhaltenen Dokumentensammlung sind 14, 228–232. 234–240 auch mehrere Dekrete pompeianischer Magistrate des Jahrs 49 zu Gunsten der Juden erhalten, über Befreiung vom Heeresdienst und Ausübung ihres Kults. Nach Caesars Schilderung (3, 32, 4) dürften sie nicht unentgeltlich verabfolgt worden sein. Die Gemeinde Pergamon feierte 49 den Imperator Q. Caecilius Metellus Pius Scipio als ihren „Retter und Wohltäter" und seine Tochter Cornelia, die Gemahlin des Proconsuls Cn. Pompeius Magnus Dittenberger Syll. 757/8. Nun, 48, ehrte sie Caesar, den Imperator und pontifex maximus, Consul zum zweiten Male, ihren Patron und Wohltäter, den Retter und Wohltäter aller Griechen, wegen seiner Frömmigkeit und Gerechtigkeit IGRR IV 305. Bei den ähnlichen Ehrungen a. O. 306. 307 ist das Datum nicht sicher. 303 scheint in die Zeit vor dem Bürgerkrieg zu gehören. Als Patron ehrte ihn 48 auch Chios IGRR IV 928. Hinsichtlich der früheren Beziehungen ist zu erinnern an Suet. 28, 1 *Asiae quoque et Graeciae potentissimas urbes praecipuis operibus exornans.* – Die *clementia*, die 48 Asia zu Teil wurde, erwähnt Cicero in seinem Brief an Cassius (fam. 15, 15, 2).

[253] B. c. 3, 105, 1.

der Abgaben um ein Drittel und überließ das Einziehen den Gemeinden[254]. Wie er zum Andenken an den Sieg den Gemeinden Thessaliens die Freiheit verliehen hatte, so machte er jetzt seinem gelehrten Freund Theopompos die Freiheit seiner Vaterstadt Knidos zum Geschenk[255].

Doch sobald die Fahrt des Pompeius nach Ägypten bekannt wurde, überließ er Asia seinem Legaten Gnaeus Domitius Calvinus, lichtete mit einer Flotte von 35 Schiffen und 3200 Legionaren, 800 Reitern an Bord in Rhodos die Anker und langte am 2. Oktober (28. Juli jul.) vor Alexandria an[256]. Als er hier wegen seiner Landung sondieren ließ, erfuhr er die Ermordung des Pompeius, und bald überbrachte man ihm zur Bestätigung dessen Kopf und Siegelring. Es waren mehr als acht Jahre her, seit er zum letztenmal mit dem Lebenden in Luca zusammengewesen war, und man begreift, daß ihm der Anblick die Tränen ins Auge trieb. Den Siegelring nahm er, um ihn als Beweisstück nach Rom zu schicken, den Kopf ließ er bestatten und sorgte auch für die Rettung der Freunde, die noch am Leben waren — der Consular Lucius Lentulus Crus war ebenfalls getötet worden. Das sei ihm die größte und liebste Siegesfreude, schrieb er den Getreuen in Rom, immer wieder Mitbürger, die gegen ihn gekämpft hätten, am Leben zu erhalten[257].

Da die Mordtat bewies, daß die maßgebenden Minister des jugendlichen Königs Ptolemaios XIV. die Sache des Pompeius für aussichtslos hielten[258], betrat er zuversichtlich den Boden der hellenistischen Großstadt und nahm im königlichen Palast Quartier, obwohl die Bevölkerung seine römischen Soldaten von Anfang an unfreundlich empfing[259]. Es ist nicht anzunehmen, daß er vorhatte, sich lange in Aegypten aufzuhalten. Aber die Regierung des Landes hatte mit 50 Kriegsschiffen, die eben erst zurückgekehrt waren[260], gegen ihn gekämpft, und das bot willkommenen Anlaß, auch hier Kontributionen zu erheben[261]. Formell stützte er das Begehren auf eine Schuldforde-

[254] Cass. Dio 42, 6, 3. Appian. b. c. 5, 19. Plut. 48, 1.

[255] Plut. 48, 1. Appian. b. c. 2, 368. Strab. 14, 656. DITTENBERGER syll. 761 C mit Anmerkungen. FgrHist Nr. 21. Später verlieh er Theopomp auch das römische Bürgerrecht.

[256] B. c. 3, 106, 1–3. B. Al. 34, 1. Liv. per. 112. Das Todesdatum des Pompeius ist der 28. September (Vell. 2, 53, 4).

[257] B. c. 3, 106. 4. Plut. Caes. 48, 2–4. Pomp. 80, 6–7. Cass. Dio 42, 8, 1–3 mit gehässiger Bemerkung. Val. Max. 5, 1, 10. Eutrop. 6, 21, 3. Oros. 6, 15, 29. Lucan. 9, 1010–1108.

[258] B. c. 3, 104, 1. [259] B. c. 3, 106, 4–5. 112, 8. Cass. Dio 42, 34, 6. Lucan. 10, 55.

[260] B. c. 3, 111, 3.

[261] Cass. Dio 42, 9, 1. 34, 1. Caesar schweigt natürlich darüber. Wie er 3, 106, 1 sagt, war ihm klar, daß Pompeius sich nach Ägypten wandte in der Hoffnung, dort eine Operationsbasis zu finden (*coniectans eum in Aegyptum iter habere propter necessitudines regni reliquasque eius loci opportunitates*), und so läßt er 3, 104, 1 die königlichen Minister die Ermordung damit begründen, *ne Pompeius Alexandriam Aegyptumque occuparet*, fügt aber als Alternative bei *sive despecta eius fortuna, ut plerumque in calamitate ex amicis inimici exsistunt*. Dementsprechend erklärt er 3, 106, 2 die Verwegenheit, mit so wenig Truppen in Alexandria zu landen mit dem Satz: *Sed confisus fama rerum gestarum infirmis auxiliis proficisci non dubitaverat aeque omnem sibi locum tutum fore existimans*. Der

rung von 17½ Millionen Denaren, die ihm noch aus der Zeit des früheren Königs zustehe[262]. Man erinnert sich, welch gewaltige Summen dieser im Jahre 59 aufwenden mußte, um als König anerkannt zu werden (S. 68). Das Geld wurde ihm damals hauptsächlich von dem römischen Finanzmann Gaius Rabirius Postumus beschafft. Als dann aber infolge der bodenlosen königlichen Schuldenwirtschaft dieser Gläubiger an den Rand des Bankrotts geriet, trat Caesar, der hilfreiche Proconsul von Gallien, für ihn ein. Es scheint, daß er sich dafür die ausständigen aegyptischen Forderungen des Gefolgsmannes abtreten ließ und daß es sich 48 um diese Gelder handelte[263]. Caesar verlangte jetzt 10 Millionen[264]. Der Eunuch Pothinos, das Haupt der Regierung von Alexandrien, bereitete der Auszahlung alle erdenklichen Schwierigkeiten und setzte, indem er die Tempelschätze und das goldene und silberne Tafelgeschirr des Königs dafür in Anspruch nahm, Caesar in schlechtestes Licht[265].

Dieser bekam erst jetzt genaueren Einblick in die Zerrüttung des Landes, die vor kurzem dahin gediehen war, daß Kleopatra, die den Alexandrinern verhaßte Schwestergemahlin und Mitregentin des Königs, von Pothinos vertrieben wurde und nun mit einem Heere bei Pelusion gewaltsam die Rückkehr auf den Thron erzwingen wollte[266]. Caesar hoffte augenscheinlich durch Beilegung dieser Händel sich das Land oder jedenfalls die eine Partei des Königreichs zu verpflichten, und lud als Consul des römischen Volks, der schon 59 den Bündnisvertrag mit dem Vater abgeschlossen habe, die beiden Geschwister vor seinen Richterstuhl[267]. Das bedeutete bei dem Gegensatz, worin er sich zu Pothinos befand, von vornherein ein Eingreifen zugunsten der Kleopatra, was diese einundzwanzigjährige, selten kluge und mit Reizen des Geistes und des Leibes reich begabte Frau kaum gewahrte, als sie sich Ende Oktober (Mitte August jul.) von einem Getreuen auf listige Weise durch die feindselige Stadt in die Hofburg schaffen ließ und alsbald den von ihrem unwiderstehlichen weiblichen Zauber bestrickten Caesar ganz für sich einnahm[268].

Befehl an Cn. Domitius Calvinus, zwei aus Pompeianern gebildete Legionen zu schicken (3, 107 1. b. Al. 34, 3), deutet darauf, wie er Ägypten zu behaupten vor hatte (b. Al. 3, 4). Daß er selbst nicht länger bleiben wollte, sagt der Satz: *ipse enim necessario etesiis tenebatur, qui navigantibus Alexandria flant adversissimi venti.* Es sind die Nordwinde vom Juli bis September (G. Schmidt RE 8A, 2212), was zu den Daten des julianischen Kalenders stimmt.

[262] Plut. 48, 8. Vgl. Suet. 54, 3.

[263] S. o. S. 133, Anm. 193.

[264] Plut. 48, 8.

[265] Plut. 48, 7. Oros. 6, 15, 29.

[266] B. c. 3, 103, 2. Plut. 48, 5. Strab. 17, 796. Pomp. Trog. prol 40. Über Kleopatra VII. Philopator F. Stähelin RE 11, 750ff. H. Volkmann Kleopatra, Politik und Propaganda (1953), 55ff.

[267] B. c. 3, 107, 2.

[268] Cass. Dio 42, 34, 2–35, 1. 51, 5, 4. Plut. 48, 9–49, 3. Flor. 2, 13, 56. v. ill. 86, 1. Lucan. 10, 53–106. Fronto fer. Als. 3, 5 (Haines II 10) *Nihil de Gaio Caesare dico acerrimo Cleopatrae hoste post moecho.* Nach Plut. Ant. 25, 4 soll sie im Jahr 49 schon Cn. Pompeius, den Sohn, berückt haben. Wie sie ihre Liebhaber zu nehmen wußte, dürfte G. Ferrero Grandezza e decadenza di

Den Bruder erfaßte ob dieser Wendung jäher Zorn, er eilte hinunter, mitten in die Volksmenge, schrie, er sei verraten, und riß sich das Diadem vom Kopfe. Das entfachte in der Bürgerschaft die schon lange glimmende Glut der Empörung zur lodernden Flamme. Die Massen wälzten sich gegen den Palast. Zwar wurden die römischen Soldaten noch des Königs habhaft, aber in Anbetracht seiner ungenügenden und zudem völlig überraschten Truppen verlegte sich Caesar auf gütliches Zureden, er wolle sich ganz nach dem Willen der Alexandriner richten. Da halfen freilich nur die ernsthaftesten Zugeständnisse, und so kam es, daß Caesar vor der Volksversammlung den Erbfolgestreit schlichten mußte. Auf Grund des väterlichen Testaments entschied er, daß die beiden älteren Geschwister in Samtherrschaft (mit voller Gleichberechtigung) regieren sollten, darüber hinaus erkannte er aber die beiden jüngeren Geschwister, Arsinoë und Ptolemaios XV., als Samtherrscher von Cypern an[269]. Wie gefährlich mußte seine Lage sein, daß er, der eben aus Rom Bericht erhielt über seine erneute Ernennung zum Dictator[270], in einer ausländischen Hauptstadt ein Stück Reichsgebiet, das vor zehn Jahren in aller Form annektiert worden war, abzutreten für nötig erachtete! Es war ein unhaltbarer Zustand, der aber ertragen werden mußte, bis die von Calvinus angeforderten zwei Legionen eintrafen[271]. Bis auf weiteres halfen die angelegentlichst besuchten Sehenswürdigkeiten der Stadt und üppige Hoffeste, mit denen ihn die königliche Geliebte feierte, über die Verlegenheit hinweg[272].

Allein Pothinos, der von Kleopatra das Schlimmste zu befürchten hatte, gab seine Stellung noch nicht verloren, sondern rief das königliche Heer unter dem General Achillas von Pelusion in die Stadt[273]. Die Ankunft dieser 20000

Roma (1908) II 430 sachkundig ausgemalt haben. Auch an die „Phantasie" über die Iden des März von Thornton Wilder ist in diesem Zusammenhang zu erinnern. Ludwig Curtius widmete dem Roman in der Zeitschrift Merkur 4 (1950), 676–690 eine enthusiastische Besprechung, worin 682–685 die Glanzstellen über Kleopatra abgedruckt sind. Der hochverehrte Verfasser hat sie mir am 6. Juli 1950 „mit herzlichem Gruß" zugesandt.

[269] Cass. Dio 42, 35. Plut. 49, 3. Flor. 2, 13, 58. Es bedarf keiner Erklärung, daß und warum Caesar diese sehr peinlichen Ereignisse mir Stillschweigen übergeht. Er erwähnt 3, 107, 2 nur die Vorladung der königlichen Geschwister und 108, 4 das Testament des Vaters Ptolemaios XIII. Neos Dionysos, des ‚Auletes', aber nicht den Schiedsspruch, womit er das Erscheinen der Kleopatra elegant umgeht. Nach 108, 2 ruft Pothinos sogleich auf die Vorladung hin den Achillas herbei; diese Truppen, deren Kern die 55 von Gabinius nach der Rückführung des Auletes zurückgelassenen Mannschaften bilden (110, 2), rücken 109, 1 heran, während Caesar auf Grund des Testaments die Versöhnung einleiten will. Die bei Dio und Plutarch erhaltene Überlieferung wird auf Asinius Pollio zurückgehen.

[270] So Liv. per. 112. Cass. Dio 42, 35, 5. Caesar selbst 3, 107, 2 bezeichnet sich als Consul. Nach Cass. Dio 42, 18, 3. 20, 3 wurde er zum Dictator für ein Jahr ernannt, nachdem der Siegelring des Pompeius in Rom eingetroffen war. Nach Plut. 51, 1 scheint das Jahr im Oktober 47 zu Ende gegangen zu sein.

[271] B. c. 3, 107, 1. b. Al. 9, 3. 34, 3.

[272] Plut. 49, 4. Appian. b. c. 2, 376. Lucan. 10, 107ff. 332. Suet. 52, 1.

[273] B. c. 108, 2. 109, 1. Cass. Dio 42, 36, 1–3. Plut. 49, 4. Lucan. 10, 333ff. 361. Der bei Plut. berichtete Attentatsplan von Lucan breit ausgemalt.

Mann kriegsgewohnter Söldner steigerte Caesars Gefahr aufs höchste. Befehle des Königs, die er ihnen zugehen ließ, fruchteten nicht, Achillas begann mit aller Macht den Angriff auf das Palastviertel[274]. Caesar erwehrte sich seiner in schweren Kämpfen, in deren Verlauf mit anderen Bauten auch die berühmte alexandrinische Bibliothek ein Raub der Flammen wurde[275]. Auch behauptete er durch Besetzung des Pharosleuchtturmes seine Verbindung mit der See. Rettung aber gegenüber dem vielfach überlegenen Feind konnte nur Entsatz von außen bringen, und er entsandte deshalb aus seinem Gefolge den Mithridates von Pergamon, den Sohn einer galatischen Fürstentochter[276], um die Land- und Seestreitkräfte der Verbündeten und Untertanen in Syrien und Kleinasien zu schleunigster Hilfe aufzubieten. Bis zu deren Ankunft mußte durchgehalten werden[277]. Politisch hielt er es für wertvoll, daß er den König immer noch in seiner Gewalt hatte, wiewohl die Hoffnung, durch eine Ansprache ihres legitimen Herrn könnten die feindlichen Soldaten zum Einstellen der Feindseligkeiten bewogen werden, trog[278]. Den Pothinos ließ er als Verräter hinrichten. Dagegen gelang es der Arsinoë, mit ihrem Kämmerer Ganymedes zu fliehen. Sie wurde von den Aufständischen freudig als Königin begrüßt, und Ganymedes übernahm nach Wegräumung des Achillas die Leitung der Geschäfte[279].

Die Kämpfe wurden mit andauernder Heftigkeit und wechselndem Glück fortgeführt. Es war ein schöner Erfolg Caesars, daß er einen großen Transport, der ihm von Calvinus außer Getreide und Kriegsgerät auch eine aus Pompeianern neugebildete Legion brachte, unbeschädigt in Empfang nehmen konnte[280]. Überhaupt vermochte er dank der Tüchtigkeit seiner griechischen Seeleute alle Anstrengungen der Feinde, ihm seine Seeverbindung abzuschneiden, zu vereiteln[281]. Aber nachdem es ihm Anfang Februar 47 (Ende November 48 jul.) gelungen war, die ganze Insel Pharos und den Heptastadiondamm, der sie mit der Stadt verband, in seine Hand zu bringen, erlitt er beim Versuch, den südlichen Brückenkopf am Dammende zu

[274] B. c. 3, 109, 2–6. Cass. Dio 42, 36, 4–37, 2.

[275] Caes. 3, 111, 6 berichtet nur, daß es ihm gelang, die königliche Flotte in Brand zu stecken. B. Al. 12, 3. Der Brand der Bibliothek bei Plut. 49, 6. Cass. Dio 42, 38, 2. Oros. 6, 15, 31 spricht von 400000 Büchern. Senec. dial. 9, 9, 5 nennt dieselbe Zahl und beruft sich auf Livius. Gell. N. A. 7, 17, 3 erwähnt 700000 Rollen. Danach wohl Amm. Marcell. 22, 16, 13. Über die Frage, wo sich die Bücher befanden Dziatzko RE 3, 411. Holmes III 487ff. Die Nachricht bei Plut. Ant. 58, 9, daß Antonius der Kleopatra – offenbar als Ersatz – die Bibliothek von Pergamon, 200000 Rollen, schenkte, scheint glaubhaft.

[276] B. c. 3, 112, 6. B. Al. 1, 1. 26, 1. Cass. Dio 42, 37, 3. Rostovtzeff Soc. and econ. history of the Hell. World III 1528 identifiziert ihn gewiß richtig mit dem Cic. Flacc. 17. 41 genannten. Strab. 13, 625. Geyer RE 15, 2205 Nr. 15.

[277] B. c. 3, 112, 1–8.

[278] Cass. Dio 42, 39, 3–4.

[279] B. c. 3, 112, 9–11. B. Al. 4. Cass. Dio 42, 39, 1. 40, 1.

[280] B. Al. 9, 3–4. 11, 6.

[281] B. Al. 13–16. Cass. Dio 42, 40, 2 hat stark gekürzt, zu Ungunsten Caesars.

nehmen, eine schwere Niederlage, die ihn nur an Legionaren 400 Mann kostete. Er selbst hatte bis zuletzt bei den Sturmtruppen ausgeharrt und mußte sich vom Damm schwimmend auf ein Schiff retten, indem er seinen purpurnen Feldherrnmantel den Feinden als Trophäe preisgab[282]. Indessen behaupteten seine Truppen die früher innegehabten Stellungen, und als ihn die Alexandriner ersuchten, ihnen den König zwecks Friedensverhandlungen herauszugeben, glaubte er darauf eingehen zu können. Freigelassen, wurde der königliche Knabe allerdings nur das willenlose Werkzeug der Kriegspartei[283]. Doch hatte das nicht mehr viel zu bedeuten; denn in den ersten Märztagen erschien Mithridates von Pergamon mit Heer und Flotte vor Pelusion und brachte diese wichtige Festung durch kraftvollen Angriff in seine Hand. Sein bester Helfer war der Idumaeer Antipatros, der Minister des jüdischen Hohepriesters Hyrkanos, der ihm 3000 Juden zuführte und durch sein Beispiel auch andere syrische Dynasten zur Unterstützung an-

[282] B. Al. 17–21. Cass. Dio 42, 40, 3–5. Plut. 49, 7–8. Suet. 64 bestreitet den Verlust des Mantels. Appian. b. c. 2, 377. Flor. 2, 13, 59. Oros. 6, 15, 34. Datum von O. E. Schmidt Briefwechsel 221 erschlossen aus Cic. Att. 11, 11, 1.

[283] B. Al. 22–25. Cass. Dio 42, 42. Der Verfasser des bell. Alex. ist bemüht, die Freigabe des Königs als wohlüberlegte Handlung Caesars zu rechtfertigen. Er habe natürlich die hinterlistige Art der Alexandriner wohl gekannt, aber sich gesagt, entweder halte der König Wort oder es sei ehrenvoller gegen einen König als nur gegen Gesindel zu kämpfen; der König habe unter Tränen gebeten, bleiben zu dürfen, so daß sich selbst Caesar rühren ließ. Seine Offiziere und Soldaten hätten sich gefreut, daß Caesars allzu große Arglosigkeit von dem verschlagenen Burschen so geprellt wurde, *quasi vero id Caesar bonitate tantum adductus ac non prudentissimo consilio fecisset* (24, 6). Bei Cassius Dio 42, 3–4 hielt Caesar für möglich, daß die Feinde wirklich kriegsmüde waren, und wollte in jedem Fall dem Frieden kein Hindernis bereiten. Sollten sie weiterkämpfen, so bedeutete der jugendliche König für sie keine Verstärkung, und Caesar konnte nach seiner Besiegung mit desto größerem Recht Ägypten der Kleopatra übergeben. Ob diese zweite Version der Wahrheit näher kommt, wissen wir nicht. – Besonders A. Klotz Caesarstudien (1910), 180–204 trat dafür ein, daß A. Hirtius das b. Al. verfaßt habe. Ihm schließen sich Holmes III 483 und O. Seel Gnomon 9(1933), 596ff. an. Ganz sicher ist es nicht, da Suet. 56, 1 sagt: *Alexandrini Africique et Hispaniensis incertus auctor est*. Es gab also keine beglaubigten Autorennamen. Hirtius sagt b. G. praef. 2 freilich: außer dem 8. Buch *novissimumque imperfectum (sc. commentarium) ab rebus gestis Alexandriae confeci usque ad exitum... vitae Caesaris* und 8 *mihi ne illud quidem accidit, ut Alexandrino atque Africano bello interessem; quae quamquam ex parte nobis Caesaris sermone sunt nota, tamen aliter audimus ea quae rerum novitate aut admiratione nos capiunt, aliter quae pro testimonio sumus dicturi.* Da das b. Afr. und b. Hisp. aus stilistischen Gründen dem Hirtius abzusprechen sind, bezeichnet das *confeci* im Widmungsbrief an L. Cornelius Balbus nur die Absicht, das Werk Caesars bis zu seinem Tode fortzusetzen, wie auch Thukydides 5, 26, 1 sagt, er habe sein Werk bis zum Ende des peloponnesischen Kriegs niedergeschrieben, während es schon mit dem Jahr 411 abbricht (H. Pötter Untersuchungen zum Bell. Al. u. B. Afr., Diss. Münster 1932, 6). Nach dem Urteil der Philologen ist dagegen auf Grund der Vergleichung mit b. G. 8 möglich, daß Hirtius auch das b. Al. verfaßt hat. Da Hirtius am 21. April 43 als Consul im Krieg gegen Antonius fiel und seit Sommer 44 längere Zeit krank war (Cic. Phil. 1, 37. 7, 12. fam. 12, 22, 2), erklärt sich, daß er die geplante Kriegsgeschichte nicht vollenden konnte. Das 8. Buch des b. G. zeigt, daß er über die Akten des Hauptquartiers verfügte und legt die Vermutung nahe, daß er schon vorher Caesar bei der Abfassung seiner *commentarii* zur Hand ging. Aus Cic. Att.

eiferte, dann die aegyptischen Juden auf Caesars Seite brachte[284]. Nun drang Mithridates siegreich nach Memphis und von da dem westlichen Nilarm entlang gegen Alexandria vor. Erst in der Gegend der Mareotis stieß er wieder auf starken Widerstand. Zu seiner Vernichtung führte der König am 25. März (13. Januar jul.) auf der Nilflotte seine Hauptmacht heran. Gleichzeitig hatte aber auch Caesar Nachricht von Mithridates bekommen, landete seine Truppen nachts an der Küste westlich von Alexandrien und vereinigte sich nach einem Landmarsch glücklich mit dem Entsatzheer. Am 26. rückte er vor das königliche Lager und am 27. nahm er es in glänzendem Sturmangriff. Der König fand auf der Flucht den Tod im Nil. Caesar traf noch am selben Abend mit der Reiterei vor Alexandrien ein und nahm die Kapitulation der Stadt entgegen[285].

Ein halbes Jahr hatte Caesar auf diese Weise in Aegypten verbracht oder besser verloren, denn es war eine Zeit, innerhalb deren er sozusagen von jeder Einwirkung auf die Kriegführung und Politik im Reich abgeschnitten war. Cicero schreibt am 14. Juni 47, seit dem 13. Dezember 48 habe Caesar keinen Brief nach Rom mehr gesandt[286]. Hatte man im Oktober 48 einen baldigen Frieden erhoffen können, so war seither ein Umschwung eingetreten, der die Entscheidung von Pharsalos zum guten Teil wieder aufhob.

Nach der Niederlage begaben sich die oligarchischen Führer, soweit sie nicht Pompeius nach Osten gefolgt waren, nach Dyrrhachion und Kerkyra, den beiden Hauptstützpunkten für Heer und Flotte. Marcus Cato, der Kommandant des ersteren, schaffte seine 15 Cohorten daraufhin ebenfalls nach der Insel, und nachdem sich gezeigt hatte, daß mit diesen Kräften die Pelo-

11, 14, 3. 20, 1 wissen wir, daß er 47 Caesar in Syrien traf, offenbar als einer von denen, die ihm damals über die Vorgänge in Rom Bericht erstatteten (b. Al. 65, 1), und er wird dann am Feldzug gegen Pharnakes teilgenommen haben. So ist höchst wahrscheinlich, daß er den letzten Teil des b. Al. 65–78 aus eigener Anschauung schrieb. Wenn er b. G. 8 praef. 8 von mündlichen Mitteilungen Caesars über die Kämpfe in Alexandria spricht, so dürfen wir an Unterhaltungen während dieses Zusammenseins denken. Für die andern Kriegsschauplätze hatte er die an Caesar gesandten Berichte. Nach Att. 11, 20, 1 erfuhr Cicero die Anwesenheit des Hirtius in Antiochia durch einen Freigelassenen des C. Trebonius (so O. E. Schmidt Briefwechsel 231). Trebonius war der Nachfolger des Q. Cassius in Hispania ulterior (b. Al. 64, 2), und so wird der Freigelassene einen Bericht über das Ende der dortigen Wirren gebracht haben. Möglicherweise geht die ganze Darstellung b. Al. 48–64 darauf zurück. Natürlich hätte Trebonius Mitteilungen von Augenzeugen benutzt. – Halten wir, wie auch mir wahrscheinlich ist, Hirtius für den Verfasser des b. Al., so zeigt der Abschnitt 23–24, daß er sich Caesars Erzählung durch andere Kriegsteilnehmer ergänzen ließ. Für den treuen Caesarianer spricht, daß er in diesem Zusammenhang von Kleopatra schweigt.

[284] Joseph. B. Iud. 1, 187–192. Ant. 14, 127–136.

[285] B. Al. 26–32. Cass. Dio 42, 41. 43. Plut. 49, 9. Appian. b. c. 2, 378. Das Datum der Schlacht Fasti Caeret. CIL I 1, S. 212 zum 27. März *Fer(iae) quod eo die C. Caes(ar) vicit Alexand(riae)*. Fasti Maff. CIL I 1, S. 223. Karten zum Alexandrinischen Krieg bei Kromayer-Veith Schlachtenatlas Röm. Abt. Blatt 21.

[286] Cic. Att. 11, 17a, 3.

ponnes gegen Fufius Calenus nicht zu halten war, setzte er Anfang Oktober 48 von Patrae aus mit Labienus, Afranius und Petreius nach der Kyrenaika über, um sie Pompeius zur Verfügung zu stellen. Hier brachte ihnen jedoch Sextus Pompeius die Kunde von der Ermordung des Vaters, andererseits vernahmen sie die glückliche Ankunft des Metellus Scipio in Afrika. Allen Schwierigkeiten zum Trotz führte nun Cato die 10000 Mann, die ihm noch geblieben waren, auf dem Landweg ebendorthin. Mit dem Frühjahr 47 brachte jetzt der Einfluß seiner Persönlichkeit Ordnung in die einander widerstrebenden Elemente der Partei. Als Oberbefehlshaber wurde Scipio anerkannt. Ihm ordnete sich sowohl Attius Varus, der bisherige Statthalter, als König Juba von Numidien unter, und es konnte eine stattliche Armee geschaffen werden, die neben starker Reiterei und 120 Elefanten 10 römische und 4 königliche Legionen zählte[287]. In Titus Labienus besaß die hier fortlebende Optimatenrepublik auch einen hervorragenden Heerführer, und wie man ihre Aussichten einschätzte, ergibt Ciceros Korrespondenz, wo im Mai und Juni 47 (März und April des verbesserten Kalenders) mit einem Angriff auf Italien gerechnet wird[288]. Tatsächlich fanden Flottenvorstöße nach Sizilien und Sardinien statt, und andererseits wurde die Verbindung mit den beiden früher pompeischen Legionen in Spanien aufgenommen[289]. Den dortigen Unruhen hatte im Februar das Erscheinen des neuen Statthalters von *Hispania ulterior*, Gaius Trebonius, nur äußerlich ein Ende gemacht. Quintus Cassius, der Hauptschuldige an jener Entwicklung, fand auf der Rückreise den Tod, aber unter der Asche glomm die pompeiusfreundliche Bewegung weiter[290].

Selbst in Italien wurde die Lage unsicher. Mitte September 48 war Caesar für ein Jahr zum Dictator ernannt worden[291]. Nach seiner Weisung erklärte der Consul Servilius später den Marcus Antonius, der den Hauptteil der siegreichen Armee nach Italien übergeführt hatte, zum *magister equitum*[292], und seit dem Dezember waltete dieser als oberster Machthaber in Italien[293]. Nachdem der Untergang des Pompeius feststand, entfalteten die Magistrate eine rege Tätigkeit, auf den Sieger außerordentliche Ehren und Vollmachten über die Dictatur hinaus zu häufen. So legte ein Gesetz das Schicksal der Pompeianer auch formell in sein Belieben[294]. Ihm wurde die Entscheidung

287 Cic. Att. 11, 7, 3. Plut. Cat. min. 55–57. Appian. b. c. 2, 364–367. Cass. Dio 42, 13, 2–4. 57, 1–3. Lucan. 9, 19–949. B. Afr. 1, 4. 3, 2. 20, 2. 48, 1; 5.

288 Att. 11, 10, 2 (19. Januar 47). 14, 1. 15, 1. 16, 1. 17a, 3. 18, 1.

289 Cass. Dio 42, 56, 3–5.

290 B. Al. 64. Vgl. B. Afr. 23, 3. Cass. Dio 42, 16, 2. 43, 29, 1–3.

291 O. E. Schmidt, Briefwechsel 211. Broughton MRR II 272. H. Andersen Cass. Dio und die Begründung des Principats (1938) 24. o. Anm. 270.

292 Cass. Dio 42, 21, 1. Cic. Phil. 2, 59.

293 Cic. Att. 11, 7, 2. Phil. 2, 62. Cass. Dio 42, 27, 2. Plut. Ant. 8, 5.

294 Cass. Dio 42, 20, 1. Ob es die Cic. Phil. 13, 32 und CIL I 604 erwähnte lex Hirtia ist, wird bestritten. Hirtius müßte im Jahr 48 Volkstribun gewesen sein, Broughton MRR II 285, 3,

über Krieg und Frieden übertragen ohne Verpflichtung, Senat oder Volk zu befragen, weiter das Recht, fünf Jahre hintereinander das Consulat zu bekleiden, und der Sitz auf der Volkstribunenbank samt andern tribunicischen Ehrenrechten[295]. Die Beamtenwahlen, mit Ausnahme der durch die Plebejerversammlung erfolgenden, wurden bis zu seiner Rückkehr verschoben. Das Gesetz des Pompeius, das die Übernahme der Statthalterschaften neu geordnet hatte, wurde aufgehoben, die Besetzung der praetorischen Statthalterschaften ihm anheimgegeben. Schließlich wurde für ihn schon im voraus der Triumph über den König Juba beschlossen[296].

Während die Bürgerschaft je länger je mehr unter dem brutalen Willkürregiment des Antonius litt[297], nahm seit Anfang 47 Publius Dolabella als Volkstribun die Agitation des Caelius zugunsten der Schuldner wieder auf. Als es zu bewaffneten Zusammenstößen der Parteien kam, erließ der Senat an Antonius und die übrigen Volkstribunen den Vollmachtsbeschluß. Doch infolge der Unsicherheit über Caesars Schicksal griff in Italien die Mißstimmung weiter, und vor allem wurden auch die Veteranenlegionen, die in Campanien im Quartier lagen, unruhig, so daß Antonius Rom verlassen mußte, um dort zu beruhigen. Damit fiel die Stadt ganz dem anarchischen Treiben Dolabellas und seines Gegenspielers Trebellius anheim[298].

Bedrohlich gestaltete sich im Winter die Lage auch im Illyricum. Dieses als Durchgangsgebiet für einen Landangriff auf Italien wichtige Küstenland ließ Caesar im Jahr 48 durch seinen *quaestor pro praetore* Cornificius sichern und zu dessen Verstärkung im Herbst auch noch Aulus Gabinius mit den in Italien ausgehobenen Rekruten hinmarschieren. Gegen alle Erwartung erlitt aber dieser bewährte Heerführer eine schwere Niederlage und starb einige

Die lex wird von Cic. Att. 11, 9, 1 (3. Januar 47) erwähnt. O. E. SCHMIDT Briefwechsel 210 möchte sie den am 10. Dezember 48 ihr Amt antretenden Volkstribunen zuschreiben.

[295] Cass. Dio 42, 20, 3. H. ANDERSEN a. O. 25–27. Seine These (16–23), daß Dio solche Listen von Beschlüssen nicht einer annalistischen Quelle entnahm, sondern einem besondern Sammelwerk, das auf die Senatsakten zurückging, halte ich nicht für bewiesen (vgl. H. U. INSTINSKY Gnomon 15, 583). Dagegen scheint mir E. HOHL Klio 32 (1939), 63, 71 zu Unrecht den ganzen Bericht Dios über die tribunicischen Ehrenrechte zu eliminieren.

[296] Cass. Dio 42, 20.

[297] Cic. Phil. 2, 62–63. Cass. Dio 42, 27, 3–28, 4. 45, 28, 1–2. Plut. Ant. 9, 5–9. Plin. n. h. 8, 55.

[298] Cass. Dio 42, 29, 1–30, 2. Plut. Ant. 9, 1–4. B. Al. 65, 1–2. Cic. Att. 11, 10, 2 (19. Januar 47) *accedit Hispania et alienata Italia, legionum nec vis eadem nec voluntas, urbanae res perditae.* 12, 4. 14, 2. 15, 3. 23, 3. Phil. 6, 11. 10, 22. 11, 14. Dolabella wollte sich selbst seiner Schulden entledigen. Um das Volkstribunat zu übernehmen, mußte er wie seinerzeit Clodius Plebejer werden (Cass. Dio 42, 29, 1). Ob er davon Gebrauch machte, daß er als Erbe einer Livia deren Namen annehmen sollte (Cic. Att. 7, 8, 3)? Es würde entgegen SCHMITTHENNER Oktavian und das Testament Caesars (1952) 47 für ‚testamentarische Adoption' sprechen. Freilich nach Gai. inst. 1, 104 *feminae vero nullo modo adoptare possunt.* JÖRS-KUNKEL Röm. Privatr. 186, 3, 2. Dig. 1, 7, 38 wird erwähnt *adoptio non iure facta.* SCHMITTHENNER 60, 3.

Zeit darauf in Salona. Im Zusammenwirken mit den einheimischen Rebellen machte nun in der Folge der pompeische Flottenführer Marcus Octavius auf diesem Kriegsschauplatz erhebliche Fortschritte. Da war es angesichts der Verhältnisse in Italien von großer Bedeutung, daß Publius Vatinius, der wagemutige Kommandant von Brundisium, durch einen tollkühnen Vorstoß mit minderwertigen Fahrzeugen die feindliche Flotte endgültig aus der Adria vertrieb[299].

Dagegen erlitt Caesars Sache in Kleinasien eine schwere Einbuße durch Pharnakes, den König des kimmerischen Bosporus (Krim). Dieser Sohn des großen Mithradates war bald nach Caesars Abfahrt von Rhodos an der Nordküste Kleinasiens gelandet, um während der römischen Wirren das Reich des Vaters zurückzuerobern. Seine Absichten erstreckten sich also teils auf Gebiete, die jetzt dem Galaterfürsten König Deiotaros und dem Kappadokerkönig Ariobarzanes gehörten, teils auf die römische Provinz Bithynien und Pontos. Caesars Legat Gnaeus Domitius Calvinus verfügte nur über eine reguläre römische Legion, aber zwei römisch bewaffnete Galaterlegionen stellte Deiotaros, und aus Pontos konnte noch eine Landsturmlegion herangezogen werden. Mit diesen Kräften suchte Calvinus den Pharnakes bei Nikopolis in Kleinarmenien auf und lieferte ihm dort, um seine Truppen freizubekommen zu Caesars Entlastung, im Dezember 48 eine Entscheidungsschlacht. Allein der König gewann einen vollständigen Sieg, nur noch Trümmer seiner Armee brachte der Legat nach Asia zurück. Pharnakes nahm Besitz von Pontos, Amisos wurde unter wüsten Greueln erobert, Sinope fiel, und er drang durch Bithynien schon nach Asia vor, als ihn etwa im Mai 47 die Nachricht, Asandros, sein Statthalter im Bosporus, habe sich gegen ihn erhoben, zum Stehen brachte[300].

So war die Kriegslage, von der Caesar nach dem Fall Alexandriens Kenntnis erhielt. Trotzdem blieb er noch bis Anfang Juni (Ende März jul.) in Aegypten[301]. Welche Gründe ihn dazu bestimmten, läßt sich nur vermuten. Wir hören, daß er mit Kleopatra eine großartige Nilreise bis an die Südgrenze des Königreichs ausführte, woran die Soldaten Anstoß nahmen[302].

[299] B. Al. 42–47. Cass. Dio 42, 11, 4–5 schlecht gekürzt.

[300] B. Al. 34–41. Cass. Dio 42, 9, 2–3. 45–46. Appian. Mithr. 591. Strab. 12, 547.

[301] Appian. b. c. 2, 378 bemißt den Aufenthalt in Ägypten mit 9 Monaten. Cic. Att. 11, 18, 1 (19. Juni in Brundisium) *de illius* (sc. *Caesaris*) *Alexandrea discessu nihil adhuc rumoris, contraque opinio valde esse impeditum.* 25, 2 (5. Juli 47) *illum discessisse Alexandrea rumor est non firmus ortus ex Sulpici litteris; quas cuncti postea nuntii confirmarunt.* Ser. Sulpicius Rufus, der große Rechtsgelehrte, hielt sich nach Cic. Brut. 156 damals in Samos auf. Nach Att. 11, 20, 1 brauchte der Freigelassene des Trebonius zur Fahrt von Seleukia (der Hafenstadt von Antiochia) bis Brundisium 28 Tage. Danach wird Caesar in den ersten Junitagen in einer der syrischen Hafenstädte gelandet sein (b. Al. 66, 1. Jos. b. Jud. 1, 194). O. E. Schmidt Briefwechsel 224. Holmes III 509.
H. Volkmann Kleopatra 70 läßt Caesar schon um den 10. April von Alexandria abfahren. Das läßt sich mit Ciceros Angaben nicht vereinigen.

[302] Suet 52, 1. Appian. b. c. 2, 379. Spottlied der Soldaten beim ägyptischen Triumph Cass. Dio 43, 20, 2.

Aber daß er die Politik der Liebe geopfert hätte, widerspricht der Wahrscheinlichkeit[303]. Eher wird man sagen dürfen, daß auch in dieser Liebe ein gut Teil Politik steckte. Die Liebe der Königin bürgte ihm für den Besitz Aegyptens, dieses dem Herrn Roms strategisch und wirtschaftlich unschätzbaren Landes, besser, als es das Treuwort irgendeines seiner Gefolgsleute vermocht hätte. Ganz im Gegensatz zur Politik seiner Jugend hat er Aegypten darum jetzt nicht zur Provinz gemacht, sondern als selbständiges Reich unter der Regierung der Kleopatra und ihres zweiten, damals elfjährigen Brudergemahls Ptolemaios XV. anerkannt. Die jüngere Schwester, Arsinoë, sollte nach Rom gebracht werden[304]. Zum Schutz der neuen Ordnung ließ er drei Legionen im Lande, und zwar unter dem Befehl eines gewiß zuverlässigen Offiziers, Rufio, der aber der Sohn eines Freigelassenen war. Jedenfalls

[303] Wir müssen uns vergegenwärtigen, daß er über die höchst unerfreulichen Ereignisse im Reich nur mangelhaft unterrichtet war. Nach b. Al. 65, 1 empfing er erst in Syrien genaueren Bericht über die Wirren in Rom. Cicero, der im Oktober 48 in der Hoffnung, der Krieg gehe bald zu Ende, nach Brundisium gefahren war (RE 7A, 1004), schreibt am 3. Juni 47 ganz verzweifelt (Att. 11, 16, 1): *Neque enim ulla de adventu eius opinio est neque si qui ex Asia veniunt quicquam auditum esse dicunt de pace; cuius ego spe in hanc fraudem incidi. Nihil video quod sperandum putem, nunc praesertim cum ea plaga in Asia sit accepta, in Illyrico, in Cassiano negotio, in ipsa Alexandrea, in urbe, in Italia. Ego vero etiam si rediturus ille est qui adhuc bellum gerere dicitur, tamen ante reditum eius negotium* (Landung der Optimaten von Afrika in Italien) *confectum iri puto.* Am 19. Juni (Att. 11, 18, 1): *Sive enim bellum in Italia futurum est sive classibus utetur, hic* (in Brundisium) *esse me minime convenit; quorum fortasse utrumque erit, alterum certe.* Atticus soll sich bei Antonius erkundigen. Am 6. August (Att. 11, 24, 5) fragt er den Atticus: *Quod scribis litteris putare Africanum negotium confici posse, vellem scriberes cur ita putares; mihi quidem nihil in mentem venit qua re id putem fieri posse.* Atticus hatte wohl Cicero auf Grund einer optimistischen Auskunft der Caesarianer in Rom trösten wollen. Am 12. August erhielt Cicero einen in Alexandrien geschriebenen Brief Caesars (Lig. 7 *ut essem idem qui fuissem.* fam. 14, 23: *litterae satis liberales, et ipse opinione celerius venturus esse dicitur*). O. E. Schmidt Briefw. 227 schließt sicher richtig, es sei der Brief, mit dem sein Freigelassener Philotimus am 28. Mai in Rhodos eintraf (Att. 11, 23, 2), und vermutet (228), Caesar habe ihn um den 20. Mai geschrieben. Am 11. August (fam. 14, 24) hatte Cicero noch gemeldet: *nos neque de Caesaris adventu neque de litteris quas Philotimus habere dicitur quicqam adhuc certi habemus.* Wir erhalten durch Cicero vor allem eine Vorstellung davon, wie stark die Optimaten in Afrika während des seit Pharsalos verflossenen Jahres (fam. 15, 15, 2 im August an C. Cassius: *in bellis civilibus interpositus annus. Alexandrini belli tanta mora*) wurden. Für Caesar war es angesichts dieser Lage nicht nur wichtig, daß er Ägypten fest in seiner Hand hatte (b. c. 3, 106, 1), sondern er mußte sich auch darüber klar werden, über welche Streitkräfte er verfügte und wie sie am zweckmäßigsten einzusetzen waren. Nach den aufregenden Kämpfen in Alexandrien brauchten seine Soldaten eine Erholungspause. Caesar selbst fand sie wohl in der Lustfahrt auf dem Nil. Was ihm Kleopatra bedeuten mochte, weiß O. Seel Cicero (1953) 244–248 zu schildern. Aber der politische Schriftenverkehr muß lebhafter gewesen sein als je — wir haben nur Kunde vom Brief an Cicero — und, wenn nicht alles täuscht, verfaßte er damals das *bellum civile*, das gegenüber den Optimaten in Afrika deren Schuld an dem unseligen Blutvergießen beweist, o. S. 174, Anm. 392.

[304] B. Al. 33, 1–2. Suet. 35, 1. Cass. Dio 42, 44, 1–4. 43, 19, 2. 51, 15, 4. Appian b. c. 378. Porphyr. FgrHist 260, F2, 16. Strab. 17, 796. Oros. 6, 16, 2. Hieronym. Chron. z. J. 47 *Caesar in Aegypto regnum Cleopatrae confirmat ob stupri gratiam*, ähnlich Eutrop. 6, 22, 3. V. ill. 86, 1.

sprach auch dabei das Bedenken mit, einem seiner vornehmen Gefolgsleute Aegypten anzuvertrauen. Es war das eine politische Überlegung, die Augustus später nach der Annexion zum Grundsatz der Principatspolitik erhob. Nur seine Veteranenlegion nahm er Anfang Juni mit nach Syrien[305]. Einige Wochen später gebar ihm Kleopatra einen Sohn, der die Namen Ptolemaios und Caesar erhielt, im Volksmund Alexandriens spöttisch als Kaisarion (Caesarsproß) bezeichnet[306].

Das neunmonatige aegyptische Intermezzo gibt dem Betrachter von Caesars Geschichte mehr als ein Rätsel auf. Die Verwegenheit, mit so schwachen Kräften die von glühendem Römerhaß erfüllte Großstadt zu betreten, setzte schlechterdings alles, was durch die Entscheidungsschlacht in Thessalien gewonnen schien, nochmals aufs Spiel. Und welch seltsamen Anblick bot es, daß der Sieger von Pharsalos und Dictator des römischen Volks seine Rettung nur den kleinasiatischen und syrischen Mannschaften eines Mithridates von Pergamon zu danken hatte! Das Merkwürdigste aber bleibt die Rolle der Kleopatra, dieser Liebesroman, der die einzigartige Laufbahn des Helden hart an wenig rühmlichem Ausgang vorbeiführte. Man kann vieles daran politisch deuten. Doch läßt der tatsächliche Verlauf des aegyptischen Abenteuers darüber keinen Zweifel, daß ihn an dem dämonischen Weib mehr fesselte als der Rang und der Glanz der letzten Diadochendynastie.

So sehr die Nachrichten aus Rom zu einer baldigen Rückkehr nach Italien drängten, war Caesar doch entschlossen, zuvor die Angelegenheiten der öst-

[305] B. Al. 33, 3–5. Suet. 76, 3. Nach Appian. b. c. 3, 318. 4, 256. 263 sollen im Jahr 43 vier Legionen in Ägypten gestanden haben. Holmes III 503.

[306] Plut. Caes. 49, 10. Ant. 54, 6. Nach der Beseitigung des jungen Ptolemaios (Porph. FgrHist 260 F 2, 16. Jos. ant. 15, 89. c. Ap. 2, 58) nahm ihn Kleopatra 44 zum Mitregenten (Cass. Dio 47, 31, 5). Als solcher im Datum eines Beschlusses der Priester von Theben Or. gr. 194, 1 *Π]τολεμαίου τοῦ καὶ Κα[ί]σαρος, [θ]εοῦ Φιλοπάτορος Φιλομή[τορος* von 43. Nach einer demotischen Grabinschrift war sein Geburtstag der 23. Juni 47, Stähelin RE 11, 754. L. Ross Taylor The divinity of the Rom. Emperor (1931) 103-4. Volkmann RE 23, 1760. Caesar (Augustus) ließ ihn 30 töten (Suet. Aug. 17, 5. Plut. Ant. 82, 1. Cass. Dio 51, 15, 5.) Volkmann Kleopatra 71. Gnomon 31 (1959) 178 hebt mit Recht hervor, daß nach Suet. 52, 2 Antonius im Senat erklärte, Caesar habe das Söhnchen als das seinige anerkannt; C. Matius, C. Oppius und andere Freunde Caesars wüßten es. Das muß 44 geschehen sein in den Auseinandersetzungen mit Octavian. Sueton fügt bei, Oppius habe eine Schrift veröffentlicht, *non esse Caesaris filium, quem Cleopatra dicat*. Da es nach dem Jahr 44 keine Nachricht über Oppius gibt, erwägt Münzer RE 18, 734, ob Oppius gleich damals zugunsten Octavians die Behauptung des Antonius abgestritten habe. Doch könnte es auch erst 32 geschehen sein. Es ist klar, daß Octavian die Existenz des Bastards, den auch Cic. Att. 14, 20, 2 (am 11. Mai 44 *de regina velim atque etiam de Caesare illo*, vielleicht Anspielung auf die Mitteilung des Antonius im Senat) erwähnt, höchst verhaßt war, und daß alle Bezweiflungen von Caesars Vaterschaft in der Historiographie auf ihn zurückgehen. Wie schlecht es um die Begründung stand, zeigt Nikolaos von Damaskos FgrHist 90 F 130, 68, wo auf Caesars Testament (30) verwiesen wird, das die Kinderlosigkeit bezeugt habe. W. Schmitthenner Oktavian und das Testament Caesars (1952), 26 hat herausgearbeitet, daß im Testament ein eventueller *postumus* (Gai. inst. 2, 130) erwähnt war. Im rö-

lichen Provinzen politisch und militärisch zu ordnen, und die Planmäßigkeit, mit der in der knapp bemessenen Zeit diese schwierigen Geschäfte abgewickelt wurden, beweist, daß während der festereichen Wochen in Alexandrien politisch und strategisch alles wohl vorbereitet worden war. Wir wissen auch, daß er damals in einem Brief an Cicero diesen als Imperator anerkannte[307]. Die Grundlage für seine Verfügungen in Syrien, Kilikien, Bithynien und Asia bildete naturgemäß das Verhalten der Gemeinden und Fürsten während des alexandrinischen Krieges und im Kampf gegen Pharnakes. Alle, die sich um die Hilfeleistung Mithridats verdient gemacht hatten, wurden nun mit Freiheits- und Immunitätsdekreten, Grenzberichtigungen und Landverleihungen belohnt[308]. Erhalten geblieben sind uns von dieser reichen Tätigkeit nur Aktenstücke, die sich auf die Juden beziehen. Bei diesen wurde als Hohepriester und Fürst anerkannt der Hasmonaeer Hyrkanos II. Ihm wurde gestattet, die Mauern Jerusalems wieder aufzurichten, sein Gebiet von Kontributionen und römischer Einquartierung befreit. Sein leitender Minister Antipatros (der Vater Herodes' des Großen) erhielt das römische Bürgerrecht und allgemeingültige Abgabenfreiheit[309]. Im übrigen verfuhr Caesar überall

mischen Testament kamen als gesetzliche Erben (*sui heredes* Gai. 3, 2. Jörs-Kunkel Röm. Privatrecht § 196) nur eheliche Nachkommen in Betracht (Schmitthenner 16, 2. 63). Was Schmitthenner 15 gegen die „moderne Forschung" einwendet, verstehe ich nicht. J. P. V. D. Balsdon, Historia 7 (1958), 87 meint, Caesar habe nach der Geburt der Julia die Zeugungsfähigkeit verloren. Doch berühmte sich 70 n. Ch. der Lingone Julius Sabinus durch seine Urgroßmutter ein Abkömmling Caesars zu sein (Tac. hist. 4, 55. 67. Cass. Dio 66, 3, 1. 16, 1). Beim gallischen Triumph sangen die Soldaten: *urbani servate uxores, moechum calvom adducimus* (Suet. 51). Über Ptolemaios Kaisar Volkmann RE 23, 1760. Suet. 52, 2 *quem quidem nonnulli Graecorum similem quoque Caesari et forma et incessu tradiderunt.* Holmes III 506.

307 Cic. Lig. 7. Deit. 38.

308 B. Al. 65, 4 *Commoratus fere in omnibus civitatibus quae maiore sunt dignitate, praemia bene meritis et viritim et publice tribuit, de controversiis veteribus cognoscit ac statuit; reges, tyrannos, dynastas provinciae finitimosque* (die Unterscheidung von Dynasten innerhalb der Provinz und Verbündeten außerhalb darf nicht emendiert werden), *qui omnes ad eum concurrerant, receptos in fidem condicionibus impositis provinciae tuendae ac defendendae dimittit et sibi et populo Romano amicissimos.* Da Hirtius (o. Anm. 283) dem *consilium* Caesars angehörte (Jos. ant. 14, 192), sind seine Bemerkungen über Caesars Grundsätze besonders wichtig: 65, 1 *existimabat, quas in provincias regionesque venisset, eas ita relinquere constitutas ut domesticis dissensionibus liberarentur, iura legesque acciperent, externorum hostium metum deponerent.* 78, 1 in Galatien, Bithynien, Asia: *omniumque earum provinciarum de controversiis cognoscit et statuit; iura in tetrarchas, reges, civitates distribuit.* Hier verwirklichte Caesar, was er im Brief an Metellus Scipio (b. c. 3, 57, 4) mit *pacem provinciarum, salutem imperii* bebezeichnet hatte, o. Anm. 191. Natürlich hielt er sich, wie früher Pompeius, im Rahmen der bisherigen römischen Politik. Aber Tempo und Präzision seiner Entscheidungen zeigten, daß es mit dem Schlendrian der Optimatenrepublik zu Ende gehe.

309 Jos. b. Jud. 1, 194–200. Ant. 14, 137. 143–144. 190–195 Brief Caesars an die Gemeinde Sidon über die Anerkennung Hyrkans mit dem Decret (192 μετὰ συμβουλίου γνώμης ἐπέκρινα = *de consilii sententia decrevi*). 202–206 eine Verfügung Caesars (202 ἔστησεν = *constituit* Caes. b. c. 3, 1, 2 oder *statuit.* b. Al. 65, 4 *cognoscit ac statuit.* Cic. Att. 16, 16C, 11) über die Einkünfte der Dynastie, die Sicherung gegen Übergriffe römischer Magistrate und den Besitz von Joppe. Mommsen

nach dem Grundsatz, daß sämtliche Gelder, die für Pompeius aufgebracht waren, an ihn abzuführen seien. Denen, die damals besonderen Eifer gezeigt hatten, wurden darüber hinaus noch besondere Kontributionen auferlegt, und schließlich wurde genau darauf geachtet, daß die hellenistische Sitte, den siegreichen Herrscher mit gewichtigen Goldkränzen zu bewillkommnen, eifrig geübt wurde. Denn Caesar sagte es offen heraus, zum Herrschen gehörten nur zwei Dinge, Soldaten und Geld, und Armeen könnten nur mit Geld zusammengehalten werden[310]. Schon von seinem frühern Verbündeten Marcus Crassus berichtet man den Ausspruch, wer im Staat *princeps* sein wolle, müsse reich genug sein, aus seinen Vermögenserträgen ein Heer zu ernähren[311]. Seitdem sich die römische Bürgerwehr notgedrungen in ein Heer von Berufssoldaten gewandelt hatte, trat eben in der Politik der Imperator mit seinen Veteranen an die Stelle des Patrons und seiner Clientel. Was seit Jahrzehnten die einen fürchteten und die andern erstrebten, brach nun in Caesar als vollendete Wirklichkeit durch: der Besieger Galliens, dem die alten Machthaber die Anerkennung verweigern wollten, warf an der Spitze seines Heeres alle Widerstände nieder und griff kraft einer Autorität, die sich einzig auf die Treue seiner Soldaten gründete, nach dem Reichsregiment.

Nachdem die syrischen Fragen in Antiochia geregelt waren, hielt er für Kilikien einen Landtag in Tarsos ab[312]. Außer den Landeseinwohnern empfing er auch, wie schon in Syrien, verschiedene vornehme Pompeianer, die sich mit gewohntem Erfolg seiner Gnade empfahlen. So stellte sich ihm bei der Landung in Kilikien insbesondere Gaius Cassius. Diesem hervorragenden Gegner vermittelte sein Schwager Brutus eine ausgezeichnete Aufnahme beim Dictator[313]. Dann ging es durch Kappadokien weiter gegen Pharnakes. An der galatischen Grenze machte ihm Deiotaros seine Aufwartung und bat um Verzeihung wegen des Irrtums, den er mit seinem Anschluß an Pompeius begangen habe. Diese Entschuldigung ließ Caesar nicht gelten, weil seit 48 klar gewesen sei, daß er als rechtmäßig gewählter Consul die legitime Staatsgewalt vertrete. Aber auf die Fürsprache der Gastfreunde des Galaters, zu denen auch Brutus gehörte, beließ er ihm den Königstitel, doch unter Vorbehalt späterer Festsetzung des Gebiets. Für den Feldzug hatte er seine Legion und die gesamte Reiterei zu stellen. Dazu stießen dann noch die

R. G. V 501, 1 will den schlecht überlieferten Text dahin verstehen, daß Hyrkanos von dem durch Pompeius auferlegten Tribut (ant. 14, 74) befreit wurde. Vgl. Otto RE Suppl. 2, 55. Die Befreiung von zusätzlichen Forderungen römischer Magistrate ähnlich wie im Plebiscit für Groß-Termessos von 68 (Dessau ILS 38 II 7–18). Ant. 14, 196–198. 207–210 sind bestätigende und ergänzende Senatsbeschlüsse wohl aus dem Jahr 46. Das Decret über den Mauerbau 200–201 gehört nach dem überlieferten Datum ins Jahr 44, doch nach 144. 156 schon 47 genehmigt.

310 Cass. Dio 42, 49, 4 311 Plin. n. h. 33, 134. RE 13, 300.

312 B. Al. 66, 2.

313 Cic. fam. 15, 15, 3. Phil. 2, 26 mit der für uns unverständlichen Angabe, daß Cassius schon damals ein Attentat geplant habe. O. E. Schmidt Briefwechsel 225. 227.

beiden wieder aufgefüllten Legionen des Domitius Calvinus. Caesars eigene Veteranenlegion war auf weniger als 1000 Mann zusammengeschmolzen[314].

Pharnakes hatte wegen des Aufstandes in der Krim den Rückmarsch angetreten und bezog nun eine Stellung bei der pontischen Stadt Zela. In genauer Kenntnis von Caesars Lage hoffte er, durch Verhandeln einen kriegerischen Zusammenstoß vermeiden zu können und nach dem Abzug des Dictators in Kleinasien freie Hand zu behalten. Er schickte Gesandte mit einem goldenen Kranz und ließ um Einstellung von Caesars Vormarsch bitten, da er jede Forderung erfüllen werde und ja auch Pompeius keine Hilfe geleistet habe. Bis die Armee marschbereit war, hörte Caesar diese Botschaften zweimal mit Interesse an, das drittemal aber verlangte er sofortige Räumung von Pontos und Zurückerstattung alles römischen Eigentums und brachte scharf zum Ausdruck, daß die in den römischen Provinzen begangenen Greuel überhaupt nicht mehr gutzumachen seien, die Nichtunterstützung seines Gönners Pompeius von Pharnakes' Seiten sei kein Verdienst, sondern nur Befolgung des eigenen Interesses gewesen[315]. Darauf rückte er am 1. August (20. Mai jul.) auf 7½ Kilometer an das königliche Lager heran. Am Morgen des 2. ließ er nur 1500 Meter entfernt ein zweites Lager befestigen. Diese Herausforderung beantwortete Pharnakes in überheblichem Vertrauen auf die Kriegstüchtigkeit seines Heeres mit sofortigem Angriff. Aber diesmal gaben Caesars Veteranen die entscheidende Wendung. Innerhalb von vier Stunden wurde das feindliche Heer vernichtet, sein Lager erobert, und nur mit wenigen Reitern entkam der König selbst nach Sinope, doch lediglich um bald darauf in seiner Heimat durch die Rebellen den Tod zu finden[316]. Caesar teilte seinem Vertrauensmann Gaius Matius in Rom den Sieg mit den Worten mit: „Ich kam, sah, siegte" und bemerkte sarkastisch, Pompeius habe doch Glück gehabt, daß man ihn wegen seines Sieges über solche Feinde für einen großen Feldherrn gehalten habe[317]. Während er den Soldaten die Beute überließ, eilte er schon am folgenden Tage weiter, der Westküste Kleinasiens zu, überall die Herrschafts- und Hoheitsverhältnisse ordnend. Mithridates von Pergamon erhielt mit dem Königstitel das eine der galatischen Fürstentümer und den Anspruch auf Pharnakes' bisheriges Königreich. Amisos wurde zum Lohn für die ausgestandenen Leiden für frei er-

[314] B. Al. 67–69. 78, 3. Cic. Deiot. 13–14. 17–21. 24. Plut. Brut. 56, 4.

[315] B. Al. 69, 2–71, 2. 70, 2 *monuit, ut solebat, mitibus verbis legatos*. 71, 2 *cognita calliditate hominis, quod aliis temporibus natura facere consueverat tunc necessitate fecit adductus, ut celerius omnium opinione manum consereret*. Cass. Dio 42, 47, 2–4.

[316] B. Al. 72–76. Cass. Dio 42, 47, 5. Suet. 35, 2. Appian. b. c. 2, 381–383. Cass. Dio 42, 48, 1. Datum Fasti Am. CIL I² S. 244 zum 2. August. Holmes III 511 ff.

[317] Plut. 50, 3; den Namen des Matius stellte C. Cichorius R. Stud. (1922) 248 her. Beim pontischen Triumph wurde der Sieg mit dem glücklich geprägten Wort *veni, vidi, vici* gekennzeichnet, Suet. 37, 2. Appian. b. c. 2, 384. Suet. 35, 2.

klärt[318]. Des Deiotaros Sache kam in Nikaea zur Verhandlung und gelangte dank einer herzhaften Rede von Marcus Brutus zu einer günstigen Entscheidung. Deiotaros mußte Kleinarmenien an Ariobarzanes von Kappadokien abtreten, behielt aber sein übriges Gebiet. Die bedeutende Stellung, die Brutus überhaupt bei Caesar einnahm, erhellt auch aus einem Brief, womit er damals Ciceros gesunkene Zuversicht über sein Schicksal wieder aufrichtete. Ebenso muß es Caesars Versöhnungspolitik gedient haben, wenn er bei seiner Rückreise in Samos den Sulpicius Rufus und den zu Mytilene in freiwilligem Exil lebenden Marcus Marcellus besuchte[319].

Caesar selbst reiste über Athen nach Patrae und landete am 24. September in Tarent[320]. Auf der Straße nach Brundisium traf er mit Cicero zusammen. Diesem hatte vor diesem Augenblick gegraut, aber Caesars bezaubernde Liebenswürdigkeit ersparte ihm jede Demütigung. Der Dictator stieg sofort aus dem Wagen und widmete sich eine längere Wegstrecke allein dem Gespräch mit dem berühmten Consular. Anfang Oktober traf er in Rom ein[321].

Die große Aufgabe, die es jetzt zu lösen galt, war der Krieg in Afrika. Nur dessen Vorbereitung diente der Aufenthalt in Italien. Da auch nach dem Fall Alexandriens Caesars Ankunft immer noch auf sich warten ließ, waren die römischen Unruhen mit erneuter Heftigkeit losgebrochen. Dolabella und Trebellius lieferten sich blutige Straßenschlachten, ohne daß der *magister equitum*, Antonius, eingriff. Erst als Dolabella Gesetzesvorschläge über Annullierung der Schulden und Mieten einbrachte und nun der Senat Antonius aufs neue den Vollmachtsbeschluß erteilte, ließ er starke Truppen einrücken. Diese stürmten das von Dolabella mit Barrikaden bewehrte Forum, wobei 800 römische Bürger ihr Leben einbüßten; die Gesetzestafeln wurden zerschlagen, einige Rädelsführer vom Tarpeischen Felsen gestürzt[322].

[318] B. Al. 77, 2–78, 3. Cass. Dio 42, 48, 3–4. Bei Zela hatte 67 der Legat des Lucullus, C. Valerius Triarius eine furchtbare Niederlage erlitten (b. Al. 72, 2). Wie Dio 48, 2 berichtet, ließ Caesar das Siegesdenkmal des Mithradates nicht zerstören, weil es den Kriegsgottheiten gewidmet war, stellte es aber durch sein viel größeres in Schatten, Strab. 12, 547. 13, 625. Appian. Mithr. 596.

[319] In der Verhandlung gegen Deiotaros traten die andern galatischen Tetrarchen als Ankläger auf und behaupteten, er habe sich widerrechtlich den Besitz ihrer Fürstentümer angeeignet, auch erreicht, daß er vom Senat als König von Kleinarmenien anerkannt wurde. (b. Al. 67, 1. 78, 3. Cic. div. 1, 27. 2, 79. Strab. 12, 568). Da mit Deiotaros von früher her ein Treuverhältnis bestand (b. Al. 68, 1), zürnte ihm Caesar (Cic. Phil. 2, 94); doch gelang es Brutus, ihn günstiger zu stimmen. Caesar sagte nachher von ihm: „Es kommt sehr darauf an, was er will; aber was er will, will er mit Nachdruck". Cic. Att. 14, 1, 2. Brut. 11. 21. 156. 250. 330. Deiot. 14. Plut. Brut. 6, 7. Senec. dial. 12, 9, 4–6. Cass. Dio 42, 48, 3–4. In Asia erwies er sich Pergamon gnädig (IGRR IV 304. 306). In Bithynien gestattete er dem Quaestorier T. Antistius die Rückkehr nach Rom (Cic. fam. 13, 29, 4).

[320] Cic. Att. 11, 20, 2. 21, 2. Plut. Cic. 39, 4. Das Datum errechnet von E. Schmidt Briefwechsel 226.

[321] Plut. Cic. 39, 4–5. RE 7A, 1007/8.

[322] Cass. Dio 42, 30, 3–33, 1. Liv. per. 113.

Antonius brachte sich damit um jeden politischen Kredit; denn, wurde er von den anständigen Kreisen überhaupt nur als notwendiges Übel betrachtet, so verscherzte er sich nun auch die Gunst des Pöbels. Obendrein hatte er nicht verstanden, die schlechte Stimmung der Veteranen zu heben. Seinen auch für römische Begriffe anstößig ausschweifenden Lebenswandel hätte ihm der Dictator gewiß nachgesehen. Aber daß er politisch durch diesen *magister equitum* kompromittiert worden war, dafür bestrafte er den bisherigen Günstling mit einer zweijährigen Kaltstellung[323]. Dem Dolabella dagegen erhielt er sein Vertrauen und billigte sogar sein Vorgehen bis zu einem gewissen Grade, indem er den Hausbesitzern für das laufende Jahr einen Mietsnachlaß auferlegte, in Rom bis zu 500, in Italien bis zu 125 Denaren. Eine weitere Schuldentilgung lehnte er aber auch jetzt mit Entschiedenheit ab und hielt am dictatorischen Erlaß von 49 fest[324]. Sehr geschickt verwies er dabei auf seine sich abwickelnden Finanzoperationen. Nachdem er sein eigenes Vermögen im Dienst des Staates verbraucht habe, sei er auf Darlehen angewiesen und würde bei einer Schuldentilgung selbst einer der Hauptgewinner sein. Er begann nämlich damals mit gutem Erfolg auch Italien zur Finanzierung des Kriegs und vor allem der bevorstehenden Veteranenversorgung heranzuziehen. Nach dem Beispiel der Provinzen ließ er auch in den Municipien für Goldkränze und Statuen sammeln, und an Gemeinden und Private ergingen briefliche Aufforderungen, ihn mit Darlehen zu unterstützen. Wir wissen, daß in Rom auch die Höhe derselben vorgeschrieben wurde, worüber sich sogar die Soldaten beim Triumph lustig machten. Zurückgezahlt sind sie nie mehr worden[325]. Der Besitz der gefallenen, verstorbenen oder nicht begnadigten Gegner wurde öffentlich versteigert. Dabei erstand sich Antonius den Palast des Pompeius samt der ganzen Ausstattung, auch den Sklaven, wurde nun aber zu seinem großen Befremden von Caesar genötigt, wie die anderen den vollen gebotenen Kaufpreis zu bezahlen. Nur Caesars langjährige Freundin Servilia soll auch damals wieder besonders billig gekauft haben[326].

Die größte Schwierigkeit bot diesmal die Heeresbildung. Die Veteranen, die in Campanien zum Abtransport nach Afrika gesammelt waren, wollten endlich ein Ende des Dienstes und vor allem auch die oft verheißenen Belohnungen sehen. Sie begannen unter Führung einiger Tribunen und Centurionen in ihren Unterkunftsorten zu plündern und weigerten sich nach Sizilien zu gehen. Antonius konnte nichts ausrichten, Publius Sulla erhielt Steinwürfe. Nun schickte Caesar den neugewählten Praetor Gaius Sallustius Crispus, den

323 Cic. Phil. 2, 71. Plut. Ant. 10, 2. Caes. 51, 3.

324 Cass. Dio 42, 33, 2–3. 51, 1–2. Suet. 38, 2. Cic. fam. 9, 18, 4. off. 2, 84.

325 Cass. Dio 42, 50, 2–5. Corn. Nep. Att. 7, 3. B. Afr. 64, 2. Suet. 51: *aurum in Gallia effutuisti, hic sumpsisti mutuum.*

326 Cic. Phil. 2, 64–69. 71–73. 13, 10–11. Plut. Ant. 10, 3. Cass. Dio 45, 28, 3–4. 48, 38, 2. Suet. 50, 2. Macr. Sat. 2, 2, 5.

geistvollen Publizisten und nachmaligen großen Geschichtsschreiber, zu ihnen, der jedem einzelnen Mann weitere 1000 Denare versprach. Aber auch er mußte flüchten, zwei andere Senatoren wurden getötet und die ganzen Legionen setzten sich gegen Rom in Bewegung[327]. Zum unmittelbaren Schutz der Stadt hatte Caesar die Ordnungstruppen des Antonius zur Hand; aber als die Veteranen auf dem Marsfeld ankamen, ging er zu ihnen hinaus, um persönlich auf ihr Begehren zu antworten. Das Erscheinen des ruhmbedeckten Imperators brach den Mut der Meuterer. Nur um ihre Entlassung zu erbitten, wollten sie gekommen sein, hofften aber allerdings, das übrige werde sich aus Caesars Zwangslage von selbst ergeben. Jedoch er stürzte sie jäh aus allen Hoffnungen. Schon bei der Anrede „Quiriten" (Mitbürger) statt „Kameraden" zerschmolz ihr Trotz. Aber dann erklärte er sie noch für entlassen, die gemachten Versprechungen werde er nach seiner Rückkehr vom Feldzug erfüllen, wenn er mit anderen Soldaten triumphiere. Mit einem Schlag waren die Rollen vertauscht. Caesar war jetzt derjenige, der sich auf anhaltendes Bitten der Soldaten bereit erklärte, sie mitnehmen zu wollen. Er entwickelte ihnen dann seine Ansiedlungspläne, die sich an seine frühere Agrargesetzgebung anschlossen. Nicht wie Sulla wollte er ganze Gemeinden enteignen, um geschlossene Soldatencolonien zu gründen, sondern aus seinem eigenen und aus öffentlichem Besitz sollte jeder Veteran sein besonders angewiesenes Gut bekommen. Von einer Bestrafung der Rädelsführer sah er ab; jedoch wurden sie im geheimen vorgemerkt zur gelegentlichen Verwendung auf verlorenen Posten. Wer davonkam, wurde schließlich bei Belohnung und Versorgung um ein Drittel gekürzt[328]. Vergleicht man diesen Fall von Meuterei mit dem früheren von 49, so erkennt man, daß Caesar beide Male nach demselben psychologischen und disziplinaren Grundsatz verfuhr. Er gewann die Mehrheit und wußte die Anstifter zu treffen.

Obwohl der größere Teil des Jahres schon abgelaufen war, ließ er sogleich nach seiner Ankunft die fehlenden Magistrate nachwählen. Mit dem Consulat von 47 belohnte er Fufius Calenus und Vatinius, andere seiner senatorischen Gefolgsleute mit den übrigen Ämtern und mit Priesterwürden. Das nächste Consulat übernahm er gemeinsam mit Marcus Lepidus, den er von jetzt an als seinen erlauchtesten Helfer in den Vordergrund zu schieben liebte; wie er ihn denn schon als Propraetor bei seiner Rückkehr aus Spanien, ohne daß er etwas geleistet hätte, triumphieren ließ. Für 46 bezeichnete er als zu wählen zehn Praetoren statt nur acht, wie er auch die Priesterstellen vermehrte. Mit den Gefolgsleuten niedrigeren Standes füllte er den Senat

[327] Cic. Att. 11, 20, 2. 21, 2. 22, 2 (August 47). B. Afr. 19, 3. 28, 2. 54. Appian. b. c. 2, 386–387. Cass. Dio 42, 52, 1–2.

[328] Appian. b. c. 2, 388–396. Cass. Dio 42, 52, 1–55, 3. Plut. 51, 2. Suet. 38, 1. 70. Polyaen. 8, 23, 15. Gegen Meuterer war Caesar unerbittlich, Suet. 67, 1 *desertorum ac seditiosorum et inquisitor et punitor acerrimus conivebat in ceteris* = Cass. Dio 42, 55, 3. B. Afr. 28, 2. 46, 4. 54.

auf. Außer römischen Rittern, die teilweise aus Spanien und Gallien gebürtig waren, befanden sich unter ihnen auch verdiente Centurionen und Leute noch geringerer Herkunft[329]. So schuf er sich zuverlässige Regierungsorgane. Doch legte er die Dictatur wieder nieder, und die Frage blieb offen, ob später nicht wieder die überkommene freiheitliche Verfassung in Kraft treten werde. Zur Führung des afrikanischen Kriegs besaß er eine besondere Vollmacht. Sogar der Triumph über Juba war ja schon beschlossen[330].

An einem der ersten Dezembertage (Mitte September jul.) konnte er Rom wieder verlassen, am 17. traf er in Lilybaeum ein und stach schon am 25. mit 6 Legionen, wovon 5 aus Rekruten bestanden, und 2000 Reitern in See. Als Besatzung der Kriegsschiffe dienten die 7 Cohorten, welche Vatinius aus rekonvaleszenten Veteranen gebildet hatte. Die 4 weiteren Veteranenlegionen aus Campanien waren noch nicht zur Stelle[331]. Aber Caesar wollte auch diesmal wie beim Übergang nach Epiros den Gegner überraschen. Es stand durchaus nicht so, als ob damals der Verlauf des Feldzugs schon entschieden gewesen wäre. Caesar konnte den Gegner nicht mit überlegenen Kräften angreifen, weil er einen großen Teil seiner Truppen zur Sicherung des Reichs benötigte. Ein Mißerfolg in Afrika hätte überall die bedeutendsten Rückwirkungen hervorgerufen. Also mußte er auch diesmal seine ganzen Fähigkeiten einsetzen; aber, wie es seine Art war, baute er auch auf das Glück, das ihm noch immer treu geblieben war. Der Offizier, dem wir den Bericht über diesen Krieg verdanken, hat uns davon zwei charakteristische Einzelheiten erhalten: Caesar ließ in Lilybaeum sein Zelt zu äußerst am Strand aufschlagen, um jedem Soldaten seinen ungestümen Angriffswillen deutlich zu machen, und als er abfuhr, konnte er seinen Kapitänen keinen Hafen an der afrikanischen Küste als Ziel angeben, weil er selbst noch nicht wußte, wo eine Landung möglich sein werde[332].

Da die feindliche Hauptmacht bei Utika stand, suchte er sich zum Landen eine Stelle im Süden der Provinz aus. Aber als er am 28. Dezember bei Hadrumetum anlegte, hatte er nur 3000 Mann zu Fuß und 150 Reiter bei sich, die anderen Schiffe waren nordwärts abgetrieben worden[333]. Das war kein guter Anfang und in den Augen der Soldaten desto weniger, weil Caesar beim Aussteigen aus dem Schiff strauchelte. Doch er bannte sogleich den Aberglauben, indem er, mit den Händen den Boden fassend, frohgemut aus-

[329] Cass. Dio 42, 51, 3–5. 55, 4. 43, 1, 1–3. B. Afr. 28, 2 *Titii, Hispani adulescentes, tribuni legionis V, quorum patrem Caesar in senatum legerat.*

[330] Plut. 51, 1. Zur Dictatur U. Wilcken Zur Entwicklung der röm. Diktatur, Abh. Berlin 1940, 1, 16–19. Broughton MRR II 248, 1. o. Anm. 296.

[331] B. Afr. 1, 1; 5. 2, 1; 3. 10, 1. 34, 4. 53. 77, 3. Holmes III 534.

[332] B. Afr. 1, 1. 3, 4–5. Plut. 52, 2.

[333] B. Afr. 3, 1. Karten des Kriegsschauplatzes Holmes III 237. Kromayer-Veith Schlachtenatlas Röm. Abt. Bl. 22.

rief: „Ich halte dich, Afrika!" Derselben Rücksicht auf die Denkweise der Soldaten entsprang es, daß er ein übelbeleumdetes Mitglied des Cornelierhauses, einen Scipio Salvitto, auf den Feldzug mitgenommen hatte, weil aus dem Umstand, daß der feindliche Oberbefehlshaber Scipio hieß, Unheil prophezeit wurde[334]. Da Hadrumetum stark besetzt war und sich dort der kommandierende Legat Gaius Considius der Überredungskunst von Caesars Gefolgsmann Lucius Munatius Plancus unzugänglich erwies, marschierte Caesar weiter nach Süden, gewann die Freistadt Leptis Minor und bezog schließlich nördlich davon auf dem günstig gelegenen Küstenplateau von Ruspina Stellung, um hier in Sicherheit die weiteren Truppen abzuwarten. Am Morgen des 4. Januar 46 landete der Rest des ersten Transports, und er unternahm noch am selben Tag mit 30 Cohorten, 400 Reitern und 150 Bogenschützen einen Requisitionszug. Da stieß er ganz unverhofft auf starke Kräfte des Labienus, Reiter und Leichtbewaffnete. Nachdem er sich in schwerem Gefecht den Rückzug erkämpft hatte, erschien Petreius mit einem zweiten Korps und brachte ihn aufs neue in kritische Lage. Es kam so weit, daß er einen fliehenden Adlerträger eigenhändig an der Schulter umdrehte mit den Worten: „Dort stehen die Feinde!" Aber sein nie versagendes Genie fand den Ausweg in einer Durchstoßung der feindlichen Linie auf eine Hügelkette zu, von wo in der Dunkelheit der Rückzug ins Lager gelang[335].

Als nun aber Scipio die feindliche Hauptmacht ihm gegenüber vereinigte, hielt er sich bis auf weiteres defensiv, was bei der Abhängigkeit von der Seezufuhr wiederum mit harten Entbehrungen der Truppen verbunden war[336]. Auch der im Reich zu erwartende politische Rückschlag blieb nicht aus. Auf die ungünstigen Nachrichten hin zettelte ein in Tyros ansässiger römischer Ritter, Caecilius Bassus, der in Pompeius' Heer mitgekämpft hatte, eine Meuterei der Legionen in Syrien an. Caesars Statthalter Sextus Caesar fiel ihr zum Opfer, und Bassus übernahm an seiner Stelle die Regierung[337]. Zu Caesars Glück bewährte sich aber jetzt die 49 dem Bocchus von Mauretanien ge-

[334] Suet. 59. Cass. Dio 42, 58. Plut. 52, 4–5. Plin. n. h. 7, 54. Dagegen war Caesar nach Afrika gefahren, ohne sich um die Warnung seiner Haruspices zu kümmern, was Cicero divin. 2, 52 unter den Beispielen anführt, die beweisen, daß auf diese Wahrsagerkunst nichts zu geben sei.

[335] B. Afr. 3–18. Appian. b. c. 2, 398–400 schreibt Caesars Rettung seiner *fortuna* zu. Ähnlich Cass. Dio 43, 2, 3–4. Plut. 52, 6–9 erwähnt, daß Asinius Pollio sich bei Caesar befand, was für diese Version auf dessen Geschichtswerk schließen läßt. Der von Caesar begeisterte Verfasser des b. Afr. schildert 10, 3–4 anschaulich, welche Wirkung von Caesars Zuversicht auf die verängstigten Soldaten (meist Rekruten) ausging: *neque quicquam solatii in praesentia neque auxilii in suorum consilio animum advertebant, nisi in ipsius imperatoris vultu vigore mirabilique hilaritate; animum enim altum et erectum prae se gerebat. Huic adquiescebant homines et in eius scientia et consilio omnia sibi proclivia omnes fore sperabant.* Val. Max. 3, 2, 19.

[336] B. Afr. 19–36.

[337] Liv. per. 114. Cass. Dio 47, 26, 3–27, 1. Appian. b. c. 3, 315. Jos. b. Jud. 1, 216. Ant. 14, 268. Cic. fam. 12, 18, 1. Deiot. 23. 25. Broughton MRR II 297 zu Q. Cornificius. Strab. 16, 753. Caecilius Bassus behauptete sich bis 43 (Münzer RE 3, 1199).

genüber befolgte Politik. Durch einen Einfall ins numidische Reich und Wegnahme wichtiger Ortschaften zwang er König Juba sich von Scipio zu trennen. Die Seele der dortigen Unternehmungen war der römische Abenteurer Publius Sittius, der aus einem früheren Catilinarier mauretanischer Feldhauptmann geworden war[338].

Im übrigen entwickelte Caesar wie üblich eine vielseitige Propaganda zur Untergrabung des moralischen Halts beim Feinde. Den Römern auf der Gegenseite wurde immerzu der Wahnsinn zu Gemüte geführt, daß sie lieber Untertanen des Barbaren Juba sein wollten als mit ihren Mitbürgern in Frieden leben. Scipio wurde als willenloser Untergebener Jubas geschildert, der in des Königs Anwesenheit nicht einmal den Purpur des Imperators zu tragen wage[339]. Jedem, der übergehe, versprach Caesar Erhaltung des Vermögens, Freiheit und sogar Gleichstellung mit den eigenen Soldaten hinsichtlich der Belohnungen[340]. In der Provinz selbst ließ er verbreiten, er sei gekommen, um sie von der Schreckensherrschaft zu befreien, nach Italien berichtete er, der Nachschub müsse mit allen Kräften gefördert werden, da Afrika von seinen Gegnern gänzlich zugrunde gerichtet werde. Wenn nicht schleunigst geholfen würde, werde nächstens kein einziges Dach mehr vorhanden sein im ganzen Gebiet[341]. Natürlich handelte es sich in Wirklichkeit nur um Zerstörungsmaßnahmen des Feindes, um ihm den Aufenthalt im Lande möglichst zu erschweren[342]. An die Numider und deren südliche Nachbarn, die Gaetuler, die dem Feinde zahlreiche Reiter gestellt hatten, wandte er sich als Neffe ihres früheren Wohltäters Gaius Marius. Die Bemühungen hatten guten Erfolg, der sich bei Besserung der Kriegslage zusehends steigerte. Zu Tausenden sind schließlich Legionare und Eingeborene zu ihm übergelaufen, und auch verschiedene Stadtgemeinden traten auf seine Seite[343]. Scipios Versuch einer Gegenpropaganda scheiterte kläglich; wie eine Quelle sarkastisch versichert, weil er es an materiellen Versprechungen fehlen ließ und nur von Befreiung von Volk und Senat sprach[344].

[338] Cass. Dio 41, 42, 7. 43, 3, 1–5. B. Afr. 25, 2–5. 36, 4. Sall. Cat. 21, 3. Appian. b. c. 4, 231–232. [339] B. Afr. 8, 5. 57, 2–6. [340] Cass. Dio 43, 5, 1–2. [341] B. Afr. 26.

[342] B. Afr. 20, 4. 24, 3–4. 26, 5–6.

[343] B. Afr. 31, 2–6. 32, 3–4. 33, 1. 35, 2–6. 36, 2. 43. 51, 3. 52, 5. 56, 3. Cass. Dio 43, 4, 2.

[344] Cass. Dio 43, 5, 3–4. B. Afr. 44, 3 redet er gefangene Caesarianer an: *Non vestra, inquit, sponte vos certo scio, sed illius scelerati vestri imperatoris impulsu et imperio coactos civis et optimum quemque nefarie consectari. Quos quoniam fortuna in nostram detulit potestatem, si, id quod facere debetis, rem publicam cum optimo quoque defendetis, certum est vobis vitam et pecuniam donare. Quapropter quid sentiatis proloquimini.* Die Gefangenen kamen von zwei Schiffen des 2. Transports, die durch Sturm abgetrieben und von der feindlichen Flotte aufgebracht wurden. In ihrem Namen antwortete ein Centurio der 14. Legion (seit 57 im gallischen Heer), dankte Scipio dafür, daß er ihnen nach Kriegsrecht das Leben zusichere, fährt dann aber fort (45, 3): *Egone contra Caesarem imperatorem meum, apud quem ordinem duxi eiusque exercitum, pro cuius dignitate victoriaque amplius tricies armis depugnavi, adversus armatusque consistam?* Damit Scipio erkenne, mit was für Truppen er es zu tun

Nach dreiwöchigem Stillstand der Operationen trafen endlich 2 Veteranenlegionen, 800 keltische Reiter und 1000 Schützen und Schleuderer ein, gleichzeitig erbeutete Sallust die wohlgefüllten Getreidemagazine des Gegners auf der Insel Kerkina in der Kleinen Sytre, und Caesar ergriff am 25. Januar wieder die Initiative, indem er die Stellung von Ruspina überraschend verließ und bei dem südlicher gelegenen Uzita Scipio die Schlacht anbot. Allein dieser gab sich keine Blöße, so daß nach einigen Gefechten wieder zum Stellungskrieg übergegangen werden mußte[345]. Scipio wurde verstärkt durch Juba, der mit 3 Legionen, 30 Elefanten und viel Reiterei und Leichten zurückkehrte, Caesar durch die beiden letzten Legionen[346]. Nachdem auch die Belagerung von Uzita kein Ergebnis zeitigte, zwangen Mitte März die Verpflegungsschwierigkeiten Caesar den Kriegsschauplatz weiter nach Süden zu verlegen. Ein Umschwung der Gesamtlage wurde dadurch nicht erreicht. Denn der Gegner ließ sich nicht auf eine Entscheidung ein, brachte aber seine Überlegenheit an Reitern und Leichten sehr wirksam zur Geltung[347]. Diesem auch politisch durchaus unerwünschten Schwebezustand machte Caesar jedoch am 4. April durch kühnen Entschluß ein Ende, indem er vor die stark besetzte Küstenstadt Thapsus marschierte, die er zur See schon seit längerer Zeit blockiert hielt[348]. Er begab sich damit auf einen vom Meer und einem Binnensee gebildeten Isthmus, dessen Zugänge der Gegner leicht verschließen konnte, wobei aber auch mit großer Wahrscheinlichkeit auf Entwicklung einer Schlacht zu rechnen war. Das gewagte Unternehmen glückte vollkommen. Während Juba und Afranius die südliche Enge verlegten, begann Scipio am Morgen des 6. April (7. Februar jul.) die nördliche zu sperren. Caesar

hat, bittet er, eine ganze Cohorte gegen ihn und 10 Kameraden kämpfen zu lassen: *Tunc ex virtute nostra intelleges, quid ex tuis copiis sperare debeas.* Scipio gerät in Wut und läßt alle Veteranen niedermachen, die Rekruten verteilt er auf seine Legionen.

345 B. Afr. 8, 3. 34, 1–3. 37–47. Cass. Dio 43, 4–5.

346 B. Afr. 48, 1–2. 53. Cass. Dio 43, 4, 6. Appian. b. c. 2, 401. Der Bericht über die gedrückte Stimmung in Caesars Heer wegen Jubas Anmarsch (b. Afr. 48, 3) wird ergänzt durch Suet. 66: Caesar habe in einer Contio erklärt, gewiß werde der König in Bälde mit 10 Legionen, 30000 Reitern, 100000 Leichtbewaffneten, 300 Elefanten eintreffen, *proinde desinant quidam quaerere ultra aut opinari mihique, qui compertum habeo, credant; aut quidem vetustissima nave impositos quocumque vento in quascumque terras iubebo avehi.* Der Autor des b. Afr. berichtet 54 denn auch, wie zwei Tribunen und zwei Centurionen auf ein Schiff abgeführt wurden (vgl. 46, 4). Caesar, der auf die Zufuhren von Sizilien angewiesen war, befand sich in einer ebenso gefährlichen Lage wie vor zwei Jahren bei Dyrrhachion. Denn der Gegner besaß außer der überlegenen Truppenzahl auch energische und kriegserfahrene Truppenführer, Labienus, Afranius, Petreius. In Rom ging das (falsche) Gerücht um, Caesars Legat L. Staius Murcus (Dessau ILS 885) sei bei der Überfahrt ertrunken, Asinius Pollio in Gefangenschaft geraten (Cic. Att. 12, 2, 1), in Kleinasien erzählte man, auch Cn. Domitius Calvinus (b. Afr. 86, 3. 93, 1. sei bei einem Schiffbruch untergegangen (Cic. Deiot. 25).

347 B. Afr. 49–78. Cass. Dio 43, 6.

348 B. Afr. 79, 1. Er hatte vorher noch durch einen Transport 4000 Legionare (bisher beurlaubte oder kranke), 400 Reiter und 1000 Schleuderer und Bogenschützen erhalten (77, 3).

ließ sofort gegen ihn ausrücken, und bevor der Aufmarsch vollendet war, erzwangen seine Veteranen den Beginn des Angriffs. Sie sahen, wie beim Gegner eine Panik ausbrach, und die Offiziere bestürmten Caesar, den Befehl zum Vorrücken zu geben. Er weigerte sich und rief, er wünsche nicht, daß der rechte Flügel vorprelle. Doch da ertönte schon das von den Soldaten geforderte Angriffssignal, vergeblich, daß sich die Centurionen widersetzen wollten. Nun gab Caesar die Losung *Felicitas* und sprengte nach vorn. Der Feind geriet alsbald ins Weichen, sein Lager wurde genommen. Was entkam, zog sich nach den beiden südlichen Lagern zurück. Als sie hier eintrafen, fanden sie jedoch auch diese schon in Caesars Hand. Nun wollten sie sich ergeben, aber Caesars Veteranen gaben keinen Pardon mehr, so daß im ganzen 10 000 Feinde niedergemacht wurden. Wie sich der politische Sinn des Bürgerkrieges in den Köpfen der Soldaten widerspiegelte, erhellt aus der Tatsache, daß sich ihre Kampfwut plötzlich auch gegen die eigenen Offiziere senatorischen und ritterlichen Standes richtete als die Urheber des Krieges. Ihr proletarischer Instinkt hatte damit auch nicht unrecht; denn dieser Bürgerkrieg war so gut wie der frühere tatsächlich lediglich eine Angelegenheit der regimentsfähigen Schichten. Der Hauptschuldige wäre allerdings Caesar selbst gewesen, an den sich niemand getraute[349].

Damit war durch Caesars Wagemut auch dieser Feldzug entschieden. Zur Erledigung der noch im Süden vorhandenen feindlichen Besatzungen ließ er 5 Legionen zurück, das übrige Heer führte er selbst nach Utika[350]. Dort kommandierte Cato, die Verteidigungsmittel der Stadt waren im besten Stand, reiche Vorräte vorhanden, und er war gewillt, den Kampf fortzusetzen, zumal sich auch in Spanien erneute Widerstandsmöglichkeiten eröffneten. Allein der Eindruck der Niederlage war zu überwältigend, und Cato mußte sich begnügen, denen, die sich nicht ergeben wollten, zur Flucht zu verhelfen. Er selbst gab sich am Morgen des Tages, da der Sieger vor Utika erschien, den Tod. Es war keine Frage, daß Caesar ihn sehr gern begnadigt hätte; aber der große Gegner besiegelte seine republikanischen Grundsätze mit dem Tode. „Ich will nicht dem Tyrannen zu Dank verpflichtet sein für sein ungesetzliches Tun: denn er handelt wider das Gesetz, wenn er als Herr Leute begnadigt, über die ihm ein Herrenrecht nicht zusteht." Dieses geistige Ver-

349 B. Afr. 80–85. Cass. Dio 43, 7–9, 1. Plut. 53 mit der etwas zweifelhaften Variante, Caesar habe sich wegen eines epileptischen Anfalls während der Schlacht in einen Turm begeben müssen (§ 6). Plut. 17, 2 berichtet einen solchen auch 49 in Corduba und 60, 7 in Rom im Jahr 44. Dieser letzte soll zur Entschuldigung gedient haben, und so mögen auch die Ausschreitungen der Soldaten damit erklärt worden sein. B. Afr. 85, 9 *Itaque ibi omnes Scipionis milites cum fidem Caesaris implorarent, inspectante ipso Caesare et a militibus deprecante, eis uti parcerent, ad unum sunt interfecti.* Suet. 45, 1 erwähnt zwei Anfälle während Schlachten. 10000 Gefallene b. Afr. 86, 1. 50000 Plut. 53, 4. Datum Fasti Praen. CIL I² S. 235 zum 6. April. Ovid. fast. 4, 379–383.

350 B. Afr. 86, 3.

mächtnis des Märtyrers römischer Bürgerfreiheit wog politisch schwerer, als Caesar es vermutlich damals einschätzte[351].

Ein weniger stolzes Ende fanden andere Häupter der Gegenpartei. Scipio kam auf der Flucht nach Spanien um, in einem Seegefecht gegen Schiffe des Sittius. In eben dessen Hände fielen beim Marsch nach Spanien Faustus Sulla und Afranius und wurden bald darauf nach Caesars Weisung getötet. Petreius floh mit Juba nach dessen Residenzstadt Zama. Als sie hier keinen Einlaß mehr erhielten, stach Petreius den Juba im Zweikampf nieder, um sich selbst hernach durch einen Sklaven denselben Dienst leisten zu lassen. Gaius Considius wurde auf der Flucht von den Gaetulern erschlagen. Glücklich nach Spanien gelangten dagegen Labienus, Attius Varus und die beiden Söhne des Pompeius, Gnaeus und Sextus[352].

Im übrigen erhielten auch jetzt die meisten, die Caesars Gnade anriefen, das Leben zugesichert[353]. Desto größeres Aufsehen erregte es darum, daß er seinen Geschlechtsgenossen Lucius Caesar, dem er unter Vorbehalt späterer Untersuchung die Freiheit gelassen hatte, plötzlich hinrichten ließ. Wie man demselben nachsagte, sollte er gegen Sklaven und Freigelassene des Dictators große Grausamkeiten begangen und auch Tiere, welche für die Julia zu Ehren geplante Trauerfeier beschafft waren, vernichtet haben[354]. In Utika

[351] B. Afr. 87–88. Cass. Dio 43, 10–11. Plut. Cat. min. 58, 13–72, 3. Catos Ausspruch 66, 2. Caes. 54, 1–2. Cic. Att. 12, 4, 2 (13. Juni 46) Cato ist zu loben, *quod ea quae nunc sunt et futura viderit et ne fierent contenderit et facta ne videret vitam reliquerit.* Es ist bemerkenswert, daß auch der Verfasser des b. Afr. den Cato nur mit Hochachtung erwähnt: 22, 1–23, 1. 36, 1. 88, 5 *quem Uticenses quamquam oderant partium gratia, tamen propter eius singularem integritatem et quod dissimillimus reliquorum ducum fuerat... sepultura adficiunt.* Appian *b. c.* 2, 406–412.

[352] B. Afr. 94–96. Cass. Dio 43, 12, 2. 29, 2. 30, 4. Appian. b. c. 2, 417. Scipios Selbstmord Liv. per. 114. Val. Max. 3, 2, 13.

[353] B. Afr. 89 erwähnt 12 Fälle mit Namen und fügt § 5 bei: *pro natura sua et pro instituto,* nachher *ex sua consuetudine.* 86, 2 Caesar selbst *suam lenitatem et clementiam commemoravit.* 88, 6 *Caesaris clementia.* 92, 4 *de eius lenitate clementiaque.* Keine Gnade hatten nur die zu erwarten, die schon einmal begnadigt, wiederum zu den Feinden gingen, 64, 1 *quem ob periuri perfidiam Caesar iussit necari.* Suet. 75, 3. Cass. Dio 43, 12, 2. Hier 43, 13, 2 und Plin. n. h. 7, 94 berichtet, daß er die erbeutete Korrespondenz des Metellus Scipio ungelesen verbrennen ließ (wie seinerzeit Pompeius diejenige des Sertorius, Plut. Pomp. 20, 8), ferner 13, 3 daß er, abgesehen von den vielen, die er auf ihre eigene Bitte begnadigte, auch wieder wie nach Pharsalos (41, 62, 2. Suet. 75, 2) seinen Mitkämpfern und Contubernalen gestattete, je einen – offenbar ist die Rede von solchen, die nicht auf Gnade hoffen konnten – loszubitten.

[354] B. Afr. 89, 4–5 erwähnt nur die Begnadigung, Cass. Dio 43, 12, 3 ausführlicher, Caesar habe wegen seiner durchwegs feindseligen Haltung ein Cognitionsverfahren vorgehabt, es dann aber aufgeschoben, um nicht selbst ein Todesurteil auszusprechen; schließlich ihn heimlich umbringen lassen. Nach Suet. 75, 3 sei es nicht mit Caesars Einwilligung geschehen; aber hier die erwähnten Grausamkeiten, womit offenbar die Tötung entschuldigt werden soll. Die Vorgänge nach der Schlacht (b. Afr. 85, 7–9) lassen es als möglich erscheinen, daß sie gegen Caesars Willen geschah. Denn der Vater L. Caesar war seit 52 sein Legat gewesen und wurde 48 von seinem Neffen, dem *magister equitum* M. Antonius vorübergehend zum *praefectus urbi* bestellt (Cass. Dio 42, 30, 1–2). Nach der Ermordung des Dictators soll er sich gegen das *funus publicum*

dankte Caesar der Bürgerschaft für die Treue, mit der sie trotz der feindlichen Besetzung auf seiner Seite gestanden habe. Die Stadt war ihm verpflichtet für Dienste, die er ihr, wie es scheint, im Jahre 59 geleistet hatte. Auch den zahlreichen dort niedergelassenen römischen Bürgern bewilligte er, obwohl sie sich gegen ihn erklärt hatten, das Leben. Doch legte er ihrem Ausschuß von 300 Mitgliedern, der die Finanzierung der feindlichen Kriegführung übernommen hatte, eine Zahlung von 50 Millionen Denaren an das römische Volk auf, zu entrichten innerhalb dreier Jahre in sechs Raten[355]. Dann begab er sich nach Zama, wo er das königliche Gut und die Habe der dortigen römischen Bürger, „die gegen das römische Volk die Waffen getragen hatten", versteigern ließ. Die für den Abfall vom König Verantwortlichen wurden belohnt, die königlichen Einkünfte an neue Pächter vergeben, das frühere Königreich, soweit es nicht an die mauretanischen Könige und Sittius kam, als Provinz Neu-Afrika dem Proconsul Gaius Sallustius Crispus unterstellt. Der geistvolle Publizist erwies sich dabei freilich als Verwaltungsbeamter keineswegs auf der moralischen Höhe, die man von seinen reformpolitischen Schriften hätte erwarten können. Er beutete die neue Provinz dermaßen aus, daß Caesar ihn später auf eingelaufene Anklage hin darüber zur Verantwortung zog. Die Verhandlung endete mit Freispruch, aber man munkelte von 300 000 Denaren, die dafür bezahlt worden seien[356].

Mittlerweile waren auch in der alten Provinz die letzten Widerstände gebrochen, und Caesar setzte hier ebenfalls die Strafen fest: Vermögenskon-

ausgesprochen haben (Lactant. inst. div. 1, 15, 30). Münzer RE 10, 474. – Cicero erfuhr es Ende Mai (fam. 9, 7, 1 an Varro). Er hatte während des Kriegs nicht gewagt, Rom zu verlassen, um bei den Caesarianern nicht Verdacht zu erregen (Att. 12, 2, 2. fam. 9, 3, 1), aber mit dem bedrückenden Gefühl, daß auch ein Sieg der Optimaten nichts gutes bringen würde (fam. 5, 21, 3 an seinen ehemaligen Quaestor Mescinius): *quamquam multum intersit inter eorum causas, qui dimicant, tamen inter victorias non multum interfuturum putem.* Nach dem Sieg bei Thapsus schrieb er an Varro (fam. 9, 2, 2): *qui enim victoria se efferunt, quasi victos nos intuentur, qui autem victos nostros* (die Optimaten) *moleste ferunt, nos dolent vivere.* Da gab ihm der Tod des ihm bekannten L. Caesar einen Schock, und er scherzt bitter (fam. 9, 7, 2): *itaque non desino apud istos, qui nunc dominantur, cenitare* (nach Att. 12, 2, 2 vor allem Hirtius und Balbus). *quid faciam? tempori serviendum est.* Doch sei es wahrlich kein Stoff zu Witzen. – Als Cicero, der 48 mit Varro in Dyrrhachion zusammen gewesen war (divin. 2, 114. fam. 9, 6, 3), von Rom aus die Verbindung mit ihm aufnahm (fam. 9, 1), lebte dieser ruhig auf einem seiner Landgüter seinen literarischen Arbeiten. Als ehemaliger Legat des Pompeius, der 49 in Spanien kapituliert hatte (b. c. 2, 20, 8) und sich dann doch wieder nach dem Osten begab, war er zweifellos mehr belastet als Cicero, und so bemächtigte sich Antonius bereits eines seiner Güter; doch befahl Caesar ihm durch einen Brief aus Alexandria, es zurückzugeben (Cic. Phil. 2, 103–104). H. Dahlmann RE Suppl. 6, 1187. 1234 nimmt an, daß Varro damals Caesar die *antiquitates rerum divinarum* widmete (Lact. inst. 1, 6, 7); es braucht freilich nicht schon 47 geschehen zu sein. Über den Logistoricus ‚Pius aut de pace' o. Anm. 190.

355 B. Afr. 87, 3. 88, 5. 90. Plut. Cat. min. 58, 1.

356 B. Afr. 97, 1. Cass. Dio 43, 9, 2–4. Appian. b. c. 2, 415. Ps. Cic. in Sall. 19. Suet. gramm. 15. Lactant. inst. 2, 12, 12. Symm. ep. 5, 68, 2. Macr. Sat. 3, 13, 9 *Sallustius gravissimus alienae luxuriae obiurgator et censor.*

fiskation für die Römer, die unter Juba und Petreius als Centurionen gedient hatten, Geld- und Naturalienkontributionen für einzelne Gemeinden und die dortigen Vereine römischer Bürger. *Leptis magna* (in Tripolitanien) wurde mit einem jährlichen Tribut von 10 000 Hektoliter Öl belegt[357]. Ferner schied er, um künftige Schwierigkeiten zu vermeiden, schon jetzt die unruhigen Elemente unter den Veteranen aus dem Heere aus und brachte sie in den Küstenstädten Clupea und Curubis als Bürgercolonien unter[358]. Am 13. Juni fuhr er mit der Flotte nach Sardinien, dem „einzigen seiner Landgüter, das er bisher noch nicht besichtigt hatte", wie Cicero bitter scherzend an Varro schrieb. Wenn er dazusetzte, so schlecht es sei, Caesar verachte es doch nicht, so täuschte er sich nicht; denn er verhing auch hier über die Gemeinde Sulci wegen Unterstützung des Feindes eine Buße von 2 500 000 Denaren und erhöhte ihre jährliche Bodenertragsabgabe vom Zehnten auf den Achten. Am 27. Juni stach er wiederum in See, langte aber wegen widriger Winde erst am 25. Juli (26. Mai jul.) in Rom an[359].

357 B. Afr. 97, 2–4. 358 Cass. Dio 43, 14, 1. Dessau ILS 1945. 5320.
359 B. Afr. 98. Cic. fam. 9, 6, 1. 7, 2. O. E. Schmidt Briefwechsel 234.

III. DER SIEG UND DIE KATASTROPHE

Nach einem hartnäckigen und wechselvollen, mehr als dreijährigen Ringen war die Optimatenoligarchie militärisch niedergeworfen, dem Sieger stand der Weg offen, die politischen Dinge nach seinem Willen zu ordnen.

Ein anderer als Caesar hätte wohl vor den sich türmenden Aufgaben zurückschrecken mögen. Die Schauplätze dieses Bürgerkriegs lagen in Italien und allen Provinzen. Viele Menschen waren umgekommen, die Überlebenden hatten schwer gelitten unter Lieferungen, Kontributionen, Plünderungen, Zerstörungen. In Rom und Italien mußten 48 und 47 sozialrevolutionäre Umtriebe mit Waffengewalt unterdrückt werden. Die siegreichen Soldaten wollten ihre Belohnung haben. Caesar hatte stets erklärt, daß er nicht wie Sulla verfahren werde. Doch waren die Schäden viel zu groß, als daß sie ohne weitere Opfer geheilt werden konnten. Schließlich handelte es sich ja nicht um eine erst durch den Krieg verschuldete Zerrüttung, sondern es war überhaupt so weit nur gekommen, weil sich die Optimatenrepublik seit Jahrzehnten als unfähig erwiesen hatte, die politischen und sozialen Probleme des von ihr eroberten Provinzialreichs zu meistern. Dem Augustus wurden nachmals mehr als 45 Regierungsjahre beschieden, in denen er die Mittelmeerwelt mit der *pax Romana* beglückte. Dagegen ließen die Mörder Caesar nur zwei Jahre, gerade genug, um zu zeigen, was er vorhatte. Desto erstaunlicher ist, was er in dieser kurzen Zeit leistete, nur zu begreifen, weil in ihm Schnelligkeit im Entschließen und Handeln mit unverwüstlicher Tatkraft vereint war[1]. Vor zwei Jahren hatte er sich in seinem Schreiben an Metellus

[1] Diese Gaben kennzeichnen nicht nur seine Kriegführung. Schon der kurze Aufenthalt in Rom Ende 49 zeugt davon, dann die vielen Entscheidungen in Syrien, Kleinasien und Afrika während der wenigen Wochen, die er sich dafür gönnte. Über die Schwierigkeiten Cicero im September 46 an Ser. Sulpicius Rufus (fam. 4, 4, 2): *quia tanta perturbatio et confusio est rerum, ita perculsa et prostrata foedissimo bello iacent omnia* ... Auch fam. 9, 17, 3. u. S. 261. Schnelligkeit der Kriegführung: Cic. Att. 7, 22, 1 (Februar 49) *o celeritatem incredibilem!* 8, 9, 4 (Februar 49) *hoc* τέρας *horribili vigilantia, celeritate, diligentia est.* 8, 14, 1 (März 49) *Eo modo autem ambulat Caesar et iis diariis* (Verpflegungsrationen) *militum celeritatem incitat, ut timeam, ne citius ad Brundisium quam opus sit accesserit.* 9, 18, 2 (März 49) *multum vigilat, audet.* fam. 15, 15, 2 (August 47) Cicero vermutete nach Pharsalos, *ut illo quasi quodam fatali proelio facto et victores communi saluti consuli vellent et victi suae; utrumque autem positum esse arbitrabar in celeritate victoris.* Caelius an Cic. fam. 8, 15, 1 (März 49) *ecquem autem Caesare nostro acriorem in rebus gerendis, eodem in victoria temperatiorem aut legisti aut audisti?* Att. 16, 10, 1 (November 44) von Antonius: *aiunt enim eum Caesarina uti celeritate.* Geistige Spannkraft: Hirtius b. G. praef. 6 von Caesars *commentarii: ceteri enim quam bene atque emendate, nos etiam quam facile atque celeriter eos perfecerit scimus.* Vell. 2, 41, 2

Scipio über das zu erreichende Ziel dahin ausgesprochen, es gelte, die Ruhe Italiens, den Frieden der Provinzen, die Sicherheit des Reichs zu schaffen. Es ist nur eine beiläufige Äußerung, doch wurde schon früher darauf hingewiesen[2], daß es die einzige in Caesars erhaltenen Schriften ist, die etwas wie ein politisches Programm bietet, echt römisch in seiner knappen Fassung und konservativen Prägung. Andrerseits ist aber diese Ausdrucksweise auch gerade darum bemerkenswert, weil sie den Namen Roms verschweigt. Sie zeigt, wie für Caesar im Gegensatz zu den übrigen römischen Staatsmännern nicht mehr der Gemeindestaat, sondern der Reichsstaat, das weite Ländergebiet Italiens und der Provinzen in seiner Gesamtheit, Gegenstand des politischen Wirkens war. Sicher hat der Umstand, daß er von seinen letzten zwölf Lebensjahren mehr als elf außerhalb Roms verbracht hatte, zu dieser Auffassung viel beigetragen[3]. In Gallien waltete er seit 58 als unumschränkter Herrscher, machte er sich aus seinem Veteranenheer ein nie versagendes Werkzeug und bildete er sich aus geeigneten Gefolgsleuten einen Stab von Gehilfen, durch welche wie von Kabinettsministern sämtliche politischen Geschäfte bearbeitet und erledigt wurden: Gaius Vibius Pansa, Aulus Hirtius, Lucius Cornelius Balbus, Gaius Oppius, Gaius Matius, Marcus Curtius Postumus[4]. Neben den

forma omnium civium excellentissimus, vigore animi acerrimus ... celeritate bellandi, patientia periculorum Magno illi Alexandro sed sobrio neque iracundo simillimus. 2, 51, 1 vom Übergang nach Epirus *sua et celeritate et fortuna C. Caesar usus.* Plin. n. h. 7, 91 *animi vigore praestantissimum arbitror genitum Caesarem dictatorem nec virtutem constantiamque nunc commemoro nec sublimitatem omnium capacem quae caelo continentur, sed proprium vigorem celeritatemque quodam igne volucrem. scribere aut legere, simul dictare et audire solitum accepimus, epistulas vero tantarum rerum quaternas pariter dictare librariis aut, si nihil aliud ageret, septenas.* Fr. Münzer, (Festschr. z. 49. Vers. deutsch. Phil. u. Schulm. Basel 1907, 256) vermutete, daß Velleius für seine zahlreichen biographischen Partien Werke de viris illustribus benutzte. Ähnliches könnte von Plinius gelten. Von den im 1. Buch erwähnten Quellenautoren, die in Betracht kommen, bieten sich als solche Varro, Cornelius Nepos, Pomponius Atticus an.

[2] o. S. 199. 213, Anm. 116 und Anm. 191.

[3] Ein solcher Schluß wird bei Nikol. Dam. (FgrHist 90) aus der langen Abwesenheit Caesars gezogen F 130, 67: Caesar habe sich durch die von seinen Feinden inspirierten überschwenglichen Ehrenbeschlüsse täuschen lassen, ἅτε ἁπλοῦς ὢν τὸ ἦθος καὶ ἄπειρος πολιτικῆς τέχνης διὰ τὰς ἐκδήμους στρατείας Nach Jacobys Kommentar zu den Fragmenten S. 264 liegt dem βίος Καίσαρος zumeist die Selbstbiographie des Augustus (HRF S. 252 *de vita sua*, nach Suet. Aug. 85, 1 bis zum Jahr 25 reichend) zu Grunde und könnte Nikolaos ihn schon in den 20er Jahren veröffentlicht haben. Mir scheint zweifelhaft, ob der syrische Litterat das lateinische Werk direkt bearbeitete, und ich würde denken, daß der zu vermutende sprachkundige Amanuensis auch noch anderes beisteuern konnte. Das Urteil über Caesars Arglosigkeit und politische Unerfahrenheit dürfte mit solcher Naivität schwerlich von Augustus formuliert worden sein. Doch bezeugt auch Hirtius (b. Al. 24, 6), daß Caesars treu ergebene Offiziere und Soldaten sich über seine *nimia bonitas* wunderten (o. S. 231, Anm. 283), und die zweite Beobachtung enthält den richtigen Kern, daß er seit dem Sieg die übliche stadtrömische Politik nicht mehr ernst nahm.

[4] Als Caesars *familiares* aufgezählt von Cic. fam. 6, 12, 2 (November 46). Curtius Postumus vielleicht identisch mit Rabirius F. von der Mühll RE 1 A, 27. Münzer 22, 896. o. S. 208, Anm. 173. Cic. Att. 10, 8, 6 (Mai 49) *iam quibus utatur vel sociis vel ministris? ii provincias, ii rem publicam regent quorum nemo duo menses potuit patrimonium suum gubernare?*

offiziellen staatlichen Organen wuchs im Hauptquartier des Proconsuls ein militärisch-politischer Regierungsapparat heran, der jenen überlegen war und im Bürgerkrieg sogar gegen eine überwältigende Übermacht die Probe bestand. Die übliche Korruption fehlte auch in ihm nicht. Es wird gelegentlich berichtet, daß die Subalternen — bekannter geworden ist von solchen der „Schreiber" Faberius, der sich einen Palast auf dem Aventin leisten konnte — in großem Umfang Bürgerrechtsverleihungen verkauften. Aber als es herauskam, wurde auf Befehl des Dictators die ausgehängte Bronzetafel mit den gefälschten Namen sogleich wieder abgenommen[5].

Der Bürgerkrieg führte Caesar nur vorübergehend nach Rom; dagegen kam er allmählich in sämtliche Provinzen, teilweise zu längeren Aufenthalten und meist bedeutend in ihr Dasein eingreifend. Kein Wunder also, daß er die Provinzen ganz anders einschätzte als der gewöhnliche Senator, für den es Politik nur in Rom gab. Jedoch diese Politik hatte Caesar überhaupt mehr und mehr verachten gelernt. Er war emporgestiegen im Kampfe gegen die Senatsoligarchie und blieb stets ihr ausgesprochener Feind. Zwar verstand niemand besser als er, den popularen Mechanismus zu handhaben, aber gerade darum wußte er auch, daß die sogenannten Volksversammlungen, mit denen Politik gemacht wurde, nicht gleichgesetzt werden konnten dem wirklichen römischen Volk, der Gesamtbürgerschaft. So virtuos er die populare Phraseologie beherrschte, in seinem Herzen war ihm ausgemacht, „daß die *res publica* nichts sei, ein Name nur ohne Körper und Gestalt", ein Wort, das zwar ein Gegner, aber glaubhaft, überliefert hat[6]. In solchem Ausspruch meint *res publica* nicht den Staat schlechthin, sondern den römischen Staat mit Magistraten, Senat und Volksversammlungen, dessen Verfassung — wenn sie nur im Geist der Altvordern gehandhabt werde — vor wenig Jahren Cicero in seinem berühmten Werk als die denkbar beste erwiesen hatte[7] und dessen Wiederherstellung Caesar bei seiner Rückkehr aus Afrika von zwei so verschiedenen Männern wie Cicero und Sallust als die nunmehr von ihm geforderte Aufgabe dringlich empfohlen wurde. Er wußte selbstverständlich ebensogut, was dieser „Name" römischen Herzen bedeutete, und

[5] Über Faberius Appian. b. c. 3, 16. Vitruv. 7, 9, 2. Münzer RE 6, 1736. Cic. fam. 13, 36, 1.

[6] Suet. 77 aus einer Schrift des Praetoriers T. Ampius Balbus *nihil esse rem publicam, appellationem modo sine corpore ac specie.* Nach dem Brief Ciceros fam. 6, 12, 3 hat ihm Caesar (vor allem auf Fürsprache Pansas) wahrscheinlich im November 46 (O. E. Schmidt, Briefw. 258) die Rückkehr nach Rom bewilligt. Andere Caesarianer, die ihn *tuba belli civilis* nannten, waren dagegen. Wir wissen durch Curio (Att. 10, 4, 9) und Caelius (fam. 8, 16, 1), wie Caesar im Kreise der Vertrauten seine Verärgerung gelegentlich unverhohlen äußerte und wie solche Aussprüche kolportiert wurden. Auch das Gespräch mit Cicero am 28. März 49 (Att. 9, 18, 3) endete mit der Drohung: *si sibi consiliis nostris uti non liceret, usurum quorum posset ad omniaque esse descensurum.* Das Wort über die *res publica* mag gefallen sein im Unmut über die Mahnungen, sie wieder herzustellen.

[7] re p. 1, 70.

hatte bisher gezeigt, daß ihm ferne lag, die dazu gehörigen Institutionen zu beseitigen. Die Bücher „vom Bürgerkrieg", die mit dem Beginn der Kämpfe in Alexandrien abbrechen, also wahrscheinlich im Jahr 47 in Aegypten entworfen sind, betonen in ihren politischen Auseinandersetzungen geflissentlich seine verfassungsmäßige Haltung. Bei den Friedensvorschlägen, die er durch Vibullius an Pompeius übermittelte[8], forderte er, daß nach beiderseitiger Waffenniederlegung Senat und Volk die Bedingungen festsetzen sollten, und dem entsprach auch seine bisher geübte Methode. Selbst den Senat suchte er 49 so gut wie 59 für seine Pläne zu gewinnen. Allerdings, wenn er dabei auf Obstruktion stieß, ging er rücksichtslos darüber hinweg und begleitete das mit kräftigen Worten wie, er werde nun die Geschäfte der *res publica* allein führen. Diese von ihm selbst aus der Ansprache an den Senat im Jahr 49 überlieferte Wendung[9] dürfte seine innerliche Stellung zutreffend wiedergeben, und wer die römische Geschichte der letzten Jahrzehnte überschaut, wird anerkennen, daß das Versagen der alten Staatsorgane keinen andern Ausweg mehr zuließ.

Auch Cicero deutet in seinem Werk *„de re publica"* an, daß zur Überwindung der Krise eine Dictatur nötig sei[10], aber sie sollte nicht mehr sein als ein Mittel, der alten *res publica* neue Lebenskraft einzuhauchen, und dafür wollte er die geistige Grundlage schaffen. Während des afrikanischen Kriegs schrieb er den Dialog „Brutus", eine Geschichte der römischen Beredsamkeit. Da diese Kunst nur im freien Staat blühen konnte, wurde er von selbst auch zu einer politischen Kundgebung. Denn mit dem Bürgerkrieg versank die *res publica* vollends in Nacht, wie schon einmal in den Jahren der Popularenrevolution, nach denen ihr Sulla die Gesetze und Gerichtshöfe zurückgab und damit erst die Epoche der vollkommenen Redner heraufführte. Da die Schrift auch Caesars literarische Stellung eingehend und schmeichelhaft würdigt, sollte sie mit ihren unmißverständlichen Winken von ihm gelesen werden[11].

Es ist nichts darüber überliefert, ob Caesar es tat. Aber es scheint ausgeschlossen, daß er von diesem Meisterwerk, dessen Thema ihn aufs stärkste interessieren mußte, nicht Kenntnis nahm. Dagegen wissen wir, daß er nach seiner Rückkehr Cicero mit der gewohnten Liebenswürdigkeit begegnete, und Cicero hielt für möglich, daß er für seinen Freund, den gelehrten Praetorier Publius Nigidius Figulus, der sich bisher noch außerhalb Italiens aufhielt, etwas tun könne[12].

[8] o. S. 206, Anm. 161.

[9] B. c. 1, 32, 7 *sin timore defugiant, illis se oneri non futurum et per se rem publicam administraturum.*

[10] re p. 1, 31. 6, 12.

[11] Brut. 2. 4. 6–9. 12. 16. 21. 22. 157. 266. 324. 330–332. Über Caesar 248–262. RE 7A, 1008ff.

[12] fam. 4, 13, 2 *nulla me ipsum privatim pepulit insignis iniuria nec mihi quicquam tali tempore in mentem venit optare, quod non ultro mihi Caesar detulerit.* Nachher *obtinemus ipsius Caesaris summam*

Wohl auch 46 erhielt Caesar von Sallust eine zweite Denkschrift, die ihm Rat erteilen wollte, wie die *res publica* durch dauerhaften Frieden zu sichern sei. Darin forderte er vor allem, daß Caesar sich über die bisherigen Parteiungen [13] stelle, und scheute sich nicht, die schärfsten Worte über die Nichtsnutzigkeit seiner Anhänger zu brauchen, die von der Versöhnungspolitik enttäuscht waren [14]. Sallust sah überhaupt in der tollen Verschwendungssucht der vornehmen Jugend das Grundübel des Staats, weil sie zur Ausplünderung von Bürgern und Untertanen und so schließlich zum innern Krieg führe, und meinte, dem sei durch Verbot von Geldausleihen und Schuldenmachen ein Ende zu bereiten. Dann höre auch die Korruption der Plebs durch Spenden und Getreideverteilung auf. Im Kampf der Einzelnen und der Völker falle der Sieg stets dem Verächter des Reichtums zu. Wir fanden diesen Gedanken schon in der ersten Schrift, und er kehrt auch in den Geschichtswerken wieder. Sonst sind die einzigen praktischen Vorschläge gleichmäßige Wehrpflicht aller Bürger und Verwendung des bisher an arbeitsscheues Stadtvolk verteilten Getreides für die ausgedienten Soldaten in ihren Municipien und Colonien [15].

Im Hinblick auf Caesar ist am wichtigsten, daß auch diese Schrift um die *res publica* kreist, als ob diese durch moralische Besserung der Jugend wieder in Ordnung gebracht werden könne: „Darum bei den Göttern nimm Dich der *res publica* an und schreite, wie es Deine Art ist, mitten durch alle Schwierigkeiten hindurch!“ [16] Die Hoffnung der Caesarianer dagegen, zusammen mit ihrem Führer „den Staat zu erobern“, wird als verbrecherisch gebrandmarkt [17]. So viel war ja bereits von der Versöhnungspolitik zutage getreten, daß Caesar diesen Elementen nicht freie Hand gewähren würde. Allein jener Glaube an die *res publica,* den Sallust bei ihm voraussetzte, war ihm, wenn er ihn überhaupt jemals geteilt hatte, fremd geworden.

Zu dieser Geringschätzung der geschichtlich gewordenen römischen Verfassung traten nun noch die neuesten Erfahrungen in den Provinzen und in Aegypten. Hier galt allgemein die römische Befehlsgewalt *(imperium)* in

erga nos humanitatem, sed ea plus non potest quam vis et mutatio omnium rerum atque temporum. 5 *videor mihi perspicere primum ipsius animum, qui plurimum potest, propensum ad salutem tuam ;* Caesar zögere nur, weil es auch Fälle gebe, wo er nicht begnadigen wolle. 6 Bisher stellt sich Cicero mit den *familiarissimi* gut und: *et in ipsius consuetudinem, quam adhuc meus pudor mihi clausit, insinuabo et certe omnis vias persequar, quibus putabo ad id, quod volumus, pervenire posse.* Hieron. chron. z. J. 45 *Nigidius Figulus Pythagoricus et magus in exilio moritur.* Das gute Verhältnis zu Caesars *familiares* fam. 9, 16, 2 (Juli 46); 4 sie berichten Caesar über Aussprüche Ciceros, *cum reliquis actis perferuntur.* 18, 1. 20, 3.

[13] 1, 3, 1. 5, 1 *ita bonis malisque dimotis patenti via ad verum pergas.* Zu den Bezeichnungen *boni malique* Cic. Att. 10, 1, 4 *aut enim mihi libere inter malos* (bei Caesar) *πολιτευτέον fuit aut vel periculose cum bonis* (bei Pompeius). Im folgenden Satz braucht er statt *mali* das ihm geläufigere *improbi.*

[14] 1, 2, 5–7. 4, 3–4. Ihre Unzuverlässigkeit ebenso (mit anderer Bewertung) bei Caelius fam. 8, 17, 2.

[15] 7, 2–8, 3; 6. [16] 1, 6, 3. [17] 1, 4, 3.

weit größerem Umfang als in Rom und Italien, und im Osten handelte es sich noch um das Gebiet der hellenistischen Monarchien. Je mehr er sich innerlich von der römisch-republikanischen Überlieferung loslöste, desto mehr sagten ihm die dortigen Traditionen zu. Wir sahen, wie er sich schon 48 in Kleinasien als göttlichen Herrscher und Weltheiland feiern ließ[18]. Seinem politischen Blick blieb es nicht verborgen, daß die politische Loyalität der hellenistischen Untertanen gegenüber ihren Reichen sich nur im Herrscherkult, daß heißt in der Anerkennung der Herrschaft als einer göttlichen Fügung, aussprechen konnte, da die Griechen Patriotismus nur für den Gemeindestaat kannten und die Reiche des Ostens der nationaleinheitlichen Grundlage entbehrten. Diese Gründe aber mußten — das war eine Folgerung, die sich dem Staatsmann, der die Provinzen als Reichsteile ansah, unmittelbar ergab — für das viel größere Verschiedenheiten in sich schließende römische Herrschaftsgebiet desto mehr gelten. Damit soll aber nicht gesagt sein, daß Caesar sich in seiner Politik von irgendwelchen staatstheoretischen Spekulationen leiten ließ. Fest stand ihm nur, daß er die errungene Macht nicht mehr loslassen wollte.

So wuchsen in Caesar selbst die monarchischen Tendenzen immer enger zusammen, und ihnen kamen wiederum die allgemeinen Verhältnisse, das Versagen der Optimaten-Oligarchie und der bisherigen Verfassung für die Aufgaben des Reichs, entgegen. Wir wenden uns nun der Frage zu, welche Wege er angesichts dieses gegebenen und erstrebten Zieles im einzelnen einschlug und wohin sie ihn führten.

Als er in Rom ankam, hatte der Senat neue unerhörte Ehrungen für ihn beschlossen: ein vierzigtägiges Siegesdankfest, die Dictatur für zehn Jahre, 72 Lictoren für die Triumphe, die Aufsicht über die Sitten auf drei Jahre (eine gesteigerte censorische Vollmacht), das Recht, dem Volk auch die außerordentlichen Beamten zur Wahl zu bezeichnen, im Senat stets auf dem curulischen Stuhl zwischen den Consuln zu sitzen und als erster gefragt zu werden, bei allen Zirkusspielen das Zeichen zu geben, am capitolinischen Tempel seinen Namen anzubringen an Stelle dessen von Catulus. In diesem Heiligtum wurde ein Triumphalwagen aufgestellt, worauf seine Statue mit der Weltkugel zu ihren Füßen und einer (später von ihm beseitigten) Inschrift stand, die ihn, den Abkömmling von Venus und Anchises, als Halbgott bezeichnete[19].

[18] o. S. 225. Lily Ross Taylor The Divinity of the Rom. Emp. (1931) 60 erinnert an die Aufenthalte des jungen Caesar in Kleinasien und malt 61/2 die Eindrücke aus, die er bei der Reise mit Kleopatra vom ägyptischen Königskult erhalten mochte.

[19] Cass. Dio 43, 14. Dio sagt 14, 4: „sie wählten" ihn für 3 Jahre zum *praefectus morum* (Suet. 76, 1). *praefectus moribus* (Cic. fam. 9, 15, 5) und für 10 Jahre zum Dictator. Das deutet auf Volkswahl (vgl. L. Lange R. A. III 445). Dementsprechend war Caesar im Jahr 46 *dictator tertio, designatus dictator quarto* (B. Hisp. 2, 1). Im Jahr 44 nannte er sich bis zur Annahme des Titels

Er nahm diese Ehren und Vollmachten an[20], bekannte sich aber im Senat und hernach auch vor dem Volk erneut zur Versöhnungspolitik und wies den Gedanken einer Gewaltherrschaft als seinem Wesen widersprechend von sich. Nicht nur Sullas Beispiel lehnte er ab, sondern auch das Vorgehen seines Oheims Marius und seines ehemaligen Schwiegervaters Cinna. Als offizielle Auffassung wiederholte er bei jeder Gelegenheit, er habe den Bürgerkrieg nur geführt, um Schmach von sich abzuwehren, das siegreiche Heer habe gekämpft, um sein Recht und Caesars Würde zu wahren. Zu einer weiteren Verfolgung der Gegner bestehe jetzt kein Anlaß mehr[21]. In der Tat finden wir ihn während der nächsten Wochen ernsthaft bemüht, die angesehensten Leute der Gegenpartei zu tätiger Mitarbeit zu gewinnen. Von Pompeius sprach er nur in achtungsvoller Weise. Schon vor der Abreise nach Afrika hatte er Servius Sulpicius (den Consul von 51) mit der Statthalterschaft in Griechenland, Marcus Brutus mit der im diesseitigen Gallien betraut. Gaius Cassius diente ihm ebenfalls als Legat[22]; vor allem legte er großen Wert darauf, mit Cicero in beständiger Verbindung zu bleiben. Hirtius und Dolabella nahmen bei dem großen Redner rhetorischen Unterricht und mußten dem Dictator genau über die gehörten geistreichen Worte berichten. Seit Caesars Rückkehr besuchte Cicero die Senatssitzungen, freilich zunächst ohne zu votieren und infolgedes-

dictator perpetuus oder *perpetuo* (nach Cic. Phil. 2, 87 am 15. Februar 44) *dictator quartum*. A. Alföldi Studien über Caesars Monarchie, Bulletin de la Société Royale des Lettres de Lund 1953, 6. 16 bis etwa 1. März. Aber, daß die Taf. 2, 5 und 6 abgebildete Münze Caesar mit Diadem zeige, wird bestritten von R. A. G. Carson Gnomon 28 (1956), 182; dagegen wieder Alföldi The Portrait of Caesar on the denarii of 44 B. C. (Centennial vol. of the American Numismatic Society 1958) 39–41. Vorsichtig K. Kraft Der goldene Kranz Caesars, Jahrbuch für Numismatik u. Geldgeschichte der Bayer. Numism. Ges. 3/4. Jahrgang 1952/3, 8. 66. — Über die Weltkugel als Symbol der Weltherrschaft Alföldi R. M. 50 (1935), 37. 117ff. L. R. Taylor Divin. 64, 12 erinnert an Duris FgrHist 76, 14 über ein Gemälde, das auf dem Proskenion in Athen den Demetrios Poliorketes auf der Weltkugel darstellte. S. 63, 13 vermutet sie auf Grund von Serv. Dan. zu Verg. ecl. 9, 47, daß die Inschrift griechisch abgefaßt war und daß Caesar sie löschen ließ, weil ihm die Bezeichnung nicht genügte. Nach Balsdon Historia 7 (1958), 84 vielleicht *divo*. F. Taeger Charisma II (1960), 60 „wahrscheinlich griechisch".

20 Dio bemerkt 43, 14, 7 wie vorher 42, 19, 4, daß er nur die Ehrungen erwähne, die Caesar annahm.

21 Die Rede bei Dio 43, 15, 2–18, 5 enthält neben Gemeinplätzen sicher auch einige auf gleichzeitiger Überlieferung beruhende Gedanken, wie Caesar b. c. beweist. Daß der Bürgerkrieg als ein von der Gottheit verhängtes Schicksal zu betrachten sei (17, 4), auch bei Cic. Lig. 17 *fatalis quaedam calamitas incidisse videtur et inprovidas hominum mentes occupavisse, ut nemo mirari debeat humana consilia divina necessitate esse superata*. Für überliefert ist auch die Erklärung zu halten, daß zur Befriedigung der Veteranen und zur Besoldung des Heers große Mittel nötig seien (18, 1–5), wie auch schon 42, 49, 3–5 dargelegt wird. Nach Plut. 55, 1 hat er vor dem Volk darauf verwiesen, daß durch die Naturalabgaben Afrikas die Getreide- und Ölversorgung gesichert sei.

22 Cic. fam. 6, 6, 10. Über Ser. Sulpicius fam. 4, 3, nach Münzer RE 4A, 855 von Anfang 46. Dazu die an ihn gerichteten Empfehlungsbriefe fam. 13, 17–28a. Empfehlungsbriefe an Brutus fam. 13, 10–14. Brut. 171. Orat. 34. Plut. Brut. 6, 10. Appian. b. c. 2, 465.

sen auch ohne Möglichkeit, unmittelbaren Einfluß auf die Entscheidungen des Dictators auszuüben. Aber der rege Verkehr mit den Vertrauensleuten bestärkte ihn zusehends in der Hoffnung, es sei Caesar mit der Versöhnungspolitik ernst und er plane eine weitgehende Wiederherstellung der Republik[23].

So glaubte er sich berechtigt, verschiedenen Freunden über ihre Begnadigungsaussichten beruhigende Auskunft zu geben, und als es galt, den bedeutendsten der Republikaner, Marcus Marcellus, zur Aufgabe seines Exils zu bewegen, übernahm er es gern, zu sondieren. Er konnte dem Freunde dabei mitteilen, sein Vermögen sei bisher noch nicht angetastet worden[24] — während im übrigen rüstig versteigert wurde[25] — und Caesar stehe Talent und

[23] fam. 9, 16, 2; 4; 7. 18, 1. Wenn Cicero während des afrikanischen Kriegs auch über die *communes miseriae* klagte (fam. 4, 15, 1. 14, 1), so fühlte er sich doch durch Caesars Sieg von lastendem Druck befreit. Denn von den Pompeianern hatte er nur schlimmes zu erwarten (fam. 9, 6, 3). Er gefiel sich darin, daß er in den ersten Tagen des Januars 49, als er zur Verständigung riet, alles richtig vorausgesehen habe (4, 14, 2). Wenn Pompeius ihn nicht beneidet hätte, *et ipse beatus esset et omnes boni* (5, 21, 2). Varro gegenüber geht er soweit, den Optimaten die Schuld am Krieg zuzuschreiben (fam. 9, 6, 2): *vidi enim* (*nam tu aberas*) *nostros amicos cupere bellum, hunc* (Caesar) *autem non tam cupere quam non timere; ergo haec consili fuerunt, reliqua necessaria, vincere autem aut hos aut illos necesse esse.* An den alten Freund M. Marius (fam. 7, 3, 3): *quae acciderunt, omnia dixi futura;* weiter (5) *notum tibi omne meum consilium esse volui, ut primum scires me numquam voluisse plus quemquam posse quam universam rem p., postea autem quam alicuius* (Pompeius) *culpa tantum valeret unus* (Caesar), *ut obsisti non posset, me voluisse pacem.* — Ebenso schildert er im August 46 (vor der Begnadigung des Marcellus) dem Q. Ligarius, dem Caesar in Afrika das Leben geschenkt hatte (b. Afr. 89, 2), die Aussicht auf Rückkehr günstig (fam. 6, 13, 2): *non fore in te Caesarem duriorem; nam et res eum cotidie et dies et opinio hominum et, ut mihi videtur, etiam sua natura mitiorem facit.* So hört er es von den *familiarissimi.* Noch zuversichtlicher an A. Caecina (bald nach der Begnadigung des Marcellus fam. 6, 6, 5): Er war mit Caesar und Pompeius befreundet; wenn Pompeius seinen Räten gefolgt wäre, *esset hic* (Caesar) *quidem clarus in toga et princeps, sed tantas opes, quantas nunc habet, non haberet.* So ist es nur Schuld des Pompeius, daß Caesar solches Übermaß von Macht gewann. Selbst am 20. März 43 erkennt er angesichts der Drohungen des Antonius an (Phil. 13, 2): *si aliquid de summa gravitate Pompeius, multum de cupiditate Caesar remisisset, et pacem stabilem et aliquam rem publicam nobis habere licuisset.* In der 2. Philippica (24) behauptet er, wenn Pompeius — wie Cicero ihm riet — im Jahr 55 Caesars *imperium* nicht verlängert und 52 das Gesetz über die Consulatsbewerbung nicht zugelassen hätte, *in has miserias numquam incidissemus* und nachher sogar *res publica staret.* In dem Brief verschweigt er diese beiden Räte, um nicht Caesar gegenüber als undankbar zu erscheinen: *nolo enim hunc* (Caesar) *de me optime meritum existimare ea me suasisse Pompeio quibus ille si paruisset* etc. Von Caesars Charakter ist nur Gutes zu erwarten (8): er ist *mitis clemensque natura* und *mirifice ingeniis excellentibus quale est tuum delectatur;* mit der Versöhnungspolitik ist es ihm ernst (10): *in quo admirari soleo gravitatem et iustitiam et sapientiam Caesaris.* Nach Suet. 75, 5 hatte Caecina einen *criminosissimus liber* gegen Caesar verfaßt. Man muß bei Ciceros Urteilen immer darauf achten, in welcher Stimmung und mit welcher politischen Absicht er sie abgibt. Wenn er Phil. 2, 116 sagt *adversarios clementiae specie devinxerat,* so wußte er in Wirklichkeit, daß die *clementia* nicht bloß „Schein" war, entschlüpfte ihm doch am 4. Mai 44 das Geständnis (Att. 14, 17, 6): *ille enim nescio quo pacto ferebat me quidem mirabiliter,* und Phil. 13, 18 beim Vergleich mit Antonius: *Caesare dominante veniebamus in senatum, si non libere, at tantum tuto.*

[24] fam. 4, 7, 5.

[25] fam. 9, 10, 3. 15, 17, 2. 19, 3. 13, 8, 2. off. 2, 27; 29; 83. Phil. 2, 64; 103; 104. 8, 9.

Adel mit größter Freundlichkeit gegenüber[26]. Auf den Gipfel der Hoffnungen aber fühlte er sich erhoben, als Mitte September Lucius Piso im Senat die Rede auf Marcellus brachte, der Vetter Gaius Marcellus (Consul von 50) kniefällig für ihn bat, der ganze Senat sich, ihn zu unterstützen, erhob und Caesar trotz Erinnerung an die heftige Gegnerschaft im Jahre 51 ohne Zögern die Bitte gewährte[27]. Da brach er sein bisheriges Schweigen und huldigte dem Sieger in glänzender Danksagung, das sei seine größte Tat, daß er in diesem Augenblick den Sieg selbst überwunden habe, sie rücke ihn in unmittelbare Nähe der Gottheit[28]. Doch bedeutend wurde die Rede dadurch, daß er darin auch seine politischen Wünsche vorbrachte. Bezugnehmend auf kürzlich erfolgte Mitteilungen Caesars über einen gegen sein Leben geplanten Anschlag, wies er darauf hin, wie von der Erhaltung dieses einzigen Lebens das Wohl der Gesamtheit abhänge. Mit allem Nachdruck sei darum

[26] fam. 4, 8, 2 *sed, mihi crede, etiam is, qui omnia tenet, favet ingeniis, nobilitatem vero et dignitates hominum, quantum ei res et ipsius causa concedit, amplectitur.* Cicero hatte schon im ‚Brutus' (250) ausgesprochen, daß Marcellus der Zeitgenosse sei, der seinem Ideal des allseitig gebildeten Redners genüge, und, während er sonst nur Verstorbene charakterisierte, bei ihm dieselbe Ausnahme gemacht, wie bei sich selbst und Caesar. Darum lag ihm besonders daran, diesen nach sozialer Stellung und geistig-sittlicher Haltung hervorragenden ‚Optimaten' auf seine politische Linie zu bringen. Darum soll er die *liberalitas* des Siegers nicht gering achten (4, 9, 4). Cicero findet bemerkenswert verständnisvolle Worte für Caesar: (9, 2) *omnia enim delata ad unum sunt; is utitur consilio ne suorum quidem sed suo.* Das wäre beim Sieg des Pompeius nicht anders gewesen, ja noch schlimmer, hörte dieser doch während des Kriegs immer auf die unkundigsten Ratgeber und würde auch als Sieger nicht Marcellus und Cicero beiziehen. (9, 3) *omnia sunt misera in bellis civilibus, quae maiores nostri ne semel quidem, nostra aetas saepe iam sensit, sed miserius nihil quam ipsa victoria; quae, etiam si ad meliores venit, tamen eos ipsos ferociores impotentioresque reddit, ut etiam si natura tales non sint, necessitate esse cogantur; multa enim victori eorum arbitrio, per quos vicit etiam invita facienda sunt.* Das geht wieder auf Pompeius, während Caesar eben solchen Einflüssen nicht Raum gibt. Freilich einige Wochen später schreibt er unter dem Eindruck der Spiele zur Feier der Einweihung des Tempels der Venus Genetrix am 26. September (Fasti Pinc. CIL I² S. 219. Cass. Dio 43, 22, 3. Wissowa Rel. u. Kult. d. Röm. 292) an Q. Cornificius, damals wohl Quaestor pro praetore in Kilikien (Broughton MRR II 297) fam. 12, 18, 2, der Friede in Rom sei so, *in qua, si adesses, multa te non delectarent, ea tamen quae ne ipsum Caesarem quidem delectant. Bellorum enim civilium ii semper exitus sunt, ut non ea solum fiant quae velit victor, sed etiam ut iis mos gerendus sit quibus adiutoribus sit parta victoria.* Vgl. Plut. 51, 4, und das gehört ja auch zum Thema von Sallusts Denkschrift.

[27] Geschildert im Brief an Ser. Sulpicius, der 51 mit ihm Consul gewesen war (o. S. 157), fam. 4, 4. Hier (4) *fregit hoc meum consilium et Caesaris magnitudo animi et senatus officium.* Cicero war wirklich hingerissen von Caesars überraschender Entscheidung, der noch einmal an die bittern Vorgänge von 51 erinnert hatte und dann: (3) *repente praeter spem dixit se senatui roganti de Marcello ne ominis quidem causa negaturum.* Mit der einschränkenden Bemerkung von der „üblen Vorbedeutung" meinte er offenbar, er sei sich darüber klar, daß Marcellus unversöhnt bleibe. Dieser schrieb denn auch an Cicero, daß er nur für den Freundesdienst danke (fam. 4, 11, 2): *reliqua sunt eius modi, quibus ego, quoniam haec erant tempora, facile et aequo animo carebam.* So beeilte er sich auch nicht mit der Rückkehr, wurde dann aber auf der Reise am 25. Mai 45 in Athen ermordet (fam. 4, 12 der Bericht des Ser. Sulpicius. Att. 13, 10, 1; 3. 22, 2).

[28] Marc. 7; 8; 12.

Einspruch zu erheben gegen das Wort, das Caesar in diesem Zusammenhang mehrfach äußerte: er habe für sein Bedürfnis und seinen Ruhm lange genug gelebt[29]. Wenn er jetzt stürbe, würde er den Staat als einen Trümmerhaufen zurücklassen. Darum müsse er die umfassende Gesetzgebung, deren Vorbereitungen damals in vollem Gange waren, durchführen und überhaupt eine Verfassung schaffen, die sein Leben überdaure; dann erst werde er sein Lebenswerk vollendet haben[30].

In den schmeichelhaftesten Wendungen, aber unzweideutig, umschrieb ihm Cicero damit wiederum als seine Aufgabe, die Republik auf neue gesetzliche Grundlagen zu stellen und wieder lebensfähig zu machen[31], mit anderen Worten, der Nachfolger Sullas zu werden, die Dictatur nur als Mittel zu betrachten. Caesar konnte es vorläufig nur recht sein, wenn sich diese Auffassung verbreitete, und gern nahm er davon den Gedanken auf, wenn er weiter zu leben wünsche, so geschehe es nur um des Staates willen, der, falls ihm etwas zustoße, unter schlechteren Bedingungen in neue Bürgerkriege gestürzt würde[32]. Aber seinen innersten Absichten lief sie entgegen. Denn im vertrauten Kreise sprach er offen aus, Sulla sei ein Analphabet gewesen, da er die Dictatur niedergelegt habe[33]. In der Entwicklung dieses Gegensatzes, seiner Erweiterung oder Versöhnung lag die Zukunft beschlossen. Werden die Optimaten sich mit der neuen Lage abfinden oder werden sie auf dem Standpunkt Catos beharren, daß er dann eben ein für Republikaner unerträglicher Tyrann sei? Was ihn von ihnen trennte, war nicht nur das Grundsätzliche, sondern noch mehr das unüberwindliche Mißtrauen, das ihnen seine Vergangenheit einflößte. Wie sollten sie Verständnis aufbringen für seinen Herrschaftsplan, wo ihn nicht einmal sein Bewunderer Sallust zu erfassen vermochte? Und eine glückliche Lösung zu finden wurde noch schwieriger, weil auch auf der anderen Seite die alten Gefolgsleute teilweise durchaus unzufrieden waren mit der Versöhnungs- und Ordnungspolitik. Der erwähnte Anschlag scheint von diesem Kreise ausgegangen zu sein, das Gerücht beschuldigte den Antonius[34]. So wurde es, je höher er stieg, immer einsamer um ihn. Indessen verlor er nach seiner Ankunft keine Zeit mit Überlegungen, sondern begann sofort mit unermüdlicher Energie all das in die Wege zu leiten, was er in seinem und des Reichs Interesse für nötig hielt. Sein Sieg

[29] 21–25 *satis diu vel naturae vixi vel gloriae.* [30] 26.

[31] 23 *constituenda iudicia, revocanda fides, comprimendae libidines, propaganda suboles, omnia quae dilapsa iam difluxerunt, severis legibus vincienda sunt.* 24 *tibi nunc omnia belli vulnera sananda sunt, quibus praeter te mederi nemo potest.* 27 *haec igitur tibi reliqua pars est, hic restat actus, in hoc elaborandum est, ut rem publicam constituas.* 29 *nisi haec urbs stabilita tuis consiliis et institutis erit . . . nisi belli civilis incendium salute patriae restinxeris . . .*

[32] Suet. 86, 2 *rem publicam, si quid sibi eveniret, neque quietam fore et aliquanto deteriore condicione civilia bella subituram.*

[33] Suet. 77 *Sullam nescisse litteras, qui dictaturam deposuerit.* Vgl. o. Anm. 6.

[34] Marc. 21. Phil. 2, 74.

führte dahin, daß das Reich endlich in die Gewalt einer eminent politischen Begabung kam, deren persönliches Wollen nicht mehr selbstsüchtige Partei- oder Standesinteressen verfolgte, sondern auf ein Gestalten des Reichsganzen ging gemäß den Notwendigkeiten, wie sie sich aus den Verhältnissen ergaben[35].

In vorderster Linie stand die Versorgung der Veteranen mit italischem Grundbesitz nach den Leitsätzen, die er anläßlich der großen Meuterei entwickelt hatte. Die Landbeschaffung übertrug er Legaten mit praetorischer Vollmacht, aber so, daß er sich im Fall von Anständen die Entscheidung vorbehielt. Die langwierigen Arbeiten gelangten bis zu seinem Tode nicht zum Abschluß, und weder der Plan, die Veteranen nicht geschlossen anzusiedeln, ließ sich allgemein aufrecht erhalten, noch waren die enteigneten früheren Besitzer bis dahin alle entschädigt[36].

[35] Die einzigartige Begabung gestand Cicero auch dem Toten zu (Phil. 2, 116): *fuit in illo ingenium, ratio, memoria, litterae, cura, cogitatio, diligentia, res bello gesserat quamvis rei publicae calamitosas, at tamen magnas; multos annos regnare meditatus magno labore, magnis periculis quod cogitarat effecerat.* Phil. 5, 49 spricht er von der *vis ingenii, quae summa fuit in illo.* Freilich meint er, daß er sie für populare Politik verbraucht, dann kein Verhältnis mehr zum Senat und den *boni* gefunden habe und darum *eam sibi viam ipse patefecit ad opes suas amplificandas quam virtus liberi populi ferre non posset.* Da sah Sallust doch tiefer, wenn er ep. 1, 5, 1 empfahl: *ita bonis malisque dimotis patenti via ad verum perges.* Und in den Historien (1, 12) entlarvte er die Schlagworte der Parteikämpfe: *bonique et mali cives appellati non ob merita in rem publicam omnibus pariter corruptis, sed ubi quisque locupletissimus et iniuria validior, quia praesentia defendebat, pro bono ducebatur.*

[36] Nach Appian. b. c. 2, 395 hatte Caesar 47 erklärt, er werde zur Ansiedlung der Veteranen *ager publicus*, ferner ihm gehöriges Land verwenden und, soweit das nicht genüge, hinzukaufen. Dagegen wird 2, 586 in einer Rede des Brutus behauptet, Caesar habe wie Sulla keine Entschädigungen bezahlt, und 591, das würden die Caesarmörder nachholen. Viele Veteranen waren damals nicht versorgt, und in der Verwirrung nach Caesars Tod war es im Kampf um die Macht die vordringlichste Frage, wer die Veteranen gewann. Schon am 17. März erkannte der Senat die Rechtsgültigkeit von Caesars Amtshandlungen an und damit auch die Landzuweisungen an die Veteranen (Phil. 1, 6. 2, 100). Bald folgte ein Senatsbeschluß, der den Consuln anheimgab, auch die von Caesar erst geplanten Verfügungen in Kraft zu setzen. Am 3. Juni wurde er durch Gesetz bestätigt (Cic. Att. 16, 16 C, 11). Schon Ende April begab sich Antonius nach Campanien, um die dort von Caesar begonnene Landzuweisung an Veteranen fortzusetzen. H. Rudolph Staat und Stadt im röm. Italien (1935), 200 hat auf Grund von Caelius bei Cic. fam. 8, 10, 4 bemerkt, daß Ende 51 die von Caesar 59 eingeleitete Aufteilung des *ager Campanus* noch nicht beendet war, und so erklärt sich, daß 46 eine große Zahl von Veteranen dort Land erhielt (nach Nikol. Dam. F 130, 132; 138 die der 7. und 8. Legion. Suet. 81, 1). Cicero erwähnt Phil. 2, 102 als eine Veteranencolonie Caesars Casilinum, Att. 16, 8, 1, dazu Appian. b. c. 3, 165. Nikol. Dam. F 130, 136 ebenso Calatia. Dazu behauptet Cicero Phil. 2, 102, Antonius habe mit weiteren Ansiedlern in Casilinum eine neue Colonie gegründet. Im Juni ließen sich die Consuln durch ein Gesetz zur Gründung von Colonien ermächtigen (Cic. Phil. 5, 10. Att. 15, 19, 2). Trotzdem schlossen sich im Oktober 44 sogleich 3000 dieser Veteranen dem jungen Caesar an (Att. 16, 8, 2. Appian. b. c. 3, 240). Schließlich sollen es 10000 geworden sein (Appian. b. c. 3, 165). — Als man 43 die Gesetze des Antonius für ungültig erklärte, wurden die Besitzungen der Veteranen durch ein neues Gesetz anerkannt (Phil. 13, 31). Cicero stellte schon am 1. Januar zur Belohnung der Veteranen und Legionen unter dem Befehl des jungen Caesar einen Antrag

Daneben waren die ersten Wochen vornehmlich mit den Vorbereitungen der vier Triumphe ausgefüllt, für deren Feier die Tage vom 20. September bis zum 1. Oktober (20. bis 30. Juli des verbesserten Kalenders) festgesetzt wurden[37]. Die großartige Darstellung der Siege und die damit verbundenen glänzenden Volksfeste sollten die gewonnene Macht zu eindrücklichster Anschauung bringen. Die Triumphe galten der Überwindung Galliens, Aegyptens und der Könige Pharnakes und Juba. Die Zahl der getöteten Feinde — ohne die gefallenen Bürger — wurde mit 1 192 000 angegeben[38]. Neben der wunderbaren abwechslungsreichen Ausstattung waren auch merkwürdige Gefangene zu sehen: Vercingetorix, Arsinoë, die Schwester der Kleopatra,

(Phil. 5, 53). Darin heißt es über die Veteranen: *uti C. Pansa A. Hirtius consules alter ambove si eis videretur cognoscerent, qui ager iis coloniis esset, quo milites veterani deducti essent, qui contra legem Iuliam possideretur, ut is militibus veteranis divideretur; de agro Campano separatim cognoscerent inirentque rationem de commodis militum veteranorum augendis.* Daraus ist zu ersehen, daß der Dictator Caesar die Veteranenversorgung auf sein Gesetz von 59 gründete. Nun sollten die Veteranen, die *contra legem Iuliam* von Antonius in Colonien untergebracht waren, ihren Besitz behalten. Die von Caesar auf *ager Campanus* (im engern Sinn) angesiedelten Veteranen sollten den offenbar besser gestellten Colonisten des Antonius gleichgestellt werden. Den Legionen wird in Aussicht gestellt: *uti C. Pansa A. Hirtius consules alter ambove si eis videretur rationem agri haberent qui sine iniuria privatorum dividi posset.* — Nach Cic. fam. 9, 17, 2 (August 46) ließ Caesar auch den *ager Veiens* und *Capenas* zu Siedlungszwecken vermessen. Von Vei im liber coloniarum (Röm. Feldmesser I 220) *ager eius militibus adsignatus ex lege Iulia.* Ebenda (216) von Capena: *ubi miles portionem habuit.* Im Jahr 45 amtiert in Etrurien Q. Valerius Orca als legatus pro praetore, den Cicero (fam. 13, 4) bittet, die Gemeinde Volaterrae mit einer Bodenabtretung zu verschonen, da Caesar schon 59 ihren Besitzstand nicht angetastet habe. In jedem Fall möge er die Entscheidung Caesar selbst anheimstellen; 13, 5, 2 bittet er insonderheit für den dortigen Grundbesitzer C. Curtius, den Caesar in den Senat aufnahm; dieser könne nach einer solchen Vermögenseinbuße nicht Senator bleiben *minimeque convenit ex eo agro, qui Caesaris iussu dividatur, eum moveri, qui Caesaris beneficio senator sit.* Zur selben Zeit verwendet sich Cicero bei C. Cluvius für Grundbesitz der campanischen Gemeinde Atella in Gallia citerior (fam. 13, 7) und beruft sich darauf, daß Rhegion in gleichem Fall verschont geblieben sei. Auch da soll Caesar selbst entscheiden; 13, 8, 2 empfiehlt er einem M. Rutilius den Grundbesitz eines C. Albinius, der dieses Land von einem M. Laberius an Zahlungsstatt übernehmen mußte. Dieser hatte es bei der Versteigerung von Feindesgut erworben. Hierzu führt Cicero aus, da Caesar das Eigentumsrecht an sullanischem Proskriptionsgut anerkenne, wäre es widersinnig, *si ea praedia dividentur, quae ipse Caesar vendidit.* Es scheint mir ausgeschlossen, daß Caesar Privateigentum entschädigungslos an Veteranen vergab. Sicher ist, daß ihm mit dem Vermögen der Gegner, die nach Pharsalos den Bürgerkrieg fortsetzten, gewaltiger Grundbesitz in die Hand fiel. Viel davon wurde an Private versteigert. Aber es ist wohl möglich, daß er mit solchem Land auch Privateigentümer, die zu Siedlungszwecken Grundbesitz abtreten mußten, entschädigte (wie es in der Lex agraria von 111 Riccobono FIR 8, 21 vorgesehen war). Doch waren begreiflicherweise solche Tauschgeschäfte nicht beliebt. Vgl. u. S. 289, Anm. 197. Übrigens versuchte Caesar auch durch Trockenlegung von Sümpfen neues Kulturland zu gewinnen, was selbst Cicero zum Eingeständnis veranlaßte (Phil. 5, 7): *ille* (Caesar) *paludis siccare voluit* (Cass. Dio 44, 5, 1), *hic* (Antonius) *omnem Italiam moderato homini L. Antonio dividendam dedit.* Ed. Meyer, Caesars Mon. 407ff. Fr. Vittinghoff Röm. Kolonisation (Abh. Mainz 1951, 14), 53.

[37] CIL I² S. 322. S. o. Anm. 26. [38] Plin. n. h. 7, 92.

und der vierjährige Prinz Juba. Während er diese beiden nachher freigab, ließ er den berühmten Keltenführer als wortbrüchigen Rebellen hinrichten[39]. Die Römer fanden das durchaus in Ordnung[40], dagegen erregte Mißstimmung, daß im afrikanischen Triumphzug auch der Untergang der Freiheitshelden Cato, Scipio und Petreius gehässig dargestellt war[41]. Den Sieg von Pharsalos überging Caesar mit Stillschweigen[42], hoffte aber augenscheinlich in jenem Falle die Gegner treffen zu können, indem er getreu seiner bisherigen Haltung die letzten Republikaner als Hochverräter in Jubas Dienst brandmarkte[43]. Die Soldaten, die nach altem Brauch beim Triumph Spottverse auf den Imperator sangen, begnügten sich nicht mit Zotenliedern, sondern machten auch Anspielungen auf die neuerlichen monarchischen Allüren. Er hütete sich wohl, darüber Unmut zu äußern, aber — gerade wie er sich aus Anlaß des Clodiusskandals von seiner Frau geschieden hatte — er stellte sogleich öffentlich mit aller Entschiedenheit in Abrede, daß an dem Gerücht, er sei vor dreißig Jahren Buhlknabe des Königs Nikomedes gewesen, etwas Wahres sei[44].

Die gewaltigen Bestände erbeuteten und sonstwie zusammengebrachten Edelmetalls, die man eben staunend hatte vorbeifahren sehen, wurden großenteils an die Veteranen und die unbemittelten, die unentgeltliche Getreideversorgung genießenden Bürger verteilt. Der gemeine Soldat erhielt 5000 Denare, die Centurionen das Doppelte, Kriegstribunen und Reiterobersten das Vierfache[45], die betreffenden Bürger — die Gesamtzahl der Berechtigten belief sich damals auf 320 000 — 100 Denare, 25 mehr, als er im Jahre 49 versprochen hatte, 87 Liter Getreide und 32,75 Kilogramm Öl[46]. Gleichzeitig fand zur Einlösung des bei Julias Tod gegebenen Versprechens eine öffentliche Bewirtung an 22 000 Tischen und eine Fleischverteilung statt. Zu Ehren der Tochter wurden nun auch die längst vorbereiteten Fechterspiele gegeben[47]. Viele Tausende von Kriegsgefangenen und zum Tode verurteilter Verbrecher hatten die blutigen Schlachten aufzuführen[48]. Aber zur Erhöhung der Sensation gestattete Caesar auch Rittern, ihre Fechtkunst zu zeigen, was er jedoch

[39] Cass. Dio 43, 19, 4.

[40] Cic. Verr. II 5, 77 *qui triumphant eoque diutius vivos hostium duces reservant, ut his per triumphum ductis pulcherrimum spectaculum fructumque victoriae populus Romanus percipere possit, tamen cum de foro in Capitolium currus flectere incipiunt, illos duci in carcerem iubent, idemque dies et victoribus imperi et victis vitae finem facit.* RE 8A, 1007. Ein Münzporträt des Vercingetorix vielleicht Sydenham CRR Nr. 952. Ein ähnlicher Kelte vergrößert bei H. Kähler Rom und seine Welt T. 59. o. S. 148.

[41] Appian. b. c. 2, 420.

[42] Cic. Phil. 14, 23.

[43] B. Afr. 57, 2–6. Über die Triumphe Suet. 37. Plut. 55, 2. Appian. b. c. 2, 418–419. Cass. Dio 43, 19.

[44] Cass. Dio 43, 20. Suet. 49, 4. 51. 80, 2. Plin. n. h. 19, 144. Hor. epist. 1, 1, 59. Isid. etym. 9, 3, 4.

[45] Suet. 38, 1. Appian. b. c. 2, 422. Cass. Dio 43, 21, 3.

[46] Suet. 38, 1. 41, 3. Plut. 55, 5. Cass. Dio 43, 21, 3.

[47] Suet. 26, 2. 38, 2. 39, 1. Cass. Dio 43, 22, 3. 23, 4. Plut. 55, 4.

[48] Appian. b. c. 2, 423. Cass. Dio 43, 23, 3–4. 24, 1.

einem Senator untersagte[49]. Größeres Aufsehen erregte es, daß der Herrscher den beliebten Possendichter Decimus Laberius, einen sechzigjährigen Ritter, veranlaßte, selbst in einem seiner Stücke aufzutreten. Denn der Betroffene rächte sich durch freimütige Anspielungen. Unter anderm kamen die Verse vor: „Herbei Quiriten! Wir haben die Freiheit verloren!" und „Wen viele fürchten, muß auch viele fürchten". Caesar erteilte denn auch dem Freigelassenen Publilius Syrus, der gleichzeitig in einem eigenen Stück auftrat, den Preis, honorierte aber den Ritter mit 125 000 Denaren und erkannte ihn durch Verleihung eines goldenen Ringes von neuem als Ritter an[50]. Die Massen wurden von solchen Eingriffen in die geltende Gesellschaftsmoral weniger berührt als die überzeugten Republikaner der oberen Schicht. Es läßt sich in Ciceros Korrespondenz beobachten, wie ihn diese Begebenheiten innerlich Caesar aufs neue entfremdeten. Die Hoffnungen der Marcellusrede erwiesen sich ihm als Täuschungen[51].

Dagegen murrten die Soldaten über das viele Geld, das zur Unterhaltung des Volkes verschleudert wurde. Bei einer Aufführung wurde es erst ruhig, als Caesar mit eigener Hand einen Schreier zur Hinrichtung abführte. Zwei andere ließ er durch die Priester auf dem Marsfeld dem Mars opfern und ihre Köpfe an seinem Amtshaus, der Regia, ausstellen. Dieses ganz ungewöhnliche Menschenopfer muß auf die Glaubensansichten der Menge berechnet gewesen sein, wie er überhaupt seine sacrale Stellung als *pontifex maximus* und Augur zu betonen liebte[52]. Auch ließ er es sich, als bei der ersten Triumphfahrt die Achse des Wagens brach, nicht verdrießen, zur Sühnung dieses ungünstigen Wunderzeichens die Capitolstufen auf den Knien rutschend zu ersteigen[53]. Es wird aber ausdrücklich überliefert, daß er selbst an diese Dinge nicht glaubte[54]. Aus religionspolitischem Grunde weihte er im Rahmen der Siegesfeier am 26. September auch das seit 54 gebaute Forum Julium, in dessen Mitte sich der vor der Schlacht bei Pharsalos gelobte Venustempel erhob. Die darin verehrte Gottheit war die Venus Genetrix, Venus

49 Cass. Dio 43, 23, 5 offenbar genauer als Suet. 39, 1.

50 Cic. fam. 12, 18, 2. Macrob. Sat. 2, 7, 2–9. Suet. 39, 2. Senec. contr. 7, 3, 9.

51 Besonders im Brief an Paetus fam. 9, 15, 3: er, der früher am Staatsruder saß, gehört nun kaum zum Schiffsbodenwasser. 9, 26, 1; 3. 13, 77, 1. orat. 34–35. fam. 6, 7, 4.

52 Cass. Dio 43, 24, 3–4. Vorher 24, 1–2 allgemeine Kritik an der Geldverschwendung. 18, 2 läßt Dio (was auf Überlieferung beruhen wird) den Caesar sagen, seine hohen Geldforderungen seien nötig, um die Soldaten zu befriedigen und um seine eigenen bisherigen Aufwendungen und Schulden zu decken. Zur Bezeichnung als *pontifex maximus* A. Alföldi Stud. üb. C. s Mon. 9. 35, 3. Taf. 9. Ebenda Abbildung des *lituus* (Krummstab des Augurs, Latte RE 13, 805) Taf. 2. 5 und Alföldi The Portrait of C. Taf. 1.

53 Cass. Dio 43, 21, 1–2. Wenn nach Cass. Dio 60, 23, 1 Claudius das wiederholte, glaube ich nicht mit Ed. Meyer C.s Mon. 383, 1, daß es sich lediglich „um einen alten Brauch" handelte. Ich möchte eher an eine Art *supplicatio* denken (Wissowa R. u. K. R. 424). Über die üblichen apotropäischen Bräuche beim Triumph Ehlers RE 7A, 496. 507.

54 Suet. 77. Cic. div. 2, 52. Appian. b. c. 2, 488. Polyaen. 8, 23, 32. 33.

als Stammutter der Julier, nicht Venus Victrix, der er versprochen war[55]. Das heißt, die Gottheit seines Geschlechts sollte als die Sieg verleihende bezeichnet werden. Noch deutlicher enthüllte sich diese Tendenz, als um diese Zeit Kleopatra mit Gemahl, Sohn und dem übrigen Hofstaat in Rom erschien und von ihm zu langdauerndem Aufenthalt in den Gärten jenseits des Tibers einquartiert wurde. Denn es hatte zweifellos etwas zu bedeuten, daß er nun eine goldene Statue der Königin neben dem Kultbild der göttlichen Ahnfrau aufstellte[56].

So war die große Siegesfeier nicht ohne mannigfache politische Bedeutung. Wenn es ihr gelang, Veteranen und Stadtvolk an die Person des Herrschers zu fesseln[57], so gab sie freilich auch dem Geist des Widerstands gegen die Monarchie neue Nahrung.

Die nächsten Monate konnten ganz dem gewaltigen Werk der Reformgesetzgebung gewidmet werden. Im Anschluß an seine früheren Leistungen griff er vor allem die sozialpolitischen Probleme Roms und Italiens an und schaffte sich zunächst eine Grundlage durch eine genaue Zählung der Gesamtbevölkerung der Stadt. Nach deren Ergebnis wurde die unentgeltliche Abgabe von Getreide neu geregelt, so daß die Zahl der Empfänger von 320 000 auf eine auch künftig als fest anzusehende Höchstzahl von 150 000 herabgesetzt wurde, deren Ergänzung durch eine alljährlich vorzunehmende Auslosung der gemeldeten Anwärter stattfinden sollte. Es scheint, daß er bei diesen Bestimmungen den kinderreichen Vätern besondere Vorteile gewährte, was ja den Tendenzen von 59 entspräche und nun durch die Kriegsverluste besonders nahegelegt wurde[58]. Um die revolutionären Umtriebe des Stadtvolks niederzuhalten, verbot er durch Edict wiederum alle politischen Vereine[59]. Aber wirksamere Hilfe bereitete er vor durch den Plan, einen beträchtlichen Teil der proletarischen Bevölkerung in überseeischen Bürger-

[55] Cass. Dio 43, 22, 2. Appian. b. c. 2, 424. Datum CIL I² Fast. Arv. S. 215. Fast. Pinc. S. 219. 323. 330. C. Koch RE 8A, 865.

[56] Suet. 52, 1 unrichtig, daß schon Caesar sie wieder in die Heimat entließ. Denn nach Cic. Att. 14, 8, 1. 20, 2. 15, 1, 5. 4, 4. 15, 2. 17, 2 weilte sie noch bis April 44 in Rom. Cass. Dio 43, 27, 3 König und Königin wurden als „Freunde und Verbündete" des römischen Volks anerkannt. 51, 22, 3. Appian. b. c. 2, 424. Hieron. chron. z. J. 46. Dio spricht davon, daß der Aufenthalt Anstoß erregte, was G. Ferrero Grandezza e Decad. di Roma II 470 breit ausgemalt hat. Cicero erwähnt die Königin erst nach Caesars Ermordung, und sein Haß scheint auf eine persönliche Begegnung zurückzugehen, Att. 15, 15, 2 *superbiam autem ipsius reginae, cum esset trans Tiberim in hortis, commemorare sine magno dolore non possum*. Daß sie auf Caesar einen verhängnisvollen Einfluß ausübte, vermutet J. H. Collins Historia 4 (1955), 462ff.

[57] Cic. Phil. 2, 116 *muneribus, monumentis, congiariis, epulis multitudinem imperitam delenierat; suos praemiis, adversarios clementiae specie devinxerat*. 13, 3 die *beneficia* der Veteranen.

[58] Suet. 41, 3. Plut. 55, 5–6. Liv. per. 115. Appian. b. c. 2, 425. Cass. Dio 43, 21, 4. 25, 2. Vgl. Cic. Marc. 23 *propaganda suboles*.

[59] Suet. 42, 3. Jos. ant. 14, 215 das Versammlungsrecht der Judengemeinde wurde ausdrücklich anerkannt. Vgl. Phil. leg. ad. Gai. 312.

colonien unterzubringen. Bis zu seinem Tod sind dann tatsächlich 80 000 Bürger in dieser Weise versorgt worden[60].

Die Maßnahmen zur Verringerung des Proletariats ergänzten solche zur Vermehrung der Bourgeoisie. Ärzten und Lehrern der freien Künste, die sich in Rom niederließen, verlieh er das Bürgerrecht. Aber auch sonst kargte er damit nicht bei wohlhabenden Provinzialen. Nur als gewisse seiner Vertrauensleute dasselbe zu verkaufen begannen, schritt er ein[61]. Weiter verbot er den in Italien beheimateten Bürgern, länger als drei Jahre hintereinander von Italien abwesend zu sein, es sei denn im Kriegsdienst. Senatorensöhne durften Italien nur im Staatsdienst verlassen[62]. Die Latifundienbesitzer wurden angehalten, in der Weidewirtschaft ein Drittel ihrer Bediensteten aus Freien zu bestellen[63]. Die Hebung der reichen Stände versuchte er als *praefectus moribus* durch ein Luxusgesetz, das die Verwendung von Sänften, Purpurgewändern und Perlen einschränkte und auch genaue Vorschriften gab über zulässige Speisen und Grabdenkmäler. Obwohl Lictoren und Soldaten seine Beobachtung erzwingen sollten, ließ es sich nicht durchführen, wie er selbst nach einiger Zeit zugab[64]. Seit der Gracchenzeit war um den Besitz der Gerichte gekämpft worden. Auch da schuf er nun in einem Doppelgesetz über die Straf- und Civilprozesse eine allgemeine Ordnung, die seitdem für das Verfahren maßgebend blieb. Politisch war daran bemerkenswert, daß er als Geschworene nur noch Senatoren und Ritter zuließ, während seit 70 auch Männer von geringerem Census, sogenannte Aerartribunen, an den Gerichtshöfen beteiligt waren. Es zeigt, wie er populare Forderungen ebenso rücksichtslos zur Seite schob wie die oligarchischen Grundsätze. Sonst verschärfte er die Strafen, besonders führte er bei Mord Einziehung des ganzen, bei anderen Verbrechen die des halben Vermögens ein, da bisher wohlhabende Verurteilte im Exil wenig unter den Strafen litten[65]. Schließlich bestimmte ein ebenso wichtiges Gesetz, daß die Praetoren nach Ablauf ihres Amtsjahres eine einjährige, die Consuln eine zweijährige Statthalterschaft zu übernehmen hätten. Längere Fristen waren untersagt, um in Zukunft Statthalterrevolutionen zu verhüten[66].

Über diese politischen Gesetze ragt als eine Tat von bleibender Bedeutung hinaus die Verbesserung des römischen Kalenders, die Einführung des

[60] Suet. 42, 1. F. Vittinghoff Röm. Kolonis. 56.

[61] Suet. 42, 1. Cicero im Herbst 46 an Paetus, der Sinn für altrömischen Witz schwinde dahin (fam. 9, 15, 2): *cum in urbem nostram est infusa peregrinitas, nunc vero etiam bracatis* (Hosenträger) *et Transalpinis nationibus, ut nullum veteris leporis vestigium appareat.* fam. 13, 36, 1.

[62] Suet. 42, 1.

[63] Suet. 42, 1.

[64] Suet. 43, 1–2. Cass. Dio 43, 25, 2. Cic. fam. 9, 15, 5. 26, 3. Att. 12, 13, 2. 35, 2. 36, 1. 13, 6, 1. 7, 1 (Juni 45) Caesar habe geschrieben, *ne se absente leges suae neglegerentur sicut esset neglecta sumptuaria.* Vgl. Marc. 23 *comprimendae libidines.*

[65] Suet. 41, 2. 42, 3. Cass. Dio 43, 25, 1. Cic. Marc. 23. Phil. 1, 19. 24. 5, 12–16. 13, 3.

[66] Cass. Dio 43, 25, 3. Cic. Phil. 1, 19. 24. 3, 38. 5, 7. 8, 28.

nach Caesar benannten julianischen Kalenders, die er als *pontifex maximus* vornahm. An Stelle des bisherigen Mondjahres setzte er vom 1. Januar 45 an das Sonnenjahr von 365¼ Tagen und schaltete zur Überleitung zwischen November und Dezember 67 Tage ein, so daß, da nach dem 24. Februar 46 schon der übliche Schaltmonat von 23 Tagen eingeschoben worden war, das Jahr 46 im ganzen 445 Tage zählte. Die astronomische Berechnung wurde, wie es scheint, von dem griechischen Gelehrten Sosigenes geleistet[67].

Zur Durchführung der Neuordnung bediente er sich verfassungsmäßiger Formen: des Edicts, des Senatsbeschlusses und des Volksgesetzes[68]. Leider ist es uns nicht möglich, das Ausmaß dieser Tätigkeit nach Gebühr zu würdigen, weil uns außer einigen zufälligen Erwähnungen bei Schriftstellern nur wenige Bruchstücke im Original erhalten sind[69]. Wir können nur noch sehen, daß sie sich auf das ganze Reich, Rom und Italien wie die Provinzen, erstreckte. Ein merkwürdiger Zufall wollte es, daß inschriftlich erhaltene Bruchstücke von zwei Gesetzen Caesars in dem Zustand auf uns gekommen sind, wie sie einige Monate nach seiner Ermordung die Consuln Antonius und Dolabella auf Grund besonderer Ermächtigung in Kraft setzten[70]. Das eine enthält Bestimmungen zum Frumentargesetz, über den Unterhalt und die Benutzung der öffentlichen Straßen Roms und über die Qualifikation der italischen Municipalmagistrate und Gemeinderäte sowie die Durchführung

[67] Censor. de die nat. 20, 8–12. 21, 7. Macrob. Sat. 1, 14, 2–3. Plin. n. h. 18, 211. Solin. 1, 45. Suet. 40. Cass. Dio 43, 26. Plut. 59, 5–6. Appian. b. c. 2, 648. W. Sontheimer RE 16, 61. Über Sosigenes A. Rehm RE 3A, 1154. 18(4), 1357. Klotz RE 10, 266 bezweifelt wohl mit Recht, daß Caesar das ihm zugeschriebene Werk *de astris* selbst verfaßt habe. Zeugnisse und Fragmente in der Caesarausgabe von B. Kübler III 2 S. 150–168. Plutarch berichtet als charakteristisch für die Sucht der unzufriedenen Optimaten, auch an den besten Reformen Caesars zu nörgeln, Ciceros Witz, der auf die Erinnerung eines Bekannten, morgen gehe das Sternbild Lyra auf, antwortete: „ja, nach Edict".

[68] Cic. Phil. 1, 18 wenn man Caesar fragen würde, *quidnam egisset in urbe et in toga, leges multas responderet se et praeclaras tulisse.* 1, 19 *quod ad populum centuriatis comitiis tulit.* 24 *quibus latis gloriabatur eisque legibus rem publicam continere putabat, de provinciis, de iudiciis.* 2, 109 *leges Caesaris easque praeclaras.*

[69] Hierher gehören die sehr schlecht überlieferten, den jüdischen Hohenpriester Hyrkanos betreffenden Urkunden bei Joseph. ant. 14, 196ff. Davon scheint sicher, daß 14, 196–198. 207–210 zu einem Senatsbeschluß gehören und daß 211–212 ein Senatsbeschluß auf Antrag Caesars vom 9. Februar 44 (221) ist, dessen Rechtsgültigkeit am 11. April 44 anerkannt wird (219). Sachlich bestätigen sie Caesars Decrete vom Jahr 47 (o. S. 238, Anm. 309). Der Versuch Eug. Täublers Imperium Rom. (1913), 159–176, die von Josephos angerichtete Verwirrung eindeutig aufzuklären, konnte nicht glücken. Vor allem erkannte er nicht (160), daß der Senatsbeschluß 145–148 in das Jahr 134 gehört (Broughton MRR I 491. Bickermann Gnomon 6, 360).

[70] Wie o. Anm. 36 erwähnt, erging bald nach dem 17. März 44 ein Senatsbeschluß, der den Consuln anheimgab, die von Caesar geplanten Verfügungen in Kraft zu setzen, und am 3. Juni die *Lex Antonia de actis Caesaris confirmandis* (Cic. Phil. 5, 10. Att. 16, 16A, 6. C, 11. Appian. b. c. 3, 81. Cass. Dio 44, 53, 2. 45, 23, 5). Hierher gehört der auf Antrag der Consuln Dolabella und Antonius gefaßte Senatsbeschluß vom 11. April 44 (Jos. ant. 14, 219–222).

des Census in Italien [71], das andere das Gesetz über die Gründung einer Bürgercolonie in der südspanischen Stadt Urso [72]. In beiden Fällen handelt es sich um Entwürfe zu Gesetzen, die mit allen Unebenheiten des erst in der Entstehung begriffenen Wortlauts veröffentlicht wurden. Daraus ergibt sich, daß der Dictator — wie es anders nicht zu erwarten ist — die Texte zunächst nach den von ihm gegebenen Richtlinien durch Beauftragte abfassen ließ [73]. So kam es, daß bei seinem plötzlichen Tod so viel Unerledigtes dalag. Dabei war aber schon die Menge der Erlasse, die er selbst noch herausbrachte, so groß, daß zum Einhalten des üblichen umständlichen Geschäftsgangs die Zeit mangelte. Insonderheit kürzte er das Verfahren vor dem Senat ab, indem er sich häufig mit der Mitteilung seiner Pläne an die Häupter allein begnügte, und, wenn er die Vollversammlung einberief, so trug er ihr einfach seine Entscheidungen vor, und diese wurden dann ohne Debatte dem Archiv als Senatsbeschlüsse einverleibt. In dieser Weise hat er vornehmlich die Beziehungen zu den Untertanen und Verbündeten geregelt, und es kam nicht selten vor, daß bei der Ausfertigung solcher Senatsbeschlüsse Protokollzeugen aufgeschrieben wurden, die von dem ganzen Akt nichts wußten [74].

Und ebenso schwer wie solche Großzügigkeit wurde in den republikanischen Kreisen die fortdauernde Auffüllung des Senats mit Gefolgsleuten dunkler und sogar provinzialer Herkunft empfunden. Bis zu seinem Tode brachte er die Körperschaft allmählich auf 900 Mitglieder, und es ist klar, daß darin solche Anhänger die Senatoren alten Stils majorisierten [75]. Als auf das Unerfreuliche dieser Entwürdigung des Senats hingewiesen wurde, antwortete er, selbst wenn er bei der Verteidigung seiner Würde sich der Hilfe

[71] CIL I 593. Dessau ILS 6085. Bruns FIR Nr. 18. Riccobono FIR Nr. 13 auf der Rückseite einer Bronzetafel, die auf der Vorderseite eine griechische Inschrift des 4. Jahrhunderts bietet aus der unteritalischen Gemeinde Heraclea, daher als Tabula Heracleensis bezeichnet; früher fälschlich *lex Iulia municipalis* betitelt (auf Grund der Erwähnung ILS 5406 und Dig. 50, 1 (Überschrift). Frg. Vat. 237. 243). Nach Cic. fam. 6, 18, 1. 13, 11, 3 ist ein Gesetz Caesars, das grundsätzlich die Verfassung der Municipien ordnete, im Jahr 46 beschlossen worden, Lange R. A. III 449. H. Rudolph Stadt und Staat im röm. Italien (1935), 113-120. 217. Die richtige Erklärung der tab. Her. hat A. v. Premerstein Ztschr. Savignyst. 43 (1922), 45ff. gefunden. Danach Kornemann RE 16, 611ff.

[72] CIL I 594. ILS 6087. Bruns FIR Nr. 28. Riccobono FIR N. 21. Kornemann RE 16,613.

[73] Fritz Schulz History of Roman Legal Science (1946) 12. 87–88. 96–97 hat m. W. zum ersten Male betont, daß die römischen Politiker die Texte der von ihnen beantragten Gesetze nicht selbst formulierten, sondern es der Routine ihrer *scribae* überließen. Daraus erklärt sich der pedantisch altertümliche Stil der erhaltenen Gesetze. Im Gesetz vom 3. Juni 44 hieß es: *eae res quas Caesar statuisset, decrevisset, egisset* (Cic. Att. 16, 16 C, 11). Phil. 1, 18. 2, 109 *chirographa*. 2, 35 *commentarii et chirographa*. 3, 30. 5, 11 *commentarii*. 8, 26.

[74] Cic. fam. 9, 15, 3–4. 13, 77, 1. Cass. Dio 43, 27, 1.

[75] Cass. Dio 43, 47, 3. Cic. div. 2, 23 Caesar ermordet *in eo senatu, quem maiore ex parte ipse cooptasset*. off. 2, 29. fam. 6, 18, 1. Phil. 11, 4; 12. Macrob. Sat. 2, 3, 11. Gell. N. A. 15, 4, 3. Suet. 76, 3 *civitate donatos et quosdam e semibarbaris Gallorum recepit in curiam*. 80, 2.

von Wegelagerern und Raubmördern bedient hätte, würde er auch solchen Menschen gebührenden Dank abstatten[76]. Derlei Leute konnten in der Tat stets auf seine Freigebigkeit und Nachsicht rechnen. Um sie zu befriedigen, scheute er noch 45 nicht davor zurück, den letzten staatlichen Grundbesitz, auch solchen von Heiligtümern, zu verkaufen, sei es, um Geldschenkungen machen zu können, sei es, um anderen zu billigem Land zu verhelfen. Eben damals sprach er auch eine Reihe seiner Gefolgsleute, die bei ihm wegen Bestechlichkeit verklagt wurden — Sallust mag auch zu ihnen gehört haben —, trotz offenkundiger Schuld frei[77].

Man darf freilich den Klagen der Optimaten nicht zu viel Gewicht beilegen. Denn wenn er im Senat seiner Gefolgschaft die Mehrheit verschaffte, schlug er sie mit ihren eigenen Waffen. Es kann auch nicht behauptet werden, daß solche Blutauffrischung den innern Wert der erlauchten Versammlung verringert hätte, und keinesfalls lag derartiges in seiner Absicht, wie die vorhin erwähnten Zulassungsbestimmungen für Magistrate und Gemeinderäte der Municipien beweisen. Hier wurden zweifellos in Übereinstimmung mit den geltenden sozialen Anschauungen Bürger, die den Beruf eines öffentlichen Ausrufers, Leichenbitters, Totengräbers, Fechtmeisters, Schauspielers oder Kupplers ausübten, ausgeschlossen[78]. Aber sein Verhältnis zum Senat ließ allerdings auch zwei Gesichtspunkte hervortreten, welche dem Durchschnittsrömer schwer eingingen: der Beschlußfassung dieser Körperschaft gewährte er nicht mehr den entscheidenden Einfluß, den sie bisher in Anspruch nahm, und in ihrer Zusammensetzung wurde der stadtrömische Anteil zurückgedrängt zugunsten von Italikern und bereits auch vereinzelten Provinzialrömern. Damit traf er die Optimatenoligarchie an der Wurzel, zugleich aber auch die gemeindestaatliche Vorstellung vom *imperium populi Romani.* Für uns ist leicht zu sehen, daß er einer Entwicklung Bahn brach, die sich schon seit einem Jahrhundert durch zahlreiche Sturmzeichen ankündigte. Aber die starken Kräfte, die sich soeben noch im Bürgerkrieg zum Widerstand erhoben hatten, offenbarten, welche Macht die alte Verfassung trotz all ihren Mängeln noch immer über römische Gemüter besaß, und wenn sich Caesar nun bemühte, durch weitherzige Versöhnungspolitik die harte Tatsächlichkeit des Siegs zu mildern, wollte sich gerade bei denen, die sie gewinnen sollte, kein freundliches Echo einstellen. Hier stand als tragisches Verhängnis seine Vergangenheit dazwischen[79]. Man traute dem Frieden nicht, und es herrschte eine gedrückte Stimmung[80], zumal die maßlose Verschwendung, wie sie an den Triumphtagen mit den durch Gewaltmaßnahmen aller Art zusammengebrachten Geldern geübt wurde, weithin Un-

[76] Suet. 72.
[77] Cass. Dio 43, 47, 4–6. Über Sallust 43, 9, 3. Ps. Cic. in Sall. 19.
[78] Tab. Heracl. 94; 104; 113; 123. Cic. fam. 6, 18, 1. [79] Cic. Phil. 5, 49.
[80] Cic. fam. 9, 15 und 26 an Paetus. 6, 1 an A. Manlius Torquatus (Praetor 70).

zufriedenheit erregte. Er glaubte, durch Fortfahren im Begnadigen der Gegner dieser ihm nicht verborgen bleibenden Reaktionsbewegung die Spitze abbrechen zu können. Im November erteilte er dem Praetorier Titus Ampius Balbus die Erlaubnis zur Rückkehr nach Rom, deren Bedeutung sich aus dem Spitznamen dieses Politikers, „Trompete des Bürgerkriegs", ergibt[81], und im darauffolgenden Schaltmonat (julianischen Oktober) gewährte er sogar dem ihm persönlich durchaus verhaßten Quintus Ligarius die Rückkehr, nachdem er sich die Angelegenheit gegenüber einem Ankläger in einer förmlichen Verhandlung auf dem Forum durch Cicero hatte vortragen lassen[82].

Inzwischen lauteten die Berichte, die über die Lage in Spanien einliefen, immer ernster. Beim Abschluß des afrikanischen Krieges war es dort äußerlich ruhig gewesen, nur Balearen und Pityusen befanden sich in der Hand von Gnaeus Pompeius[83]. Gegen ihn schickte Caesar im Juni (April jul.) von Sardinien aus seine Flotte unter Gaius Didius[84]. Deren Erscheinen in den spanischen Gewässern wurde von den beiden Pompeiuslegionen, welche sich vor zwei Jahren gegen Quintus Cassius erhoben hatten, mit größtem Mißtrauen betrachtet, und plötzlich setzten sich zwei römische Ritter an ihre Spitze, verjagten den Proconsul Gaius Trebonius und erkannten in *Hispania ulterior* Pompeius als Imperator an. Bald trafen Sextus Pompeius, Attius Varus und Labienus ein, mit Schiffen und Trümmern der afrikanischen Armee; nur ein kleiner Teil der spanischen Gemeinden leistete nachhaltigen Widerstand, und Gnaeus Pompeius stellte allmählich ein Heer von 13 Legionen auf. Natürlich dienten darin in der Mehrzahl nichtbürgerliche Eingeborene, aber außer den beiden erwähnten Veteranenlegionen konnte noch

[81] Cic. fam. 6, 12, 3.

[82] Cic. fam. 6, 13. 14. Nach Plut. Cic. 39, 6 sagte Caesar, als Cicero auftrat: „Was hindert, einmal wieder Cicero reden zu hören, da das Urteil über Ligarius als einen Bösewicht und Feind feststeht". Vor Cicero sprach C. Vibius Pansa für ihn (Lig. 1; 7). Q. Aelius Tubero, der aus persönlicher Feindschaft (b. c. 1, 31, 3. Quintil. 11, 1, 80) die Begnadigung zu hintertreiben suchte, gehörte selbst zu den Begnadigten (Lig. 2; 8–10; 29). Cicero schilderte Caesars *clementia* (6; 10; 15; 19; 29; 30), *misericordia* (1; 15; 29; 37), *lenitas*(15), *humanitas* (16; 29) und bonitas (37) mit großer Eindringlichkeit und schloß (38) mit den Worten: *homines ad deos nulla re propius accedunt quam salutem hominibus dando. nihil habet nec fortuna tua maius quam ut possis nec natura melius quam ut velis servare quam plurimos.* Dabei wird vorausgesetzt, daß Caesar die Hinweise auf seine *fortuna* und *natura* gern hörte. So hatte die Rede auch Erfolg (Plut. Cic. 39, 7. Brut. 11, 1). Hinsichtlich des Bürgerkriegs erkannte er an, daß Caesar nur zu den Waffen griff, um *contumelia* abzuwehren; *quid egit tuus invictus exercitus, nisi ut suum ius tueretur et dignitatem tuam?* (18). Aber er wagte auch zu sagen (19): *principum dignitas erat paene par, non par fortasse eorum qui sequebantur,* womit er freimütig die größere *dignitas* für die Pompeianer in Anspruch nahm. So war der Bürgerkrieg *fatalis quaedam calamitas,* wobei *humana consilia divina necessitate* überwältigt wurden (17). Daher hat jetzt als die bessere Sache zu gelten *quam etiam di adiuverunt. cognita vero clementia tua quis non eam victoriam probet in qua occiderit nemo nisi armatus?* (19). Wie Caesars Ausspruch zeigt, wußte er die Rhetorik einer solchen *deprecatio* (Quintil. 5, 13, 5) richtig einzuschätzen, aber gesprochen vor der Öffentlichkeit des Forums (37) mochte sie doch erwünscht erscheinen.

[83] Cass. Dio 43, 29, 2.

[84] Cass. Dio 43, 14, 2. Datum b. Afr. 98, 2.

eine weitere gebildet werden aus der römischen Bevölkerung der Provinz — zu denken ist da vor allem an die Römerstädte Italica und Corduba — und sonst stellten sich Veteranen des Afranius in großer Zahl[85]. Wohl lieferte Gaius Didius dem Attius Varus ein glückliches Seegefecht bei Carteia[86], aber die Legaten Quintus Fabius Maximus und Quintus Pedius, die Caesar mit dem Oberfehl zu Lande betraut hatte, vermochten mit ihren Rekrutenlegionen dem Feind nicht die Spitze zu bieten und standen in einem Lager bei Obulco (Porcuna), 60 Kilometer östlich von Corduba an der Straße von Sagunt ins Tal des Guadalquivir[87].

Anfang November entschloß sich darum Caesar, sich persönlich auf den Kriegsschauplatz zu begeben[88]. Die Gefahr dieser Pompeianererhebung war nicht zu unterschätzen, weil der siegreiche Dictator nicht mehr im alten Umfang über die bewährten Veteranen verfügte, auf denen bisher seine militärische Überlegenheit zu einem guten Stück beruht hatte. Von den berühmten Legionen ging nur die 10. mit, vermutlich lauter Freiwillige, sonst werden als Veteranen namhaft gemacht die 5. (die in der *Transalpina* ausgehobene mit dem keltischen Beinamen *Alaudae)* Legion[89]. Die anderen vorhandenen Truppen waren großenteils in den Provinzen gebunden. So mußte er sich im wesentlichen mit den Kräften begnügen, die bereits in Spanien waren, und befand sich demzufolge kaum in einer günstigeren Lage als vor einem Jahr in Afrika. Ein Rückschlag mußte auch jetzt wieder unabsehbare Folgen zeitigen.

Der Aufbruch ging so schnell vonstatten, daß keine Zeit mehr blieb, die Magistrate des nächsten Jahres ordnungsmäßig zu bestellen. Gewählt wurden vorläufig nur Volkstribunen und plebeische Aedilen[90]. Spitze der Regierung war Marcus Lepidus, der Consul von 46 und zugleich *magister equitum*[91]. Ihm setzte der Dictator an Stelle der übrigen Magistrate acht Praefecten zur Seite, welche die Geschäfte der Praetoren und städtischen Quaestoren zu versehen hatten[92]. Erst nach der Abreise hielt Lepidus Consularcomitien ab und

[85] Cass. Dio 43, 29, 3–30, 5. B. Hisp. 7, 4. Anfang 45 wußte Cicero von einer Mitteilung Caesars, Pompeius habe 11 Legionen (fam. 6, 18, 2).

[86] Cass. Dio 43, 31, 3.

[87] B. Hisp. 2, 2. Cass. Dio 43, 28, 1. 31, 1. Strab. 3, 160. Dazu W. Aly Strabon v. Amaseia (1957), 119.

[88] Plut. 56, 1 als designierter Consul zum 4. Mal, Appian. b. c. 2, 426 Consul z. 4. Mal, was er vom 1. Januar 45 an war. B. Hisp. 2, 1 *dictator tertio, designatus dictator quarto* s. o. Anm 19. Man nimmt wohl richtig an, daß die jährlichen Dictaturen seit 46 von April zu April liefen. Broughton MRR II 305. Der Wunsch des Sohns Cicero, nach Spanien zu gehen (Att. 12, 7, 1), deutet nach O. E. Schmidt Briefw. 262 darauf, daß Caesar i. J. 46 aufgebrochen ist.

[89] B. Hisp. 23, 3. 30, 7. 31, 4. B. Afr. 1, 5. Suet. 24, 2. Plin. n. h. 11, 121. Cic. Phil. 1, 20. Holmes RR III 542.

[90] Suet. 76, 2.

[91] Cass. Dio 43, 33, 1. Fast. Cap. z. J. 45 CIL I², 1 S. 20.

[92] Suet. 76, 2 *qui absente se res urbanas administrarent.* Cass. Dio 43, 28, 2. 48, 1–2. Lange RA III 459 deutete die nach Cass. Dio 43, 14, 5 erteilte Vollmacht als zur Ernennung solcher außerordentlicher Magistrate berechtigend, hinausgehend über das schon 48 verliehene Recht, die nichtplebeischen Magistrate zu designieren (Cass. Dio 42, 20, 4).

ließ den Dictator für 45 zum Consul ohne Collegen wählen[93] Die Leitung der Politik lag tatsächlich in den Händen von Balbus und Oppius, mit denen der Herrscher in reger schriftlicher Verbindung stand[94].

Am 17. Tage seiner Reise erreichte er Sagunt, am 27. (Anfang Dezember) traf er im Lager von Obulco ein[95]. Es zeugt von seiner einzigartigen geistigen Spannkraft, daß er diese Reise sogleich durch eine poetische Schilderung (die Dichtung „*Iter*") festhielt[96]. Gnaeus Pompeius belagerte schon seit mehreren Monaten Ulia, 30 Kilometer südlich von Corduba, eine feste Stadt, die auch 48 treu zu Caesar gehalten hatte[97], deren Fall nun aber nahe bevorzustehen schien. Allein es gelang Caesar, beträchtliche Verstärkungen hineinzubringen, und als er mit dem übrigen Heer den Vormarsch gegen Corduba antrat, gab Pompeius, was sein Gegner bezweckte, die Belagerung auf, um die Hauptstadt zu decken. Darin lag eine Besatzung unter Sextus Pompeius, welche die Wegnahme verhinderte. Andererseits ließ es Gnaeus, dessen strategischer Ratgeber wiederum Labienus war, zu keiner Schlacht kommen, so daß Caesar unter schlechten Verpflegungs- und Unterkunftsverhältnissen einen Winterfeldzug führen mußte[98].

Aus diesem Grunde löste er sich Anfang Januar 45 vom Gegner und begann die Belagerung der mit Vorräten wohlversehenen Stadt Ategua, von Corduba einen Tagesmarsch entfernt, am Salsum (Guadajoz, einem südlichen Nebenfluß des Guadalquivir). Da Pompeius sie für uneinnehmbar hielt, gönnte er zunächst seinen Truppen die angenehmen Quartiere von Corduba. Aber Caesar ließ sich durch die Jahreszeit nicht abhalten, die Stadt völlig einzuschließen. Nun folgte ihm Pompeius, doch ohne mehr nachhaltige Hilfe bringen zu können. Am 19. Februar fiel die von einer kleinen römischen Besatzung trotz unzuverlässiger Haltung der Einwohnerschaft heldenmütig verteidigte Feste, außer der militärischen Niederlage für Pompeius insbesondere auch eine schwere moralische Einbuße[99]: die spanischen Gemeinden trauten

[93] Fast. Cap. a. O. *consul sine c(ollega)*. Fast Amer. S. 63. Colot. S. 64. Cass. Dio 43, 33, 1. Eutrop. 6, 24 *se consulem fecit* wird ungenau sein. Im Brief Att. 12, 8 fragt Cicero, ob des Atticus Verwandter Q. Pilius Celer (Münzer RE 20, 1326) etwas wisse, wie Caesar es mit den Candidaten für 45 halten wolle, ob er Ernennung auf dem ‚Fenchelfeld' oder auf dem Marsfeld vorhabe. Das ‚Fenchelfeld' lag nach Strab. 3, 160 im Hinterland von Emporiae in Hispania citerior. Dazu Aly a. O. 121. O. E. Schmidt Briefw. 262–263 datiert den Brief gewiß richtig mehrere Tage später als 12, 7. Man könnte daraus schließen, daß auch die 8 *praefecti urbi* erst nach Caesars Abreise bestellt wurden.

[94] Cic. fam. 6, 8, 1. 18, 1. Tac. ann. 12, 60, 4.

[95] Oros. 6, 16, 6. Strab. 3, 160. Appian. b. c. 2, 429. Aly a. O. 119 bemerkt, daß die Strecke von Rom bis Obulco grob gerechnet 2400 km betrage, so daß täglich ungefähr 90 km zurückgelegt wurden. Cass. Dio 43, 32, 1.

[96] Suet. 56, 5.

[97] B. Alex. 61, 2. 63, 1. B. Hisp. 3, 3.

[98] Cass. Dio 43, 32, 2–7. B. Hisp. 3, 1–6, 1. Karten des Kriegsschauplatzes Kromayer-Veith Schlachtenatlas Röm. Abt. Bl. 23. Holmes RR III bei S. 299.

[99] Cass. Dio 43, 33, 2–35, 2. B. Hisp. 6–19. Frontin. strat. 3, 14, 1. Val. Max. 9, 2, 4.

seiner Sache nicht mehr, die Desertionen nahmen zu, die Kriegslage entwickelte sich dahin, daß er sich nur noch durch eine Entscheidungsschlacht halten konnte.

Er zog sich zunächst in südlicher Richtung zurück, Caesar blieb ihm stets an der Klinge. Am 5. März kam es bei Soricaria (wahrscheinlich ebenfalls am Guadajoz) zu einem Gefecht, das für Pompeius so ungünstig ausfiel, daß die sämtlichen römischen Ritter in seinem Lager planten, zu Caesar überzugehen; die Ausführung vereitelte freilich der Verrat eines Sklaven; aber es kam für Pompeius nun nur noch darauf an, an einer günstigen Stelle die Schlacht anzubieten[100]. Eine solche Stellung fand er nach einigen Tagen bei Munda (rund 10 Kilometer westlich von Urso). Am Morgen des 17. März erhielt Caesar die Meldung, der Feind sei zur Schlacht aufmarschiert, und ließ sogleich auf seinem Zelt die Schlachtfahne hissen[101]. An Infanterie hatte er nur 80 Cohorten beieinander, aber seine Reiterei von 8000 Pferden war der feindlichen an Zahl und Güte weit überlegen[102]. Der Feind erwartete den Angriff auf den Höhen, und besonders die Römer in seinen Linien fochten mit verzweifelter Tapferkeit; denn Caesar hatte bisher die Gefangenen als Rebellen hinrichten lassen. So wurde das Handgemenge mit ungeheurer Hartnäckigkeit geführt, und schließlich begannen Caesars Leute zu wanken. Noch einmal sah er sein ganzes Lebenswerk in Frage gestellt. Er sprang vom Pferd, ergriff einen Schild und stürmte bis ins vorderste Glied vor, mitten in die Geschosse. Laut rief er, das werde sein letzter Tag sein und der letzte Feldzugstag für das Heer; ob ihn seine Soldaten den Knaben in die Hände liefern wollten! Sie sollten sich den Platz recht ansehen, wo sie ihren Imperator im Stiche ließen![103] Und das Glück war wieder mit ihm. Solcher Einsatz der eigenen Person brachte die Weichenden zum Stehen und schaffte der Reiterei, die auf dem linken Flügel vereinigt war, Zeit, dem Feind in die rechte Flanke und in den Rücken zu fallen[104]. Dieser Stoß wandelte gegen Abend die Schlacht in eine endgültige feindliche Niederlage, 30000 Pompeianerleichen deckten den Boden, unter ihnen auch Labienus und Attius Varus, welchen Caesar ein Begräbnis zuteil werden ließ[105].

Die flüchtigen Reste des geschlagenen Heeres suchten in einigen festen Plätzen den verzweifelten Widerstand fortzusetzen. Caesar überließ die

100 B. Hisp. 23–27, 2. Ein abgefangener Brief des Cn. Pompeius an die Gemeinde Urso 26, 3–6. Über Soricaria und die andern Örtlichkeiten Holmes RR III 543.

101 B. Hisp. 28, 1. 31, 8.

102 B. Hisp. 7, 5. 30, 1.

103 Plut. 56, 2; 4. Vell. 2, 55, 3. Appian. b. c. 2, 432–433. Suet. 36. Flor. 2, 13, 82–83. Polyaen. 8, 23, 16. Ohne Caesars Worte Cass. Dio 43, 37, 4–5. Frontin. 2, 8, 13. Eutrop. 6, 24.

104 Die Angaben über die Endphase der Schlacht sind unzulänglich. Nach B. Hisp. 30. 7. 31, 5 nehme ich an, daß der Angriff der Reiterei von Caesars linkem Flügel ausging. Cass. Dio 43, 38, 2–3 und Flor. 2, 13, 83 scheinen auf dieselbe Quelle (wohl Livius) zurückzugehen, aber mit verschiedener rhetorischer Verkürzung. Holmes RR III 551. Veith Erläuterung zu Karte 4. S. 115.

105 B. Hisp. 31, 9. Plut. 56, 3. Oros. 6, 16, 8.

Bewältigung von Munda und Urso (Osuna) dem Legaten Fabius Maximus und kehrte selbst zunächst nach Corduba zurück[106]. Sextus Pompeius war bereits geflohen, und die Bürgerschaft ersuchte Caesar, seine Legionen einmarschieren zu lassen zum Schutz vor den Pompeianern. Das geschah, und alle Bewaffneten, die sich in der Stadt befanden, wurden niedergemacht, der Gemeinde wurde eine ungeheure Kontribution auferlegt. Unter ähnlichen Umständen geschah darauf die Einnahme von Hispalis (Sevilla). Von hier begab sich Caesar weiter nach Gades. Mittlerweile war Gnaeus Pompeius auf der Flucht getötet worden, und am 12. April wurde sein Kopf in Hispalis der Menge zur Schau gestellt[107].

Caesar blieb bis etwa zum Juni in den spanischen Provinzen und zeichnete an Ort und Stelle die Linien vor, in denen sich nach seinem Plan dort die künftige Reichsverwaltung entwickeln sollte. In Spanien, dessen Römerstädte Italica und Corduba schon auf eine hundertjährige Geschichte zurückblickten, welchen sich später noch die Bürgercolonien Valentia und Gades beigesellten, und wo Carteia schon 171 als Latinercolonie organisiert worden war, hatte in den letzten 50 Jahren die Romanisierung starke Fortschritte gemacht. Schon im Bundesgenossenkrieg erhielten spanische Truppen in beträchtlicher Zahl das römische Bürgerrecht, und der zehnjährige Sertoriuskrieg hat für die zivilisatorische und politische Romanisierung entscheidende Bedeutung bekommen. Im darauffolgenden Bürgerkrieg finden wir bereits, daß sich die Legionen, welche auf spanischem Boden kämpften, zu einem guten Teil aus gebürtigen Spaniern rekrutierten[108].

Was so früher durch die Verhältnisse geschaffen worden war, das baute Caesar im Sinne seiner Politik aus. Für Veteranen und Proletarier und zur Belohnung bewährter spanischer Gemeinden gründete er eine erhebliche Zahl neuer Bürgercolonien: auf dem Gebiet von Hispalis, links des Baetis (Guadalquivir), Colonia Romulensis[109]. Urso wurde als Colonia Genetiva Julia Urbanorum für proletarische Ansiedler bestimmt[110], die treue Stadt Ulia wurde zur Colonia Fidentia[111], Ucubi (südöstlich von Corduba) zu Claritas Julia[112], Ituci zu Virtus Julia[113]. Weiter scheinen zu diesen Gründungen zu gehören die Colonien Hasta Regia[114] und Asido Caesarina[115]. Castulo bekam lati-

[106] B. Hisp. 32, 1–4. 34, 6. 41. Cass. Dio 43, 39, 4. Flor. 2, 13, 85. Oros. 6, 16, 9 (irrig).

[107] B. Hisp. 32, 4–39, 3. Cass. Dio 43, 39, 1–4. Appian. b. c. 2, 434–439. Plut. 56, 6. Flor. 2, 13, 86.

[108] Darüber Fr. Vittinghoff Röm. Kolonis. 72–73. Legionare aus Spanien Caes. b. c. 1, 85, 6. 86, 3. 2, 19, 3. 20, 4. B. Alex. 53, 5. 56, 4. B. Hisp. 3, 4. 7, 4. 10, 3.

[109] Plin. n. h. 3, 11. Isid. Etym. 15, 1, 71. Strab. 3, 141. ILS 6920. Vittinghoff a. O. 74, 4–6. [110] Plin. n. h. 3, 12. [111] Plin. n. h. 3, 10. Vittinghoff 75, 1.

[112] Plin. n. h. 3, 12. ILS 5972. Vittinghoff 75, 2.

[113] Plin. n. h. 3, 12. Vittinghoff 74, 8. [114] Plin. n. h. 3, 11. Vittinghoff 74, 7.

[115] Plin. n. h. 3, 11. ILS 6920. Nach Hübner RE 2, 1579 vielmehr ein Municipium. Vittinghoff 76, 7.

nisches Recht[116]. Die wichtigen Hafenstädte der Ostküste erhielten Colonialrecht als Julia Victrix Nova Carthago[117] und Julia Victrix Triumphalis Tarraco[118], römische Bürger wurden auch in Emporiae angesiedelt[119], in Lusitanien wurde Olisipo (Lissabon) Municipium als Felicitas Julia[120], dann sind caesarisch wohl auch Colonia Norbensis Caesarina, Scallabis Praesidium Julium und die latinische Colonie Ebora Liberalitas Julia (alle drei in Lusitanien)[121].

Diese grundsätzliche Verpflanzung römischer Bürgergemeinden in Gebiete, die geographisch von Rom gänzlich losgelöst waren, versetzte dem gemeindestaatlichen Charakter der römischen Republik den Todesstreich und kennzeichnet trefflich die monarchische Reichspolitik, für welche die Versammlungen des souveränen Volkes nur dekorative Formalitäten waren.

Von den Verfassungen, die unter Caesars Leitung für diese Gemeinden ausgearbeitet wurden, sind uns größere Bruchstücke derjenigen (erst nach Caesars Tod in Kraft gesetzten) für Genetiva erhalten. Daraus läßt sich ersehen, daß die Gründung „auf den Befehl des Dictators" geschah[122]. Wie der Name anklingt an Venus Genetrix, so dient wohl derselben Absicht, daß neben der capitolinischen Trias Juppiter, Juno, Minerva noch Venus als Gemeindegottheit steht[123]. Weiter wurden Freigelassene ausdrücklich zum Gemeinderat zugelassen[124]. Bei dieser Proletariercolonie war eine solche Bestimmung besonders am Platze. Wir finden sie aber auch in den afrikanischen Colonien Curubis und Clupea in Anwendung[125] und in den späteren Freigelassenencolonien Karthago[126] und Korinth[127], so daß man vermuten kann, daß Caesar grundsätzlich so verfuhr. Weiter unterstehen die Bürger der allgemeinen Wehrpflicht. Die Stadt selbst ist befestigt, Bürger und Beisassen können vom Gemeindevorstand zum bewaffneten Schutz des Gebietes aufgeboten werden[128]. Das weist hin auf die hohe militärische Bedeutung, welche nach Caesars Absicht diese Colonien in den Provinzen für den Zusammenhalt des Reichs besaßen.

Auch die Verhältnisse der nichtrömischen Gemeinden regelte er aufs neue. Die feindseligen bestrafte er mit Gebietsverringerung, Kontributionen und Tributerhöhungen, die hilfreichen belohnte er mit Gebietserweiterung und Abgabenfreiheit. Aber, wie gewohnt, zog er auch aus den Freunden an Geld

116 Plin. n. h. 3, 25 *oppidani Lati veteris Castulonenses, qui Caesarii Iuvenales appellantur.* Hübner RE 3, 1779.
117 Hübner RE 3, 1625. Vittinghoff 79, 4.
118 ILS 1952. 6956. Schulten RE 4A, 2399. Vittinghoff 79, 10.
119 Liv. 34, 9, 3. Vittinghoff 80, 2.
120 Plin. n. h. 4, 117. Schulten RE 17, 2482. Vittinghoff 78, 2.
121 Plin. n. h. 4, 117. Vittinghoff 77.
122 ILS 6087 c. 104. 106. 125.
123 c. 71.
124 c. 105.
125 ILS 5320. 1945.
126 ILS 1945.
127 Strab. 8, 381. Krinagoras Anthol. Gr. 9, 284. Vittinghoff 86.
128 c. 98. 103. So stellte 4 v. Chr. die von Augustus gegründete Colonie Berytus dem Statthalter Varus von Syrien 1500 Mann (Jos. b. Jud. 2, 67. ant. 17, 287).

heraus, so viel er vermochte. Nicht einmal die Weihgeschenke im Tempel des Herakles, des Stadtgottes von Gades, verschonte er; hatte er doch im Jahre 47 auch dessen Tempel in Tyros räumen lassen[129].

Auf der Rückreise hielt er sich einige Wochen in der *Gallia Narbonensis* auf, auch hier seine neuen Grundsätze durchführend. Diese Provinz war ihm durch sein langjähriges Proconsulat besonders gut vertraut und hatte damals seiner Kriegführung große Dienste geleistet, nicht zum wenigsten durch Truppenstellung. Seit 118 befand sich in ihr die römische Bürgercolonie Narbo Martius, römische Kaufleute und Landwirte spielten schon seit Jahrzehnten im Wirtschaftsleben des Landes eine große Rolle. Caesar verstärkte die schon bestehende Colonie durch Ansiedlung von Veteranen der 10. Legion, auf dem früheren Territorium von Massilia legte er mit Veteranen der 6. die Colonie Arelate (Arles) an[130], an der Küste gründete er den Kriegshafen Forum Julii (Fréjus)[131]. Weitere römische Bürgergemeinden hat er nicht mehr organisiert, dagegen erteilte er gallischen Gaugemeinden das latinische Recht, wonach die Inhaber der hohen Ämter das römische Bürgerrecht erwarben und also die soziale Oberschicht allmählich romanisiert wurde. Er versetzte damit die Narbonensis in die Rechtsstellung, welche bis 49 die Transpadana gehabt hatte. Namentlich bekannt ist uns mehr als ein Dutzend solcher Colonien. Ihnen waren die übrigen Ortschaften des Gaustaates attribuiert. So gehörten zu Nemausus 24 Dorfgemeinden[132]. Eine Sonderstellung nahmen in diesem System Massilia und das Vocontierland (zwischen Rhone und Alpen, Isère und Durance) ein, deren Rechtsverhältnis zu Rom durch Vertrag *(foedus)* geregelt war, und zwar wurden die beiden in ihrem Wesen so verschiedenen Gemeindestaaten als selbständige Verbündete auch von Caesar soweit anerkannt, daß die Hoheit der römischen Statthalter nicht auf sie erstreckt wurde[133].

Während seines Aufenthalts in Narbo fand sich auch Marcus Antonius dort ein und wurde mit größter Auszeichnung empfangen. Caesar betrachtete das Zerwürfnis als erledigt und sagte ihm für das nächste Jahr das Consulat zu. Bei der Fortsetzung der Reise nach Rom behielt er ihn stets in nächster Umgebung, ließ ihn als einzigen Mitfahrer neben sich im Wagen sitzen, während der Großneffe Gaius Octavius, der seit dem Mai im Hauptquartier weilte, mit Decimus Brutus Albinus im zweiten Wagen fuhr. Aber der Mann, der jetzt vom Lichte der erneuerten Gunst glänzender als je bestrahlt wurde, verriet mit keiner Silbe, daß er eben noch in Narbo von seiten eines anderen

[129] Cass. Dio 43, 39, 4–5. 42, 49, 2.

[130] Suet. Tib. 4, 1. Plin. n. h. 3, 32; 36. ILS 6965. Gössler RE Suppl. 7, 530. Vittinghoff 66, 4. [131] Cic. fam. 10, 15, 3. 17, 1. Plin. n. h. 3, 35.

[132] Plin. n. h. 3, 36–37. Strab. 4, 187. Die Zahl der von Caesar erteilten Rechte ist unsicher. O. Hirschfeld Kl. Schr. 53. Vittinghoff 65, 1.

[133] Plin. n. h. 3, 34; 37. Strab. 4, 181. 203. Hirschfeld Kl. Schr. 55. 66.

hochstehenden Gefolgsmannes, des Gaius Trebonius, Andeutungen vernommen und verstanden hatte, es solle mit dem Dictator ein Ende gemacht werden[134].

Diese Episode gewährt einen überaus wichtigen Einblick in Caesars innerpolitische Lage und nicht weniger in die sittlichen Begriffe der Politiker. Denn sie zeigt, wie die politisch hervorragenden Helfer, mit denen er bisher seine Ziele erreicht hatte, in ihm durchaus noch nicht den rechtmäßigen Herrscher anerkannten. Sie waren ihm gefolgt, weil er zum Siege führte und für geleistete Dienste gutes Entgelt bot. Aber sie fühlten sich als Senatoren seinesgleichen und wollten nicht seine Beamten und Offiziere sein, und wenn ihr Ehrgeiz in dem bisherigen, nur auf Selbstsucht und politischem Interesse erbauten Verhältnis nicht mehr befriedigt wurde, so erwogen sie, ob es nicht vorteilhafter wäre, den allzu eigenmächtigen Führer zu beseitigen. Ein derartiger Plan war schon 47 ruchbar geworden, wobei auch bereits Antonius genannt wurde, und seitdem hatte diese Stimmung offenbar weiter um sich gegriffen[135].

Fehlte so bei den Hauptanhängern jegliches Ehrfurchtsgefühl gegenüber dem einzigartigen Geniephänomen, so fand Caesar erst recht keine Anerkennung bei der früheren Gegenpartei. Durch Ciceros Korrespondenz wissen wir ganz gut, wie man in diesen Kreisen sprach, wenn man unter sich war. Sie nahmen wohl die Begnadigung an, schickten sich äußerlich in den neuen Zustand, aber innerlich lehnten sie ihn durchaus ab. Sie lebten in einer elenden Zeit, waren Knechte, hatten keinen Staat, keine Gerichtshöfe, keine Curie mehr[136]. Ein so trefflicher Mann wie der Consul Servius Sulpicius Rufus, der in Caesars Dienste Griechenland verwaltete, schrieb bei Gelegenheit des Todes von Ciceros Tochter: Ihnen sei alles entrissen, was den Menschen nicht minder lieb sein müsse als die Kinder, Vaterland, Ehre, Achtung, alle Würden; besser sei schmerzlos zu sterben als in der Gegenwart leben zu müssen, die Söhne hätten keine Zukunft mehr, da sie das elterliche Erbe nicht mehr aus eigener Kraft wahren, sich um die Ämter im Staat ordnungsmäßig bewerben und in den Angelegenheiten der Freunde frei bewegen könnten. In den letzten Jahren seien so viele ausgezeichnete Männer umgekommen, das römische Reich habe solche Einbußen erlitten, alle Provinzen seien zerrüttet. Da man in die Schicksalslage versetzt sei, den Umständen dienen zu müssen, dürfe auch Cicero nicht den Anschein erwecken, er betrauere weniger die Tochter als das Geschick des Staates und den Sieg der Gegner[137]. Wenn auch

[134] Cic. Phil. 2, 34. Plut. Ant. 11, 2. 13, 2. [135] o. Anm. 34.

[136] Cicero am 1. Januar 43 (Phil. 5, 49): *utinam C. Caesari — patri dico — contigisset adulescenti ut esset senatui atque optimo cuique carissimus! quod cum consequi neglexisset, omnem vim ingenii, quae summa fuit in illo, in populari levitate consumpsit. itaque cum respectum ad senatum et ad bonos non haberet, eam sibi viam ipse patefecit ad opes suas amplificandas, quam virtus liberi populi ferre non posset.* fam. 4, 6, 2. 5, 15, 4. 6, 1, 1. 3, 4. 4, 4. 21, 3. 9, 16, 3. Att. 12, 23, 1. 28, 2. orat. 35 *tempora inimica virtuti.*

[137] fam. 4, 5, 2–3; 6.

der besondere Zweck dieses Schreibens das düstere Gemälde begünstigte, so ist es doch höchst bezeichnend für die Stimmung der römischen Aristokratie. Sie empfand Caesars Herrschaft als vollendeten Bruch mit allen bisherigen Überlieferungen. Und was bedeutete das in einem Staate, wo eine jahrhundertealte aristokratische Regierungskunst auf die großartigsten Leistungen von welthistorischer Bedeutung zurückblickte!

Trotzdem erweckte der Krieg in Spanien, dessen Ausgang in Rom während Monaten als ganz unsicher galt, größere Befürchtungen als Hoffnungen. Denn von dem engherzigen Fanatismus des Gnaeus Pompeius hatten sich alle, die schon nach Pharsalos die Sache der Republik aufgaben, des Schlimmsten zu versehen. Der Krieg biete nur die beiden Möglichkeiten „Untergang oder Knechtschaft“, schrieb Cicero [138]. Von Ciceros Korrespondenten dachten nur Lucius Luceius, der Vertrauensmann des alten Pompeius, und der immer noch exilierte Aulus Manlius Torquatus anders [139]; aber die allgemeine Stimmung gibt wohl Gaius Cassius gut wieder, wenn er im Januar 45 schreibt: „Ich will sterben, wenn ich nicht besorgt bin, und lieber den alten und milden Herrn haben will, als den Versuch machen mit dem neuen und grausamen. Du weißt, welch ein Narr Gnaeus ist; du weißt, wie er Grausamkeit für Tapferkeit hält; du weißt, wie er stets glaubt, wir trieben unseren Spott mit ihm; ich fürchte, daß er nach Bauernart mit dem Schwert replizieren will“ [140]. Das besagte freilich nur, daß man Caesar als das geringere Übel ansah.

Diese Haltung der Optimaten bedeutete den völligen Fehlschlag seiner Versöhnungspolitik. Fassen konnte er aber diesen Widerstand erst, als er Ende 46 Ciceros „Cato“ zu lesen bekam, das literarische Denkmal, das Roms größter Schriftsteller auf Brutus' Wunsch dem Toten von Utika weihte [141]. Dieser Mann, der stets sein härtester Feind gewesen und darum in den Tod gegangen war, um ihn als unerträglichen Tyrannen zu brandmarken [142], wurde in diesem Werk als die Verkörperung echt römischer *virtus* gepriesen. Unter anderm hieß es da von ihm, er sei einer der wenigen Menschen, die größer sind als ihr Ruf [143]. Hier tat sich eine unüberbrückbare Kluft auf. Caesar hatte bisher Ciceros wiederholte Mahnungen zur Wiederherstellung der *res publica* nicht zurückgewiesen und hoffte offenbar, die Optimaten würden sich allmählich an seine Art, diese Frage zu behandeln, gewöhnen und den Meinungsstreit über das Wesen der *res publica* wo nicht ganz vergessen doch wenigstens dem Halbdunkel des Hintergrunds überlassen. Das Bekennt-

[138] fam. 6, 21, 1.

[139] fam. 5, 13, 3. 14, 1. 6, 1, 2; 6. 2, 2. 4, 1–2.

[140] fam. 15, 19, 4. Vgl. Cic. 6, 4, 1 *alteros prope modum iam sumus experti; de altero nemo est quin cogitet quam sit metuendus iratus victor armatus*. Cicero war schon 48 in Kerkyra von ihm mit dem Tod bedroht worden, weil er sich aus dem Krieg zurückzog (Plut. Cic. 39, 2. Cat. min. 55, 6).

[141] Cic. orat. 35. [142] Cic. off. 1, 112. Plut. Cat. min. 66, 2.

[143] Phil. 13, 30 *omnium gentium virtute princeps*. Macrob. Sat. 6, 2, 33.

nis zu Cato jedoch gab diesen Forderungen wieder eine festumrissene Gestalt, es war die alte Optimatenrepublik, innerhalb deren für eine Wirksamkeit, wie Caesar sie begonnen hatte, kein Raum blieb. Wohl hatte Cicero in seinen Büchern „vom Staat" auch vom wahren Staatsmann gesprochen. Aber dabei ging es um die Eigenschaften, die im Gefüge der mit dem Ideal gleichgesetzten römischen Verfassung eine geistige Autorität begründen konnten, nicht um ein neues Staatsamt, und die Frage nach dem Reichsregiment wurde überhaupt nicht erörtert[144].

Caesar wollte unter keinen Umständen dulden, daß nun ausgerechnet der engstirnige Optimat Cato als das Musterbeispiel des echten Römers aufgestellt wurde, und begann darum sogleich nach der Schlacht bei Munda mit der Abfassung einer Gegenschrift in zwei Büchern[145]. Damit keine Zeit verloren ging, gab er auch noch einen Auftrag an Hirtius, und dieser entledigte sich seiner durch ein Buch, das am 9. Mai in Ciceros Hand kam. Es muß nicht sehr glücklich ausgefallen sein, denn Cicero schrieb seinem Freunde Atticus, er möge recht für seine Verbreitung sorgen, damit Catos Ruhm desto mehr leuchte[146]. Caesars „Anticato" begann mit einigen verbindlichen Einleitungssätzen, es sei die Antwort eines Soldaten, der weder über die Begabung noch über die Zeit zur Ausarbeitung verfüge wie der Redner. Cicero wurde als Redner mit Perikles, in seiner politischen Haltung mit Theramenes verglichen[147]. Das war freilich schon ein etwas zweischneidiges Lob, da Theramenes mit dem Ruf eines unzuverlässigen politischen Charakters behaftet war, aber die weitern Ausführungen verrieten eine furchtbar gereizte Stimmung[148]. Caesar versuchte nämlich seinen großen Gegner gerade auf der Seite zu treffen, die allgemein als unantastbar galt, der moralischen, indem er mit der ganzen Gehässigkeit antiken Invectivenstils sein Privatleben beleuchtete, so daß von dem gepriesenen Freiheitshelden nichts übrig blieb als ein kauziger Trunkenbold und Geizhals, den die Habsucht schließlich sogar dazu trieb, seine Gattin an Hortensius zu verschachern[149]. Es war ein Ausbruch dämonischen Zorns, dessen politische Beweggründe wir verstehen, dessen Maßlosigkeit aber nur das Gegenteil der beabsichtigten Wirkung hervorbrachte. Das Bild Catos war zu verzerrt, um irgendwo Beifall zu finden, und so wurde ihm der tote Feind noch viel gefährlicher als der lebende, weil seine

[144] re p. 2, 51 dem Tyrannen gegenübergestellt *bonus et sapiens et peritus utilitatis dignitatisque civilis, quasi tutor et procurator rei publicae; sic enim appelletur quicumque erit rector et gubernator civitatis. quem virum facite ut agnoscatis; iste est enim qui consilio et opera civitatem tueri potest.* RE 7 A, 974–975.

[145] Suet. 56, 5. H. Drexler Hermes 70 (1935), 203.

[146] Att. 12, 40, 1. 41, 4. 44, 1. 45, 2. 48.

[147] Plut. Caes. 3, 4. Cic. 39, 5. Drexler a. O. 203. Appian. b. c. 2, 414. Cass. Dio 43, 13, 4.

[148] Cic. Top. 94 *nimis impudenter Caesar contra Catonem meum.*

[149] Plut. Cat. min. 11, 7. 36, 4–5. 52, 5–7 (dazu als Antwort Lucan. 2, 326–391). 54, 1–2. Gell. N. A. 4, 16, 8. Plin. ep. 3, 12, 2–3. Sonstige Zeugnisse ed. Kübler III 145–148.

Verteidiger ihn nun erst recht zum ebenbürtigen Gegenspieler des Tyrannen steigerten[150]. Zugleich aber erregte die Mißhandlung des allgemein bewunderten Toten berechtigte Zweifel an der „großen Gesinnung", die Caesar bei seiner Versöhnungspolitik zur Schau trug, womit denn auch den Optimaten, die bereit gewesen waren, ihm zu trauen, solche Zuversicht mehr und mehr hinschwand[151]. Seiner bestrickenden Liebenswürdigkeit gelang es freilich immer noch, einen Rest von Hoffnung wachzuhalten. Als er den Tod von Ciceros Tochter erfuhr, schrieb er dem tiefgebeugten Vater am 30. April mitten aus dem Drang der Geschäfte in Spanien einen Beileidsbrief[152], und am 12. August zeigte ihm Balbus einen Brief des Dictators, worin er lesen konnte, durch die wiederholte Lektüre von Ciceros „Cato" habe er schriftstellerisch viel gelernt, während er sich der denselben Gegenstand behandelnden Schrift des Brutus gegenüber beredt vorkomme[153]. Da Cicero sich einige Monate zuvor in seinem „Orator" vergeblich bemüht hatte, Brutus für sein Rednerideal zu gewinnen[154], war das ein fein berechnetes Kompliment. Vielleicht darf man in dieser betont ästhetischen Würdigung auch einen Versuch sehen, der Auseinandersetzung den politischen Charakter zu nehmen.

Der „Cato" des Brutus dagegen erinnerte wieder daran, daß sich zwei verschiedene politische Welten gegenüberstanden. Denn kein Republikaner war bereitwilliger auf die Versöhnungspolitik eingegangen als dieser Neffe

[150] Schon der Verfasser des b. Afr. nennt ihn 23, 1 *homo gravissimus* und berichtet 88, 5, wie die politisch zu Caesar haltenden Bürger von Utica ihn mit einem Begräbnis ehrten *propter eius singularem integritatem et quod dissimillimus reliquorum ducum fuerat.* Dann stellte ihn Sallust Cat. 53, 6ff. in dem berühmten Vergleich als Vertreter von *virtus* mit Caesar zusammen. 54, 1 *magnitudo animi par, item gloria, sed alia alii. Caesar beneficiis ac munificentia magnus habebatur, integritate vitae Cato.* Liv. frg. 55 (ed. Weißenborn-Müller aus Hieron. prol. libri II in Hoseam) zu Ciceros und Caesars Catoschriften: *cuius gloriae neque profuit quisquam laudando nec vituperando nocuit, cum utrumque summis praediti fecerint ingeniis.* Horat. c. 1, 12, 35 *Catonis nobile letum.* 2, 1, 23 *cuncta subacta praeter atrocem animum Catonis.* Vell. 2, 35, 2 *homo virtuti simillimus et per omnia ingenio diis quam hominibus propior.* Val. Max. 2, 10, 8 *omnibus numeris perfecta virtus. quae quidem effecit ut quisquis sanctum et egregium civem significare velit, sub nomine Catonis definiat.* Bei Lucan ist er stets mit *virtus* verbunden: 2, 243, 258. 263. 287. 9, 371. 445. Petron. sat. 119, 41 *venalis populus venalis curia patrum.* Darum wird Cato nicht zum Consul gewählt, 48 *non homo pulsus erat, sed in uno victa potestas Romanumque decus.* Hatte Cic. Lig. 19 gesagt *nunc melior ea* (sc. *causa*) *iudicanda est quam etiam di adiuverunt,* so Lucan 1, 128 *Victrix causa deis placuit, sed victa Catoni.* Cato steht über den Göttern des Volksglaubens, wird 9, 556 angeredet: *certe vita tibi semper secreta supernas ad leges sequerisque deum.* Er befindet sich im Einklang mit dem stoischen Weltgott (9, 578): *estque dei sedes, nisi terra et pontus et aer et caelum et virtus? superos quid quaerimus ultra? Iuppiter est quodcumque vides quodcumque moveris.*

[151] So ließ sich Cicero nach der Ermordung zu der Schmähung hinreißen (off. 2, 84): *tanta in eo peccandi libido fuit, ut hoc ipsum eum delectaret peccare, etiam si causa non esset.*

[152] Cic. Att. 13, 20, 1. Cicero hatte ihm nach Spanien die beiden Empfehlungsbriefe fam. 13, 15 und 16 gesandt, von denen besonders der erste mit zahlreichen griechischen Dichterzitaten und den witzigen Anspielungen auf Ciceros politische Enttäuschungen Caesar Vergnügen bereiten mochte.

[153] Att. 13, 46, 2.

[154] Att. 14, 20, 3.

Catos, und Caesar hatte ihm schon Ende 47 einen der wichtigsten Posten, die Verwaltung des diesseitigen Gallien, übertragen[155]. Ende März 45 gab er die Provinz an Gaius Vibius Pansa ab, kehrte aber Ende Juli nochmals zurück, um Caesar zu begrüßen[156]. Der Dictator sprach ihm für die Regierungstätigkeit seine höchste Anerkennung aus und sagte ihm für das nächste Jahr die städtische Praetur, für 41 das Consulat zu[157]. So gelang es ihm, Brutus noch einmal auf seiner Seite zu halten, allein dieser, der sich eben mit Porcia, der Tochter Catos und Witwe von Caesars ebenso unversöhnlichem Gegner Bibulus, vermählt hatte[158], glaubte aus solchen Gunstbeweisen nur den Schluß ziehen zu dürfen, Caesar beabsichtige aufrichtig die Wiederherstellung der Republik, und schrieb den Freunden in Rom über sein Zusammensein mit dem Dictator, „dieser halte zu den Gutgesinnten", was im Munde der Optimaten sie selbst bezeichnete.

Als Cicero Anfang August diesen Bericht vernahm, hatte er nur Spott für solchen Glauben[159]. Denn er selbst hatte auf Anregung des Atticus, der dabei in Einverständnis mit Balbus und Oppius handelte, am 13. Mai einen Brief an Caesar entworfen, worin er nochmals über die Ordnung des Staates Gedanken eines „bestgesinnten Bürgers, der sich aber den Zeitumständen anpassen muß", entwickelte[160]. Wie die erhaltenen Andeutungen lehren, bezeichnete Caesar damals als seine nächste Pflicht die Abrechnung mit dem Partherreich[161]. Er hatte 47 während des kurzen Aufenthalts in Syrien dafür nichts tun können, wußte aber, daß Pompeius mit dem Partherkönig Orodes Verbindung gesucht hatte. Vorläufig ließ er zum Schutz der Provinz den Sohn eines Vetters, Sextus Caesar, wohl als Quaestor pro praetore mit zwei Legionen zurück[162].

Jedoch während des Kriegs in Afrika machte sich Quintus Caecilius Bassus, ein römischer Ritter, der unter Pompeius gekämpft hatte und nach Pharsalos in Tyros untergetaucht war, an die Soldaten des Sextus heran mit der Behauptung, er sei von Metellus Scipio zum Statthalter von Syrien ernannt, und brachte es schließlich dahin, daß sie Sextus ermordeten[163]. Caesar

155 Plut. Brut. 6, 10. Appian. b. c. 2, 465. Cic. Brut. 171. fam. 6, 6, 10.

156 Cic. Att. 12, 27, 3. 13, 44, 1.

157 Plut. Brut. 6, 6–7, 5. Caes. 57, 5. 62, 4. Cic. fam. 12, 2, 2. Phil. 8, 27. Vell. 2, 56, 3.

158 Plut. Brut. 13, 3. Vell. 2, 56, 3. Cic. Att. 13, 10, 3. 11, 1. 17, 1. RE 10, 986. Doch bezieht sich *laudatio Porciae* Att. 13, 37, 3. 48, 2 auf die damals verstorbene Schwester Catos, die Witwe des L. Domitius Ahenobarbus.

159 Att. 13, 40, 1.

160 Att. 13, 26, 2. 12, 51, 2. 52, 2. Die richtige Zeitfolge der diesbezüglichen Briefe wurde von O. E. Schmidt Briefw. 285ff. erschlossen.

161 Att. 13, 27, 1. 31, 3.

162 B. c. 3, 82, 4. Cass. Dio 41, 55, 4. 42, 2, 5. Münzer RE 10, 477. Broughton MRR II 289. B. Alex. 66, 1. Cass. Dio 47, 26, 3. Jos. ant. 14, 160. 170. Appian. b. c. 3, 312 = 4, 250 gibt ihm nur eine Legion. o. S. 245.

163 Cass. Dio 47, 26, 3–7. Liv. per. 114. Appian. b. c. 3, 315; vorher 312 = 4, 250 eine schlechtere Version. Jos. b. Jud. 1, 216. ant. 14, 268. Cicero hörte in Rom davon im September 46 (fam. 12, 17, 1 O. E. Schmidt a. O. 254).

gab zunächst dem Quintus Cornificius, der sich 48 und 47 als Quaestor in Illyricum bewährt hatte, und nun in Kilikien Dienst tat, den Auftrag, Caecilius Bassus niederzuwerfen. Wie aber Cicero im Dezember 46 erfuhr, drohte bereits auch Parthergefahr. Darum sandte Caesar mindestens zwei Legionen hin[164]. Doch konnte erst 45 des Cornificius Nachfolger Gaius Antistius Vetus mit diesen Verstärkungen den Angriff auf Apamea, wo Bassus sich festgesetzt hatte, beginnen. Längere Zeit fiel keine Entscheidung, bis gegen Ende des Jahrs Pakoros, der Sohn des Partherkönigs, mit einem großen Heer eintraf und die Belagerer mit großen Verlusten zurückschlug[165]. Vermutlich waren es die Erfahrungen in Spanien, die Caesar zum Entschluß vermochten, auch im Osten selbst Ordnung zu schaffen. Wenn er sich zunächst mit jungen Leuten behalf, so, weil er keinem seiner alten Legaten zutraute, eine solche Aufgabe zu meistern. Die Katastrophe des Crassus warnte eindrücklich davor, die Schwierigkeiten zu unterschätzen, und er war es seinem Ruhme schuldig, diesmal mit gehöriger Vorbereitung zu Werke zu gehen[166], und so äußerte er in Briefen an seine Vertrauensleute, er wolle vorher noch in Rom die Aufrechterhaltung seiner Reformgesetze sichern[167].

Kam nun aber Cicero in seinem Brief auf die Ordnung der römischen Verhältnisse zu sprechen, so klang das wie ein Protest gegen das selbstherrliche Regiment während des spanischen Feldzugs und wie Befürchtung, es möchte dieser Zustand während des Orientfeldzugs fortdauern. Aus diesem Grunde empfahlen Balbus und Oppius, den Brief nur nach einer vollständigen Umarbeitung abzusenden. Jedoch in dieser Weise auf jeden eigenen Gedanken zu verzichten, lehnte Cicero ab. Da wollte er sich lieber durch „Schweigen und Sichverbergen eine halbe Freiheit" bewahren[168]. Erst im August ließ er sich auf wiederholtes Bitten herbei, an Caesar wenigstens über die Catobücher zu schreiben, sie hätten ihm ausnehmend gefallen. Aber im vertraulichen Gespräch nannte er ihn kurzweg den *rex*, seit der Begründung der Republik ein Wort, das nur mit Abscheu in den Mund genommen wurde[169].

Caesar war über die Gesinnung der altrömischen Kreise wohl unterrichtet und nahm zu bestimmten Zwecken auch darauf Rücksicht, wie seine

[164] B. Al. 42, 2. 47, 5. Cic. fam. 12, 19, 1–2.

[165] Cic. Att. 14, 9, 3. Deiot. 23. Cass. Dio 47, 27, 2–5. Strab. 16, 752–753.

[166] Ganz töricht darum, wenn bei Appian. b. c. 2, 459 dieser Feldzug wie eine Improvisation nach dem 15. Februar 44 erscheint. Dabei lesen wir bei demselben Autor 3, 312. 4, 250, Caesar habe schon 47 den Partherkrieg ins Auge gefaßt. Cass. Dio 43, 51, 1 Der Krieg war sehr populär.

[167] Att. 13, 31, 3. 7, 1 der hier genannte Theopompos ist sein hochgeschätzter Gastfreund aus Knidos, o. S. 227, Anm. 255. Phil. 13, 33.

[168] Att. 13, 27, 1. 31, 3. An Varro schrieb er damals (fam. 9, 8, 2): *atque utinam quietis temporibus atque aliquo si non bono at saltem certo statu civitatis haec inter nos studia exercere possemus!*

[169] Att. 13, 50, 1. 51, 1. 37, 2. fam. 11, 27, 8.

Beziehungen zu Brutus beweisen. Aber, obwohl er schon im Juli in Oberitalien weilte, betrat er Rom erst Anfang Oktober[170] bei seinem Triumph und zeigte damit, daß ihm die Wiederherstellung des Staates im Sinne Ciceros wenig am Herzen liege. Im September hielt er sich eine Zeitlang auf seinem labicanischen Gute (südöstlich Rom) auf. Hier verfaßte er am 13. sein letztes Testament, worin er seine nächsten männlichen Verwandten zu Erben einsetzte, und zwar den Großneffen Gaius Octavius für drei Viertel, den Großneffen Lucius Pinarius und den Neffen Quintus Pedius für das übrige Viertel der Erbmasse[171]. Den Octavius hatte er bereits 47 zum Pontifex wählen lassen, an Stelle des Lucius Domitius Ahenobarbus, und lernte dann die außerordentliche, frühreife Begabung des Sechzehnjährigen während des spanischen Krieges so schätzen, daß er in ihm immer mehr seinen politischen Erben zu finden hoffte[172]. Auf der letzten Seite des Testaments ordnete er schließlich seine Adoption an[173]. Solche Sorge für die Fortpflanzung der Familie entsprach durchaus altrömischen Anschauungen; aber bei Caesars Stellung bedeutete eine Adoption schon mehr als sonst.

Nachdem am 20. April[174] die Nachricht von der Schlacht bei Munda in Rom angekommen war, wandten Senat und Volk alle Erfindungsgabe auf, um dem Sieger neue Ehren zu bieten. Der 21. April sollte von jetzt ab jährlich durch Wettrennen im Zirkus gefeiert und fünfzig Tage lang sollte den Göttern gedankt werden. Der Imperatortitel wurde ihm als vererblicher Name beigelegt, bei allen öffentlichen Anlässen sollte er im Triumphalgewand auftreten, immer zum Tragen des Lorbeerkranzes befugt sein. Wegen des Sieges über die Pompeianer erhielt er den Beinamen des „Befreiers". Der Bau eines Freiheitstempels wurde beschlossen, ferner eines Palastes für Caesar auf dem Quirinal aus öffentlichen Mitteln. Die bisherigen Siegestage sollten

[170] Vell. 2, 56, 3.

[171] Suet. 83, 1–2. Münzer Hermes 71 (1936), 228. RE 19, 39 begründet mit dem Alter des Pedius, daß er Neffe Caesars war. Weniger genau über die Miterben Liv. per. 116. Nikol. Dam. F 128, 30. 130, 48. Appian. b. c. 3, 82. 89. Plin. n. h. 35, 21.

[172] Nikol. Dam. F 127, 9. Vell. 2, 59, 3. Cic. Phil. 5, 46; 53. ILS 75. Suet. Aug. 8, 1. Nikol. Dam. F 127, 24. Cass. Dio 43, 41, 3.

[173] Walter Schmitthenner Oktavian und das Testament Caesars (Zetemata 4, 1952), 18. 32 bezieht mit Recht Suetons *in ima cera* (gegen meine frühere Auffassung „zu unterst auf der Wachstafel") auf die unterste der Wachstafeln, die als Codex zusammengefügt, das Testament enthielten. Mir scheint, daß in der Erwähnung der Sammlung von Senatsbeschlüssen Dittenberger Syll. 747, 58 *ἐμ πραγμάτων συμβεβουλευμένων δέλτωι πρώτηι κηρώματι τεσσαρεσκαιδεκάτωι* mit *δέλτος* (eig. *tabula*) ebenfalls ein Codex gemeint ist. Ebenso ist Suet. Ner. 17 von *primae duae cerae* in Testamenten die Rede. Dagegen wird Schmitthenners Versuch (39 ff.), die testamentarische Adoption als Rechtsinstitution zu bestreiten, und die Behauptung, es handle sich um die Dig. 36, 1, 65, 10 erwähnte *condicio nominis ferendi*, mit Recht abgelehnt von H. Volkmann Gnomon 26 (1954), 43. L. Wickert RE 22, 2189. H. Nesselhauf Hermes 83 (1955), 484, 1. Vell. 2, 59, 1 *Caesaris deinde testamentum apertum est, quo C. Octavium, nepotem sororis suae Iuliae, adoptabat.* [174] Cass. Dio 43, 42, 3.

durch jährliche Opfer gefeiert werden. Die Dankfeste und Dankopfer für jeden künftigen Sieg wurden zum voraus geregelt, auch ohne daß er persönlich beteiligt sein sollte, eine Folgerung, die sich aus dem Beschluß, der ihm allein das ganze Heer- und Finanzwesen unterstellte, ohne weiteres ergab. Der zehnjährigen Dictatur wurde ein zehnjähriges Consulat beigesellt[175].

Im Mai wurde weiter beschlossen, die Elfenbeinstatue bei der Zirkusprozession auf ihrer besonderen Bahre samt dem Wagen für die Attribute in der Reihe der übrigen Götterbilder mitzuführen. Eine Statue mit der Inschrift „Dem unbesiegten Gotte" sollte im Quirinustempel, eine andere auf dem Capitol im Kreise der Könige und des Lucius Brutus aufgestellt werden. Damit war der Herrscherkult in Rom offiziell durch Senats- und Volksbeschluß eingeführt. Cicero entfuhr darüber die Bemerkung: „Ich mag ihn lieber als Tempelgenossen des Quirinus denn als den der Salus." Zum Verständnis des Sinnes muß man sich erinnern, daß Quirinus als der vergötterte Romulus betrachtet wurde, diesen aber der Sage nach wegen seiner Entartung zum Tyrannen die Senatoren zerrissen[176].

Aber auch dem Empfinden des gemeinen Volkes hatte die geschäftige Erfindungskunst von Caesars Kreaturen zuviel auf einmal zugemutet. Als am 20. Juli bei der ersten Wiederholung der Siegesfestspiele die Prozession mit den besagten Neuerungen vor sich ging, blieb beim Erscheinen von Caesars Statue zusammen mit der Victoria jeglicher Beifall aus; die Aufstellung von Caesars Bild unter den Königsstatuen erregte große Unzufriedenheit und das Gerede, man habe einen Tyrannen. Das war so bekannt, daß Cicero im November in einer Verhandlung vor dem Dictator ganz offen davon sprach[177].

[175] Cass. Dio 43, 42, 2–3. 43, 1. 44, 1–45, 2. Suet. 45, 2. Appian. 2, 440–443 summarisch. Suet. 76, 1 *praenomen Imperatoris*. Dio 44, 2–5 denkt an das spätere kaiserliche Praenomen. Caesar führte aber nie das Praenomen (Wickert RE 22, 2279). Erst im Februar 44 erscheinen Münzen mit *Caesar imperator* (A. Alföldi Stud. üb. Caesars Mon. 29–34. 86 und Tafeln 6–9. Sydenham CRR S. 176–178. Nr. 1055. 1056. 1060. 1070. Konrad Kraft Der goldene Kranz Caesars 66. Anders als Syme Historia 7 (1958), 179 schließe ich mit Alföldi, daß Caesar damit von dem ihm verliehenen Recht Gebrauch machte und mit dem Titel seine dauernde Befehlsgewalt bezeichnete. Caesars Palast vermute ich auf dem Quirinal nach Cic. Att. 12, 45, 2. Caesar wurde dadurch *vicinus* des Atticus, dessen Haus nach 12, 48 wegen der vornehmen Nachbarschaft im Wert stieg. Es scheint nicht nur auf die Statue im Quirinustempel (Cass. Dio 43, 45, 3) zu gehen, wie Wissowa RuKR 155, 7 annimmt.

[176] Cass. Dio 43, 45, 2–4. Cic. Att. 12, 45, 2 danach zu datieren. L. R. Taylor Divinity of the Rom. Emp. 65. Appian. b. c. 2, 476. F. Taeger Charisma II, 50ff.

[177] Cic. Att. 13, 44, 1. Deiot. 33 der Führer der Gesandtschaft des Galaterkönigs Deiotaros sollte nach Galatien berichtet haben: *ad regem scribere solebat te in invidia esse, tyrannum existimari, statua inter reges posita animos hominum vehementer offensos, plaudi tibi non solere.* Cicero sagt 34 dazu: *valde enim invidendum est eius statuis cuius tropaeis non invidemus! nam si locus adfert invidiam, nullus est ad statuam quidem rostris clarior. de plausu autem quid respondeam? qui nec desideratus umquam in te est et nonnumquam obstupefactis hominibus ipsa admiratione compressus est, et fortasse eo praetermissus,*

An einem der ersten Oktobertage feierte er den Triumph über Spanien. Die offizielle Auffassung, daß in diesem Krieg ein auswärtiger Feind vernichtet worden sei, ließ sich diesmal noch weniger vertreten als beim afrikanischen, und so erweckte auch dieses Fest viele bittere Gefühle. Außerdem kam es, als der Triumphwagen an der Bank der Volkstribunen vorbeifuhr, zu einer peinlichen Szene, indem sich ein Volkstribun, Pontius Aquila, nicht erhob, um den Triumphator zu grüßen. Dieses Verhalten konnte nicht anders aufgefaßt werden denn als eine tribunicische Demonstration gegen den Dictator, und Caesar rief ihm schlagfertig zu: „Fordere mir doch, Aquila, als Tribun den Staat ab!“ Mehrere Tage blieb er so gereizt gegen ihn, daß er jedem Versprechen, das er gab, die ironische Einschränkung beifügte: „Jedoch nur, wenn es mir von seiten Pontius Aquilas freistehen wird.“ Vielleicht hängt es mit diesen Vorgängen zusammen, daß Caesar glaubte, die nachfolgende Bewirtung des Volkes sei nicht glänzend genug ausgefallen, und darum nach vier Tagen ein zweites öffentliches Frühstück servieren ließ. Doch nicht genug daran, gestattete er auch, entgegen aller Überlieferung, seinen beiden Legaten Fabius und Pedius am 13. Oktober und 13. Dezember zu triumphieren[178].

Den Fabius Maximus hatte er, nachdem er selbst vom Consulat zurückgetreten war, vorher noch mit Gaius Trebonius für die letzten drei Monate des Jahres zum Consul wählen lassen[179]. Pedius galt als Proconsul der *Hispania citerior*[180]. Praetoren ließ er für das laufende Jahr 14, Quaestoren 40 wählen, für das nächste Jahr 16 Praetoren, unter ihnen Brutus und Cassius[181]. Zum Consul wurde Marcus Antonius designiert, die andere Stelle wollte Caesar selbst einnehmen bis zum Abgang in den Partherkrieg, dann sollte ihn der noch nicht dreißigjährige Publius Dolabella ersetzen[182]. Die Statthalter bestellte Caesar ohne Verlosung. Dagegen lehnte er die ihm damals übertragene Designation aller Magistrate ab und ließ nominell das Volk und die Plebs wählen[183]; praktisch sanken sowieso alle Wahlakte mehr oder weniger zu Formalitäten herab. Nach dem 10. Dezember brachte der

quia nihil vulgare te dignum videri potest. Caesar wußte natürlich, wie Cicero in Wirklichkeit dachte. Aber, wie Helmut Rahn Cicero und die Rhetorik (Rivista Ciceroniana 1, 1959), 23 ausgezeichnet dargelegt hat, äußerte sich die rhetorische Meisterschaft darin, „daß die Persönlichkeit nicht etwa ‚sich‘ ausdrücken will, sondern ‚etwas‘, etwas Passendes, Sach- und Situationsgerechtes.“ So hörte sich Caesar diese Verteidigungsrede Ciceros an. Dasselbe gilt auch für die Ligariusrede o. S. 271.

178 Vell. 2, 56, 3. Quintil. 6, 3, 61. Plut. 56, 7–9. 57, 8. Suet. 37, 1. 38, 2. 78, 2. Act. triumph. CIL I² S. 50. Cass. Dio 43, 42, 1.

179 Cass. Dio 43, 46, 2. CIL I² S. 28.

180 Act. triumph.

181 Cass. Dio 43, 47, 2. 49, 1. Plut. Caes. 57, 5. Brut. 7, 1–5.

182 Cic. Phil. 2, 79. Vell. 2, 58, 2. Plut. Ant. 11, 3. Cass. Dio 43, 51, 8. Appian. b. c. 2, 511. 539 Dolabella sei erst 25 Jahre alt gewesen, wohl übertrieben. Er wäre 10 Jahre jünger gewesen als seine Frau Tullia, was Groebe RE 7A, 1331 freilich glaubt.

183 Cass. Dio 43, 47, 1.

neugewählte Volkstribun Lucius Antonius (Marcus' Bruder) ein Gesetz durch, welches Caesar bei der Wahl sämtlicher Magistrate mit Ausnahme der Consuln für die Hälfte der Kandidaten ein bindendes Empfehlungsrecht verlieh[184]. Dieses neue Gesetz fand zum erstenmal Anwendung, nachdem ein Volksbeschluß Caesar die Führung des Partherkriegs übertragen hatte und im Zusammenhang damit die Befugnis, die Bestellung der Beamten gleich für drei Jahre (43—41), die voraussichtliche Feldzugsdauer, vorzunehmen[185]. Hierauf wurden zunächst für 43 gewählt zu Consuln Aulus Hirtius und Gaius Pansa, 16 Praetoren, 40 Quaestoren, 2 curulische und 4 plebeische Aedilen (neben den bisherigen 2 *aediles plebis Ceriales* für die Zwecke der Getreideversorgung). Anfang März 44 kamen noch die Wahlen der Consuln für 42, Decimus Brutus und Lucius Munatius Plancus, zustande und ebenso die der Volkstribunen[186]. Für seine fünfte Dictatur (44) beließ Caesar zunächst Marcus Lepidus als *magister equitum*, beim Auszug in den Partherkrieg sollte an seine Stelle Gaius Octavius treten, und für 43 war Gnaeus Domitius Calvinus vorgesehen[187]. Gleichzeitig brachte er nun den Senat durch seine Neuernennungen auf 900 Mitglieder. Söhne von Freigelassenen, Centurionen, geborene Kelten erhielten damit ihren Lohn ohne Rücksicht auf römische Anschauungen[188]. Aber auch höher gestellte Anhänger erhoben ihre Lohnansprüche. Um solche abzufinden, erteilte er 10 Praetoriern Rang und Abzeichen von Consularen und entsprechende Rangerhöhungen an Niedrigerstehende[189]. Weiter ermächtigte ihn das Gesetz des Volkstribunen Lucius Cassius, neue Patricier zu ernennen. Auf Grund dessen erhob er neben vielen anderen auch den Gaius Octavius in den Stand des römischen Uradels[190].

[184] Cic. Phil. 7, 16. Suet. 41, 2. Cass. Dio 43, 51, 3. Nikol. Dam. FgrHist 90, 130, 67.

[185] Cass. Dio 43, 51, 1–2.

[186] Nikol. Dam. F 130, 77. Cic. Phil. 3, 37. 39. 12, 20. 13, 26. 5, 36. fam. 10, 8. 11, 4 u. ff. ad Brut. 1, 1, 1. Vell. 2, 58, 1. Cass. Dio 43, 51, 3; 6.

[187] Cass. Dio 43, 51, 7. Appian. b. c. 3, 30. Fast. Cap. z. J. 44 CIL I² S. 28. Vgl. Plin. n. h. 7, 147.

[188] Cass. Dio 43, 47, 3. 48, 22, 3. Suet. 41, 1. 76, 3. 80, 2. Cic. fam. 6, 18, 1. Phil. 11, 12. 13, 27. Wie schon o. S. 270 bemerkt, dachte Caesar nicht an eine Beseitigung der plutokratischen Gesellschaftsordnung. R. Syme zeigt in dem glänzenden Kapitel über ‚Caesars neue Senatoren' R. R. 78–96, daß der Großteil aus Italikern bestand, deren Familien seit dem Bundesgenossenkrieg das römische Bürgerrecht besaßen. Er schätzt (90) ihre Zahl auf etwa 400. Es ist begreiflich, daß die übriggebliebenen alten Senatoren diese Überflutung mit *homines novi* ungern sahen. Syme findet (94) mit Recht, daß die Bestellung der Consuln von 48–44 „nicht revolutionär" war; 5 entstammten der Nobilität: P. Servilius Isauricus, M. Aemilius Lepidus, Q. Fabius Maximus, M. Antonius, P. Cornelius Dolabella (3 Patricier), die 4 *homines novi* Q. Fufius Calenus, P. Vatinius, C. Trebonius, C. Caninius Rebilus hatten die niedrigeren Ämter hinter sich und waren verdiente Legaten. Nur mit dem Phantom der Nobilitätsherrschaft war es vorbei!

[189] Suet. 76, 3. Cass. Dio 43, 47, 3. Plut. 58, 1.

[190] Tac. ann. 11, 25, 2 (Rede des Claudius). Cass. Dio 43, 47, 3. Suet. 41, 1. Broughton MRR II 324 L. Cassius war der Bruder des Caesarmörders (Cic. Att. 14, 2, 1. fam. 12, 2, 2). Suet. Aug. 2, 1. Nikol. Dam. F 128, 35. Cass. Dio 45, 2, 7.

Bei all dem waltete für ihn der Gesichtspunkt vor, sich einen zahlreichen und ergebenen Reichsbeamtenstand zu schaffen[191]. Bei der Fülle von Entwürfen, die der Verwirklichung harrten, reichte die Zeit nicht zur gesetzmäßigen Erfüllung aller Formalitäten. Allein die Weiterverwendung verfassungsmäßiger Formen geschah nur noch sehr äußerlich. Man kann wohl zu Caesars Verteidigung anführen, die Wahlen seien in Rom von jeher von den mächtigen Politikern (mit oder ohne Amt) „gemacht" worden[192]. Aber bisher war das Wahlrecht doch immer als eines der kostbarsten Güter des römischen Volkes hingestellt worden. Demgemäß bot die Geringschätzung, womit er diese wichtigen Angelegenheiten behandelte, für eine Aufhetzung der Massen ein sehr günstiges Ziel. Das zeigte sich gleich, als der neue Consul Fabius Maximus zum erstenmal das Theater betrat und sein Lictor in üblicher Weise „Aufmerken" gebot. Da erhob sich ein allgemeines Geschrei, jener sei nicht Consul[193]. Caesar nahm darauf keine Rücksicht. Am 31. Dezember 45 frühmorgens 7 Uhr versammelte sich das Volk zur Wahl der Quaestoren. Die Götterzeichen waren eingeholt für eine Tribusversammlung. Da traf die Meldung ein, Consul Maximus sei eben verstorben. Nun ließ Caesar dessen Stuhl wegbringen, die Wähler sich nach Centurien gliedern, und nachmittags 1 Uhr war für die verbleibenden Stunden des Tages Gaius Caninius Rebilus zum Consulat befördert. Schlimmer konnten die republikanischen Institutionen nicht mißachtet werden, und es macht den Eindruck, als ob Caesar bei diesem Anlaß das neue Zeitalter habe vor Augen führen wollen. Cicero machte darüber wohl Witze: Unter dem Consulat des Caninius habe niemand gefrühstückt; es sei auch nichts Böses geschehen, denn der Consul sei von wunderbarer Wachsamkeit gewesen, da er während seiner ganzen Amtsführung kein Auge zutat. Aber zugleich gestand er, man könne die Tränen nicht zurückhalten, wenn man diese Dinge miterlebe[194]. Auch die unwürdigen Senatoren wurden mit dem Maueranschlag begrüßt: „Eine gute Tat! Es soll niemand einem neuen Senator den Weg zum Rathaus zeigen!"

So schwer die Republikaner unter diesen Vorgängen litten, für Caesar waren sie nur nebensächliche Zwischenfälle innerhalb einer grandiosen Herrschertätigkeit. Eine Hauptsache blieb dabei die energische Fortsetzung der Colonisationspolitik. Zu den Anweisungen und Gründungen in Italien, Spanien, Gallien traten neue in Afrika, Griechenland, Kleinasien. In Afrika wurde Karthago als Colonia Julia Concordia Carthago für Veteranen und Proletarier angelegt. Und wie hier machte er auch in Griechenland die Zerstörung von 146 wieder gut durch die Gründung von Laus Julia Corinthus,

191 o. S. 253.

192 L. R. Taylor Party Politics in the Age of Caesar (1949), besonders 62 ff.

193 Suet. 80, 2.

194 Cic. fam. 7, 30, 1–2. CIL I² S. 28. 64. Cass. Dio 43, 46, 2–4. Plut. 58, 2–3. Plin. n. h. 7, 181. Macrob. Sat. 2, 3, 6. Suet. 76, 2.

wohin vorzüglich Freigelassene geführt wurden[195]. In Kleinasien wurde Myrlea-Apamea am Marmarameer zur Colonia Julia Concordia-Apamea. Weitere Colonien wurden auf den Territorien der daneben fortbestehenden Gemeindestaaten Lampsakos, Heraklea und Sinope untergebracht[196]. Auch für Buthroton in Epiros (gegenüber Kerkyra) war eine Colonie vorgesehen, weil die Stadt mit der Zahlung ihrer Kontribution im Rückstand geblieben war. Nun verwandte sich Atticus, der dort große Güter besaß, mit Ciceros Unterstützung für sie beim Dictator. Dieser ging auf den Wunsch ein; dafür schoß Atticus die Schuldsumme vor, und Caesar ließ seinen Entscheid schriftlich ausfertigen. Trotzdem sammelten sich die bestimmten Colonisten; aber er erklärte dem besorgten Atticus, er wolle bloß jetzt nicht Anstoß erregen bei den Leuten durch Mitteilung des geänderten Plans; seien sie einmal drüben, so werde er ihnen ein anderes Gebiet anweisen. Aus dieser Mitteilung sehen wir, wie es bei diesen Geschäften zuging, aber auch, wie Caesar es möglichst vermied, die Ansiedler zu reizen, solange sie in Rom waren[197]; ein Beweis dafür, daß er die Mißachtung der republikanischen Institutionen für viel geringfügiger hielt. Auch bei der Landbeschaffung in Italien ging es schließlich nicht ohne Gewaltsamkeit ab, worüber ebenfalls einige Briefe Ciceros Kunde geben, die den Zweck verfolgen, gewisse bereits beschlagnahmte Besitzungen von der Aufteilung auszunehmen[198]. Die letzte Entscheidung über alle diese Fälle wurde von Caesar selbst getroffen. Latinisches Recht verlieh er im Osten nicht, da ja dort die Voraussetzung, die sprachliche Romanisierung der oberen Schicht, fehlte. Dagegen begabte er damit die sämtlichen Gemeinden Siziliens[199].

Überblickt man im Zusammenhang, was er in wenigen Monaten durch seine Besiedlungs- und Colonialpolitik für die Durchsetzung des Reichs mit römischen Elementen geleistet hat, so wird man darin die Absicht nicht verkennen, eine gewisse Verschmelzung der national und (was noch mehr empfunden wurde) politisch stark verschiedenen Völker des Reichs herbeizuführen. Das römische Bürgerrecht, das politisch (im Sinne des sich selbst regierenden römischen Volkes) nichts mehr zu bedeuten hatte, wurde zur Bezeichnung der sozial gehobenen Schicht im ganzen Reich, die dem Herrscher Beamte und Soldaten stellte. Eine solche Entwicklung begann sich in ihren

195 Cass. Dio 43, 50, 3–5. Plut. 57, 8. Diod. 32, 27, 3. Strab. 8, 381. 17, 833. Paus. 2, 1, 2. Appian. Lib. 646. Kornemann RE 4, 530. 532. Vittinghoff Röm. Kol. 81. 82, 5 über die andern vielleicht Caesar zuzuschreibenden Colonien in Afrika. 86.

196 Plin. n. h. 5, 149. Appian. b. c. 5, 570. Plin. epp. 10, 47, 1. Strab. 12, 542. 546. Vittinghoff 88. Rostovtzeff Social & Economic Hist. of the Hellenistic World 1577, 102 ist der Ansicht, daß Caesar sich hier Stützpunkte für den Partherkrieg schaffen wollte. 999.

197 Cic. Att. 16, 16 A, 4–5. Es könnte sich bei diesen Siedlern, *qui agrum Buthrotium concupissent*, um Leute handeln, die wegen der Colonisation in Italien Grundbesitz abtreten mußten. Vittinghoff 86.

198 o. Anm. 36. 199 Cic. Att. 14, 12, 1. Vittinghoff 71, 4.

Anfängen abzuzeichnen, und es ist begreiflich, daß Caesar, mit solchen Perspektiven beschäftigt, den Empfindlichkeiten der römischen Aristokratie keine Beachtung mehr schenkte. Wollten ihn die Herren ungeachtet seines angelegentlichen Werbens um ihre Mitwirkung nicht verstehen, so ging er eben, wie er das schon in seinem ersten Consulat getan hatte, über sie hinweg. Seine Versöhnungsbemühungen waren sicherlich aufrichtig gemeint und darum empfand er den Bruch mit seinen Standesgenossen als tragisch. Gewiß hätte er sich aus der Nobilität lieber andere Helfer gewählt als Antonius, Lepidus und Dolabella und wird doch manchmal gespürt haben, daß bei den edelsten seiner Gegner der Eifer für die *res publica* mehr war als nur ein Deckmantel selbstsüchtiger Ziele. Und dieser tragische Zug wurde immer stärker, weil er nun erst recht in die Bahn gedrängt wurde, die von den römischen Überlieferungen abführte. Am augenfälligsten tritt das in Erscheinung am Herrscherkult. Daß solche Beschlüsse überhaupt möglich waren, beweist allerdings das Vorhandensein einer entsprechenden religiösen Bereitschaft bei den neuen Senatoren wie beim Volk. Kein Wunder, wo seit einem Jahrhundert der Hellenismus durch zahllose Kanäle in alle Schichten der römisch-italischen Gesellschaft eindrang. Abgesehen von allen geistigen Einflüssen schwoll in der stadtrömischen Bevölkerung die Zahl der Menschen östlicher Herkunft mächtig an. Davon besaßen die Freigelassenen und ihre Nachkommen das römische Bürgerrecht und bestimmten weithin den Charakter der *plebs urbana*. Diese Menschenart konnte ihr Verhältnis zu einem Herrscher und nun gar zu Caesar, dem der „Erdkreis" zu Füßen lag, gar nicht anders ausdrücken als in den Formen kultischer Verehrung, während sie die Subtilitäten des römischen Staatsrechts gar nicht verstand[200]. Hier wuchs ihm also eine Untertanenloyalität entgegen, die nicht nach der rechtlichen Begründung seiner Herrschaft fragte, sondern sie gläubig als Walten der Gottheit hinnahm. Man begreift, wie willkommen ihm diese mächtige Strömung war, nachdem er sich mit den Optimaten nicht verständigen konnte. Sicherlich würde sie mit der Zeit die auch im Volk noch vorhandene Opposition hinwegschwemmen! Zudem entsprach sie durchaus seinen übernationalen politischen Tendenzen[201]. In den Augen seiner Gegner wurde er aber dadurch immer unrömischer und unerträglicher.

Im Dezember 45 unternahm er eine Reise nach Campanien. Cicero hielt sich eben auf seinem Gut bei Puteoli auf und bekam so Gelegenheit, das Leben des Herrschers einmal aus nächster Nähe mitanzusehen. In einem köstlichen Brief an Atticus hat er seinen Eindruck festgehalten und damit auch uns ein Bild hinterlassen von Caesars rastloser Tätigkeit. Dieser nahm am 18. Dezember Nachtquartier bei Ciceros Gutsnachbarn Lucius Marcius Phi-

[200] Über die Zusammensetzung der stadtrömischen Bevölkerung L. FRIEDLÄNDER Sittengesch. [9] I 233ff. Kritische Durchmusterung der neuern Forschung von F. G. MAIER Historia 2 (1954), 328ff. bes. 336ff., 344ff.

[201] Darüber VITTINGHOFF, 91ff.

lippus, dem Stiefvater von Gaius Octavius; sein Gefolge von Freunden, Freigelassenen, Sklaven und Soldaten belief sich auf 2000 Menschen. Am nächsten Morgen arbeitete er bis 1 Uhr mit Balbus, ohne sonst jemand vorzulassen. Dann ging er zu Fuß nach Ciceros Villa, stieg dort um 2 Uhr ins Bad. Währenddessen ließ er sich über Mamurra (seinen bekannten Gefolgsmann) vortragen (vermutlich Klagen). Nachdem er gesalbt war, folgte er Ciceros Einladung zu Tische. Er ließ es sich bei angeregter Unterhaltung — freilich nur über Literatur, nicht über Politik — trefflich schmecken, erleichterte sich aber nach Aufhebung der Tafel zur Erhaltung der geistigen Frische, wie er gewohnt war, durch ein Vomitiv. Dann ging es weiter nach Puteoli[202].

Die großartige Auffassung, die er vom Regieren hatte, bekundeten auch folgende Pläne, die, ernstlich vorbereitet, infolge seines Todes nicht mehr ausgeführt wurden. Zur Verbesserung der Seeverbindung Italiens mit dem Osten sollte der Isthmus von Korinth durchstochen werden. In Italien sollte vom Tiber bei Rom ein Kanal nach Tarracina abgeleitet werden, zugleich bestimmt, das Gebiet der Pontinischen Sümpfe zu entwässern und einen neuen Wasserweg zu bilden. Ebenso wollte er den Hafen von Ostia aufs stattlichste ausbauen. Weiteres wertvolles Ackerland sollte die Trockenlegung des Fucinersees schaffen, den italischen Verkehr eine neue Heerstraße vom Adriatischen Meer über den Apennin ins Tibertal heben. Als Mehrer des Reichs hatte er sich das Recht erworben, das *pomerium* (die sacrale Stadtgrenze) vorzuschieben. Im Zusammenhang damit hegte er die Absicht, das Marsfeld zu bebauen und an seine Stelle unter Verlegung des Tiberlaufs nach Westen das Vatikanfeld treten zu lassen. Auf dem Marsfeld sollte sich der größte Tempel der Welt, Mars geweiht, erheben, an den Tarpeischen Felsen sich das größte Theater anlehnen[203].

Marcus Varro erhielt den Auftrag, die gesamte griechische und römische Literatur in einer mächtigen Bibliothek zu sammeln. Andere sollten das in zahllosen Gesetzen zerstreute geltende bürgerliche Recht in einem übersichtlichen Werk zusammenfassen, ein Plan, der erst Jahrhunderte später verwirklicht wurde[204].

Seine Versöhnungspolitik krönte Caesar durch eine allgemeine Amnestie für alle politischen Gegner, so daß sie aus dem Exil zurückkehren konnten und im öffentlichen Leben den übrigen Bürgern gleichgestellt wurden. Den Witwen der von Vermögenseinziehung Betroffenen wurde die Mitgift herausbezahlt, auch den Kindern wurde ein Anteil am Erbe gewährt[205]. Zur äußeren Beglaubigung des neuen Friedenszustandes wurden die Statuen von

202 Cic. Att. 13, 52.

203 Plin. n. h. 4, 10. Suet. 44, 1–3. Cass. Dio 43, 49, 2. 50, 1. 44, 5, 1. Plut. 58, 8–10. Suet. Claud. 20, 1. Cic. Phil. 5, 7. Att. 13, 33a, 1.

204 Suet. 44, 2–3. Isid. Etym. 5, 1, 5. 6, 5, 1. F. Schulz Hist. of Rom. Leg. Science (1946), 61.

205 Cass. Dio 43, 50, 1–2. Suet. 75, 4. Appian. b. c. 2, 448. Nikol. Dam. F 130, 59.

Sulla und Pompeius an ihren alten Plätzen wieder aufgestellt. Cicero erklärte im Senat dazu, durch solche Hochherzigkeit befestige Caesar seine eigenen Standbilder[206].

Überhaupt begleitete der Senat alle diese durch ihn zu bestätigenden Mitteilungen des Dictators andauernd mit neuen Ehrenbeschlüssen. Da Caesar es abgelehnt hatte, bei den Schauspielen auf dem curulischen Sessel zu sitzen, sondern es vorzog, bei dieser Gelegenheit auf der Volkstribunenbank Platz zu nehmen, wurde ihm freigestellt, stets und überall von Triumphalgewand und curulischem Stuhl Gebrauch zu machen; dem Juppiter Feretrius sollte er *spolia opima* weihen dürfen, als ob er mit eigener Hand einen feindlichen Feldherrn erlegt hätte, die Rutenbündel seiner Lictoren sollten stets mit Lorbeer umwunden sein. Nach dem Opfer auf dem Albanerberg sollte er zu Pferde in der Form der *ovatio* (des kleinen Triumphs) in die Stadt zurückkehren. Der Titel *pater patriae* wurde ihm verliehen, sein Geburtstag zum staatlichen Feiertag erklärt, in allen Tempeln Roms und in den Municipien sollten Statuen von ihm aufgestellt werden, außerdem auf der Rednerbühne des Forums zwei, eine mit der Bürger-, die andere mit der Entsatzkrone. Der Bau eines neuen Concordiatempels und ein Jahresfest dieser Gottheit wurden beschlossen, weiter ein Tempel der Felicitas am Platz der alten Curie, als deren Ersatz eine Curia Julia gebaut werden sollte. Sein Geburtsmonat, der Quinctilis, erhielt den Namen Julius, auch eine Tribus sollte seinen Namen tragen. Seine Dictatur und seine censorische Vollmacht *(praefectura morum)* wurden auf Lebenszeit verlängert. Zu den tribunicischen Ehrenrechten wurde ihm ausdrücklich die Unverletzlichkeit *(sacrosanctitas)* verliehen. Sein Sohn oder Adoptivsohn sollte zum *pontifex maximus* designiert werden, eine verhüllte Anerkennung der Erbmonarchie wie beim Imperatornamen[207].

Bei anderer Gelegenheit wurde ihm an Stelle des gewöhnlichen curulischen Stuhls für Senats- und Gerichtssitzungen der Gebrauch eines vergoldeten, als Kleidung das Ganzpurpurgewand der altrömischen Könige ersonnen. Zu seinem Schutz sollte eine Leibwache aus Senatoren und Rittern gebildet werden. Die Senatoren leisteten sämtlich den Eid, sein Leben schützen zu

[206] Suet. 75, 4. Cass. Dio 43, 49, 1. Plut. Caes. 57, 6. Cic. 40, 5. Polyaen. 8, 23, 31.

[207] Cass. Dio 44, 4, 2–5. 5, 2–3. Suet. 76, 1. Appian. b. c. 2, 440–443. Liv. per. 116. Die von Dio 4, 4 erwähnten Münzen mit *parens patriae* nach A. ALFÖLDI Stud. über C. s. Mon. 20. 44. 86. Taf. 14. 15. SYDENHAM CRR Nr. 1069 erst im April 44. Über die damals von der Plebs errichtete Säule mit der Inschrift *parenti patriae* (Suet. 85) ALFÖLDI 70. Die Echtheit der verschollenen Inschrift ILS 71 C. *Iulio Caesari pont. max. patri patriae* ist zweifelhaft. Die *sacrosanctitas* bei Dio 5, 3 bedeutete nicht, daß Caesar die *tribunicia potestas* der späteren Kaiser besessen hätte. Darin stimme ich E. HOHL Klio 32 (1939), 71 zu. Aber anders als er (72) denke ich, daß Caesar aus Bequemlichkeit bei Schauspielen lieber ohne Triumphalornat auf der Tribunenbank Platz nahm. HOHL erinnert an die sehr interessante Stelle Suet. Aug. 45, 1, wonach Caesar zum Ärger des Publikums dabei Akten erledigte: *Augustus patrem Caesarem vulgo reprehensum commemorabat, quod inter spectandum epistulis libellisque legendis aut rescribendis vacaret.*

wollen. Die neu antretenden Beamten wurden zum Eid auf seine Regierungsakte verpflichtet, seine künftigen Regierungshandlungen im voraus für gültig erklärt. Alle vier Jahre sollten ihm zu Ehren wie einem Heros Festspiele gegeben, ferner jährlich von Staats wegen für ihn Gelübde dargebracht werden. Der Eid bei seinem *genius* wurde eingeführt, in der altertümlichen Priesterschaft der Luperci („Wolfsabwehrer") eine neue Genossenschaft der Luperci Julii neben den zwei alten der Fabiani und Quinctiales geschaffen. Bei allen Gladiatorenspielen in Rom und Italien sollte ein Tag Caesar geweiht sein[208].

Ein letztes Bündel solcher Ehren wurde an ein und demselben Tage, Ende 45, in Abwesenheit des Dictators[209] — wodurch die Unabhängigkeit des Senats bekundet werden sollte — beschlossen: nämlich für die Schauspiele ein goldener Sessel und ein mit Edelsteinen verzierter Goldkranz. Das Götterbildnis mit seinen Zügen, das in der Zirkusprozession mitgeführt wurde, sollte eine heilige Ruhestatt *(pulvinar)* bekommen wie andere Gottheiten, auf sein Haus sollte ein Giebel gesetzt werden, wie ihn die Tempel trugen. Als *divus* (gleichbedeutend mit *deus)* Julius sollte der neue Gott gemeinsam mit der Clementia in einem eigenen Tempel verehrt werden. Als sein Priester *(flamen)* wurde Antonius bezeichnet. Im Gegensatz zu allen anderen Sterblichen sollte Caesar dermaleinst innerhalb der Stadt beigesetz werden[210].

[208] Cass. Dio 44, 6, 1–4. L. R. Taylor Divin. of the Rom. Emp. 67. Was Dios Ausdruck „wie einem Heros" wiedergibt, ist unklar, vielleicht Divus. L. R. Taylor bemerkt (69), daß Cic. Phil. 2, 110 den Antonius als *flamen Divi Iuli* bezeichnet. Ebenso hat H. Dessau Gesch. d. röm. Kaiserz. I 354, 2 daraus geschlossen, daß Caesar zu seinen Lebzeiten so genannt wurde. L. R. Taylor 268ff. gibt den Wortlaut der Inschriften ILS 73. 73a. 72. 6343 als Zeugnisse, die vielleicht auf die Beschlüsse vor Caesars Ermordung Bezug nehmen. Broughton MRR II 360 hält den Urheber der 73. 73a erwähnten *lex Rufrena* für einen Volkstribunen des Jahres 42. 6343 ist gesetzt *decurioni [be]neficio dei Caesaris* in Nola. Carm. epigr. 964, 2 nennt sich ein Freigelassener von Caesars Gattin Calpurnia: *magnifici coniunx Caesaris illa dei.* Über Lupercalia und Luperci Marbach RE 13, 1816ff. 1834ff. Über die vergoldete *sella curulis* (Suet. 76, 1 *sedem auream.* Cic. Phil. 2, 85 *in sella aurea.* Att. 15, 3, 2 *de sella Caesaris*) Alföldi C. s. Mon. 22. Die Darstellung der Münze R. M. 50 Taf. 14, 10. Zum Ornat der altrömischen Könige Dio 6, 1 gehörte auch der Goldkranz, den einst die etruskischen Könige trugen und mit dem Caesar auf den Münzen des Jahres 44 dargestellt ist. Dies ist die glänzende Entdeckung von K. Kraft, Der goldene Kranz Caesars und der Kampf um die Entlarvung des „Tyrannen" (Jahrb. f. Numism. der Bayer. Numism. Ges. 1953), 20. 35. 73. Am besten zu erkennen auf den vergrößerten Münzbildern bei A. Alföldi The portrait of Caesar, Centennial vol. of the Am. Numism. Society (1958) Taf. 1–6. Sydenham CRR Nr. 1057. 1063. 1089. 1129A. Es ist nicht der Lorbeerkranz, von dem Dio 43, 43, 1. Suet. 45, 2 sprechen (Kraft 13ff.). Dagegen ist hinzunehmen, was Dio 43, 43, 2 berichtet. Caesar habe nach dem Triumph des Jahrs 45 (nicht schon 46, wie U. Wilcken z. Entwicklung d. röm. Dictatur, Abh. Berlin 1940, 20) gelegentlich die hochschäftigen roten Schuhe der Albanischen Könige getragen, mit der Begründung, sie kämen ihm zu als Nachkommen des Aeneassohns Iulus.

[209] Cass. Dio 44, 8, 2.

[210] Cass. Dio 44, 6, 3–7, 1. Nikol. Dam. F 130, 78 verschob das Datum mit bewußt tendenziöser Absicht nach den 15. Februar 44. E. Hohl Klio 34 (1941), 113. Nach Cass. Dio 45, 6, 5. Appian. b. c. 3, 105. Nikol. Dam. F 130, 108 bedeutete der Beschluß über die vergoldete

Diese Vergottungsbeschlüsse ließ der Senat mit goldenen Buchstaben auf silberne Tafeln eingraben, um sie zu Füßen des capitolinischen Juppiters aufzustellen. Nur Cassius und einige Gesinnungsgenossen wagten gegen diese Anträge zu stimmen[211]. Nach ihrer Annahme begaben sich sämtliche Magistrate, an ihrer Spitze die Consuln[212], und ihnen folgend der ganze Senat zu Caesar, der sich eben auf seinem neuangelegten Forum aufhielt. Sie fanden ihn vor dem Tempel der Venus Genetrix sitzend, und so, ohne sich zu erheben, empfing er die vornehmste Körperschaft Roms, die zu feierlicher Mitteilung vor ihm erschien. Vielleicht versuchte er damit seine Herrschergewalt, die ihm allmählich bis zur vollen Anerkennung der in ihm sich manifestierenden Gottheit war übertragen worden, gegenüber allen Untertanen, wes Standes sie sein mochten, zum Ausdruck zu bringen.

Allein dieses Verhalten wurde sowohl von den beteiligten Senatoren als von der zuschauenden Volksmenge durchaus ungünstig aufgenommen, und er hielt es für zweckmäßig, verbreiten zu lassen, er sei von einer plötzlichen körperlichen Schwäche befallen worden[213]. Auch untersagte er seinen Gefolgsleuten, im Senat einen Antrag auf Verleihung des Königstitels vorzubringen, weil darauf der Fluch der Vorväter liege[214]; und was besonders deutlich sprach, er entließ die spanischen Cohorten, die er bisher zum Schutze seiner Person gehalten hatte, ohne sich dafür die vom Senat bewilligte Garde von Senatoren und Rittern zu bilden[215]. So kam immer wieder Unsicherheit über sein eigentliches Vorhaben in die öffentliche Meinung. Indessen tatsächlich strebte er unverkennbar danach, seiner Stellung den kurzen und umfas-

sella und den Goldkranz, daß dieser Stuhl auch aufzustellen war, wenn Caesar nicht persönlich zugegen war. Alföldi C. s. Mon. 76. L. R. Taylor Div. 87. Kraft a. O. 32. Warum Alföldi und Kraft diesen Beschluß erst nach dem 15. Februar ansetzen, sehe ich nicht ein. Auch ist das *pulvinar* (Cic. Phil. 2, 110. Suet. 76, 1) nicht mit der *sella* gleichzusetzen. Der Ausdruck *sellisternium* wird nur für Göttinnen gebraucht (Klotz RE 2A, 1322). Münzen des Jahrs 44 (nach Caesars Tod) mit dem Tempel der Clementia Alföldi 46. Taf. 15, 5–6. L. R. Taylor 69. Sydenham CRR Nr. 1076. [211] Cass. Dio 44, 7, 1. 8, 1.

[212] Plut. 60, 4. Appian. b. c. 2, 445, was in das Jahr 45 weist. Dagegen ersetzt Nikol. F 130, 78 die Consuln durch Antonius. Andererseits nennen die beiden vorgenannten statt des Forum Julium die Rostra.

[213] Cass. Dio 44, 8, 1–4. Liv. per. 116. Eutrop. 6, 25. Suet. 78, 1. Plut. 60, 4–8. Appian. b. c. 2, 445–446. Die Einzelheiten verschieden. Ganz apologetisch Nikol. Dam. F 130, 78–79. Nach Plut. 60, 4–6 soll er geantwortet haben, man sollte die Ehren eher beschränken als vermehren; das habe die Anwesenden nur gereizt und sie hätten sich niedergeschlagen entfernt; darüber betroffen habe er vor den Freunden seinen Hals entblößt und geschrieen, er sei bereit, sich erstechen zu lassen.

[214] Appian. b. c. 2, 444. Cass. Dio 44, 9, 2. Nikol. Dam. F 130, 80 wohl unabhängig von der appianischen Überlieferung.

[215] Cass. Dio 44, 7, 4. Appian. b. c. 2, 444. 455. 498. Suet. 86, 1. Nikol. Dam. F 130, 80. Vell. 2, 57, 1. Vgl. Cic. Phil. 2, 108 Caesar und Antonius vergleichend: *erant fortasse gladii, sed absconditi nec ita multi.* 5, 17. 13, 18 *Caesare dominante veniebamus in senatum, si non libere, at tamen tuto. hoc archipirata — quid enim dicam tyranno — haec subsellia ab Ityraeis occupabantur.*

senden Namen zu geben. Die in verschiedenen Ehrungen begegnenden Hinweise auf Romulus-Quirinus und die alten Könige bekunden zum mindesten, daß er keinerlei Scheu hegte, immer wieder an das verfemte Königtum zu erinnern. Seit 45 trug er bei feierlichen Gelegenheiten auch hochschäftige rote Schuhe, die sich von der ähnlichen Fußbekleidung der patricischen Senatoren, den *mullei*, unterschieden und von denen er erklärte, sie gehörten zur Tracht der alten albanischen Könige und kämen ihm zu als deren Nachkommen[216]. Ebenso rückte ihn die neugeschaffene Genossenschaft der Luperci in die Nähe der sagenhaften Stadtgründer, mochte man sich für Euander oder Romulus als den Stifter der alten Priesterschaft entscheiden[217]. Wenn er sich die Ehrungen auch nicht geradezu bestellte und manches davon nicht annahm, so waren ihm zweifellos solche Beziehungen zur römischen Königszeit erwünscht, und eine rührige Agitation[218] arbeitete unablässig darauf hin, das Volk zu einer entsprechenden Kundgebung fortzureißen, deren überwältigendem Eindruck sich niemand mehr entziehen sollte.

Eines Tages fand man die eine Caesarstatue auf der Rednerbühne mit dem Diadem geschmückt. Diese Herrscherbinde war seit Alexander dem Großen das Wahrzeichen der hellenistischen Monarchie, aber den damaligen Römern bereits so geläufig, daß sie auch ihre Könige damit abbildeten[219]. Jedoch sofort ließen sie die Volkstribunen Gaius Epidius Marullus und Lucius Caesetius Flavus abnehmen mit der Erklärung, Caesar bedürfe solcher Veranstaltungen nicht[220]. Als er bald darauf, am 26. Januar, wie beschlossen, zu Pferde

216 o. Anm. 208. Mommsen R. St. R. III 888ff. 217 Marbach RE 13, 1818.

218 Cass. Dio 44, 9, 1 berichtet, sie sei von feindlicher Seite ausgegangen. In diesem Fall trifft wohl Nikol. Dam. F 130, 67 das richtigere, wenn er sagt, eine Mehrheit des Senats habe ihm mit den überschwenglichen Ehrungen einen Gefallen tun wollen, nur einige hätten es in der Absicht getan, ihn verhaßt zu machen. Wie Jacoby Komm. S. 265 betont, liegt bei Nikolaos die Selbstbiographie des Augustus zu Grunde. Antonius beschuldigte im April 43 Cicero, er habe Caesar tückisch getäuscht (Phil. 13, 40. 41). Dagegen warf M. Brutus etwas später dem Senat und Cicero *imbecillitas* und *desperatio* vor, die *Caesarem in cupiditatem regni impulit* (bei Cic. ad Brut. 1, 16, 3). Cicero wies den Vorwurf des Antonius gewiß mit Recht zurück, RE 7A, 1024. Ed. Meyer Caesars Mon. 510. Die o. Anm. 214 angeführte Stelle Appians ist an und für sich kein unbedingt zuverlässiges Zeugnis und, wenn Caesar so den Königstitel ablehnte, konnten eifrige Anhänger doch meinen, es sei ihm nicht ganz ernst damit, da er bereits die ganze altrömische Königstracht angenommen hatte. Nachdem ich früher (auch „vom römischen Staat" 1943, I 126) anderer Ansicht war, haben mich inzwischen K. Krafts eindringliche Darlegungen überzeugt, daß ein „Griff nach Diadem und Rex-Titel von Caesars Seite heller politischer Wahnsinn gewesen wäre" (der goldene Kranz 45). Diese Überlegung spricht für die innere Wahrscheinlichkeit der durch Appian vermittelten Überlieferung. Vgl. Mommsen R. G. III 486. L. Pareti Stor. di Roma IV (1955), 344.

219 Sydenham CRR 713B Numa und Ancus Marcius. 1032 Numa. Kraft Taf. 3, 6–8. 15; dagegen Taf. 3, 7 Numa auf einer Gemme mit dem Goldkranz, dazu S. 38.

220 Cass. Dio 44, 9, 1–3. Appian. b. c. 2, 449. Zeitlich auf den 26. Januar verschoben bei Suet. 79, 1. Plut. 61, 8. Nach Dio hat sich Caesar über die Volkstribunen geärgert, aber nichts gesagt. Anders Nikol. Dam. F 130, 69.

vom Albanerberg nach Rom zurückkehrte[221], begrüßten ihn einige Zuschauer als König. Er anwortete sofort, er heiße nicht „Rex“ (Beiname eines Zweigs der Marcii), sondern „Caesar“; die erwähnten Volkstribunen aber ließen den, der zuerst gerufen hatte, unter Zustimmung des Publikums durch ihre Amtsdiener abführen, um ihn vor dem Volksgericht abzuurteilen[222]. Nun machte Caesar aus der Mißbilligung ihres Verhaltens, das nur gemeine Hetze sei, kein Hehl mehr. Die Beiden antworteten mit einem Edict, die Freiheit ihrer Amtsführung sei gefährdet. Da konnte er sich nicht mehr länger halten. Er berief den Senat ein und erklärte, er befinde sich in der elenden Lage, daß er entweder gegen seine Natur handeln oder die Minderung seiner Würde erleiden müsse[223]. Weil er selbst auf die Todesstrafe verzichtete, beschloß der Senat, es seien die beiden Volkstribunen abzusetzen und von der Senatsliste zu streichen[224]. Darauf ließ der Volkstribun Helvius Cinna, der als Freund Catulls bekannte Dichter[225], zwei neue Volkstribunen nachwählen, und Caesar strich die beiden Namen von der Senatsliste[226]. Er ging sogar so weit, vom Vater Caesetius die Enterbung des Sohnes zu fordern, ließ sich jedoch eine ablehnende Antwort gefallen[227].

Es ist verständlich, daß er es seiner Stellung schuldig zu sein glaubte, eine solche herausfordernde Opposition nach längerer Duldung mit Entschiedenheit niederzuschlagen. Aber der Vorfall beleuchtet grell sein Verhältnis zur römischen Republik. Er, der angeblich zum Schutze des vergewaltigten Volkstribunats in den Bürgerkrieg eingetreten war, mußte sich, wie schon einmal im Jahre 49, mit einer Brutalität über die tribunicische Unverletzlichkeit hinwegsetzen, die seine Gegner nie gewagt hatten. Als etwas später die Wahlen für die Consuln von 42 stattfanden, wurden einige Stimmen mit den Namen der abgesetzten Tribunen abgegeben, ein stummer, aber eindrucksvoller Protest gegen die Zertretung der alten Volksrechte[228].

Caesar ging seinen Weg weiter. Er übernahm die Dictatur auf Lebenszeit. In einer Urkunde vom 9. Februar 44 wird er bezeichnet als Dictator zum vierten, Consul zum fünften Male, designierter Dictator auf Lebenszeit[229], woraus zu schließen ist, daß er nach dem Beschluß über die lebens-

221 Act. triumph. CIL I² S. 50. *C. Iulius C. f. C. n. Caesar dict. IV ovans. . . . ex monte Albano VII K. Febr.*

222 Cass. Dio 44, 10, 1. Suet. 79, 2. Appian. b. c. 2, 450. Die schlagfertige Antwort ist kein „schlechter Witz“, wie Ed. Meyer C. s Mon. 519 meinte.

223 Vell. 2, 68, 3.

224 Cic. Phil. 13, 31. Cass. Dio 44, 10, 3.

225 Plut. Brut. 20, 8. Es liegt kein Grund vor, ποιητικός zu streichen. F. von der Mühll RE 8, 226. Broughton MRR II 324. R. Syme R. R. 79.

226 Cass. Dio 44, 10, 3. Vell. 2, 68, 3. Suet. 79, 1. Nikol. Dam. F 130, 69. Plut. 61, 10. Appian. b. c. 2, 452. 575. Liv. per. 116. Obseq. 70.

227 Val. Max. 5, 7, 2.

228 Suet. 80, 3. Cass. Dio 44, 11, 4. Nikol. Dam. F 130, 77.

229 Am 11. April 44 wurde auf Antrag der Consuln M. Antonius und P. Dolabella ein Senatsbeschluß betreffend den Hohenpriester Hyrkanos (Jos. ant. 14, 211–212), den Caesar am

längliche Dictatur noch geraume Zeit zögerte, von dieser Ermächtigung Gebrauch zu machen. Am 15. Februar führte er offiziell den Titel des *dictator perpetuus;* das wird von Cicero ausdrücklich bezeugt[230]. *Dictator perpetuus,* ein neuer und mit der republikanischen Verfassung unvereinbarer Begriff, bedeutete staatsrechtlich im wesentlichen dasselbe wir *rex,* vermied aber dieses verhaßte Wort[231]. Den Republikanern zerstörte er endgültig die Hoffnung, Caesar könnte vielleicht nach Abschluß seines Gesetzgebungswerks doch noch wie Sulla zurücktreten, und Titus Ampius Balbus wußte zu berichten, er habe einmal in voller Öffentlichkeit erklärt, Sulla sei ein Analphabet gewesen, weil er die Dictatur niedergelegt habe[232]. Mochte Caesar selbst die monarchische Stellung, wie sie allmählich in einer Folge sich jeweils übersteigernder Beschlüsse aufgebaut worden, für genügend halten, so wollte doch das Gerede, er wünsche eigentlich mehr, nicht verstummen. Am Lupercalienfest, am 15. Februar, zeigte er sich zum ersten Mal öffentlich im Prunk der ihm verliehenen altrömisch-königlichen Amtstracht. Angetan mit der Purpurtoga und dem goldenen Kranz, auf dem vergoldeten Stuhl sah er von der Rednerbühne aus zu, wie die Luperci nackt, nur ein Ziegenfell um die Hüfte geschlungen, nach uralter Weise den Palatin umliefen. Als die Genossen das Forum erreichten, löste sich der Consul Marcus Antonius, der als ihr Führer *(magister),* zu ihnen gehörte[233], aus der Schar, stieg zu Caesar auf die Rednerbühne und setzte ihm ein Diadem auf. Doch Caesar nahm es unter dem Beifall des Volks herunter, befahl mit den Worten, König der Rö-

9. Februar vorgelegt hatte, bestätigt (Jos. ant. 14, 219–222). Schon L. LANGE R. A. III 481 hat das erkannt. HOHL Klio 34, 117. ALFÖLDI C.s Mon. 16. Caesars Amtsgewalt wird im Praescript (Jos. ant. 14, 211) angegeben. Erst am Ende des bestätigenden Senatsbeschlusses vom April wird das Datum des 9. Februar erwähnt (Jos. 14, 222). S. o. Anm. 69. Fast. Cap. CIL I² S. 28 z. Jahr 44 *C. Iulius C. f. C. n. Caes[a]r IIII abd. [dictator].* Fast. Amit. CIL I² S. 61 *C. Caes[a]r dict. [in p]er[p]etuum.*

[230] Phil. 2, 87. Wie o. Anm. 19 angeführt, glaubt ALFÖLDI auf Grund der Reihenfolge der 4 Münzmeister des Jahres 44 das Datum auf den 1. März hinabrücken zu müssen. Gleichgültig, wie es sich mit der Deutung des Exemplars einer Münze des Jahrs 44 verhält, auf der ALFÖLDI ein Diadem erkennt, kann ich mich nicht über Ciceros Zeugnis hinwegsetzen. Abbildungen dieser Münze mit *dict. quart.* bei ALFÖLDI a. O. 83, stark vergrößert zu Taf. 2, 5 und 6. SYDENHAM CRR die Münzen mit *dict. quart.* und *dict. perpetuo* oder *im per.* S. 177–178. Abb. Taf. 28, 1057. 1063.

[231] Cic. Phil. 1, 3 von Antonius im April 44 (RE 7A, 1033): *dictaturam, quae iam vim regiae potestatis obsederat, funditus ex re publica sustulit.* 4 *propter perpetuae dictaturae recentem memoriam.* 32. 2, 91. Appian. b. c. 2, 463.

[232] Suet. 77. Cass. Dio 44, 8, 4 betont, wie verhängnisvoll es war, daß Caesar die Dictatur auf Lebenszeit nicht ablehnte. Ebenso Flor. 2, 13, 91. Merkwürdigerweise hat MOMMSEN R. G. III 479 diese Dictatur nicht nach ihrer Bedeutung gewürdigt. Er meint 486, Caesar habe sich „das Wesen des Königtums unter dem Imperatortitel" aneignen wollen. Cic. Phil. 2, 86 sagt vom *dictator perpetuus : iure interfectum esse,* obwohl er das Diadem (*regni insigne* Phil. 3, 12) zurückwies. M. Brutus im August 44 an M. Antonius (bei Cic. fam. 11, 3, 4), er möge bedenken, wie kurz Caesar König war, *quam non diu regnavit fac cogites.*

[233] Cass. Dio 46, 5, 2.

mer sei Juppiter optimus maximus allein, es in den capitolinischen Tempel zu bringen, und ließ in den Staatskalender zum Lupercalienfest eintragen, der *dictator perpetuus* Caesar habe das ihm auf Befehl des Volks durch den Consul Marcus Antonius übertragene Königtum nicht angenommen[234].

Die Hintergründe dieser Szene liegen für uns im Dunkel, doch fällt es schwer, an eine bloße Improvisation des Antonius zu glauben. Was Caesar tat, wissen wir. Daraus wäre zu schließen, daß er durch eine offizielle Ablehnung dem Gerede ein Ende machen wollte. Cicero ging am 20. März 43 so weit, zu behaupten, Antonius sei wegen dieses Auftritts sein eigentlicher Mörder geworden[235]. Böswillige konnten sagen, Caesar habe nur verzichtet, weil der Beifall des Volks ausblieb[236]. An Ciceros Behauptung ist gewiß richtig, daß jetzt im Kreis der Senatoren, denen die Optimatenrepublik Herzenssache war, der Entschluß reifte, der Tyrann müsse beseitigt werden. Darum gediehen nun erst recht Gerüchte, die ein solches Unternehmen rechtfertigen konnten.

Den Dictator selbst beschäftigte vor allem der Partherkrieg. Wir erinnern uns, daß um die Jahreswende 45/44 Pakoros, der Sohn des Partherkönigs, mit großem Heer dem Rebellen Caecilius Bassus, der in Apamea belagert wurde, Hilfe brachte und Caesars Legaten Antistius Vetus zurückschlug[237]. Caesar plante, im ganzen 16 Legionen und 10 000 Reiter zu versammeln[238], davon waren schon 6 Legionen mit vielen Auxilien über die Adria gegangen und standen in der Gegend von Apollonia bereit[239]. Caesar selbst wollte am 18. März nachfolgen[240] und gedachte zunächst, mit ihnen im Norden der Provinz Makedonien Ordnung zu schaffen[241]. Dort hatte der

[234] So schildert Cicero die Szene, der er vielleicht als Augenzeuge beiwohnte (RE 7A, 1029), Phil. 2, 85–87. 87 *adscribi iussit* (von Antonius gesagt) *in fastis ad Lupercalia C. Caesari dictatori perpetuo M. Antonium consulem populi iussu regnum detulisse, Caesarem uti noluisse*. Phil. 3, 12. 5, 38. 10, 7. 13, 17; 31; 41. Caesars Ausspruch bei Cass. Dio 44, 11, 3. Sein Bericht 11, 1–3 stimmt im übrigen mit Cicero überein. Val. Max. 1, 6, 13 hebt besonders hervor, daß er den königlichen Ornat trug, um den Senat, der ihn verliehen hatte, nicht zu verletzen. Suet. 79, 2. Liv. per. 116 *diadema capite suo impositum in sella reposuit* von E. Hohl Klio 34, 104 plausibel emendiert *in cella [Iovis] reposuit*. Cic. divin. 1, 119 *illo die, quo primum in sella aurea sedit et cum purpura vesti processit*. Die übrigen Berichte, Plut. Caes. 61, 4–7. Ant. 12, 1–6. Appian. b. c. 2, 456–458. Flor. 2, 13, 91. Vell. 2, 56, 4 sind weniger genau. Ganz abweichend Nikol. Dam. F 130, 71–75, der die Szene im Stil ‚tragischer' Geschichtsschreibung ausmalte, u. a. die spätern Mörder C. Cassius und P. Casca mitwirken läßt. Dazu Hohl Klio 34, 95ff.

[235] Phil. 13, 41 *deceptum autem Caesarem a me dicere audes? tu, tu, inquam, illum occidisti Lupercalibus*. Dagegen läßt Dio (46, 17, 5; 7. 19, 1; 4–7) den Q. Fufius Calenus antworten, Antonius habe Caesar damit von seinem unglücklichen, durch den Senatsbeschluß über die Königstracht verschuldeten Begehren abgebracht. Vgl. K. Kraft 55f.

[236] Plut. 61, 6. Cass. Dio 44, 11, 3. Nikol. Dam. F 130, 73.

[237] O. Anm. 165. Dazu noch D. Brutus im April 44 bei Cic. fam. 11, 1, 4.

[238] Appian. b. c. 2, 460. [239] Appian. b. c. 3, 92. Nikol. Dam. F 130, 41. Suet. Aug. 8, 2.

[240] Appian. b. c. 2, 462. 476. [241] Appian. b. c. 2, 459. 3, 93. Suet. 44, 3.

Dakerkönig Burebista im Bunde mit dem Propheten Dekaineos in den letzten Jahren seine Herrschaft weit über das Heimatland (Rumänien und Ungarn) hinaus vorgeschoben, im Süden der Donau über Illyrier und Thraker; auch die römische Provinz war schon heimgesucht worden. Dionysopolis (Baltschik in der Dobrudscha) war ihm untertänig, und als Pompeius nach dem Sieg bei Dyrrhachion nach Thessalien zog, ließ er ihn durch einen Bürger dieser Stadt begrüßen[242]. Caesar kannte diese Verhältnisse schon von Illyricum her. War hier die Grenze gesichert, so hatte er vor, den Angriff auf das Partherreich von Armenien aus zu führen. Des weitern verlautete, daß er den Rückweg dem Kaspischen Meer entlang um den Kaukasus herum durch Südrußland und dann vielleicht dem Lauf der Donau folgend nach Gallien nehmen wolle. Schon seit dem Mithradatischen Krieg des Pompeius sprach man von der römischen Herrschaft über den Erdkreis. Da war es denn nicht utopisch, wenn Caesar, der bis Britannien vorgestoßen war, sich zutraute, auch im Norden den Anspruch zu verwirklichen[243]. Er hoffte, es in drei Jahren zu schaffen.

Unter dem Eindruck dieser Rüstungen fand ein Gerücht Glauben, man habe einen sibyllinischen Spruch entdeckt, wonach die Parther nur von einem König besiegt werden könnten, Lucius Cotta vom Collegium der 15 Orakelhüter und Orakeldeuter, der Vetter von Caesars Mutter, werde am 15. März deshalb im Senat den Antrag stellen, den Dictator zum König zu erklären; doch, so hieß es, das solle nur für die Provinzen gelten, nicht für Rom[244].

[242] Jordan. 11. Pomp. Trog. prol. 32. Strab. 7, 298. 304. 16, 762. DITTENBERGER Syll. 762, 21–36. Suet. 44, 3.

[243] Plut. 58, 6–7. Wenn Nikol. Dam. F 130, 95 neben den Parthern die Inder nennt, so ist das so wenig ernst zu nehmen, wie wenn Horaz c. 1, 12, 56 von der Unterwerfung der Serer und Inder singt. Vgl. 4, 14, 42, oder Vergil Aen. 6, 794 *super Garamantas et Indos*. Ich halte für irreführend, wenn ED. MEYER C.s Mon. 466 schrieb: „Die Monarchie Caesars ist ihrer Idee nach die Wiederaufnahme und volle Durchführung der Weltmonarchie Alexanders: die Welteroberung im vollsten Sinn des Worts, ist ihre Voraussetzung und ihre Rechtfertigung". Pompeius wollte freilich als ein neuer Alexander gelten (mein ‚Pompeius'² 124ff.). Der *dictator perpetuus* bedurfte nicht des Diadems. Von ihm könnte man wohl sagen, daß er vollenden wollte, was die bisherige römische Geschichte hervorgebracht hatte, den römischen *orbis terrarum*. Vgl. J. VOGT Vom Reichsgedanken der Römer (1942), 65. 178ff. Wir wissen nicht, wie weit er die Parther zurückdrängen wollte, vielleicht so, wie später Traian und Septimius Severus. Der Plan für den Rückmarsch zeigt, daß er nicht das Partherreich zu erobern vor hatte. Freilich, darin hat H. STRASBURGER H. Z. 175, 255 Recht, er hat niemals einen derartigen Gedanken ausgesprochen. Wie ich (Vom röm. Staat I 37) bemerkte, überließ er es Cicero, die raumpolitische Bedeutung der Eroberung Galliens zu würdigen und hatte ja sicherlich sein Proconsulat nicht mit einem solchen Programm übernommen. Seine Art war, zu handeln, wie es die jeweilige Situation nach seiner Ansicht forderte. Doch das geschah mit einem untrüglichen Instinkt für die römische Überlieferung und mit einer Wirkung, die der damit vorgezeichneten Richtung auf Vollendung des bisher Erreichten entsprach.

[244] Cic. divin. 2, 110 sagt von Cotta *falsa quadam hominum fama dicturus in senatu putabatur; eum, quem re vera regem habebamus, appellandum quoque esse regem, si salvi esse vellemus.* Darüber richtig

Ferner ging ein Geschwätz um, Caesar wolle seine Residenz — der Kleopatra zu Liebe — nach Alexandria oder — wegen seiner Abstammung — nach Ilion verlegen[245]. Nicht besser steht es um die Geschichte, der Volkstribun Helvius Cinna habe erzählt, daß er ein Gesetz vorbereitet habe, das nach Caesars Abreise vorgelegt werden sollte, wonach es Caesar freigestanden hätte, zur Gewinnung von Nachkommen mehrere Ehefrauen zu haben. So etwas nachträglich zum Hohn auf Kleopatra und ihr Söhnchen[246] zu erfinden war leicht; denn der eifrige Caesarianer Cinna wurde nach der Leichenfeier am 20. März von der tobenden Menge umgebracht, weil sie ihn mit dem Praetor Cornelius Cinna verwechselte[247].

Die Stimmung wurde schwül. Caesar verhehlte sich nicht mehr, daß die Kluft, die ihn von den Römern alten Stils trennte, unüberbrückbar geworden sei. Schon in dem erwähnten Brief vom 19. Dezember 45 hebt Cicero hervor[248], es sei bei Tische viel über literarische Fragen gesprochen worden, dagegen über Politik kein Wort. Voran aber geht die Bemerkung „Kein Gast, dem man sagt: bitte, kehr auf dem Rückweg wieder bei mir ein!" Kurz vor dem 15. März begab sich Cicero in das Haus des Herrschers, um für einen Freund eine Bitte vorzutragen, mußte aber lange warten, bis er Zutritt fand. Dies bemerkte Caesar und äußerte sich nach Matius' Zeugnis folgendermaßen: „Soll ich bezweifeln, daß ich äußerst verhaßt bin, da Marcus Cicero sitzt und mich nicht nach seinem Belieben sprechen kann? Und wenn einer leicht zu gewinnen ist, so ist er es. Dennoch bezweifle ich nicht, daß er mich bitter haßt." [249]

Solcher Haß und tiefster Grimm über den Untergang der alten Optimatenoligarchie und ihrer Freiheit führte in diesen Tagen rund sechzig Männer zusammen im Willen, den Tyrannen zu töten, wie es die ungeschriebene Verfassung der Republik von jedem Römer als Bürgerpflicht verlangte. Diese stand höher als der Treueid, den sie Caesar vor kurzem geleistet, seitdem er durch die Annahme der lebenslänglichen Dictatur die letzte Hülle hatte fallen lassen. In den damals geläufigen Bearbeitungen der Stadtchronik las man, daß Romulus von den Senatoren in der Sitzung getötet wurde, weil er vom verfassungsmäßigen König zum Tyrannen entartet sei[250]; daß ferner wegen solcher Entartung unter Tarquinius Superbus das Königtum endgültig gestürzt wurde, und daß das damalige römische Volk für sich

Holmes III 336, 4 gegen Ed. Meyer 522, 1. Weiter K. Kraft 56. Cass. Dio 44, 15, 3. Suet. 79, 4. Plut. 60, 2. 64, 3. Appian. b. c. 2, 461 mit dem Zusatz, Caesar habe es sich verbeten.

[245] Suet. 79, 4. Nikol. Dam. F 130, 68.

[246] Vgl. o. Anm. 56.

[247] Suet. 52, 3. 85. Cass. Dio 44, 7, 3. Plut. Caes. 68, 3–6. Brut. 20, 8–11. Appian. b. c. 2, 613. Cass. Dio 44, 50, 4. 46, 49, 2. Val. Max. 9, 9, 1. Shakespeare hat in seinem Caesar III 9 das klägliche Ende ‚Cinnas des Poeten' köstlich dramatisiert.

[248] Att. 13, 52.

[249] Att. 14, 1, 2. 2, 3.

[250] Liv. 1, 16, 4. Dionys. Hal. 2, 56. Plut. Rom. 27, 6. Val. Max. 5, 3, 1. Appian. b. c. 2, 476.

und seine Nachkommen den heiligen Eid leistete, niemals mehr einen römischen König zu dulden[251]. Die Häupter des Einverständnisses — von einer „Verschwörung“ kann nicht gesprochen werden, weil die Teilnehmer es ausdrücklich verschmähten, ihre Vaterlandsliebe mit einem Eid zu bekräftigen[252] — waren Quintus Caepio Brutus, sein Schwager Gaius Cassius, Decimus Brutus, Gaius Trebonius, die beiden ersten damals Praetoren mit der Aussicht, im Jahre 41 Consuln zu werden, der dritte designierter Consul von 42, der vierte Consular von 45, also sämtlich Politiker, die Caesars höchste Gunst genossen[253]. Die anderen Teilnehmer waren von geringerem Rang und geringerer Bedeutung, aber alle entschlossene Männer, kein Verräter in ihrer Mitte. Wie die Häupter entstammten sie beiden Lagern des Bürgerkrieges. Es war Caepio Brutus' Verdienst, daß das Unternehmen durch Beschränkung auf die Ermordung Caesars allein zu einer streng republikanischen Notwehrhandlung geadelt wurde. Nachdem andere Vorschläge verworfen waren, einigte man sich auf die für den 15. März anberaumte Senatssitzung. Der geplante Tyrannenmord wurde dadurch zu einer Wiederholung des seinerzeit an Romulus vollzogenen Gerichts, und man durfte hoffen, daß dann der Senat sogleich in der Lage sein werde, das Regiment wieder zu übernehmen[254].

Obwohl von seiten der Mitwisser unmittelbar nichts durchsickerte, steht fest, daß Caesar gewarnt wurde. Abgesehen von den unheilverkündenden Vorzeichen, welchen die antiken Erzähler große Bedeutung zumessen[255], redeten ihm die wenigen aufrichtig ergebenen Gefolgleute, wie Hirtius und

[251] Cic. re p. 1, 62. 2, 45–47. Liv. 2, 1, 9. Dionys. Hal. 4, 73. 5, 1. 11, 41. Appian. b. c. 2, 499. 4, 382. Die Zahl der Caesarmörder Eutrop. 6, 25. Oros. 6, 17, 2 wohl nach Livius. Namentlich bekannt sind 16 (Groebe RE 10, 255). Da in der romanhaften Caesarbiographie von Gérard Walter (deutsche Übersetzung 1955) 555 der von einem Sklaven geplante Giftmord in diese Zeit verlegt wird, sei bemerkt, daß diese von Suet. 74, 1 überlieferte Geschichte nach dem Zusammenhang in viel frühere Zeit, etwa 63, 62, 59, gehören dürfte. Die neuesten Beiträge zu Caesars Ermordung John H. Collins Caesar and the Corruption of Power, Historia 4 (1955), 455ff. und J. P. V. Balsdon The Ides of March, Historia 7 (1958). 80ff. geben beide trefflich Auskunft über die ungeheure moderne Literatur: *quot homines tot sententiae*. Meine *sententia* gebe ich in diesem Buch ab.

[252] Plut. Brut. 12, 8. Appian. b. c. 2, 475.

[253] Cic. Phil. 2, 26–27. Nikol. Dam. F 130, 66. Cass. Dio 44, 14, 3–4.

[254] Cass. Dio 44, 15, 4 berichtet, man habe den 15. März gewählt wegen des Gerüchts, es solle über den sibyllinischen Spruch beschlossen werden. In Wirklichkeit wollte Caesar darüber verhandeln, daß Antonius als Augur Einspruch erhoben hatte, als Dolabella an Stelle des Dictators zum Consul 44 gewählt werden sollte (Cic. Phil. 2, 83. 88). Suet. 80, 4. Nikol. Dam. F 130, 81. Daß Brutus dem Antonius das Leben rettete, wurde von Cicero immer wieder getadelt (ad. Brut. 2, 5, 1. 1, 4, 2. besonders Att. 14, 21, 3 am 11. Mai 44 *acta enim illa res est animo virili, consilio puerili. qui enim hoc non vidit regni heredem relictum?* 15, 4, 2 am 24. Mai *animis enim usi sumus virilibus, consiliis, mihi credes, puerilibus. excisa enim est arbor, non evulsa, itaque quam fruticetur vides.* 11, 2. Plut. Brut. 18, 4. Weiteres RE 10, 990. 7A, 1032.

[255] Plut. 63, 1–6. Suet. 81, 1–2. Cass. Dio 44, 17, 1. 18, 4. Appian. b. c. 2, 619. Val. Max. 1 ,6, 13. 8, 11, 2. Vell. 2, 57, 1. Obseq. 67

Pansa, zu, sich wieder durch eine Leibgarde von spanischen Cohorten zu sichern. Er lehnte jedoch ab mit Wendungen wie, es gebe nichts Unglücklicheres als eine ständige Wache, sie sei ein Zeichen immerwährender Angst, oder, einmal sterben sei besser als immerzu gewärtig sein[256]. Am Abend des 14. März war er Gast seines *magister equitum* Lepidus. Da äußerte er ähnlich, der angenehmste Tod sei der plötzliche und unerwartete[257].

Bei dieser Haltung ist zu bedenken, daß Caesar am 18. März zur Armee abgehen wollte. Im Hauptquartier, wo unter anderen Bedingungen Politik gemacht wurde, hatte der peinliche Bruch mit den altrömischen Senatoren nichts mehr zu bedeuten, die unerfreuliche Episode konnte durch neue Tatsachen überwunden werden. Andererseits bereitete die schwankende Gesundheit auf ein plötzliches Ende vor. Er litt seit einiger Zeit häufiger unter Schwindel, die antiken Autoren sprechen teilweise von epileptischen Anfällen[258]. Die pausenlosen körperlichen und seelischen Anstrengungen, die er sich seit seinem Consulat zumutete, waren auch an seiner starken Konstitution nicht spurlos vorbeigegangen. Die besten Münzbildnisse des Jahrs 44 zeigen einen gealterten Mann[259], ähnlich wie der einundfünfzigjährige Friedrich der Große aus dem siebenjährigen Krieg als der „alte Fritz" zurückkehrte. Sein Haupt war kahl, und es wird versichert, daß ihm das Recht, überall den Lorbeerkranz zu tragen, darum besonders willkommen gewesen sei, weil es ihm gestattete, die Glatze zu verdecken[260]. So hätte ein plötz-

256 Vell. 2, 57, 1. Suet. 86, 2. 87. Appian. b. c. 2, 455.

257 Suet. 87. Plut. 63, 7 mit der Bemerkung, Caesar habe nach seiner Gewohnheit auch auf dem Speisesofa Briefe „unterschrieben" (d. h. mit einer eigenhändigen Grußformel wie *vale* unterzeichnet) und dann, als die Frage gestellt wurde, ganz rasch seinen Ausspruch getan. Anders Appian. b. c. 2, 479.

258 Das erste Mal erwähnt Plut. 17, 3 einen derartigen Ohnmachtsanfall 49 in Corduba, dann 53, 6 während der Schlacht bei Thapsus (o. S. 248, Anm. 349), bestätigend Suet. 45, 1 *comitiali quoque morbo bis inter res agendas correptus est.* Vorher: Caesar sei gewesen *valitudine prospera, nisi quod tempore extremo repente animo linqui atque etiam per somnum exterreri solebat.* 86, 1. Cass. Dio 43, 32, 7 berichtet von einer Krankheit während des spanischen Feldzugs 45. Sonstige Erwähnungen Nikol. Dam. F 130, 83. Appian. b. c. 2, 459. Ein besonders sachkundiger Mediziner, der sich eingehend mit Caesars Krankheit beschäftigte, kam zum Schluß, es sei zweifelhaft, ob man nach 2000 Jahren noch eine Diagnose stellen könne. Die Quellen wissen nichts davon, daß Krankheit die Lebensenergie Caesars beeinträchtigt hätte, wie L. Lange R. A. III 466 schloß. G. Ferrero Grandezza e Decadenza di Roma II 468 steigerte es zu „decadenza intelletuale". Dagegen Ed. Meyer C.s Mon. 459ff. Collins Historia 4, 461.

259 Die 6 besten in Vergrößerungen dargeboten und gewürdigt von A. Alföldi Antike Kunst 2 (1959), 27ff. Dazu tritt der in diesem Buch als Titelbild gebotene Caesarkopf im Museum von Turin, 1825 in Tusculum gefunden, aber erst 1943 von M. Borda wieder entdeckt. Darüber Erika Simon Archäol. Anzeiger 1952, 125ff. mit Abb. S. 126 und 127. Sie vertritt S. 134 die Ansicht, es sei (abgesehen von den Münzen) das einzige zeitgenössische Bildnis. S. 138ff. würdigt sie noch das Porträt im Museo Torlonia (Abb. S. 134), dessen Leidensausdruck auf Entstehung bald nach dem 15. März deute.

260 Suet. 45, 2. Cass. Dio 43, 43, 1.

licher Tod nicht überrascht[261], und schließlich stehen die erwähnten Worte in naher Beziehung zu Gedankengängen, welche uns in Caesars erhaltenen Schriften entgegentreten und welche augenscheinlich überhaupt großen Einfluß ausübten auf seine Entscheidungen. Er hielt persönlich nichts von der römischen Religion, nutzte sie nur als politisches Mittel. Als ihm in den letzten Wochen sein Eingeweideschauer Unglück weissagte, antwortete er, es werde gut kommen, da er es wolle; man dürfe es nicht für ein Wunderzeichen nehmen, wenn einem Schaf das Herz fehle, vor der Schlacht von Munda habe sich das auch ereignet[262]. Er hielt sich auch nicht, wie viele Gebildete seiner Zeit, zu einer philosophischen Lehre; aber er glaubte an die geheimnisvolle Wirksamkeit des Glücks *(fortuna, τύχη).* Vom Walten dieser Macht fühlte er sich und alles menschliche Tun abhängig: „Das Glück vermag in allen Dingen das meiste, vorzüglich aber im Krieg. Durch kleine Gewichtsverschiebungen bewirkt es die großen Umschwünge der Verhältnisse." So spricht er sich verschiedentlich aus in seinen Werken[263]. Darum kam ihm beim Rubiconübergang das Zitat auf die Lippen: „Hoch fliege der Würfel." Aber er fühlte sich auch vom Glück begünstigt und war weiter der Ansicht, daß durch rechtzeitiges Ergreifen seiner Gaben seine Gunst gewonnen werde, daß es aber andererseits nicht mutwillig versucht werden dürfe[264].

Dieser Glaube war unter den damaligen Gebildeten weit verbreitet, beruhte jedoch bei Caesar offenbar zumeist auf seinen eigensten Lebenserfahrungen. Denn er hatte in der Tat — was seiner Genialität nicht Abbruch tut — in seinem Leben erstaunlich viel Glück: er entrann der Sullanischen Schrekkenszeit, in den nächsten Jahren setzte er gegen Seeräuber und im Kriegsdienst wiederholt sein Leben ein, in den Catilinarischen Wirren war er in Lebensgefahr, und gar in den darauffolgenden Kriegsjahren stand sein und seines Heeres Schicksal oft auf des Messers Schneide. Aber nicht nur um einzelne Krisen handelte es sich, seine politische Stellung war bis zum Endsieg stets schwer bedroht. Wer nur die materiellen Kräfte abwog, konnte durchaus nicht Caesars Sieg herausrechnen. Und selbst, wer sein militärisches und politisches Genie richtig würdigte, mußte zweifeln, ob damit die Übermacht auf der Gegenseite überwunden werden könne. Menschliches Wissen vermag in solchen Fällen die Entscheidung nicht vorauszusagen; der fromme Mensch wird im Gang der Geschichte die Hand Gottes erkennen. Caesar dagegen gehörte zu denen, die vom Glück oder Zufall *(fortuna, τύχη* bedeutet beides) reden. Aber diesem Glauben und seinem Charakter gemäß wagte er und gewann, und das bestärkte ihn wiederum in seinem Glauben.

[261] In der Enttäuschung über die Folgen von Caesars Ermordung schrieb Cicero am 24. Mai 44 (Att. 15, 4, 3): *me Idus Martiae non delectant. Ille* (Caesar) *numquam revertisset* (aus dem Partherkrieg).

[262] Suet. 77. Appian. b. c. 2, 488. Cic. divin. 1, 119. 2, 37. Plut. 63, 3. Plin. n. h. 11, 186.

[263] o. S. 177, Anm. 401. S. 217, Anm. 205.

[264] B. c. 3, 73, 4–6.

Mit ihm hielten ihn auch die Zeitgenossen für den Günstling des Glücks. „Caesar und sein Glück“ wurde geradezu sprichwörtlich. Aus den Reden, die Cicero 46 und 45 an ihn richtete, ist zu ersehen, daß diese Auffassung, obwohl sie die Leistung des Genies schmälerte, auch offiziell erwünscht war[265]. Denn sie verlieh der Herrschaft des Siegers das Gepräge des Schicksalhaften, dem man sich zu fügen hatte und das bereits seinen Ausdruck fand in kultischer Verehrung. Auch der unversöhnlichen republikanischen Opposition gegenüber vertraute er seinem Glück; denn er, für den es in der Politik nie einen moralischen Skrupel gab und dem die allgemeine sittliche Korruption wohlbekannt war, mußte sich sagen, daß alle Sicherheitsmaßnahmen nichts helfen konnten gegen einen Mordanschlag. Bisher hatte das Glück ihn bewahrt — wir wissen von zwei Fällen —, hatte er nicht allen Grund, ihm weiter zu vertrauen?

Überdies rechnete er mit der politischen Einsicht der Gegner, die begreifen würden, daß sein Tod das Reich in unabsehbare Wirren stürzen müsse[266]. Allein, wie er selbst die Lebenskraft der republikanischen Idee und des Nobilitätsstolzes, den Geist Catos, unterschätzte, so verkannte die Gegenseite die tiefgehende Umwandlung, welche sein Eingreifen im Gefüge des Reiches bewirkt hatte. Die Nobilitätsherrschaft, die sich seit hundert Jahren als unzulänglich erwies, konnte nicht mehr dort fortgesetzt werden, wo sie im Jahre 49 äußerlich aufgehört hatte. Doch das Gefühl, eine unerträgliche Knechtschaft erdulden zu müssen, ließ diese Erkenntnis nicht aufkommen. Die Aussöhnung, die ihnen Caesar anbot, galt den Optimaten nichts. Die früheren Herren des Staates wollten nicht Beamte des Herrschers werden. Den ungeheuren Haß, der sie beseelte, kann man am besten daran ermessen, daß zwei moralisch so hochstehende Menschen wie Cicero und Brutus in Caesars Ermordung nur eine überaus herrliche Tat sahen, ohne Beimischung irgendwelcher anderer Empfindung[267]. Und doch handelte es sich um den größten Mann des Zeitalters, mit dem sie beide rege freundschaftliche Beziehungen gepflogen hatten!

Am Morgen des 15. März versammelte sich der Senat im Saal des Pompeiustheaters. Caesar traf erst gegen 11 Uhr ein. Er fühlte sich an diesem

[265] Cic. Lig. 38 *nihil habet nec fortuna tua maius quam ut possis nec natura melius quam ut velis servare quam plurimos.* Deiot. 19 dem Ankläger in den Mund gelegt: *tua te eadem quae saepe fortuna servavit.* O. S. 285, Anm. 177.

[266] Suet. 86, 2 *non tam sua quam rei publicae interesse, uti salvus esset: se iam pridem potentiae gloriaeque abunde adeptum; rem publicam, si quid sibi eveniret, neque quietam fore et aliquanto deteriore condicione civilia bella subituram.*

[267] In dem o. Anm. 261 erwähnten Brief Att. 15, 4, 3, wo er Caesars Ermordung als überflüssig anerkennt, nennt er seinen Namen mit einem Fluch! *ita gratiosi eramus apud illum* (*quem di mortuum perduint!*), *ut nostrae aetati, quoniam interfecto domino liberi non sumus, non fuerit dominus ille fugiendus.* Wie hier, gesteht er schon am 4. Mai (Att. 14, 17, 6): *minore periculo existimo contra illas nefarias partis vivo tyranno dici potuisse quam mortuo. Ille enim nescio quo pacto ferebat me quidem mirabiliter.*

Tage nicht wohl, und seine Gemahlin Calpurnia war wegen mancherlei Vorahnungen heftig in ihn gedrungen, die Sitzung abzusagen. Aber schließlich gelang es Decimus Brutus, ihn zu persönlichem Erscheinen zu überreden. Nachdem der Herrscher auf seinem Sitze Platz genommen hatte, umstellten ihn vor Beginn der Verhandlungen die Gegner unter dem Vorwand persönlicher Anliegen. Der Consul Antonius wurde von Trebonius im Vorraum aufgehalten. Sobald die Befreier ihrer Sache sicher waren, wurden die Dolche gezückt und Caesar brach, lautlos in seine Toga sich hüllend, zusammen, dreiundzwanzigmal getroffen[268].

Das Geschehene war so ungeheuerlich, daß nicht wundernimmt, wenn die Dinge nicht so weiterliefen, wie die Urheber erwartet hatten. Statt daß der Senat sofort die Regierung übernahm, befiel lähmender Schrecken die ganze Stadt und eine zeitweilige politische Leere trat ein. Aus ihr entwickelte sich dann aber mit innerer Notwendigkeit der neue dreizehnjährige Bürgerkrieg, den Caesar vorausgesagt hatte. Es traf vollkommen zu, was am 7. April Gaius Matius über die Lage äußerte: Die Schwierigkeiten könnten nicht gelöst werden; „nämlich, wenn Caesar mit einem solchen Genie den Ausweg nicht fand, wer wird ihn jetzt finden?“[269] Solange die gestürzte Oligarchie noch über Führer wie Brutus und Cassius verfügte, mußte es noch einmal zum Kampf kommen gegen die neue Militärmonarchie. Caesars tragisches Ende rückte nur diese Notwendigkeit ins hellste Licht.

Allerdings trotz der Katastrophe vom 15. März ist Caesar Sieger geblieben. Denn die Politik der Folgezeit lief ganz in den Bahnen, die er gewiesen hatte. Wenn auch sein erster Nachfolger den früher gemachten Erfahrungen Rechnung trug und sich mit minder schroffen Herrschaftsformen begnügte, so ruhte doch das römische Kaiserreich auf der von Caesar geschaffenen Grundlage. An Stelle der auf Volkswahlen begründeten Oligarchie trat die Militärmonarchie, deren einziger Machtfaktor der durch das stehende Heer getragene Wille des Herrschers war. Diese Militärmonarchie hat für lange Zeit „Italien Ruhe, den Provinzen Frieden, dem Reich Wohlfahrt[270]“ gewährt und wurde darum von den aus den Schrecknissen der Bürgerkriege erlösten Völkern dankbar als sichtbares Walten der Gottheit verehrt.

Wenn einer, so darf Caesar als Meister der Politik bezeichnet werden. Er war ebenso groß im Erfassen der allgemeinen politischen Tendenzen wie im Leiten derselben. Mit wunderbarer Virtuosität handhabte er den Mechanismus der politischen Kleinarbeit, ohne jemals das große Ziel, entscheidende Macht zu gewinnen, preiszugeben. Er fühlte in sich die Kraft, der erste *(princeps)* zu sein. Die Taten in Gallien bestätigten diesen Rang, und der Bürger-

[268] Cic. Att. 14, 14, 4. divin. 2, 23. Phil. 2, 88–89. Suet. 81, 4–82, 3. Plut. 66. Nikol. Dam. F 130, 82–90. Cass. Dio 44, 16–19. Appian. b. c. 2, 490–498.

[269] Cic. Att. 14, 1, 1.

[270] Caes. b. c. 3, 57, 4.

krieg war ihm die Verteidigung dieser *dignitas*. Was er nach dem Sieg vorhatte, zeigt seine rastlose Regententätigkeit. Er verkündete kein Programm, war durch und durch Praktiker, der in allen Situationen Aufgaben erkannte und ungestüm an ihre Bewältigung ging. Unsere Quellen — seine Selbstdarstellung und die Berichte der Zeitgenossen — lassen erkennen, wie er im Einzelfall handelte, geben aber keine sichere Auskunft über seine innersten Gedanken. So viel darf wohl gesagt werden, daß die lebenslängliche Dictatur schließlich seinem Wunsch entsprach. Aber seit wann er sich, um mit Cicero[271] zu sprechen, für diese Gestaltung seines *principatus* entschied, bleibt im Dunkel. Denn es ist nicht auszumachen, wie weit die überschwenglichen Senatsbeschlüsse, die ihm diese Machtfülle übertrugen, von ihm inspiriert waren. Wir müssen uns davor hüten, ihm Handlungen, Pläne und Beweggründe unterzuschieben, die nicht überliefert[272] sind; jedoch kann sich der redlich forschende Betrachter dem Eindruck nicht entziehen, daß sich die ungemein bunte Reihe von Einzelaktionen zuletzt zu einem großartigen Zusammenhang schließt. Jede seiner Unternehmungen stützte die andere. Er spann keinen Faden, den er nicht zu gegebener Zeit wieder aufnehmen konnte. In allem, was er tat, wirkte die aristokratische Unbefangenheit. Er kompromittierte sich nie, vergab nie etwas seiner Ehre. Was er sagte, trug den Stempel der selbstverständlichen Überlegenheit. Von den gemeinen Händeln der Tagespolitik hielt er sich zurück, um im wichtigen Augenblick mit desto größerem Erfolg seine Persönlichkeit einzusetzen. Keine noch so schwierige Lage brachte ihn jemals in Verlegenheit. Einzigartig war, wie er in seiner Person Staatsmann und Feldherrn vereinigte. Es waren auf militärischem Gebiet die nämlichen Eigenschaften, die ihn als Politiker auszeichneten: er war ebenso bedeutend als Taktiker wie als Stratege, der Korpsgeist, den er in seiner Armee heranzog, wurde zum Grundpfeiler seiner Politik. Denn dieser allein diente überhaupt seine Kriegführung.

Seine Familienbeziehungen und seine Begabung machten ihn zum Popularpolitiker, der in unversöhnlichem Kampf gegen die Sullanische Oligarchie stand. Indessen endete diese Politik schließlich wie die Sullas mit der Dictatur, die er sich von der Provinz aus eroberte. Das lag eben in den Verhältnissen. Aber wie er nun im Gegensatz zu Sulla von der Macht Gebrauch machte, das entsprang seinem Willen. Auf diesen wirkten die persönlichen Lebenserfahrungen insofern bestimmend ein, als er sich durch mehr als zehnjährige Abwesenheit von Rom gänzlich befreite vom Bann der gemeindestaatlichen Vorstellungen. Aus dem gallischen Proconsulat und dem langen Aufenthalt in sämtlichen übrigen Provinzen des Reichs erstand ihm das Bild

[271] Off. 1, 26 *quem sibi ipse opinionis errore finxerat principatum*. Bitterer 3, 82. Zum Verständnis ist an die Briefstelle fam. 6, 6, 5 von 46 zu erinnern: Wenn Pompeius den Bürgerkrieg vermieden hätte, *esset hic quidem clarus in toga et princeps, sed tantas opes, quantas nunc habet, non haberet*.

[272] So trefflich H. Strasburger HZ 175, 225.

des monarchisch beherrschten Reichsstaates. Mitten aus eben erst begonnener Herrschertätigkeit rafften ihn Mörderhände hinweg. Erschüttert sehen wir seine Glanzgestalt im Dunkel dieser Katastrophe versinken. Welche Tragik liegt über dem Leben des größten Genies, das Rom hervorbrachte, ausgelöscht durch römische Männer, welche im Auftrag ihrer *res publica* zu handeln glaubten! Seine dämonische Genialität hob ihn in jeder Hinsicht über alle Zeitgenossen hinaus, durch die Spannkraft des Geistes und Körpers, durch den rascheren Lebensrhythmus, durch den freien Blick, der ungehemmt durch hergebrachte Vorstellungen überall neue Möglichkeiten entdeckte, und durch die souveräne Art, Schwierigkeiten zu meistern und kühnste Pläne zu verwirklichen. So gewiß er durch und durch Römer war und mit seiner Herrschaft nichts anderes wollte als das *imperium populi Romani* auf die von den Verhältnissen geforderte Stufe der Vollendung heben, so trugen ihn doch die Schwingen seines Genius in einsame Höhe empor, wohin ihm die andern nicht zu folgen vermochten.

Von Jugend an im Kampf gegen die Unzulänglichkeit der Optimaten, verkannte er nicht, daß trotz aller Entartung der Nachfahren bei ihnen die alten Überlieferungen noch lebten, die Rom einst groß gemacht hatten, und im Bürgerkrieg hatte er genugsam erfahren, welch zähe Widerstandskräfte sie bargen. Die Versöhnungspolitik nach dem Siege war darum aufrichtig gemeint, ihr Scheitern die Ursache der Katastrophe. Nichts ergreift mehr als dieser Ausgang. Denn der als Tyrann Verfemte ist nur gefallen, weil er aus innerer Überzeugung den Versuch wagte, die von ihm ins Werk gesetzte Umwälzung ohne Terror und zugehörige Bewachung seiner Person zu vollenden[273]. Wenn sein Ringen um die Optimaten vergeblich blieb, so hing das freilich nicht nur daran, daß sie sein statsmännisches Wirken und insonderheit die Notwendigkeit der Alleinherrschaft nicht begriffen hätten. Zwischen ihm und ihnen lag der furchtbare Haß, den zwei Jahrzehnte leidenschaftlicher Kämpfe aufgetürmt hatten, der aber in Wahrheit noch weiter zurückreichte, weil er aus einer seit langem revolutionär aufgewühlten Gesellschaft aufstieg, in der noch immer die Schrecken der Sullanischen Proskriptionen

[273] Über die Versöhnungspolitik Caesars Äußerung von 49, o. S. 185, Anm. 41. Wenn Cicero sie in der o. Anm. 265 angeführten Stelle Lig. 38 auf seine Naturanlage zurückführt, könnte es Rhetorik sein. Aber in den o. Anm. 267 erwähnten Briefstellen gibt er auch nach dem 15. März die widerwillige Bestätigung. Cassius Dio (im Auszug des Xiphilinos) berichtet 75, 8, 1 als Ohrenzeuge, daß Septimius Severus im Jahr 197 dem Senat eine Rede vorlas, worin er an den Beispielen von Sulla, Marius und Augustus die Vorzüge der Grausamkeit darlegte, während Pompeius und Caesar wegen ihrer Milde gescheitert seien. Angesichts der vom augusteischen Zeitalter ausgehenden und bis in die Gegenwart leuchtenden Strahlen sei angemerkt, daß sich Septimius Severus den Augustus als Mann der Proskriptionen zum Vorbild nahm. Vgl. Fr. Vittinghoff, Kaiser Augustus (1959), 44. Über die Nachwirkung Ciceros beim Verdammungsurteil über den Tyrannen Caesar trefflich J. Béranger Hermes 87 (1959) 110. 117.

nachzitterten. Caesar als der Angreifer der notdürftig wiederhergestellten Ordnung war dabei von vornherein mit dem Ruf des verbrecherischen Zerstörers belastet, und wer könnte bestreiten, daß er zur Durchsetzung seiner Absichten vor keiner Korruption und keiner Gewalttat zurückscheute. Freilich war er unübertrefflich in der Kunst, seine Feinde ins Unrecht zu setzen und ihren Widerstand als heillose Verbohrtheit hinzustellen, die nur mit Gewalt überwunden werden könne, zugleich aber im persönlichen Verkehr von herzenbezwingendem Charme, dem sich selbst entschiedene Gegner oft genug nicht entziehen konnten.

In dieser schillernden Vielseitigkeit stellte sich den politisch beteiligten Zeitgenossen seine Genialität dar. So war etwas Unheimliches in seinem Wesen, was seinen Feinden jeden Annäherungsversuch als Arglist erscheinen ließ und andrerseits aufrichtige Freundschaftsverhältnisse verhinderte. Er besaß wohl Gefolgsleute niedrigeren Rangs, die ihm mit uneingeschränkter Bewunderung dienten, und konnte auf seine Veteranen zählen, aber unter den Standesgenossen gewann er sich keine Verbündeten, die mehr in ihm sahen als den Förderer ihrer persönlichen ehrgeizigen Bestrebungen, keine, die, von der Notwendigkeit seines politischen Werks überzeugt, zu willigen Stützen seiner Herrschaft wurden. Hier gelangen wir zu einem Punkt, der wohl zu beachten ist. Während Caesar in seiner früheren Zeit und bis weit in den Bürgerkrieg hinein seine Politik mit dem Wort und der Feder erläuterte und rechtfertigte, bewahrte er über seine letzten Pläne Schweigen, so daß sie nur aus Handlungen und gelegentlichen mehr oder weniger gut beglaubigten Äußerungen erschlossen werden konnten. Die Verhältnisse hatten es so gefügt, daß von ihm eine Antwort gefordert wurde auf die Frage, wie er sich die Zukunft der *res publica* denke, und diese Frage trieb ihn tatsächlich in die Enge, weil sie mit einer bestimmten Erwartung gestellt wurde, die er nicht zu erfüllen gedachte. Er wollte den Knoten durchhauen, indem er in den Partherkrieg zog. Doch es war schon zu viel geschehen, was seine Absichten enthüllte. Er war zu hoch gestiegen, um gegenüber den vielfachen Zeichen der Opposition stets die Selbstbeherrschung zu behalten. Man gewinnt auch den Eindruck, daß ihm zuletzt die Geduld ausging, die neue Ordnung reifen zu lassen. Am verhängnisvollsten jedoch entgleiste er mit den maßlosen Angriffen auf den toten Cato. Denn wenn einer, so war dieser sein Feind aus idealen Beweggründen, und der gehässige Federkrieg gegen diese makellose Gestalt konnte darum nur das Urteil bekräftigen, das sie im Namen der *res publica* über ihn gefällt hatte.

Die Geschichte wird dieses Urteil nicht nachsprechen. Der Universalhistoriker mag darüber nachsinnen, ob das römische Weltreich den darin vereinigten Völkern das Glück brachte. Für die Römer war es keine Frage. Auch die Optimaten fanden an dieser nun einmal eingeschlagenen Richtung der römischen Politik nichts auszusetzen. Ihr Abscheu vor Caesar war anderer Art. Mit allen andern Optimaten konnte Cato nicht fassen, daß die Zeit der Oligarchie vorüber sein sollte, obwohl er selbst sich in hoffnungslosem Bemühen verzehrte, der Hydra ihres Schlendrians die Köpfe abzuschlagen. Das *regnum* galt allen als größtes Verbrechen gegen den Geist der römischen Verfassung. Während das aber bei vielen schon zum politischen Schlagwort abgesunken war, bedeutete die Tyrannis für Catos stoisch unterbautes Römertum die Verneinung des Staatsbegriffs, der Tyrann den vollendeten Unmenschen, das die Menschenwürde verleugnende Tier. Schon am 5. Dezember des Jahres 63 erkannte er an Caesar diese Merkmale und fuhr seitdem unermüdlich fort, den andern dafür die Augen zu öffnen. Wir würden die Tragik in Caesars Katastrophe nicht voll mitempfinden, wenn wir uns dagegen verschlössen, daß Cato damit die verwundbare Stelle seines Gegners traf. Plutarch [274] erzählt die Anekdote, Caesar habe 61 auf der Reise nach Spanien beim Durchschreiten eines armseligen Alpendorfs auf die scherzhafte Frage seiner Begleiter, ob es wohl hier auch Wahlkämpfe und Rangstreitigkeiten gebe, unverzüglich erwidert: „Ich möchte lieber bei diesen der Erste als bei den Römern der Zweite sein.“ Und ebenso erblickte Cicero [275] in der Herrschsucht die Ursache seines Untergangs. „Mit dem Heer des römischen Volks unterdrückte er das römische Volk selbst und zwang eine Bürgerschaft, die nicht nur selbst frei war, sondern über die Völker gebot, zum Sklavendienst.“

Caesars staatsmännische Leistung wird so mit einem unzureichenden Maßstab gemessen. Sein Ehrgeiz strebte so hoch, weil er sich seiner Kraft, Herrscher des Weltreichs zu sein, bewußt war. An die Ideologien der beiden Richtungen der Optimaten und Popularen, die er beim Eintritt in das politische Leben vorfand, hat er nie geglaubt. Er war der geborene Gegner der Optimaten, und die Demagogie war ihm nie mehr als ein Mittel zum Zweck. Menschen, die ihm imponieren konnten, begegnete er auf seinem Wege zur Macht nicht. Er sah nur Selbstsucht und Neid und ging schließlich aus einem Leben ununterbrochener erbitterter Kämpfe als der Menschenverächter hervor, der alle Beziehungen nur politisch wertete und, von sich auf die andern schließend, nicht mehr damit rechnete, daß ihnen ihre *res publica* noch etwas anderes sein könnte als „ein Name nur ohne Körper und Gestalt [276]. Die Schuld seiner Mörder wird dadurch nicht geringer, aber wir begreifen wenigstens, daß es so kam.

[274] 11, 3–4. [275] off. 3, 84. [276] Suet. 77.

ZEITTAFEL ZU CAESARS LEBEN

100 v. Ch. am 13. Juli Caesar geboren.

87 nach dem Sieg des C. Marius und L. Cornelius Cinna für die hohe Würde des flamen Dialis bestimmt.

84 heiratet Cornelia, die Tochter Cinnas.

81 nach Sullas Sieg in Gefahr; begnadigt weigert er sich, sich von Cornelia zu scheiden. Der Ehe entstammt die Tochter Julia.

80 Kriegsdienst beim Statthalter von Asia, erhält bei der Eroberung von Mytilene die corona civica.

78 Kriegsdienst unter P. Servilius Isauricus in Kilikien. Nach Sullas Tod Rückkehr nach Rom.

77 Ankläger des Consulars Cn. Cornelius Dolabella.

75 Reise nach Rhodos. Abenteuer mit den Seeräubern.

74 kämpft bei Ausbruch des Mithradatischen Kriegs gegen eine königliche Abteilung in der Provinz Asia.

73 Pontifex.

69 Quaestor beim Statthalter von Hispania ulterior. Leichenreden auf Julia, die Witwe des Marius, und auf die Gattin Cornelia.

67 heiratet Pompeia; empfiehlt die Lex Gabinia; Curator der Via Appia.

66 empfiehlt die Lex Manilia.

65 Curulischer Aedil.

63 Pontifex maximus; warnt am 5. Dezember den Senat davor, die verhafteten Catilinarier zum Tode zu verurteilen.

62 Praetor; Scheidung von Pompeia wegen des Clodiusskandals.

61 Proconsul der Provinz Hispania ulterior; siegreicher Feldzug gegen die Lusitaner.

60 bewirbt sich um das Consulat; gegen heftigen Widerstand der Optimaten gewählt mit Unterstützung von Pompeius und Crassus.

59 Consul; erhält gegen optimatischen Widerstand die Provinzen Gallia citerior mit Illyricum und Gallia ulterior. Pompeius heiratet Julia, Caesar Calpurnia.

58 Proconsul; Feldzüge gegen die Helvetier und Ariovist.

57 Feldzug gegen die Belger.

56 Erneuerung des Dreibunds mit Pompeius und Crassus. Feldzüge gegen aufrührerische Völker in Bretagne und Normandie und gegen die Aquitaner.

55 Pompeius und Crassus zum 2. Mal Consuln; lassen Gesetz beschließen, das Caesars Proconsulat um 5 Jahre verlängert. Caesar gegen Usipeter und Tencterer; 1. Rheinübergang; Rekognoszierungsfahrt nach Britannien.

54 Expedition nach Britannien. Caesar bleibt gegen seine Gewohnheit den Winter über in Gallien. Ambiorix vernichtet 15 Cohorten. Das Winterlager des Legaten Q. Cicero belagert und von Caesar befreit. Labienus gegen die Treverer. – Tod der Julia.

53 Strafexpeditionen gegen die aufständischen Völker; 2. Rheinübergang; das Eburonenvolk vernichtet; Ambiorix entkommt. – Am 9. Juni Schlacht bei Karrhai in Mesopotamien; einige Tage später fällt Crassus.

52 In Rom: Am 18. Januar Clodius erschlagen. Pompeius erhält vom Senat Vollmacht zur Wiederherstellung der Ordnung, wird am 25. Februar zum ‚Consul ohne Collegen' gewählt. Caesar verhandelt von Ravenna aus und erhält durch Plebiscit der 10 Volkstribunen die Bewilligung, daß er sich im Jahr 49 nicht persönlich um das Consulat von 48 bewerben muß. In Gallien: Ausbruch des großen Aufstands unter Führung des Vercingetorix. Caesar erobert Avaricum, muß die Belagerung von Gergovia aufgeben, siegt in der Gegend von Dijon, schließt Vercingetorix in Alesia ein, schlägt den Entsatzversuch der vereinigten keltischen Aufgebote ab; Vercingetorix ergibt sich.

51 Caesar unterwirft die noch weiter kämpfenden Völker. In Rom beginnen die Bemühungen der Optimaten, Caesar vorzeitig abzuberufen. Caesar veröffentlicht die 7 Bücher über den Gallischen Krieg.

50 In Rom setzen die Optimaten die Versuche fort, Caesar abzuberufen und vor Gericht zu stellen. Der Volkstribun C. Curio verhindert die Beschlußfassung.

49 Am 7. Januar beschließt der Senat, Caesar habe bis zu einem bestimmten Tag sein Heer zu entlassen, und erteilt gegen tribunicische Intercession Pompeius und den übrigen Magistraten die dictatorische Vollmacht. In der Nacht des 10. Januar überschreitet Caesar den Rubico; am 21. Februar kapituliert Corfinium; am 17. März setzt Pompeius nach der Balkanhalbinsel über; am 2. August stellt das Heer des Pompeius in Hispania citerior den Kampf ein; die südspanische Provinz folgt. Massilia kapituliert nach halbjähriger Belagerung. Caesar wird zum Dictator gewählt.

48 2. Consulat. Caesar legt die Dictatur nieder, fährt über die Adria, schließt im April Pompeius bei Dyrrhachion ein; Pompeius durchbricht im Juli die Belagerungslinie, Caesar marschiert nach Thessalien, schlägt am 9. August bei Pharsalos den Pompeius, verfolgt ihn bis Ägypten; vor Caesars Ankunft wird Pompeius am 28. September ermordet. Caesar besetzt Alexandria, wird mit seiner geringen Truppenmacht von den Königlichen belagert.

47 Im März treffen Verstärkungen aus Kleinasien ein; Caesar siegt am 27. März am Nil, setzt Kleopatra als Königin ein, verläßt Ägypten Anfang Juni, schlägt am 1. August den König Pharnakes in Kleinasien. In Rom ist er nach der Schlacht von Pharsalos für ein Jahr zum Dictator ernannt worden. Anfang Oktober Caesar in Rom, landet am 28. Dezember an der afrikanischen Küste. Seit 48 haben die Optimaten in der Provinz Afrika ein großes Heer gesammelt.

46 3. Konsulat. Am 6. April siegt Caesar bei Thapsus; am 25. Juli trifft er in Rom ein. Dictator für 10 Jahre. In Spanien erneuern die Söhne des Pompeius den Krieg. Anfang November verläßt Caesar Rom.

45 4. Consulat. Am 17. März siegt Caesar bei Munda; im Oktober ist er wieder in Rom. Überschwengliche Ehrenbeschlüsse, darunter Dictatur auf Lebenszeit und göttliche Verehrung.

44 5. Consulat. Am 15. Februar erscheint Caesar am Lupercalienfest als Dictator perpetuus in der Tracht der altrömischen Könige mit dem goldenen Kranz; das vom Consul M. Antonius dargebotene Diadem und damit den Königstitel lehnt er ab. Rund 60 Republikaner schließen sich zusammen, um den Tyrannen zu beseitigen. Am 15. März wird Caesar ermordet.

CAESARS VERWANDTSCHAFTLICHE BEZIEHUNGEN

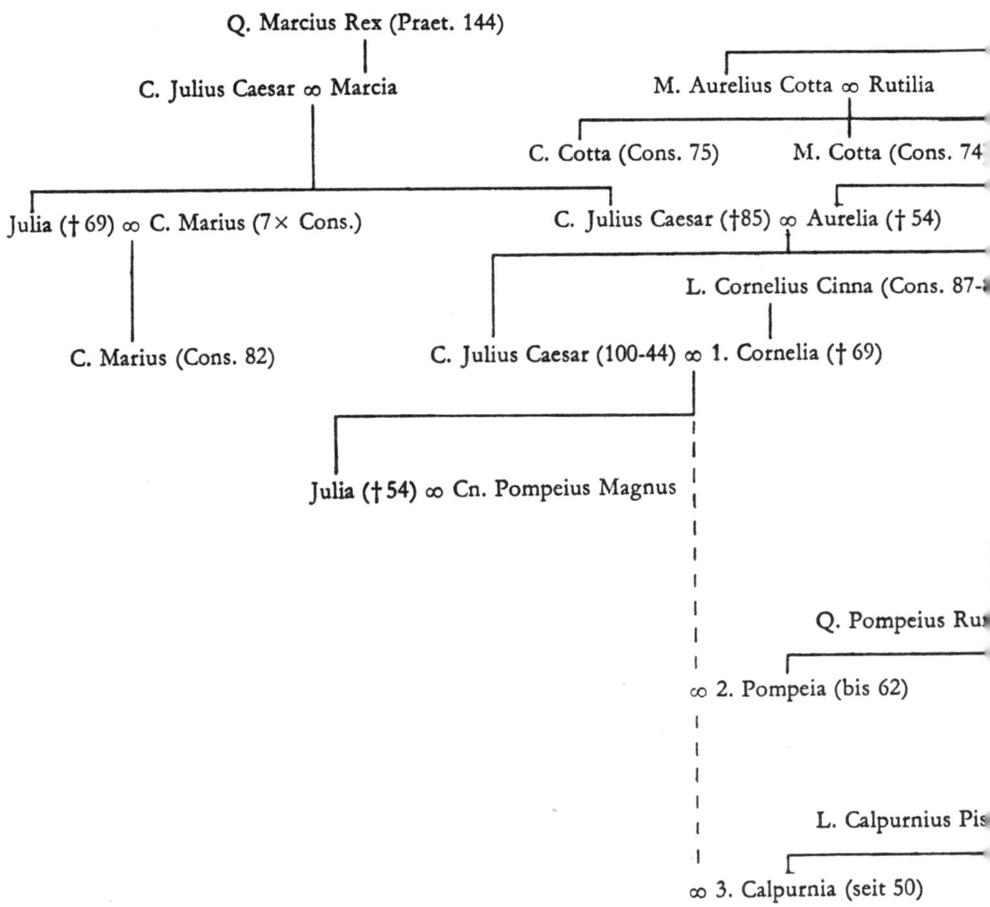

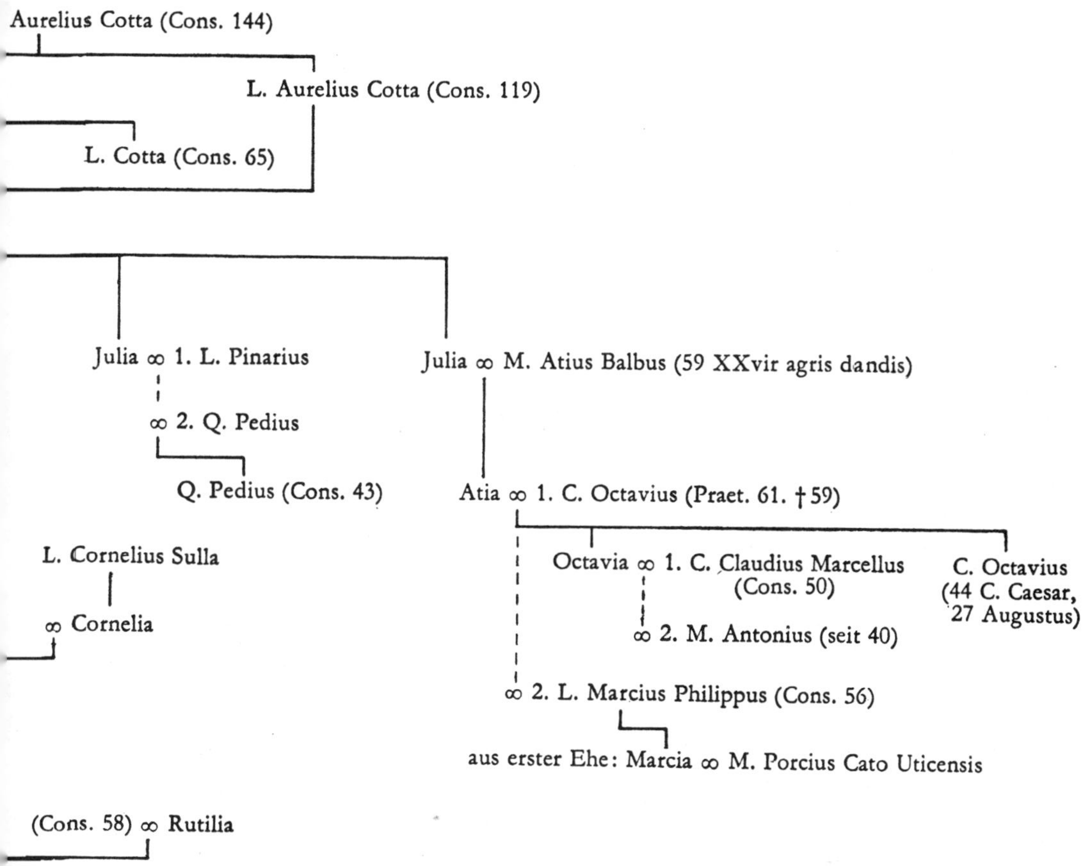
Aurelius Cotta (Cons. 144)
L. Aurelius Cotta (Cons. 119)
L. Cotta (Cons. 65)
Julia ∞ 1. L. Pinarius
∞ 2. Q. Pedius
Q. Pedius (Cons. 43)
Julia ∞ M. Atius Balbus (59 XXvir agris dandis)
Atia ∞ 1. C. Octavius (Praet. 61. † 59)
Octavia ∞ 1. C. Claudius Marcellus (Cons. 50)
∞ 2. M. Antonius (seit 40)
C. Octavius (44 C. Caesar, 27 Augustus)
∞ 2. L. Marcius Philippus (Cons. 56)
aus erster Ehe: Marcia ∞ M. Porcius Cato Uticensis
L. Cornelius Sulla
∞ Cornelia
(Cons. 58) ∞ Rutilia

PERSONENREGISTER

Die römischen Vornamen werden in der Abkürzungsform gegeben:

Ap. = Appius	D. = Decimus	M. = Marcus	Ser. = Servius
A. = Aulus	L. = Lucius	N. = Numerius	Sex. = Sextus
C. = Gaius	Mam. = Mamercus	P. = Publius	Ti. = Tiberius
Cn. = Gnaeus	M'. = Manius	Q. = Quintus	T. = Titus

Da der Rang der Senatoren durch die erreichte höchste Ämterstufe bestimmt wurde, ist diese den Namen beigefügt. Es bedeuten: Cons. = Consul, Pr. = Praetor, Aed. = Aedil, Trib. = Volkstribun, Quaest. = Quaestor.
Sämtliche römischen Namen sind nach dem nomen gentile eingeordnet. „A." weist auf eine folgende Anmerkungsziffer hin.

Das Römische Reich zur Zeit Caesars

Die Provinzgrenzen sind, soweit feststellbar, punktiert eingezeichnet

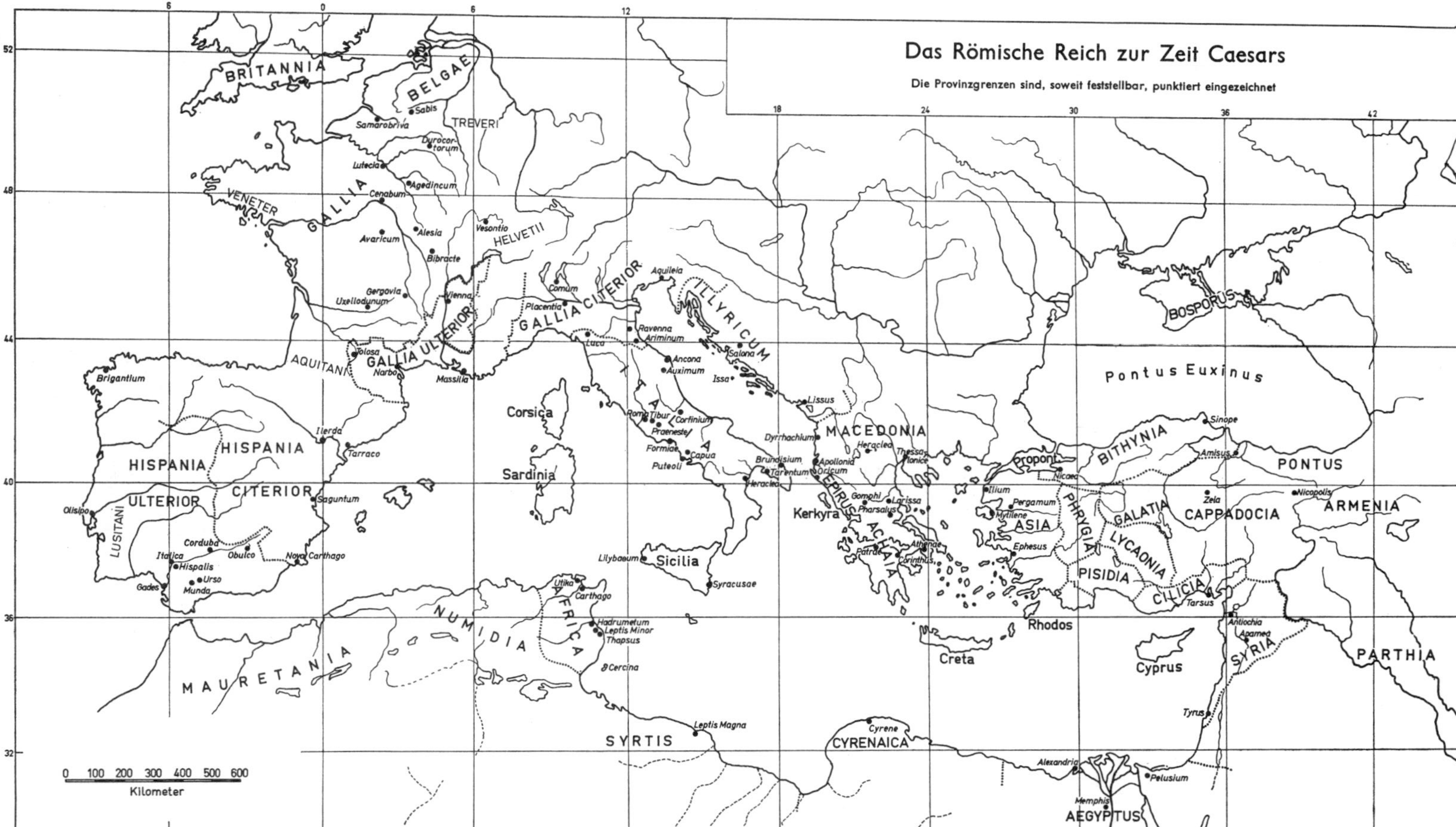